에듀윌과 함께 시작하면,
당신도 합격할 수 있습니다!

비전공자여서 망설였지만
한 달 만에 합격해 자신감을 얻은 20대

새로운 도전으로 ERP MASTER 자격증을 취득해
취업에 성공한 30대

아이들에게 당당한 모습을 보여주고 싶어
ERP, 전산세무회계 자격증 9개를 취득한 40대 주부

누구나 합격할 수 있습니다.
시작하겠다는 '다짐' 하나면 충분합니다.

마지막 페이지를 덮으면,

에듀윌과 함께
ERP 정보관리사 합격이 시작됩니다.

합격 플래너

수험생 빈출 질문 모음!
실무 프로그램 FAQ

Q

이런 메시지가 뜨는데 어떻게 해야 되나요?

A

당황하지 말고, 이렇게 해결해요!

▶ DB TOOL 화면 하단의 '연결설정' 버튼을 클릭하여 'Windows 인증'으로 연결 설정을 변경한 후 DB 복원을 해야 합니다.

▶ 핵심ERP 프로그램 설치 파일 중 'CoreCheck.exe'를 클릭한 후 '더존 핵심ERP 도우미' 창에서 'X'로 되어 있는 항목을 더블클릭하여 'O'로 변경해야 합니다.

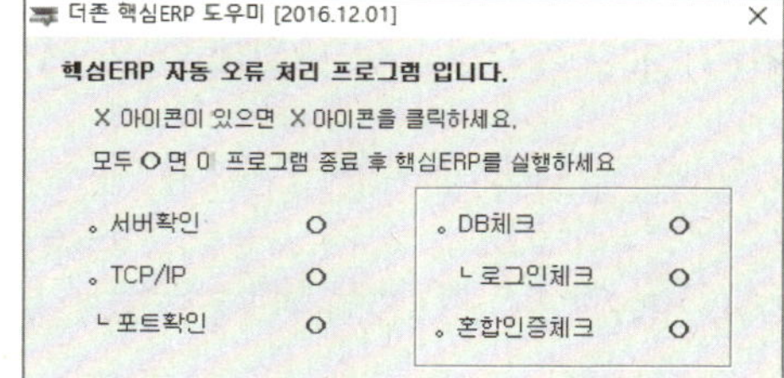

더 많은 FAQ 바로 보기 (에듀윌 제공)

프로그램 설치 매뉴얼 바로 보기 (더존 제공)

*PC 다운로드 경로: 에듀윌 도서몰(book.eduwill.net) - 도서자료실 - 부가학습자료

Q 이런 메시지가 뜨는데 어떻게 해야 되나요?

A 당황하지 말고, 이렇게 해결해요!

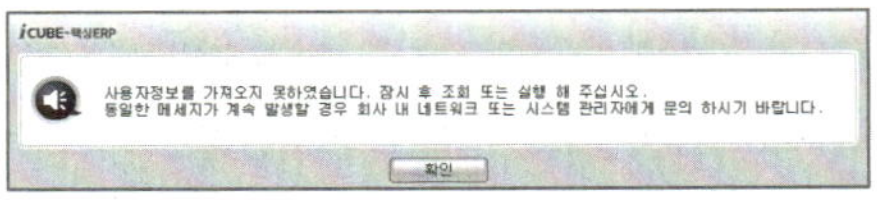

▶ 최신 버전의 프로그램에서 이전 연도의 DB를 복원했기 때문입니다. 교재 내 실무 시뮬레이션 DB는 2026 버전, 기출문제 DB는 2025 버전 프로그램을 사용해야 합니다.

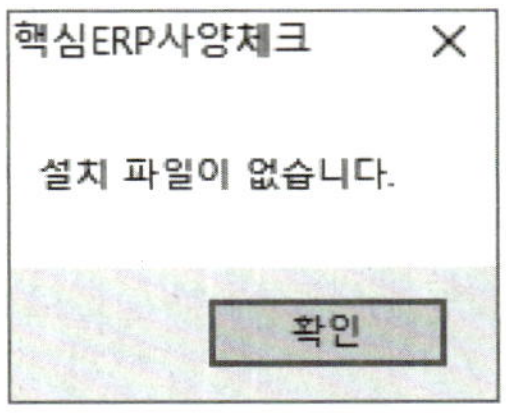

▶ 다운로드한 프로그램 설치 파일은 반드시 압축을 해제한 다음에 'CoreCubeSetup.exe'를 실행해야 합니다.

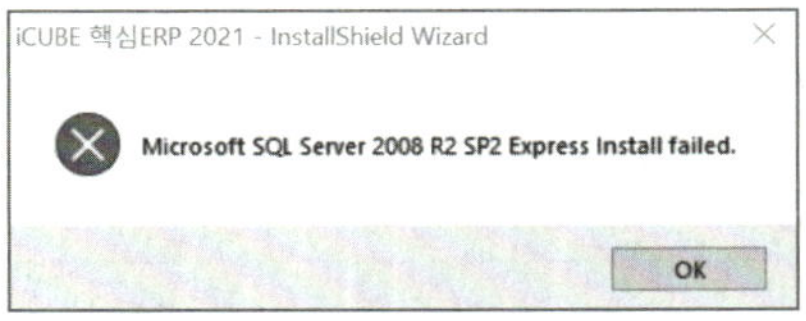

▶ ERP 프로그램 설치 파일 SQLEXPRESS 폴더에서 PC 운영체제에 맞는 SQL 파일을 확인하고 더블클릭하여 직접 설치해야 합니다.

- Win7, 8, 10 32비트: SQLEXPR_x86
- Win7, 8, 10 64비트: SQLEXPR_x64

에듀윌
ERP 정보관리사

물류 1·2급 한권끝장 + 무료특강

"ERP 시스템의 이해 및 활용이 가능한, 미래지향적 인력 양성을 위한 자격증"

현대 기업의 업무는 유기적으로 연결되어 있어 여러 업무를 통합하고 전사적으로 관리할 수 있는 시스템이 필요하고, 이를 위해 많은 기업들이 ERP를 도입하고 있습니다. 이에 한국생산성본부에서는 ERP 정보관리사 자격시험제도를 도입하고 그 능력과 수준을 평가하여 국가공인자격으로 인정해주고 있습니다.

이 책의 특징은 다음과 같습니다.

첫째, 이론을 챕터별로 정리하고 보조단에 TIP, 용어설명, 보충설명을 기재하여 필요한 내용을 한눈에 볼 수 있도록 하였습니다. 또한 챕터별로 기출&확인 문제를 수록하여 이론 학습 후 곧바로 확인 학습이 가능하도록 하였습니다.

둘째, 실제 시험과 최대한 비슷한 환경에서 연습할 수 있도록 백데이터(DB)를 구성하였으며, 교재의 실무 시뮬레이션 부분은 ERP 프로그램 순서대로 구성하였습니다. 교재에 수록된 실무 연습문제만 잘 학습한다면 시험뿐만 아니라 업무의 흐름도 충분히 파악할 수 있습니다.

셋째, 충분한 연습을 위해 1급과 2급의 최신 기출문제 6회분을 수록하였고, 상세한 정답 및 해설도 제공합니다. 특히 기출문제의 실무 시뮬레이션 부분의 해설은 빠른 이해를 위해 화면을 함께 수록하였습니다.

본서를 통해 ERP 정보관리사 자격시험에서 요구하는 이론과 실무의 주요 내용을 효율적으로 학습하고, 빠르게 합격할 수 있기를 바라겠습니다. 열심히 하는 여러분을 항상 응원합니다!

최주영

| 약력 |

- (현) 한국생산성본부 ERP 공인 강사
- (현) ERP 정보관리사 회계, 인사, 물류, 생산 1급 MASTER
- (현) 에듀윌 물류관리사 전임 교수
- (현) (주)한국공동주택교육진흥원 전임 강사
- (현) 주식회사아파트장터 시스템 연구원
- (전) 선문대학교 경영회계아카데미 ERP 전문가 양성 과정 부원장
- (전) 주식회사엘티에듀 교육지원 팀장, 전임 강사
- (전) 순천향대학교 전산회계 과정 강사
- (전) 대림대학교 세무회계학과 과정 강사
- (전) 백석대학교 회계세무 과정 강사
- (전) (주)마이에듀 회계세무 과정 전임 강사
- (전) 특성화고등학교 ERP 및 회계세무 과정 강사
- (전) 회계세무 관련 자격시험 출제위원

1. 시험 방법

시험 과목	응시교시	응시교시	비고
회계 1·2급	1교시	• 입실: 08:50 • 이론: 09:00~09:40(40분) • 실무: 09:45~10:25(40분)	※ 시험시간은 정기시험기준으로 시험 일정에 따라 변경될 수 있습니다. ※ 같은 교시의 과목은 동시 응시 불가(예: 회계, 생산 모듈은 동시 응시 불가) ※ 시험 준비물: 수험표, 신분증, 필기구, 계산기(공학용, 윈도우 계산기 사용 불가)
생산 1·2급			
인사 1·2급	2교시	• 입실: 10:50 • 이론: 11:00~11:40(40분) • 실무: 11:45~12:25(40분)	
물류 1·2급			

2. 합격기준

구분	합격점수	문항 수
1급	70점 이상(이론, 실무형 각 60점 이상)	이론 32문항(인사 33문항), 실무 25문항(이론문제는 해당 과목의 심화 내용 수준 출제)
2급	60점 이상(이론, 실무형 각 40점 이상)	이론 20문항, 실무 20문항(이론문제는 해당 과목의 기본 내용 수준 출제)

3. 응시료

구분	1과목	2과목	납부방법	비고
1급	40,000원	70,000원	전자결제	※ 부가가치세 포함 및 결제대행수수료 1,000원 별도 ※ 최대 두 종목 접수 가능하며 같은 등급 두 종목 접수 시 응시료 할인(부분 과목 취소 불가)
2급	28,000원	50,000원		

4. 2026 시험일정

회차	원서접수		수험표 공고	시험일	성적 공고
	온라인	방문			
제1회	25.12.24.~25.12.31.	25.12.31.	01.15.~01.24.	01.24.	02.10.~02.17.
제2회	02.25.~03.04.	03.04.	03.19.~03.28.	03.28.	04.14.~04.21.
제3회	04.29.~05.06.	05.06.	05.21.~05.30.	05.30.	06.16.~06.23.
제4회	06.24.~07.01.	07.01.	07.16.~07.25.	07.25.	08.11.~08.18.
제5회	08.19.~08.26.	08.26.	09.10.~09.19.	09.19.	10.13.~10.20.
제6회	10.28.~11.04.	11.04.	11.19.~11.28.	11.28.	12.15.~12.22.

※ 시험주관처에 따라 시험일정이 변동될 수 있습니다.

5. 이론 세부 출제범위

구분		내용
영업관리	1. 예측	(1) 수요예측
		(2) 판매예측
	2. 판매계획	(1) 중장기 판매목표 수립
		(2) 연도별 판매목표 수립
		(3) 판매할당
		(4) 가격전략
	3. 수주관리	(1) 고객의 중점화
		(2) 수주관리
	4. 대금회수	(1) 신용한도
		(2) 대금회수 관리법
SCM (공급망관리)	1. 공급망관리 개요	(1) SCM 의의
		(2) SCM의 전략 및 운영
		(3) 물류거점 네트워크 최적화
	2. 재고관리	(1) 재고관리 개념
		(2) 재고조사
		(3) 재고자산 평가
	3. 운송관리	(1) 운송계획 수립
		(2) 운송계획 실행
	4. 창고관리	(1) 창고관리 개념
		(2) 창고 운영하기
구매관리	1. 구매관리의 개념	
	2. 가격개념	(1) 구매가격
		(2) 원가
	3. 구매실무	(1) 구매시장조사
		(2) 구매계약
		(3) 구매정책
무역관리	1. 무역이론	(1) 무역발생 원인
		(2) 무역관계 기관
		(3) 무역 국내 법률
		(4) 무역관계 규칙
	2. 무역실무	(1) 무역거래조건 및 절차
		(2) 무역조건
		(3) 서류
		(4) 해상보험
		(5) 수출물품확보
		(6) 환율
	3. 통관실무	(1) 관세
		(2) 수출통관
		(3) 수입통관
		(4) 관세환급

6. 실제 시험 프로그램 화면

ERP 정보관리사는 이론, 실무 모두 시험이 CBT(Computer Based Testing) 방식으로 진행되며, 컴퓨터상에서 문제를 읽고 풀며 답안을 작성한다. 단, 계산문제가 있으므로 기본형 계산기와 간단한 필기구를 준비하는 게 좋다.

• ERP 정보관리사 시험 로그인 화면

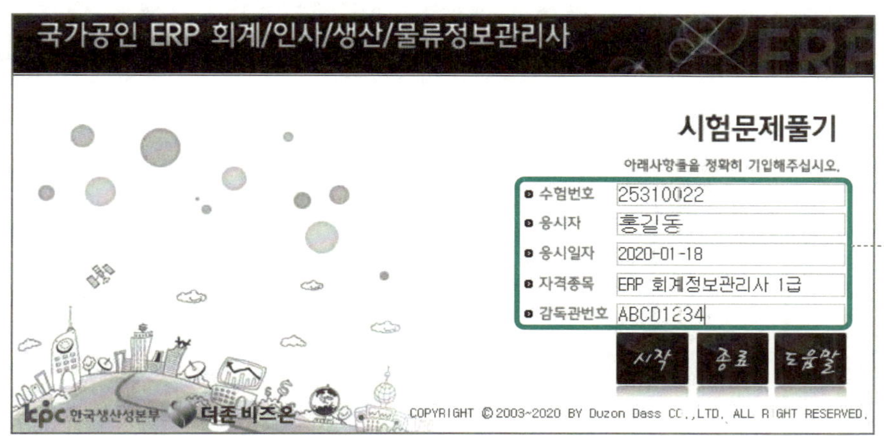

수험표에 기재된 내용을 참고하여 수험번호, 응시자, 응시일자, 자격종목, 감독관 번호를 순서대로 입력한다.

• ERP 정보관리사 로그인 후 화면

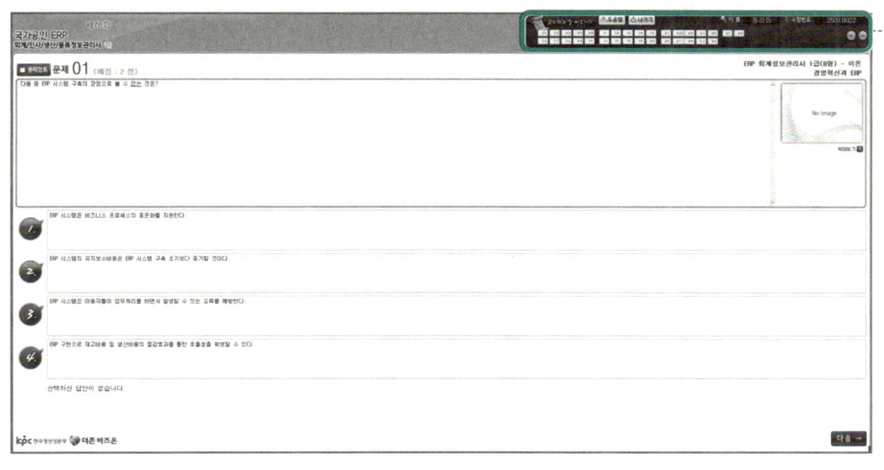

로그인 후 시험이 시작되면 문제를 읽고 답안을 체크한 후, '다음' 버튼을 누른다. 우측 상단의 '답안체크 및 바로가기'에서 원하는 문항을 선택하면 해당 문항으로 바로 이동할 수 있다.

시험에 출제된 내용만 담은 이론!

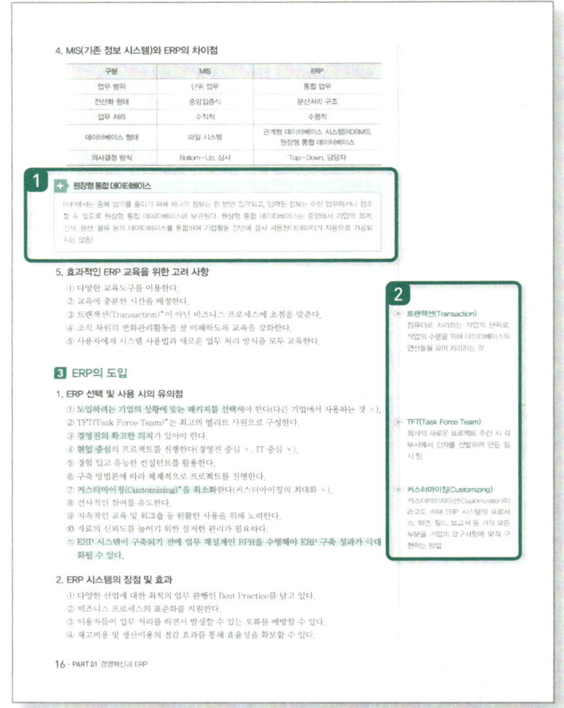

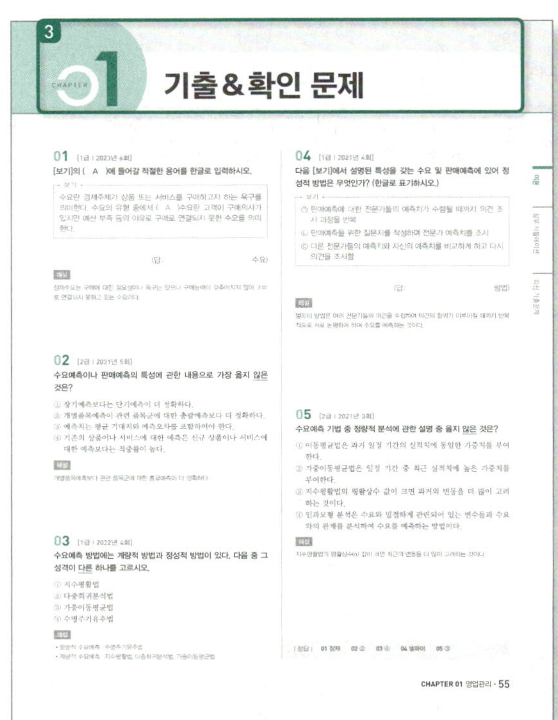

1 부가 이론 설명

기본 이론과 더불어 학습자의 이해를 돕는 부가적인 내용을 수록하였다.

2 용어 및 개념 설명

어려운 용어 및 개념은 바로 설명하여 해당 내용을 이해하는 데 어려움이 없도록 하였다.

3 기출&확인 문제

각 CHAPTER별로 기출&확인 문제를 수록하여 기출 유형을 파악하고 학습 내용을 점검할 수 있다.

+ 시험 직전, 최종 점검할 수 있는 FINAL 핵심노트(PDF 제공)

다운로드 경로: 에듀윌 도서몰(book.eduwill.net) > 도서자료실 > 부가학습자료 > 'ERP 정보관리사 물류 1·2급' 검색

실전 감각을 키울 수 있는 실무 시뮬레이션!

최신 기출문제 6회분으로 확실한 마무리!

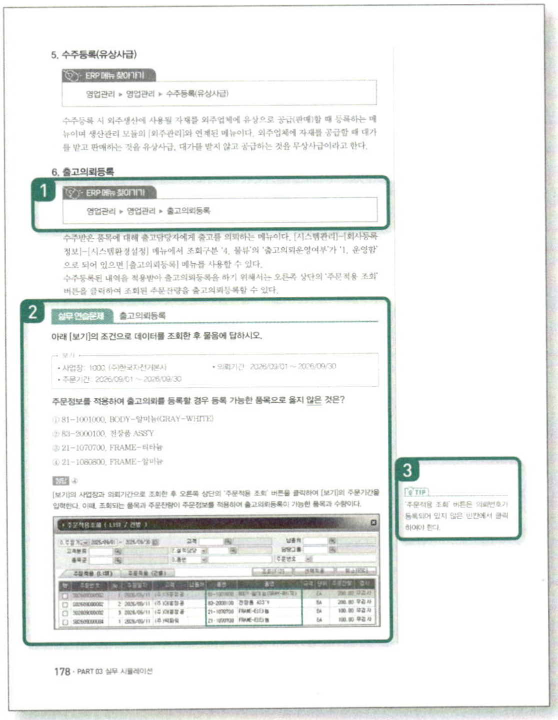
5. 수주등록(유상사급)

ERP 메뉴 찾아가기

영업관리 ▸ 영업관리 ▸ 수주등록(유상사급)

6. 출고의뢰등록

1 ERP 메뉴 찾아가기

영업관리 ▸ 영업관리 ▸ 출고의뢰등록

2 실무 연습문제 출고의뢰등록

아래 [보기]의 조건으로 데이터를 조회한 후 물음에 답하시오.

주문정보를 적용하여 출고의뢰를 등록할 경우 등록 가능한 품목으로 옳지 않은 것은?

3 TIP

178 · PART 03 실무 시뮬레이션

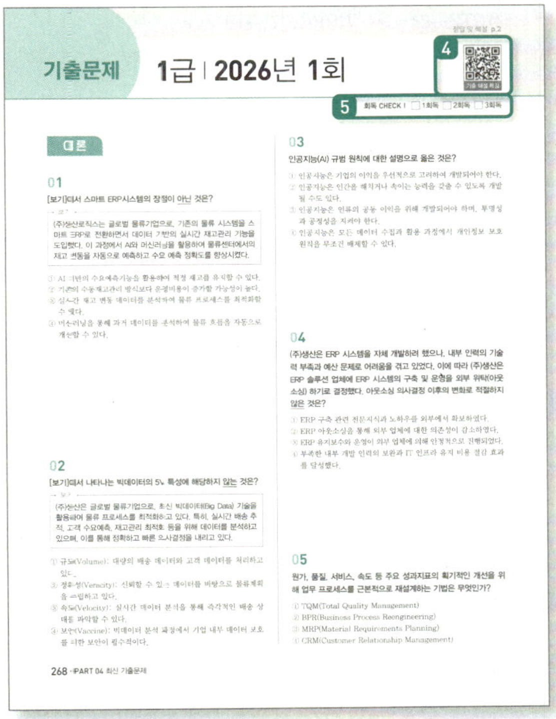
기출문제 1급 | 2026년 1회

4

5 회독 CHECK | 1회독 2회독 3회독

이론

01 [보기]에서 스마트 ERP시스템의 장점이 아닌 것은?

02 [보기]에서 나타나는 빅데이터의 5V 특성에 해당하지 않는 것은?

03 인공지능(AI) 규범 원칙에 대한 설명으로 옳은 것은?

04

05 원가, 품질, 서비스, 속도 등 주요 성과지표의 획기적인 개선을 위해 업무 프로세스를 근본적으로 재설계하는 기법은 무엇인가?

① TQM(Total Quality Management)

② BPR(Business Process Reengineering)

③ MRP(Material Requirements Planning)

④ CRM(Customer Relationship Management)

268 · PART 04 최신 기출문제

❶ ERP 메뉴 찾아가기

생소한 프로그램을 보다 빠르게 익힐 수 있도록 해당 메뉴의 경로를 제시하였다.

❷ 실무 연습문제

실무 연습문제를 통해 ERP 프로그램에 익숙해질 수 있도록 하여 실전에 대비할 수 있다.

❸ 저자 TIP

저자가 직접 제시하는 TIP을 수록하여 효율적인 학습을 할 수 있다.

❹ 기출문제 해설 특강

2026년 1회부터 2025년 5회까지 최신 기출문제 6회분의 해설 특강을 수록하였다.

❺ 회독 CHECK

3회독이 가능한 회독 CHECK표를 활용하여 최신 기출 문제가 익숙해질 때까지 충분히 학습할 수 있다.

차 례

이 론

PART 01 | 경영혁신과 ERP

PART 02 | 물류이론

실무 시뮬레이션

PART 03 | 실무 시뮬레이션

PART

01

경영혁신과 ERP

Enterprise Resource Planning

경영혁신과 ERP

1 경영혁신

1. 경영혁신의 정의

경영혁신이란 조직의 목적을 달성하기 위하여 새로운 생각이나 방법으로 기존 업무를 다시 계획하고 실천하고 평가하는 것을 말한다. 고객 욕구의 다양화, 기업활동의 세계화, 정보 기술의 급격한 발전 등 급변하는 기업 환경 속에서 기업들은 생존 및 경쟁우위 확보 전략으로 ERP를 포함한 다양한 경영혁신 운동을 전개해 왔다.

2. 다운사이징(Downsizing)

① 조직의 규모를 줄이는 것이 목적이며 기업의 감량 경영을 통칭하는 개념이다.
② 인력 축소, 조직 재설계, 시스템 재설계 등이 있으며, 다운사이징의 결과로 비정규직 근로자가 출현하게 되었다.

3. 아웃소싱(Outsourcing)

① 경영 효과 및 효율의 극대화를 위한 방안으로 기업의 핵심 업무를 제외한 일부 기능을 제3자에게 위탁하여 처리하는 개념이다.
② 기업은 핵심 업무에만 집중하고 나머지 부수적인 부분은 외주에 의존함으로써 생산성을 극대화할 수 있다.

4. JIT(Just In Time)

필요한 것을 필요할 때, 필요한 만큼 만드는 생산 방식이다.

5. 리엔지니어링(Re-engineering)

주로 정보 기술을 통해 기업경영의 핵심과 과정을 전면 개편함으로써 경영 성과를 향상시키기 위한 경영 기법으로, 매우 신속하고 극단적이며 전면적인 혁신을 강조한다.

6. BPR(Business Process Re-engineering) 중요

(1) BPR의 정의

원가, 품질, 서비스, 속도와 같은 핵심적인 부분에서 극적인 성과를 이루기 위해 기업의 업무 프로세스를 기본적으로 다시 생각하고 급진적으로 재설계하는 것으로, 현재 하고 있는 일을 개선하는 것이 아니라 처음부터 다시 시작하는 혁명적인 개념에서 출발한 것으로 ERP 도입의 성공 여부는 BPR을 통한 업무 개선에 달려 있다.

(2) BPR이 필요한 이유

① 복잡한 조직 및 경영기능의 효율화
② 지속적인 경영환경 변화에 대한 대응
③ 정보 IT 기술을 통한 새로운 기회 창출

(3) ERP 패키지 도입을 통한 시스템 구축 방법(Best Practice 도입 목적)

① BPR과 ERP 시스템 구축을 병행하는 방법

② ERP 패키지에 맞추어 BPR을 추진하는 방법

③ BPR을 실시한 후에 이에 맞도록 ERP 시스템을 구축하는 방법

➕ BPI(Business Process Improvement)

BPI는 ERP 구축 전에 수행되며, 시간의 흐름에 따라 단계적으로 비즈니스 프로세스를 개선해 가는 점진적인 방법론이다. BPR이 비즈니스 프로세스를 급진적으로 개선하는 방식인 데 반해, BPI는 비즈니스 프로세스를 점증적으로 개선하는 방식이다.

---

2 ERP(Enterprise Resource Planning)

1. ERP의 정의

기업의 업무 프로세스 재구축(BPR)을 통해 기업 내 분산된 모든 자원을 효율적으로 통합 관리할 수 있는 부서 간 전산 통합용 프로그램인 ERP 소프트웨어가 경영혁신의 새로운 도구로 주목받게 되었다. 미국의 가트너 그룹에서 처음 불린 ERP는 선진 업무 프로세스를 기반으로 최신의 정보 기술을 통해 설계한 고기능성 업무용 소프트웨어로, 최신의 IT 기술을 활용하여 생산, 판매, 인사, 회계 등 기업 내 모든 업무를 통합적으로 관리하도록 도와주는 전사적 자원 관리 시스템이다. 즉, 영업에서 생산 및 출하에 이르는 기업의 모든 업무 과정을 유기적으로 연결할 뿐만 아니라 실시간으로 관리하여 신속한 의사결정을 지원하는 최신의 경영정보 시스템이다.

2. ERP의 역할

① 기업 내에 분산된 모든 자원을 부서 단위가 아닌 기업 전체의 흐름에서 최적으로 관리할 수 있도록 하는 통합 시스템이다.

② 통합 업무 시스템으로 중복 업무에 들어가는 불필요한 요소를 줄일 수 있다.

③ 각종 업무에서 발생하는 데이터를 하나의 데이터베이스로 저장하여 정보 공유에 용이하다.

④ 투명경영의 수단으로 활용되며, 실시간으로 처리되는 경영 현황에 대한 경영정보 제공 및 경영 조기경비체계를 구축한다.

⑤ 다양한 운영체제하에서 운영이 가능하고 시스템을 확장하거나 다른 시스템과의 연계도 가능하다(개방성, 확장성, 유연성).

⑥ ERP가 구축되어 성공하기 위해서는 경영자의 관심과 기업 구성원 전원의 참여가 필요하다.

3. ERP의 목표 <중요>

ERP 도입의 최종 목적은 고객만족과 이윤 극대화 실현이다.

① 통합 정보 시스템 구축, 선진 비즈니스 프로세스의 도입

② 잘못된 관행 제거, 비부가가치 업무 제거, 단순화, 표준화(복잡하지 않음)

③ 재고비용 절감, 납기 단축, 정보 공유, 매출액 증대 등

④ 경쟁력 강화 및 투명경영의 가능

⑤ 글로벌 경쟁 체제에 적절히 대응

4. MIS(기존 정보 시스템)와 ERP의 차이점

구분	MIS	ERP
업무 범위	단위 업무	통합 업무
전산화 형태	중앙집중식	분산처리 구조
업무 처리	수직적	수평적
데이터베이스 형태	파일 시스템	관계형 데이터베이스 시스템(RDBMS), 원장형 통합 데이터베이스
의사결정 방식	Bottom-Up, 상사	Top-Down, 담당자

➕ 원장형 통합 데이터베이스

ERP에서는 중복 업무를 줄이기 위해 하나의 정보는 한 번만 입력되고, 입력된 정보는 어떤 업무에서나 참조할 수 있도록 원장형 통합 데이터베이스에 보관된다. 원장형 통합 데이터베이스는 중앙에서 기업의 회계, 인사, 생산, 물류 등의 데이터베이스를 통합하여 기업활동 전반에 걸쳐 사용된다(데이터가 자동으로 가공되지는 않음).

5. 효과적인 ERP 교육을 위한 고려 사항

① 다양한 교육도구를 이용한다.
② 교육에 충분한 시간을 배정한다.
③ 트랜잭션(Transaction)*이 아닌 비즈니스 프로세스에 초점을 맞춘다.
④ 조직 차원의 변화관리활동을 잘 이해하도록 교육을 강화한다.
⑤ 사용자에게 시스템 사용법과 새로운 업무 처리 방식을 모두 교육한다.

3 ERP의 도입

1. ERP 선택 및 사용 시의 유의점

① 도입하려는 기업의 상황에 맞는 패키지를 선택해야 한다(다른 기업에서 사용하는 것 ×).
② TFT(Task Force Team)*는 최고의 엘리트 사원으로 구성한다.
③ 경영진의 확고한 의지가 있어야 한다.
④ 현업 중심의 프로젝트를 진행한다(경영진 중심 ×, IT 중심 ×).
⑤ 경험 있고 유능한 컨설턴트를 활용한다.
⑥ 구축 방법론에 따라 체계적으로 프로젝트를 진행한다.
⑦ 커스터마이징(Customizing)*을 최소화한다(커스터마이징의 최대화 ×).
⑧ 전사적인 참여를 유도한다.
⑨ 지속적인 교육 및 워크숍 등 원활한 사용을 위해 노력한다.
⑩ 자료의 신뢰도를 높이기 위한 철저한 관리가 필요하다.
⑪ ERP 시스템이 구축되기 전에 업무 재설계인 BPR을 수행해야 ERP 구축 성과가 극대화될 수 있다.

2. ERP 시스템의 장점 및 효과

① 다양한 산업에 대한 최적의 업무 관행인 Best Practice를 담고 있다.
② 비즈니스 프로세스의 표준화를 지원한다.
③ 이용자들이 업무 처리를 하면서 발생할 수 있는 오류를 예방할 수 있다.
④ 재고비용 및 생산비용의 절감 효과를 통해 효율성을 확보할 수 있다.

⑤ 모든 기업의 업무 프로세스를 개별 부서원들이 분산처리하면서도 동시에 중앙에서 개별 기능들을 통합적으로 관리할 수 있다.

⑥ 경영학적인 업무 지식에 입각하여 각 기업들의 고유한 프로세스를 구현할 수 있도록 파라미터(Parameter)*를 변경하여 고객화(Customization)*시킬 수 있게 구성되어 있다.

⑦ 차세대 ERP는 인공지능 및 빅데이터 분석 기술과의 융합으로 분석 도구가 추가되어 선제적 예측과 실시간 의사결정 지원이 가능하다.

3. ERP 시스템 도입의 예상 효과

① 통합 업무 시스템 구축
② 불필요한 재고 감소, 물류비용 감소, 원가 절감
③ 고객 서비스 개선, 수익성 개선
④ 필요 인력과 필요 자원 절약, 업무시간 단축
⑤ 생산성 향상 및 매출 증대, 업무의 정확도 증대, 업무 프로세스 단축
⑥ 비즈니스 프로세스 혁신, 업무의 비효율 절감
⑦ 최신 정보 기술 도입
⑧ 리드 타임(Lead Time)* 단축
⑨ 결산작업 단축
⑩ 사이클 타임(Cycle Time)* 단축
⑪ 투명한 경영
⑫ 표준화, 단순화, 코드화

4. ERP 시스템 도입의 4단계 프로세스

ERP 도입 단계는 기존 시스템 개발 프로젝트와 달리 일종의 패키지 도입이 주를 이루고 있으므로 다음과 같은 4단계의 프로세스를 거친다.

> 투자 단계 → 구축 단계 → 실행 단계 → 확산 단계

➕ 총소유비용(Total Cost of Ownership)

ERP 시스템에 대한 투자비용을 의미하며 투자의 적정성을 평가하기 위한 개념으로, 시스템의 전체 라이프 사이클(Life-Cycle)을 통해 발생하는 전체 비용을 계량화하는 것이다.

5. ERP 시스템 획득과 IT 아웃소싱

ERP를 자체 개발하면 시스템의 수정과 유지 보수가 지속적으로 이루어질 수 있으나 최근 ERP 개발과 구축, 운영, 유지 보수 등을 전문회사에 외주(아웃소싱)를 주어 패키지를 선택하는 형태가 많이 나타나고 있다. ERP 패키지 선정 기준으로는 시스템 보안성, 요구사항 부합 정도, 자사 환경 적합성, 커스터마이징(Customizing) 가능 여부 등이 있다.

6. ERP 패키지 선택 시 장점

① 기업이 가지고 있지 못한 지식을 획득할 수 있다.
② ERP의 개발과 구축, 운영, 유지 보수에 필요한 인적 자원을 절약할 수 있다.
③ ERP의 자체 개발에서 발생할 수 있는 기술력 부족의 위험 요소를 제거할 수 있다.
④ 검증된 방법론 적용으로 구현 기간을 최소화할 수 있다.
⑤ 검증된 기술과 기능으로 위험 부담을 최소화할 수 있다.
⑥ 향상된 기능과 최신의 정보 기술이 적용된 버전으로 업그레이드할 수 있다.

＊ 파라미터(Parameter)
ERP 프로그램의 사용자가 원하는 방식으로 자료를 처리하도록 특정 기능을 추가하거나 변경하여 반영하는 정보

＊ 고객화(Customization)
ERP 시스템의 프로세스, 화면, 필드, 보고서 등 거의 모든 부분을 기업의 요구사항에 맞춰 구현하는 방법

＊ 리드 타임(Lead Time)
고객의 주문에서 납품까지 또는 생산이 시작되어 완성될 때까지 걸리는 시간

＊ 사이클 타임(Cycle Time)
반복 작업에서 1사이클에 필요한 시간

7. ERP를 성공적으로 도입하기 위한 전략

① 현재의 업무 방식만을 그대로 고수해서는 안 된다.
② 사전 준비를 철저히 한다.
③ IT 중심의 프로젝트로 추진하지 않는다.
④ 업무상의 효과보다 소프트웨어의 기능성 위주로 적용 대상을 판단하지 않는다.
⑤ 관리자와 팀 구성원의 자질과 의지를 충분히 키워 지속적인 ERP 교육을 실시한다.
⑥ 단기간의 효과 위주로 구현하면 안 된다.
⑦ 프로젝트 멤버는 현업 중심으로 구성해야 한다.
⑧ 최고 경영진도 프로젝트에 적극적으로 참여해야 한다.
⑨ 회사 전체의 입장에서 통합적 개념으로 접근하도록 한다.
⑩ BPR을 통한 완전한 기업 업무 프로세스 표준화가 선행되거나 동시에 진행되어야 한다.

8. 상용화 패키지에 의한 ERP 시스템 구축 시 성공과 실패를 좌우하는 요인

① 시스템 공급자와 기업, 양쪽에서 참여하는 인력의 역량
② 제품이 보유한 기능을 기업의 업무환경에 얼마만큼 잘 적용시키는지에 대한 요인
③ 사용자 입장에서 ERP 시스템을 충분히 이해하고 사용할 수 있는 반복적인 교육 훈련

4 ERP의 특징

1. 기능적 특징

① 다국적, 다통화, 다언어 지원
② 중복 업무의 배제 및 실시간 정보처리체계 구축
③ 표준을 지향하는 선진화된 최고의 실용성 수용
④ 비즈니스 프로세스 모델에 따른 리엔지니어링
⑤ 파라미터 지정에 의한 프로세스의 정의
⑥ 경영정보 제공 및 경영조기경비체계의 구축
⑦ 투명경영의 수단으로 활용
⑧ 오픈 멀티-벤더(Open Multi-Vendor)

> **➕ 오픈 멀티-벤더(Open Multi-Vendor)**
>
> ERP는 어떠한 운영체제나 데이터베이스에서도 잘 운영될 수 있도록 설계되어 있어서 다른 시스템과의 연계가 쉽다. 따라서 특정 하드웨어 및 소프트웨어 기술이나 업체에 의존하지 않고 다양한 하드웨어나 소프트웨어와 조합하여 사용할 수 있도록 지원한다.

2. 기술적 특징

① 4세대 언어(4GL) 활용
② CASE Tool 기술
③ 관계형 데이터베이스(RDBMS) 소프트웨어 사용
④ 객체지향기술 사용
⑤ 인터넷 환경의 e-Business를 수용할 수 있는 Multi-Tier 환경 구성

분석 단계 → 설계 단계 → 구축 단계 → 구현 단계	

분석 단계	현황을 파악하는 단계 • AS-IS 파악(현재의 업무) • TFT(Task Force Team) 결성 • 현재 시스템의 문제 파악 • 주요 성공 요인 도출 • 목표와 범위 설정 • 경영전략 및 비전 도출 • 현업 요구사항 분석 • 세부 추진일정 및 계획 수립 • 교육
설계 단계	분석한 결과를 구축하기 위해 준비하는 과정 • TO-BE 프로세스 도출 • 패키지 기능과 TO-BE 프로세스의 차이점 분석(GAP 분석) • 패키지 설치 및 파라미터 설정 • 추가 개발 및 수정·보완 문제 논의 • 인터페이스 문제 논의 • 커스터마이징(Customizing, 사용자 요구)의 선정 • 교육
구축 단계	분석과 설계 과정을 통해 이루어진 현황 파악 및 설정된 목표를 시스템적으로 구축하여 검증하는 과정 • 모듈 조합화(TO-BE 프로세스에 맞게 모듈 조합) • 추가 개발 또는 수정기능 확정 • 인터페이스 프로그램 연계 • 출력물 제시 • 교육
구현 단계	본격적인 시스템 가동 전에 시험적으로 운영하는 과정 • 시스템 운영(실데이터 입력 후 테스트) • 시험 가동 • 데이터 전환 • 시스템 평가 • 유지 보수 • 향후 일정 수립 • 교육

6 ERP의 발전 과정과 확장형 ERP

1. ERP의 발전 과정

MRP Ⅰ → MRP Ⅱ → ERP → 확장형 ERP	

① MRP Ⅰ(Material Requirement Planning): 1970년대, 자재 소요량관리, 재고 최소화
② MRP Ⅱ(Manufacturing Resource Planning): 1980년대, 생산 자원관리, 원가 절감
③ ERP(Enterprise Resource Planning): 1990년대, 전사적 자원관리, 경영혁신
④ 확장형 ERP(Extended ERP): 2000년대, 기업 간 최적화, Win-Win, 선진 정보화 기술 지원

TIP
ERP 구축 절차의 순서와 각 단계의 특징을 반드시 암기해야 한다.

> 패키지 파라미터 설정 활동의 결과
> • 기업의 특정 요구에 맞게 ERP 시스템의 기능을 조정
> • 기업의 환경에 맞게 프로세스를 조정하여 효율성을 높임
> • 데이터의 흐름과 저장 방식을 조정하여 데이터 무결성과 일관성을 유지

2. 확장형 ERP

기존의 ERP에서 좀 더 발전된 개념으로, 기존의 ERP가 기업 내부의 프로세스 최적화가
목표였다면, 확장형 ERP는 기업 외부의 프로세스까지 운영 범위를 확대한 것이다.

(1) 확장형 ERP의 장점

① 개별적으로 고가의 시스템을 구축할 필요가 없어진다.
② 기존 ERP 시스템과의 통합 부담이 사라진다.
③ 기존 ERP 시스템의 효용이 상승된다.

(2) 확장형 ERP의 단점

완성도가 부족하다.

(3) 확장형 ERP의 구성 요소

기본형 ERP 시스템에 e-Business 지원 시스템과 SEM 시스템을 포함한다.

① e-Business 지원 시스템의 단위 시스템
- 지식경영 시스템(KMS; Knowledge Management System)
- 의사결정 지원 시스템(DSS; Decision Support System)
- 경영자정보 시스템(EIS; Executive Information System)
- 고객관계관리(CRM; Customer Relationship Management)
- 전자상거래(EC; Electronic Commerce)
- 공급체인관리(SCM; Supply Chain Management)

② SEM(전략적 기업경영) 시스템의 단위 시스템
- 성과측정관리(BSC; Balanced Score Card)
- 부가가치경영(VBM; Valued-Based Management)
- 전략계획 및 시뮬레이션(SFS; Strategy Formulation & Simulation)
- 활동기준경영(ABM; Activity-Based Management)

(4) 확장된 ERP 시스템 내의 SCM(Supply Chain Management) 모듈

공급자부터 소비자까지 이어지는 물류, 자재, 제품, 서비스, 정보의 흐름 전반에 걸쳐 계
획하고 관리함으로써 수요와 공급의 일치를 최적으로 운영하고 관리하는 활동이다.

① 공급사슬에서의 가시성 확보로 공급 및 수요 변화에 신속하게 대응할 수 있다.
② 정보의 투명성을 통해 재고수준 감소 및 재고 회전율 증가를 달성할 수 있다.
③ 공급사슬에서의 계획(Plan), 조달(Source), 제조(Make) 및 배송(Deliver)활동 등의 통
합 프로세스를 지원한다.

3. ERP와 CRM의 관계

① CRM(Customer Relationship Management, 고객관계관리)은 신규 고객 획득과 기존
고객 유지를 중심으로 고객을 파악하고 분석하는 것이다.
② ERP와 CRM 간의 통합으로 비즈니스 프로세스의 투명성과 효율성을 확보할 수 있다.
③ CRM 시스템은 기업의 고객 대응 활동을 지원하는 프런트오피스 시스템(Front-
Office System)의 개념이며, ERP 시스템은 비즈니스 프로세스를 지원하는 백오피스
시스템(Back-Office System)이다.
④ 확장된 ERP 환경에서 CRM 시스템은 마케팅, 판매 및 고객 서비스를 자동화한다.

7 4차 산업혁명과 클라우드 ERP

1. 4차 산업혁명

(1) 4차 산업혁명의 정의

인공지능(AI; Artificial Intelligence), 사물인터넷(IoT; Internet of Things), 빅데이터(Big Data), 클라우드 컴퓨팅(Cloud Computing) 등 첨단 정보통신 기술이 경제와 사회 전반에 융합되어 혁신적인 변화가 나타나는 차세대 산업혁명이다.

(2) 차세대 ERP의 4차 산업혁명의 핵심 기술 적용

① 향후 스마트 ERP는 4차 산업혁명의 핵심 기술인 인공지능(AI), 빅데이터(Big Data), 사물인터넷(IoT), 블록체인 등의 신기술과 융합하여 보다 지능화된 기업경영이 가능한 통합 시스템으로 발전될 것이다.

② 생산관리 시스템(MES), 전사적 자원관리(ERP), 제품 수명주기관리 시스템(PLM) 등을 통해 각 생산 과정을 체계화하고 관련 데이터를 한 곳으로 모을 수 있어 빅데이터 분석*이 가능해진다. 따라서 인공지능 기반의 빅데이터 분석을 통해 최적화와 예측 분석이 가능하여 과학적이고 합리적인 의사결정 지원이 가능해진다.

③ 제조업에서는 빅데이터 처리 및 분석 기술을 기반으로 생산자동화를 구현하고 ERP와 연계하여 생산계획의 선제적 예측과 실시간 의사결정이 가능해진다.

④ ERP에서 생성되고 축적된 빅데이터를 활용하여 기업의 새로운 업무를 개척할 수 있고, 비즈니스 간 융합을 지원하는 시스템으로 확대가 가능해진다.

⑤ 차세대 ERP는 인공지능 및 빅데이터 분석 기술과의 융합으로 전략경영 등의 분석 도구를 추가하게 되어 상위 계층의 의사결정을 지원할 수 있는 스마트 시스템으로 발전하고 있다.

2. 디지털 전환(Digital Transformation)

① 4차 산업혁명 시대의 경제 패러다임으로 디지털 기술을 사회 전반에 적용하여 전통적인 사회 구조를 혁신시키는 것이다.

② 기업에서 사물인터넷, 클라우드, 빅데이터, 인공지능 등의 핵심 기술을 활용하여 기존의 구조, 운영 방식, 서비스 방법 등을 혁신하는 것이다.

③ 현재 디지털 전환은 첨단제조기술, ICT 등의 기술 적용과 프로세스 효율화, 그리고 비즈니스 모델 변혁과 생태계 구축까지 확장되어 실행되고 있다.

3. 사물인터넷(IoT; Internet of Things)

① 인터넷을 통해서 모든 사물을 서로 연결하여 정보를 상호 소통하는 지능형 정보 기술 및 서비스이다.

② 수 많은 사물인터넷 기기들이 내장된 센서를 통해 데이터를 수집하고 인터넷을 통해 서로 연결되고 통신하며, 수집된 정보를 기반으로 자동화된 프로세스나 제어기능을 수행할 수 있으므로 다양한 산업분야뿐만 아니라 스마트 가전, 스마트 홈, 스마트 의료, 원격검침, 교통 분야 등의 일상생활에서도 적용되고 있다.

③ 만물인터넷(IoE; Internet of Everything): 사물인터넷의 미래이며 진화된 모습으로 사물과 사람, 데이터, 프로세스 등 세상에서 연결 가능한 모든 것(만물)이 인터넷에 연결되어 서로 소통하며 새로운 가치와 경험을 창출하는 기술이다.

4. 클라우드 컴퓨팅(Cloud Computing)

인터넷 기술을 활용하여 가상화된 IT 자원을 서비스로 제공하는 컴퓨팅 기술이다. 사용자들은 클라우드 컴퓨팅 사업자가 제공하는 소프트웨어, 스토리지, 서버, 네트워크 등의 IT 자원을 필요한 만큼 사용하고, 사용한 만큼 비용을 지불할 수 있다. 또한, 클라우드 서비스는 필요한 만큼의 IT 자원을 빠르게 확장하거나 축소할 수 있고, 어디에서나 접속할 수 있으며, 기술적인 관리 부담이 없다.

(1) 클라우드 컴퓨팅의 장점

① 사용자가 하드웨어나 소프트웨어를 직접 디바이스에 설치할 필요 없이 자신의 필요에 따라 언제든지 컴퓨팅 자원을 사용할 수 있다.

② 모든 데이터와 소프트웨어가 클라우드 컴퓨팅 내부에 집중되고 이기종 장비 간의 상호 연동이 유연하기 때문에 손쉽게 다른 장비로 데이터와 소프트웨어를 이동할 수 있어 장비 관리 업무와 PC 및 서버 자원 등을 줄일 수 있다.

③ 사용자는 클라우드 컴퓨팅 네트워크에 접속하여 서버 및 소프트웨어를 제공받을 수 있으므로 서버 및 소프트웨어를 구입하여 설치할 필요가 없어 IT 투자비용이 줄어든다.

(2) 클라우드 컴퓨팅의 단점

① 서버 공격 및 서버 손상으로 인해 개인정보가 유출 및 유실될 수 있다.

② 모든 애플리케이션을 보관할 수 없으므로 사용자가 필요로 하는 애플리케이션을 지원받지 못하거나 애플리케이션을 설치하는 데 제약이 있을 수 있다.

(3) 클라우드 컴퓨팅에서 제공하는 서비스

① SaaS(Software as a Service, 서비스형 소프트웨어): 클라우드 컴퓨팅 서비스 사업자가 클라우드 컴퓨팅 서버에 소프트웨어를 제공하고, 사용자가 원격으로 접속해 해당 소프트웨어를 활용하는 서비스 모델이다. 기업의 핵심 애플리케이션인 ERP, CRM 솔루션 등의 소프트웨어를 클라우드 서비스를 통해 제공받는 것이며, PaaS를 통해 서비스 구성 컴포넌트 및 호환성 제공 서비스를 지원 받는다.

② PaaS(Platform as a Service, 플랫폼형 서비스): 사용자가 소프트웨어를 개발할 수 있는 토대를 제공해 주는 서비스 모델이다. ERP 소프트웨어 개발을 위한 플랫폼을 클라우드 서비스로 제공받는 것이다. 예 웹 프로그램, 제작 툴, 개발 도구 지원, 과금 모듈, 사용자관리 모듈 등

③ laaS(Infrastructure as a Service, 인프라형 서비스): 서버 인프라를 서비스로 제공하는 것으로, 클라우드를 통해 저장 장치(Storage) 또는 컴퓨팅(Computing) 능력을 인터넷 서비스 형태로 제공하는 서비스 모델이다. 기업의 업무 처리에 필요한 서버, 스토리지, 데이터베이스, 네트워크 등의 IT 인프라 자원을 클라우드 서비스로 빌려 쓰는 형태이며, 데이터 클라우드 서비스와 스토리지 클라우드 서비스는 IaaS에 속한다.

(4) 클라우드 서비스의 비즈니스 모델

① 퍼블릭(Public, 공개형) 클라우드: 일반인에게 공개되는 개방형 서비스로 전 세계의 소비자, 기업고객, 공공기관 및 정부 등 모든 주체가 클라우드 컴퓨팅을 사용할 수 있다. 사용량에 따라 사용료를 지불하며 규모의 경제를 통해 경쟁력 있는 서비스 단가를 제공한다는 장점이 있다.

② 사설(Private, 폐쇄형) 클라우드: 특정한 기업 내부 구성원에게만 제공되는 서비스(Internal Cloud)로, 주로 대기업에서 데이터의 소유권 확보와 프라이버시 보장이 필요한 경우 사용된다. 운영자인 기업이 전체 인프라에 대한 완전한 통제권을 가질 수 있다는 장점은 있으나 규모의 경제 효과를 보기 어렵다.

③ 하이브리드(Hybrid, 혼합형) 클라우드: 특정 업무는 폐쇄형 클라우드 방식을 이용하고 기타 업무는 공개형 클라우드 방식을 이용하는 것이다.

(5) 클라우드 ERP

클라우드 서비스를 바탕으로 ERP 프로그램을 제공하는 것을 말한다. 즉, 전산 자원을 쉽고 빠르게 이용할 수 있도록 데이터를 인터넷과 연결된 중앙컴퓨터에 저장해서 인터넷에 접속하기만 하면 언제 어디서든지 데이터를 이용할 수 있는 ERP이다. 따라서 개방적인 정보 접근성을 통해 데이터를 분석할 수 있으며, 원격근무환경을 구현하여 스마트워크환경이 정착될 수 있다. 웹(Web) 기반의 ERP에서 클라우드 기반의 ERP로 진화하고 있으며, 클라우드 ERP는 디지털 지원, 인공지능(AI) 및 기계학습(Machine Learning), 예측 분석 등과 같은 지능형 기술을 이용하여 미래에 대비한 즉각적인 가치를 제공하고 있다.

① 클라우드의 가장 기본적인 서비스인 SaaS, PaaS, IaaS를 통해 ERP 서비스를 제공받는다.

② IaaS 및 PaaS를 활용한 ERP를 하이브리드 클라우드 ERP라고 한다.

③ 4차 산업혁명 시대에 경쟁력을 갖추기 위해서는 기업들이 지능형 기업으로 전환되어야 하며, 클라우드 ERP로 지능형 기업을 운영할 수 있다.

④ 클라우드 도입을 통해 ERP의 진입장벽을 획기적으로 낮출 수 있다.

⑤ 클라우드를 통해 제공되는 ERP는 전문 컨설턴트의 도움 없이 설치하거나 운영할 수 있다.

⑥ 디지털 지원, 인공지능 및 기계학습(Machine Learning), 예측 분석 등과 같은 지능형 기술을 사용하여 미래에 대비한 즉각적인 가치를 제공할 수 있다.

⑦ 고객의 요구에 따라 필요한 기능을 선택·적용한 맞춤형 구성이 가능하다.

⑧ 안정적이고 효율적인 데이터 관리, IT 자원관리의 효율화, 관리비용의 절감이 가능하다.

5. 빅데이터(Big Data)

① 빅데이터의 정의: 빅데이터는 그 규모가 방대한 디지털데이터이며, 수치데이터뿐만 아니라 문자와 영상데이터를 포함한 다양하고 거대한 데이터의 집합이다.

② 빅데이터의 5V 특성(가트너에 의한)

규모(Volume)	급격한 데이터 양의 증가(대용량화)
다양성(Variety)	로그 기록, 소셜, 위치, 센서 데이터 등 데이터 종류의 증가(반정형, 비정형 데이터의 증가)
속도(Velocity)	소셜 데이터, IoT 데이터, 스트리밍 데이터 등 실시간성 데이터 증가
정확성(Veracity)	데이터의 신뢰성, 정확성, 타당성 보장이 필수
가치(Value)	빅데이터가 추구하는 것은 가치 창출

③ 빅데이터 플랫폼: 빅데이터에서 가치를 추출하기 위한 일련의 과정(수집, 저장, 처리, 분석, 시각화)을 지원하기 위한 프로세스를 규격화한 기술

④ 빅데이터 처리 과정

데이터(생성) → 수집 → 저장(공유) → 처리 → 분석 → 시각화

- 데이터(생성): 데이터베이스 등의 내부 데이터와 인터넷으로 연결된 외부로부터 생성된 데이터가 있다.
- 수집: 의사결정에 필요한 정보를 추출하기 위하여 다양한 데이터 원천으로부터 대량의 다양한 유형의 데이터를 수집하게 된다.
- 저장(공유): 저렴한 비용으로 대량의 다양한 유형의 데이터를 쉽고 빠르게 많이 저장하기 위하여 대용량 저장 시스템을 이용한다.

TIP
빅데이터 처리 과정에 복구기술은 존재하지 않는다.

- **처리**: 빅데이터를 효과적으로 분석하기 위하여 사전에 빅데이터 분산처리 기술이 필요한 단계이다.
- **분석**: 머신러닝, 딥러닝, 통계분석기법 등의 기술을 이용하여 처리된 빅데이터에서 가치있는 정보를 추출한다.
- **시각화**: 분석 결과를 표, 그래프 등을 이용해 쉽게 시각적으로 표현하고 해석이나 의사결정에 활용한다.

6. 사이버물리 시스템(CPS; Cyber Physical System)

① 실제의 물리적인 제품, 생산설비, 공정, 공장을 사이버 공간에 그대로 구현하고 서로 긴밀하게 통합되어 동작하는 통합 시스템이다.

② 제품, 공정, 생산설비와 공장에 대한 실제 세계와 가상 세계의 통합 시스템이며, 제조 빅데이터를 기반으로 사이버모델을 구축하고 이를 활용하여 최적의 설계 및 운영을 수행하는 것이다.

③ 통신기능과 연결성이 증대된 메카트로닉스 장비에서 진화하여 컴퓨터 알고리즘에 의해 서로 소통하고 자동적, 지능적으로 제어되고 모니터링되는 다양한 물리적 개체(센서, 제조장비 등)들로 구성된 시스템이다.

④ CPS의 데이터를 ERP 시스템으로 통합하여 주문처리, 생산계획, 구매관리, 재고관리와 같은 업무 프로세스를 지원하는 상호작용이 가능하다.

7. 스마트 팩토리(Smart Factory, 스마트 공장)

(1) 스마트 팩토리의 정의

스마트 팩토리는 설계·개발, 제조 및 유통·물류 등 생산 과정에 디지털 자동화 솔루션이 결합된 ICT를 적용하여 생산성, 품질, 고객만족도를 향상시키는 지능형 생산 공장이다.

(2) 스마트 팩토리의 구축 목적

생산성 향상과 유연성 향상, 고객 서비스 향상, 비용 절감, 납기 향상, 품질 향상, 인력효율화, 맞춤형 제품 생산, 통합된 협업생산 시스템, 최적화된 동적생산 시스템, 새로운 비즈니스 창출, 제품 및 서비스의 생산통합, 제조의 신뢰성 확보 등을 목표로 한다.

(3) 스마트 팩토리의 구성 영역

① **제품 개발**: 제품수명주기관리(PLM) 시스템을 이용하여 제품의 개발, 생산, 유지보수, 폐기까지의 전 과정을 체계적으로 관리하게 된다.

② **현장 자동화**: 인간과 협업하거나 독자적으로 제조작업을 수행하는 시스템으로 공정자동화, IOT, 설비제어장치(PLC), 산업로봇, 머신비전 등의 기술이 이용된다.

③ **공장 운영관리**: 자동화된 생산설비로부터 실시간으로 가동 정보를 수집하여 효율적으로 공장 운영에 필요한 생산계획 수립, 재고관리, 제조자원관리, 품질관리, 공정관리, 설비제어 등을 담당한다.

④ **기업자원관리**: 고객주문, 생산실적 정보 등을 실시간으로 수집하여 효율적인 기업 운영에 필요한 원가, 재무, 영업, 생산, 구매, 물류관리 등을 담당하며, ERP 등의 기술이 이용된다.

⑤ **공급사슬관리**: 제품 생산에 필요한 원자재 조달에서부터 고객에게 제품을 전달하는 전체 과정의 정보를 실시간으로 수집하여 효율적인 물류 시스템 운영, 고객만족을 목적으로 하며, SCM 등의 기술이 이용된다.

8. 제품수명주기관리(PLM; Product Life-Cycle Management)

① 제품의 설계에서부터 생산, 출시, 유지 보수를 거쳐 서비스 종료오- 최종 폐기에 이르기 까지의 제품수명주기 모든 단계에서 사람, 기술, 프로세스 및 모범사례(Best Practice) 로 구성되는 통합된 정보지향적 접근이다.

② 제품수명주기관리는 제품 중심의 생명주기관리에 초점을 두며, ERP는 기업 전반의 자원 및 프로세스를 통합적으로 관리하는 데 중점을 두고 있다. 따라서 ERP와 상호작용하여 제품의 생산, 유통, 재무프로세스를 효율화할 수 있다.

③ ERP는 비즈니스 프로세스를 부문이나 조직을 연결하는 횡적인 것으로 파악하기 때문에 엔지니어링 관점에서 설계 및 개발, 생산, 판매 및 기술지원 그리고 폐기 및 재활용 등 전 영역에 이르는 종적인 업무 흐름을 지원하지 못한다. ERP 시스템에서 관리하지 못하는 종적인 영역을 보완함과 동시에 제품에 대한 전반적인 수명주기(Life-Cycle) 를 관리하고 나아가 제품에 대한 설계, 조달, 제조, 생산프로세스의 효율화 및 원가 절감을 위해 제품수명주기관리 시스템을 도입하고 있다.

9. 차세대 ERP의 비즈니스 애널리틱스(Business Analytics)

ERP 시스템 내의 빅데이터 분석을 위한 비즈니스 애널리틱스는 차세대 ERP 시스템의 핵심 요소가 되었다. 최근에는 빅데이터 분석 기술과 인공지능기법이 적용된 비즈니스 애널리틱스가 추가된 스마트 ERP가 출시되어 활용되고 있다. 비즈니스 애널리틱스의 내용은 다음과 같다.

① 의사결정을 위한 데이터 및 정량 분석과 광범위한 데이터 이용을 의미한다.

② 조직에서 기존의 데이터를 기초로 최적 또는 현실적 의사결정을 위한 모델링을 이용하도록 지원한다.

③ 질의 및 보고와 같은 기본적인 분석 기술과 예측 모델링과 같이 수학적으로 정교한 수준의 분석을 지원한다.

④ 과거 데이터 분석뿐만 아니라 이를 통한 새로운 통찰력 제안과 미래 사업을 위한 시나리오를 제공한다.

⑤ 구조화된 데이터(Structured Data)와 비구조화된 데이터(Unstructured Data)를 동시에 이용한다.

- 구조화된 데이터: 파일이나 레코드 내에 저장된 데이터로, 스프레드시트와 관계형 데이터베이스(RDBMS) 포함
- 비구조화된 데이터: 전자메일, 문서, 소셜미디어 포스트, 오디오 파일, 비디오 영상, 센서 데이터 등

⑥ 미래 예측을 지원해 주는 데이터 패턴 분석과 예측 모델을 위한 데이터 마이닝(Data Mining)을 통해 고차원 분석기능을 포함하고 있다.

⑦ 리포트, 쿼리, 알림, 대시보드, 스코어카드뿐만 아니라 데이터 마이닝 등의 예측 모델링과 같은 진보된 형태의 분석기능도 제공한다.

10. 고장 진단 및 예지 시스템(PHM)

설비나 장비의 상태를 지속적으로 모니터링하여 고장을 진단하고 미래의 고장 시점을 예측하여 사전에 유지보수를 수행하는 시스템이다.

8 인공지능과 ERP

인공지능(AI; Artificial Intelligence)은 인간의 학습능력과 추론능력, 지각능력, 자연언어의 이해능력 등을 컴퓨터 프로그램으로 실현한 기술이다.

1. 인공지능의 기술발전

(1) 계산주의(Computationalism) 시대

① 인공지능의 초창기 시대이다.

② 계산주의는 인간이 보유한 지식을 컴퓨터로 표현하고 이를 활용해 현상을 분석하거나 문제를 해결하는 지식기반 시스템(Knowledge Based System)을 말한다.

(2) 연결주의(Connectionism) 시대

① 계산주의로 인공지능 발전에 제약이 생기면서 1980년대에 연결주의가 새롭게 대두되었다.

② 연결주의는 지식을 직접 제공하기보다 지식과 정보가 포함된 데이터를 제공하고 컴퓨터가 스스로 필요한 정보를 학습하며 인간의 두뇌를 모사하는 인공신경망을 기반으로 한 모델이다.

③ 연결주의 시대의 인공지능은 인간과 유사한 방식으로 데이터를 학습하여 스스로 지능을 고도화한다.

④ 연결주의 시대도 학습에 필요한 빅데이터와 컴퓨팅 파워의 부족이라는 한계를 극복하지 못하였다.

(3) 딥러닝*(Deep Learning)의 시대

① 최근의 인공지능은 딥러닝(심층학습)의 시대로, 사물인터넷과 클라우드 컴퓨팅 기술의 발전으로 빅데이터가 생성 및 수집되면서 인공지능 연구는 새로운 전환점을 맞이하였다.

② 입력층(Input Layer)과 출력층(Output Layer) 사이에 다수의 숨겨진 은닉층(Hidden Layer)으로 구성된 심층신경망(Deep Neural Networks)을 활용한다.

③ 현재 딥러닝은 음성 인식, 이미지 인식, 자동번역, 무인주행(자동차, 드론) 등에 큰 성과를 나타내고 있으며 의료, 법률, 세무, 교육, 예술 등 다양한 범위에서 활용되고 있다.

> ✳ **딥러닝**
> 컴퓨터가 방대한 데이터를 이용해 사람처럼 스스로 학습할 수 있도록 심층신경망기술을 이용한 기법

2. 인공지능과 빅데이터 분석기법

(1) 기계학습(Machine Learning, 머신러닝)

① 기계학습의 정의: 방대한 데이터를 분석해 미래를 예측하는 기술로 일반적으로 생성된 데이터를 정보와 지식(규칙)으로 변환하는 컴퓨터 알고리즘을 의미한다.

② 기계학습의 종류

- 지도학습(Supervised Learning): 학습 데이터로부터 하나의 함수를 유추해내기 위한 방법으로 학습 데이터로부터 주어진 데이터의 예측값을 올바르게 추측해내는 것이다. 지도학습 방법에는 분류모형과 회귀모형이 있다.
- 비지도학습(Unsupervised Learning): 데이터가 어떻게 구성되었는지를 알아내는 문제의 범주에 속한다. 지도학습 및 강화학습과 달리 입력값에 대한 목표치가 주어지지 않는다. 비지도학습 방법에는 군집분석, 오토인코더, 생성적적대신경망(GAN) 등이 있다.
- 강화학습(Reinforcement Learning): 선택 가능한 행동들 중 보상을 최대화하는 행동 혹은 순서를 선택하는 방법이다. 강화학습에는 게임 플레이어 생성, 로봇 학습 알고리즘, 공급망 최적화 등의 응용 영역이 있다.

③ 기계학습(머신러닝) 워크플로우 6단계

> 데이터 수집 → 점검 및 탐색 → 전처리 및 정제 → 모델링 및 훈련 → 평가 → 배포

- 데이터 수집(Data Acquisition): 인공지능 구현을 위해서는 머신러닝·딥러닝 등의 학습 방법과 이것을 학습할 수 있는 방대한 양의 데이터가 필요하다. 내부 데이터웨어하우스나 데이터베이스 내의 데이터, 조직 외부의 데이터 소스 등을 통해 분석 목적에 맞는 데이터를 수집한다.
- 점검 및 탐색(Inspection and Exploration): 데이터를 점검하고 탐색하는 탐색적 데이터 분석(EDA; Exploratory Data Analysis)을 수행한다. 데이터의 구조와 결측치 및 극단치 데이터를 정제하는 방법을 탐색하고 독립변수, 종속변수, 변수 유형, 변수의 데이터 유형 등 데이터 특징을 파악한다.
- 전처리 및 정제(Preprocessing and Cleaning): 다양한 소스로부터 획득한 데이터 중 분석하기에 부적합하거나 수정이 필요한 경우 데이터를 전처리하거나 정제하는 과정이다.
- 모델링 및 훈련(Modeling and Training): 머신러닝 코드를 작성하는 모델링 단계를 말한다. 적절한 머신러닝 알고리즘을 선택하여 모델링을 수행하고, 해당 머신러닝 알고리즘에 전처리가 완료된 데이터를 학습시킨다(훈련). 전처리가 완료된 데이터 셋(Data Set)은 학습용 데이터(Training Data)와 평가용 데이터(Test Data)로 구성한다.
- 평가(Evaluation): 머신러닝 기법을 이용한 분석모델(연구모형)을 실행하고 성능(예측 정확도)을 평가하는 단계이다. 모형평가에는 연구모형이 얼마나 정확한가, 연구모형이 관찰된 데이터를 얼마나 잘 설명하는가, 연구모형의 예측에 대해 얼마나 자신할 수 있는가(신뢰성, 타당성), 모형이 얼마나 이해하기 좋은가 등을 평가하고 만족하지 못한 결과가 나온다면 모델링 및 훈련 단계를 반복 수행한다.
- 배포(Deployment): 평가 단계에서 머신러닝 기법을 이용한 연구모형이 성공적으로 학습된 것으로 판단되면 완성된 모델을 배포한다. 분석모델을 실행하여 도출된 최종 결과물을 점검하고, 사업적 측면에서 결과의 가치를 재평가한다. 분석모델을 파일럿 테스트(Pilot Test, 시험작동)를 통해 운영한 다음 안정적으로 확대하여 운영계 시스템에 구축한다.

(2) 데이터 마이닝(Data Mining)

① 데이터 마이닝의 정의

- 축적된 대용량 데이터를 통계 기법 및 인공지능 기법을 이용하여 분석하고 이에 대한 평가를 거쳐 일반화시킴으로써 새로운 자료에 대한 예측 및 추측을 할 수 있는 의사결정을 지원한다.
- 데이터 마이닝은 대규모로 저장된 데이터 안에서 다양한 분석 기법을 활용하여 전통적인 통계학 이론으로는 설명이 힘든 패턴과 규칙을 발견한다.

② 데이터 마이닝의 단계: 분류(Classification), 추정(Estimation), 예측(Prediction), 유사집단화(Affinity Grouping), 군집화(Clustering)의 5가지 업무 영역으로 구분한다.

분류 (Classification)	어떤 새로운 사물이나 대상의 특징을 파악하여 미리 정의된 분류코드에 따라 어느 한 범주에 할당하거나 나누는 것
추정 (Estimation)	결과가 연속된 값을 갖는 연속형 변수를 주로 다루며 주어진 입력변수로부터 수입(Income), 은행잔고(Balance), 배당금(Corporate Dividends)과 같은 미지의 연속형 변수에 대한 값을 추정(산출)
예측 (Prediction)	과거와 현재의 자료를 이용하여 미래를 예측하는 모형을 만드는 것
유사집단화 (Affinity Grouping)	유사한 성격을 갖는 사물이나 물건들을 함께 묶어주는 작업
군집화 (Clustering)	이질적인 사람들의 모집단으로부터 다수의 동질적인 하의 집단 혹은 군집들로 세분화하는 작업

(3) **텍스트 마이닝(Text Mining)**

  ① 텍스트 마이닝은 자연어 형태로 구성된 비정형 또는 반정형 텍스트데이터에서 패턴 또는 관계를 추출하여 의미 있는 정보를 찾아내는 기법으로 자연어 처리*가 핵심 기술이다.

  ② 텍스트 마이닝 분석을 실시하기 위해서는 불필요한 정보를 제거하고, 비정형 데이터를 정형 데이터로 구조화하는 작업은 위해 데이터 전처리 과정(텍스트 형태로 작성된 문서를 컴퓨터가 자동으로 인식할 수 있도록 하는 작업)이 필수적이다.

3. 인공지능 적용기술(응용 분야)

(1) **로봇 프로세스 자동화(RPA; Robotic Process Automation)**

  ① 로봇 프로세스 자동화의 정의

- 소프트웨어 프로그램이 사람을 대신해 반복적인 업무를 자동으로 처리하는 기술로, 사용자가 미리 정의한 순서에 따라 진행되는 업무를 자동으로 수행하는 소프트웨어를 이용해 자동화하는 것이다.
- 인공지능과 머신러닝을 사용하여 가능한 많은 반복적 업무를 자동화할 수 있는 소프트웨어 로봇 기술이다.

  ② 로봇 프로세스 자동화의 적용 분야

- 제조산업은 인공지능을 활용한 디지털 전환으로 로봇 프로세스 자동화의 도입 및 적용이 활발히 이루어져 인력 및 업무 구조 변화가 일어나고 있다.
- 금융권은 업무 생산성을 위해 정보조회, 금리산출, 여신심사, 자금세탁방지 등 업무 전반에 도입하여 직원들의 효율적인 업무수행을 돕고 비용을 절감하고 있다.

  ③ 로봇 프로세스 자동화의 적용 단계

1단계 – 기초프로세스 자동화	정형화된 데이터 기반의 자료 작성, 단순 반복 업무 처리, 고정된 프로세스 단위 업무 수행 등이 해당됨
2단계 – 데이터 기반의 머신러닝 활용	이미지에서 텍스트 데이터 추출, 자연어 처리로 정확도와 기능성을 향상시키는 과정
3단계 – 인지자동화	빅데이터 분석을 통해 그동안 사람이 수행한 복잡한 의사결정을 내리는 수준으로, 로봇 프로세스 자동화가 업무 프로세스를 스스로 학습하면서 자동화하는 단계

(2) **챗봇(ChatBot)**

  ① 채팅(Chatting)과 로봇(Robot)의 합성어인 챗봇(ChatBot)은 로봇의 인공지능을 대화형 인터페이스에 접목한 기술로 인공지능을 기반으로 사람과 상호작용하는 대화형 시스템을 지칭한다.

  ② 인공지능 기반 챗봇 구축을 통해 단순한 질문은 챗봇이 답변함으로써 고객센터(콜상담) 업무의 일부 대체가 가능해 기존 인력을 전문상담으로 배치할 수 있다.

(3) **블록체인(Block Chain)**

  ① 블록체인의 정의

- 분산형 데이터베이스의 형태로 데이터를 저장하는 연결구조체이며, 모든 구성원이 네트워크를 통해 데이터를 검증 및 저장하여 특정인의 임의적인 조작이 어렵도록 설계된 저장플랫폼이다.
- 블록(Block)은 거래 건별 정보가 기록되는 단위이며 이것이 시간의 순서에 따라 체인(Chain) 형태로 연결된 데이터베이스를 블록체인이라고 한다.
- 블록체인은 블록의 정보와 거래내용을 기록하고 이를 네트워크 참여자들에게 분산 및 공유하는 분산원장 또는 공공거래장부이다.

② 블록체인 기술의 특징
  - **탈중개성(P2P-based)**: 공인된 제3자의 공증 없이 개인 간 거래가 가능하며 불필요한 수수료를 절감할 수 있다.
  - **보안성(Secure)**: 정보를 다수가 공동으로 소유하므로 해킹이 불가능하여 브안비용을 절감할 수 있다.
  - **신속성(Instantaneous)**: 거래의 승인·기록은 다수의 참여에 의해 자동 실행되므로 신속성이 극대화된다.
  - **확장성(Scalable)**: 공개된 소스에 의해 쉽게 구축, 연결, 확장이 가능하므로 IT 구축비용을 절감할 수 있다.
  - **투명성(Transparent)**: 모든 거래기록에 공개적 접근이 가능하여 거래 양성화 및 규제비용을 절감할 수 있다.

③ 블록체인의 활용 분야
  - 글로벌 자선단체 및 사회복지 공동모금기관에서 블록체인 기반 기부플랫폼을 운영하여 기부금이 어떻게, 어디에, 얼마나 사용되는지 투명하게 확인할 수 있다.
  - 블록체인 기술을 활용하여 계약, 협상의 실행 및 시행을 할 수 있는 스마트 계약(Smart Contract)은 자동으로 계약이 체결되기 때문에 계약 체결과 이행에 따르는 위험을 제거하여 향후 재판이나 강제집행 등이 필요 없고 중개인의 필요성도 없어 비용 효율성이 장점이다.
  - 블록체인은 위변조에 대한 보안성이 뛰어나 이를 선호하는 네트워크 내 거래 참여자들 간 금융거래에 적극 활용되고 있다.

4. 인공지능 비즈니스 적용 프로세스(5단계)

① **1단계 – 비즈니스 영역 탐색**: 기업이 인공지능 비즈니스를 수행하려면 개선 및 이윤 창출이 가능한 영역이 자사의 업무에 있는지 탐색해야 한다.

② **2단계 – 비즈니스 목표 수립**: 인공지능을 적용할 비즈니스 영역을 찾견한다면, 비즈니스 목표와 기술 목표를 수립해야 한다.

③ **3단계 – 데이터 수집 및 적재**: 딥러닝은 방대한 양의 데이터가 필요한 알고리즘이므로 양질의 데이터 확보 여부가 인공지능 비즈니스의 성패를 결정한다.

④ **4단계 – 인공지능 모델 개발**: 인공지능 모델 구축 관련 인프라를 즌비하고, 모델 평가 지표 수립 후 알고리즘 선택/모델링/평가/보완 작업을 반복적으로 수행한다.

⑤ **5단계 – 인공지능 배포 및 프로세스 정비**: 인공지능은 업무의 가치와 효율성을 높여주는 도구이므로 인공지능 적용 후의 업무 방식 또한 도구를 잘 사용할 수 있도록 변화해야 한다.

5. 인공지능 윤리

① 인공지능 개발과 사용 과정에서 발생하는 위험 요소와 오용을 예방하기 위하여 인공지능에 대한 윤리 원칙의 정립이 필요하다는 추세이다.

② 2018년 9월 세계경제포럼(World Economic Forum)에서 발표한 인공지능 규범(AI Code)의 5개 원칙
  - 인공지능은 인류의 공동 이익을 위해 개발되어야 한다.
  - 인공지능은 투명성과 공정성의 원칙에 따라 작동해야 한다.
  - 인공지능이 개인·가족·지역 사회의 데이터 권리 또는 개인정보를 감소시켜서는 안 된다.
  - 모든 시민은 인공지능을 통해서 정신적·정서적·경제적 번영을 누리도록 교육받을 권리를 가져야 한다.
  - 인간을 해치거나 파괴하거나 속이는 자율적 힘을 인공지능에 절대로 부여하지 않는다.

> **합성곱 신경망(CNN)**
> 필터링 기법을 적용하여 이미지 인식 및 분류에 효과적인 인공지능 알고리즘

기출&확인 문제

01 [1급 | 2021년 3회]

다음은 조직의 효율성을 제고하기 위해 업무 흐름뿐만 아니라 전체 조직을 재구축하려는 혁신 전략 기법들이다. 이 중 주로 정보 기술을 통해 기업경영의 핵심과 과정을 전면 개편함으로 경영성과를 향상시키려는 경영 기법인데 매우 신속하고 극단적인 그리고 전면적인 혁신을 강조하는 이 기법은 무엇인가?

① 지식경영
② 벤치마킹
③ 리스트럭처링
④ 리엔지니어링

해설

주로 정보 기술을 통해 기업경영의 핵심과 과정을 전면 개편함으로 경영성과를 향상시키려는 경영 기법은 리엔지니어링(Re-engineering)이다.

02 [1급 | 2026년 1회]

원가, 품질, 서비스, 속도 등 주요 성과지표의 획기적인 개선을 위해 업무 프로세스를 근본적으로 재설계하는 기법은 무엇인가?

① TQM(Total Quality Management)
② BPR(Business Process Re-engineering)
③ MRP(Material Requirements Planning)
④ CRM(Customer Relationship Management)

해설

ERP 도입의 성공 여부는 BPR(Business Process Re-engineering)을 통한 업무 개선에 달려 있다.

03 [1급 | 2022년 4회]

BPR(Business Process Re-engineering)이 필요한 이유로 가장 적절하지 않은 것은?

① 정보 기술을 통한 새로운 기회 창출
② 지속적인 경영환경 변화에 대한 대응 모색
③ 조직의 복잡성 증대와 경영기능의 효율성 저하
④ 정보보호를 위해 외부와 단절된 업무환경 확보

해설

BPR이 필요한 이유는 복잡한 조직 및 경영기능의 효율화, 지속적인 경영환경 변화에 대한 대응, 정보 IT 기술을 통한 새로운 기회 창출이다. 또한 닫혀 있는 업무환경이 아닌 열려 있는 업무환경 확보가 필요하다.

04 [2급 | 2025년 1회]

ERP 구축 전에 수행되며 단계적인 시간의 흐름에 따라 비즈니스 프로세스를 개선해가는 점증적 방법론은 무엇인가?

① ERD(Entity Relationship Diagram)
② BPI(Business Process Improvement)
③ MRP(Material Requirement Program)
④ SFS(Strategy Formulation & Simulation)

해설

BPR(Business Process Re-engineering)이 급진적으로 비즈니스 프로세스를 개선하는 방식이라면, BPI(Business Process Improvement)는 점증적으로 비즈니스 프로세스를 개선하는 방식이다.

05 [2급 | 2021년 3회]

다음 중 ERP에 대한 설명으로 가장 적절하지 않은 것은 무엇인가?

① ERP가 구축되어 성공하기 위해서는 경영자의 관심과 기업 구성원 전원의 참여가 필요하다.
② ERP는 투명경영의 수단으로 활용되며 실시간으로 경영 현황이 처리되는 경영정보 제공 및 경영조기경비체계를 구축한다.
③ ERP란 기업 내에서 분산된 모든 자원을 부서 단위가 아닌 기업 전체의 흐름에서 최적관리가 가능하도록 하는 통합 시스템이다.
④ 기업은 ERP를 도입함으로써 기업 내 경영활동에 해당되는 생산, 판매, 재무, 회계, 인사관리 등의 활동을 각 시스템별로 개발·운영하여 의사결정 시 활용한다.

해설

기업은 ERP를 도입함으로써 기업 내 경영활동에 해당되는 생산, 판매, 재무, 회계, 인사관리 등의 활동을 각 시스템별이 아닌 통합적으로 개발·운영하여 의사결정 시 활용한다.

| 정답 | 01 ④ 02 ② 03 ④ 04 ② 05 ④

06 [2급 | 2021년 1회]

ERP에 대한 설명으로 적절하지 <u>않은</u> 것은?

① 프로세스 중심의 업무 처리 방식을 갖는다.
② 개방성, 확장성, 유연성이 특징이다.
③ 의사결정 방식은 Bottom-Up 방식이다.
④ 경영혁신 수단으로 사용된다.

해설

ERP의 의사결정 방식은 Top-Down 방식이다.

07 [1급 | 2022년 1회]

다음 중 ERP 도입의 최종 목적으로 가장 적합한 것은 무엇인가?

① 해외매출 확대
② 관리자 리더십 향상
③ 경영정보의 분권화
④ 고객만족과 이윤 극대화

해설

ERP 도입의 최종 목적은 고객만족과 이윤 극대화 실현이다.

08 [1급 | 2024년 5회]

ERP와 기존의 정보 시스템(MIS) 특성 간의 차이점에 대한 설명으로 가장 적절하지 <u>않은</u> 것은?

① 기존 정보 시스템의 업무 범위는 단위 업무이고, ERP는 통합 업무를 담당한다.
② 기존 정보 시스템의 전산화 형태는 중앙집중식이고, ERP는 분산처리구조이다.
③ 기존 정보 시스템은 수평적으로 업무를 처리하고, ERP는 수직 적으로 업무를 처리한다.
④ 기존 정보 시스템은 파일 시스템을 이용하고, ERP는 관계형 데이 터베이스 시스템(RDBMS)을 이용한다.

해설

기존 정보 시스템(MIS)의 업무 처리 방식은 수직적이고, ERP의 업무 처리 방식은 수평 적이다.

09 [1급 | 2025년 5회]

효과적인 ERP 교육을 위한 고려 사항으로 가장 적절하지 <u>않은</u> 것은?

① 다양한 교육도구를 이용하라.
② 교육에 충분한 시간을 배정하라.
③ 비즈니스 프로세스가 아닌 트랜잭션에 초점을 맞춰라.
④ 조직차원의 변화관리 활동을 잘 이해하도록 교육을 강화하라.

해설

효과적인 ERP 교육을 위해서는 트랜잭션이 아닌 비즈니스 프로세스에 초점을 맞추어야 한다.

10 [2급 | 2021년 5회]

ERP 도입 시 고려해야 할 사항으로 가장 적절하지 <u>않은</u> 것은?

① 경영진의 강력한 의지
② 임직원의 전사적인 참여
③ 자사에 맞는 패키지 선정
④ 경영진 중심의 프로젝트 진행

해설

ERP 도입 시 경영진 중심이 아닌 현업 중심의 프로젝트를 진행한다.

11 [2급 | 2023년 6회]

ERP 시스템의 프로세스, 화면, 필드, 그리고 보고서 등 거의 모든 부분을 기업의 요구사항에 맞춰 구현하는 방법을 무엇이라 하는가?

① 정규화(Normalization)
② 트랜잭션(Transaction)
③ 컨피규레이션(Configuration)
④ 커스터마이제이션(Customization)

해설

ERP 시스템을 기업의 요구사항에 맞춰 구현하는 방법은 고객화(커스터마이제이션, Customization)이다.

| 정답 | 06 ③ | 07 ④ | 08 ③ | 09 ③ | 10 ④ | 11 ④ |

12 [1급 | 2021년 5회]

다음 중 ERP의 장점 및 효과에 대한 설명으로 가장 적절하지 <u>않은</u> 것은 무엇인가?

① ERP는 다양한 산업에 대한 최적의 업무관행인 베스트 프랙틱스(Best Practices)를 담고 있다.
② ERP 시스템 구축 후 업무 재설계(BPR)를 수행하여 ERP 도입의 구축 성과를 극대화할 수 있다.
③ ERP는 모든 기업의 업무 프로세스를 개별 부서원들이 분산처리하면서도 동시에 중앙에서 개별기능들을 통합적으로 관리할 수 있다.
④ 차세대 ERP는 인공지능 및 빅데이터 분석 기술과의 융합으로 선제적 예측과 실시간 의사결정지원이 가능하다.

해설

ERP 시스템이 구축되기 전에 업무 재설계인 BPR을 수행해야 ERP 구축 성과가 극대화될 수 있다.

13 [2급 | 2021년 5회]

다음 중 ERP 도입의 예상 효과로 적절하지 <u>않은</u> 것은 무엇인가?

① 고객 서비스 개선
② 표준화, 단순화, 코드화
③ 통합 업무 시스템 구축
④ 사이클 타임(Cycle Time) 증가

해설

ERP의 도입을 통해 사이클 타임이 감소할 수 있다.

14 [1급 | 2021년 6회]

다음 중 ERP 도입 효과로 가장 적합하지 <u>않은</u> 것은 무엇인가?

① 불필요한 재고를 없애고 물류비용을 절감할 수 있다.
② 업무의 정확도가 증대되고 업무 프로세스가 단축된다.
③ 의사결정의 신속성으로 정보 공유의 시간적 한계가 있다.
④ 업무시간을 단축할 수 있고 필요인력과 필요자원을 절약할 수 있다.

해설

ERP는 의사결정의 신속성으로 정보 공유의 시간적 한계가 없다.

15 [1급 | 2024년 1회]

ERP 시스템 투자비용에 관한 개념 중 '시스템의 전체 라이프 사이클(Life-Cycle)을 통해 발생하는 전체 비용을 계량화한 비용'에 해당하는 것은?

① 유지보수비용(Maintenance Cost)
② 시스템 구축비용(Construction Cost)
③ 총소유비용(Total Cost of Ownership)
④ 소프트웨어 라이선스비용(Software License Cost)

해설

ERP 시스템에 대한 투자비용을 의미하는 개념으로, 시스템의 전체 라이프 사이클을 통해 발생하는 전체 비용을 계량화하는 것은 총소유비용(Total Cost of Ownership)이다.

16 [1급 | 2025년 5회]

ERP 아웃소싱(Outsourcing)에 대한 설명으로 적절하지 <u>않은</u> 것은?

① ERP 자체개발에서 발생할 수 있는 기술력 부족을 해결할 수 있다.
② ERP 아웃소싱을 통해 기업이 가지고 있지 못한 지식을 획득할 수 있다.
③ ERP 개발과 구축, 운영, 유지보수에 필요한 인적 자원을 절약할 수 있다.
④ ERP 시스템 구축 후에는 IT 아웃소싱 업체로부터 독립적으로 운영할 수 있다.

해설

ERP 아웃소싱은 단순한 구축이 아니라 지속적인 운영·유지보수까지 외부 업체에 위탁하는 방식으로 아웃소싱 업체에 의존성이 계속될 수 있다.

17 [2급 | 2025년 6회]

[보기]에서 가장 성공적인 ERP 도입이 기대되는 회사를 고르시오.

> 보기
>
> - 회사 A: 시스템의 전문지식이 풍부한 IT 및 전산 관련 부서 구성원으로 도입 TFT를 결성하였다.
> - 회사 B: 현재 업무 방식이 최대한 반영될 수 있도록 업무 단위에 맞추어 ERP 도입을 추진 중이다.
> - 회사 C: ERP 도입 과정에서 부서 간 갈등 발생 시, 최고 경영층의 개입이 최소화 될 수 있도록 하향식 의사결정을 배제한다.
> - 회사 D: 프로세스 개선을 위해 효율적인 업무 프로세스를 재정립하고, 성공적인 ERP 도입을 위해 유능한 컨설턴트를 고용하고자 한다.

① 회사 A
② 회사 B
③ 회사 C
④ 회사 D

해설

① 회사 A: IT 중심의 프로젝트로 추진하지 않으며, TFT(Task Force Team)는 최고의 엘리트 사원으로 구성한다.
② 회사 B: 기업 내에 분산된 모든 자원을 부서 단위가 아닌 기업 전체의 흐름에서 최적으로 관리할 수 있도록 하는 통합 시스템인 ERP 도입을 추진한다.
③ 회사 C: ERP 도입 과정에서 부서 간 갈등 발생 시, 최고 경영층의 개입이 필요하며, 의사결정 방식은 Top-Down으로 한다.

18 [2급 | 2021년 5회]

상용화 패키지에 의한 ERP 시스템 구축 시, 성공과 실패를 좌우하는 요인으로 보기 어려운 것은 다음 중 무엇인가?

① 시스템 공급자와 기업 양쪽에서 참여하는 인력의 역량
② 기업환경을 최대한 고려하여 개발할 수 있는 자체 개발 인력의 보유 여부
③ 제품이 보유한 기능을 기업의 업무환경에 얼마만큼 잘 적용하는지에 대한 요인
④ 사용자 입장에서 ERP 시스템을 충분히 이해하고 사용할 수 있는 반복적인 교육 훈련

해설

ERP 시스템은 도입하려는 기업의 상황에 맞는 패키지를 선택하는 것이 중요하며, 기업에서 자체 개발을 할 필요는 없다. 따라서 ERP 시스템을 개발할 수 있는 자체 개발 인력의 보유 여부는 성공과 실패를 좌우하는 요인이 아니다.

19 [2급 | 2021년 6회]

다음 중 ERP의 기능적 특징으로 바르지 않은 것은 무엇인가?

① 중복적·반복적으로 처리하던 업무를 줄일 수 있다.
② 실시간으로 데이터 입·출력이 이루어지므로 신속한 정보 사용이 가능하다.
③ ERP를 통해 정부의 효과적인 세원 파악 및 증대, 기업의 투명회계 구현이라는 성과를 가져올 수 있다.
④ 조직의 변경이나 프로세스의 변경에 대한 대응은 가능하나 기존 하드웨어와의 연계에 있어서는 보수적이다.

해설

ERP는 조직의 변경이나 프로세스의 변경에 대한 대응이 가능하며, 특정 하드웨어 및 소프트웨어 기술이나 업체에 의존하지 않고 다양한 하드웨어나 소프트웨어와 조합하여 사용할 수 있도록 지원한다.

20 [1급 | 2022년 2회]

ERP의 특징 중 기술적 특징에 해당하지 않는 것은?

① 4세대 언어(4GL) 활용
② 다국적·다통화·다언어 지원
③ 관계형 데이터베이스(RDBMS) 채택
④ 객체지향 기술(Object Oriented Technology) 사용

해설

다국적·다통화·다언어 지원은 ERP의 기능적 특징에 해당한다.

21 [2급 | 2022년 1회]

ERP 시스템 구축 절차 중에서 다음 [보기]에서 설명하고 있는 단계에 해당하는 것은 무엇인가?

> 보기
>
> 영업, 생산, 구매, 자재, 회계, 인사급여 등 회사의 모든 업무에 대한 재설계 결과를 ERP 패키지의 각 모듈과 비교하여 꼭 필요한 모듈만을 조합하여 연결된 시스템을 테스트하는 단계

① 분석
② 설계
③ 구축
④ 구현

해설

모듈들 조합하여 연결된 시스템을 테스트하는 모듈 조합화는 ERP 구축 절차 중 구축 단계에 해당한다.

| 정답 | 17 ④ | 18 ② | 19 ④ | 20 ② | 21 ③ |

22 [1급 | 2022년 3회]

ERP 시스템 구축 절차의 설계 단계와 가장 관련이 적은 것은?

① TFT 구성
② GAP 분석
③ 인터페이스 문제 논의
④ TO-BE 프로세스 도출

해설

TFT 구성은 ERP 시스템 구축 절차 중 분석 단계에 해당한다.

23 [1급 | 2023년 5회]

ERP의 발전 과정으로 가장 옳은 것은?

① MRP Ⅱ → MRP Ⅰ → ERP → 확장형 ERP
② ERP → 확장형 ERP → MRP Ⅰ → MRP Ⅱ
③ MRP Ⅰ → ERP → 확장형 ERP → MRP Ⅱ
④ MRP Ⅰ → MRP Ⅱ → ERP → 확장형 ERP

해설

ERP의 발전 과정은 'MRP Ⅰ → MRP Ⅱ → ERP → 확장형 ERP'이다.

24 [1급 | 2025년 1회]

e-Business 지원 시스템을 구성하는 단위 시스템에 해당되지 않는 것은?

① 성과측정관리(BSC)
② EC(전자상거래) 시스템
③ 의사결정 지원 시스템(DSS)
④ 고객관계관리(CRM) 시스템

해설

성과측정관리(BSC)는 SEM(전략적 기업경영) 시스템의 단위 시스템에 해당한다.

25 [2급 | 2022년 1회]

다음 [보기]의 괄호 안에 들어갈 용어로 맞는 것은 무엇인가?

— 보기 —

ERP 시스템의 확장기능 중에서 (　　　)기능은 공급자부터 소비자까지 이어지는 자재, 제품, 서비스, 정보의 물류 흐름을 계획하고 운영함으로써 수요와 공급의 일치를 목표로 하는 관리활동이다.

① ERP(Enterprise Resource Planning)
② SCM(Supply Chain Management)
③ CRM(Customer Relationship Management)
④ KMS(Knowledge Management System)

해설

확장된 ERP 시스템 내의 SCM 모듈은 공급자부터 소비자까지 이어지는 물류, 자재, 제품, 서비스, 정보의 흐름 전반에 걸쳐 계획하고 관리함으로써 수요와 공급의 일치를 최적으로 운영하고 관리하는 활동이다.

26 [2급 | 2022년 2회]

클라우드 컴퓨팅의 장점으로 옳지 않은 것은?

① 사용자의 IT 투자비용이 줄어든다.
② 필요에 따라 언제든지 컴퓨팅 자원을 사용할 수 있다.
③ 장비관리 업무와 PC 및 서버 자원 등을 줄일 수 있다.
④ 사용자가 필요로 하는 애플리케이션을 설치하는 데 제약이 없다.

해설

클라우드 컴퓨팅은 모든 애플리케이션을 보관할 수 없으므로 사용자가 필요로 하는 애플리케이션을 지원받지 못하거나 설치하는 데 제약이 있을 수 있다.

| 정답 | 22 ① | 23 ④ | 24 ① | 25 ② | 26 ④ |

27 [1급 | 2022년 3회]

클라우드 컴퓨팅의 유형 중에서 PaaS에 대한 설명으로 적절하지 <u>않은</u> 것은?

① 인프라의 기본 투자 없이 응용 소프트웨어의 테스트가 가능하다.
② 사용자가 직접 응용 소프트웨어 개발에 필요한 플랫폼환경을 구축한다.
③ 응용 소프트웨어 개발환경을 세팅하는 데 소요되는 비용을 절약할 수 있다.
④ 하드웨어 및 소프트웨어 인프라의 유지·보수 및 관리비용을 절약할 수 있다.

해설

PaaS는 사용자가 직접 응용 소프트웨어 개발에 필요한 플랫폼환경을 구축하는 것이 아니라 ERP 소프트웨어 개발을 위한 플랫폼을 클라우드 서비스로 제공받는 것이다. 따라서 인프라의 기본 투자나 응용 소프트웨어 개발환경의 세팅에 소요되는 비용, 하드웨어 및 소프트웨어 인프라의 유지·보수 및 관리비용을 절약할 수 있다.

28

다음 [보기]에서 설명하는 클라우드 서비스 유형은 무엇인가?

> **보기**
>
> 기업의 업무 처리에 필요한 서버, 스토리지, 데이터베이스, 네트워크 등의 IT 인프라 자원을 클라우드 서비스로 빌려 쓰는 형태이다.

① IaaS(Infrastructure as a Service)
② PaaS(Platform as a Service)
③ SaaS(Software as a Service)
④ MaaS(Manufacturing as a Service)

해설

IaaS(인프라형 서비스)는 기업의 업무 처리에 필요한 서버, 스토리지, 데이터베이스, 네트워크 등의 IT 인프라 자원을 클라우드 서비스로 빌려 쓰는 형태이다.

29 [2급 | 2021년 4회]

클라우드 ERP의 특징 혹은 효과에 대하여 설명한 것이라 볼 수 <u>없</u>는 것은 무엇인가?

① 안정적이고 효율적인 데이터관리
② IT 자원관리의 효율화와 관리비용의 절감
③ 원격근무 환경 구현을 통한 스마트워크환경 정착
④ 폐쇄적인 정보 접근성을 통한 데이터 분석기능

해설

클라우드 ERP는 개방적인 정보 접근성을 통하여 데이터를 분석할 수 있다.

30 [1급 | 2025년 6회]

ERP와 인공지능(AI), 빅데이터(Big Data), 사물인터넷(IoT) 등 혁신 기술과의 관계에 대한 설명으로 가장 적절하지 <u>않은</u> 것은?

① 현재 ERP는 기업 내 각 영역의 업무 프로세스를 지원하여 독립적으로 단위별 업무 처리를 추구하는 시스템으로 발전하고 있다.
② 제조업에서는 빅데이터 분석 기술을 기반으로 생산자동화를 구현하고 ERP와 연계하여 생산계획의 선제적 예측과 실시간 의사결정이 가능하다.
③ ERP에서 생성되고 축적된 빅데이터를 활용하여 기업의 새로운 업무 개척이 가능해지고, 비즈니스 간 융합을 지원하는 시스템으로 확대가 가능하다.
④ 현재 ERP는 인공지능 및 빅데이터 분석 기술과의 융합으로 전략경영 등의 분석도구를 추가하여 상위 계층의 의사결정을 지원할 수 있는 지능형 시스템으로 발전하고 있다.

해설

미래의 ERP는 4차 산업혁명의 핵심 기술인 인공지능(AI), 빅데이터(Big Data), 사물인터넷(IoT), 블록체인 등의 신기술과 융합하여 보다 지능화된 기업경영이 가능한 통합 시스템으로 발전할 것이다.

31 [2급 | 2025년 5회]

제품, 공정, 생산설비와 공장에 대한 실제 세계와 가상 세계의 통합 시스템이며 제조 빅데이터를 기반으로 사이버모델을 구축하고 이를 활용하여 최적의 설계 및 운영을 수행하는 것을 무엇이라 하는가?

① 비즈니스 애널리틱스(Business Analytics)
② 사이버물리 시스템(Cyber Physical System, CPS)
③ 전사적 자원관리(Enterprise Resource Planning, ERP)
④ 고장 진단 및 예지 시스템(Prognostics and Health Management, PHM)

해설

사이버물리 시스템(CPS; Cyber Physical System)은 제품, 공정, 생산설비와 공장에 대한 실제 세계와 가상 세계의 통합 시스템이며 제조 빅데이터를 기반으로 사이버모델을 구축하고 이를 활용하여 최적의 설계 및 운영을 수행하는 것이다.

| 정답 | 27 ② | 28 ① | 29 ④ | 30 ① | 31 ② |

32

스마트 공장의 구성 영역 중에서 생산계획 수립, 재고관리, 제조자원관리, 품질관리, 공정관리, 설비제어 등을 담당하는 것은?

① 제품 개발
② 현장 자동화
③ 공장 운영관리
④ 공급사슬관리

해설

공장 운영관리는 자동화된 생산설비로부터 실시간으로 가동 정보를 수집하여 효율적으로 공장 운영에 필요한 생산계획 수립, 재고관리, 제조자원관리, 품질관리, 공정관리, 설비제어 등을 담당하며, 제조실행 시스템(MES), 창고관리 시스템(WMS), 품질관리 시스템(QMS) 등의 기술이 이용된다.

33

기계학습에 대한 설명으로 옳지 <u>않은</u> 것은?

① 지도학습은 학습 데이터로부터 하나의 함수를 유추해내기 위한 방법이다.
② 비지도학습 방법에는 분류모형과 회귀모형이 있다.
③ 비지도학습은 입력값에 대한 목표치가 주어지지 않는다.
④ 강화학습은 선택 가능한 행동들 중 보상을 최대화하는 행동 혹은 순서를 선택하는 방법이다.

해설

분류모형과 회귀모형은 지도학습 방법이다.

34 [2급 | 2025년 6회]

인공지능 비즈니스 적용 프로세스의 순서를 고르시오.

① 비즈니스 목표 수립 → 데이터 수집 및 적재 → 인공지능 모델 개발 → 인공지능 배포 및 프로세스 정비 → 비즈니스 영역 탐색
② 비즈니스 목표 수립 → 비즈니스 영역 탐색 → 데이터 수집 및 적재 → 인공지능 모델 개발 → 인공지능 배포 및 프로세스 정비
③ 비즈니스 영역 탐색 → 비즈니스 목표 수립 → 데이터 수집 및 적재 → 인공지능 모델 개발 → 인공지능 배포 및 프로세스 정비
④ 비즈니스 영역 탐색 → 비즈니스 목표 수립 → 데이터 수집 및 적재 → 인공지능 배포 및 프로세스 정비 → 인공지능 모델 개발

해설

인공지능 비즈니스 적용 프로세스(5단계)는 '비즈니스 영역 탐색 → 비즈니스 목표 수립 → 데이터 수집 및 적재 → 인공지능 모델 개발 → 인공지능 배포 및 프로세스 정비'이다.

35 [1급 | 2024년 6회]

클라우드 서비스의 비즈니스 모델에 관한 설명으로 옳지 <u>않은</u> 것은?

① 공개형 클라우드는 전용 인프라로 인해 데이터 보안과 프라이버시가 강화된다.
② 폐쇄형 클라우드는 특정한 기업 내부 구성원에게만 제공되는 서비스(Internal Cloud)를 말한다.
③ 공개형 클라우드는 사용량에 따라 사용료를 지불하며 규모의 경제를 통해 경쟁력 있는 서비스 단가를 제공한다는 장점이 있다.
④ 혼합형 클라우드는 특정 업무는 폐쇄형 클라우드 방식을 이용하고 기타 업무는 공개형 클라우드 방식을 이용하는 것을 말한다.

해설

폐쇄형 클라우드는 주로 대기업에서 데이터의 소유권 확보와 프라이버시 보장이 필요한 경우 사용된다.

36

다음 중 빅데이터 플랫폼의 빅데이터 처리 과정으로 옳지 <u>않은</u> 것은?

① 데이터 수집
② 데이터 분석
③ 데이터 복구
④ 데이터 시각화

해설

빅데이터 처리 과정은 '데이터(생성) → 수집 → 저장(공유) → 처리 → 분석 → 시각화'이다.

37 [1급 | 2025년 5회]

인공지능의 기술발전에 대한 설명으로 옳지 <u>않은</u> 것은?

① 연결주의 시대는 학습에 필요한 빅데이터와 컴퓨팅 파워의 부족이라는 한계를 극복하였다.
② 연결주의는 지식을 직접 제공하기보다 지식과 정보가 포함된 데이터를 제공하고 컴퓨터가 스스로 필요한 정보를 학습한다.
③ 계산주의는 인간이 보유한 지식을 컴퓨터로 표현하고 이를 활용해 현상을 분석하거나 문제를 해결하는 지식기반 시스템을 말한다.
④ 딥러닝은 입력층(Input Layer)과 출력층(Output Layer) 사이에 다수의 숨겨진 은닉층(Hidden Layer)으로 구성된 심층신경망(Deep Neural Networks)을 활용한다.

해설

연결주의 시대도 학습에 필요한 빅데이터와 컴퓨팅 파워의 부족이라는 한계를 극복하지 못하였다.

38 [2급 | 2025년 5회]

[보기]에서 (주)대한의 부서(부문)별 RPA 도입 사례이다. 적용 단계로 가장 적절한 것은?

> **보기**
>
> - 인사부문: 이력서 PDF에서 이름·학력·자격증을 자동 추출 후 ERP 인사 모듈에 등록
> - 회계부문: 영수증 이미지에서 금액·날짜·거래처를 자동 인식해 경비 전표로 변환
> - 생산부문: 설비 점검표 이미지에서 수치값을 자동 추출해 ERP 설비관리 모듈에 반영
> - 물류부문: 고객이 메일이나 채팅으로 보낸 배송지 변경 요청을 NLP로 인식하여 ERP 배송정보 자동수정

① 인지자동화
② 기초프로세스 자동화
③ 데이터 기반의 머신러닝 활용
④ 네트워크 참여자들에게 분산 및 공유하는 분산원장

해설

(주)대한은 이력서, 영수증 등의 데이터를 ERP 인사모듈이나 전표 등으로 변환하는 머신러닝을 활용하였다. 머신러닝은 방대한 데이터를 분석해 미래를 예측하는 기술로 일반적으로 생성된 데이터를 정보와 지식(규칙)으로 변환하는 컴퓨터 알고리즘을 의미한다.

39 [2급 | 2025년 5회]

세계경제포럼(World Economic Forum)에서 발표한 인공지능 규범(AI Code)의 5개 원칙에 해당하지 <u>않는</u> 것은?

① 인공지능은 투명성과 공정성의 원칙에 따라 작동해야 한다.
② 인공지능은 인류의 공동 이익을 위해 개발되어야 한다.
③ 인공지능이 개인, 가족, 지역 사회의 데이터 권리 또는 개인정보를 감소시켜야 한다.
④ 인간을 해치거나 파괴하거나 속이는 자율적 힘을 인공지능에 절대로 부여하지 않는다.

해설

인공지능 규범(AI Code)의 5개 원칙에 따르면 인공지능이 개인, 가족, 지역 사회의 데이터 권리 또는 개인정보를 감소시켜서는 안 된다.

물류이론

Enterprise

Resource

Planning

| NCS 능력단위 요소

- ☑ 영업 전략수립 1001010103_20v2
- ☑ 영업 계약체결관리 1001010106_20v2
- ☑ 전자제품 판매관리 1902030210_17v2
- ☑ 공급망진단분석 0204010401_16v2
- ☑ 공급망 전략수립 0204010402_16v2
- ☑ 공급망수요계획 0204010403_16v2
- ☑ 공급망재고운영 0204010407_16v2
- ☑ 공급망공급계획 0204010404_16v2
- ☑ 공급망운송관리 0204010408_16v2
- ☑ 구매 전략 수립 0204010101_20v2
- ☑ 구매 발주관리 0204010104_20v2
- ☑ 구매 원가 관리 0204010107_20v2
- ☑ 구매계약 0204010109_20v2
- ☑ 수출입사전준비 0204030201_14v1
- ☑ 수출입계약 0204030204_14v1
- ☑ 수출입운송보험 0204030205_14v1
- ☑ 수출통관 0204030210_16v2
- ☑ 수출대금결제 0204030212_16v2
- ☑ 수입대금결제 0204030213_16v2

영업관리

1 수요예측

1. 수요*

(1) 잠재수요

필요성이나 욕구는 있으나 구매능력이 갖추어지지 않아 아직 소비로 연결되지 못하는 수요이다.

(2) 유효수요

실질적으로 구매할 수 있거나 구체적인 구매계획이 있는 경우, 구매력이 있는 수요이다.

2. 수요예측의 개념

재화나 서비스에 대하여 장래에 발생할 가능성이 있는 모든 수요(잠재수요 + 유효수요)의 크기를 예측하는 것이다.

3. 수요예측의 오차　중요

① 오차의 발생 확률은 예측하는 기간의 길이에 비례하여 높아진다. 즉, 예측기간이 길수록 예견되지 않은 사건에 따른 영향으로 예측의 적중률은 낮아진다.
② 일반적으로 영속성이 있는 상품이나 서비스 등은 영속성이 없는 상품이나 서비스보다 지속적으로 정확한 예측을 하기가 어렵다. 영속성이 있는 상품이나 서비스 등은 경기 변동이나 경제적 요인에 끊임없이 영향을 받아 수요 패턴이 변하기 때문이다.
③ 수요가 안정적인 기간, 기존의 상품이나 서비스는 불안정한 기간, 신규 상품·서비스보다 예측 적중률이 높다. 이는 불안정한 기간이나 신규 상품·서비스는 예측하기 힘든 미래의 상황이 생길 가능성이 높기 때문이다.
④ 계절 변동이 없는 상품이 계절 변동이 있는 상품보다 예측 적중률이 높으며, 대체품이 없는 상품이 대체품이 많은 상품보다 예측 적중률이 높다.

4. 수요예측의 특징

① 수요예측에 있어서 시장 상황, 경쟁기업의 동향, 지역경제의 상황 등을 고려해야 한다.
② 수요예측을 실시하기 전에 기업은 예측 목적에 따라 적정한 예측오차를 미리 설정하여야 한다.
③ 수많은 요인들로 인해 예측오차가 항상 생길 수 있으므로 수요예측을 완벽하게 할 수는 없다.
④ 개별 수요예측보다 총괄 수요예측이 더 정확하다.
⑤ 예측치는 평균 기대치와 예측오차를 포함하여야 하며, 실제수요가 예측수요보다 적은 경우 과잉시설투자가 발생한다.

＊ **수요**
재화나 서비스를 구매하려는 욕구

💡 **TIP**
잠재수요나 유효수요 중 어느 하나만의 크기를 추정하는 것은 아니다.

---

5. 수요예측의 방법

(1) 정성적 방법(주관적)

과거의 시장자료가 없거나 객관적인 자료가 존재하지 않을 경우 일반 소비자나 판매원, 전문가 등의 주관적인 의견을 바탕으로 미래의 수요를 예측하는 방법이다.

① **시장조사법**: 시장의 상황에 대한 자료를 수집하여 수요를 예측하는 방법이다. 소비자 실태 조사에 의한 방법, 판매점 조사에 의한 방법 등이 있으며 시간과 비용이 많이 든다.

② **패널동의법**: 다양한 계층의 조직구성원과 소비자 등 패널들의 의견을 모아 수요를 예측하는 방법이다.

③ **중역평가법**: 중역(최고 경영자)들의 의견을 모아 수요를 예측하는 방법이다.

④ **판매원의견합성법(판매원평가법)**: 각 지역에 대한 담당 판매원들의 수요예측치를 모아 전체 수요를 예측하는 방법이다.

⑤ **수명주기유추법**: 과거 자료가 없는 신제품의 경우 비슷한 제품의 과거 자료를 이용하여 수요를 예측하는 방법이다.

⑥ **델파이분석법**: 여러 전문가들의 의견을 수집하여 정리한 다음 다시 전문가들에게 배부한 후 의견의 합의가 이루어질 때까지 반복적으로 서로 논평하게 하여 수요를 예측하는 방법이다. 주로 신제품 개발, 시장전략 등을 위한 장기예측이나 기술예측에 적합하다.
- 장점: 과거 자료 등의 예측자료가 없어도 예측이 가능하다.
- 단점: 창의력의 자극이 없으며, 시간과 비용이 많이 든다.

(2) 정량적(계량적) 방법(객관적)

과거의 객관적 자료를 바탕으로 통계적으로 미래의 수요를 예측하는 방법이다.

① **시계열 분석법**: 시간의 흐름에 따라 일정한 간격마다 기록한 통계자료인 시계열데이터를 분석하여 예측하는 방법으로 과거의 수요 패턴이 미래에도 지속될 것이라는 가정에 기초한다. 시계열데이터는 오랜 세월 동안 추세적으로 나타나는 추세 변동(경향 변동), 1년 이상의 기간에 걸쳐 발생하는 일정한 주기의 순환 변동, 계절 변화에 따른 단기적인 계절 변동, 우발적으로 발생하는 불규칙 변동 등의 여러 변동 요인을 포함한다.
- **단순이동평균법**: 최근의 일정 기간에 대해 시계열의 단순 평균을 계산하여 다음 기를 예측하며, 가중치가 매 기간에 대하여 동일하다.
- **가중이동평균법**: 최근의 일정 기간에 대해 기간마다 가중치를 달리하여 예측치로 사용한다.
  - 최근의 자료일수록 더 많은 가중치를 준다. 예 최근 자료부터 0.4, 0.3, 0.2, 0.1의 순서
  - 가중치의 합은 1이다. 예 0.4 + 0.3 + 0.2 + 0.1 = 1
  - 가중치는 수요예측 담당자가 결정한다.

✎ 개념 확인문제

다음 자료를 바탕으로 6월의 수요예측치를 구하시오.

월	1월	2월	3월	4월	5월
수요	110개	100개	110개	130개	120개

[1] 4기간 단순이동평균법으로 구하시오.

해설
- 4기간이므로 6월의 최근 4개월인 2월 ~ 5월의 평균을 구한다.
- 6월의 수요예측치: $\dfrac{100개 + 110개 + 130개 + 120개}{4} = 115개$

정답 115개

TIP
최근의 자료를 바탕으로 평균을 구하므로 3기간을 구하는 문제이면 3월 ~ 5월의 평균을 구한다.

[2] 가중치 0.4, 0.3, 0.2, 0.1을 이용한 가중이동평균법으로 구하시오.

- 가중치는 최근의 자료부터 순서대로 0.4, 0.3, 0.2, 0.1이다.
- 6월의 수요예측치: (120개 × 0.4) + (130개 × 0.3) + (110개 × 0.2) + (100개 × 0.1) = 119개

정답 119개

- **지수평활법**: 일정 기간의 평균을 이용하는 이동평균법과는 달리 주어진 모든 판매량 자료를 이용하며, 기간에 따라 가중치를 두어 평균을 계산하고 추세를 통해 미래 수요를 예측하는 것으로 가중이동평균법을 발전시킨 방법이다. 과거로 거슬러 올라갈수록 가중치가 감소하게 되어 결과적으로 최근의 값에 큰 가중치를 부여하게 되는 기법이다.
  - 시계열에서 계절적 변동, 추세 및 순환 요인이 크게 작용하지 않을 때 유용하다.
  - 평활상수 α: $0 \leq \alpha \leq 1$(α가 커짐에 따라 최근의 변동을 더 많이 고려함)

> **α값이 1에 가까울수록**
> - 갑작스러운 변화에 의해 예측값이 크게 변동할 수 있음
> - 단기예측에는 유리하지만, 장기예측에서는 신뢰성이 낮아질 수 있음
> - 최근 데이터에 더 많은 가중치를 부여하게 되어, 최근 데이터의 영향력이 커짐
> - 과거 데이터의 영향력이 줄어들어 장기적인 추세를 반영하기 어려움

> 수요예측치 = 전기의 실제값 × 평활상수 α + 전기의 예측치 × (1 − 평활상수 α)

✎ 개념 확인문제

제품 A의 연간 판매량을 평활상수 0.3으로 지수평활법에 의해 예측하고자 한다. 전기의 예측치가 10,000이고, 실제값이 12,000이라고 할 때, 다음 기의 예측치를 구하시오.

12,000 × 0.3 + 10,000 × (1 − 0.3) = 10,600

정답 10,600

- **분해법**: 과거의 판매자료가 갖고 있는 변화를 추세 변동, 주기 변동, 계절 변동, 불규칙 변동으로 구분하여 각각을 예측하고 이를 다시 결합하여 미래 수요를 예측하는 방법이다.
- **ARIMA**: 판매자료 간의 상관관계를 바탕으로 상관 요인과 이동평균 요인으로 구분하여 미래 수요를 예측하는 방법이다.
- **확산모형**: 제품수명주기 이론을 바탕으로 제품이 확산되는 과정을 혁신 효과와 모방 효과로 구분하여 추정하고 이를 통해 미래 수요를 예측하는 방법이다.
② **인과모형분석법**: 어떤 수요(종속변수)에 영향을 미치는 요인(독립변수)을 찾아내고 그 요인과 수요와의 관계를 분석하여 산포도나 상관계수 등으로 밝히고, 향후 수요를 예측하는 방법으로 단순회귀분석법, 다중회귀분석법 등이 있다.
③ **시뮬레이션 모델**: 현실 시스템이나 상황을 모형(모델)으로 만들어 여러 조건을 가정하고 반복 실험하여 미래 결과를 예측하는 기법이다.

2 판매예측

1. 판매예측의 개념

수요예측 결과를 기초로 하여 미래 일정 기간 동안 기업의 상품, 제품, 서비스 등의 판매가능액을 예측하는 방법이다. 기업은 판매예측치를 그대로 매출액의 목표로 설정하기도 하므로 판매예측은 판매계획을 설정하는 데 큰 영향을 미친다.

2. 판매예측 방법

(1) 수요예측에 따른 판매예측

수요예측을 통하여 당해 업계의 총수요예측액을 결정하고 자사의 도표 시장점유율을 정하여 판매를 예측한다.

(2) 정량적(계량적) 분석에 따른 판매예측

시계열 분석이나 인과모형 분석 등을 이용하여 판매를 예측한다.

(3) 정성적 분석에 따른 판매예측

정성적 방법을 이용하여 판매를 예측하며, 특히 경험이 많은 영업담당자의 판단에 따른 판매예측은 중·단기적 예측에 적합하다.

3 판매계획

1. 판매계획의 개념

수요예측과 판매예측의 결과를 이용하여 상품, 제품, 서비스 등의 판대목표액을 구체적으로 수립하는 과정이며, 기업의 판매목표 및 판매활동에 관한 계획이다.
① 자사의 성장 가능성과 인적·물적 자원의 능력, 시장점유율 등을 고려한다.
② 경쟁사의 가격·품질·기능·판촉활동 및 판매경로의 강도 등에 영향을 받는다.
③ 판매계획은 설비투자, 신제품 개발, 판매자원 할당 등의 근거가 된다.

2. 판매계획의 순서

시장조사 → 수요예측 → 판매예측 → 판매목표매출액 설정 → 판매할당

3. 판매계획의 구분

(1) 장기 판매계획

신시장 개척, 신제품 개발, 판매경로 강화 등에 관하여 결정하는 것으로 장기적인 시장 분석을 통하여 기업환경의 기회와 위협을 예측하여 계획을 세운다.

(2) 중기 판매계획

제품별 디자인이나 품질 개선, 판매경로 및 판매자원의 구체적인 계획, 판매촉진을 위한 정책 등에 관하여 결정하는 것으로, 수요예측과 판매예측을 통하여 제품별로 매출액을 예측하고 제품별 경쟁력 강화를 위한 계획을 세운다.

(3) 단기 판매계획

제품별 가격, 판매촉진 실행 방안, 구체적인 판매할당 등을 결정하는 것으로, 판매예측을 통하여 연간 목표매출액을 설정하고 이 목표매출액을 달성하기 위하여 계획을 세운다.

4. 목표매출액 결정 방법

(1) 성장성 지표 활용

① 판매경향 변동 이용: 과거 판매실적의 경향을 분석하여 판매예측을 하고, 이를 바탕으로 다음 연도 목표매출액을 결정한다.
② 매출액 증가율 이용

목표매출액 = 금년도 자사 매출액 실적 × (1 + 전년 대비 매출액 증가율)
= 금년도 자사 매출액 실적 × (1 + 연평균 매출액 증가율)

거래처 및 고객별 판매계획 수립 절차
시장 분석 – 거래처/고객 선정 – 판매목표 설정 – 판매전략 수집 – 판매계획 실행 – 실적 분석 및 평가 – 피드백 및 개선

③ 시장점유율 이용

$$\text{목표매출액} = \text{당해 업계 총수요액} \times \text{자사의 목표 시장점유율}^*$$

$$^*\ \text{시장점유율} = \frac{\text{자사 매출액}}{\text{당해 업계 총매출액}} \times 100$$

$$= \text{금년도 자사 매출액} \times (1 + \text{시장확대율}^*) \times (1 + \text{시장신장률}^*)$$

(2) 수익성 지표 활용

- $$\text{목표매출액} = \frac{\text{목표이익}}{\text{목표이익률}} = \frac{\text{목표한계이익}}{\text{목표한계이익률}}$$

- $$\text{손익분기점}^*\ \text{매출액}^{*1} = \frac{\text{고정비}}{\text{한계이익률}} = \frac{\text{고정비}}{1 - \text{변동비율}}$$

- $$\text{손익분기점 매출수량} = \frac{\text{고정비}}{\text{판매단가} - \text{단위당 변동비}}$$

- $$\text{목표매출액} = \frac{\text{고정비} + \text{목표이익}}{\text{한계이익률}} = \frac{\text{고정비} + \text{목표이익}}{1 - \text{변동비율}^{*2}}$$

  (손익분기점 분석을 이용하여 목표이익을 달성하는 경우)

$$^{*1}\ \text{매출액} = \text{매출수량} \times \text{판매단가}$$

$$^{*2}\ \text{변동비율} = \frac{\text{변동비}}{\text{매출액}} = \frac{\text{단위당 변동비}}{\text{판매단가}}$$

＋ 한계이익

매출액은 변동비, 고정비의 비용에 이익을 더하여 결정한다. 이때 한계이익은 변동비만을 고려한 이익으로 매출액에서 변동비를 차감한 것이다. 즉, 이익과 고정비를 합한 금액이다(매출액 = 변동비 + 고정비 + 이익).

(3) 생산성 지표 활용

- $$\text{목표매출액} = \text{영업사원 수} \times \text{영업사원 1인당 평균 목표매출액}$$

- $$\text{목표매출액} = \frac{\text{영업사원 수} \times \text{1인당 목표 경상이익액}}{\text{1인당 목표 경상이익률}}$$

- $$\text{목표매출액} = \text{거래처 수} \times \text{거래처 1사당 평균 수주예상액}$$

✎ 개념 확인문제

제품 단위당 판매가격은 500원/개, 제품 단위당 변동비는 250원/개, 연간 고정비는 200만 원인 제품의 손익분기점 분석을 이용한 목표매출액을 구하시오.

해설

- 변동비율: $\dfrac{\text{변동비 250원}}{\text{매출액(판매단가) 500원}} = 0.5$

- 목표매출액: $\dfrac{\text{고정비 200만원}}{1 - \text{변동비율 0.5}} = 400\text{만원}$

정답 400만원

매출목표액을 결정하는 데 시장점유율은 중요한 고려 요소 중 하나이다. 이러한 시장점유율을 확대하고자 할 경우 과거의 시장점유율(과거의 데이터), 경쟁기업에 대한 상대적 가격·품질·기능, 판촉활동 및 판매경로의 강도 등에 영향을 많이 받는다.

⊛ 시장확대율
전년 대비 자사 시장점유율 증가율

⊛ 시장신장률
전년 대비 당해 업계 총매출액 증가율

⊛ 손익분기점
총매출액과 총비용이 일치하여 이익이 '0'이 되는 매출액 또는 매출량

TIP

'이익률 = $\dfrac{\text{이익}}{\text{매출액}}$'을 이용하면

'매출액 = $\dfrac{\text{이익}}{\text{이익률}}$'이 된다.

4 판매할당과 가격전략

1. 판매할당

시장조사, 수요예측, 판매예측 등을 바탕으로 한 판매계획에서 목표매출액을 설정하고 이를 달성하기 위해 월별, 지역 및 시장별, 제품별, 판매점별, 판매사원별, 거래처별 등으로 판매할당을 정하여 목표매출액을 배분하는 것이다.

(1) 영업거점별 할당

목표매출액을 할당하는 단계에서 가장 먼저 설정하며 영업지점, 영업소 등 영업활동을 수행하는 영역별로 목표매출액을 할당하는 방법이다.

(2) 영업사원별 할당

영업거점의 목표매출액을 해당 영업사원별로 할당하는 방법이다. 각 영업사원의 거래처 수, 개인 실적 및 담당 품목 수를 기준으로 매출목표를 부여한다.

(3) 상품 및 서비스별 할당 _{중요}

기업의 해당 상품·제품·서비스별로 목표매출액을 구체화하는 것으로 목표매출액을 할당하는 방법은 다음과 같다.

① 상품·제품·서비스별 시장점유율을 고려한 할당
② 과거 판매실적의 경향을 고려한 할당
③ 이익공헌도를 고려한 할당
④ 교차비율을 고려한 할당: 교차비율은 상품 회전율(재고 회전율), 한계이익률, 한계이익에 비례하고, 평균 재고액에 반비례한다. 교차비율이 높아질수록 이익도 높아지므로 교차비율이 높은 상품에 높은 목표판매액을 할당한다.

$$교차비율 = 상품\ 회전율 \times 한계이익률 = \frac{매출액}{평균\ 재고액^*} \times \frac{한계이익}{매출액} = \frac{한계이익}{평균\ 재고액}$$

$$^*평균\ 재고액 = \frac{(기초재고액 + 기말재고액)}{2}$$

TIP

교차비율 공식은 반드시 암기해야 한다.

✎ 개념 확인문제

교차비율을 기준으로 목표판매액을 할당하려고 한다. 다음을 이용하여 목표판매액이 높은 순서대로 나열하시오.

상품	매출액	한계이익	평균 재고액
A	100	50	20
B	100	50	50
C	200	100	50

해설

• 상품 A의 교차비율: $\dfrac{100}{20} \times \dfrac{50}{100} = \dfrac{50}{20} = 2.5$

• 상품 B의 교차비율: $\dfrac{100}{50} \times \dfrac{50}{100} = \dfrac{50}{50} = 1$

• 상품 C의 교차비율: $\dfrac{200}{50} \times \dfrac{100}{200} = \dfrac{100}{50} = 2$

교차비율이 높은 상품에 높은 목표판매액을 할당하므로 목표판매액이 높은 순서는 'A − C − B'이다.

정답 A − C − B

(4) 지역 및 시장별 할당

① 세분화된 지역 및 시장에 대하여 목표매출액을 적절하게 할당하는 것이다.
② 목표판매액의 할당 기준은 잠재구매력지수(시장지수)이다.

(5) 거래처 및 고객별 할당

각 거래처 또는 고객의 과거 판매액, 판매(수주)실적 경향, 목표 수주점유율 등을 고려하여 할당하는 것이다.

(6) 월별 할당

일반적으로는 연간 목표매출액을 12등분하여 1개월당 평균 목표매출액을 구하여 배분하지만 실제로는 월별 매출액이 일정하지 않으므로 여러 요인을 고려한 월별 할당이 필요하다.

2. 가격전략

(1) 가격의 개념

가격은 소비자의 구매결정 및 기업의 매출액과 이익에 작용하는 중요한 요인이다.

(2) 가격 결정에 영향을 미치는 요인

① 내부적 요인: 제품 특성, 비용(원가), 마케팅 목표
  • 마케팅과 관련된 요인: 생존 목표, 이윤 극대화 목표, 시장점유율 극대화 목표
② 외부적 요인: 고객 수요, 유통채널, 경쟁환경, 법, 규제, 세금
  • 고객 수요와 관련된 요인: 가격탄력성, 품질, 제품 이미지, 소비자 구매능력, 용도
  • 유통채널과 관련된 요인: 물류비용, 유통이익, 여신한도
  • 경쟁환경과 관련된 요인: 경쟁기업의 가격 및 품질, 대체품 가격

(3) 가격 결정 방법

① 시장가격에 의한 가격 결정: 경쟁기업의 상품, 제품, 서비스 등의 가격을 고려하여 자사의 가격을 결정하는 방법이다.
  • 가격 결정 순서

> 경쟁환경 분석 → 선발기업의 상품가격 조사 → 자사의 시장 입지도 분석 → 경쟁기업의 유사상품과 자사상품의 비교 → 전략적 판매가격 결정 → 도소매 유통비용을 고려하여 판매단가 결정

② 원가가산에 의한 가격 결정(Cost-Plus-Pricing): 원가에 이익을 더하여 가격을 결정하는 방법으로, '생산자-도매업자-소매업자-소비자'의 유통단계별로 가격이 형성된다.

  • 생산자가격: 제조원가 + 생산자 영업비 + 생산자 이익
  • 도매가격: 도매 매입원가(생산자가격) + 도매업자 영업비 + 도매업자 이익
  • 소매가격: 소매 매입원가(도매가격) + 소매업자 영업비 + 소매업자 이익

TIP

원가가산에 의한 가격 결정을 할 수 있어야 한다.

소매업자	소매가격				
	소매 매입원가			영업비	이익

도매업자	도매가격			
	도매 매입원가		영업비	이익

생산자	생산자가격		
	제조원가	영업비	이익

〈원가가산에 의한 가격 결정〉

제조원가는 4,000원, 생산자 영업비는 1,000원, 생산자 이익은 1,000원, 도매업자 영업비는 800원, 도매업자 이익은 1,000원, 소매업자 영업비는 1,000원, 소매업자 이익은 900원이라고 한다.

[1] 생산자가격을 구하시오.

해설

생산자가격: 제조원가 4,000원 + 생산자 영업비 1,000원 + 생산자 이익 1,000원 = 6,000원

정답 6,000원

[2] 도매가격을 구하시오.

해설

도매가격: 도매 매입원가(생산자가격) 6,000원 + 도매업자 영업비 800원 + 도매업자 이익 1,000원 = 7,800원

정답 7,800원

[3] 소매가격을 구하시오.

해설

소매가격: 소매 매입원가(도매가격) 7,800원 + 소매업자 영업비 1,000원 + 소매업자 이익 900원 = 9,700원

정답 9,700원

(4) 가격유지 정책

① **비가격경쟁에 의한 가격유지**: 품질, 광고, 브랜드이미지, 수요에 따른 공급능력, 차별화 상품을 통한 틈새시장 공략, 신제품 개발력, 강력한 홍보력, 유리한 지급조건, 면밀한 판매량 등 가격 외적인 면에 의한 가격유지 방법이다.

② **리베이트 전략에 의한 가격유지**: 생산업자와 판매업자, 도매업자와 소매업자 사이에서 일정 기간의 판매액을 기준으로 판매에 기여한 판매업자에게 이익의 일부를 되돌려 주는 것이다. 판매 금액의 일부를 할인해 주는 것과는 다른 의미이며, 관습에 따라 리베이트 비율이 달라질 수 있다. 리베이트 전략에는 가격유지 목적뿐만 아니라 판매촉진 기능, 보상적 기능, 통제 및 관리적 기능 등이 있다.

(5) 수요·공급의 변화에 따른 가격 결정의 탄력성

① **가격탄력성**

- 가격이 1% 변화할 때 수요량이 몇 % 변화하는지를 나타내는 지표이다.
- 가격탄력성이 높을수록 수요는 가격 변동에 민감하게 반응하며, 일반적으로 수요가 지속적으로 유지되는 생필품의 가격탄력성이 사치품보다 작아 비탄력적이다.
- 대체재가 많은 상품은 대체재가 적은 상품에 비해 수요의 가격탄력성이 크며 탄력적이다.
- 일반적으로 상품의 가격이 상승하면 그 상품에 대한 수요량은 감소하고, 가격이 하락하면 그 상품에 대한 수요량은 증가한다.
- 가격탄력성이 큰 상품은 가격이 상승했을 때 수요가 크게 하락한다.
- 가격탄력성이 1보다 큰 상품의 수요는 탄력적(Elastic)이라 하고, 1보다 작은 상품의 수요는 비탄력적(Inelastic)이라고 한다.

가격탄력성	가격 상승 시	가격 하락 시
탄력적(>1)	감소	증가
비탄력적(<1)	증가	감소
단위탄력(=1)	변화 없음	

② 공급탄력성: 가격이 1% 변화할 때 그에 대한 공급량이 몇 % 변화하는지를 나타내는 지표이다.

③ 교차탄력성: 대체재의 가격 변화가 다른 상품의 수요에 미치는 영향을 나타내는 지표이다.

④ 소득탄력성: 소득이 1% 변화할 때 상품의 수요가 몇 % 변화하는지를 나타내는 지표이다.

완전 경쟁시장	• 시장 참가자 수가 많고 시장 참여가 자유로워 시장 참가자 개개인이 시장에 미치는 영향력이 작음 • 강력한 가격할인 이벤트는 경쟁자가 많은 완전경쟁 상황에서의 가격전략 • 수요자와 공급자 모두 해당 제품의 시장가격에 대하여 완전한 정보를 갖고 있음 • 같은 시장 내에 해당 제품의 공급자와 수요자가 매우 많으며, 새로운 기업의 시장 진입이 자유로움 • 상품의 가격은 낮고 공급량은 많음 • 이미 제품가격이 최저 가격을 형성하고 있으므로 매출과 이익을 높이기 위하여 비가격경쟁 방법에 의한 가격유지 정책도 필요함 • 개별 수요자나 공급자가 수요량이나 공급량을 변경해도 시장가격은 변동하지 않음 • 시장에서 거래되는 같은 상품은 품질 면에서 모두 동일
독점적 경쟁시장	다수의 기업들이 참여하고 있으나 디자인이나 품질, 포장 등에서 어느 정도 차이가 있는 유사상품을 생산·공급하여 상호 경쟁하고 있는 시장 형태
과점시장	• 소수의 생산자가 시장을 장악하고 비슷한 상품을 생산하며 같은 시장에서 경쟁하는 시장 형태 예 이동통신회사 • 공급량은 적고 가격이 높기 때문에 가격이나 생산량에 있어 경쟁기업에 민감함 • 일반적으로 완전경쟁시장보다 상품의 가격이 높고 공급량은 적음
독점시장	한 산업을 하나의 기업이 지배하는 시장 형태로 높은 진입장벽을 활용해 장기적으로 초과이윤 확보할 수 있는 시장 예 한국전력공사

5 수주관리

1. 수주관리의 개념

고객의 구매의사와 구체적인 주문내역을 확인하여 고객이 원하는 조건과 납기에 맞추어 제품이 전달되도록 하기 위한 과정을 관리하는 활동을 말한다.

2. 수주관리의 내용

(1) 견적(공급자가 공급받는 자에게 견적서를 보냄)

수주 이전의 활동으로 구매하고자 하는 물품에 대한 내역과 가격 등을 산출하는 단계이다. 일반적으로 첫 거래이거나 물품의 시장가격에 변동이 있을 경우 진행하며, 거래가 있을 때마다 진행해야 하는 것은 아니다.

(2) 수주(공급자가 공급받는 자로부터 주문을 받음)

구매를 결정한 고객으로부터 구체적인 주문을 받는 과정으로, 수주 시에는 거래처, 물품상세, 수량, 단가, 대금수금조건, 납기, 납품처 등을 확인한다.

> **수주와 발주**
> 수주 ↔ 발주

(3) 수주등록

① 수주등록 후 고객에게 예정납기 통보 시 일자별 가용수량과 약속가능재고를 참조한다.

② 현재 재고가 충분하여 즉시 출고가 가능하면 고객과 협의하여 출고일을 결정한다.

③ 현재 재고는 부족하지만 예정 생산량이 있다면 수주를 등록한 후 생산완료 예정일자를 근거로 고객에게 납기를 통보한다.

④ 재고가 부족하고 예정 생산량이 없다면 수주를 등록한 후 해당 제품의 생산계획일정을 확인하여 고객에게 납기를 통보한다.

3. 고객(거래처) 중점화 전략

(1) 고객(거래처) 중점화 전략의 개념

고객(거래처) 중점화 전략은 시장점유율이나 판매목표에 미치는 영향이 큰 우량 거래처나 고객을 선정하기 위한 방법으로서, 일정한 기준에 따라 거래처나 고객의 등급을 부여하고 중점 관리 대상이 되는 우량 거래처나 고객을 선정하는 전략이다.

(2) 고객(거래처) 중점 선정 방법 〈중요〉

① ABC 분석(파레토 분석): 통계적 방법에 따라 관리 대상을 A, B, C 그룹으로 나누고, 먼저 A 그룹을 중점 관리 대상으로 선정하여 관리노력을 집중하는 방법이다. '파레토의 원리(극히 소수의 요인에 의해서 대세가 결정됨)'에 따라 중요한 고객이나 거래처를 집중적으로 관리하는 것이다.

- A, B, C 그룹의 비율은 업종이나 업태에 따라 다르게 설정하기도 하며, 대부분 A 그룹은 전체 매출누적치의 70% ~ 80%를 차지하거나 매출 상위 20% ~ 30% 고객에 해당한다.

- 중점 관리 대상인 우량 거래처나 고객을 선정하는 과정에서 거래처나 고객에 대한 과거 판매실적 한 가지만을 근거로 하고 있으며, 기업 경쟁력, 판매능력, 성장 가능성 등의 다양한 요인들을 고려하지 못한다는 단점이 있다.

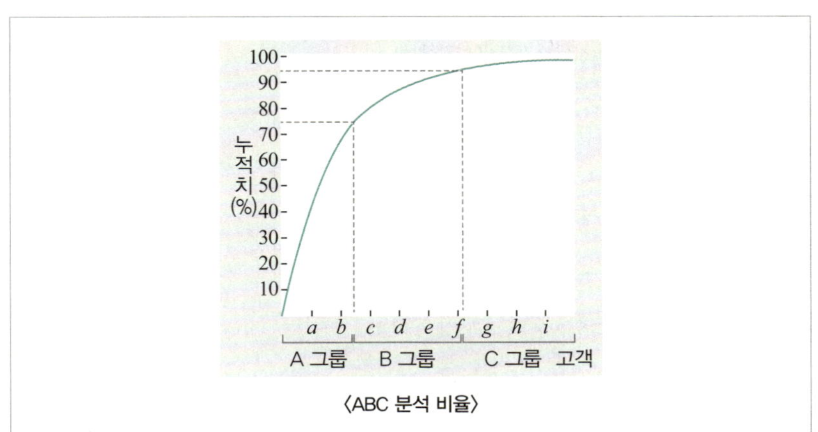

〈ABC 분석 비율〉

② 매트릭스 분석(이원표 분석): 다양한 요인들을 고려하지 못하는 ABC 분석의 단점을 보완한 것이다. 우량 거래처나 고객을 선정하기 위해 고려해야 할 서로 다른 2개의 요인을 이용하여 가로축과 세로축을 기준으로 매트릭스(이원표)를 구성한 다음, 이원표 내의 위치에 따라 고객을 범주화하고 우량 고객을 선정한다.

③ 거래처 포트폴리오 분석: ABC 분석과 매트릭스 분석의 단점을 보완한 것으로, 대상 거래처나 고객의 가치를 종합적으로 검토하여 핵심 거래처나 고객을 분류하는 것이다. ABC 분석이나 매트릭스 분석 등과 같이 1개 ~ 2개의 요인만을 분석하지 않고 3개 이상의 요인으로 가중치를 이용하여 다면적으로 분석하는 방법이다.

6 대금회수

1. 대금회수의 개념

일반적으로 기업은 고객에게 제품을 판매하여 이익을 내는 것과 더불어 제품판매 대금의 회수가 매우 중요하다. 매출채권의 과대, 재고자산의 과대, 고정자산의 과대, 부채의 과대, 이익의 부족 등의 이유로 자금 조달이 악화되면 기업은 도산에 이르게 되므로 수익성의 향상과 지급 능력의 유지를 위하여 원활한 자금관리가 필요하다. 이를 위해 거래처의 신용도 파악, 신용한도(여신한도) 설정, 매출채권 회수계획 및 관리 등의 활동을 한다.

2. 신용거래와 신용한도

(1) 신용거래

물품을 먼저 인도하고, 물품대금은 일정 기간 후에 결제하는 외상거래이다.

(2) 신용한도(여신한도)

기업이 매출채권의 원활한 회수관리를 위하여 거래처마다 외상매출을 허용할 수 있는 금액의 한도이며, 거래처에 외상매출을 할 수 있는 최고 한도액을 말한다. 따라서 신용한도를 설정하는 것은 대금회수가 안전한 외상매출 금액의 상한과 허용기간을 정하는 것이다.
① 소극적 의미: 상한 범위의 금액까지는 외상매출을 하더라도 안전하다.
② 적극적 의미: 이 금액까지는 판매할 수 있다.

3. 신용한도 설정 방법

(1) 자금운용 현황을 이용한 여신한도 설정 방법

자사의 연간 총여신한도액을 설정하기 위해 회사의 자금 조달기간을 이용하는 방법이다.

- 매출채권 한도액(여신한도액) = 매출액 × 자금 고정률

- 자금 고정률 = $\dfrac{\text{자금 조달기간}}{365}$

- 자금 조달기간(일) = 매출채권 회수기간(일) − 매입채무 지급기간(일) + 재고 회전기간(일)

- 매출채권 회수기간(일) = $\dfrac{\text{매출채권 잔액}}{\text{매출액}} \times 365$

- 매입채무 지급기간(일) = $\dfrac{\text{매입채무 잔액}}{\text{매입액}} \times 365$

- 재고 회전기간(일) = $\dfrac{\text{상품재고 잔액}}{\text{매출액}} \times 365$

① 매출채권* 회수기간: 매출채권을 회수하는 데 걸리는 평균 일수이다.
② 매출채권 회전율: 기말의 매출채권 잔액이 1년간의 영업활동을 통하여 현금인 매출액으로 회전되는 속도이다.

$$\text{매출채권 회전율} = \dfrac{\text{매출액}}{\text{매출채권 잔액}}$$

- **매출채권 회전율이 높음**: 매출채권이 순조롭게 회수되고 있음을 나타내며, 회수기간이 짧아지므로 그에 따른 대손발생의 위험이 낮아지고 수익 증가의 원인이 된다.
- **매출채권 회전율이 낮음**: 매출채권이 순조롭게 회수되고 있지 않음을 나타내며, 회수기간이 길어지므로 그에 따른 대손발생의 위험이 증가하고 수익 감소의 원인이 된다.

※ **매출채권**
- 외상매출금
- 받을어음

③ 순운전자본: 유동자산 총액에서 유동부채의 총액을 차감한 잔액이다. 순운전자본은 단기간에 상환을 고려하지 않고 운용할 수 있는 자본으로 자금의 유동성(지불능력)을 나타내므로, 기업의 자금관리 측면에서 순운전자본의 관리가 매우 중요하다.

✏️ 개념 확인문제

연간 총여신한도액을 설정하기 위하여 자금 조달기간을 이용하려고 한다. 다음의 자금운용 현황을 이용하여 매출채권 한도액을 계산하시오.

- 매출액: 200만원
- 매출채권 잔액: 80만원
- 매입액: 100만원
- 매입채무 잔액: 30만원
- 상품재고 잔액: 100만원

해설

- 매출채권 회수기간: $\dfrac{80만원}{200만원} \times 365일 = 146일$

- 매입채무 지급기간: $\dfrac{30만원}{100만원} \times 365일 = 109.5일$

- 재고 회전기간: $\dfrac{100만원}{200만원} \times 365일 = 182.5일$

- 자금 조달기간: 146일 − 109.5일 + 182.5일 = 219일

- 자금 고정률: $\dfrac{219일}{365일} = 0.6$

∴ 매출채권 한도액(여신한도액): 200만원 × 0.6 = 120만원

정답 120만원

(2) 거래처(고객)별 여신한도 설정 방법

① **타사 한도액의 준용법**: 같은 업종의 타사가 설정한 한도액에 준하여 설정하는 방법으로, 다른 기업의 설정 한도액을 구체적으로 파악하기 곤란하다는 단점이 있다.

② **과거 총이익액의 실적이용법**: 해당 거래처의 과거 3년 ~ 5년간 총이익액 누계실적을 한도로 설정한다.

> 여신한도액 = 과거 3년간의 회수누계액 × 평균 총이익률
> = (과거 3년간의 총매출액 − 외상매출채권 잔액) × 평균 총이익률

③ **매출액 예측에 의한 방법**: 해당 거래처의 매출 예측액을 신용능력으로 보고 신용한도를 설정한다.

> 여신한도액 = 거래처의 예상 매출액 × 매입원가율 × 자사 수주점유율 × 여신기간

④ **매출목표와 회수기간에 의한 방법**: 영업사원이 기존에 계속 거래하던 거래처의 목표매출액과 목표회수액을 설정하고, 부서 상사와 협의하여 승인을 받아 신용한도를 설정한다.

⑤ **경영지표에 의한 방법**: 거래처의 신용능력을 평가하기 위하여 수익성, 안정성, 유동성, 회수성, 성장성 등과 관련된 경영지표의 측정치를 고려하여 여신한도액을 설정한다.

구분	재무제표가 있는 경우	재무제표가 없는 경우
수익성	총자본 대비 이익률, 매출액 대비 이익률	수익의 정도
안정성	자기자본비율	자기자본 차입금)비율
유동성	상품 회전율, 유동비율	지급 상황, 자금수지 상황
회수성	매출채권 회전율	−
성장성	총자산증가율	매출액, 총이익액의 신장

💡 **TIP**

거래처의 총매입액 = 거래처의 예상 매출액 × 매입원가율

💡 **TIP**

시험에서는 '안정성'과 '안전성'이라는 단어가 혼용되어 사용된다.

4. 여신한도액이 순운전자본보다 많아지는 경우 운전자본 확보 방법

① 현금으로 회수할 수 있는 거래처를 증대시킨다.
② 외상매출금이나 받을어음의 회수기간을 단축시킨다.
③ 상품재고를 감소시킨다.
④ 외상매출금은 감소, 외상매입금은 증가시킨다.
⑤ 장기회수기간 거래처를 감소시킨다.
⑥ 현금 지급을 어음 지급으로 변경한다.
⑦ 지급어음 기일을 연장시킨다.

받을 때는 최대한 빨리 현금으로, 지급할 때는 최대한 늦게 어음으로 지급한다.

5. 대금회수관리

(1) 대금회수

대금회수 시 당월 지급 범위의 마감일, 지급예정일, 당월 말 외상매출금 잔액, 당월 매출액, 수금내용, 여신한도액 등을 고려하여야 한다. 대금회수의 기본적인 목표는 외상매출금 회수율의 향상과 받을어음 기간의 정확한 관리로 완전한 대금회수를 이루어 기업의 자금운용을 원활하게 하고 수익성을 향상시키는 것이다.

① 회수율 계산 방법 〈중요〉

- 일반적인 경우(당월 마감 당월 회수)

$$회수율(\%) = \frac{당월\ 회수액}{전월\ 말\ 외상매출금\ 잔액 + 당월\ 매출액} \times 100$$

- 월말 마감의 차월 회수

$$회수율(\%) = \frac{당월\ 회수액}{전전월\ 말\ 외상매출금\ 잔액 + 당월\ 매출액} \times 100$$

- 월중 마감일의 차월 마감일 회수(예 20일 마감의 차월 20일 회수)

$$회수율(\%) = \frac{전월\ 21일 \sim 당월\ 20일\ 매출대금\ 총회수액}{전월\ 20일\ 현재\ 외상매출금\ 잔액 + 전월\ 21일 \sim 당월\ 20일의\ 매출액} \times 100$$

- 월중 마감일의 차월 말일 회수(예 20일 마감의 차월 말일 회수)

$$회수율(\%) = \frac{당월\ 회수액}{전월\ 20일\ 현재\ 외상매출금\ 잔액 + 전월\ 21일 \sim 당월\ 20일의\ 매출액} \times 100$$

이 경우 21일 ~ 월말까지의 매출액은 차월 청구이므로 회수율은 100%가 되지 않는다.

② 회수기간 계산 방법

- 받을어음의 회수기간: 대금회수는 어음으로 회수하는 경우와 현금으로 회수하는 경우가 있다. 대금을 어음으로 회수하는 경우에는 어음기간이 정해지며, 현금으로 회수하는 경우에는 기간이 필요 없으므로 현금의 어음기간은 '0'으로 계산한다.

$$받을어음\ 회수기간 = \frac{(각\ 받을어음\ 금액 \times 각\ 어음기간)의\ 합계}{매출총액}$$

현금 50만원, 90일 어음 100만원, 120일 어음 150만원의 매출채권을 회수하려고 한다.

[1] 회수기간을 구하시오.

해설

회수유형	금액	어음기간	금액 × 어음기간
현금	50만원	0일	50만원 × 0일 = 0원
90일 어음	100만원	90일	100만원 × 90일 = 9,000만원
120일 어음	150만원	120일	150만원 × 120일 = 18,000만원
계	300만원	–	0원 + 9,000만원 + 18,000만원 = 27,000원

∴ 받을어음 회수기간: $\dfrac{27,000원}{300만원} = 90일$

정답 90일

[2] 받을어음 회수기간을 90일 어음은 60일로, 120일 어음은 90일로 단축시킬 경우의 회수 기간 단축 효과를 구하시오.

해설

회수유형	금액	단축된 어음기간	금액 × 어음기간
현금	50만원	0일	50만원 × 0일 = 0원
90일 어음	100만원	60일	100만원 × 60일 = 6,000만원
120일 어음	150만원	90일	150만원 × 90일 = 13,500만원
계	300만원	–	0원 + 6,000만원 + 13,500만원 = 19,500만원

· 받을어음 회수기간: $\dfrac{19,500만원}{300만원} = 65일$

∴ 어음기간의 변경으로 회수기간은 90일에서 65일로 25일이 단축된다.

정답 25일 단축

· 여신한도를 감안한 신규 외상매출에 대한 받을어음의 기간 설정

$$어음기간 = \frac{(여신한도액 \times 여신기간) - (각 회수어음 금액 \times 각 어음기간)의 합계}{외상매출금 잔액}$$

(2) 대금회수 관리 방법

① **회수율 관리**: 매출채권의 회수율이 낮아 회수기간이 길어지면 그에 따른 대손발생의 위험이 증가하고 수익 감소의 원인이 되어 불량채권 발생 가능성이 커진다. 따라서 매출채권의 회수율을 항상 확인하여야 하며, 회수율이 낮을 경우 거래처별로 다음 항목을 조사하여야 한다.

- 외상매출금 잔액과 외상매출처
- 입금일의 불규칙성
- 반품수량이나 금액
- 전액 중 일부 금액 지급처 처리 확인

② **회수기간 단축**: 받을어음의 회수기간을 여신 기준 내로 단축하기 위해서는 어음기간을 단축하거나 현금회수 비율을 높여야 한다.

③ **기타 과실**: 외상매출금 잔액이 장부상 금액과 차이가 나거나 외상매출금 회수가 지연되는 경우에는 거래처의 사정 이외에 영업담당자의 과실이 있을 수 있다. 이때에는 다음 항목을 확인하여 적절히 조치하여야 한다.

- 에누리의 미처리
- 단가 수정의 미처리
- 상품교환 또는 반품의 미처리
- 거래처의 기장 오류 미수정
- 클레임 수량이나 금액의 미처리
- 강제판매에 의한 회수 곤란
- 위탁상품대금의 미회수

기출&확인 문제

01 [1급 | 2023년 6회]

[보기]의 (A)에 들어갈 적절한 용어를 한글로 입력하시오.

> ─ 보기 ─
>
> 수요란 경제주체가 상품 또는 서비스를 구매하고자 하는 욕구를 의미한다. 수요의 유형 중에서 (A)수요란 고객이 구매의사가 있지만 예산 부족 등의 이유로 구매로 연결되지 못한 수요를 의미한다.

(답: 수요)

해설

잠재수요는 구매에 대한 필요성이나 욕구는 있으나 구매능력이 갖추어지지 않아 소비로 연결되지 못하고 있는 수요이다.

02 [2급 | 2021년 5회]

수요예측이나 판매예측의 특성에 관한 내용으로 가장 옳지 않은 것은?

① 장기예측보다는 단기예측이 더 정확하다.
② 개별품목예측이 관련 품목군에 대한 총괄예측보다 더 정확하다.
③ 예측치는 평균 기대치와 예측오차를 포함하여야 한다.
④ 기존의 상품이나 서비스에 대한 예측은 신규 상품이나 서비스에 대한 예측보다는 적중률이 높다.

해설

개별품목예측보다 관련 품목군에 대한 총괄예측이 더 정확하다.

03 [1급 | 2022년 4회]

수요예측 방법에는 계량적 방법과 정성적 방법이 있다. 다음 중 그 성격이 다른 하나를 고르시오.

① 지수평활법
② 다중회귀분석법
③ 가중이동평균법
④ 수명주기유추법

해설

- 정성적 수요예측: 수명주기유추법
- 계량적 수요예측: 지수평활법, 다중회귀분석법, 가중이동평균법

04 [1급 | 2021년 4회]

다음 [보기]에서 설명된 특성을 갖는 수요 및 판매예측에 있어 정성적 방법은 무엇인가? (한글로 표기하시오.)

> ─ 보기 ─
>
> ㉠ 판매예측에 대한 전문가들의 예측치가 수렴될 때까지 의견 조사 과정을 반복
> ㉡ 판매예측을 위한 질문지를 작성하여 전문가 예측치를 조사
> ㉢ 다른 전문가들의 예측치와 자신의 예측치를 비교하게 하고 다시 의견을 조사함

(답: 방법)

해설

델파이 방법은 여러 전문가들의 의견을 수집하여 의견의 합의가 이루어질 때까지 반복적으로 서로 논평하게 하여 수요를 예측하는 것이다.

05 [2급 | 2021년 3회]

수요계측 기법 중 정량적 분석에 관한 설명 중 옳지 않은 것은?

① 이동평균법은 과거 일정 기간의 실적치에 동일한 가중치를 부여한다.
② 가중이동평균법은 일정 기간 중 최근 실적치에 높은 가중치를 부여한다.
③ 지수평활법의 평활상수 값이 크면 과거의 변동을 더 많이 고려하는 것이다.
④ 인과모형 분석은 수요와 밀접하게 관련되어 있는 변수들과 수요와의 관계를 분석하여 수요를 예측하는 방법이다.

해설

지수평활법의 평활상수(α) 값이 크면 최근의 변동을 더 많이 고려하는 것이다.

| 정답 | 01 잠재   02 ②   03 ④   04 델파이   05 ③

06 [1급 | 2022년 1회]

다음 [보기]의 괄호에 들어갈 알맞은 용어를 쓰시오.

> 보기
>
> 시계열 분석 방법은 시계열 데이터의 변동 요인을 고려하여 수요를 예측하는 방법이다. 4가지 변동 요인에는 계절 변동, 추세 변동, (   ) 변동, 불규칙 변동이 있다.

(답: 변동)

해설

시계열 데이터는 계절 변화에 따른 단기적인 계절 변동, 오랜 세월 동안 추세적으로 나타나는 추세 변동(경향 변동), 1년 이상의 기간에 걸쳐 발생하는 일정한 주기의 순환 변동, 우발적으로 발생하는 불규칙 변동 등의 여러 변동 요인을 포함한다.

07 [1급 | 2022년 2회]

Q상사의 금년도 3월 말 예측 판매량이 1,000개이고 실제 판매량이 1,500개였다. 지수평활법을 이용한 Q상사의 4월 예측 판매량으로 옳은 것은? (단, 지수평활상수는 0.3이다.)

① 1,100개   ② 1,150개
③ 1,200개   ④ 1,250개

해설

4월의 예측 판매량: 전기(3월)의 실제값 1,500개 × 평활상수 0.3 + 전기(3월)의 예측치 1,000개 × (1 − 평활상수 0.3) = 1,150개

08 [2급 | 2022년 1회]

비행기 제조사인 A사의 1월부터 3월까지 실제 판매량이 [보기]와 같고, 1월의 예측 판매량이 120대였다. 지수평활법을 이용할 때, 평활계수가 0.2인 경우 3월의 예측치는 얼마인가?

> 보기

구분	1월	2월	3월
실제 판매량	120	145	130
예측 판매량	120		

① 120   ② 125
③ 130   ④ 135

해설

3월의 예측치는 2월의 실제 판매량(실제값)과 2월의 예측 판매량(예측치)을 이용하여 구한다. 그러나 2월의 예측 판매량이 주어지지 않았으므로 1월의 값을 이용하여 2월의 예측 판매량을 구한 후 3월의 예측치를 구해야 한다.

- 2월의 수요예측: 전기(1월)의 실제값 120 × 평활상수 0.2 + 전기(1월)의 예측치 120 × (1 − 평활상수 0.2) = 120
- 3월의 수요예측: 전기(2월)의 실제값 145 × 평활상수 0.2 + 전기(2월)의 예측치 120 × (1 − 평활상수 0.2) = 125

09 [1급 | 2022년 3회]

[보기]는 판매계획의 수립을 위한 활동들이다. 판매계획의 활동 순서를 예와 같이 나열하시오(예 abcd).

> 보기
>
> a. 판매목표액 설정
> b. 판매할당
> c. 시장조사
> d. 수요예측

(답:)

해설

판매계획은 '시장조사(c) → 수요예측(d) → 판매예측 → 판매목표액 설정(a) → 판매할당(b)' 순서로 이루어진다.

10 [2급 | 2021년 6회]

다음의 판매계획에 대한 설명으로 적절하지 <u>않은</u> 것은?

① 판매계획은 설비투자, 신제품개발, 판매자원 할당 등의 근거가 된다.
② 미래 일정 기간 동안의 자사 상품이나 서비스의 판매가능액을 구체적으로 예측하는 수요예측 결과를 이용하여 수립한다.
③ 판매목표액을 구체적으로 수립하는 과정이다.
④ 시장점유율은 판매계획을 수립하는 데 가장 중요한 고려 요소이다.

해설

- 판매예측: 수요예측 결과를 기초로 하여 미래 일정 기간 동안 기업의 상품, 제품, 서비스 등의 판매가능액을 예측하는 방법
- 판매계획: 수요예측과 판매예측의 결과를 이용하여 상품, 제품, 서비스 등의 판매목표액을 구체적으로 수립하는 과정

| 정답 | 06 순환   07 ②   08 ②   09 cdab   10 ②

11 [1급 | 2022년 3회]

(주)KPC산업은 시장점유율을 이용해 목표매출액을 결정하고자 한다. [보기]에 주어진 정보를 이용하여, 내년도 목표매출액을 산출하면 얼마인가?

> **보기**
> • 올해 (주)KPC산업의 매출액: 500억원
> • 작년 대비 (주)KPC산업의 시장점유율 증가율: 10%
> • 작년 당해업계의 총매출액: 1,000억원
> • 작년 대비 당해업계의 총매출액 증가율: 20%
> • (주)KPC산업의 내년도 목표매출: (   )억원

① 660억원 ② 1,100억원
③ 1,150억원 ④ 1,200억원

해설

• 목표매출액 = 금년도 자사 매출액 × (1 + 시장확대율) × (1 + 시장신장률)
• 시장확대율(전년 대비 자사 시장점유율 증가율): 10%
• 시장신장률(전년 대비 당해 업계 총매출액 증가율): 20%
∴ 목표매출액: 500억원 × (1 + 0.1) × (1 + 0.2) = 660억원

12 [2급 | 2022년 1회]

아이스크림 제조회사의 아이스크림 1개당 판매단가는 1,200원이고, 단위당 변동비는 200원이며 연간 고정비가 600만원이다. 제품의 손익분기점(BEP, Break-Even Point)에 해당하는 연간 아이스크림 판매 매출수량으로 옳은 것은?

① 2,000개 ② 4,000개
③ 6,000개 ④ 8,000개

해설

$$\text{손익분기점 매출수량: } \frac{\text{고정비 } 6,000,000원}{\text{판매단가 } 1,200원 - \text{단위당 변동비 } 200원} = 6,000개$$

TIP 손익분기점 매출액을 구한 후 '매출액 = 매출수량 × 판매단가'를 이용하여 매출수량을 구하는 방법도 있다.

13 [1급 | 2022년 1회]

다음 [보기] 자료를 이용하여 계산한 손익분기점에서의 매출액은? (답은 숫자로만 작성하시오. 단위: 원)

> **보기**
> • 총고정비용: 200,000원
> • 단위당 가격: 500원
> • 단위당 변동비용: 100원

(답: 원)

해설

$$\text{변동비율: } \frac{\text{변동비}}{\text{매출액}} = \frac{\text{단위당 변동비 } 100원}{\text{판매단가 } 500원} = 0.2$$

$$\text{손익분기점 매출액: } \frac{\text{고정비 } 200,000원}{1 - \text{변동비율 } 0.2} = 250,000원$$

14 [2급 | 2022년 1회]

매출목표액을 결정하는 데 중요한 고려 요소인 시장점유율을 확대하고자 할 경우 영향을 많이 받는 요소로 가장 옳지 <u>않은</u> 것은?

① 매입채무 회전율
② 판촉활동 및 판매경로의 강도
③ 과거의 시장점유율(과거의 데이터)
④ 경쟁기업에 대한 상대적 가격·품질·기능

해설

시장점유율을 확대하고자 할 경우 과거의 시장점유율(과거의 데이터), 경쟁기업에 대한 상대적 가격·품질·기능, 판촉활동 및 판매경로의 강도 등에 영향을 많이 받는다. 매입채무 회전율은 거래처의 신용한도 설정 시 영향을 받는 요소이다.

15 [1급 | 2022년 2회]

판매할당 방법 중에서 교차비율을 고려하여 목표매출액을 할당할 수 있는 방법으로 옳은 것은?

① 영업사원별 할당
② 지역 및 시장별 할당
③ 거래처 및 고객별 할당
④ 상품 및 서비스별 할당

해설

교차비율을 고려하여 목표매출액을 할당할 수 있는 방법은 상품 및 서비스별 할당이다.

| 정답 | 11 ① 　 12 ③ 　 13 250,000 　 14 ① 　 15 ④

16 [2급 | 2021년 2회]

[보기]의 정보를 바탕으로, 교차비율을 고려해 상품 A, B의 목표판매액을 차등할당하고자 한다. 다음 중 설명 내용이 가장 옳지 <u>않은</u> 것은?

(단위: 억원)

구분	매출액	한계이익	평균 재고액
상품 A	100	30	15
상품 B	100	40	40

① 상품 B의 교차비율 수치는 1이다.
② 상품 A보다 상품 B의 교차비율 수치가 낮다.
③ 교차비율 수치에 의하면 상품 A보다 상품 B의 이익이 높다.
④ 상품 A의 목표판매액을 상품 B보다 높게 할당하는 것이 바람직하다.

- 교차비율 = 상품 회전율 × 한계이익률 = $\dfrac{\text{매출액}}{\text{평균 재고액}} \times \dfrac{\text{한계이익}}{\text{매출액}} = \dfrac{\text{한계이익}}{\text{평균 재고액}}$

- 상품 A의 교차비율: $\dfrac{\text{한계이익 } 30}{\text{평균 재고액 } 15} = 2$

- 상품 B의 교차비율: $\dfrac{\text{한계이익 } 40}{\text{평균 재고액 } 40} = 1$

∴ 교차비율이 높아질수록 이익도 높아진다. 상품 B보다 상품 A의 이익이 높으므로, 교차비율이 높은 상품 A에 높은 목표판매액을 할당해야 한다.

17 [2급 | 2021년 5회]

다음 중에서 지역 및 시장별 할당을 이용하여 목표판매액을 할당하려고 할 때 고려해야 할 사항으로 가장 옳은 것은 무엇인가?

① 교차비율
② 이익공헌도
③ 목표 시장점유율
④ 잠재구매력지수

지역 및 시장별 할당을 이용하여 목표매출액을 할당하려고 할 때, 할당기준은 잠재구매력지수이다.

18 [2급 | 2021년 4회]

다음 중 거래처 및 고객별로 판매할당하고자 할 때 고려 사항이 <u>아닌</u> 것은?

① 교차비율
② 과거 판매액
③ 수주실적경향
④ 목표 수주점유율

거래처 및 고객별 할당 시에는 각 거래처 또는 고객의 과거 판매액, 판매(수주)실적경향, 목표 수주점유율 등을 고려하여 할당한다. 교차비율은 상품 및 서비스별 할당 시의 고려 사항이다.

19 [2급 | 2022년 1회]

다음 중 가격 결정에 영향을 미치는 외부적 요인 중에서 고객 수요의 내용으로 옳지 않은 것은?

① 경쟁기업의 구매능력
② 가격탄력성
③ 제품 이미지
④ 품질

가격 결정에 영향을 미치는 외부적 요인 중 고객 수요와 관련된 요인은 가격탄력성, 제품 이미지, 품질, 소비자의 구매능력, 용도 등이 있다.

20 [1급 | 2025년 5회]

원가가산에 의한 가격 결정 방법으로 상품의 소매가격을 1,000원으로 결정하였다. 이때 원가 구성이 다음 [보기]와 같은 경우에 소매업자의 이익은 얼마인가? (정답은 단위(원)를 제외한 숫자만 입력하시오.)

- 제조원가: 300원
- 도매가격: 400원
- 소매업자 영업비: 200원

(답: 원)

소매가격 1,000원 = 소매 매입원가(도매가격) 400원 + 소매업자 영업비 200원 + 소매업자 이익
∴ 소매업자 이익 = 400원

| 정답 | **16** ③ **17** ④ **18** ① **19** ① **20** 400

21 [1급 | 2021년 4회]

다음 중 경쟁환경하에서 적정한 이익을 추구하면서 가격을 유지하기 위한 가격유지 정책 중 비가격경쟁에 의한 방법에 해당하지 <u>않는</u> 것은?

① 리베이트를 통한 판매촉진
② 차별화 상품으로 틈새시장 공략
③ 강력한 광고로 브랜드 이미지 구축
④ 고객 수요에 맞춘 새로운 제품의 개발

해설

리베이트를 통한 판매촉진 방법은 생산업자와 판매업자, 도매업자와 소매업자 사이에서 일정 기간의 판매액을 기준으로 판매에 기여한 판매업자에게 이익의 일부를 되돌려 주는 것으로 비가격경쟁에 의한 방법에 해당하지 않는다.

22 [2급 | 2021년 6회]

가격탄력성에 대한 설명으로 가장 옳지 <u>않은</u> 것은?

① 일반적으로 수요가 지속적으로 유지되는 생필품의 가격탄력성은 사치품보다 작다.
② 가격탄력성이 큰 상품은 가격이 상승했을 때, 수요가 크게 하락한다.
③ 가격탄력성이란 가격이 1% 변화하였을 때 수요량은 몇 % 변화하는가를 절대치로 나타낸 크기이다.
④ 가격탄력성이 1보다 큰 상품의 수요는 비탄력적(Inelastic)이라 하고, 1보다 작은 상품의 수요는 탄력적(Elastic)이라고 한다.

해설

가격탄력성이 1보다 큰 상품의 수요는 탄력적이라 하고, 1보다 작은 상품의 수요는 비탄력적이라고 한다.

23 [1급 | 2021년 5회]

다음 [보기]의 (   )에 공통적으로 들어갈 수 있는 용어를 직접 기입하시오.

> **보기**
>
> • 완전경쟁 상황의 시장에서는 이미 제품가격이 최저 가격을 형성하고 있으므로 매출과 이익을 높이기 위하여 (   )경쟁 방법에 의한 가격유지 정책이 필요하다.
> • (   )경쟁 방법은 광고·판매, 제품차별화·판매계열화 등 가격 외적인 면에서 행하여지는 경쟁 방법이다.

(답:)

해설

가격 외적인 면에 의한 가격유지 방법인 비가격경쟁 방법에 대한 설명이다.

24 [2급 | 2025년 1회]

시장을 경쟁 정도에 따라 구분할 경우 [보기]에서 설명하는 내용에 적합한 시장으로 옳은 것은?

> **보기**
>
> 시장에 다수의 기업들이 참여하고 있지만, 참여기업들은 각기 디자인, 품질, 포장 등에 있어 어느 정도 차이가 있는 유사상품을 생산, 공급하여 상호 경쟁하고 있는 시장으로 미용실, 병원, 목욕탕 등이 해당될 수 있다.

① 과점시장
② 독점시장
③ 완전경쟁시장
④ 독점적 경쟁시장

해설

① 과점시장: 소수의 생산자가 시장을 장악하고 비슷한 상품을 생산하며 같은 시장에서 경쟁하는 시장 형태
② 독점시장: 한 산업을 하나의 기업이 지배하는 시장 형태
③ 완전경쟁시장: 시장 참가자 수가 많고 시장 참여가 자유로운 시장 형태

25 [1급 | 2022년 4회]

시장 형태는 공급자의 경쟁 정도에 따라 여러 유형으로 구분된다. [보기]의 설명에 적절한 시장 형태를 한글로 작성하시오.

> **보기**
>
> 소수의 생산자가 시장을 점유하고 비슷한 상품을 생산하며 같은 시장에서 경쟁하는 시장 형태

(답:)

해설

과점시장은 소수의 생산자가 시장을 장악하고 비슷한 상품을 생산하며 같은 시장에서 경쟁하는 시장 형태로, 공급량은 적고 가격이 높기 때문에 가격이나 생산량에 있어 경쟁기업에 민감하다.

26 [2급 | 2022년 2회]

수주관리의 업무내용으로 가장 옳지 <u>않은</u> 것은?

① 수주는 구매를 결정한 고객으로부터 구체적인 주문을 받는 과정이다.
② 수주등록은 수주 후에 고객의 주문내역을 관리 시스템에 등록하는 과정이다.
③ 견적은 수주 이후 단계로서 구매하고자 하는 물품에 대한 사양과 가격을 산출하는 단계이다.
④ 수주등록 후 일자별 가용수량, 약속가능재고 정보를 참조하여 고객에게 예정납기를 통보해야 한다.

해설

견적은 수주 이전 단계로서, 구매하고자 하는 물품에 대한 사양과 가격을 산출하는 단계이다.

27 [2급 | 2021년 6회]

파레토 분석을 이용하여 우량 거래처를 선정하려고 한다. [보기]의 자료를 근거로 할 때, A 그룹의 고객군으로 적절한 것은 무엇인가?

┌─ 보기 ──────────────────────────────

(단위: 억원)

고객	a	b	c	d	e	f	g	h	i	j
매출액	60	20	4	4	2	2	2	2	2	2

① a
② a, b
③ a, b, c
④ a, b, c, d

해설

- 파레토 분석에서 A 그룹은 전체 매출누적치의 70% ~ 80%를 차지한다. 매출액의 합이 100억원이므로 100억원의 70% ~ 80%는 70억원 ~ 80억원이다.
- a 60억원 + b 20억원 = 80억원이므로 a, b 고객이 A 그룹이다.

28 [1급 | 2022년 3회]

[보기]의 (   )에 공통적으로 들어갈 적절한 용어를 예와 같이 한글로 기입하시오. (예 물류)

┌─ 보기 ──────────────────────────────

- (   ) 분석은 고객 중점화 전략 중 하나로, ABC 분석이 다양한 요인들을 고려하지 못한다는 단점을 보완한 분석 방법이다.
- (   ) 분석은 우량 거래처나 고객을 선정하기 위해 고려해야 할 서로 다른 2개의 요인을 가로축과 세로축의 기준으로 이원표를 구성한다.

(답:)

해설

고객 중점화 전략 중 매트릭스 분석은 서로 다른 2개의 요인을 이용하여 우량 고객을 선정하는 방법이다.

29 [1급 | 2022년 2회]

고객(거래처) 중점화 전략의 중점 관리 고객 선정 방법 중에서 가장 다양한 요인을 반영할 수 있는 분석 방법으로 옳은 것은?

① ABC 분석
② 파레토 분석
③ 매트릭스 분석
④ 거래처 포트폴리오 분석

해설

거래처 포트폴리오 분석은 ABC 분석이나 매트릭스 분석 등과 같이 1개 ~ 2개의 요인만을 분석하지 않고 3개 이상의 요인으로 가중치를 이용하여 다면적으로 분석하는 방법이다.

30 [2급 | 2021년 5회]

신용거래와 신용한도에 관한 내용으로 가장 옳지 <u>않은</u> 것은?

① 여신한도는 거래처에 외상매출할 수 있는 최저 한도액을 말한다.
② 신용거래란 물품을 먼저 인도하고 물품대금은 일정 기간 후에 결제하는 외상거래를 말한다.
③ 여신한도를 설정하는 것은 대금회수가 안전한 외상매출 금액의 상한과 허용기간을 정하는 것이다.
④ 신용한도란 기업이 매출채권의 원활한 회수관리를 위하여 거래처마다 외상매출을 허용할 수 있는 금액의 한도를 말한다.

해설

여신한도는 거래처에 외상매출을 할 수 있는 최고 한도액을 말한다.

31 [2급 | 2021년 3회]

의류업체 A사의 여신 상황이 보기와 같다. A사의 자금 조달기간으로 옳은 것은?

매출액	170,000만원
매출채권 잔액	34,000만원
재고 회전기간	32일
매입채무 지급기간	45일

① 30
② 40
③ 50
④ 60

해설

- 매출채권 회수기간: $\dfrac{\text{매출채권 잔액 34,000만원}}{\text{매출액 170,000만원}} \times 365 = 73$일
- 자금 조달기간: 매출채권 회수기간 73일 − 매입채무 지급기간 45일 + 재고 회전기간 32일 = 60일

| 정답 | 26 ③ 27 ② 28 매트릭스 29 ④ 30 ① 31 ④

32 [1급 | 2021년 5회]

회사의 자금 조달기간을 이용하는 방법으로 자사의 연간 총여신한 도액을 설정하려고 한다. [보기]에서 주어진 정보를 이용할 때, 자사의 연간 매출채권 한도액을 산출하면 얼마인가? (답은 예와 같이 단위(억원)를 생략하고, 숫자로만 기재하시오. 예 10)

> ─ 보기 ─
> • 매출액: 30억원
> • 재고 회전기간: 90일
> • 매출채권 회수기간: 300일
> • 매입채무 지급기간: 25일

(답: 억원)

해설

• 자금 조달기간: 매출채권 회수기간 300일 − 매입채무 지급기간 25일 + 재고 회전 기간 90일 = 365일

• 자금 고정률: $\dfrac{\text{자금 조달기간 365}}{365} = 1$

• 매출채권 한도액(여신한도액): 매출액 30억원 × 자금 고정률 1 = 30억원

33 [1급 | 2022년 2회]

[보기]는 매출채권 회전율에 대한 설명이다. (   ) 안에 적합한 수치를 입력하시오(단, 답은 단위는 생략하고, 예와 같이 숫자로 입력하시오. 예 10).

> ─ 보기 ─
> 특정년도의 총매출액이 100억원이고, 매출채권 잔액이 20억원이 라면 매출채권 회전율은 (   )이다.

(답:)

해설

매출채권 회전율: $\dfrac{\text{매출액 100억원}}{\text{매출채권 잔액 20억원}} = 5$

34 [1급 | 2022년 3회]

거래처(고객)별 여신한도를 결정하기 위하여 '과거 총이익액의 실적이용법'을 적용하려고 한다. [보기]의 산출식에서 ㉠에 공통으로 들어갈 적절한 용어를 예와 같이 한글로 기입하시오(예 물류).

> ─ 보기 ─
> • 여신한도액 = 과거 3년간의 {총매출액 − 외상매출채권 잔액} × 평균 총(㉠)
> • 여신한도액 = 과거 3년간의 회수누계액 × 평균 총(㉠)

(답:)

해설

과거 총이익액의 실적이용법으로 거래처(고객)별 여신한도를 설정하는 방법은, 해당 거래처에 대한 과거 3년 ~ 5년간의 총이익액 누계실적을 한도로 설정하는 것이다.
• 여신한도액 = (과거 3년간의 총매출액 − 외상매출채권 잔액) × 평균 총이익률
　　　　　　 = 과거 3년간의 회수누계액 × 평균 총이익률

35 [2급 | 2022년 1회]

과거 총이익액의 실적을 이용하여 거래처의 여신한도를 설정하려고 한다. 거래처에 대하여 과거 3년간의 총매출액이 80억원, 외상 매출채권 잔액이 20억원, 평균 총이익률이 5%일 때, 이 거래처에 적절한 여신한도액은 얼마인가?

① 3억원　　　　　　② 4억원
③ 5억원　　　　　　④ 6억원

해설

여신한도액: (과거 3년간의 총매출액 80억원 − 외상매출채권 잔액 20억원) × 평균 총 이익률 5% = 3억원

36 [1급 | 2022년 4회]

매출액 예측에 의한 방법으로 거래처의 여신한도액을 결정하려고 한다. [보기]에 제시된 자료를 바탕으로 여신한도액을 계산하여 입력하시오(정답은 단위를 제외한 숫자만 입력하시오. 단위: 원).

> ─ 보기 ─
> • 거래처의 예상매출액: 1,000,000원
> • 거래처의 매입원가율: 80%
> • 자사 수주점유율: 20%
> • 여신기간: 40일

(답: 원)

해설

매출액 예측에 의한 여신한도액: 거래처의 예상매출액 1,000,000원 × 매입원가율 80% × 자사 수주점유율 20% × 여신기간 40일 = 6,400,000원

| 정답 | 32 30 | 33 5 | 34 이익률 | 35 ① | 36 6,400,000 |

37 [2급 | 2021년 5회]

경영지표에 의한 거래처별 여신한도 설정법에서 재무제표가 있는 경우 관련된 경영지표의 측정치로 옳은 것은?

① 유동성 – 매출채권 회전율
② 수익성 – 상품 회전율
③ 안정성 – 자기자본비율
④ 회수성 – 유동비율

해설

〈재무제표가 있는 경우〉
① 유동성: 상품 회전율, 유동비율
② 수익성: 총자본 대비 이익률, 매출액 대비 이익률
④ 회수성: 매출채권 회전율

38 [2급 | 2022년 2회]

여신한도액이 순운전자본보다 많아지는 경우 운전자본 확보 방안으로 가장 옳지 <u>않은</u> 것은?

① 상품재고 감소
② 지급어음 기일 단축
③ 어음의 회수기간 단축
④ 현금회수 가능 거래처 증대

해설

여신한도액이 순운전자본보다 많아진 경우에 운전자본을 확보하기 위해서는 지급어음 기일을 연장시켜야 한다.

39 [1급 | 2022년 4회]

회사의 신용한도 설정 및 자금운용과 관련된 설명으로 적절하지 <u>않은</u> 것은?

① 매출채권 회전율이 낮게 되면 대손발생의 위험이 증가한다.
② 유동자산 총액에서 유동부채 총액을 차감한 것을 순운전자본이라고 한다.
③ 신용한도는 상한 범위의 금액까지 판매 가능하다는 의미로 해석할 수 있다.
④ 여신한도액이 순운전자본보다 많아지는 경우 어음 지급을 현금 지급으로 변경하여 운전자본을 확보해야 한다.

해설

여신한도액이 순운전자본보다 많아지는 경우 현금 지급을 어음 지급으로 변경하여 운전자본을 확보해야 한다.

40 [2급 | 2021년 1회]

A 기업은 당월 마감하고 당월 회수하는 일반적인 회수율 계산 방식을 통해 외상매출금 회수율을 산출하고 있다. [보기]의 자료를 이용할 때, 3월의 외상매출금 회수율은 얼마인가?

> **보기**
> - 2월 말 외상매출금 잔액: 80만원
> - 3월 매출액: 520만원
> - 3월 말 외상매출금 잔액: 120만원
> - 3월 외상매출액 회수액: 60만원

① 10% ② 20%
③ 30% ④ 40%

해설

3월 외상매출금 회수율

$$= \frac{\text{당월(3월) 외상매출액 회수액 60만원}}{\text{전월(2월) 말 외상매출금 잔액 80만원 + 당월(3월) 매출액 520만원}} \times 100 = 10\%$$

41 [1급 | 2022년 4회]

일반적인 방식으로 외상매출금 회수율을 산출하고자 한다. [보기]의 정보를 활용하여 계산한 4월 말 외상매출금 회수율이 40%가 되려면 4월의 매출액은 얼마여야 하는가?

> **보기**
> - 3월 매출액: 75억원
> - 3월 말 외상매출금 잔액: 10억원
> - 4월 회수액: 20억원

① 40억원 ② 45억원
③ 50억원 ④ 55억원

해설

4월 외상매출금 회수율 40%

$$= \frac{\text{당월(4월) 회수액 20억원}}{\text{전월(3월) 말 외상매출금 잔액 10억원 + 당월(4월) 매출액}} \times 100$$

∴ 4월의 매출액 = 40억원

42 [2급 | 2022년 2회]

'월말 마감의 차월 회수' 기준에 따라 외상매출금의 회수율을 계산하고자 할 때, [보기]의 (a)에 들어갈 용어로 옳은 것은?

> **보기**
>
> 외상매출금 회수율 = (a) / {(b) + (c)} × 100

① 당월 회수액
② 전월 매출액
③ 당월 매출액
④ 전전월말 외상매출금 잔액

해설

월말 마감의 차월 회수 회수율

$$= \frac{a.\ 당월\ 회수액}{b.\ 전전월말\ 외상매출금\ 잔액 + c.\ 당월\ 매출액} \times 100$$

43 [1급 | 2021년 5회]

(주)K무역은 월말 마감 차월 회수 공식을 사용하여, 외상매출금 회수율을 계산한다. [보기]에 주어진 정보를 이용하여 계산한 10월의 외상매출금 회수율은 얼마인가? (단, 답은 예와 같이 단위(%)는 생략하고 숫자만 입력하시오. 예 10)

> **보기**
>
> • 9월 매출액: 4억원
> • 10월 매출액: 5억원
> • 8월말 외상매출금 잔액: 3억원
> • 10월 외상매출액 회수액: 2억원

(답: %)

해설

월말 마감 차월 회수의 10월 회수율(%)

$$= \frac{당월(10월)\ 외상매출액\ 회수액\ 2억원}{전전월(8월)\ 말\ 외상매출금\ 잔액\ 3억원 + 당월(10월)\ 매출액\ 5억원} \times 100 = 25\%$$

44 [2급 | 2022년 1회]

매출액을 기준으로 받을어음의 회수기간을 산출하여 여신한도액을 운용하고자 한다. 다음 [보기]의 대금회수내역을 활용하였을 때, 받을어음의 대금회수기간으로 옳은 것은?

> **보기**
>
> 대금회수내역(매출총액: 23억원)
> • 현금: 13억원
> • 30일 어음: 2억원
> • 60일 어음: 3억원
> • 90일 어음: 5억원

① 1일   ② 30일
③ 60일   ④ 900일

해설

• 현금은 기간이 필요 없으므로 현금의 어음기간은 0으로 계산한다.

• 받을어음 회수기간 $= \dfrac{(각\ 받을어음\ 금액 \times 각\ 어음기간)의\ 합계}{매출총액}$

$$= \frac{(13억원 \times 0일) + (2억원 \times 30일) + (3억원 \times 60일) + (5억원 \times 90일)}{23억원}$$

$$= \frac{690일}{23억원} = 30일$$

45 [1급 | 2022년 2회]

[보기]는 여신잔액에 맞추어 어음기간을 조정하기 위한 계산 공식이다. 괄호 ㉠에 들어갈 용어로 옳은 것은?

> **보기**
>
> 어음기간 = {(㉠ × 여신기간) − (현재까지 회수어음 금액 × 동 어음기간)} / 외상매출금 잔액

① 매출총액   ② 여신한도액
③ 외상매출금   ④ 외상매출 회수액

해설

어음기간 $= \dfrac{(㉠\ 여신한도액 \times 여신기간) - (회수어음\ 금액 \times 어음기간)의\ 합계}{외상매출금\ 잔액}$

| 정답 | **42** ① | **43** 25 | **44** ② | **45** ② |

공급망관리(SCM)

1 공급망관리(SCM; Supply Chain Management)

1. 물류와 로지스틱스

(1) 미국물류관리협의회(NCPDM)의 '물류(Physical Distribution)' 정의

제품을 물리적으로 생산자로부터 최종 소비자에게 이전하는 데 필요한 포장·보관·하역·운송·정보 등에 관한 행위이다(상품 공급 지향적).

(2) 로지스틱스(Logistics)

① 물류가 확장·발전되어 원·부자재의 조달에서부터 제품의 생산·판매·반품·회수·폐기에 이르기까지 구매 조달, 생산, 판매 물류가 통합된 개념의 물류이다.

② 고객만족을 위한 고객지향 시스템으로 원재료·반제품·완성품 이외에 정보관리가 포함되어 있다.

③ 로지스틱스는 보관보다는 흐름 관점을 우선하는 효율화를 촉진한다는 점이 '공급관점의 물류'와의 차이점이다.

2. 공급망관리

(1) 공급망관리의 개념

① 공급망은 '공급(Supply)하는 연결망(Chain)'이라는 뜻으로, 경제활동에 따른 수요와 공급 관계의 모든 물자 흐름, 정보 흐름, 자금 흐름의 연결망을 의미한다.

- **물자 흐름(제품/서비스 흐름):** 공급자로부터 고객으로의 상품 이동은 물론, 고객의 물품 반환이나 애프터서비스 요구 등을 모두 포함한다.
- **정보 흐름:** 주문의 전달과 배송상황의 갱신 등이 수반된다.
- **재정 흐름:** 신용조건, 지불조건, 위탁판매, 권리소유권 합의 등이 해당한다.

② 공급망관리는 원·부자재 공급자로부터 최종 소비자에 이르기까지 전 과정에서 각 기능 간 재화·정보·자금의 흐름을 최적화하고 동기화하여 공급망 전체의 경영 효율을 극대화하는 전략이다.

③ 공급망관리는 공급망 전체의 불확실성에 대응하기 위하여 정보 시스템에 의한 기업 간 전략적 협업의 관점이다.

④ 공급망관리의 발전 단계

MRP I → MRP II → ERP → ERP II (확장형 ERP) → SCM

(2) 공급망관리 흐름도

제품이 원재료에서 최종 소비자에게 전달되기까지의 흐름을 의미한다.

① 조달 물류: 원·부자재가 구매시장으로부터 공급자(제조업자)의 자재창고에 입고될 때까지의 물류이다.

② 사내(생산) 물류: 원·부자재가 제조기업의 생산공정에 투입되어 완제품으로 생산되어 포장되기까지의 물류이다.

③ 판매 물류: 공장이나 물류센터로부터 출하하여 고객에게 인도하기까지의 물류이다.

④ 반품, 폐기, 회수 물류

- 반품 물류: 소비자가 교환, 환불 또는 수리를 위하여 구입한 제품을 판매자에게 되돌려 보내기까지의 물류이다.
- 폐기 물류: 제품 및 표장용기 등을 폐기하기 위한 물류이다.
- 회수 물류: 파렛트, 컨테이너와 같은 물류용기와 음료수 공병 등의 회수 및 재활용을 위한 물류이다.

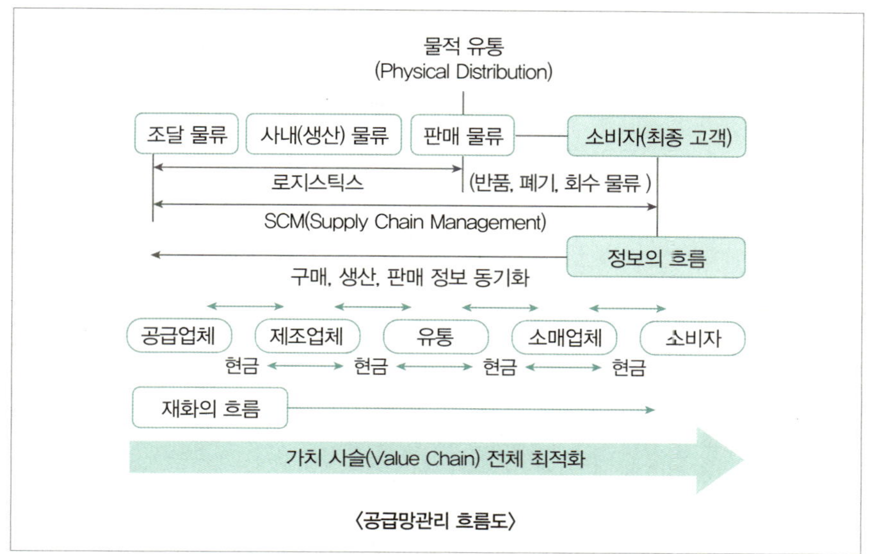

〈공급망관리 흐름도〉

(3) 공급망관리의 필요성

공급망을 구성하는 원자재와 부품의 공급자, 중간부품 제조업체, 완제품 제조업체, 물류업체, 도매상과 소매상의 유통업체, 최종 고객에 이르기까지 생산과 서비스의 주체들은 공급망의 거래비용 절감을 위하여 시스템 통합에 의한 실시간 정보 동기화와 협업이 절대적으로 중요하다. 또한, 공급망관리는 정보 공유와 통합, 리드 타임 단축, 불확실성의 최소화 등을 위하여 필요하다.

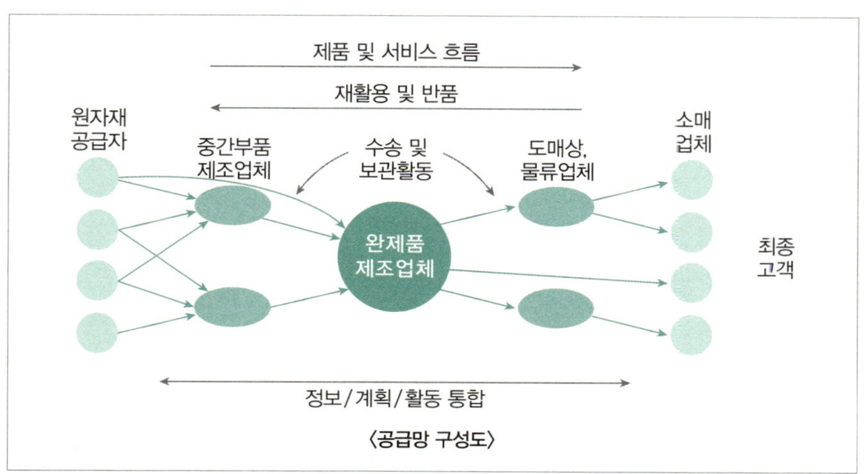

〈공급망 구성도〉

(4) 공급망관리의 도입 효과

① 작업 지연시간의 단축
② 수주 처리기간의 감소
③ 철저한 납기관리
④ 업무 운영 효율화에 의한 비용 절감

3. 채찍 효과(Bullwhip Effect) 중요

(1) 채찍 효과의 개념

① 고객 수요가 공급망의 하류에 해당하는 소매상에서 도매상으로, 도매상에서 제조기업으로, 제조기업에서 원재료 공급자까지 공급망의 상류로 이어지면서 수요예측이 왜곡되고 과대한 주문이 누적되어 가는 현상이다.
② 수요와 공급의 변동은 제품 품절에 의한 고객 서비스 수준 하락, 과도한 안전재고 보유, 공급망상의 비용 상승 등을 초래한다.

(2) 채찍 효과의 원인

① 잦은 수요예측 변경: 변동하는 고객 주문을 반영하여 수요예측, 생산, 발주와 일정계획이 자주 갱신된다.
② 배치 주문 방식: 운송비·주문비의 절감을 위하여 대량의 제품을 한꺼번에 발주한다.
③ 가격 변동: 불안정한 가격 구조, 가격할인 행사 등으로 불규칙한 구매 형태를 유발한다.
④ 리드 타임 증가: 조달 리드 타임이 길어지면 수요와 공급의 변동성, 불확실성이 확대된다.
⑤ 과도한 발주: 공급량 부족으로 주문량보다 적게 할당될 때, 구매자가 실제 필요량보다 확대하여 발주한다.
⑥ 기타: 수요정보의 왜곡, 주문량의 불규칙과 편차, 일방적 정보의 전달, 공급망 구성원의 비합리적 사고와 의사 결정, 공급망 전체의 관점이 아닌 개별 기업의 이해관계에 따른 의사결정 수행

(3) 채찍 효과를 줄이기 위한 방안

① 공급망 전반의 수요정보를 중앙집중화하여 불확실성을 제거한다.
② 안정적인 가격 구조로 소비자 수요의 변동 폭을 축소한다.
③ 고객·공급자와 실시간 정보를 공유한다.
④ 제품 생산과 공급에 소요되는 주문 리드 타임과 주문 처리에 소요되는 정보 리드 타임을 단축시킨다.
⑤ 공급망의 재고관리를 위하여 기업 간 전략적 파트너십을 구축한다.

4. 공급망 프로세스

(1) 공급망 프로세스의 개념

공급망 프로세스는 고객의 수요를 충족하기 위하여 제품 생산에 필요한 원자재의 투입부터 제품 생산을 거쳐 그 제품을 고객에게 전달하는 활동의 유기적인 과정이다.

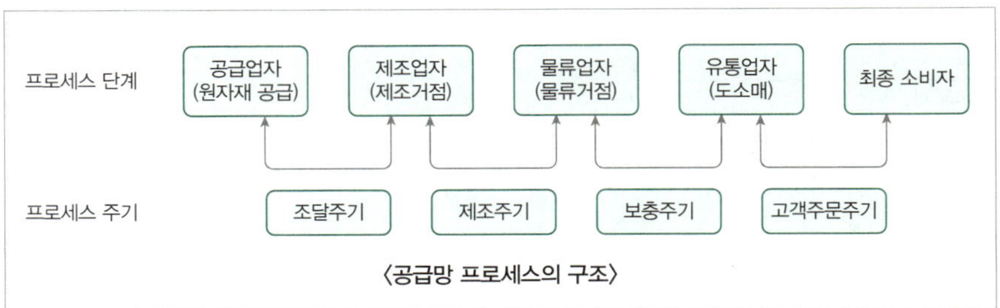

〈공급망 프로세스의 구조〉

(2) 공급망 프로세스의 통합

① 공급망 전체의 공동 이익을 위하여 비전 공유, 고도의 협업, 실시간 정보 공유 등의 상호 작용이 요구된다.

② 고객 요구나 시장 환경에 대응하기 위하여 프로세스를 동기화하는 공급망 프로세스 통합이 필요하다.

(3) 공급망 프로세스의 경쟁능력 4가지 요소 `중요`

① **비용(Cost)**: 적은 자원으로 제품·서비스를 창출할 수 있는 능력이다.

② **품질(Quality)**: 고객 욕구를 만족시키는 척도이며 소비자에 의하여 결정된다.

③ **유연성(Flexibility)**: 설계 변화와 수요 변화에 효율적으로 대응할 수 있는 능력이다. 유연성이 높다는 것은 새롭게 변경된 제품의 생산이나 새로운 생산 방법의 도입이 효율적으로 이루어질 수 있다는 것이다.

④ **시간(Time)**: 고객의 요구에 맞추어 경쟁사보다 더 빠르게 제품을 생산·배달하여 시장 대응 속도를 높이는 능력이다.

- **신제품 개발능력**: 경쟁사보다 빠르게 고객의 욕구를 충족시킬 수 있는 새로운 제품을 개발한다.
- **신속한 제품 배달능력**: 제한된 시간에 보다 많은 고객 주문을 충족시킨다.
- **정시 배달능력**: 고객이 원하는 시간에 원하는 수량의 제품을 정확하게 인도하여 배송의 신뢰성을 유지한다.

> **＋ 비용으로 경쟁하기 위한 방법**
>
> - 투입 자원의 효율적 활용과 조직 운영
> - 원자재 구입비용 감축
> - 낭비 제거와 생산성 향상
> - 프로세스 표준화, 불량품 감축
> - 지속적인 프로세스 개선과 개발

5. 공급망관리 정보 시스템

(1) 공급망 정보의 특징(정보의 다종, 다량, 대량)

① 정보량이 많고 업무내용이 다양하여 획일적 처리가 곤란하다.

② 정보의 발생 장소, 처리 장소, 전달 장소 등이 광역으로 분산되어 있다.

③ 지역, 계절, 시간에 따라 수요 변화가 현저하므로 유연한 대응 시스템이 필요하다.

(2) 공급망관리 정보 시스템의 효과

① 고객 주문 및 처리 시간의 단축으로 고객 서비스가 향상된다.

② 재고량 축소로 재고비용이 절감된다.

③ 신속하고 저렴한 운송 방법 탐색으로 운송비용이 절감된다.

④ 소비자의 구매 성향을 쉽게 파악하여 최적의 제품 구색이 가능하다.

(3) 공급망관리 정보 시스템의 유형

① **창고관리 시스템(WMS; Warehouse Management System)**: 주문피킹, 입출고, 재고관리 등의 자동화를 통하여 신속·정확한 고객 대응력과 재고 삭감, 미출고·오출고 예방을 목적으로 한다.

> **＞ 창고관리 시스템의 주요 기능**
>
> - 주문접수
> - 일정 계획
> - 작업관리
> - 출하관리
> - 차량관리
> - 재고관리
> - 입고관리
> - 운영관리

② 효율적 소비자 대응(ECR; Efficient Consumer Response) 시스템: 유통업체와 제조업체 등이 서로 협력하여 효율적인 상품보충, 점포진열, 판매촉진, 상품개발을 목적으로 POS 시스템을 도입하여 자동적으로 제품을 충원하는 전략이다.

③ 신속 대응(QR; Quick Response) 시스템: 미국의 패션의류 산업에서 실시한 것으로 소매 업체와 제조업체가 정보를 공유하여 효율적인 생산과 공급망 재고량을 최소화하는 전략 이다. 유지비용 절감, 고객 서비스 제고, 높은 상품 회전율 등의 효과를 얻을 수 있다.

④ 크로스도킹(CD; Cross Docking) 시스템: 물류센터에 보관하지 않고 당일 입고, 당일 출 고하는 통과형 운송 시스템으로 24시간 이내에 직송하는 공급망 간의 협업 시스템이다.

⑤ 지속적 보충 프로그램(CRP; Continuous Replenishment Program): 제품의 유통업체와 제조업체가 전자상거래를 통하여, 상품의 재고가 부족할 때 자동으로 보충하고 재고관 리를 하도록 지원하는 시스템이다. 제조업체가 효과적으로 재고를 관리하여 유통업체 에 적시에 보충할 수 있도록 하여 결품 비율을 낮추어 주고, 상호 협업기능을 강화한다.

⑥ 협력사(공급자) 재고관리(VMI; Vendor Managed Inventory) 시스템: 유통업체 물류센터 의 재고 데이터를 공급자(제조업체)에게 전달하면 공급자가 물류센터로 제품을 배송하 고 유통업체의 재고를 직접 관리하는 방식으로, 재고관리 책임을 공급자에게 위탁하는 성격의 시스템이다.

⑦ 공동 재고관리(CMI; Co-Managed Inventory) 시스템: VMI에서 한 단계 더 발전한 개념 으로 소매업체(유통업체)와 공급자(제조업체)가 공동으로 판촉활동, 지역 여건, 경쟁 상황을 고려하면서 적절하게 재고수준을 관리하는 방식이다. JMI(Jointly Managed Inventory)라고도 한다.

⑧ 컴퓨터 지원 주문 시스템(CAO; Computer Assisted Ordering): 제조업체의 창고, 유통센 터, 소매업체에 이르는 전체 재고를 파악하고 컴퓨터에 의한 자동 주문을 수행하여 효 과적인 수배송 계획을 지원함으로써 물류비용을 감소시켜 주는 방식이다.

⑨ 전자 주문 시스템(EOS; Electronic Ordering System): 상품의 부족분을 컴퓨터가 거래처 에 자동으로 주문하여 항상 신속하고 정확하게 해당 점포에 배달해 주는 시스템으로, 편의점·슈퍼마켓 등 체인 사업에서 상품을 판매하면 POS 데이터를 거래처의 중앙 본 부에 있는 컴퓨터에 자동적으로 입력하는 방식이다.

⑩ 전자 조달 시스템(e-Procurement): 기업에서 원재료 조달을 위한 파트너 선정, e-카탈 로그에 의한 원재료의 물품 수량 결정 및 주문, 전자 대금 지불을 실시간으로 가능하게 함으로써 시간과 비용을 절약한다.

⑪ 협업적 계획예측 보충(CPFR; Collaborative Planning-Forecasting and Replenishment) 시스템: 제조업체가 유통업체와의 협업 전략을 통하여 상품 생산을 공동으로 계획하고 생산량을 예측하며 상품의 보충을 구현하는 방식이다.

⑫ 카테고리 관리(Category Management): 상품 카테고리 관리자가 POS 데이터 분석, 인 구 통계학적 특성 파악 등 최적의 상품 믹스를 하는 데 도움이 된다.

⑬ 지연 전략(Postponement): 공장이 아니라 시장 가까이에서 제품을 완성하는 제조시점 지연을 통해 소비자가 원하는 다양한 수요를 만족시킨다.

⑭ SCP(Supply Chain Planning) 시스템: 기업 내부의 영업, 재고, 생산, 일정 계획에 대한 정보 교환과 연계 프로세스를 지원해 주는 시스템이다.

⑮ SCE(Supply Chain Execution) 시스템: 공급망 내의 주문, 수송, 보관, 재고에 관련된 모 든 구성원의 정보를 공유하고 관리하는 시스템이다.

2 공급망 운영

1. 공급망 운영 전략

(1) 공급망 운영 전략의 개념

공급망 운영 전략은 공급망이 추구하는 목표를 달성하기 위한 방향 및 계획이다. 어떤 전략을 선택하느냐에 따라 조직의 예산 및 자원 배분 방안이 달라지므로 전략은 공급망 구조와 운영 등에 영향을 미친다. 공급망 전략의 범위는 영업·생산·조달·물류기능과 같은 조직 내부 공급망에서 조직 간의 관계까지도 포함한다.

(2) 공급망 운영 전략의 유형

① 효율적 공급망(Efficient Supply Chain) 전략
  - 예측 가능한 안정적인 수요를 가지고 이익률이 낮은 제품에 대응하는 공급망이다.
  - 낮은 재고수준과 비용 최소화가 가장 중요한 목적이다.

② 대응적 공급망(Responsive Supply Chain) 전략
  - 혁신적 제품과 같이 수요예측이 어렵고, 이익률은 높은 제품에 빠르게 대응하는 공급망이다.
  - 비용적인 측면보다 고객 서비스를 우선하는 대응 방안이다.

③ 효율적 공급망과 대응적 공급망의 비교

구분	효율적 공급망	대응적 공급망
목표	가능한 한 가장 낮은 비용으로 예측 가능한 수요에 대응	품절, 가격 인하 압력, 불용 재고를 최소화하기 위해 예측이 어려운 수요에 재빠르게 대응
생산 전략	높은 가동률을 통한 낮은 비용 유지	불확실성에 대비한 초과 버퍼 용량 배치
재고 전략	공급망에서 높은 재고 회전율과 낮은 재고수준 유지	불확실한 수요를 맞추기 위한 상당한 양의 부품이나 완제품 버퍼 재고 유지
리드 타임 전략	비용을 증가시키지 않는 범위에서 리드 타임 최소화	리드 타임을 줄이기 위한 방법으로 공격적 투자
공급자 선정 방식	비용과 품질에 근거한 선택	스피드·유연성·품질 중심의 선택
제품 설계 전략	성능은 최대, 비용은 최소	가능한 한 제품 차별화를 지연시키기 위해 모듈화 설계 사용
운송 전략	낮은 비용 운송 모드 선호	대응(빠른) 운송 모드 선호

2. 공급망 운영 시스템

(1) 공급망 운영 시스템의 구성

① 공급망 운영 프로세스: 공급망 운영 업무 절차, 공급망 운영 참고(SCOR) 모델의 프로세스 등이 대표적 기준이다.
② 공급망 조직: 공급망 운영을 전문적으로 담당하는 조직과 역할이다.
③ 공급망 인프라: 공급망 운영 설비, 공급망 생산·물류거점, 공급망 정보 시스템

(2) 공급망 운영 참고(SCOR) 모델 〈중요〉

① 1996년 미국 공급망협의회(SCC; Supply Chain Council)에서 개발하여 보급한 공급사슬 프로세스 분석 및 설계 모델로 성공적인 SCM을 위한 기준이다.
② 공급망관리의 진단, 벤치마킹, 프로세스 개선을 위한 도구로 공급망관리의 전략 및 운영 체계를 측정하고, 지속적인 개선에 필요한 가이드라인을 제공하여 공급망 효과의 극대화를 목적으로 한다.

③ 공급망 운영 참고 모델은 공급망 운영을 계획(Plan)·조달(Source)·생산(Make)·배송(Deliver)·반품(Return)의 5개 프로세스로 분류한다.
  - **계획**: 수요와 공급을 계획하는 단계로, 모든 공장의 모든 제품에 대해 공급자 평가, 수요의 우선순위, 재고계획, 분배 요구량 파악, 생산계획, 자재 조달, 개략적 능력을 계획한다.
  - **조달**: 원료의 공급과 관련된 단계이다. 조달처를 개발하여 조달·입고·검사·보관을 수행하고, 조달 계약, 지불, 납입, 수송, 자재의 품질, 공급자 검증과 지도 등 조달 기반 구조를 형성한다.
  - **생산**: 조달된 자재를 이용하여 제품을 생산하고 검사·포장·보관하는 단계로, 설비·기계 등의 제조 기반 시설을 관리하고 제품의 품질 검사와 생산 현황 작업 스케줄을 관리한다.
  - **배송**: 주문을 입력하고 고객 정보를 관리하며, 주문 발송과 제품의 포장, 보관, 발송, 창고관리, 배송 기반 구조관리 등의 활동이다.
  - **반품**: 공급자에 대한 원재료의 회수 및 고객 활동에서 완제품의 회수, 영수증관리 등의 활동이다.

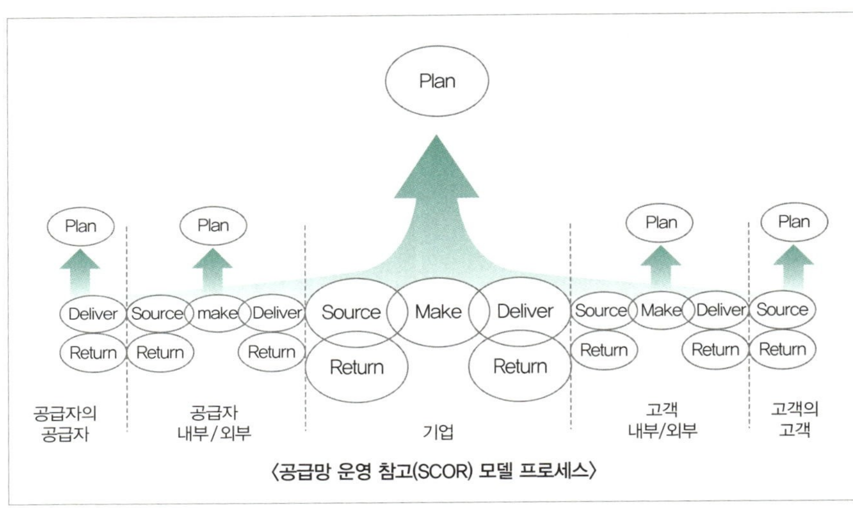

〈공급망 운영 참고(SCOR) 모델 프로세스〉

3 공급망 거점

1. 공급망 거점

(1) 공급망 거점의 개념

① 공급망 생산거점: 예측된 수요와 고객의 주문에 효과적으로 대응하기 위하여 건설하는 생산 시설이다.

② 공급망 물류거점: 공급자와 수요자 중간에 배송의 효율화를 목적으로 설치한 제반 물류 시설이다.

(2) 공급망 물류거점의 기능

① 장·단기적 보관으로 공급과 수요의 완충기능

② 주문에 적기 대응이 가능하도록 집하, 배송기지기능

③ 운송비 절감을 위한 중개기지기능

④ 고객의 다양한 요구에 대응하기 위한 유통 가공, 조립기능

⑤ 품질과 수량을 확인하는 검품이나 선별기능

⑥ 전시(Show Room)역할로 판매 전진기지기능

(3) 공급망 물류거점의 구축

① 공급망 물류거점은 그 수가 너무 많게 되면 수주량과 재고량의 불균형을 초래하여 리드타임의 지연 및 안전재고 수준의 증대, 물류거점 설립에 따른 자금의 투자를 야기시키며, 제비용의 증대를 가져와 총비용의 상승을 유도하여 경쟁력을 약화시키는 원인으로 작용한다.

② 물류거점의 수를 결정할 때에는 총비용의 최저점에서 결정해야 하며, 여러 대안에 대한 질적인 고려도 병행되어야 한다. 질적인 측면에 대한 고려 사항으로는 고객만족, 참여 기업 경쟁력 향상, 수요 창출 등이 있다.

2. 공급망 거점 최적화

(1) 공급망 거점 최적화의 개념

① 공급망 비용을 줄이고 고객 서비스를 향상시키기 위하여 생산 및 물류 시설의 위치를 결정하고 개선하는 활동이다.

② 공급망 거점 최적화를 통해 고객 서비스를 개선함으로써 기업 차별화가 가능해진다.

(2) 공급망 거점 최적화 지표

공급망 거점을 설계할 때 고려할 주요 지표는 고객 서비스 지표와 비용 지표이다.

① 고객 서비스 지표

- 고객 대응 납기는 고객 서비스 측면에서 거점 설계에 영향을 디치는 요인으로, 재고 보유 여부, 공급망 거점과 수요지 간의 거리에 따라 결정된다.
- 일반적으로 물류거점 수가 증가하면 물류거점과 수요지 간의 거리가 짧아지므로 고객 대응 납기가 빨라질 가능성이 높다.

② 비용 지표

- 주요 비용 항목에는 재고비용, 고정투자비용, 변동운영비용, 수송비용이 있다.
- 비용은 공급망 거점의 설계 방식과 거점 수에 따라 큰 영향을 받는다.

(3) 공급망 거점 설계에서 고려되어야 할 비용 요소

재고비용	• 물류거점에 보유하게 될 재고에 의해 발생되는 제반비용 • 물류거점 수가 증가함에 따라 처음에는 크게 증가하다가 어느 수준 이상이 되면 완만히 증가하는 경향이 있음 • 주로 변동에 대비한 안전재고가 증가함에 따라 발생
고정투자비용	• 물류거점 건설 및 운영에 투입되는 1회성 고정비용 • 고정적으로 발생하는 인건비 및 초기 설비 투자비용 등 포함 • 물류거점 수에 비례하여 증가함
변동운영비용	물류거점 운영관리에 필요한 제반비용으로 물류거점의 규모에 영향을 받아 개별 물류거점의 규모가 커지면 변동운영비용도 커짐
운송비용	• 물류거점과 생산자·소비자 사이를 연결하는 수배송 관련 비용 • 물류거점 수가 증가함에 따라 운송비용은 서서히 감소하다가 어느 수준을 넘어서게 되면 오히려 증가함 • 물류거점 수가 증가하면 1회당 수송거리가 짧아지고 1회당 수송량이 감소함 • 수송비용은 주로 1회당 수송량과 수송거리에 비례하여 증가함

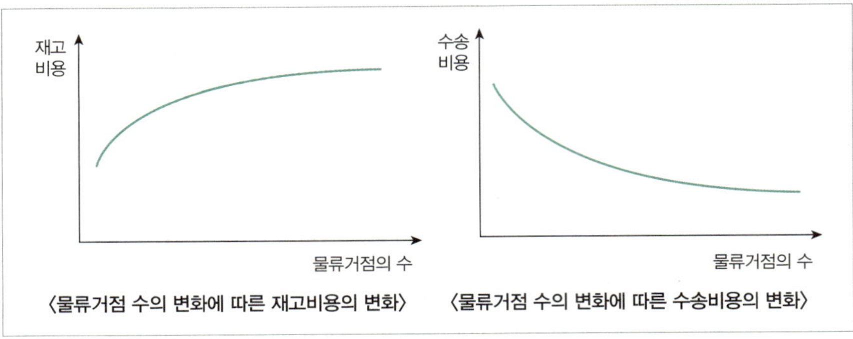

〈물류거점 수의 변화에 따른 재고비용의 변화〉 〈물류거점 수의 변화에 따른 수송비용의 변화〉

3. 공급망 물류거점 운영 방식

(1) 직배송 방식

① 생산자 창고만 보유하고 물류거점을 거치지 않고 소비자에게 직접 배송하는 방식이다.

② 물류거점 운영과 관련한 제반 비용을 필요로 하지 않으므로 수송량이 제한적일 때 적용한다.

③ 재고비용, 고정투자비용 등을 최소화할 수 있으나 운송비용이 상승하고 고객 서비스 품질이 낮아진다는 단점이 있다.

(2) 통합 물류센터 운영 방식

① 중앙 물류센터에서 전체 공급망의 물품을 통합하여 운영한다.

② 소비자에게 배송되는 데 걸리는 시간이 긴 반면 비용을 상당히 절감할 수 있다.

③ 재고비용과 고정투자비용을 대폭 낮출 수 있다는 장점이 있으며 상황에 따라 운송비용도 일부 절감할 수 있다.

(3) 지역 물류센터 운영 방식

① 지역 물류센터는 소비자 근처로 위치한 분산 물류거점이다.

② 지역 물류센터를 여러 곳 운영할 경우 소비자 서비스 수준이 높아진다.

③ 재고비용과 고정투자비용이 상승한다는 단점이 있다.

(4) 통합 · 지역 물류센터 혼합 운영 방식

① 통합 물류센터와 지역 물류센터를 혼합하여 사용한다.

② 수요처가 매우 넓은 지역에 분포되거나 글로벌 공급망인 경우에 주로 적용한다.

(5) 공급자 재고관리(VMI; Vendor Managed Inventory) 운영 방식

① 물류거점의 운영을 자재 · 부품 공급업체에 일임하고 필요한 경우에 공급자가 운영하는 물류거점에서 필요한 수량만큼 가져오는 방식이다.

② 주로 유통업체와 제품 공급업체 간의 유통망이나 완제품 제조업체와 부품 제조업체 간의 부품 조달망에 활발히 이용한다.

③ 공급받는 기업 입장에서는 재고비용을 절감하게 되고, 공급업체 입장에서는 정보 공유를 통해 계획기반 운영 체계를 구축할 수 있다는 장점이 있다.

④ 정보 공유가 제대로 이루어지지 않거나 공급업체의 물류 운영능력이 낮은 경우에는 오히려 전체 공급망에 큰 부담이 된다는 단점이 있다.

(6) 크로스도킹(Cross-Docking) 운영 방식

① 물류거점에 재고를 보유하지 않고 물류거점이 화물에 대해 이동 중개기지 역할을 하는 '환승(환적)'기능만을 제공한다.

② 보관기능보다는 원활한 흐름에 좀 더 초점을 두고 물류센터를 설계한다.

1. 재고관리의 개념

(1) 재고 및 재고관리의 개념

① 재고: 미래의 생산 또는 판매 수요를 충족시키기 위하여 보유하고 있는 자원으로 원재료, 부품, 재공품, 반제품, 저장품, 제품, 상품, 소모성 자재(MRO)* 등이 있다.

② 재고관리
- 생산부문과 판매부문의 수요에 신속하고 경제적으로 대응하여 안정된 판매활동과 원활한 생산활동을 지원하고 최적의 재고수준을 유지하도록 관리하는 활동이다.
- 재고관리는 필요한 품목을, 필요한 수량만큼, 필요한 시기에 최소의 비용으로 공급할 수 있도록 재고를 관리하는 것을 목적으로 한다. 재고는 불확실한 기업환경에서 완충역할을 위해 필요하지만 과다한 재고는 재고관리비용을 높이는 문제점을 불러올 수 있다.

③ 종류
- **제품**: 제조활동을 통하여 생산이 완료되어 판매가 가능한 상태의 완성품
- **반제품**: 공정에서 가공 중인 자재의 성격을 가지나 동시에 판매 가능한 품목
- **재공품**: 공정에서 가공 중인 자재이나 그대로는 판매할 수 없는 품목

④ 재고 회전율

$$\text{재고 회전율} = \frac{\text{총매출액}}{\text{평균 재고 금액}} = \frac{\text{총판매량}}{\text{평균 재고량*}}$$

$$\text{*평균 재고량} = \frac{\text{기초재고량 + 기말재고량}}{2}$$

(2) 재고의 유형 〈중요〉

① 예상재고 또는 비축재고: 계절적인 수요 급등, 가격 급등, 파업으로 인한 생산 중단 등이 예상될 때 향후 발생할 수요에 대비하여 미리 생산하여 보관하는 재고이다.

② 안전재고: 조달기간의 불확실, 생산의 불확실 또는 그 기간 동안의 수요량이 불확실한 경우 등 예상 외의 소비나 재고부족 상황에 대비하여 보유하는 재그이다.
- 품절 및 미납주문을 예방하고 납기준수와 고객 서비스 향상을 위해 필요하나 재고유지비의 부담이 크므로, 재고의 적정 수준으로 유지해야 한다.
- 서비스 수준과 안전재고량은 비례하므로 서비스 수준이 높다면 안전재고량이 증가하여 재고유지비용도 높아진다.
- 재고부족으로 인한 손실이 해당 재고의 유지비보다 클 경우와 해당 재고의 유지비가 소액인 경우에 바람직하며, 그 수준은 수요와 조달기간의 변동에 의한다.

③ 순환재고 또는 주기재고: 비용 절감을 위하여 경제적 주문량(생산량) 또는 로트 사이즈(Lot Size)*로 구매(생산)하게 되어 당장 필요한 수량을 초과하는 잔량에 의해 발생하는 재고로서 다음의 구매시점까지 계속 보유하게 된다.

④ 수송재고 또는 파이프라인재고: 대금을 지급하여 물품에 대한 소유권을 가지고 있으며, 수송 중에 있는 재고이다.
- 수입물품 등과 같이 조달(수송)기간이 긴 재고
- 제조업체에서 유통업체, 창고에서 대리점, 창고에서 창고 등으로 이동 중인 재고
- 선박이나 철도 등으로 수송 중인 재고
- 정유회사의 수송용 파이프로 이동 중인 재고

✳ **소모성 자재(MRO)**

Maintenance, Repair and Operation의 줄임말로 생산에 직접 소요되는 원·부재료를 제외한 간접적인 소요 자재로서 생산에 직접 사용되지는 않으나 생산활동에 필요한 시설물의 유지, 보수, 운전에 필요한 자재, 생산활동에 필요한 소비성 자재와 설비용 자재로 구분함

✳ **로트 사이즈(Lot Size)**

생산이 이루어지는 단위의 크기. 경제적 로트 사이즈란 생산에 드는 비용을 최소화할 수 있는 로트의 크기를 의미함

2. 재고관리 기본 모형

(1) 재고비용

① 재고주문비용(발주비용)

- 품목을 발주할 때 발생하는 비용으로, 구매를 통해서 조달하는 품목을 주문할 때 발생한다.
- 주문서류 작성과 승인, 운송, 검사, 입고활동 등에 소요되는 인력, 설비, 시간 등에서 발생하는 비용 등이 있다.
- 발주량에 관계없이 발주할 때마다 일정하게 발생하는 고정비로 1회 발주량을 크게 할수록 주문 품목 1단위당 비용이 줄어드는 특성이 있다.

② 재고유지비용

- 재고를 일정 기간 동안 보관·유지하는 데 드는 비용이다.
- 재고 구매액에 대한 자본의 기회비용, 창고시설 이용(유지)비용, 보험료, 취급·보관비용, 도난·감소·파손에 따른 손실비용, 재고의 변질 및 진부화에 따른 손실비용 등이 있다.
- 평균 재고량에 따라 비용이 달라진다.

③ 재고부족비용

- 재고부족으로 인하여 발생되는 비용으로 정확하게 측정하기 어렵다.
- 납기지연, 판매기회 상실, 거래처 신용 하락, 잠재적 고객 상실 등에 관련되는 비용 등이 있다.

④ 생산준비비용

- 생산 공정의 변경이나 기계·공구의 교체 등으로 인한 비용이다.
- 생산수량에 관계없이 일정하게 발생하는 고정비용이며 생산을 통해서 조달하는 품목과 관련 있다.

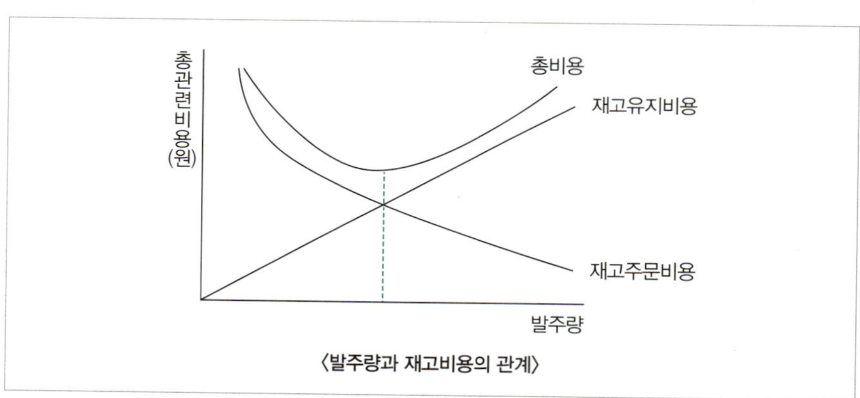

〈발주량과 재고비용의 관계〉

(2) 재고비용을 최소화하기 위한 재고관리의 주요 과제

① 경제적 발주량: 1회 발주량을 얼마로 하여야 하는가?

② 발주시기 또는 발주점: 언제 주문하여야 하는가?

③ 적정 재고수준: 어느 정도의 재고수량을 유지하는 것이 적정한가?

＋ 경제적 주문량(EOQ)

경제적 주문량은 재고 관련 비용인 주문비용과 재고유지비용의 합을 최소화하기 위한 1회 주문량이다.

$$Q^* = \sqrt{\frac{2DC_S}{C_H}} = \sqrt{\frac{2DC_S}{P \times i}}$$

경제적 주문량 계산

- D: 연간 수요량
- C_S: 1회 주문비용
- C_H: 연간 단위당 재고유지비용
  = 단가(P) × 연간 단위당 재고유지비율(i)

(3) 재고관리 기본 모형

재고관리의 주요 과제인 발주시기, 1회 발주량 등을 해결하기 위한 기법이다.

① 고정주문량 발주 모형(Q System)
- 재고 보유량이 정해진 수준, 즉 발주점까지 하락하면 사전에 결정되어 있는 수량을 발주하는 방식이다.
- 재발주점(ROP)

> 재발주점(ROP) = 구매 리드 타임 동안의 수요* + 안전재고
> *구매 리드 타임 동안의 수요 = 조달기간 × 일평균 사용량

- 발주량은 경제적 주문량(EOQ; Economic Order Quantity)으로 결정한다.
- 발주점에 도달하였는지를 파악하기 위하여 실시간으로 입출고관리가 필요하다.

② 고정주문기간 발주 모형(P System)
- 재고량을 정기적으로 조사하여 일정한 목표 수준까지의 부족한 수량을 발주하는 방식이다.
- 발주량은 최대 재고수준(목표재고)에 도달하기 위한 현 재고수준의 부족량으로 결정된다.

> 발주량 = 최대 재고수량*(목표재고) − 현재 재고수량
> *최대 재고수량 = 검토 주기 동안의 수요 + 구매 리드 타임 동안의 수요 + 안전재고

- 수요가 일정할 경우에는 발주량이 일정하지만 수요가 수시로 변동하면 발주량도 수시로 달라지는 특징이 있다.

③ 절충형 시스템(s,S System)
- 고정주문량 모형과 고정주문기간 모형의 단점을 보완하기 위한 모형이다.
- 정기적으로 재고수준을 파악하지만 재고수준이 사전에 결정된 발주점(s)으로 감소하면 최대 재고수준(S)까지 부족한 수량만큼 발주하는 방식이다.

구분	고정주문량 발주 모형 (Q System)	고정주문기간 발주 모형 (P System)	절충형 시스템 (s,S System)
주문량	일정	변동	변동
주문시기	변동	일정	변동
재고수준 점검	수시 점검	주문시기에만 점검	정기적 점검
적용	재고 파악이 쉽고 조달이 수월한 품목	• 정기적으로 보충하는 저가품 • 수시로 재고 파악하기 어려운 다품목	−

1. 재고보충

(1) 공급망 재고보충 기법

재고보충은 부족한 재고량을 파악하여 채우는 것을 말하며, 공급망에서는 공급업체와 거래처 간의 전략적 파트너십에 따라 수요와 재고 정보를 공유하여야 효율적인 재고보충이 가능하다.

① 유통소요계획(DRP; Distribution Requirements Planning): 다단계 유통체계를 갖는 공급망에서 고객·거래처의 수요에 따라 필요한 수량을 필요한 시기에 공급하는 방법으로, 생산을 위한 자재소요계획(MRP)에 대응하는 방법이다.

② 지속적 보충 프로그램(CRP; Continuous Replenishment Program): 공급자가 고객의 수요 및 재고 정보를 공유하여 소매업체나 유통센터의 상품 재고량, 생산 공장의 자재 재고량을 지속적으로 보충관리하는 방법이다.

③ 공급자 재고관리(VMI; Vendor Managed Inventory): 고객의 재고보충 업무권한을 공급자에게 위탁하여 공급자가 고객의 재고수준을 파악하고 재고보충량을 결정하여 공급하는 공급자 주도의 재고보충 관리 방법이다.

④ 공동 재고관리(CMI; Collaborative Managed Inventory): 공급업체와 거래처가 수요 및 재고 정보를 공유하며, 고객(거래처)의 재고관리 업무를 고객과 공급업체가 공동으로 관리하는 방법이다.

2. 유통소요계획(DRP; Distribution Requirements Planning)

(1) 유통소요계획의 개념

① 유통소요계획은 다단계 유통체계를 갖는 공급망에서 고객·거래처의 수요에 따라 필요한 수량을 필요한 시기에 공급하는 것이 목적이다.

② 여러 단계로 구성된 공급망의 하위 물류센터에서 예측한 수요를 통합하여 상위 물류센터의 수요로 집계하고 그것을 근거로 재고 조달계획을 수립한다.

③ 리드 타임을 고려하여 재고 소요시기를 산출한다.

(2) 유통소요계획 수립 시 필요한 정보

① 배송 빈도와 방법

② 물류·제조·구매 간 단계별 리드 타임

③ 지점 또는 유통센터의 안전재고 정책

④ 현재 보유하고 있는 판매 가능한 재고

(3) 지역 및 지점별 물류센터의 유통소요계획 수립 절차

① 특정 제품에 대한 독립적인 수요인 고객 수요를 예측한다.

주차	1	2	3	4	5	6	7	8
수요예측	100	130	100	120	110	100	90	90

② 현재 보유 재고수준을 고려하여 미래 재고를 예측한다.

> **예** 현재 보유 재고가 450이라고 하면 4주차까지 수요에 대응할 수 있다(1주차 100 + 2주차 130 + 3주차 100 + 4주차 120 = 450). 5주차부터의 수요에 대응하기 위해서는 4주차 이후에 보충이 이루어져야 한다. 그러나 만약에 안전재고수준이 100이라면 4주차에서 100만큼의 재고부족이 예상되어 4주차에 재고보충이 이루어져야 한다.

③ 입고 예정량을 반영하여 예측된 미래 재고수준에서 입고가 필요한 시점과 수량을 결정한다.

④ 단위 구매량을 고려하여 주문량을 결정한다.

⑤ 리드 타임을 고려하여 주문 시점을 결정한다.

> **예** 리드 타임 2주, 단위 구매량 300인 경우의 입고가 필요한 시점과 수량, 주문 시점 등을 결정한다.

당기 기말재고 = 전기 기말재고 − 당기 수요예측 + 당기 입고 예정량

주차	이전 기간	1	2	3	4	5	6	7	8
수요예측		100	130	100	120	110	100	90	90
기말재고	450	350	220	120	300	190	390	300	210
입고 예정량					300		300		
주문량			300		300				

*기초재고 450, 리드 타임 2주, 안전재고 100, 단위 구매량 300

3주차의 재고 120에서 4주차의 수요 120을 대응하면 4주차의 재고가 0이 된다. 그러나 안전재고가 100이므로 4주차에 입고가 되어야 한다. 리드 타임이 2주이므로 4주차에 입고하기 위해서는 2주 전인 2주차에 주문을 해야 하며, 단위 구매량이 300이므로 2주차에 300을 주문한다. 같은 방법으로 반복하면 6주차에 입고가 필요하므로 리드 타임을 고려한 4주차에 300을 주문한다.

(4) 중앙 물류센터의 유통소요계획의 수립 절차

① 지역 및 지점별 유통소요계획을 수립한다.

〈A 지점의 유통소요계획〉

주차	이전 기간	1	2	3	4	5	6	7	8
수요예측		100	130	100	120	110	100	90	90
기말재고	450	350	220	120	300	190	390	300	210
입고 예정량					300		300		
주문량			300		300				

*기초재고 450, 리드 타임 2주, 안전재고 100, 단위 구매량 300

〈B 지점의 유통소요계획〉

주차	이전 기간	1	2	3	4	5	6	7	8
수요예측		190	200	200	190	200	190	200	200
기말재고	550	360	160	360	170	370	180	380	180
입고 예정량				400		400		400	
주문량		400		400		400			

*기초재고 550, 리드 타임 2주, 안전재고 150, 단위 구매량 400

<C 지점의 유통소요계획>

주차	이전 기간	1	2	3	4	5	6	7	8
수요예측		300	350	350	400	400	450	450	500
기말재고	840	540	890	540	840	440	690	240	440
입고 예정량			700		700		700		700
주문량		700		700		700		700	

*기초재고 840, 리드 타임 1주, 안전재고 200, 단위 구매량 700

② 중앙 유통센터의 통합 유통소요계획을 수립한다.

지역 및 지점별 물류센터의 유통소요계획과 동일한 절차로 진행한다. 지역별로 수립된 유통소요계획을 중앙 유통센터 관점에서 통합하며, 각 지점의 주문량 합이 중앙 유통센터의 수요예측 수량이 된다.

주차	이전 기간	1	2	3	4	5	6	7	8
수요예측		1,100	300	1,100	300	1,100	0	700	0
운송 중 재고	1,000								
기말재고	1,200	1,100	800	700	400	300	300	600	600
입고 예정량		1,000		1,000		1,000		1,000	
주문량		1,000		1,000		1,000			

*기초재고 1,200, 리드 타임 2주, 안전재고 300, 단위 구매량 1,000

운송 중 재고 1,000은 리드 타임이 2주이기 때문에 1주에 입고되기 위해서 이미 2주 전에 주문한 수량이 운송 중인 것이다.

(5) 수요예측오차를 반영한 유통소요계획의 수정

<F 지점의 유통소요계획>

주차	이전 기간	1	2	3	4	5	6	7	8
수요예측		100	120	90	110	120	100	80	120
기말재고	500	400	280	490	380	260	460	380	260
입고 예정량				300			300		
주문량		300			300				

*기초재고 500, 리드 타임 2주, 안전재고 200, 단위 구매량 300

① 기간별로 수요예측에 오차가 발생한 경우 유통소요계획을 수정한다.
② 계획 수립구간을 채택하여 오차가 발생한 기간은 최초 계획대로 시행한다.
③ F 지점의 계획 1주차 수요량의 예측값이 100이었지만, 만약에 실제 판매량이 170이라면 예측오차가 70이 되어 2주차에서 계획을 재수립할 때 재고에 반영한다. 기초재고 500에서 1주차의 170을 차감하면 재고가 330이 된다. 예측 변화 후의 유통소요계획은 2주차부터 하며 2주차의 기초재고는 330이 된다. 1주차의 주문량은 그대로 시행한다.

〈F 지점의 예측 변화 후 유통소요계획〉

주차	이전 기간	2	3	4	5	6	7	8
수요예측		120	90	110	120	100	80	120
운송 중 재고	300							
기말재고	330	210	420	310	490	390	310	490
입고 예정량			300		300			300
주문량			300		300			

*기초재고 330, 리드 타임 2주, 안전재고 200, 단위 구매량 300

운송 중 재고 300은 리드 타임이 2주이기 때문에 3주에 입고되기 위해 이미 2주 전에 주문한 수량이 운송 중인 것이다.

6 재고조사

1. 재고조사의 개념

재고조사는 현재의 재고품목과 수량을 파악하고 재고상태를 확인하여 재고관리활동의 유효성을 점검하는 활동이다.

(1) 재고조사의 목적

① 재고대장에 기록된 품목의 수량과 금액이 실제 창고의 재고와 일치하는지 확인한다.
② 창고의 물품 보관 상태를 확인하여 품질 저하, 도난 등의 문제점 여부를 파악하고 개선한다.
③ 품목별 현 재고수량과 재고 보유기간을 파악하여 재고수준의 적정 여부를 분석한다.

(2) 재고조사의 방법

① 조사 시기에 따른 구분: 정기적 조사, 부정기적 조사, 수시 조사, 일일 조사로 구분한다.
② 재고조사의 구역에 따른 구분

일제 재고조사	모든 보관구역에 대해 일제히 동시적으로 재고조사를 시행(정기적)
구역 재고조사	보관구역을 구분하여 구역별로 부분적으로 재고조사를 시행하며, 규모가 작은 기업에서 흔히 채택함(부정기적)
순환 재고조사	보관구역을 구획별로 적당히 구분하여 월간 또는 주간마다 날짜를 정하고 순환적으로 재고조사를 함
상시 순환 재고조사	순환 재고조사를 상시적으로 시행하며, 순환주기를 분기별, 월별, 주별, 일별로 순차적으로 계획하여 재고조사함

2. 재고기록 조정

(1) 재고기록 조정의 개념

① 재고조사 결과 발견된 재고기록의 과부족수량을 일정 절차에 따라 조정하는 과정이다.
② 재고조사 결과 재고기록과 실제 재고가 상이한 경우, 재고기록을 실제 재고에 맞게 수정하여야 하고 그 원인을 조사하여 동일한 문제가 다시 발생하지 않도록 조치를 해야 한다.
③ 재고수량의 과부족은 기록의 오류, 관리의 소홀, 물품 특성에 의한 파손 또는 분실 등의 원인으로 발생한다.

④ 재고기록의 조정은 재고통제 부서와 재고기록 담당자가 절차에 따라 시행하되 승인권자의 승인을 받아야 한다. 승인권자는 재고 조정사항과 품목의 손망실 보고서를 승인하는 권한을 가지며, 승인 한도액 범위 내에서 승인할 수 있다.

(2) 재고기록 주요 조정사항

① **출납기록 착오**: 품목의 입출고 과정에서 담당자가 수량, 품목명, 계정과목 등을 출납대장에 잘못 기록하여 발생하며, 출납대장의 정정이 필요하다.

② **과거 기록 누락, 원인 미상의 오류**: 과거에 원인을 알 수 없는 이유로 기록이 누락되었거나 발생된 오류에 대해서는 담당자의 귀책사유를 확인하고 승인권자의 조치가 필요하다.

③ **조립품의 분해 또는 조립에 의한 오류**: 어떤 사유로 조립품을 분해하거나 부품을 조립한 경우, 변동된 수량에 대한 재고기록을 조정한다.

7 재고자산 평가

1. 재고자산 평가

(1) 재고자산의 의미와 유형

① **재고자산**: 판매를 위하여 보유 중 또는 생산 중이거나 생산 과정에서 소비될 자산이다.

② **재고자산의 유형**

판매 목적으로 보유하고 있는 자산	상품, 제품
생산 중에 있는 자산	재공품
생산 과정에서 사용될 자산	원재료, 소모품, 저장품

(2) 재고자산 평가

재고자산의 매출원가는 기업의 이익을 결정하는 데 가장 중요한 비용으로, 재고자산의 당기 매입액과 기초 및 기말재고액을 통하여 산출한다. 재고자산 평가는 기말재고의 자산가액과 매출원가를 결정하는 데 매우 중요한 활동이라고 할 수 있다.

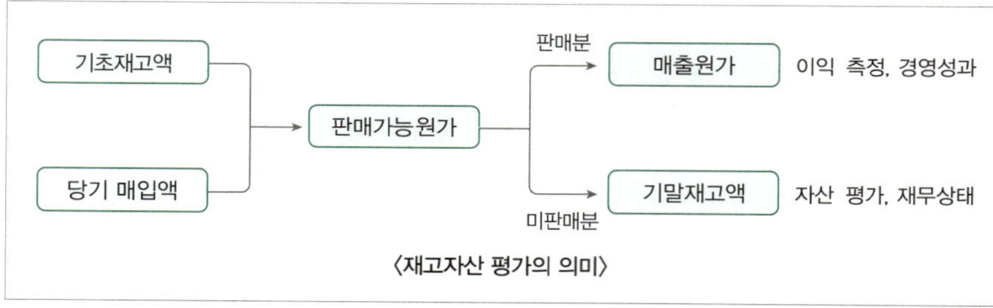

〈재고자산 평가의 의미〉

(3) 재고자산 기록 방법

① **계속기록법**: 재고자산의 입출고 시에 재고의 증감수량과 금액을 일일이 장부에 계속 기록하는 방법으로 거래가 빈번하지 않을 때 적합한 방법이다. 보관 과정 중에 발생하는 도난, 분실, 파손 등의 감모손실이 기말재고수량에 포함되지 않으므로 실제 재고수량보다 기말재고수량이 많을 수 있다. 따라서 매출원가가 과소평가되어 당기 매출이익이 크게 나타난다.

- 당기 매출수량 = 장부상의 매출수량
- 기말재고수량 = 기초재고수량 + 당기 매입수량 − 당기 매출수량
  = 판매 가능 재고수량 − 실제 판매수량
- ∴ 기말재고액 = 기초재고액 + 당기 매입액 − 매출원가

② 실지 재고조사법: 재고자산의 구입수량은 기록하고 판매나 사용수량은 기록하지 않으며 재고조사를 통하여 기말재고수량과 당기의 매출수량을 파악하는 방법이다. 출고기록이 없어 기말재고로 파악되지 않는 수량은 당기에 매출된 수량으로 간주하며 파악이 곤란한 감모손실의 수량도 매출수량에 포함된다. 따라서 매출원가가 과대평가되고 당기 매출이익이 작게 나타난다.

> • 기말재고수량 = 실지 재고조사로 파악한 수량
> • 당기 매출수량 = 기초재고수량 + 당기 매입수량 − 기말재고수량
>   = 판매 가능 재고수량 − 기말재고수량
> ∴ 매출원가 = 기초재고액 + 당기 매입액 − 기말재고액

2. 재고자산 평가 방법

(1) 재고자산 평가 방법의 의의

재고자산은 매입시점별로 단위당 취득원가가 다르므로 매출원가와 기말재고단가를 결정하기 위해서는 매입원가의 적절한 배분이 필요하다.

① 원가법: 재고자산의 취득원가를 기준으로 자산가액을 평가하는 방법이다. 원가법에 의한 재고자산 평가 방법으로는 개별법, 선입선출법, 후입선출법, 총평균법, 이동평균법 등이 있다.

② 저가법: 재고자산의 현실적인 가치, 즉 순실현가능가액이 취득원가보다 하락한 경우에 순실현가능가액으로 자산가액을 평가하는 방법이다.

(2) 재고자산 평가 방법의 유형

① 개별법(Specific Identification Method)
- 재고자산 품목을 하나하나 단위별로 개별적인 원가를 파악하여 평가하는 방법이다.
- 가장 이상적이지만 현실적으로 불가능하여 실무에서는 거의 사용하지 않는다.
- 귀금속이나 특별 주문품 등의 고가품에 한하여 제한적으로 적용한다.

② 선입선출법(FIFO; First-In First-Out Method)
- 먼저 매입한 재고자산을 먼저 매출하는 것으로 가정하여 매출원가에 적용하는 방법이다.
- 먼저 매입된 재고자산의 원가가 매출원가에 순차적으로 배분되어 기말재고자산가액은 나중에 매입된 원가가 적용된다.
- 매출원가가 과거 매입단가로 결정되므로 매입가격 상승기에는 매출이익이 상대적으로 크게 나타난다.

③ 후입선출법(LIFO; Last-In First-Out Method)
- 선입선출법과 반대로 최근에 매입한 재고자산을 먼저 매출하는 것으로 가정하여 매출원가에 적용하는 방법이다.
- 최근 매입된 재고자산의 원가가 매출원가에 순차적으로 배분되어 기말재고자산가액은 가장 먼저 매입된 원가가 적용된다.
- 매입가격 상승기에는 매출이익이 상대적으로 작게 산정되며 기말재고자산가액은 최소액으로 평가된다.

④ 총평균법(Total Average Method)
- 일정 기간 동안의 재고자산가액의 평균을 구하여 매출원가에 적용하는 방법이다.
- 계산이 간편하고 매출원가가 동일하게 적용된다.
- 기초재고액과 당기 매입액의 합계액을 그 합계 수량으로 나누어 총평균을 구하여 매출원가에 적용한다.

$$\text{총평균단가} = \frac{\text{기초재고액} + \text{당기 매입액}}{\text{기초재고량} + \text{당기 매입량}}$$

⑤ 이동평균법(Moving Average Method)
- 재고자산이 입고될 때마다 새로 재고자산가액의 평균을 산정하여 매출원가에 적용하는 방법이다.
- 매출원가는 매입이 있을 때마다 달라지며, 추가 매입이 발생할 때까지는 동일한 매출원가가 적용된다.

$$\text{이동평균단가} = \frac{\text{매입 직전 재고액} + \text{신규 매입액}}{\text{매입 직전 재고량} + \text{신규 매입량}}$$

(3) 재고자산 평가 방법의 비교(매입가격 상승 시: 인플레이션) 중요

- 기말재고자산가액: 선입선출법 > 이동평균법 > 총평균법 > 후입선출법
- 매출총이익: 선입선출법 > 이동평균법 > 총평균법 > 후입선출법
- 매출원가: 선입선출법 < 이동평균법 < 총평균법 < 후입선출법

8 창고관리

1. 창고(Warehouse)

(1) 창고의 의의

창고란 '물품을 보관하는 시설'이며 상황에 따라 관습적으로 물류센터라고도 한다. 생산·공급시점과 구매시점이 다르기 때문에 창고에 재고를 두고 상품을 공급하며, 고객의 구매시점에 결품 없이 신속·정확하게 공급하는 것을 주목적으로 한다.

(2) 창고의 기능

① 주문 출하 시 신속하게 대응하는 서비스기능
② 구매 조달시점, 생산시점, 판매시점의 조정 완충기능
③ 대량구매, 대량생산, 대량수송 등의 대량화에 따른 소량 공급에 대한 완충기능
④ 집하, 분류, 재포장, 검품, 유통 가공 등 유통 판매 지원기능
⑤ 성수기와 비수기, 계절적 차이 등의 수급 조정기능
⑥ 물품을 연결하는 거점기능
⑦ 수요 환경 변화에 신속하게 대응하는 기능

➕ 창고 부도(Warehouse Refusal)

창고 부도란 불출지시 품목이 창고에서 불출이 불가능한 상태를 말한다. 창고에 위치를 표시함으로써 재고의 위치를 파악하여 업무를 효율적으로 처리하고 재고관리 및 작업의 실수를 줄여 창고 부도를 방지할 수 있다.

2. 창고관리 시스템(WMS; Warehouse Management System)

(1) 창고관리 시스템의 의의

창고관리 시스템이란 '창고를 관리하는 전문 종합정보 시스템'으로 창고 내에서 이루어지는 물품의 입출고관리, 로케이션관리, 재고관리, 피킹, 분류, 차량관리 지원, 인원관리, 작업관리, 지표관리 등을 수행하는 정보 시스템이다.

(2) **창고관리 시스템의 목적**

　① 창고관리의 효율 향상

　② 재고수량 및 금액관리의 자동 계산 효율 향상

　③ 창고(Storage)보관 관리의 가시화

　④ 실물(현장)재고와 장부(전산)재고와의 차이 일치화

　⑤ 보관 면적, 체적의 효율성 극대화

　⑥ 피킹 작업의 정확도 및 효율성 향상

　⑦ 정확한 선입선출 실시

　⑧ 창고 내 포장, 보관관리의 정확도 및 효율성 향상

3. 입출고관리

(1) **입고관리**

　① 입고: 발주, 작업 지시 또는 필요에 의하여 정해진 보관 위치로 납품되는 절차이다.

　② 입고 적치: 지정된 보관 장소에 물품을 넣고 쌓아 두는 활동이다.

　③ 입고관리: 지정된 보관 장소인 창고에 물품을 넣고 적치하는 입고 업무를 계획하고 통제하는 활동이다.

(2) **입고 업무 프로세스**

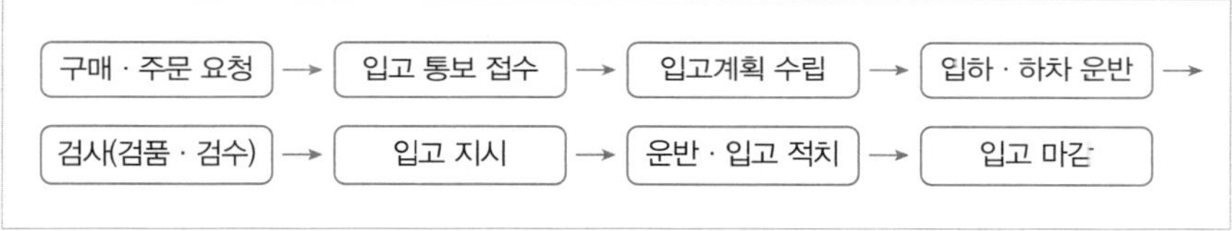

　① **구매 · 주문 요청**: 주문과 구매계획에 따라 구매부서에서 공급 협력사에 발주한다.

　② **입고 통보 접수**: 발주품목에 대한 구매부서와 협력사로부터 입고 통보를 한다.

　③ **입고계획 수립**: 입고 수량, 작업 방법, 작업 담당자, 검사 방법, 창고 적치 위치 등을 계획한다.

　④ **입하 · 하차 운반**: 물품을 실은 차량이 창고로 들어온 후 차량에서 물품을 내리는 활동으로, 대기 및 작업시간 단축을 위한 효율적인 관리가 필요하다.

　⑤ **검사(검품 · 검수)**: 검사는 수량을 확인하는 검수와 품질을 확인하는 검품으로 구분할 수 있으며, 합격과 불합격으로 결과를 판정한다.

　⑥ **입고 지시**: 검사 결과가 합격이면 입고를 지시하고, 입고 지시에는 품목별 수량, 적치 위치(로케이션), 작업 방법, 유의 사항 등이 포함된다.

　⑦ **운반 · 입고 적치**: 입고 적치된 물품은 재고가 되며, 재고관리 대상이 된다.

　⑧ **입고 마감**: 품목별 수량, 적치 위치(로케이션), 특이사항 등을 기록하여 보고하고, 마감 처리를 하여 입고 작업을 완료한다.

(3) **출고관리**

　① 출고: '창고에서 물품을 꺼낸다'는 뜻으로, 출고 지시서와 주문(오더)서를 근거로 재고를 꺼내는 작업이다.

　② 출고관리: 창고에서 물품을 피킹 · 분류 · 검사 · 출하하는 출고 업무를 계획하고 통제하는 활동이다.

(4) 출고 업무 프로세스

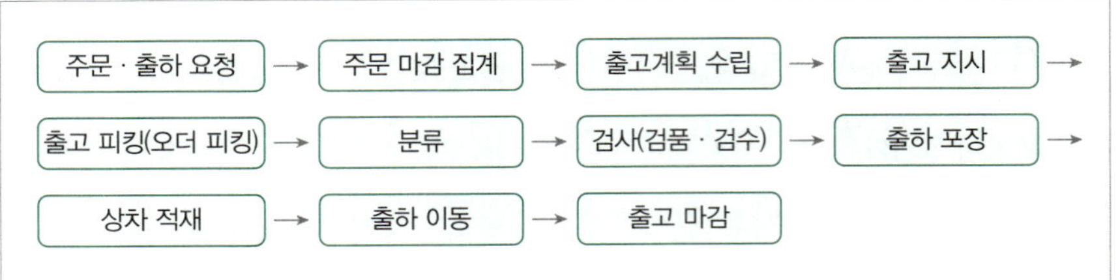

① 주문 · 출하 요청: 생산 또는 판매 계획에 따라 생산 · 판매 · 영업 부서나 고객 · 거래처로부터 주문 출고 요청이 접수된다.

② 주문 마감 집계: 생산부서 · 고객 · 거래처로부터 주문 · 출하 요청을 받고 마감하여 주문량을 거래처별 · 품목별로 집계한다.

③ 출고계획 수립: 고객 · 거래처별, 품목별로 집계한 주문 현황을 기준으로 품명, 품목 코드, 출고 단위, 필요량, 출고량, 과부족, 로케이션 위치 번호, 배부 할당, 출고 방법, 주의 사항, 특기 사항 등을 기록한 출고계획을 수립한다.

④ 출고 지시: 출고계획에 따라 출고 지시서를 발행하여 출고 담당자에게 출고를 지시하며, 품목별 수량, 재고 위치(로케이션), 작업 방법, 유의 사항 등이 포함된다.

⑤ 출고 피킹(오더 피킹): 출고 지시서에 따라 창고에 보관된 재고에서 해당 물품을 골라 꺼내는 활동이며, 고객별 · 품목별 · 물품 형태별 · 규모별 등으로 다양하고 복잡하여 업무 처리 효율성이 중요하다.

⑥ 분류: 재고에서 피킹된 물품을 고객별 · 차량별 · 지역별 · 용도별 등으로 구분하여 분류하는 작업으로 병목현상*을 해소하기 위해 다양한 분류설비와 시스템을 도입하여 운영한다.

⑦ 검사(검품 · 검수): 피킹 후 분류된 물품에 대한 검수 또는 검품 등의 검사를 거치며, 합격품이 출고된다.

⑧ 출하 포장: 출고 검사를 마친 합격품에 대해 운송 중 손상이 없도록 고객과 약속된 유닛로드 시스템(ULS; Unit Load System) 또는 출하 포장으로 출고한다.

⑨ 상차 적재: 출고된 물품을 출하하기 위하여 차량 등에 싣는 작업이며, 상차 적재는 싣기 쉽고, 거래처에 도착하여 차량으로부터 내리기 쉽게 가까운 거래처 물품을 출입구 가까운 쪽에 싣는다.

⑩ 출하 이동: 출하 상차가 완료되면 목적지별로 출하 전표를 소지하고 출하 이동한다.

⑪ 출고 마감: 출고가 완료되면 거래처별로 품목, 수량, 특이사항 등을 기록하여 보고하고 출고 마감처리를 한다.

4. 창고보관(Storage)

(1) 창고보관의 의의

창고보관이란 '물품을 일정한 장소에서 품질 및 수량 등의 유지와 적절한 관리 아래 일정 기간 저장'하는 활동이다.

(2) 창고보관의 기본 원칙 `중요`

① 통로 대면의 원칙: 창고 내의 흐름을 원활히 하도록 통로를 중심으로 마주보게 보관하는 원칙이다.

② 높이 쌓기의 원칙: 창고보관 효율을 높이기 위하여 랙(Rack)을 이용해 물품을 높게 쌓는 원칙이다.

▶ 주문 출고 요청의 주요 내용

품목, 수량, 출고 단위, 일정(납기), 출고 장소 등

▶ 출고 단위

고객 요구 및 거래 단위조건에 따라 달라지며, 크게 팔레트 · 박스 · 낱개(피스) 단위로 구분되고, 이에 따라 피킹 · 분류 · 적재 등의 작업이 완전히 달라짐

＊ 병목현상

작업장에 능력 이상의 부하가 적용되어 전체 공정의 흐름을 막고 있는 현상

③ **선입선출의 원칙**: 먼저 입고된 물품을 먼저 출고한다는 원칙이며, 재고 회전율이 낮은 품목, 모델 변경이 잦은 품목, 라이프 사이클이 짧은 품목, 파손·감모가 쉬운 품목 등이 주요 대상이다.

④ **명료성의 원칙**: 보관 물품을 쉽게 찾을 수 있도록 명료하게 보관하는 원칙이다.

⑤ **위치 표시의 원칙**: 보관 적치한 물품의 위치를 표시하는 원칙이다.

⑥ **회전 대응의 원칙**: 회전 정도에 따라 입출고 빈도가 높은 화물은 츨입구 가까운 장소에 보관하고, 입출고 빈도가 낮은 화물은 먼 장소에 보관하여 작업 동선을 줄이고 작업 효율을 높일 수 있는 원칙이다.

⑦ **동일성 및 유사성의 원칙**: 동일 물품은 동일 장소에 보관하고 유사품은 가까운 장소에 보관하는 원칙이다.

⑧ **중량 특성의 원칙**: 무겁고 대형인 물품은 출입구에서 가까운 장소의 아래쪽에 보관하여 보관 및 작업 효율을 높이는 원칙이다.

⑨ **형상 특성의 원칙**: 표준화된 물품은 랙에 보관하고, 표준화되지 않은 물품은 모양이나 상태에 따라 보관하는 원칙이다.

⑩ **네트워크 보관의 원칙**: 보관 물품의 상호 관련 정도에 따라 연계하여 보관 장소를 정하는 원칙이다.

⑪ **위험물 관리의 원칙**: 위험물은 별도 관리하며, 운송시간과 경비를 절감하기 위하여 팔레트 사용을 우선한다.

(3) 창고배치(레이아웃, Layout)관리

창고배치란 창고 내 공간을 용도나 목적에 따라 특정한 구역과 장소로 구분하고 재고의 특성을 고려하여 적절한 구역과 장소에 저장하는 것이다.

① 창고배치의 기본 원칙
- 창고 내 면적과 공간을 효율적으로 배치
- 입출고 작업이 쉽고 편하도록 배치
- 고객 주문에 신속하게 대응할 수 있도록 배치
- 눈으로 보는 관리
- 동선 경로를 짧게 배치
- 출구 쪽부터 출하 빈도가 많은 품목 순으로 배치
- 중량물이나 오염시킬 품목은 출입구 가까운 장소의 아래쪽에 배치
- 출고량, 출고 빈도 등을 기준으로 ABC 분석을 하여, 중요도 순에 따라 중점 관리할 수 있도록 배치

② 창고배치의 기본 원리
- **흐름 방향의 직진성의 원리**: 물품, 통로, 운반기기 및 사람 등의 흐름 방향은 직진성에 중점을 둔다.
- **물품, 사람, 운반기기의 역행·교차 없애기**: 역행이나 통로의 교차는 통로점유율이 높아지는 원인이 된다.
- **취급 횟수 최소화**: 물품의 임시 저장 등으로 취급 횟수가 증가하지 않도록 우의한다.
- **높낮이 차이의 최소화**: 물품의 흐름 과정에서 크기 및 높낮이 차이를 최소화한다.
- **모듈화·규격화 고려**: 하역 운반기기, 랙, 통로 입구 및 기둥 간격의 모듈화 등을 시도하여 보관 및 작업 효율을 높여야 한다. 화물의 형태나 건축 구조의 제약이 있을 경우 공간 효율을 높이기 위한 방법이다.

(4) 창고위치(로케이션, Location)관리

창고위치관리란 재고를 효율적으로 찾고 꺼내기 쉽도록 창고배치 구역이나 장소에 주소를 부여하는 활동이다.

① **고정위치 방식**: 정해진 위치에만 특정 재고를 보관하는 방식이다. 기준보다 많은 재고 수량은 별도 보관할 수도 있으며, 재고 회전율이 높은 품목에 적합한 방식이다.

② **자유위치 방식**: 재고를 보관할 위치를 작업자나 자동 시스템이 자유롭게 빈 공간을 선택하여 보관하며, 재고 회전율이 낮은 품목에 적합하고, 보관 능력과 시스템 유연성이 높은 방식이다.

③ **고정 자유 병행위치 방식**: 특정한 품목군에 대하여 일정한 보관구역을 설정하지만 그 구역 범위 이내에서는 자유롭게 위치를 선택하는 절충식 보관 방식이다.

9 운송관리

1. 운송계획

(1) 운송 관련 용어

① **운송**: 원재료의 공급자로부터 고객에게 완제품이 인도될 때까지 한 지점에서 다른 지점으로 원자재·반제품·제품 등을 이동시키는 활동이다.

② **수송**: 생산 공장, 수입처에서 중앙 물류센터 간, 또는 중앙 물류센터에서 지역 물류센터 간 등 원거리의 거점 간에 대량의 화물을 이동시키는 활동으로, 운송과 동일하게 사용하기도 한다.

③ **배송**: 소형트럭 등을 이용하여 소량의 물품을 지역 물류센터로부터 고객·소비자에게 전달하는 활동이다.

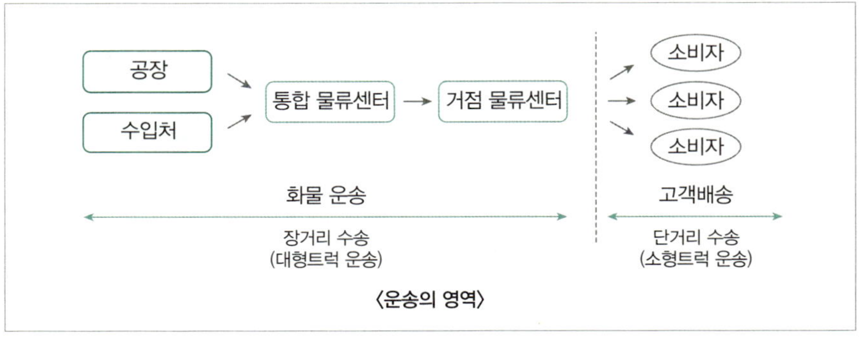

(2) 운송계획 수립

① **운송계획의 목적**: 최소한의 총비용으로 고객만족도를 최대한 높이는 운송서비스*를 제공하는 것이다. 이러한 운송서비스는 비용뿐만 아니라 속도와 신뢰성에 의해서도 영향을 받는다. 속도를 높여 평균 운송시간을 낮추고, 운송시간의 변동성을 낮춰 신뢰성을 높인다. 또한 차량 회전율과 적재율은 최대한 높이는 것이 좋다.

② **운송 총비용**: 운송비용과 재고비용은 상충관계에 있으므로 여러 운송수단 중에서 고객 서비스 수준을 만족하면서 총비용이 가장 적게 드는 운송수단을 선택해야 한다.

> • 운행비용: 고정비 + (거리 × 거리당 연료비) + (시간 × 시간당 인건비)
> • 재고비용: 주문비용(생산준비비용) + 재고유지비용 + 재고부족비용

〈수배송 효율화를 위한 활동〉

(3) 운송계획의 제약 요인

운송계획 수립 시에 운송수단, 운송경로, 운송 방식 등의 제약 요인을 고려한다.

① **운송수단 결정**: 운송수단 선택에 영향을 미치는 주요 요인은 운송비용, 운송시간, 운송수단의 신뢰성 등이다.

② **운송경로 결정**: 도로, 철도, 해상, 항공 등에서 운송비용, 시간이나 거리를 최소화할 수 있는 최상의 운송경로를 찾는 것이다.
- 단일 출발지와 단일 목적지인 경우: 최단 경로법(Shortest Route Method) 해법 적용
- 복수 출발지와 복수 목적지인 경우: 각 공급지에 목적지를 할당하여 경로 최적화
- 출발지와 목적지가 동일한 경우: 외판원 문제(Traveling Salesman Problem) 해법* 적용

③ **운송 방식 결정**: 운송 방식은 거점을 연계하는 경로와 운송수단을 고려하여 계획한다.
- 직배송 방식: 생산지에서 수요지로 하나의 트럭을 할당하여 운영하는 방식으로 1회 운송량이 충분할 경우 매우 효과적인 방식이다.
- 순환배송 방식: 1회 운송량이 많지 않을 경우 여러 목적지의 화물을 하나의 트럭이 처리하는 방식이다.
- 물류거점 간 차량 공유 방식: 다수의 물류거점이 운송차량을 공유하여 차량의 공차율을 낮추는 방식이다.

④ **운송수단 운영 시 고려해야 할 사항**: 영차율 극대화의 원칙, 회전율 극대화의 원칙, 대형화의 원칙

(4) 운송공급 모형

① **왕복 운송 시스템**: 화물을 운송하고 빈 차로 돌아오는 과정에서 제조업체의 물류 창고나 공장을 경유하여 다른 화물을 싣고 돌아오는 시스템이다.

② **환결 운송 시스템**: 연속적으로 영차 운행을 하여 최초의 출발 지점까지 돌아오는 방법으로 운전자가 귀가하는 데 장시간이 소요되기 때문에 운전자의 불만 요소가 된다.

> ✳ **외판원 문제(Traveling Salesman Problem) 해법**
> 출발지와 목적지가 동일한 경우 모든 도시들을 한 번만 방문하고 원래 시작점으로 돌아올 때 최소 비용의 이동 순서를 구하는 것. 택배회사에서 실용적으로 널리 적용됨

③ 중간 환승 시스템: 주요 출발지와 도착지의 중간 지점에 터미널을 설치하고 양쪽에 도착된 차량을 서로 교체하여 돌아오는 시스템이다.

④ 릴레이식 운송 시스템: 1회의 편도 운송거리가 1일 이상 소요되는 운송이나 일정한 도시를 순회하며 집화·배달하는 경우의 운송에서 일정 시간을 운행한 후 운전자를 교대하여 차량을 계속 운행시킴으로써 차량의 가동시간을 최대화한다.

2. 운송수단

(1) 운송수단의 유형

화물 운송수단의 유형은 화물차량, 철도, 항공, 선박, 파이프라인 운송 5가지로 구분한다.

구분	화물차량	철도	항공	선박	파이프라인
운송량	• 중량·소량화물 • 단·중거리	• 대량·중량화물 • 중·장거리	• 고가의 중량·소량 화물 • 장거리	• 대량·중량화물 • 중·장거리	• 대량화물 • 중·장거리
운임	• 단거리 운송 • 탄력적	• 중거리 운송 • 경직적	• 가장 비쌈 • 경직적	• 원거리 운송 • 탄력적	• 가장 저렴함 • 경직적
기후	기후 영향을 적게 받음	전천후 운송수단	악천후 운행 불가	기후 영향을 많이 받음	기후 영향을 가장 적게 받음
안전성	조금 낮음	높음	낮음	낮음	매우 높음
중량 제한	있음	거의 없음	있음	없음	있음
일관 운송	쉬움	미흡함	어려움	어려움	쉬움
운송시간	보통	다소 긺	매우 짧음	매우 긺	다소 긺
화물 수취	편리	불편	불편	불편	불편

(2) 운송수단의 유형별 장단점

① 화물차량 운송

장점	단점
• 문전 배송(Door to Door)이 가능함 • 화물의 파손과 손실이 적음 • 근거리, 소량 운송에 유리함 • 일관 운송 가능, 자가 운송이 용이함 • 운송 도중 적재 변동이 적음 • 시기에 맞는 배차가 용이함 • 하역비·포장비가 비교적 저렴함	• 장거리 운행 시 운임이 비쌈 • 교통사고와 공해로 사회적 문제 발생 • 중량 제한이 많아 운송 단위가 작음 • 운행 중 사고 발생률이 높음 • 대량화물 운송에 부적합함

② 철도 운송

장점	단점
• 중·장거리 대량 운송에 적합하고 중·장거리 운송 시 운임이 저렴함 • 중량에 제한을 받지 않음 • 비교적 전천후 교통수단임(기상·기후의 영향을 적게 받음) • 계획 운송이 가능함 • 철도망을 이용한 전국적인 네트워크 구축 • 사고 발생률이 낮아 안정적인 운송수단임	• 고객별 자유로운 운송요구에 적용이 곤란함 • 운임의 융통성이 낮음 • 차량 운행 시간의 사전 계획에 의해 적기 배차가 어려움 • 화주의 문전 수송을 위하여 부가적인 운송수단이 필요함(이원적 운송) • 화차 용적에 대비한 화물의 용적이 제한적임

③ 선박 운송

장점	단점
• 대량 운송 시 전용선과 전용 하역 장비를 이용한 신속한 운송 및 하역작업이 가능함 • 화물의 크기나 중량에 제한을 받지 않음 • 화물 운송을 위한 설비의 투자가 불필요함(도로·선로 등) • 대량이나 중량화물의 장거리 운송에 적합함 • 장거리 운송 시 운임이 저렴함	• 다른 운송수단에 비해 운항속도가 느려 운송기간이 많이 소요됨 • 항구(항만) 시설 구축비와 하역비가 비쌈 • 운송 중 기상 상황에 따라 화물 손상 사고가 많이 발생함 • 화물 안전 운송을 위한 포장비용이 많이 듦

④ 항공 운송

장점	단점
• 화물의 운송속도가 매우 빠름 • 고가, 고부가가치 소형 상품의 운송에 유리함 • 화물의 손상이 적고 포장이 간단하여 포장비가 저렴함 • 납기가 급한 긴급 화물이나 유행에 민감한 화물, 신선도 유지가 요구되는 품목 운송에 적합함	• 운임이 고가이며, 중량어 제한이 있음 • 기상의 영향이 크며, 이용 가능 지역이 제한됨 (항공기 이·착륙이 가능한 지역에 한정됨) • 대량 및 대형화물의 운송이 곤란함 • 운송의 완결성이 부족함

⑤ 파이프라인 운송

장점	단점
• 연속하여 대량 운송이 가능함 • 용지 확보가 유리하며, 유지비가 저렴함 • 컴퓨터 시스템에 의한 완전 자동화로 높은 안전성을 유지함 • 환경 친화적인 운송수단으로 평가됨	• 이용 화물의 제한(유류, 가스 등 액체, 기체 제품) • 송유관 설치 장소 등 특정 장소에 한정됨 • 용지 확보 및 라인 설치 등 초기 시설 투자비가 많이 듦

3. 완제품 운송경로

(1) 운송경로의 유형

① **공장직송 방식**: 발송 화주에서 도착지 화주로 직송하는 원스톱 운송 방식이며, 운송차량의 차량 단위별 운송물동량을 확보하여 대량화물 운송에 적합하다.

② **중앙집중거점 방식**: 다수의 소량 발송 화주가 단일 화주에게 일괄 운송하는 방식이며, 공장으로부터 고객에게 연결되는 화물 운송경로에서 단일의 물류센터만을 운용하는 방식이다.

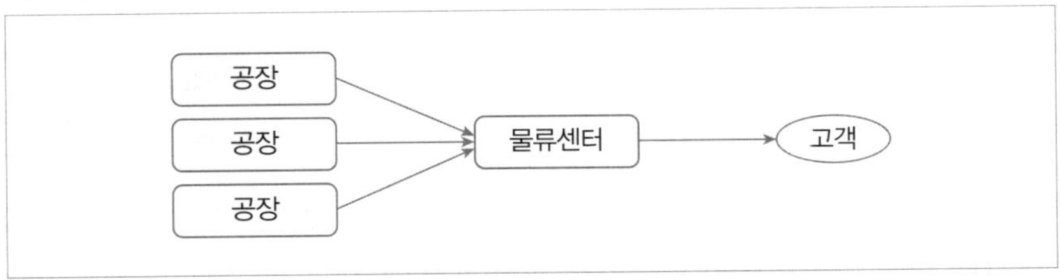

③ 복수거점 방식: 화주별·권역별·품목별로 집하하여 고객처별로 공동 운송하는 방식이며, 물류거점을 권역별 또는 품목별로 운영해야 한다.

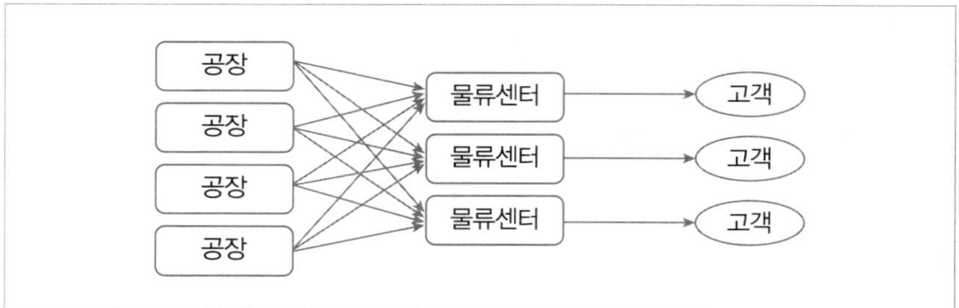

④ 다단계거점 방식: 권역별·품목별로 거래처(소비자) 밀착형 물류거점을 운영하는 방식이며, 거래처(소비자) 물류 서비스 만족도가 향상된다. 물류거점 및 지역별 창고 운영으로 다수의 물류거점 확보가 필요하고 운영비가 가중된다.

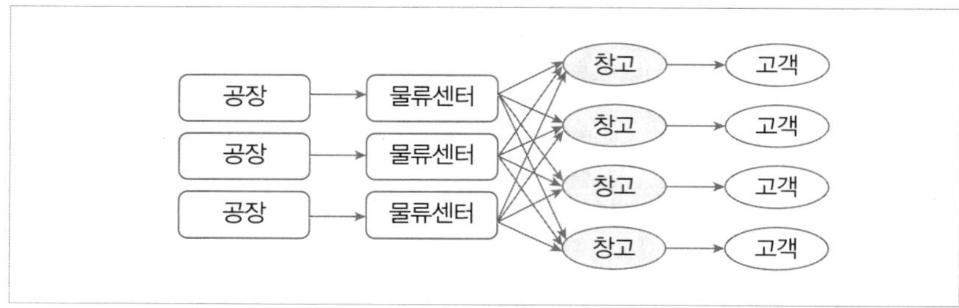

⑤ 배송거점 방식: 신속한 고객 대응이 가능하도록 고객처별 물류거점을 운영하는 방식이며, 물류 서비스 만족도가 높다. 고객 밀착형 물류거점 설치로 다수의 물류거점 확보가 필요하고 운영비가 가중된다.

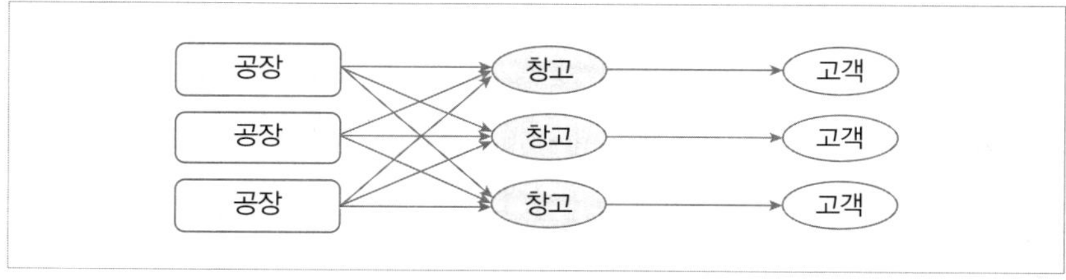

(2) 효율적인 운송경로 선정을 위한 고려 사항

① 운송화물의 특성
② 리드 타임(수주부터 납품까지의 기간 또는 현재 수주부터 다음 수주까지의 소요기간)
③ 운송차량의 적재율
④ 운송물동량 파악을 통한 차량 수단과 필요 대수
⑤ 운송수단의 선택
⑥ 수·배송 범위와 운송경로
⑦ 수·배송의 비율
⑧ 운송료 산정 기준
⑨ 고객 서비스 수준

4. 운송화물의 이력 추적관리

운송화물의 이력 추적관리는 물류 흐름 전반에 걸쳐 화물의 위치, 상태, 이동 경로 등을 실시간으로 확인할 수 있는 시스템이다. 납기 준수율 향상, 고객 서비스 수준 증대, 운송비의 체계적인 관리가 가능해진다.

CHAPTER 02

기출&확인 문제

01 [1급 | 2021년 6회]

[보기]는 공급망관리에 대한 정의이다. (   )에 들어갈 용어가 적절하게 연결된 것은 무엇인가?

> **보기**
>
> 공급망관리(Supply Chain Management)는 원·부자재 공급자로부터 최종 소비자에 이르기까지 전 과정에서 각 기능 간 (   ), (   ), (   )의 흐름을 최적화하고 동기화하여 공급망 전체의 경영 효율을 극대화하는 활동을 말한다.

① 인력, 정보, 자금
② 재화, 자금, 인력
③ 재화, 정보, 인력
④ 재화, 정보, 자금

해설

공급망관리(SCM)는 원·부자재 공급자로부터 최종 소비자에 이르기까지 전 과정에서 각 기능 간 재화·정보·자금의 흐름을 최적화하고 동기화하여 공급망 전체의 경영 효율을 극대화하는 전략이다.

02 [1급 | 2022년 3회]

[보기]는 공급망관리의 필요성에 대한 설명이다. [보기]의 (   )에 들어갈 적절한 용어를 순서대로 나열한 것은?

> **보기**
>
> 원자재/부품 공급자로부터 완제품 제조업체, 물류업체, 최종 고객에 이르기까지 공급망의 주체들은 공급망의 거래비용 절감을 위하여 시스템통합에 의한 실시간 정보 (㉠)와 (㉡)이 절대적으로 필요하다.

㉠	㉡
① 분산화	독점
② 분산화	협업
③ 동기화	독점
④ 동기화	협업

해설

공급망을 구성하는 원자재와 부품의 공급자, 중간부품 제조업체, 완제품 제조업체, 물류업체, 도매상과 소매상의 유통업체, 최종 고객에 이르기까지 공급망의 주체들은 공급망의 거래비용 절감을 위하여 시스템 통합에 의한 실시간 정보 동기화와 협업이 절대적으로 필요하다.

03 [1급 | 2022년 2회]

[보기]의 괄호 안에 공통적으로 들어갈 용어를 한글로 입력하시오.

> **보기**
>
> - (   ) 효과란 공급사슬의 상류로 올라갈수록 수요의 변동 폭이 증폭되어 나타나는 현상이다.
> - (   ) 효과의 원인은 잦은 수요예측 변경, 필요량보다 과도한 발주, 가격 변동의 영향 등이다.
> - (   ) 효과의 해결 방안으로 공급사슬을 구성하는 주체들 간의 수요정보 공유, 전략적 파트너십 등이 있다.

(답: 효과)

해설

채찍 효과에 대한 설명이다.

04 [1급 | 2025년 6회]

채찍 효과의 발생 이유와 관련된 설명으로 옳지 <u>않은</u> 것은?

① 불안정한 가격 구조와 수요·공급의 관계에서 발생한다.
② 리드 타임이 길어지면 수요와 공급의 변동 폭의 증감 정도가 감소한다.
③ 일방적 정보의 전달과 공급망 구성원의 비합리적 사고와 의사결정에서 생성된다.
④ 공급망 전체의 관점이 아니라 개별 기업 관점에서 기능적 사일로 심리 의사결정을 수행하게 되면 공급망 전체의 왜곡 현상을 초래하게 된다.

해설

조달 리드 타임이 길어지면 수요와 공급의 변동성, 불확실성이 확대되어 채찍 효과가 발생하게 된다.

| 정답 | 01 ④   02 ④   03 채찍   04 ② |

05 [2급 | 2021년 3회]

채찍 효과(Bullwhip Effect)에 대한 대처 방안으로 가장 옳지 <u>않은</u> 것은?

① 안정적인 가격 구조로 소비자 수요의 변동 폭을 조정한다.
② 운송비·주문비의 절감을 위하여 대량의 제품을 한꺼번에 발주한다.
③ 공급망의 재고관리를 위하여 기업 간 전략적 파트너십을 구축한다.
④ 공급망 전반에 걸쳐 수요정보를 중앙 집중화함으로써 불확실성을 제거한다.

해설

운송비·주문비의 절감을 위하여 대량의 제품을 한꺼번에 발주하는 배치 주문 방식은 채찍 효과의 대처 방안이 아닌 채찍 효과의 발생 원인이 된다.

06 [2급 | 2025년 6회]

공급망 프로세스의 경쟁능력을 결정하는 4요소 중 [보기]의 내용에서 시간 요소에 대한 설명으로 짝지어 놓은 것으로 가장 옳은 것은?

> **보기**
>
> ㉠ 정시 배달능력
>
> ㉡ 신속한 제품 배달능력
>
> ㉢ 경쟁사보다 빠른 신제품 개발능력
>
> ㉣ 설계 변화와 수요 변화에 효율적으로 대응할 수 있는 능력
>
> ㉤ 적은 자원으로 제품·서비스를 창출할 수 있는 능력

① ㉠, ㉡, ㉢
② ㉠, ㉢, ㉣
③ ㉡, ㉢, ㉣
④ ㉡, ㉣, ㉤

해설

공급망 프로세스의 경쟁능력을 결정하는 4요소 중 ㉣은 유연성, ㉤은 비용에 대한 설명이다.

07 [1급 | 2021년 3회]

다음 중에서 공급망관리 정보 시스템의 효과로 적합하지 <u>않은</u> 것은 무엇인가?

① 고객주문 및 처리시간의 단축으로 고객 서비스 향상
② 재고량 축소로 재고비용 절감
③ 정보발생 지역의 분산으로 공급망 프로세스 다양성 증가
④ 신속하고 저렴한 운송 방법 탐색으로 운송비용 절감

해설

정보발생 지역의 분산으로 공급망 프로세스의 다양성이 증가하여 획일적 처리가 곤란하다는 특징이 있기는 하지만, 이것이 공급망관리 정보 시스템의 효과라고 할 수는 없다.

08 [1급 | 2022년 1회]

[보기]는 공급망관리 정보 시스템에 대한 설명이다. 괄호 안에 들어갈 영어 용어로 가장 적절한 것은?

> **보기**
>
> - (A   )은(는) 제조업체와 유통업체 간의 상호 협업기능을 강화하여 지속적인 재고적시보충을 통해 결품비율을 낮추고 효과적인 재고관리가 가능하도록 하는 방식이다.
> - (B.   )은(는) 유통업체와 제조업체가 효율적인 상품보충, 점포진열, 판매촉진 등을 목적으로 POS 시스템을 도입하여 자동적으로 제품을 충원하는 방식이다.

	A	B
①	QR	WMS
②	CMI	CRP
③	CRP	ECR
④	CMI	WMS

해설

A는 지속적 보충 프로그램(CRP), B는 효율적 소비자 대응(ECR)에 대한 설명이다.

09 [2급 | 2021년 3회]

신속 대응(QR; Quick Response) 시스템 적용 시 소매업자 측면에서의 기대 효과로 가장 옳지 <u>않은</u> 것은?

① 유지비용 절감
② 고객 서비스 제고
③ 재고 절감 및 미출고 예방
④ 높은 상품 회전율

해설

신속 대응 시스템은 소매업체와 제조업체가 정보를 공유하여 효율적인 생산과 공급망 재고량을 최소화하는 전략이다. 이를 통하여 유지비용 절감, 고객 서비스 제고, 높은 상품 회전율 등의 효과는 얻을 수 있으나 미출고를 예방하는 것은 아니다. 재고 절감 및 미출고 예방은 창고관리 시스템의 기대 효과이다.

10 [2급 | 2021년 3회]

다음 중 공급자 관리재고(VMI; Vendor Managed Inventory) 시스템에 관한 설명으로 가장 옳은 것은?

① 제조업체(공급자)는 물류거점의 운영을 유통업체(구매자)에게 위임한다.
② 제조업체(공급자)는 유통업체(구매자)로부터 물류정보를 전달받고, 유통업체의 재고를 직접 관리한다.
③ 제조업체(공급자)는 유통업체(구매자)의 재고를 물류거점에 보관하지 않고 분류하여 곧바로 배송한다.
④ 제조업체(공급자)와 유통업체(구매자)가 공동으로 여러 상황을 고려하면서 적절하게 재고수준을 관리한다.

해설

① 공급자관리재고(VMI) 시스템에서 유통업체(구매자)는 물류거점의 운영을 자재·부품 제조업체(공급자)에게 위임한다.
③은 크로스도킹 시스템, ④는 공동 재고관리(CMI) 시스템에 대한 설명이다.

11 [1급 | 2022년 4회]

[보기]에서 공통적으로 설명하는 SCM 정보 시스템으로 가장 적절한 것은?

> **보기**
> • 제조업체의 효과적인 재고관리와 유통업체에 대한 적시보충이 가능하도록 하여 결품 비율을 낮출 수 있도록 지원
> • 제조업체와 협력사 간 상호 협업기능을 강화한 시스템

① 창고관리 시스템(WMS)
② 운송관리 시스템(TMS)
③ 지속적 보충 프로그램(CRP)
④ 효율적 소비자 대응 시스템(ECR)

해설

지속적 보충 프로그램(CRP; Continuous Replenishment Program)은 제품의 유통업체와 제조업체가 전자상거래를 통하여, 상품의 재고가 부족할 때 자동으로 보충하고 재고관리를 하도록 지원하는 시스템이다. 제조업체가 효과적으로 재고를 관리하여 유통업체에 적시에 보충이 가능하도록 하여 결품 비율을 낮추어 주고 상호 협업기능을 강화할 수 있다.

12 [2급 | 2022년 1회]

공급망 운영 전략의 유형을 효율적 공급망 전략과 대응적 공급망 전략으로 구분할 경우, 대응적 공급망 전략의 특징으로 가장 옳지 <u>않은</u> 것은?

① 높은 재고 회전율과 낮은 재고수준을 유지한다.
② 수요예측이 어렵고, 이익률이 높은 제품에 적용한다.
③ 스피드, 유연성, 품질을 중심으로 공급자를 선정한다.
④ 고객 서비스를 비용적인 측면보다 우선 고려하는 전략이다.

해설

높은 재고 회전율과 낮은 재고수준을 유지하는 것은 효율적 공급망 전략의 특징이다.

13 [1급 | 2021년 5회]

다음 중 미국 공급망위원회(Supply Chain Council)에서 제안한 성공적인 SCM을 위한 기준으로, 효율적인 공급망의 설계 및 구축부터 지속적인 프로세스 개선 과정을 효율적으로 수행하는 데 필요한 가이드라인을 제공하는 것은?

① 공급망계획 참고 모형(SCPR)
② 공급망조달 참고 모형(SCSR)
③ 공급망 운영 참고 모형(SCOR)
④ 공급망생산 참고 모형(SCMR)

해설

공급사슬 프로세스 분석 및 설계 모델로 성공적인 SCM을 위한 기준인 공급망 운영 참고(SCOR) 모델에 대한 설명이다.

| 정답 | 09 ③   10 ②   11 ③   12 ①   13 ③

14 [1급 | 2021년 3회]

공급망 운영 참고(SCOR) 모델의 5개 프로세스 중에서 계획(Plan) 단계에 해당하는 운영내용이 <u>아닌</u> 것은 무엇인가?

① 공급자 평가
② 완제품 회수
③ 재고계획
④ 수요의 우선순위

해설

공급망 운영 참고(SCOR) 모델의 5개 프로세스 중 계획 단계는 수요와 공급을 계획하는 단계로, 모든 공장의 모든 제품에 대해 공급자 평가, 수요의 우선순위, 재고계획, 분배 요구량 파악, 생산계획, 자재조달, 개략적 능력을 계획한다. 완제품의 회수는 반품 단계에 해당한다.

15 [2급 | 2021년 4회]

물류거점 설계 시 고려하는 비용 항목에 대한 설명 중 옳지 <u>않은</u> 것은?

① 재고비용은 물류거점 수가 증가함에 따라 처음에 크게 증가하다 어느 수준 이상이 되면 완만히 증가하는 경향을 갖는다.
② 고정투자비용에는 인건비 및 초기 설비투자비용을 포함한다.
③ 물류거점 수가 증가하면 1회당 수송거리가 짧아지고 1회당 수송량이 증가하게 된다.
④ 수송비용은 주로 1회당 수송량과 수송거리에 비례하여 증가한다.

해설

물류거점 수가 증가하면 1회당 수송거리가 짧아지고 1회당 수송량이 감소하게 된다.

16 [2급 | 2022년 1회]

공급망 물류거점 운영 방식 중 지역 물류센터 운영 방식에 대한 설명으로 옳은 것은?

① 중앙 물류센터에서 전체 공급망의 물품을 통합 운영하는 방식
② 공장과 함께 위치한 생산자 창고만 보유하고 물류거점을 거치지 않고 소비자에게 직접 배송하는 방식
③ 소비자 근처로 위치한 분산 물류거점을 운영하는 방식
④ 중앙 물류센터와 지역 물류센터를 혼합하여 사용하는 방식

해설

①은 통합 물류센터 운영 방식, ②는 직배송 방식, ④는 통합·지역 물류센터 혼합 운영 방식에 대한 설명이다.

17 [1급 | 2025년 5회]

[보기]의 (주)물류로지스의 물류거점 운영방식은 무엇인가?

> **보기**
>
> (주)물류로지스는 전국 단위의 물류 네트워크를 운영하는 기업으로, 물류 거점에 환적 기능만을 제공함으로써 보관보다는 물류의 원활한 흐름에 초점을 두고 물류센터를 구성하고 있다.

① 직배송 운영 방식
② 크로스도킹 운영 방식
③ 지역 물류센터 운영 방식
④ 통합 물류센터 운영 방식

해설

물류거점에 재고를 보유하지 않고 물류거점이 화물에 대해 이동 중개기지 역할을 하는 '환승(환적)'기능만을 제공하는 것은 크로스도킹(Cross-Docking) 운영 방식이다.
① 직배송 운영 방식: 생산자 창고만 보유하고 물류거점을 거치지 않고 소비자에게 직접 배송하는 방식이다.
③ 지역 물류센터 운영 방식: 지역 물류센터는 소비자 근처로 위치한 분산 물류거점이다.
④ 통합 물류센터 운영 방식: 중앙 물류센터에서 전체 공급망의 물품을 통합하여 운영한다.

18 [2급 | 2021년 5회]

다음 [보기]의 설명에 해당하는 재고유형으로 옳은 것은?

> **보기**
>
> 공정에서 가공 중인 자재의 성격을 가지나 동시에 판매 가능한 품목임

① 제품
② 반제품
③ 재공품
④ 소모성 자재

해설

• 반제품: 공정에서 가공 중인 자재의 성격을 가지나 동시에 판매 가능한 품목
• 재공품: 공정에서 가공 중인 자재이나 그대로는 판매할 수 없는 품목

| 정답 | **14** ② **15** ③ **16** ③ **17** ② **18** ②

19 [2급 | 2022년 1회]

편의점에서는 아이스크림의 재고 회전율을 파악하고자 한다. 제품의 재고와 관련된 정보가 [보기]와 같을 때, 아이스크림의 재고 회전율로 옳은 것은?

┌─ 보기 ─────────────────────────┐
- 연간 총판매량: 6,000
- 기초재고량: 1,000
- 기말재고량: 200
└────────────────────────────────┘

① 5
② 10
③ 15
④ 20

해설

- 평균 재고량: $\dfrac{\text{기초재고량 } 1,000 + \text{기말재고량 } 200}{2} = 600$
- 재고 회전율: $\dfrac{\text{총판매량 } 6,000}{\text{평균 재고량 } 600} = 10$

20 [1급 | 2022년 4회]

[보기]는 제품 A의 재고와 관련된 정보이다. 제품 A의 재고 회전율이 4회일 때 연간 총판매량은 얼마인가? (정답은 단위를 제외하고 숫자만 입력하시오.)

┌─ 보기 ─────────────────────────┐
- 연간 총판매량: (   )
- 기초재고량: 400   · 기말재고량: 600
└────────────────────────────────┘

(답:)

해설

- 평균 재고량: $\dfrac{\text{기초재고량 } 400 + \text{기말재고량 } 600}{2} = 500$
- 재고 회전율 $4 = \dfrac{\text{총판매량}}{\text{평균 재고량 } 500}$

∴ 총판매량 = 2,000

21 [2급 | 2021년 4회]

다음 중 수송 중에 있는 재고를 설명하는 용어로 옳은 것은?

① 비축재고
② 순환재고
③ 안전재고
④ 파이프라인재고

해설

① 비축재고: 계절적인 수요 급등, 가격 급등, 파업으로 인한 생산 중단 등이 예상될 때 향후 발생할 수요에 대비하여 미리 생산하여 보관하는 재고
② 순환재고: 비용 절감을 위하여 경제적 주문량(생산량) 또는 로트 사이즈로 구매(생산)하게 되어 당장 필요한 수량을 초과하는 잔량에 의해 발생하는 재고
③ 안전재고: 조달기간의 불확실, 생산의 불확실 또는 그 기간 동안의 수요량이 불확실한 경우 등 예상 외의 소비나 재고부족 상황에 대비하여 보유하는 재고

22 [1급 | 2022년 2회]

(주)KPC전자는 생산현장에서 필요로 하는 부품을 경제적 주문량만큼 발주하여 사용하고 남는 자재는 창고에 보관한다. 보관 중인 재고의 유형으로 옳은 것은?

① 순환재고
② 투기재고
③ 안전재고
④ 파이프라인재고

해설

비용 절감을 위하여 경제적 주문량 또는 로트 사이즈로 구매하게 되어 당장 필요한 수량을 초과하는 잔량에 의해 발생하는 재고는 순환재고이다.

| 정답 | 19 ② | 20 2,000 | 21 ④ | 22 ① |

23 [1급 | 2021년 5회]

재고의 유형 중 생산에 직접 사용되지 않으나 생산활동에 필요한 시설물의 유지와 보수, 운전에 필요한 자재로 소비자재와 설비용 자재로 구분하기도 하는 것은?

① 재료
② 재공품
③ 소모성 자재(MRO)
④ 반제품

해설

생산에 직접 소요되는 원·부재료를 제외한 간접적인 소요자재인 소모성 자재(MRO; Maintenance, Repair and Operation)에 대한 설명이다.

24 [1급 | 2025년 6회]

재고관리비용에 관한 설명으로 가장 적절하지 않은 것은?

① 재고 관련 총비용은 주문비용, 재고유지비용, 재고부족비용을 합한 값이다.
② 주문비용은 로트 사이즈를 크게 할수록 재고 한 단위당 비용이 감소하는 특성이 있다.
③ 재고부족비용은 납기지연, 판매기회 상실, 거래처 신용 하락, 잠재적 고객 상실 등과 관련된 비용이다.
④ 주문비용은 발주마다 일정하게 발생하는 고정비용으로 1회 발주량을 적게 할수록 재고 1단위당 비용이 줄어드는 특성을 갖고 있다.

해설

재고주문비용(발주비용)은 발주량에 관계없이 발주할 때마다 일정하게 발생하는 고정비로 1회 발주량을 크게 할수록 주문 품목 1단위당 비용이 줄어드는 특성이 있다.

25 [1급 | 2022년 3회]

[보기]는 재고관리 기본 모형에 대한 설명이다. 괄호 안에 들어갈 내용을 ㉠, ㉡ 순으로 예와 같이 알파벳으로 입력하시오(예 A, B).

보기

- (㉠) System
- 재고보유량이 정해진 수준, 즉 발주점까지 하락하면 사전에 결정되어 있는 수량을 발주하는 방식이다.
- 발주량은 경제적 주문량(EOQ)으로 결정한다.

- (㉡) System
- 재고량을 정기적으로 조사하여 일정한 목표 수준까지의 부족 수량을 발주하는 방식이다.
- 수요가 일정할 경우에는 발주량이 일정하지만 수요가 수시로 변동하면 발주량도 수시로 달라지는 특징이 있다.

(답: .   )

해설

㉠은 Q System(고정주문량 발주 모형), ㉡은 P System(고정주문기간 발주 모형)에 대한 설명이다.

26 [2급 | 2021년 3회]

제품 A의 연간 판매량은 90,000개이다. 또한 발주한 제품 A가 회사 창고에 입고되기까지는 10일이 소요되며, 제품 A의 안전재고량은 4,000개이다. 연간 영업일은 300일인 경우, 제품 A에 대한 재주문점 수량으로 옳은 것은?

① 5,000개
② 6,000개
③ 7,000개
④ 8,000개

해설

- 일평균 사용량: $\dfrac{\text{연간 판매량 } 90,000개}{\text{연간 영업일 } 300일} = 300개/일$
- 구매 리드 타임 동안의 수요: 조달기간 10일 × 일평균 사용량 300개/일 = 3,000개
- 재주문점 수량: 구매 리드 타임 동안의 수요 3,000개 + 안전재고 4,000개 = 7,000개

27 [2급 | 2021년 6회]

[보기]는 재고에 대한 정보이다. 다음 중에서 고정주문기간 발주 모형(P System)을 이용할 때, 적절한 발주량은 무엇인가?

보기

- 현재 재고: 50
- 검토 주기 기간의 수요: 30
- 구매 리드 타임 기간의 수요: 100
- 안전재고: 20

① 50
② 100
③ 150
④ 200

해설

- 목표재고: 검토 주기 동안의 수요 30 + 구매 리드 타임 동안의 수요 100 + 안전재고 20 = 150
- 발주량: 최대 재고수량(목표재고) 150 − 현재 재고수량 50 = 100

28 [1급 | 2021년 6회]

현재 보유재고 220개, 안전재고 10개, 주문 리드 타임 2주, 최소 구매량이 150인 K 지점의 유통소요계획을 수립하려고 한다. 수요량이 [보기]와 같이 매주 100개일 경우, 1주차에 발주해야 할 주문량은 얼마인가? (답은 단위는 생략하고 예와 같이 숫자만 기재하시오. 예 10)

보기

K 지점의 유통소요계획 관련 정보

주차	이전기간	1주차	2주차	3주차	4주차
수요예측		100	100	100	100
운송 중 재고					
예정 입고량					
기말재고수준	220				
주문량		(?)			

* 안전재고: 10, 주문 리드 타임: 2주, 최소 구매: 150

(답:)

해설

주차	이전기간	1주차	2주차	3주차	4주차
수요예측		100	100	100	100
운송 중 재고					
예정 입고량				150	150
기말재고수준	220	120	20	70	120
주문량		(150)	150		

- 1주차 기말재고: 이전기간 기말(현재 보유)재고 220개 − 1주차 수요예측 100개 = 120개
- 2주차 기말재고: 1주차 기말재고 120개 − 2주차 수요예측 100개 = 20개
- 3주차 기말재고: 2주차 기말재고 20개 − 3주차 수요예측 100개 + 입고 예정량 150개 = 70개
- ∴ 안전재고가 10개이므로 기말재고가 10개 이상이어야 한다. 따라서 3주차에 입고가 되어야 하며, 3주차의 입고 예정량은 최소 구매량인 150개이다. 또한, 리드 타임이 2주이므로 3주차의 입고 예정량 150개는 2주 전인 1주차에 주문을 하여야 한다. 즉, 1주차의 주문량은 150개이다.

29 [1급 | 2022년 1회]

다음 [보기]는 재고자산 기록 방법에 대한 설명이다. [보기]의 (   )에 공통으로 들어갈 적절한 한글 용어를 기재하시오.

보기

- 계속기록법은 재고 감모손실이 기말재고수량에 포함되지 않아 (   )이/가 과소평가되어 당기 매출이익이 크게 나타난다.

- 실지 재고조사법은 재고 감모손실이 당기 매출수량에 포함되므로 (   )이/가 과대평가되고 당기 매출이익이 작게 나타난다.

(답:)

해설

- 계속기록법은 매출원가가 과소평가되어 당기 매출이익이 크게 나타난다.
- 실지 재고조사법은 매출원가가 과대평가되어 당기 매출이익이 작게 나타난다.

30 [2급 | 2024년 6회]

재고자산 기록방법 중 실지 재고조사법에 대한 설명으로 가장 적절한 것은?

① 거래가 빈번하지 않을 때 적용이 적합한 방법이다.
② 기말재고로 파악되지 않은 수량은 당기에 매출된 수량으로 간주한다.
③ 재고자산의 입출고 시에 재고의 증감수량과 금액을 일일이 계속 장부에 기록하는 방법이다.
④ 감모손실이 기말재고수량에 포함되지 않으므로 실제 재고수량보다 기말재고수량이 많을 수 있다.

해설

①, ③, ④는 계속기록법에 대한 설명이다.

31 [1급 | 2021년 4회]

다음 [보기]는 재고자산기록 방법에 대한 설명이다. [보기]의 (㉠)과 (㉡)에 들어갈 적절한 한글 용어를 순서대로 예와 같이 기재하시오. (예 기초, 기말)

보기

- (㉠)법은 매출원가가 과거 매입단가로 결정되므로 매입가격 상승기에는 매출이익이 상대적으로 크게 나타난다.

- (㉡)법은 재고자산이 입고될 때마다 재고자산가액의 새로운 평균을 산정하여 매출원가에 적용하는 방법이다.

(답: ,   )

해설

㉠ 선입선출법: 먼저 매입한 재고자산을 먼저 매출하는 것으로 가정하여 매출원가에 적용하는 방법
㉡ 이동평균법: 매출원가는 매입이 있을 때마다 달라지며, 추가매입이 발생할 때까지는 동일한 매출원가 적용

| 정답 | 28 150 | 29 매출원가 | 30 ② | 31 선입선출, 이동평균 |

32 [1급 | 2022년 4회]

[보기]의 자료는 (주)생산성의 1분기 매입과 매출 자료이다. 이 자료를 참조하여 선입선출법에 의한 3월 말 재고자산액을 산출하면 얼마인가?

일자	내역	입고		출고
		수량	단가	수량
1월 1일	기초재고	100개	300원	
2월 10일	매입	200개	400원	
2월 18일	매출			200개
3월 27일	매입	100개	500원	

① 60,000원
② 70,000원
③ 80,000원
④ 90,000원

선입선출법에 의하므로 2월 18일의 출고수량 200개는 1월 1일의 기초수량 100개와 2월 10일 매입분 중 100개에 해당한다. 따라서 재고자산은 매출 후 남은 수량이므로 2월 10일 매입분 중 100개와 3월 27일 매입분 100개이다.

∴ 재고자산액: 2월 10일 매입분 100개 × 400원 + 3월 27일 매입분 100개 × 500원
= 40,000원 + 50,000원 = 90,000원

33 [1급 | 2022년 1회]

다음 [보기]의 자료를 이용하여 후입선출법에 의한 기말재고자산가액을 계산하시오(@: 단위당 가격, 단위: 원).

┌─ 보기 ─

• 전기이월
8월 1일 @100원 * 100단위

• 매입
8월 3일 @110원 * 50단위
8월 10일 @120원 * 100단위
8월 20일 @150원 * 200단위

• 매출
8월 31일: 300단위

• 차기이월
8월 31일: 150단위

• 단위당 판매가격: @200원

(답: 원)

기말재고자산: 8월 1일 전기이월 @100원 × 100단위 + 8월 3일 매입 @110원 × 50단위
= 10,000원 + 5,500원 = 15,500원

34 [2급 | 2021년 6회]

재고자산의 매입단가가 지속적으로 상승하는 환경에서 재고자산을 평가할 때, 매출총이익이 가장 크게 계산되는 평가 방법부터 순서대로 나열한 것으로 가장 옳은 것은?

① 선입선출법 > 이동평균법 > 총평균법 > 후입선출법
② 선입선출법 > 후입선출법 > 이동평균법 > 총평균법
③ 후입선출법 > 선입선출법 > 총평균법 > 이동평균법
④ 후입선출법 > 총평균법 > 이동평균법 > 선입선출법

매입가격 상승 시(인플레이션) 재고자산 평가 방법의 비교
• 기말재고자산가액: 선입선출법 > 이동평균법 > 총평균법 > 후입선출법
• 매출총이익: 선입선출법 > 이동평균법 > 총평균법 > 후입선출법
• 매출원가: 선입선출법 < 이동평균법 < 총평균법 < 후입선출법

35 [2급 | 2021년 4회]

창고 내에서 이루어지는 물품의 입출고관리, 로케이션관리, 재고관리, 피킹 등을 수행하는 정보 시스템을 지칭하는 용어로 옳은 것은?

① WMS
② WLS
③ WQR
④ WDC

창고 내에서 이루어지는 물품의 입출고관리, 로케이션관리, 재고관리, 피킹, 분류, 차량관리지원, 인원관리, 작업관리, 지표관리 등을 수행하는 정보 시스템은 창고관리 시스템(WMS; Warehouse Management System)이다.

36 [2급 | 2024년 6회]

창고 입고 업무 프로세스에 관한 설명으로 [보기]의 (   ) 안에 들어갈 용어를 짝지어 놓은 것으로 가장 옳은 것은?

┌─ 보기 ─

구매·주문 요청 → 입고 통보 접수 → 입고 계획 수립 → 입하·하차 → (㉠) → 입고 지시 → (㉡) → 입고 마감

	㉠	㉡
①	피킹	검사(검품·검수)
②	분류	검사(검품·검수)
③	검사(검품·검수)	피킹
④	검사(검품·검수)	입고(적치)

창고 입고업무 프로세스는 '구매·주문요청 → 입고 통보 접수 → 입고계획 수립 → 입하·하차 운반 → ㉠ 검사(검품·검수) → 입고 지시 → ㉡ 운반, 입고(적치) → 입고 마감' 순서로 진행된다.

37 [2급 l 2025년 6회]

[보기]의 내용에 해당하는 출고 업무 프로세스로 가장 적절한 것은?

> ── 보기 ──
> 출고 지시서에 따라 창고에 보관된 재고에서 해당 물품을 골라 꺼내는 활동

① 분류
② 출고 지시
③ 출고 피킹
④ 출하 포장

해설

[보기]는 출고피킹(오더피킹)에 대한 설명이며, 출고피킹은 고객별·품목별·물품 형태별·규모별 등으로 다양하고 복잡하여 업무 처리의 효율성이 중요하다.

38 [1급 l 2022년 4회]

[보기]는 창고보관 원칙 설명에 대한 일부 내용이다. (A)에 들어갈 적절한 용어를 한글로 입력하시오.

> ── 보기 ──
> • 높이 쌓기의 원칙: 공간 효율을 위해 물품을 높이 쌓는다.
> • (A) 원칙: 먼저 입고된 물품을 먼저 출고한다.

(답:)

해설

선입선출 원칙은 먼저 입고된 물품을 먼저 출고한다는 원칙이며, 재고 회전율이 낮은 품목, 모델 변경이 잦은 품목, 라이프 사이클이 짧은 품목, 파손·감모가 쉬운 품목 등이 주요 대상이다.

39 [1급 l 2022년 2회]

창고보관의 기본 원칙 중 보관물품의 상호 관련 정도에 따라 연계하여 보관 장소를 정하는 원칙을 가리키는 용어로 옳은 것은?

① 동일성의 원칙
② 회전대응의 원칙
③ 위치표시의 원칙
④ 네트워크 보관의 원칙

해설

보관물품의 상호 관련 정도에 따라 연계하여 보관 장소를 정하는 원칙은 네트워크 보관의 원칙이다.

40 [2급 l 2021년 4회]

창고배치의 기본 원칙으로 가장 옳지 <u>않은</u> 것은?

① 높낮이 차이의 최대화
② 자재 취급 횟수 최소화
③ 흐름 방향의 직진성의 원리
④ 물품, 사람, 운반기기의 역행 및 교차 없애기

해설

창고배치의 기본 원칙으로 물품의 흐름 과정에서 크기 및 높낮이 차이를 최소화해야 한다.

41 [1급 l 2021년 5회]

다음은 운송계획에 대한 설명이다. 가장 적합하지 <u>않은</u> 것을 고르시오.

① 운송계획의 목적은 최소의 총비용으로 고객만족도를 최대한 높이는 운송 서비스를 제공하는 것이다.
② 재고비용이 클수록 운송비용도 증가한다.
③ 배송은 소량의 물품을 지역 물류센터로부터 고객/소비자에게 전달하는 활동이다.
④ 운송 서비스는 비용 이외에 속도와 신뢰성이 가장 중요한 요소이다.

해설

운송비용과 재고비용은 상충관계에 있으므로 재고비용이 클수록 운송비용은 감소한다.

| 정답 | 37 ③   38 선입선출   39 ④   40 ①   41 ②

42 [1급 | 2022년 2회]

다음 [보기]의 운송경로에서 지점 A에서 지점 H까지의 최단경로에 의한 소요시간으로 옳은 것은?

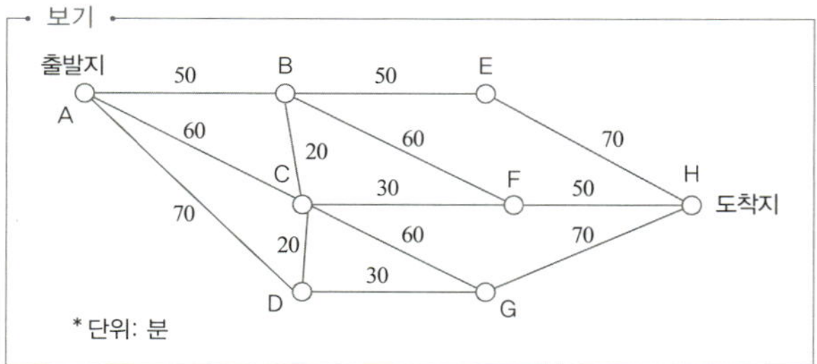

① 130분
② 140분
③ 150분
④ 160분

해설

지점 A에서 지점 H까지의 최단경로는 A − C − F − H이며, 소요시간은 60 + 30 + 50 = 140분이다.

43 [1급 | 2022년 3회]

운송수단의 5가지 유형 중에서 (A)에 들어갈 적절한 운송수단을 예와 같이 한글로 입력하시오(예 물류).

보기

(A) 운송의 특징
- 대형화물 및 중·장거리 운송에 적합하다.
- 안정성이 높으며, 중량 제한이 거의 없다.
- 발송화주의 문전과 도착화주의 문전까지 운송의 완결성이 미흡하다.

(답: 운송)

해설

철도 운송은 중·장거리 대량 운송에 적합하다. 중·장거리 운송 시 운임이 저렴하며, 중량에 제한을 받지 않는다.

44 [1급 | 2022년 4회]

[보기]는 운송수단에 대한 설명이다. 다음 중 선박 운송의 특성에 해당하는 설명으로만 묶인 것은?

보기

- ㉠ 화물의 운송속도가 매우 빠름
- ㉡ 화물의 손상이 적고 포장이 간단함
- ㉢ 고가, 고부가가치 소형 상품의 운송에 유리함
- ㉣ 화물의 안전 운송을 위한 포장비가 많이 발생함
- ㉤ 다른 운송수단에 비해 운송기간이 많이 소요됨
- ㉥ 운송 중 기상 상황에 따라 화물 손상사고가 자주 발생함

① ㉠, ㉡, ㉢
② ㉡, ㉢, ㉣
③ ㉢, ㉣, ㉤
④ ㉣, ㉤, ㉥

해설

㉠ 화물의 운송속도가 매우 빠르고, ㉡ 화물의 손상이 적고 포장이 간단하며, ㉢ 고가·고부가가치 소형 상품의 운송에 유리한 운송수단은 항공 운송의 특성이다.

45 [2급 | 2022년 2회]

[보기]에서 설명하는 운송경로 방식으로 옳은 것은?

보기

- 고객처별 물류거점 운영으로 고객대응에 있어 신속한 대응이 가능한 방식
- 고객 밀착형 물류거점 설치로 다수의 물류거점 확보 및 운영비 가중이 요구됨

① 공장직송 방식
② 복수거점 방식
③ 배송거점 방식
④ 중앙집중거점 방식

해설

신속한 고객대응을 할 수 있도록 고객처별 물류거점을 운영하는 방식은 배송거점 방식이다.

구매관리

① 구매관리

1. 구매관리의 개념

(1) 구매

① 구매의 정의: 생산과 판매 등 기업의 활동에 필요한 품목을 매입하는 활동을 말하며, 자재의 유리한 조달에 필요한 모든 시장정보를 수집하고 분석하여 그 결과를 생산 및 판매활동에 반영하는 것도 구매활동에 해당한다.

② 구매의 주요 대상
- 원·부재료, MRO(소모성 자재), 부품, 외주가공품, 기계설비, 상품 등
- 기타 생산 및 판매와 관련된 활동을 지원하기 위한 용역

(2) 구매관리

구매관리는 제품 생산에 필요한 원재료 및 상품을 되도록 저렴한 가격으로, 필요한 시기에 적당한 공급자에게 구입하기 위한 체계적인 활동을 말한다. 구매조직관리, 구매계획, 구매실행, 구매분석 등의 구매기능에 대한 조정 및 통제활동이다.

(3) 구매관리 업무의 목적(5R)

① 적절한 품질의 물품 구매(Right Quality)
② 적절한 수량의 파악(Right Quantity)
③ 적절한 시기의 구매(Right Time)
④ 적절한 가격의 구매(Right Price)
⑤ 적절한 구매처의 선정(Right Vendor or Supplier)

(4) 구매관리기능의 변화

전통적 시각	현대적 시각
• 단기간의 성과 중시 • 획득비용(가격) 중심 • 비용관리센터 • 요청에 지원하는 업무	• 장기간의 전략적 구매 중시 • 총원가에 집중 • 이익관리센터 • 사전에 계획하는 업무

2. 구매관리의 영역별 기능

영역	기능
구매전략	구매방침 설정, 구매계획 수립, 구매방법 결정
구매실무	시장조사 및 원가 분석, 구매가격 결정, 공급자 선정 및 평가, 계약 및 납기관리, 규격 및 검사관리
구매분석	구매활동의 성과 평가, 구매활동의 감사
구매평가	납품업체 성과 평가, 협력업체 등급관리, 우수업체 선정, 거래 지속 여부 결정

1. 구매방침

(1) 자체생산과 외주생산(구매)의 결정

기술권리 측면	자체생산이 유리한 경우	고유기술을 보호해야 하는 경우(특허권을 취득할 때까지 자체생산하는 것이 유리함)
	외주생산이 유리한 경우	특허가 없는 품목 등 기술보호의 필요가 없는 경우
제조기술 측면	자체생산이 유리한 경우	제품의 구성에서 전략적으로 중요한 부품을 생산하는 경우
	외주생산이 유리한 경우	주요 부품이나 기술이 포함되지 않는 경우
원가 절감 측면	자체생산이 유리한 경우	• 모델 변경 가능성이 낮고 지속적으로 대량생산을 해야 하는 경우 • 시설감가액을 고려한 생산한계비용(제조시설에 대한 고정비용 등)이 한계수입보다 낮은 경우
	외주생산이 유리한 경우	• 생산제품의 모델 변경이 잦은 경우 • 다품종 소량생산인 경우 • 기술 진부화가 예측되는 경우 • 계절적 수요를 갖는 품목의 경우 • 제조시설에 대한 신규 투자와 유지 등의 고정비가 필요한 경우
생산능력 측면	외주생산이 유리한 경우	• 자체 보유시설과 생산인력 등의 생산능력을 초과하는 수요의 경우 • 납기 단축 요구가 있는 경우 • 긴급주문의 경우 • 일시적 주문의 경우 • 불규칙한 수요의 경우

> **제조기술 측면**
> 자사와 타사의 제조기술 능력에 차이가 없을 때는 원가를 비교하여 결정함

> **원가 절감 측면**
> 자체생산 시설이 있다면 시설의 감가액까지도 고려하여 한계비용을 평가한 후 결정함

(2) 본사 집중구매와 사업장별 분산구매의 결정 `중요`

기업이 사업장을 여러 개 가지고 있는 경우에는 본사에서 기업 전체의 구매를 통합하여 진행하거나(본사 집중구매), 각 사업장별로 구매하거나(사업장별 분산구매), 본사와 사업장이 협력하여 품목에 따라 분리하여 구매할 수 있다.

① 본사 집중구매
- 대량구매품목, 고가품목, 공통품목 또는 표준품목 등에 적합하다.
- 대량구매로 가격이나 거래조건을 유리하게 결정할 수 있다.
- 공통자재를 일괄구매하므로 단순화, 표준화가 쉽고 재고량이 감소한다.
- 전문적인 구매지식과 구매기능을 효과적으로 활용할 수 있다.
- 구매절차 통일에 용이하다.
- 구매비용이 감소한다.
- 구매가격 조사, 공급자 조사, 구매 효과 측정 등이 수월하다.

② 사업장별 분산구매
- 지역성 품목, 소량구매품목 등에 적합하다.
- 각 사업장별로 구매 자립성을 가지므로 구매수속이 간단하고 구매기간이 감축된다.
- 긴급수요의 경우 대처하기 쉬우나 공급처 부족 시 문제가 생길 수 있다.
- 지역구매가 많아 수송비가 절감되고 해당 지역과 호의적인 관계를 유지할 수 있다.

2. 구매계획

(1) 구매계획

가격추세, 대용자재, 생산계획, 재고수량, 구매량 및 구매시기, 조달 소요 시간, 납기 등을

고려하여 구매계획을 수립하며, 경제적 주문량(EOQ) 등을 이용하여 구매단가의 절감을 목표로 구매수량을 결정한다. 설계자, 구매자, 생산자, 공급자 간 구매물품의 특성(성분, 치수, 형상, 강도, 견고도, 점도, 색상 등)에 대한 견해가 다른 경우가 많으므로 품질규격을 표준화하고 측정할 수 있도록 객관화하여 사전에 결정할 필요가 있다.

(2) 구매절차

구매청구 → 공급자 파악 → 견적* → 내부검토 및 승인* → 계약 → 발주서 → 물품 납입 → 검수 및 입고* → 구매결과 내부 통보* → 구매대금 결제

3. 구매방법 중요

(1) 수시구매

구매청구가 있을 때마다 구매하여 공급하는 방식으로, 과잉구매를 방지하고 설계 변경 등에 대응하기 쉽다는 장점이 있다. 계절품목 등 일시적인 수요품목 등에 적합하다.

(2) 예측구매 또는 시장구매

미래 수요를 고려하여 시장 상황이 유리할 때 일정한 양을 미리 구매하여 재고로 보유하였다가 생산계획이나 구매청구에 따라 공급하는 방식이다. 계획구매로 조달비용을 절감하고, 수량할인, 수송비 감소 등 경제적으로 구매할 수 있다. 생산시기가 일정한 품목 또는 항상 비축이 필요한 상비 저장품목 등에 적합하다.

(3) 투기구매

가격 인상을 대비하여 이익을 도모할 목적으로 가격이 저렴할 때 장기간의 수요량을 미리 구매하여 재고로 보유하는 구매방법이다. 계속적으로 가격 상승이 명백한 때(인플레이션)에 유리하지만, 가격동향의 예측이 부정확하여 구매품목의 가격이 하락하는 때에는 손실의 위험이 크다.

(4) 장기계약구매

특정 품목에 대해 수립한 장기 제조계획에 따라 필요한 자재의 소요량을 장기적으로 계약하여 구매하는 방식이다. 자재의 안정적인 확보가 필요할 때 적합하며 계약 방법에 따라 저렴한 가격, 충분한 수량을 확보할 수 있다.

(5) 일괄구매

소량 다품종의 품목을 구매해야 하는 경우 품목별로 구매처를 선정하는 데 많은 시간과 노력이 드는 단점을 보완하여, 다품종의 품목을 한꺼번에 구매함으로써 구매시간과 비용을 줄이고 구매절차를 간소화할 수 있는 방식이다. 소모용품이나 사무용품 등에 적합하다.

4. 발주 주기

① 상위 시스템인 주생산계획(MPS), 자재소요계획(MRP)을 바탕으로 발주 주기를 결정하여야 한다.
② 장기적인 발주 주기는 생산, 판매계획의 변동분을 적시에 반영하기 어렵다.
③ 세밀한 발주 주기는 발주서의 수시 변등으로 판매, 생산계획, 변동에 따라 원활한 수급 활동과 관리가 어렵다.
④ 자재소요계획 주기에 맞추어 주 주기를 설정하고, 주 주기의 1/2을 보조 주기로 설정하여 판매, 생산계획분을 반영하는 것이 좋다.

3 구매실무

1. 시장조사와 원가 분석

(1) 시장조사

① **시장조사의 개념**: 구매시장의 정보를 수집하고 분석하는 과정으로, 공급자 선정이나 구매 계약 과정에서 주도적인 협상과 적극적인 구매활동을 위한 중요한 기능을 한다.

② **시장조사의 목적**: 구매가격, 품질, 조달기간, 구매수량, 공급자, 지불조건 등을 결정하기 위한 정보를 수집하여 합리적 구매계획을 수립하도록 한다.

③ **시장조사의 방법**: 비용, 시간, 정확성 등을 고려하여 결정한다.

- **직접조사(1차 자료)**: 해당 기업이나 판매시장에서 각종 자재의 시세·변동 등을 직접 조사한다.
- **간접조사(2차 자료)**: 신문, 관련 잡지, 기타 협회·조합·정부기관에서 발간하는 간행물을 이용하여 조사한다. 일반적으로 직접조사에 비하여 조사시간이 적게 소요된다.

④ **시장조사 시 고려사항**: 비용의 경제성, 조사적시성, 조사탄력성, 조사정확성, 조사계획서 등을 고려한다.

(2) 원가 분석

① **원가의 구분**

- **직접원가**: 제조 과정에서 단위 제품에 직접 투입된 비용으로, 제품 단위 원가로 추적이 가능하여 직접 배분한다. 직접재료비, 직접노무비, 직접경비로 구분한다.
- **간접원가**: 다수 제품의 제조 과정에 공통적으로 소비된 비용으로, 생산된 제품에 인위적으로 적당하게 배분한다. 간접재료비, 간접노무비, 간접경비로 구분한다.

② **원가의 구성**

> - 직접원가 = 직접재료비 + 직접노무비 + 직접경비
> - 제조원가 = 직접원가 + 제조간접비
> - 판매원가(총원가) = 제조원가 + 판매비와 관리비
> - 매출가(판매가격) = 판매원가 + 이익

③ **원가 분석의 목적**

- 시장가격의 적정성을 판단하고 적정한 구매가격을 결정한다.
- 구매원가는 구매예산 편성, 매출원가 산정, 판매이익 계산, 재무제표 작성 등에 중요한 영향을 미친다.
- 새로운 규격이 적용된 신제품의 경우 공급자의 공급가격이 적정한지 평가하기 위하여 반드시 원가 분석이 필요하다.

(3) 원가의 분류 `중요`

① **표준원가**: 가장 이상적이고 모범적인 원가로, 공정상에서 어떠한 원가손실도 가정하지 않는다. 최적의 제조환경에서 설계도에 따라 가장 이상적으로 제조 과정이 진행된 경우에 구성되는 이론적인 원가이다. 표준원가는 실제 발생한 원가와 비교 및 분석하여 원가 개선활동의 평가 요소로 활용될 수 있으며, 기업이 달성해야 할 구체적인 원가 목표를 제시하므로 예산 편성이나 성과 평가의 기준으로 활용될 수 있다.

② **예정원가**: 과거 제조경험을 고려하고 향후 제조환경을 반영하여 미래에 산출될 것으로 기대하는 원가이다. 공급자가 입찰가 또는 견적가를 제시할 경우 기초로 사용되는 원가이다.

③ **실제원가**: 완제품의 제조 과정에서 실제 발생한 원가로, 일반적으로 실제원가를 원가라고 한다. 실제원가는 표준원가와 비교하고 분석하여 원가 개선활동의 평가 요소로 활용된다.

2. 구매가격

(1) 가격 결정 영향 요인

원가를 절감하기 위하여 구매가격의 결정 방식과 유형, 할인방법을 이해하여야 한다.

① 기준가격 설정: 구매가격은 매번 변동되기 때문에 구매가격을 결정하기 위해서는 품목에 따라 기준가격을 설정하여야 한다. 시장품목의 기준가격은 시장조사를 통해 가격을 확인하고, 가격 변동 추세를 통계적으로 분석하여 설정할 수 있다. 외주품목의 기준가격은 재료비·노무비·경비·관리비·적정이익을 분석하고 적정가격을 추정하여 설정할 수 있다.

② 구매가격 결정에 영향을 주는 요인: 품질, 지불조건, 구매시점, 구대방법, 납기, 공급자, 유통경로 등이 있으며, 발주수량, 발주 긴급성, 발주 반복성 등에 따라 변동되기도 한다.

(2) 가격 결정 방식

구매가격은 판매가격에 큰 영향을 미친다. 따라서 공급자의 판매가격 결정 방법의 적정성을 평가하여 구매가격 협상에 반영하여야 한다.

① 비용 중심적 가격 결정: 제품의 생산 또는 판매에 지출되는 총비용을 포함하고, 목표이익을 달성할 수 있는 수준에서 가격을 결정하는 방식이다.

코스트플러스 (비용 가산) 방식	제품원가에 판매비와 관리비, 목표이익을 가산하여 가격을 결정하는 방식
가산이익률 방식	제품 단위당 매출원가에 적정이익이 가능한 가산이익률을 곱하여 가격을 결정하는 방식
목표투자이익률 방식	기업이 목표로 하는 투자이익률을 달성할 수 있도록 가격을 결정하는 방식
손익분기점 분석 방식	손익분기점의 매출액 또는 매출수량을 기준으로 가격을 결정하는 방식

② 구매자 중심적 가격 결정: 생산원가보다는 소비자의 평가나 수요를 바탕으로 가격을 결정하는 방식이다.

구매가격 예측 방식	소비자의 구매의도, 구매능력 등을 고려하여 소비자가 기꺼이 지불할 수 있는 가격수준으로 결정하는 방식
지각가치 기준 방식	소비자들이 직접 지각하는 제품의 가치를 물어보는 방법을 통하여 소비자가 느끼는 가치를 토대로 소비자의 평가나 수요를 바탕으로 가격을 결정하는 방식이며, 비용 중심적 방식보다 높은 가격이라도 소비자가 그 가격을 쉽게 수용함

③ 경쟁자 중심적 가격 결정: 경쟁환경을 고려하여 시장점유율을 높이기 위해 경쟁기업의 가격을 기준으로 전략적으로 가격을 결정하는 방식이다.

경쟁기업가격 기준 방식	자사의 시장점유율, 이미지, 제품 경쟁력 등을 고려하여 판매이익보다는 경쟁기업의 가격을 기준으로 전략적으로 판매가격을 결정하는 방식
입찰경쟁 방식	거래처의 공급자 선정 시 입찰경쟁에서 경쟁자를 이기기 위하여 전략적으로 가격을 결정하는 방식

(3) 가격의 유형

① 시중가격(시장가격): 판매자와 구매자의 판단에 좌우되지 않고 시장에서 수요와 공급의 균형에 따라 가격을 결정하는 것이다. 가격이 수시로 변동하므로 가격동향을 판단하여 구입 시기를 결정함으로써 구매를 유리하게 할 수 있다.

📕 시기나 환경에 따라 수요 또는 공급의 변동이 심한 야채, 꽃, 어류, 철광, 견사 등

② **개정가격**: 가격 그 자체는 명확히 결정되어 있지는 않으나 업계의 특수성이나 지역성 등으로 일정한 범위의 가격이 정해져 있는 것으로, 판매자가 그 당시의 환경과 조건에 따라 가격을 결정한다.

  예 자동차 업계에서 모델 변경 전후의 판매가격 등

③ **정가가격**: 판매자가 자기의 판단으로 결정하는 가격이다.

  예 화장품, 약, 서적, 맥주 등과 같이 전국적으로 시장성을 가진 상품

④ **협정가격**: 판매자 다수가 서로 협의하여 일정한 기준에 따라 가격을 결정하는 것이다.

  예 일반적으로 공공요금 성격을 갖는 교통비, 이발료, 목욕료, 공정거래를 위해 설정된 각종 업계의 협정가격 등

⑤ **교섭가격**: 거래 당사자 간의 교섭을 통하여 결정되는 가격으로, 판매자와 구매자 모두 가격 결정에 영향을 준다. 거래품목, 거래조건, 기타 거래환경에 따라 가격 차이가 날 수 있으므로 교섭기술이 가격 결정에 크게 영향을 미친다.

  예 건축공사, 주문용 기계설비, 광고료 등

(4) 가격할인 방식

가격할인이란 상품의 가격을 인하하여 고객을 확보하고 판매를 증진시키기 위한 차별적 가격정책의 한 유형이다. 다양한 가격할인 방식을 이해하고 적절한 구매조건을 제시하여야 한다.

① **현금할인 방식**: 결제조건이 어음 지불이거나 연불(대금 지불일이 연기)일 경우 등에서 지불기일 이전에 대금을 현금 지불하는 거래처에게 대금의 일부를 차감해 주는 방식이다. 현금 지불 거래처를 우대하고 자본 회전율을 높이는 장점이 있다.

구분	내용
선일부 현금할인 (Advanced Dating)	거래일자를 늦추어 기입함으로써 대금 지불일자를 연기하여 현금할인의 기산일을 거래일보다 늦추어 잡는 방식 예 거래일이 3월 1일인 경우 거래일자를 3월 15일로 기입하여 늦추고 '3/10 Advanced'를 결제조건으로 하면 할인기산일인 3월 15일로부터 10일 이내, 즉 3월 25일까지 현금 지불이 되면 3%의 할인이 적용된다.
특인기간 현금할인 (Extra Dating)	할인판매 등의 특별기간 동안 현금할인기간을 추가로 적용하는 방식 예 '5/10 – 30 Days Extra'를 결제조건으로 하면 거래일로부터 10일 이내의 현금 지불에 대하여 5% 할인을 인정하며, 특별히 추가로 30일간 할인기간을 연장한다는 의미로서 거래일로부터 총 40일간 현금할인이 적용된다.
구매당월락 현금할인 (EOM; End-Of-Month Dating)	관습상 25일 이후의 구매는 익월에 행해진 것으로 간주되어, 구매당월은 할인기간에 산입하지 않고 익월부터 시작하는 방식 예 3월 27일 거래일의 결제조건이 '3/10 EOM'인 경우 익월인 4월 10일까지 현금 지불이 되면 3%의 할인이 적용된다.
수취일기준 현금할인 (ROG; Receipt-Of-Goods Dating)	할인기간의 시작일을 거래로 하지 않고 송장(Invoice)의 하수일 또는 선적화물 수취일을 기준으로 할인하는 방식으로, 무역거래 등의 원거리 수송이 필요할 때 구매거래처의 대금 지급일을 연기해 주는 효과가 있다. 예 '5/10 ROG'인 경우 선적화물 수취일로부터 10일 이내에 현금 지불이 되면 5%의 할인이 적용된다.
선불기일 현금할인 (Anticipation)	현금할인과 더불어 현금할인 만기일 이전에 선불되는 기일에 비례하여 이자율을 차감해 주는 방식 예 결제조건이 '3/30 Anticipation'이고 월 조달금리가 1%일 경우 30일 이내에 현금 지불 시 3%의 현금할인과 더불어 1%의 선불금할인을 적용한다. 6월 1일 계약 체결 후 6월 15일에 결제할 경우 선불기일에 비례하여 선불금할인이 0.5%가 되어 3%와 더불어 0.5%의 선불금할인을 적용하여 할인율은 3.5%가 된다.

② 수량할인 방식: 일정 거래량 이상의 대량구매자에 대한 할인 방식이다. 수량할인은 실질적인 판매가격할인 효과가 나타나게 되어 대량구매와 계속구매를 권장하는 효과가 나타날 수 있다.

- 비누적 수량할인과 누적 수량할인

비누적 수량할인	1회 구매량을 기준으로 기준 수량 이상을 일시에 구입할 때 적용하는 수량할인 예 2개 구매 시 1개를 무료로 주는 2 + 1 행사
누적 수량할인	일정 기간 동안 구매수량이 기준 수량 이상일 때 적용하는 수량할인 예 도장을 10개 모으면 커피 한 잔을 무료로 주는 행사

- 품목별 할인과 총합적 할인

품목별 할인	판매 과정에서 부피, 무게, 성질, 취급 방법 등의 특성 때문에 많은 비용이 발생할 때 판매비 절감 효과가 큰 특정 품목에 대한 수량할인
총합적 할인	판매비 절감 차이가 품목별로 구분하기 어려운 유사한 묻목으로 구성된 경우 적용하는 판매총량에 대한 수량할인

- 판매금액별 할인과 판매수량별 할인

판매금액별 할인 방식	판매금액에 따라 할인율을 다르게 적용하는 방식 예 100만원 미만은 3%, 100만원 ~ 300만원은 5%의 할인율 적용
판매수량별 할인 방식	판매수량의 단계별로 할인율을 다르게 적용하는 방식

3. 공급자 선정

구매 목적에 적합한 공급자를 선정하여 효율적인 구매를 하는 것은 매우 중요하다. 최적의 공급자는 가격·품질·납기·거래조건 등에서 구매자가 요구하는 기대수준 이상의 조건, 즉 낮은 가격, 낮은 불량률, 납기준수율, 결제조건, 기타 사후관리 등을 충족하는 공급자라고 할 수 있다.

(1) 평점 방식

공급자에 대한 여러 가지 평가 요소를 마련하고 각 평가 기준을 측정할 수 있는 평가 항목과 평가 기준이 포함된 평가표를 이용하여 평가 대상 기업들을 평가한 후 최고의 평가점수를 받은 기업을 공급자로 선정하는 방식이다. 이 방식은 다양한 평가 요소를 이용하여 기업을 평가하므로 종합적이고 객관적인 평가가 가능하다는 장점이 있다.

(2) 경쟁 방식

① 일반경쟁 방식: 구매 대상 물품의 규격, 시방서, 구매조건 등의 구매내용을 널리 공고하여 불특정 다수인의 입찰 희망자를 모두 경쟁입찰에 참여시켜 구매에 가장 유리한 조건을 제시한 공급자를 선정하는 방식이다. 참가기회를 확대하는 이점이 있으나, 부적격 업체의 응찰로 경쟁과열 등의 우려가 있다.

② 지명경쟁 방식: 구매담당자가 과거의 신용과 실적 등을 기준으로 공급자로서 일정한 자격을 갖추었다고 인정되는 다수의 특정한 경쟁 참가자에게 경쟁입찰에 참여하도록 하는 방식이다. 신용, 실적, 경영상태가 우량한 복수의 공급자를 지명하여 입찰에 참가시키므로 구매 계약 이행에 대한 신뢰성을 확보하고 구매 계약에 소요되는 비용과 절차를 간소화할 수 있다는 장점이 있으며, 특히 긴급구매에 적합하다. 또한 입찰 참가자를 지명할 때에는 공정성을 염두에 두고 신중히 지명하여야 한다.

③ 제한경쟁 방식: 입찰 참가자의 자격을 제한하지만 특정한 자격을 갖춘 모든 대상자를 입찰 참가자에 포함시키는 방식이다. 일반경쟁 방식과 지명경쟁 방식의 중간적 성격으로서 두 방식의 단점을 보완하고 경쟁의 장점을 유지시켜 구매 목적을 효과적으로 달성하기 위한 방법이다.

④ 수의 계약 방식: 경쟁입찰 방법에 따르지 않고 특정 기업을 공급자로 선정하여 구매 계약을 체결하는 방식으로 거래 당사자 간의 교섭을 통하여 구매가격이 결정된다. 구매 품목을 제조하는 공급자가 유일한 경우, 구매조건을 이행할 수 있는 능력을 갖춘 다른 공급업체가 없는 경우, 구매 금액이 소액인 경우, 경쟁입찰을 할 수 없는 특별한 상황인 경우 등의 특수한 경우에 적합하다.

장점	단점
• 신용이 확실하고 안정적인 공급자 선정 가능 • 절차가 간편하고 구매 계약 과정에서 발생하는 비용과 인원 절감 효과가 있음 • 공급 금액에 대하여 협의가 가능하므로 공급단가가 시중물가 급등의 영향을 적게 받음	• 공급자를 선정할 때 공정성을 잃기 쉽고 정실 계약이 될 수 있음 • 계약 과정에 대한 의심을 받기 쉬움 • 좋은 조건을 제시하는 다른 공급자를 선정할 기회 소멸 • 불합리한 가격으로 계약 체결 가능

4. 구매 계약

(1) 구매 계약의 개념

구매 계약은 매매 당사자 간에 매매의사를 합의함으로써 성립되는 법률적 행위를 말한다. 모든 구매에서 구매 계약을 반드시 해야 하는 것은 아니지만 장기간의 포괄적 거래내용을 정해야 할 필요가 있을 경우, 거래 금액이 많을 경우, 특별한 계약내용을 추가해야 하는 경우 등에는 계약의 근거를 확인하고 분쟁의 발생을 방지하기 위하여 매매 계약서를 작성하는 것이 바람직하다. 구매 계약 방법에는 일반경쟁, 지명경쟁, 제한경쟁, 수의 계약 등이 있다.

(2) 구매 계약의 성립

일반적으로 구매 계약은 구매 당사자가 구매 계약서를 교환하거나 계약서가 상대방에게 전달되면 성립된다. 또한 구매담당자의 구매 통지나 주문서 전달만으로도 상대방이 이를 승낙한다면, 계약이 성립된 것으로 법률에서 규정하고 있다. 구매 계약은 매매 당사자 간에 거래의사를 합의함으로써 성립되는 법률적 행위로, 구매 계약의 상대방에게 승낙 사실을 통보하고 상대방이 이를 접수하여 장부에 주문을 기입한 순간부터 구매 계약은 성립된다. 구매 승낙 후의 계약서 작성은 이미 성립한 계약내용을 문서화하는 형식적인 행위에 불과하지만, 향후 거래 과정에서 품질, 수량, 납기, 기타 거래조건에 대하여 문제가 발생할 가능성이 있을 경우에는 구매 계약서를 작성해 두는 것이 좋은 방법이다.

> **+ 구매 계약 시 '해제'와 '해지'**
>
> 구매 계약에 대한 '해제'는 기발생된 행위를 소급하여 무효로 하는 것을 말하며, '해지'는 미래에 대해서만 법률적 효력을 무효로 하는 것을 말한다.

(3) 계약조건

구매품목의 부피, 무게 또는 기타 특성으로 인하여 물품의 인도 장소나 하역·수송 방법이 구매원가를 크게 좌우하는 경우가 있으므로, 구매 계약 과정에서 세부적인 협의가 필요하다. 대금 지급 방법은 모든 거래에 있어서 가장 중요한 거래조건이므로, 현금할인 등의 거래조건을 잘 익혀서 적극적으로 검토하여야 한다.

① **구매 계약 시 계약 금액 결정 방법**: 구매 계약 시 계약 금액 총액 방식, 개별가격 방식, 희망수량가격 방식 등

② **계약수량 결정 방법**

확정수량 방식	계약 체결 전에 예정수량을 미리 결정하고 계약을 체결하는 통상적인 방법
개산수량 방식	수량을 개략적으로 계산하는 방식으로 계약수량보다 물품수량이 약간의 과부족이 있어도 인수 가능

③ **계약조건에 포함되는 내용**: 대금 지급 방법, 가격인하 또는 할인내용, 선급금 또는 전도금, 물품 인도 장소, 하역·수송 방법, 품질 등

기출&확인 문제

01 [1급 | 2021년 5회]

다음 중 구매관리의 목적(5R)에 해당하지 <u>않는</u> 것은?

① 적절한 구매처의 선정(Right Vendor)
② 적절한 경로로부터의 구매(Right Path)
③ 적절한 수량의 파악(Right Quantity)
④ 적절한 가격의 구매(Right Price)

해설

구매관리 업무의 목적(5R)은 적절한 품질의 물품 구매(Right Quality), 적절한 수량의 파악(Right Quantity), 적절한 시기의 구매(Right Time), 적절한 가격의 구매(Right Price), 적절한 구매처의 선정(Right Vendor or Supplier)이다.

02 [1급 | 2022년 3회]

현대적 시각에서 바라보는 구매관리 기능과 가장 거리가 <u>먼</u> 것은?

① 비용관리센터
② 총원가에 집중
③ 사전계획적인 업무
④ 장기간의 전략적 구매 중시

해설

- 전통적 시각: 단기간의 성과 중시, 획득비용(가격) 중심, 비용관리센터, 요청에 지원하는 업무
- 현대적 시각: 장기간의 전략적 구매 중시, 총원가에 집중, 이익관리센터, 사전계획적인 업무

03 [2급 | 2021년 4회]

다음의 구매관리 영역과 기능의 구분 중에서 구매분석에 대한 기능으로 적절한 것은?

① 구매방침 설정
② 시장조사
③ 구매활동 감사
④ 규격 및 검사관리

해설

- 구매전략: 구매방침 설정, 구매계획 수립, 구매방법 결정
- 구매실무: 시장조사 및 원가 분석, 구매가격 결정, 공급자 선정 및 평가, 계약 및 납기관리, 규격 및 검사관리
- 구매분석: 구매활동의 성과 평가, 구매활동의 감사

04 [2급 | 2022년 1회]

구매방침 중 원가 절감 측면에서 자체생산보다 외주생산이 더 유리한 경우로 옳지 <u>않은</u> 것은 무엇인가?

① 다품종 소량생산인 경우
② 기술진부화가 예측되는 경우
③ 생산제품의 모델 변경이 잦은 경우
④ 제조시설에 대한 고정비용이 낮은 경우

해설

제조시설에 대한 고정비용이 한계수입보다 낮은 경우에는 외주생산보다 자체생산이 유리하다.

05 [1급 | 2022년 2회]

효율적인 구매목적 달성을 위한 자체생산과 구매(외주) 결정을 할 때, 고려해야 하는 측면으로 옳지 <u>않은</u> 것은?

① 기술권리 측면
② 생산능력 측면
③ 원가 절감 측면
④ 영업능력 측면

해설

자체생산과 구매(외주) 결정을 할 때 고려해야 하는 측면은 기술권리 측면, 제조기술 측면, 원가 절감 측면, 생산능력 측면이다.

06 [2급 | 2021년 1회]

다음 중 구매방침에 있어 본사 집중구매의 장점으로 가장 옳지 <u>않은</u> 것은?

① 구매비용이 줄어든다.
② 구매절차를 통일하기 용이하다.
③ 지역구매가 많으므로 수송비가 절감된다.
④ 구매가격 조사, 공급자 조사, 구매 효과 측정 등이 수월해진다.

해설

지역구매가 많아 수송비가 절감되고, 해당 지역과 호의적인 관계 유지가 가능한 것은 사업장별 분산구매의 특징이다.

| 정답 |　01 ②　　02 ①　　03 ③　　04 ④　　05 ④　　06 ③

07 [2급 | 2021년 6회]

다음 중 본사 집중구매보다는 사업장별 분산구매가 더 유리한 품목으로 옳은 것은?

① 대량구매품목
② 지역성 품목
③ 고가품목
④ 공통 또는 표준품목

해설

- 본사 집중구매가 유리한 품목: 대량구매품목, 고가품목, 공통품목 또는 표준품목 등
- 사업장별 분산구매가 유리한 품목: 지역성 품목, 소량구매품목 등

08 [1급 | 2021년 5회]

다음은 일반적인 구매절차를 나타낸 것이다. (　　)에 들어갈 순서를 옳게 나열한 것은?

> 구매청구 → 공급자 파악 → (　　) → (　　) → (　　) →
> (　　) → (　　) → 검수 및 입고 → 구매결과 내부 통보 →
> 구매대금 결제

① 견적, 내부검토 및 승인, 계약, 발주서, 물품 납입
② 견적, 발주서, 계약, 내부검토 및 승인, 물품 납입
③ 계약, 발주서, 내부검토 및 승인, 물품 납입, 견적
④ 내부검토 및 승인, 견적, 계약, 발주서, 물품 납입

해설

구매절차는 '구매청구 → 공급자 파악 → (견적) → (내부검토 및 승인) → (계약) → (발주서) → (물품 납입) → 검수 및 입고 → 구매결과 내부 통보 → 구매대금 결제' 순이다.

09 [2급 | 2021년 5회]

다음 중 구매시기와 구매목적 등에 따라 구분되는 구매방법의 특징을 설명한 것으로 가장 옳지 <u>않은</u> 것은?

① 시장구매는 구매청구가 있을 때마다 구매하여 공급하는 방식이다.
② 투기구매는 가격이 인상(인플레이션)될 것을 대비하여 가격이 저렴할 때 구매하는 방법으로 최고 경영자의 지시로 이루어지는 것이 보통이다.
③ 일괄구매는 소모용품 등과 같이 사용량은 적으나 여러 종류로 품종이 많은 경우에 공급처를 선정하여 일괄적으로 구매하는 데 적합하다.
④ 예측구매는 시장 상황이 유리할 때 구매하는 방법으로, 생산시기가 일정한 품목이나 상비 저장품목 등에 적합하다.

해설

- 시장구매: 미래 수요를 고려하여 시장 상황이 유리할 때 일정한 양을 미리 구매하여 재고로 보유하였다가 생산계획이나 구매청구에 따라 공급하는 방식
- 수시구매: 구매청구가 있을 때마다 구매하여 공급하는 방식

10 [1급 | 2021년 3회]

다음은 구매방법에 따른 적합한 품목을 설명한 것이다. 다음 중 설명 내용이 가장 적절한 것은?

① 시장구매 – 계절품목 등과 같이 일시적인 수요품목에 적합
② 장기계약구매 – 자재의 안정적인 확보가 필요한 품목에 적합
③ 수시구매 – 다품종의 품목을 한꺼번에 구매하고자 할 때 적합
④ 일괄구매 – 항상 비축이 필요한 상비 저장품목 등에 적합

해설

① 수시구매: 계절품목 등과 같이 일시적인 수요품목에 적합
③ 일괄구매: 다품종의 품목을 한꺼번에 구매하고자 할 때 적합
④ 시장구매: 항상 비축이 필요한 상비 저장품목 등에 적합

11 [2급 | 2022년 1회]

구마 시장조사의 개념에 대한 설명으로 가장 옳지 <u>않은</u> 것은?

① 시장조사는 구매시장의 정보를 수집하고 분석하는 과정이다.
② 시장조사는 공급자 선정 및 구매 계약 과정에서 주도적인 협상과 적극적인 구매활동을 가능하게 하는 매우 중요한 기능이다.
③ 시장조사는 구매가격, 품질, 조달기간, 구매수량, 공급자, 지불조건 등을 결정하기 위한 정보를 수집하여 합리적 구매계획을 수립하도록 하는 목적을 갖는다.
④ 시장조사 방법 중에서 직접조사 방법은 신문사, 협회·조합·정부기관 등에서 발간되는 간행물을 이용하여 가격의 시세와 변동 등을 직접 파악하는 것이다.

해설

- 직접조사: 해당 기업이나 판매시장에서 각종 자재의 시세와 변동 등을 직접 조사
- 간접조사: 신문, 관련 잡지, 기타 협회·조합·정부기관에서 발간하는 간행물을 이용하여 조사

12 [2급 | 2021년 2회]

[보기]는 원가 구성 관련 정보이다. 다음 중 [보기]에 주어진 정보를 토대로 산출한 원가로 가장 옳지 <u>않은</u> 것은?

① 직접원가는 9,000원이다.
② 제조원가는 13,000원이다.
③ 총원가는 15,000원이다.
④ 매출가(판매가)는 18,000원이다.

해설

① 직접원가: 직접재료비 4,000원 + 직접노무비 3,000원 + 직접(제조)경비 2,000원 = 9,000원
② 제조원가: 직접원가 9,000원 + 제조간접비 4,000원 = 13,000원
③ 총원가(판매원가): 제조원가 13,000원 + 판매 및 일반관리비 3,000원 = 16,000원
④ 매출가(판매가격): 총원가(판매원가) 16,000원 + 이익 2,000원 = 18,000원

13 [1급 | 2022년 3회]

[보기]는 제조원가의 산출을 위한 원가 요소들의 관계를 나타낸다. 다음 (   )에 공통적으로 들어갈 원가유형의 용어를 예와 같이 한글로 기입하시오(예 물류).

(답: 원가)

해설

• 직접원가 = 직접재료비 + 직접노무비 + 직접경비
• 제조원가 = 직접원가 + 제조간접비

14 [2급 | 2022년 2회]

구매품목에 대한 구매원가의 활용 용도로 가장 옳지 <u>않은</u> 것은?

① 구매예산 편성
② 매출원가 산정
③ 판매이익 계산
④ 상품 회전율 판단

해설

구매원가 분석은 시장가격의 적정성을 판단하고 적정한 구매가격을 결정한다. 또한 구매원가는 구매예산 편성, 매출원가 산정, 판매이익 계산, 재무제표 작성 등에 중요한 영향을 미친다.

15 [1급 | 2022년 1회]

다음 [보기]에서 설명하는 원가분류의 유형은 무엇인가? (   )에 적절한 한글 용어를 예와 같이 직접 기입하시오(예 구매).

(답: 원가)

해설

공급자가 입찰가 또는 견적가를 제시할 경우 기초로 사용되는 원가는 예정원가이다.

16 [1급 | 2022년 1회]

다음 중 비용 중심적 가격 결정 방식의 유형에 대한 설명으로 가장 적절하지 <u>않은</u> 것은?

① 제품원가에 판매관리비와 목표이익을 가산하여 가격 결정
② 소비자의 제품에 대한 평가나 수요를 바탕으로 가격 결정
③ 기업이 목표하는 투자수익률을 달성할 수 있도록 가격 결정
④ 제품 단위당 매출원가에 적정이익이 가능한 가산이익률을 곱하여 가격 결정

해설

②는 지각가치 기준 방식으로 구매자 중심적 가격 결정 방식이다.
①은 코스트플러스(비용 가산) 방식, ③은 목표투자이익률 방식, ④는 가산이익률 방식에 대한 설명으로 비용 중심적 가격 결정 방식이다.

17 [1급 | 2021년 3회]

강의용 화이트보드를 생산하는 S사의 총고정비가 2,000만원, 단위당 변동비가 5만원이다. S사가 1,000개의 화이트보드를 판매하여 4,000만원의 이익을 목표로 한다면, 코스트플러스 방식에 의한 화이트보드 1개의 가격을 얼마로 책정해야 하는가? (단위: 원)

(답: 원)

해설

• 화이트보드의 판매가격 = 변동비 + 고정비 + 이익
• 1개의 가격 × 1,000개 = (5만원 × 1,000개) + 2,000만원 + 4,000만원 = 11,000만원
∴ 화이트보드 1개의 가격 = 110,000원

| 정답 | 12 ③   13 직접   14 ④   15 예정   16 ②   17 110,000

18 [2급 | 2021년 5회]

생산비용보다는 소비자의 제품에 대한 평가나 소비자들의 수요를 바탕으로 가격을 결정하는 방식과 가장 관련이 있는 것으로 옳은 것은?

① 목표투자이익률 방식
② 지각가치 기준 방식
③ 코스트플러스 방식
④ 손익분기점 분석 방식

해설

생산비용보다는 소비자의 제품에 대한 평가나 소비자들의 수요를 바탕으로 가격을 결정하는 방식인 구매자 중심적 가격 결정 방식에는 구매가격 예측 방식과 지각가치 기준 방식이 있다. ①, ③, ④는 비용 중심적 가격 결정 방식에 해당한다.

19 [2급 | 2022년 2회]

경쟁기업의 가격을 기준으로 자사의 제품가격을 결정하는 경우에 고려할 요소로 적절하지 <u>않은</u> 것은?

① 기업 이미지
② 제품 경쟁력
③ 투자이익률
④ 시장점유율

해설

경쟁기업 가격 기준 방식은 자사의 시장점유율, 기업 이미지, 제품 경쟁력 등을 고려하여 판매이익보다는 경쟁기업의 가격을 기준으로 전략적으로 판매가격을 결정하는 방식이다.

20 [1급 | 2021년 6회]

구매부 김과장은 퇴근길에 동네 횟집과 화원에서 광어회와 장미꽃을 샀다. 다음 중 김과장이 구매한 광어회, 장미꽃의 가격 유형으로 가장 적절한 것은 무엇인가?

① 시중가격
② 교섭가격
③ 협정가격
④ 개정가격

해설

시가나 환경에 따라 수요 또는 공급의 변동이 심한 야채, 꽃, 어류, 철광, 견사 등은 시중가격이 적절하다.

21 [1급 | 2021년 4회]

다음 [보기]는 가격 유형에 대한 설명이다. (　　　)에 적절한 한글 용어를 기입하시오.

> **보기**
>
> (　　　)가격이란 가격이 명확히 결정되어 있지는 않으나, 업계의 특수성이나 지역성 등으로 자연히 일정한 범위로 정해지는 가격으로 자동차 업계의 모델 변경 전 판매가격 등이 대표적인 예이다.

(답: 　　　가격)

해설

업계의 특수성이나 지역성 등으로 일정한 범위의 가격이 자연스럽게 정해지는 가격은 개정가격이다.

22 [1급 | 2025년 5회]

[보기]의 상황에 해당하는 가격 유형으로 가장 적절한 것은?

> **보기**
>
> 한 아파트 단지 입주자 대표회의가 노후 시설 개선을 위해 리모델링 공사를 추진하고 있다. 입주자 대표회의는 여러 건설사와 협의하고 절충하여 건설사를 선정하고 거래 당사자와 공사 범위, 자재 품질, 공사 기간 등을 토대로 최종 공사 비용을 확정했다.

① 정가가격
② 교섭가격
③ 시중가격
④ 협정가격

해설

거래 당사자 간의 교섭을 통하여 결정되는 가격으로 판매자와 구매자 모두 가격 결정에 영향을 주는 가격 유형은 교섭가격이다.

23 [2급 | 2022년 1회]

가격할인 방식 중에서 현금할인 방식에 대한 설명으로 옳지 <u>않은</u> 것은?

① 지불기일 이전에 판매대금을 현금 지불하는 경우 적용하는 방식임
② 할인폭은 이자, 수금비용 등에 해당하는 금액임
③ 자본 회전율을 낮출 수 있음
④ 현금 지불 거래처를 우대하는 효과가 있음

해설

현금할인 방식은 현금 지불 거래처를 우대하고 자본 회전율을 높이는 장점이 있다.

| 정답 | 18 ② | 19 ③ | 20 ① | 21 개정 | 22 ② | 23 ③ |

24 [2급 | 2021년 2회]

수취일 기준 현금할인에 대한 설명으로 옳지 **않은** 것은?

① 할인기간의 시작일을 거래일로 하지 않음
② 송장의 하수일을 기준으로 할인함
③ 원거리 수송 시 구매 거래처의 대금 지급일을 연기해주는 효과
   가 있음
④ 10/5 ROG인 경우 2%의 현금할인이 적용되는 방식임

해설

10/5 ROG는 선적화물 수취일로부터 5일 이내에 현금 지불이 되면 10%의 할인이 적용되는 방식이다.

25 [2급 | 2021년 3회]

거래일이 5월 27일로 결제조건이 '3/8 EOM'으로 표시되는 경우, 현금할인을 적용받을 수 있는 현금 지급일 기한으로 옳은 것은 무엇인가?

① 5월 30일
② 6월 3일
③ 6월 5일
④ 6월 8일

해설

EOM은 관습상 25일 이후의 구매는 익월에 행해진 것으로 간주되는 것으로, 거래일이 5월 27일로 결제조건이 '3/8 EOM'이라면 익월인 6월 8일까지 현금 지불이 되면 3%의 할인이 적용되는 것이다.

26 [1급 | 2022년 4회]

[보기]는 특인기간 현금할인(Extra Dating)에 대한 내용이다.
(A), (B), (C)에 해당하는 숫자를 A, B, C 순서대로 입력하시오.

> **보기**
>
> • 결제조건: '(A)/(B) − (C)Days Extra'
> • 설명: 거래일로부터 10일 이내의 현금 지불에 대하여 4% 할인
>   을 인정하며, 추가로 30일간 할인기간을 연장한다. (거래일로부
>   터 총 40일간 현금할인이 적용됨)

(답: ,   ,   )

해설

4/10 − 30 Days Extra: 거래일로부터 10일 이내의 현금 지불에 대하여 4% 할인을 인정하며, 추가로 30일간 할인기간을 연장한다. 따라서 거래일로부터 총 40일간 현금할인이 적용된다.

27 [1급 | 2022년 1회]

(주)P법인은 거래처와 계약 체결에 앞서 자사에 유리한 결제조건을 검토 중이다. [보기]에 주어진 정보를 토대로, 10월 12일에 대금을 현금 지불할 경우, A ~ D의 결제조건 중에서 가장 결제 금액이 적은 조건과 해당 조건에 의한 결제 금액은?

> **보기**
>
> • 계약내용
>   − 계약 금액: 10억원
>   − 계약 체결일: 9월 29일
>   − 선적화물 수취일: 10월 2일
>   − 선일부 현금할인기산일: 10월 3일
> • 결제조건
>   − A. 10/7 ROG   − B. 10/7 EOM
>   − C. 10/7 Advanced   − D. 10/7−10 Days Extra

① A조건, 9억 7천만원
② B조건, 9억 3천만원
③ C조건, 9억원
④ D조건, 9억원

해설

• A. 10/7 ROG: 선적화물 수취일 10월 2일로부터 7일 이내인 10월 9일까지 현금 지불이 되면 10%의 할인이 적용되며, 10월 12일에는 현금할인이 적용되지 않아 10억원을 결제한다.
• B. 10/7 EOM: 계약 체결일 9월 29일의 익월인 10월 7일까지 현금 지불이 되면 10%의 할인이 적용되며, 10월 12일에는 현금할인이 적용되지 않아 10억원을 결제한다.
• C. 10/7 Advanced: 할인기산일인 10월 3일로부터 7일 이내, 즉 10월 10일까지 현금 지불이 되면 10%의 할인이 적용되며, 10월 12일에는 현금할인이 적용되지 않아 10억원을 결제한다.
• D. 10/7−10 Days Extra: 계약 체결일인 9월 29일로부터 7일 이내의 현금 지불에 대하여 10% 할인을 인정하며, 특별히 추가로 10일간 할인기간을 연장하여 거래일로부터 총 17일간 현금할인이 적용된다. 따라서 10월 16일까지 할인이 적용되어 10월 12일에 10억원의 10%인 1억원이 할인되어 9억원을 결제한다.
∴ 10월 12일의 결제 금액이 가장 적은 조건은 D이며, 금액은 9억원이다.

28 [1급 | 2022년 1회]

다음의 공급자를 선정하는 방법 중에서 객관적인 평가 기준을 이용하여 공급기업을 비교하여 선정하는 방식은 무엇인가?

① 수의 계약 방식
② 지명경쟁 방식
③ 평점 방식
④ 제한경쟁 방식

해설

다양한 평가 요소를 이용하여 기업을 평가하므로 종합적이고 객관적인 평가가 가능한 공급자 선정 방식은 평점 방식이다.

| 정답 | 24 ④   25 ④   26 4, 10, 30   27 ④   28 ③

29 [1급 | 2022년 3회]

[보기]는 공급자 선정 방식에 대한 설명이다. 괄호 안에 들어갈 용어로 가장 적절한 것은?

> **보기**
> - (A) 방식이란 "입찰 참가자의 자격을 정하여, 일정 자격을 갖춘 모든 대상자를 입찰 참가자에 포함시키는 방법"을 말한다.
> - (B.) 방식이란 "불특정 다수를 입찰에 참여시켜 가장 유리한 조건을 제시한 공급자를 선정하는 방법"을 말한다.

	A	B
①	지명경쟁	제한경쟁
②	지명경쟁	일반경쟁
③	일반경쟁	제한경쟁
④	제한경쟁	일반경쟁

해설

- A. 제한경쟁 방식: 입찰 참가자의 자격을 제한하지만 특정한 자격을 갖춘 모든 대상자를 입찰 참가자에 포함시키는 방식
- B. 일반경쟁 방식: 구매 대상 물품의 규격, 시방서, 구매조건 등의 구매내용을 널리 공고하여 불특정 다수인의 입찰 희망자를 모두 경쟁입찰에 참여시켜 구매에 가장 유리한 조건을 제시한 공급자를 선정하는 방식

30 [1급 | 2021년 4회]

다음 [보기]의 설명은 공급업체를 선정하기 위한 계약 체결 방법 중의 하나이다. (㉠) 안에 들어갈 단어는 무엇인가? (정답은 한 단어의 한글로 작성할 것)

> **보기**
> (㉠)경쟁 방식이란 "구매담당자가 과거의 신용과 실적 등을 기준으로 공급자로써 일정한 자격을 갖추었다고 인정되는 다수의 특정한 경쟁 참가자에게 경쟁입찰에 참여하도록 하는 방법"을 말한다.

(답: 경쟁)

해설

지명경쟁 방식은 구매 계약 이행에 대한 신뢰성을 확보하고 구매 계약에 소요되는 비용과 절차를 간소화할 수 있다.

31 [2급 | 2021년 6회]

다음 중 공급업체 선정 방법 중에서 수의 계약 방식이 적용되는 경우로 가장 옳지 <u>않은</u> 것은?

① 구매금액이 소액인 경우
② 구매품목을 제조하는 공급자가 유일한 경우
③ 구매조건을 이행할 수 있는 능력을 갖춘 공급업체가 다수일 경우
④ 경쟁입찰을 할 수 없는 특별한 상황 등의 특수한 사정이 있는 경우

해설

수의 계약 방식은 구매품목을 제조하는 공급자가 유일한 경우, 구매조건을 이행할 수 있는 능력을 갖춘 다른 공급업체가 없는 경우, 구매금액이 소액인 경우, 경쟁입찰을 할 수 없는 특별한 상황인 경우 등의 특수한 경우에 적합하다.

32 [1급 | 2021년 4회]

공급자 선정 시 수의 계약 방식의 장점과 거리가 먼 것은?

① 신용이 확실하고 안정적인 공급자를 선정할 수 있다.
② 구매 계약 과정에서 발생하는 비용과 인원 절감이 가능하다.
③ 협의에 의한 공급가격 결정에 따라 시중물가 급등에 크게 영향을 받지 않는다.
④ 항상 최적의 조건을 제시하는 공급자를 선정하는 결과를 갖는다.

해설

수의 계약 방식은 좋은 조건을 제시하는 다른 공급자를 선정할 기회가 소멸되는 단점이 있다.

33 [2급 | 2021년 3회]

구매 계약에 대한 설명으로 옳지 <u>않은</u> 것은?

① 구매할 물건에 대한 거래의사를 합의함으로 성립하는 법률행위임
② 구매승낙 후에 계약서 작성일로부터 유효함
③ 구매 계약의 해제는 기 발생된 행위를 소급하여 무효로 함을 의미
④ 계약 방법은 경쟁입찰과 수의 계약으로 구분함

해설

일반적으로 구매 계약은 구매 계약의 상대방에게 승낙 사실을 통보하고 상대방이 이를 접수하여 장부에 주문을 기입한 순간부터 성립된다.

34 [2급 | 2021년 4회]

구매 계약 시 대표적인 구매거래조건에 포함될 사항으로 가장 옳지 <u>않은</u> 것은?

① 대금 지급 방법
② 선급금 또는 전도금
③ 거래 물품의 시장가격
④ 가격인하 또는 할인내용

해설

구매거래조건(계약조건)에 포함되는 내용은 대금 지급 방법, 가격인하 또는 할인내용, 선급금 또는 전도금, 물품 인도 장소, 하역·수송 방법 등이 있다.

| 정답 | 29 ④ | 30 지명 | 31 ③ | 32 ④ | 33 ② | 34 ③ |

무역관리  1급에만 해당

1 무역

1. 무역의 개념과 비교우위

(1) 무역의 개념

무역은 흔히 국가 간의 거래를 의미하며 상품이나 서비스뿐만 아니라 자본이나 기술, 용역의 이동을 포함하는 활동이다. 비교우위 상품을 국가 간에 거래할 경우 상호 이익이 발생하며 이것이 무역 발생의 근본적인 이유이다. 어떤 국가에서 비교우위 상품을 생산한다면 생산국에서는 그 상품을 다른 국가에 판매하는 것이 이익을 얻을 수 있는 방법이며, 반대로 다른 국가에서는 그 상품을 자체생산하는 것보다 저렴하게 좋은 품질의 상품을 구입할 수 있을 것이다.

(2) 비교우위

한 나라에서 어떤 재화를 생산하기 위하여 투입한 기회비용이 다른 나라의 기회비용보다 더 낮을 경우 비교우위를 갖는다. 이를 적용하여 한 국가에서 모든 상품을 생산하기보다는 다른 국가에 비하여 상대적으로 유리한 상품을 생산하여 상호 교역하는 것이 바람직하다. 실제 무역은 비교우위론에 기반하여 결정되는 경우가 더 많다.

(3) 절대우위

동일한 양의 생산요소를 투입할 때 한 나라가 다른 나라보다 어떤 재화를 더 많이 생산할 경우 절대우위를 갖는다.

2. 무역의 유형

(1) 거래에 따른 분류

거래 주체	담당 주체	민간무역, 공무역
	국가의 간섭 정도	자유무역, 보호무역, 관리무역, 협정무역
	당사국의 관계	남북무역, 동서무역
거래 대상	상품의 형태	유형무역, 무형무역
	상품의 생산 단계	수평무역, 수직무역
	기타의 특수 형태	기술수출, 해외건설수출, 산업설비수출, OEM방식수출, 녹다운방식수출, 각서무역, 국제전자상거래
거래 방향 및 방법	상품의 방향	수출무역, 수입무역
	상품의 매매 형태	직접무역, 간접무역, 중계무역, 통과무역, 중개무역, 스위치무역
	상품의 균형 및 연계	구상무역, 삼각무역, 연계무역
	가공 및 판매 방식	일반가공무역, 수(위)탁가공무역, 수(위)탁판매무역
	수송경로	육상무역, 해상무역, 연안무역

거래 수단	서류 중심의 무역거래	서류무역
	전자무역거래	EDI에 의한 무역
		인터넷을 이용한 사이버 무역

(2) 상품의 매매형태에 따른 무역의 분류

중계무역	화물이 제3국에 도착한 후 원형 그대로나 약간의 가공만을 거쳐 수입국가에서 재수출함으로써 소유권을 이전시키는 형태
통과무역	수출국에서 수입국에 수출물품이 직접 인도하지 않고, 제3국을 통과하여 수입국가에 인도되는 경우를 제3국의 입장에서 본 무역거래 형태
중개무역	수출국과 수입국 사이의 무역거래에 제3국의 무역업자가 개입하여 중개인은 수출국 또는 수입국 상인으로부터 거래의 알선 및 중개에 따른 중개수수료를 받는 형태
스위치무역	매매계약은 수출국과 수입국 사이에 체결되고 화물도 수출국에서 수입국으로 직행하지만, 대금결제는 제3국의 무역업자가 개입하여 제3국의 결제통화나 계정을 이용하는 무역거래 형태

(3) 국가의 간섭 정도에 따른 분류

자유무역	국가가 무역업체 수출입 등 무역행위에 아무런 간섭을 하지 않고 무역업체의 자유에 맡겨 국가의 관리나 통제가 없는 무역
보호무역	국가가 외국과의 경쟁에서 자국의 산업을 보호할 목적으로 관세 등의 여러 수단으로 보호하는 무역
관리무역	국내 경제 향상, 정치적 목적, 군사적 목적 등을 위해 실시하는 무역으로 국가에 의해 직접 관리나 통제되는 무역
협정무역	두 국가나 다국가 간에 무역협정을 체결하고 그 조항에 따라 거래되는 무역

3. 무역에 관한 국제규범

(1) 무역관계 국제규칙

국제무역의 기본법이며 가장 중요하고 기본적인 규칙이다.

① 국제상업회의소(ICC)의 '화환신용장에 관한 통일규칙 및 관례(Uniform Customs and Practice for Documentary Credits, UCP 600: 1993년 제정, 2006년 개정)'

② 'INCOTERMS 2020(무역거래조건의 해석에 관한 국제규칙, International Rules for the Interpretation of Trade Terms, 2020: 1936년 제정, 2020년 개정)'

③ 국제상업회의소가 제정한 중요한 국제규칙 '추심통일규칙(Uniform Rules for Collections, 1995: 1956년 제정, 1995년 개정)'

④ 국제상업회의소와 국제연합무역개발회의(UNCTAD)가 공동으로 제정한 '복합운송증권에 관한 UNCTAD/ICC규칙(UNCTAD/ICC Rules for Multimodal Transport Documents, 1992: 1975년 제정)'

(2) 운송조약

해상 운송에 사용되는 선하증권의 국제적 통일조약이다.

① Hague Rule 1924(International Convention for the Unification of Certain Rules of Law Relating to Bins of Lading: 선하증권에 관한 약간의 규칙의 통일을 위한 국제조약)

② Hague −Visby Rules 1968(Protocol to amend the International Convention for the Unification of Certain Rules of Law Relating to Bins of Lading: 1924년 선하증권 통일조약을 개정하기 위한 의정서)

③ Hamburg Rules 1978(United Nations Convention on the Carriage of Goods by Sea: 1978년 해상물건운송에 관한 국제연합조약)

> **해상운송협약 발전 순서**
> 선하증권법→헤이그규칙→헤이그·비스비규칙→함부르크규칙→로테르담규칙

(3) 국제항공에 있어서 사법관계를 규정한 조약

Warsaw Convention 1955(The Warsaw Convention as amended as the Hague Rules, 1955: 1955년에 Hague에서 개정한 바르샤바조약)

(4) 보험약관

해상보험에 관한 국제법규는 없으며 세계 각국이 대부분 영국의 런던보험업자협회(ILU; Institute of London Underwriters)가 제정하고 개정한 협회적하약관(ICC; Institute Cargo Clauses)과 1982년에 개정한 ICC(A)(B)(C) 약관을 사용하고 있다. 사실상 영국해 상보험(MIA; Marine Insurance Act)이 국제적 해상보험법의 역할을 하고 있다.

> **협회적하약관(ICC: Institute Cargo Clauses)**
>
> - 보험조건의 확인을 위하여 해상보험증권에 보험약관이 포함되어야 한다.
> - 런던보험업자협회(ILU)에서 제정한 화물해상보험 특별약관이다.
> - 해상 운송 과정에서 사고가 발생한 경우, 보상책임 범위에 대한 약관이다.
> - 1981년에 새로 제정된 협회적하약관은 ICC(A), ICC(B), ICC(C) 등으로 구분되어 있다. 이 중 담보하는 위험의 범위가 가장 넓은 조건은 ICC(A)이다.

4. 무역에 관한 국내 법률

(1) 대외무역법

대외무역법은 우리나라의 대외무역거래 전반을 관리·조정하기 위한 일반 법이자 기본 법이다. 대외무역을 진흥하고 공정한 거래 질서를 확립하여 국제수지의 균형과 통상의 확대를 도모함으로써 국민 경제를 발전시키는 데 이바지함을 목적으로 한다. 무역업 및 무역대리업 등의 주체에 대한 관리, 수출입공고, 통합공고, 전략물자수출입공고 등의 대상에 대한 관리, 수출입승인제도 산업피해조사, 무역분쟁의 해결 등의 행위에 대한 관리, 수출입 질서유지, 벌칙 등의 행정관리로 구성되어 있다.

> **대외무역법 제11조(수출입의 제한 등)**
>
> 산업통상자원부장관은 다음 각 호의 어느 하나에 해당하는 이행 등을 위하여 필요하다고 인정하여 지정·고시하는 물품 등의 수출 또는 수입을 제한하거나 금지할 수 있다.
> 1. 헌법에 따라 체결·공포된 조약과 일반적으로 승인된 국제법규에 따른 의무의 이행
> 2. 생물자원의 보호
> 3. 교역상대국과의 경제협력 증진
> 4. 국방상 원활한 물자 수급
> 5. 과학기술의 발전
> 6. 그 밖에 통상·산업정책에 필요한 사항으로서 대통령령으로 정하는 사항

(2) 외국환거래법

외국환거래법은 외국환거래체계에 관한 기본 법규이며 수출입 과정에서 자본의 흐름에 대해 규정한 법이다. 외국환거래의 자유를 보장하고 시장기능을 활성화하여 국제수지의 균형과 통화가치의 안정을 위해 제정한 법률로, 외국환과 그의 거래를 합리적으로 조정하고 관리함으로써 원활한 국제거래와 국제수지의 균형 및 통화 가치의 안정을 도모하기 위해 제정되었다. 외국환거래법, 외국환거래법 시행령, 외국환거래규정 등으로 구성되어 있으며 주요 내용으로는 환율 및 지정통화, 결제 방법의 제한, 현지 금융 및 해외직접투자에 대한 제한 등이 있다.

> **무역거래에서의 원산지 표시 규정**
> 무역거래에 있어 원산지를 표시하는 규정은 대외무역법을 적용함
> 예 Made in Korea

> **대외무역법 제2조(정의)**
> 무역거래자란 수출 또는 수입을 하는 자, 외국의 수입자 또는 수출자에게서 위임을 받은 자 및 수출과 수입을 위임하는 자 등 물품 등의 수출행위와 수입행위의 전부 또는 일부를 위임하거나 행하는 자를 말함

(3) 관세법

관세법은 관세의 부과와 징수, 적정한 수출입물품의 통관으로 관세 스입을 확보하여 국민경제의 발전에 이바지하고자 정한 법으로 수출입물품의 통관에 따른 관련 세금의 부과와 징수요건 및 절차 등을 규정한 법이다. 관세법, 관세법 시행령, 관세법 시행규칙, 관세청 고시 및 훈령으로 구성되어 있으며 주요 내용으로는 과세와 징수, 국제관세협력, 보세구역, 통관에 대한 규정 등이 있다.

➕ 관세법 제2조(정의)

외국물품	• 외국으로부터 우리나라에 도착한 물품으로서 수입신고가 수리되기 전의 것 • 수출신고가 수리된 물품
내국물품	• 우리나라에 있는 물품으로서 외국물품이 아닌 것 • 우리나라의 선박 등이 공해에서 채집하거나 포획한 수산물 등 • 입항 전 수입신고가 수리된 물품 • 수입신고 수리 전 반출승인을 받아 반출된 물품 • 수입신고 전 즉시반출신고를 하고 반출된 물품
통관	관세법에 따른 절차에 이행하여 물품을 수출·수입 또는 반송하는 것
탁송품	상업서류, 견본품, 자가사용물품, 그 밖에 이와 유사한 물품으로서 국제무역선·국제무역기 또는 국경출입차량을 이용한 물품의 송달을 업으로 하는 재물품을 휴대하여 반출입하는 것을 업으로 하는 자는 제외한다)에게 위탁하여 우리나라에 반입하거나 외국으로 반출하는 물품

(4) 기타 법규

전자거래기본법, 수출보험법, 수출검사법, 농수산물 수출진흥법, 관세 환급에 관한 특례법, 군납에 관한 법률, 수출지원금융에 관한 제정, 수출산업공업단지개발조성법, 수출자유지역설치법 등

5. 무역 관련 기관

① 무역업 및 무역대리점 신고기관: 한국무역협회(KITA; Korea International Trade Association)
② 수출입 추천기관: 주무관서장 또는 조합의 추천
③ 수출입관계 금융기관: 갑종 외국환은행*
④ 무역운송 및 보험관계기관: 해상보험회사, 선박회사, 운송주선인, 항공회사, 항공화물 대리점 등
⑤ 무역거래 알선 및 조사기관: 대한상공회의소(원산지증명서 발행), 공업연구소(수출검사증 취급), 대한무역진흥공사 및 한국무역협회(수출입관계 조사, 무역거래 알선, 무역상담)

6. 무역 관련 국제기구

① 세계무역기구(WTO; World Trade Organization): 기존의 관세 및 무역에 관한 일반협정(GATT)을 대신하여 세계무역질서를 세우고 무역자유화를 통한 전 세계의 경제 발전을 목적으로 하는 국제기구
② 국제상업회의소(ICC; International Chamber of Commerce): 제1차 세계대전 이후 세계 경제의 부흥을 위해서 세계 각국의 기업 및 사업자 대표들로 조직된 국제기관
③ 국제연합무역개발회의(UNCTAD; United Nations Conference on Trade and Development): 개발도상국과 선진국 사이의 무역 불균형을 바로잡아 개발도상국의 산업화와 국제무역을 지원하고 심화된 남북문제를 해결하기 위하여 설치된 UN총회의 상설기관

1. 무역 계약

(1) 무역 계약의 개념

① 국제 간의 매매 계약을 뜻하는 무역 계약은 국내거래와 마찬가지로 거래에서 금전적 대가를 지급하며, 계약에 의해 서로 책임과 의무가 발생한다. 다만 무역 계약은 국제거래 간의 관습이 적용되고 국가별로 무역관리에 수반되는 내용과 절차의 제약이 있다는 점이 국내거래와 다르다.

② 수출자의 청약(Offer)에 대하여 수입자의 승낙(Acceptance)이 있는 경우나 수입자의 주문(P/O; Purchase Order)에 대하여 수출자의 주문승낙이 있는 경우에 무역 계약이 성립된다.

(2) 무역 계약의 중요성

무역거래 시 거래의 내용을 명확히 하고 장래에 발생할 수 있는 분쟁에 대비하기 위해 국제규칙에 따르는 정비된 계약서를 작성하는 것이 좋으며, 이 경우 계약에 따라 분쟁이 생기더라도 중재조항에 따라 합리적으로 해결할 수 있다. 따라서 무역 계약은 계약 당사자 간의 거래내용을 명확히 하고 계약의 기준을 설정하여 불필요한 분쟁이 발생하지 않도록 하는 데에 그 목적이 있다.

(3) 무역 계약의 종류

① 개별 계약(Case by Case Contract): 거래 단위별로 일일이 별도의 계약서를 작성하며, 계약 당사자가 거래조건에 합의하면 계약이 성립된다.

② 포괄 계약(Master Contract): 계약 당사자가 일반 거래조건에 관한 상호 합의점을 찾았을 경우 그 내용을 문서화하여 교환하는 '일반적 거래조건 협정서'이다. 거래할 때마다 여러 거래조건을 재확인하거나 재계약해야 하는 번거로움이 없다는 장점이 있다.

③ 독점 계약(Exclusive Contract): 특정 기업 간의 매매를 제약하는 계약으로 다른 거래처와의 거래를 하지 않는 독점 방식으로 거래할 것을 조건으로 하는 계약이다.

(4) 무역 계약서의 내용

① 무역거래의 기본 내용: 무역거래 당사자, 서명, 계약의 체결일, 계약의 유효기간, 품질조건, 수량조건, 가격조건, 운송조건, 결제조건, 보험조건 등

② 기타: 포장조건, 중재조항, 불가항력·기타 계약불이행에 대한 처리약관 등

2. 일반 거래조건 협정서(Agreement on General Terms and Conditions)

(1) 일반 거래조건 협정서의 개념

무역 당사자 간의 장기거래나 당해 거래에서의 어떤 상황에서도 공통적으로 적용될 수 있는 기본적이고 일반적인 거래조건을 거래 당사자 간에 합의하여 결정한 후 문서화하고 서명하여 서로 교환하는 문서이다. 당사자 간에 무역거래를 처음할 때는 일반 거래조건 협정서를 작성하는 것이 바람직하며 미래에 발생 가능한 여러 거래 상황에 대비하여 거래 방법의 일관성을 유지하고 무역 분쟁의 예방과 해결을 위하여 작성하는 것이 좋다. 일반적으로 수출자의 계약서(Contract Sheet)와 수입자의 주문서(Order Sheet)도 일반 거래조건 협정서를 기본으로 작성한다. 무역 매매 계약 성립 시 수출자는 매도 계약서 또는 매매 계약서 등을 작성하여 수입자에게 발송하는데, 이때 이 협정서는 별도로 인쇄하거나 매도 계약서의 이면 또는 하단에 인쇄한다.

(2) 일반 거래조건 협정서의 내용

① 거래 형태	② 품질조건	③ 수량조건	④ 가격조건
⑤ 선적조건	⑥ 보험조건	⑦ 결제조건	⑧ 품질보증
⑨ 불가항력	⑩ 공업소유권	⑪ 검사	⑫ 상시중재
⑬ 준거법			

3. 무역조건에 대한 국제규칙과 INCOTERMS

(1) 정형적 무역조건에 대한 국제규칙의 필요성

무역 계약서에는 관습적으로 정형화된 무역조건이 사용되며 가격, 비용 부담, 소유권, 물품 인도 장소, 위험의 이전 등에 관련된 여러 가지 약호가 사용되고 있다. 그러나 이러한 관습적 조건이나 약호가 실제 무역거래에서 표준화되거나 통일되지 않아서 오해와 분쟁을 발생시키는 경우가 많다. 이러한 분쟁을 줄이기 위하여 무역조건의 해석에 관한 통일된 규칙이 요구되며, 현재 국제적으로 가장 널리 통용되고 있는 규칙은 INCOTERMS이다.

(2) INCOTERMS의 의의

INCOTERMS란 일반적으로 '무역거래조건의 해석에 관한 국제규칙'이라고 하며 'International Commercial Terms'의 약칭에서 나온 것이다. 국제무역 계약에서 사용되고 있는 무역조건인 CIF, FOB 등 무역용어의 해석을 통일하기 위하여 국제상업회의소(ICC)가 정한 규칙이다.

1936년에 제정되었으며 10년 단위로 개정되어 2020년에 'INCOTERMS 2010'에서 'INCOTERMS 2020'으로 변경되어 사용되고 있다. INCOTERMS 2010은 INCOTERMS 2000의 거래조건 중 DAF, DES, DEQ, DDU가 폐지되고 DAT, DAP가 추가되어 11개의 조건으로 구성되었다. 이후 INCOTERMS 2020은 INCOTERMS 2010의 거래조건 중 DAT가 폐지되고 DPU로 변경되었으며, FCA와 CIP의 조건이 일부 변경되었다. FCA는 매도인 선적식 B/L 제공의무가 신설되었으며, CIP는 보험이 최대 담보조건으로 변경되었다. 또한 매수인에게 화물이 인도될 때까지 매도인이 운송보안 요건을 준수할 것을 의무화하였다.

(3) INCOTERMS 2020의 구조

INCOTERMS 2020은 무역거래조건을 물품 인도 장소와 운임부담의 영역에 따라 4개의 그룹으로 나누고 있으며 수출자인 매도인의 입장에서 서술하고 있다.

① Group E: Departure(선적지 인도조건)−수출자에게 유리한 조건

- EXW(Ex Work, 공장 인도조건): 수출자의 공장이나 창고 등에서 직접 구매하고 출고 이후는 모두 수입상이 책임을 진다. 수출자에게는 부담이 없으며 수입자에게 가장 큰 부담이 있다. 수출자는 물품을 수취용 차량에 적재하지 않아도 되고, 수출통관을 할 필요가 없다(수출자의 최소 부담).

② Group F: Main Carriage Unpaid(운송비 미지급 인도조건)−수출자에게 유리한 조건

- FCA(Free Carrier, 운송인 인도조건): 지정된 장소에서 지정된 운송인에게 물품을 인도할 때까지 수출자가 책임을 부담한다.
- FAS(Free Alongside Ship, 선측 인도조건): 물품을 운송할 본선의 선측에 인도할 때까지의 수출자가 책임을 부담한다.
- FOB(Free On Board, 본선 인도조건): 수출자가 화물을 본선에 적재하였을 때 인도의무를 이행한 것을 의미한다. 본선 적재 이후에는 물품의 멸실 또는 손상 위험이 수입자에게 이전된다. 수출자의 비용 부담은 본선의 적재비용까지이고 위험 부담은 수출항의 본선의 난간까지이다.

> **INCOTERMS 2020**
> - 해상 운송 및 내수로 운송에 적용되는 조건: FAS, FOB, CFR, CIF
> - 이외의 조건은 복합 운송조건임

③ Group C: Main Carriage Paid(운송비 지급 인도조건)－수출자에게 불리한 조건
  • CFR(Cost and Freight, 운임 포함 인도조건): 수출자가 선적하고 목적항까지의 운임을 부담하며, 보험료는 부담하지 않는 조건이다. 물품이 선적항에서 본선의 난간을 통과하였을 때부터 물품에 대한 위험 부담 및 추가 발생 비용은 수입자가 부담한다.
  • CIF(Cost, Insurance and Freight, 운임·보험료 포함 인도조건): 수출자가 선적하고 목적항까지의 운임료에, 즉 CFR조건에 해상보험료까지 부담하는 조건이다.
  • CPT(Carriage Paid To, 운송비 지급 인도조건): 수출자가 지정 목적지까지 인도하면서 운송비의 책임을 부담하는 조건이다.
  • CIP(Carriage & Insurance Paid to, 운송비·보험료 지급 인도조건): 수출자가 지정목적지까지 인도하면서 운송비와 보험료의 책임을 부담하는 조건이다.
④ Group D: Arrival(도착지 인도조건)－수출자에게 불리한 조건
  • DAP(Delivered At Place, 도착지 인도조건): 수출자가 수입국의 지정 목적지까지 운송비용을 부담하며 지정 목적지에서 화물을 내리지 않고 인도하는 조건이다.
  • DPU(Delivered at Place Unloaded, 도착지 양하 인도조건): 수출자가 수입국의 지정 목적지에서 운송수단으로부터 화물을 내린(양하) 상태로 인도하는 조건으로, 매도인이 목적지에서 물품을 양하하도록 요구하는 유일한 INCOTERMS 규칙이다.
  • DDP(Delivered Duty Paid, 관세 지급 인도조건): 수출자가 수입통관비용과 관세를 부담하여 수입통관을 하고 물품인도까지 모든 위험과 비용을 부담하며, 지정 목적지까지 인도하는 조건이다(수출자의 최대 부담).

＋ INCOTERMS 2020

• Group C는 위험과 비용의 분기점이 다르다.
• INCOTERMS 뒤에 언급된 장소는 위험 부담의 분기점이 아닌 수출자가 비용을 부담하는 장소를 의미한다.
  예 CIF Hongkong에서 Hongkong은 도착지이며, FOB Hongkong에서 Hongkong은 선적지이다.

3 무역대금결제

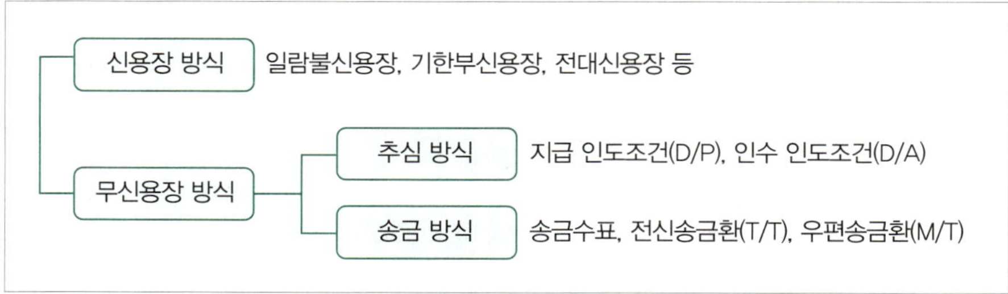

1. 신용장(L/C; Letter of Credit) 방식

(1) 신용장의 개념

신용장이란 수출대금 지급에 대한 은행의 확약서로서 신용장을 발행한 개설은행이 신용장의 여러 조건에 일치되고 약정기간 내에 신용장에서 요구하는 서류를 수출자가 제시하였을 때 수출자에게 수출대금을 지급하겠다고 약속한 지불보증서로 조건부 지급 확약서이다. 따라서 수출자는 신용장을 수취하면서 계약서를 기준으로 신용장에 명시된 조건을 주의 깊게 검토하여야 한다. 신용장 발행은행이 수입자의 신용을 보증하므로 수출자는 수입자의 신용상태를 직접 조사하지 않아도 되며 확실하게 대금을 받을 수 있게 된다.

(2) 신용장의 분류

무역거래의 결제를 위해 사용되는 신용장을 통칭하여 상업신용장(Commercial L/C)이라 하며 상업신용장은 무담보신용장(Documentary Clean L/C), 화환신용장(Documentary L/C), 특수신용장(Special L/C)으로 분류한다.

① 무담보신용장(Documentary Clean L/C): 선적서류의 첨부를 지급즈건으로 하지 않으며 선적서류가 첨부되지 않더라도 인수 또는 지불할 것을 약정하는 신용장이다. 수출자는 자신이 발행한 환어음 외의 선적서류를 첨부할 필요가 없다. 이러한 무담보신용장은 운임, 보험료나 수수료 등의 무역 외 거래의 결제에 주로 이용된다. 개설은행이 개설의뢰인의 신용을 높이 평가할 때만 발행이 가능하며 일반적으로 환어음 이외의 부대 선적서류는 은행을 경유하지 않고 수출상이 수입상에게 직송하게 된다.

② 화환신용장(Documentary L/C): 주로 무역대금의 결제수단으로 이용되는 신용장이다. 화환신용장은 물권증서로서 신용장에서 요구하는 서류인 선하증권, 보험증권, 상업송장 등의 선적서류를 첨부하여 은행에 제시할 것을 요구하는 신용장을 말한다. 수출업자가 수출대금 회수를 위하여 발행한 환어음의 지급이나 인수 매입을 요청할 때 사용한다. 즉, 신용장에 명시된 조건과 첨부되어 있는 선적서류가 일치될 경우에만 신용장 개설은행이 그 어음의 매입과 대금 지급을 보증하는 신용장이다.

- 일람불신용장(Sight Credit): 신용장에서 요구하는 서류를 제시하면 개설은행이 서류상의 하자가 없는 한 즉시 신용장 대금의 전액을 지불하는 형식의 현금거래 신용장이다.
- 기한부신용장(Usance Credit): 신용장에 의해 발행되는 환어음의 기간이 기한부인 신용장으로 일정 기간이 경과한 후 대금 지급을 확약하는 신용장이다. 신용장을 받은 뒤 일정 기간 내에 상환하면 되므로 자금이 부족한 수입업자에게 유리하다.
- 전대신용장(Red Clause or Packing Credit): 수출업자의 제조, 가공, 구입자금을 도와줄 수 있도록 신용장 발행의뢰인이 통지은행에 수출업자에게 선불을 주도록 허용한 신용장이다. 이 선불을 허용하는 약관이 붉은색으로 되어 있어 Red Clause Credit이라고도 한다.

③ 특수신용장(Special L/C): 특정 은행만이 선적서류의 매입을 취급할 수 있는 신용장으로 대부분 통지은행이 매입을 취급한다.

(3) 신용장의 효용 <중요>

① 수출자에 대한 효용

- 수출대금 회수 보장: 개설은행의 신용에 의하여 물품대금 지급이 약속되므로 대금회수를 확실하게 보장받을 수 있다.
- 매매 계약 이행 보장: 신용장이 개설되면 체결된 계약 상대방이 일방적으로 취소 또는 변경 등을 할 수 없어 매매 계약 이행이 보장된다.
- 외환변동위험 회피: 수입국의 외환시장 악화에 따른 대외지불 중지 등 외환변동위험을 회피할 수 있다.
- 수출대금 신속 회수: 물품이 선적되면 은행이 신용장을 매입하므로 수출대금의 신속한 회수가 가능하다.
- 무역금융* 활용 가능: 신용장을 담보로 은행으로부터 무역금융 지원을 받을 수 있으며, 이 무역금융을 활용하여 자기자금이 부족하더라도 수출이 가능하다.

② 수입자에 대한 효용

- 상품인수의 보장: 수출자가 대금회수를 하기 위해서 신용장에서 요구한 운송서류를 정확히 제시해야 하므로 수입자는 계약 상품이 제대로 선적될 것이라는 확신을 가질 수 있어 상품인수가 보장된다.

- **상품인수시기 예측 가능**: 신용장에는 최종 선적일과 유효기간이 명시되어 있어 계약 상품이 적기에 도착하여 인수할 수 있다고 예측할 수 있다.
- **대금결제 연기 효과**: 선적서류보다 수입물품이 먼저 도착하는 경우에는 화물을 선취하여 상품을 판매하는 기간 동안 대금결제를 연기받는 효과를 가질 수 있다. 또한 기한부신용장을 개설한 경우에는 수입상품을 판매한 후 만기일에 수입대금을 상환할 수 있어 수입자는 자기자금이 부족하여도 수입이 가능하다.

(4) 신용장의 구성 요소

신용장은 국제상업회의소가 권고한 표준 양식에 기본을 두고 각 은행이 적절하게 구성하여 발행하고 있다. 신용장의 종류는 다양하지만 대개 공통적 항목이 많으며, 일정한 요소로 구성되어 있다.

① **신용장 자체에 관한 사항**: 개설은행명, 수익자명, 신용장 개설의뢰인, 신용장 금액, 발행일자, 신용장 유효기간, 신용장의 종류, 신용장 번호, 신용장 통지번호, 통지은행명 등

개설의뢰인(Applicant)	신용장 개설을 의뢰하는 수입업자
수익자(Beneficiary)	신용장을 수취하여 발행 혜택을 받는 수출업자
개설은행(Opening Bank) 또는 발행은행(Issuing Bank)	개설의뢰인의 요청과 지시에 따라 신용장을 개설하는 은행
통지은행(Advising Bank)	개설은행으로부터 내도된 신용장을 수익자에게 송부하거나 교부하는 수출지의 은행

② **환어음에 관한 사항**: 환어음 발행인과 지급인, 지급기일, 표시 문구 등
③ **상품에 관한 사항**: 상품명, 수량, 단가, 명세, 가격조건 등
④ **운송에 관한 사항**: 선적지, 도착지, 선적일자, 분할선적, 환적 등
⑤ **서류에 관한 사항**: 선하증권(B/L), 보험증권, 상업송장(Commercial Invoice), 포장명세서(Packing List), 운송서류 제시기간 등
⑥ **기타**: 특수조건, 개설은행의 지급확약문언, 신용장통일규칙 준거문언, 신용장 번호표시 요구문언, 매입은행에 대한 지시문언, 통지은행의 표시 등

(5) 신용장에 의한 거래 과정 〈중요〉

신용장 방식에 의한 거래 과정은 다음과 같이 진행된다.

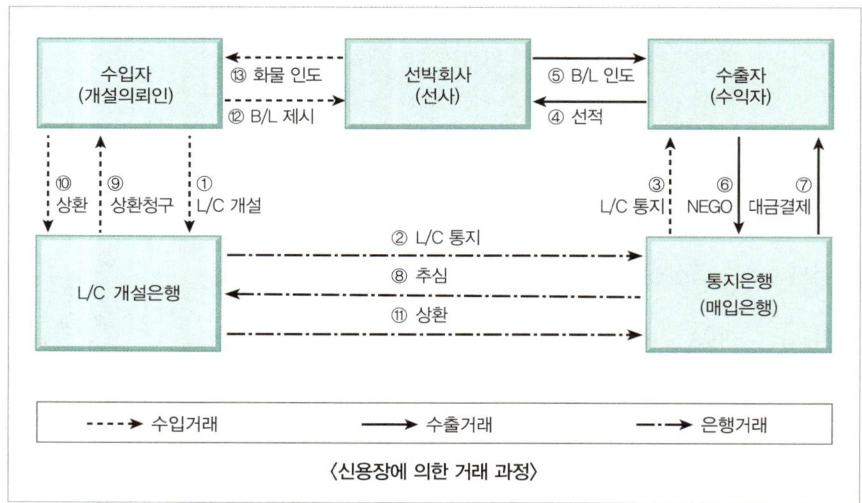

〈신용장에 의한 거래 과정〉

① L/C 개설: 수입자가 신청서 작성 후 개설은행에 L/C 개설 요청

② L/C 통지(L/C 개설은행 → 통지은행): L/C 개설 후 개설은행에서 통지은행으로 L/C를 통지

③ L/C 통지(통지은행 → 수출자): 통지은행에서 수출자에게 L/C를 통지

④ 선적: 수출자가 선사에 화물을 인도 및 선적

⑤ B/L 인도: 화물 인수 후 선사가 수출자에게 B/L 인도

⑥ NEGO: 수출자가 매입은행에 B/L을 포함한 선적서류를 제시하고 대금 지불을 요청

⑦ 대금결제: 매입은행이 L/C와 선적서류를 확인한 후 수출자에게 대금 결제

⑧ 추심: 매입은행이 L/C와 선적서류를 개설은행에 발송하여 대금 지불을 요청

⑨ 상환청구: 개설은행이 L/C와 선적서류를 수입자에게 제시하고 대금 상환을 청구

⑩ 상환(수입자 → L/C 개설은행): 수입자가 개설은행에 대금을 상환한 후 선적서류를 인수

⑪ 상환(L/C 개설은행 → 통지은행): 개설은행이 매입은행에 대금을 상환

⑫ B/L 제시: 수입자가 선사에게 B/L 원본을 제시하고 화물 인도를 요청

⑬ 화물 인도: 선사가 화물 인도 지시서를 교부하여 본선에서 화물 인도

> **＋ 신용장통일규칙(UCP: Uniform Customs and Practice for Documentary Credits)**
>
> 신용장통일규칙은 국제거래에서 국가마다 다른 거래제도의 관습 때문에 발생하는 혼란을 막기 위하여 국제 상업회의소 ICC가 1933년 제정한 신용장의 국제적인 통일규칙이다. 2006년까지 6차례 개정되어 현재 널리 사용되고 있는 'UCP 600'은 총 39개 조항으로 구성되어 있다. 강제성은 없어 거래 당사자가 사전에 합의해야 적용된다.

2. 추심 방식

(1) 추심 방식의 개념

수출자가 수입자에게 물품을 송부한 뒤 추심의뢰은행*을 통해 수입자에게 대금을 청구하면 수입자는 추심은행*을 통해 대금을 지급하는 방식이다. 신용장 없이 거래를 하므로 은행도 지급에 대한 확약이 없어 서로 신용이 있는 관계에서 거래가 진행된다. 만약 대금결제가 지연되거나 거절되는 경우 은행은 수출자에게 통보만 하고 그 후의 문제는 매매 당사자가 직접 해결해야 한다.

(2) 추심 방식의 유형

① 지급 인도조건 방식(D/P; Documents Against Payment): 수입자가 대금 지급을 해야 추심은행이 선적서류를 인도하는 방식으로 추심의뢰은행의 지시대로 대금을 송금한다. D/P는 일람불(요구불) 거래 방식으로 추심은행과 수입업자가 환어음과 선적서류를 현금과 교환하는 것이 특징이며 수출업자는 수출대금을 보장받을 수 있다.

② 인수 인도조건 방식(D/A; Documents Against Acceptance): 수출자는 물품을 선적한 후 기한부환어음을 발행하여 운송서류와 함께 추심의뢰은행을 통하여 추심은행으로 보낸다. 추심은행이 수입자에게 기한부환어음을 제시하면 수입자는 인수증에 'accepted'라고 표시하고 서명날인하는 것만으로 대금지불과 관계없이 선적서류를 받을 수 있다. 추심은행은 어음의 지급 만기일에 추심하여 수입자로부터 대금을 받아 수출자의 거래은행에 송금한다. 지급 및 인수의 근거가 환어음이 되므로 환어음이 필요요건이 되며 관련 은행은 매매 당사자를 대신하여 수출대금을 추심하거나 송금하는 일만 담당한다.

＊ 추심의뢰은행
수출자를 대신하여 수입 거래은행에 대금 지급 청구서(환어음) 및 선적서류를 발송하는 은행

＊ 추심은행
수입자에게 어음 및 선적서류를 제시하여 수출대금을 받아 주는 은행

(3) 추심결제에 의한 거래 과정 <중요>

D/P 또는 D/A 방식에 의한 거래 과정은 다음과 같이 진행된다.

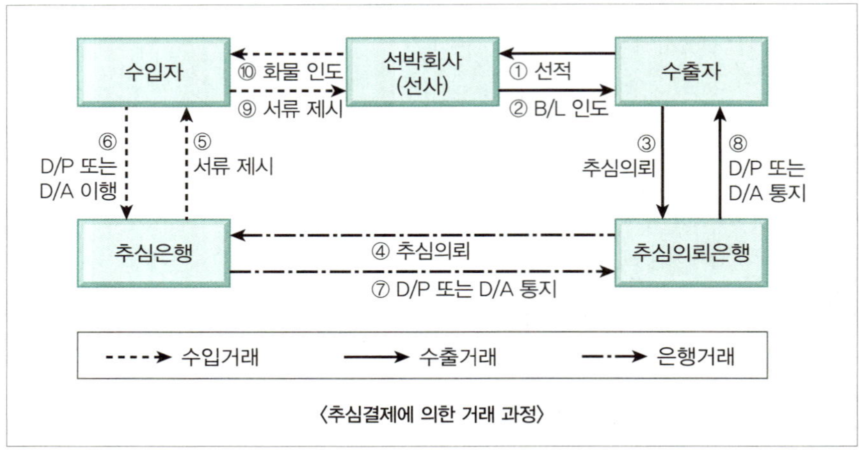

〈추심결제에 의한 거래 과정〉

① 선적: 수출자가 선사에 화물 인도
② B/L 인도: 화물 인수 후 선사가 수출자에게 B/L 인도
③ 추심의뢰(수출자 → 추심의뢰은행): 수출자가 추심의뢰은행에 B/L을 포함한 선적서류를 제출하고 추심의뢰
④ 추심의뢰(추심의뢰은행 → 추심은행): 추심의뢰은행이 B/L을 포함한 선적서류를 추심은행에 발송하여 추심의뢰
⑤ 서류제시: 추심은행이 선적서류를 수입자에게 제시하고 D/P 또는 D/A 요청
⑥ D/P 또는 D/A 이행: 수입자가 추심은행에 D/P 또는 D/A를 이행하고 선적서류를 인수
⑦ D/P 또는 D/A 통지(추심은행 → 추심의뢰은행): 추심은행이 추심의뢰은행에 수입자의 D/P 또는 D/A 사실을 통지
⑧ D/P 또는 D/A 통지(추심의뢰은행 → 수출자): 추심의뢰은행이 수출자에게 수입자의 D/P 또는 D/A 사실을 통지하고 D/P의 경우는 대금 결제
⑨ 서류제시: 수입자가 선사에 선적서류를 제시하고 화물 인도를 요청
⑩ 화물 인도: 선사가 화물 인도 지시서를 교부하여 본선에서 화물 인도

3. 송금 방식

(1) 송금 방식의 개념

송금 방식은 신용장 방식이나 추심 방식처럼 은행을 통하여 거래하는 것이 아니라 수출자와 수입자가 결제대금을 직접 송금하고 선적서류 송부도 직접 하는 방식이다. 신용장 방식이나 추심 방식에 비하여 은행 수수료 등의 금융비용이 적게 들고 결제 과정이 단순하다는 장점이 있으나 은행의 지급 보장이 없어 대금의 회수 및 상품의 입수가 불확실하다는 단점이 있다. 따라서 수출자와 수입자 간의 신뢰가 전제되어야 하며 본사와 해외지사 간의 거래에서 많이 볼 수 있는 형태이다. 송금 방식은 신용장 방식이나 추심 방식과는 달리 국제규범이 없기 때문에 당사자들 간의 합의하에 거래조건을 변경할 수 있다.

(2) 송금의 형태

① 송금수표(Demand Draft): 수입자는 거래은행에서 수표를 교부받아 수출자에게 송부하고, 수출자는 거래은행에 수표를 제시하여 수출대금을 회수할 수 있다.

② 전신송금환(T/T; Telegraphic Transfer): 수입대금의 지급을 은행을 통하여 전신이나 텔렉스를 이용하여 송금하는 방식이다. 수출자가 계좌로 송금받을 수 있기 때문에 신속하고 편리하여 많이 사용한다.

③ 우편송금환(M/T; Mail Transfer): 송금수표를 사용하지 않고 우편으로 외국의 은행에 대하여 특정 금액의 지급을 지시하는 방식이다.

(3) 송금 방식의 유형

① 사전 송금 방식

- **주문불(CWO; Cash With Order) 방식**: 수출자가 주문을 받으면 미리 대금의 결제를 받은 후에 선적하는 방식이다. 수출자의 대금회수를 확실히 보장받을 수 있는 사전 송금 방식으로서 선불 방식(CIA; Cash in Advance)이라고도 한다. 수입자의 신용이 파악되지 않는 경우나 처음 거래하는 경우에 주로 사용한다.
- **일부선불(Advance Money) 방식**: 결제대금의 일부를 수입자가 주문 시 선지급하고 잔금은 선적이 완료되어 선적서류를 인수할 때 지급하는 방식이다.
- **누진불(Progressive Payment) 방식**: 일부 사전 송금 방식의 성격을 갖고 있는 것으로 선박이나 기계처럼 제작기간이 오래 소요되는 경우에 사용한다. 수입자가 물품의 진행 단계에 따라 대금을 분할하여 지급하는 방식으로 주문 시, 선적 시, 화물 도착 시 등으로 나누어 대금을 지급한다.

② 사후 송금 방식

- **연불(Deferred Payment) 방식**: 선적서류가 수입지에 도착하더라도 거래 당사자가 사전에 합의한 약정기간이 경과된 후에 대금을 지급하는 방법이다. 자금사정이 좋지 않은 수입자가 물품을 판매한 후에 수입대금을 상환할 수 있다는 장점이 있으며, 거래 당사자 간에 신용이 확실한 경우에 사용한다.
- **현물상환불(COD; Cash On Delivery) 방식**: 수입지에 물품이 도착하면 수입자와 선적서류를 가진 수출자 대리인이 함께 수입통관을 한 후, 수입자가 직접 품질 검사를 하여 물품과 상환하여 수입대금을 지급하고 물품을 인수하는 방식이다. 사전에 품질 검사가 필요한 귀금속 등 고가품의 거래에 주로 사용하며 수입자가 인수를 거절하면 물품을 반송*하거나 다른 구매자를 찾아야 하는 단점이 있다.
- **서류상환불(CAD; Cash Against Documents) 방식**: 수입자 대리인이 수출지에서 제조과정이나 품질을 확인할 수 있으므로 현물 대신에 B/L 등의 선적서류와 상환하여 수입자가 수입대금을 지급하는 방식이다.
- **상호계산(Current Account) 방식**: 선적할 때마다 대금을 결제하는 번거로움 없이 장부에 수출이나 수입 내역을 기입하여 일정 기간마다 서로 지급 금액을 상쇄하고 잔액만을 결제하는 방식이다. 본사와 지사 등 무역거래 당사자가 서로 특수한 거래관계에 있을 때 주로 사용한다.
- **청산결제(O/A; Open Account) 방식**: 무역거래에서 상품은 계속 선적하고 대금은 일정 기간에 한 번씩 누적된 것을 결제하는 방식이다. 특수한 관계나 거래가 빈번한 회사 사이에 행하는 결제 방식으로 대금 회수가 불가능해질 위험이 높다.

4 내국신용장(Local L/C)과 구매확인서(구매승인서)

수출자는 자체생산이나 구매를 통하여 수출할 물품을 확보하게 된다. 이때 수출물품의 생산에 필요한 원자재나 완제품을 국내에서 조달할 경우에 부담을 덜어 줄 수 있도록 내국신용장이나 구매확인서를 이용하여 영세율을 적용받을 수 있다.

1. 내국신용장(Local L/C)

(1) 내국신용장의 개념

원신용장(Master L/C)을 소지한 수출자가 제조에 필요한 원자재나 수출용 완제품을 국내에서 조달하기 위하여 원신용장을 근거로 국내공급자를 수익자로 하여 국내에서 다시 개설하는 신용장이다.

(2) 내국신용장에 의한 수출자의 입장

원신용장을 소지한 수출자가 거래은행에 내국신용장 개설을 의뢰하면 내국신용장의 개설 의뢰인(수출자)은 매입 시 부가가치세 영세율 적용을 받아 경제적 부담을 덜 수 있으며 무역금융과 개설은행의 지급 보증을 통하여 원자재나 수출용 완제품을 국내에서 쉽게 조달할 수 있다는 이점을 갖는다.

(3) 내국신용장에 의한 국내의 원자재나 완제품 공급자의 입장

수출자의 거래은행에서 물품대금 지급을 보장하므로 판매대금을 확실하게 회수할 수 있다는 장점을 갖는다. 국내의 구매자(수출자)에게 매출하는 것이지만 수출로 인정되므로 영세율 세금계산서를 발급할 수 있고 무역금융 혜택을 받을 수도 있다. 또한 매출액이 수출실적으로 인정되므로 관세환급도 받을 수 있게 된다.

2. 구매확인서(구매승인서)

① 구매확인서는 국내에서 생산된 물품을 외화 획득용 원료로 구매하는 것을 승인하는 서류로 외화 획득용 원료 구매확인서라고도 한다. 무역금융 한도가 부족하거나 비금융 대상 수출신용장 등으로 인하여 내국신용장을 개설하기 어려운 경우 등에 외국환은행이 내국신용장 취급규정에 준하여 발급한다.

② 구매확인서는 내국신용장과 같은 역할을 하지만 내국신용장이 개설은행의 대금 지급 보증을 받는 데 비해, 구매확인서는 지급 보증을 받을 수 없다는 것이 다르다. 대금 지급은 거래 당사자 간 계약에 따르므로 상대방의 신용이 확실하지 않으면 사용하기 곤란할 수 있다.

③ 내국신용장과 마찬가지로 수출용 원자재나 완제품을 공급하는 업체에 수출실적을 인정해 주며, 부가가치세 영세율을 적용받을 수 있다.

5 환어음과 환율

1. 환어음

(1) 환어음의 개념

환어음은 무역거래에서 어음상의 지급 금액을 지급 기일에 어음상의 권리자(수취인 또는 지시인)에게 무조건 지급할 것을, 어음의 발행인이 어음의 지급인에게 위탁하는 유가증권이다. 환어음의 효력은 원칙적으로 행위지의 법률에 의하여 처리하므로 발행에 관해서는 발행지 국가의 법을, 지급에 관해서는 지급지 국가의 법을 적용한다.

(2) 환어음의 발행

환어음의 발행인은 수출자이다. 수출자는 수출대금의 안전한 회수를 위하여 환어음을 발행하여 수출대금의 지급을 요청하고, 거래 상대방인 수입자나 수입자의 거래은행이 지급인이 된다. 대금의 수취인은 환어음의 지급 금액을 지급받는 자이며 발행인이 발행인 스스로를 지명할 수도 있고 또는 제3자가 될 수도 있다. 일반적으로 수출자(발행인)는 거래은행을 수취인으로 하여 수출자의 거래은행이 수출자를 대신하여 수입자 또는 수입자의 거래은행으로부터 대금을 지급받도록 한다. 환어음은 보통 2통이 발행되고 하나가 결제되면 나머지는 자동적으로 효력을 잃게 된다.

(3) 환어음의 종류

① 무담보환어음과 화환어음

- 무담보환어음(Clean Bill of Exchange): 환어음 그 자체만으로 결제가 될 수 있는 어음 (주로 운임, 수수료, 보험료 지급 등에 이용되지만 최근에는 거의 사용되지 않음)
- 화환어음(Documentary Bill of Exchange): 수출대금의 결제용으로 사용되는 선적서류가 첨부된 어음

② 일람불환어음과 기한부환어음

- 일람불환어음(Sight Bill of Exchange): 지급인에게 제시된 날 즉시 금액이 지급되는 어음
- 기한부환어음(Usance Bill of Exchange): 지급인에게 제시된 날부터 일정 기간이 지난 후에 지급이 이루어지는 어음

일람 후 정기출급	환어음이 제시된 날로부터 지정된 기간 후에 지급
일부 후 정기출급	발행일로부터 지정된 기간 후에 지급
확정일 후 정기출급	환어음상에 구체적인 지급일 명시

2. 환율(Exchange Rate)

(1) 환율의 개념

환율이란 서로 다른 국가의 통화 간의 교환비율을 의미하며 이 교환비율을 통해 각국 통화의 대외적인 가치와 상품 구매력을 알 수 있다. 환율은 외환에 대한 수요와 공급에 의하여 결정되며 각 외국환은행이 외국환거래에 적용할 환율을 매일 고시하여 환율이 매일 달라진다. 환율에 따라 수출입 대금결제와 관세의 세액 결정 과정에서 비용과 이익이 달라지므로 환율의 변동은 무역거래에서 매우 중요한 의미를 갖는다.

(2) 환율의 유형

환율에는 외환시장의 매매율, 외국환은행 간 매매율, 매매기준율, 외국환은행 대고객매매율 등이 있다. 이 중 외국환은행 대고객매매율은 외국환은행이 고객과 외환거래를 할 때 적용하는 환율로서 매 영업일마다 외국환은행장이 외국환은행 간 매매율을 기준으로 하여 자율적으로 정하여 적용한다. 외국환은행 대고객매매율의 세부적인 유형으로 전신환, 현찰매매율, 일람출급환어음매매율, 기한부어음매입률 등이 있다.

① **전신환(T/T)매매율**: 환어음의 결제를 전신으로 행하는 경우 적용되는 환율이며 환어음의 송달이 1일 이내에 완료되므로 우송기간 동안의 금리가 환율에 영향을 미치지 않는 순수한 의미의 환율이며 타 매매율 결정의 기준이 되는 환율이다. 기업이나 개인이 전신을 통해 수출입 대금 또는 자녀 유학자금을 송금할 때 기준이 되는 환율로서 송금환율로 불리기도 한다.

② **현찰매매율**: 외국환은행이 고객과 외화 현찰거래를 할 때 적용하는 환율이다.

③ **일람출급환어음매매율**: 일람출급환어음의 매매에 적용되는 환율이며 환어음의 우송기간에 대한 금리를 전신환매매율에서 가감하여 정한다.

④ **기한부어음매입률**: 기한부환어음을 매입할 때 적용하는 환율이며 일람출급환어음매입률에서 어음기간 동안의 금리를 차감한 것이다.

6 선적서류(Shipping Documents)

국제무역에서 인정되어 사용되고 있는 서류로 수출화물의 선적을 증명한다. 수출자는 화환어음의 발행을 위하여, 수입자는 수입물품의 인수를 위하여 각각 선적서류를 사용한다. 상황에 따라 필요한 서류의 종류가 다르지만 일반적으로 필요한 서류는 다음과 같다.

1. 운송서류

운송물품의 인수확인, 영수증, 세관신고서의 역할에 소유권 증명으로의 역할을 한다.

(1) 선하증권(B/L; Bill of Lading)

선하증권은 운송화물 수령을 확인하고 운송 목적지에서 선하증권의 정당한 소지인에게 운송화물을 인도할 것을 약속하는 유가증권이다. 선하증권은 해상 운송 계약을 근거로 선박회사가 발행하며 선적된 화물을 대표하는 증서로서의 역할을 한다. 또한 선하증권의 소지자는 선박회사에 대하여 화물의 인도를 청구할 수 있으며 화물에 대한 소유권리증뿐만 아니라 채권으로서의 효력을 가지며, 배서 또는 인도하여 소유권을 양도할 수 있다.

(2) 항공화물운송장(AWB; Air Way Bill)

항공화물운송장은 선하증권과 성격이 유사하나 운송목적지에서 지정된 수하인에게만 전달된다. 항공 운송은 선박 운송에 비하여 수송기간이 단축된다는 장점이 있으나 수송비용이 많이 들고 대형화물을 취급하기 어렵다는 단점이 있다.

(3) 선하증권과 항공화물운송장의 차이점

구분	선하증권	항공화물운송장
운송 방법	해상 운송	항공 운송
유가증권성	유가증권	유가증권이 아닌 단순화 화물 수취증
유통성	유통성	비유통성
발행 방식	지시식(무기명식)	기명식
발행시기	본선 선적 후 발행	창고반입 후 발행

선하증권과 항공화물운송장의 차이를 구분할 수 있어야 한다.

2. 보험증권

(1) 보험증권의 의의

보험이란 운송 과정에서 예상치 못한 사고로 발생한 손해를 보험회사가 보상하여 줄 것을 약속하는 것이다. 보험증권(Insurance Policy)은 운송화물에 대한 보험성립을 증명하는 서류이며, 보험증권 대신 보험증명서(Insurance Certificate)와 보험승인서(Cover Note)가 사용되기도 한다.

① 보험증명서: 동일 물품이 반복적으로 운송될 때마다 사전에 발급받은 포괄보험증권에서 보장하는 물품임을 증명하는 서류이다.

② 보험승인서: 보험가입이 완료된 사실에 대한 보험영수증 수준의 역할만 하고 있다.

(2) 보험증권의 특징

① 운송거래마다 보험 계약이 체결되어 개별보험증권이 발행된다.

② 보험증권은 유통성 증권이어야 한다.

③ 조건의 확인을 위하여 보험약관이 첨부되어야 한다.

④ 선적서류로서의 보험증권은 해상보험증권을 의미한다.

(3) 해상보험증권

해상보험(Marine Insurance)이란 해상 운송 중의 사고로 발생할 수 있는 손해의 보상을 위한 손해보험의 일종이다.
① FOB 조건의 거래: 보험을 수입자가 계약하므로 수입자가 보험 계약자이자 피보험자가 된다.
② CIF 조건의 거래: 수출자가 보험료를 지불하므로 보험 계약자는 수출자이며 피보험자는 수입자가 된다.

3. 상업송장(Commercial Invoice)

상업송장은 거래물품의 품목명, 단가, 부대비용, 보험료, 총금액, 지불 방식, 지불시기 등을 표기하고 있으며, 거래계산서 및 내용명세서, 대금청구서의 역할을 한다. 상업송장은 수출자가 작성하여 환어음 및 다른 선적서류들과 함께 수입자에게 보내는 필수적인 서류이며 환어음의 발행 금액과 상업송장의 총액이 일치하여야 한다. 또한 수입통관 시 세관신고의 증명자료로서 중요하며 상업송장의 금액으로 관세, 부가세 등의 비용도 계산하게 된다.

4. 기타 서류

(1) 포장명세서(Packing List)

외관상 구분하기 어려운 포장된 운송물품의 구분을 위하여 발행되는 서류로 포장단위번호, 포장단위별 명세, 순중량 및 총중량, 수량과 일련번호, 용적 등이 기재된다.

> **기타 서류의 종류**
> 포장명세서, 원산지증명서, 품질증명서, 검사증, 용적 및 중량증명서 등

(2) 원산지증명서(C/O; Certificate of Origin)

물품이 확실하게 그 국가에서 생산되거나 제조된 것이라는 것을 증명하는 공문서로 수입 시 원산지증명서의 제출을 강요하는 추세이다.

7 수출입통관 실무

1. 수출통관

(1) 수출통관의 개념

수출통관이란 수출신고를 받은 세관장이 수출신고를 심사하여 수출신고인에게 수출을 허용하는 것으로 수출용 물품을 외국으로 반출하는 것을 허용하는 세관장의 처분이다.

(2) 수출통관의 절차

> 수출신고 → 수출신고 심사 → (수출검사) → 수출신고 수리 → 수출신고필증 교부

① 수출신고: 생산이 완료된 수출물품은 관할세관장에게 수출신고를 한다. 수출물품의 제조가 완료되기 이전이라도 수출신고가 가능하며 수출신고는 전자데이터교환(EDI; Electronic Data Interchange) 방식 또는 인터넷에 의한 무서류(P/L; Paperless) 방식으로 할 수 있다.
② 수출신고 심사 및 수리: 세관에서는 수출신고서의 관세법, 대외무역법, 외환관리법의 성실이행 여부를 심사하여 수출신고를 수리한다. 수출검사는 실제 수출되는 물품이 수출신고된 물품과 규격, 수량, 성질 등이 동일한지의 여부를 확인하는 과정이다. 일반적으로 수출검사를 생략하는 경우가 많고, 특별히 지정된 경우에만 검사를 실시한다.
③ 수출신고필증 교부: 수출신고를 하여 심사가 수리된 수출물품에 대하여 세관장은 수출신고필증을 발행하여 수출신고자에게 교부한다. 수출신고가 수리된 물품은 적재의무 기한인 '수리일로부터 30일 이내'에 적합한 운송수단에 선적하여야 한다.

2. 수입통관

(1) 수입통관의 의의

수입통관이란 수입신고를 받은 세관장이 수입신고를 심사하여 수입신고사항과 수입물품이 동일한지, 수입과 관련된 법규정을 충족하였는지의 여부를 확인한 후 외국물품을 내국물품화하여 반입을 허용하는 세관장의 처분이다.

(2) 수입통관 절차

> 수입신고 → 수입신고서류 심사 → (물품검사) → 수입신고 수리 → 수입신고필증 교부

① 수입신고: 수입자는 수입물품에 대하여 수입신고서, 선하증권 또는 항공화물운송장, 상업송장 등의 필요서류를 해당 세관에 제출하여 수입신고를 한다. 수입신고의 시기는 여러 사정에 의하여 출항 전 신고, 입항 전 신고, 입항 후 보세구역 도착 전 신고, 보세구역 장치 후 신고 등으로 구분할 수 있다. 수입물품을 선적한 선박은 입항한 후에 부두에 물품을 하역하고 하역된 물품은 원칙적으로 보세구역에 장치하며, 입항 전 신고 등으로 이미 수입신고 수리된 물품은 보세구역에 장치할 필요가 없이 반출할 수 있다. 관세법상 원칙적으로 수입물품의 과세물건 확정시기는 수입신고 시점이다.

② 수입신고서류 심사: 수입신고서류에 이상은 없는지, 수입신고서류의 품목과 수입품목이 동일한지, 관세법 등의 규정을 충족하는지 등을 심사한다. 수입신고서를 접수한 세관은 즉시수리, 심사 및 현품 확인, 물품검사 중 한 가지 방법을 선택하여 수입신고서를 처리한다.

- 즉시수리: 신고서와 제출 서류의 형식적 요건만 확인한 후 서류심사나 수입물품에 대한 검사의 생략 후, 즉시 수입신고를 수리하는 방법이다.
- 심사 및 현품 확인: 심사는 신고된 과세가격의 적정 여부, 법규 충족 여부 등을 확인하기 위하여 서류를 검토하고 필요하면 현품을 확인하는 절차를 거침친다.
- 물품검사: 수입물품과 신고물품의 일치 여부를 확인하기 위하여 일부 발췌검사 또는 전량검사를 실시한다.

③ 수입신고 수리 및 수입신고필증* 교부: 세관장은 관세법 규정을 적법하게 이행한 수입신고를 지체 없이 수리하고 수입신고필증을 교부해야 한다. 수입신고필증을 교부받은 수입자는 수입물품을 반출할 수 있다.

＊ **수입신고필증**
수입통관절차의 마지막 단계에서 세관장이 신고 내용을 수리하고 적법하게 이행된 수입신고에 대해 교부하는 서류로 규정에 따른 수입신고를 세관장에게 완료하였음을 입증함

8 관세(Customs Duty, Tariff)

1. 관세의 개념

관세는 조세법률주의에 의하여 국가재정의 수입 및 국내산업의 보호와 경제정책 등에 따라 수입물품에 대하여 부과하는 조세이며 대부분의 수출품목에는 관세를 부과하지 않는다. 한 나라의 경제적 경계인 관세선(Customs Line)을 통과하는 물품에 대하여 부과한다.

2. 관세의 종류

① 과세 기회에 따른 분류: 수입세, 수출세, 통과세
② 과세 목적에 따른 분류: 재정관세, 보호관세
③ 과세 방법에 따른 분류: 종가세, 종량세, 선택세, 복합세
④ 과세 성격에 따른 분류: 국경관세, 협정관세, 특혜관세

3. 관세의 산정과 납부

(1) 관세의 산정

관세를 과세하기 위해서는 과세요건인 과세물건, 납세의무자, 세율, 과세표준 등이 정해져 있어야 하며 이에 따른다.

① 과세물건: 과세 부과 대상으로서 수입신고 시 신고된 물품이다.
② 납세의무자: 원칙적으로 수입자이다.
③ 세율: 우리나라의 경우 관세율표를 따른다.
④ 과세표준: 세액을 결정하는 데 기준이 되는 과세물건의 가격 또는 수량을 말하며 수입신고 서류에서의 품목과 금액으로 한다.

(2) 과세가격 결정

과세가격 결정 방법은 총 6가지가 있는데 일반적으로 1방법인 수입물품에 대한 CIF 가격조건을 적용하며, 관세는 원화로 환산된 과세가격에 관세율을 곱하여 결정한다.

+ 과세가격 결정 방법

과세가격 결정 방법에는 6가지가 있다. 1방법으로 결정할 수 없을 경우에는 2방법, 2방법으로 결정할 수 없을 경우에는 3방법, 이렇게 6방법까지 결정한다.

1방법	과세평가에 있어서 가장 기본적이고 원칙적인 방법으로, 수입자가 수출자에게 물품에 대하여 실제로 지급되는 금액에 조정 요소를 가감하고 운임과 보험료인 CIF 조건으로 결정
2방법	동종, 동질물품의 거래가격을 기초로 결정
3방법	유사물품의 거래가격을 기초로 결정
4방법	국내 판매가격을 기초로 결정
5방법	산정가격을 기초로 결정
6방법	합리적인 기준에 의하여 결정

(3) 관세의 납부 방식과 납부기한

① 납세의무자가 관세액을 결정하여 자진신고하는 신고납부제도의 경우: 수입신고가 수리된 날로부터 15일 이내에 관세납부
② 세관장이 납부세액을 결정하여 납부고지서를 발급하는 부과고지 방식의 경우: 납세고지서를 받은 날로부터 15일 이내 관세납부

(4) 관세의 납부제도

현행 수입신고제는 수입신고 수리 후에 관세를 납부하는 사후납부제도로, 통관절차와 과세절차를 분리하고 있다.

4. 관세환급*

(1) 관세환급

수입할 때 징수하였던 관세를 환급해 주는 제도이다. 세관장은 수입하는 품목에 대하여 수입 시 관세를 징수하였다가 그 품목이 수출 등에 활용된 때는 환급청구권자의 신청에 따라 2년 이내에 수입된 당해 수출용 원재료에 대한 관세를 환급한다. 관세환급을 통하여 물품의 수출가격을 낮추고 수출품목의 가격경쟁력을 높여 수출을 촉진하기 위한 목적이다.

(2) 관세환급액 산출

관세환급액 산출을 위해 필요한 원재료 소요량을 계산하는 방법으로, 수출품의 생산에 국산 원재료의 사용을 촉진하기 위하여 필요한 경우에는 관세환급을 제한할 수 있다.

① 개별환급 방식: 수출품의 생산에 소요된 원재료의 소요량을 기준으로 하여 환급액을 산출하는 방식

② 정액환급률표에 의한 산출 방식: 수출물품별로 사전에 정해 놓은 환급률에 의한 방식

③ 간이정액환급률표에 의한 산출 방식: 중소기업용 정액환급률표를 적용하여 수출물품별로 사전에 정해 놓은 환급률에 의한 방식

(3) 간이정액환급제도

① 중소기업의 관세환급절차를 간소화하기 위해 만들어진 제도로, 수출 사실을 확인해 일정액을 환급하여 준다.

② 중소기업에 적용하는 관세환급액은 간이정액환급률표에 의해 산출한다.

③ 수출물품 제조 시 소요되는 원재료의 납부세액을 정하여 매 건별 관세 등의 납부액을 확인하지 않고 일정액을 환급하여 주는 제도이다.

④ 원재료 수입 단계의 납부관세 등 증명과 소요량 산정을 하지 않고 환급신청할 수 있다.

기출&확인 문제

01 [1급 | 2020년 4회]

다음은 갑을상사의 무역거래 내용이다. 각각의 거래와 관련되어 적용되는 법률로 가장 적절한 것은?

> 가. 태국에서 1개당 20달러의 청바지를 수입하면서 15달러로 수입가격을 낮추어 신고하였다.
> 나. 셔츠 하단에 'MADE IN TAIWAN'으로 인쇄되어 있다.

	가	나
①	대외무역법	출입국관리법
②	대외무역법	관세법
③	관세법	대외무역법
④	관세법	외국환거래법

해설

가. '관세법'은 관세의 부과와 징수, 적정한 수출입물품의 통관으로 관세 수입을 확보하여 국민경제의 발전에 이바지하고자 정한 법이다.
나. 무역거래에 있어 원산지를 표시하는 규정은 '대외무역법'을 적용한다.

02 [1급 | 2022년 2회]

[보기]의 내용이 설명하고 있는 관세법상 용어의 정의는?

> **보기**
> 관세법에 따른 절차를 이행하여 물품을 수출·수입 또는 반송하는 것

① 포장
② 통관
③ 탁송품
④ 외국물품

해설

관세법에 따른 절차를 이행하여 물품을 수출·수입 또는 반송하는 것은 통관이다.

03 [1급 | 2022년 4회]

무역 계약의 종류에 대한 설명이다. 수출입을 전문으로 하는 특정 기업 간의 매매를 제약하는 계약에 가장 적절한 것은?

① 포괄 계약(Master Contract)
② 쌍무 계약(Bilateral Contract)
③ 독점 계약(Exclusive Contract)
④ 개별 계약(Case by Case Contract)

해설

독점 계약(Exclusive Contract)은 특정 기업 간의 매매를 제약하는 계약으로, 다른 거래처와의 거래를 하지 않는 독점 방식으로 거래할 것을 조건으로 하는 계약이다.

04 [1급 | 2021년 3회]

INCOTERMS 2020에서 제시된 총 11가지 조건 중에서 [보기]에서 설명하는 거래조건에 해당하는 영어 용어를 약어로 예와 같이 기재하시오(예 ABC).

> **보기**
> • 운송 방법에 관계없이 사용되는 조건으로, 매도인(수출자)이 최소의무를 부담하는 조건
> • 공장에서 물품이 인도된 이후부터 수입지에 도착할 때까지의 모든 과정을 수입자가 책임지는 조건

(답:)

해설

수출자의 공장이나 창고 등에서 직접 구매하고 출고 이후는 모두 수입상이 책임을 지는 조건은 EXW(공장 인도조건)에 대한 설명이다.

05 [1급 | 2022년 3회]

INCOTERMS 2020의 정형거래조건 중 다음 [보기]의 특징을 가장 잘 반영하는 조건은 무엇인지 영어 약어로 기입하시오(예 ABC).

> **보기**
> • 수출자의 인도 의무는 본선적재로 완료됨
> • 수출자가 지정 목적항까지의 모든 비용과 운임 및 보험료를 부담하는 조건임
> • 수출자는 수출통관을 책임지나, 수입통관은 수행할 의무가 없음

(답:)

해설

CIF(Cost, Insurance and Freight, 운임·보험료 포함 인도조건)는 수출자가 선적하고 목적항까지의 운임료에 해상보험료까지 부담하는 조건이다.

정답	01 ③	02 ②	03 ③	04 EXW	05 CIF

06 [1급 | 2021년 6회]

다음 중 [보기]의 조건으로 계약을 체결하는 경우에 INCOTERMS 2020의 표기가 올바른 것은?

서울의 수출기업 A사는 LA항구까지의 해상 운송비를 부담하는 조건으로 B사와 수출 계약을 체결하였다.

① FCA, Busan Port, INCOTERMS 2020
② CFR, Busan Port, INCOTERMS 2020
③ CFR, LA Port, INCOTERMS 2020
④ CPT, LA Port, INCOTERMS 2020

해설

INCOTERMS 2020 중 수출자가 선적하고 목적항까지의 운임을 부담하는 조건은 CFR이다. 또한 INCOTERMS 조건 뒤에 언급된 장소는 수출자가 비용을 부담하기까지의 장소를 의미하는 것으로 도착지인 LA Port이다.

07 [1급 | 2022년 1회]

INCOTERMS 2010(INCOTERMS 2020)에서는 운송수단에 따라 복합 운송조건과 해상 운송조건으로 분류하고 있다. 다음 중 복합 운송조건에 해당하는 것은?

① CFR
② FOB
③ FAS
④ CPT

해설

해상 운송 및 내수로 운송에 적용되는 조건은 FAS, FOB, CFR, CIF이며, 이외의 조건은 복합 운송조건에 해당한다.

08 [1급 | 2021년 4회]

다음 중 무역대금을 결제하는 방식 중 결제대금이 부족한 수입자가 신용장을 발행함으로써 약정 기간 동안 수입품을 매각하여 대금을 상환할 수 있다는 장점이 있는 화환신용장 결제 방식은?

① 일람불신용장 방식
② 기한부신용장 방식
③ 전대신용장 방식
④ 인수 인도조건 방식

해설

신용장에 의해 발행되는 환어음의 기간이 기한부인 신용장으로, 일정 기간이 경과한 후 대금 지급을 확약하는 신용장은 기한부신용장 방식이다.

09 [1급 | 2021년 3회]

다음 중 신용장의 수입자에 대한 효용으로 가장 적절한 것은?

① 상품인수 보장
② 매매 계약 이행 보장
③ 외환변동위험 회피
④ 무역금융 활용 가능

해설

② 매매 계약 이행 보장, ③ 외환변동위험 회피, ④ 무역금융 활용 가능은 신용장의 수출자에 대한 효용이다.

10 [1급 | 2021년 5회]

다음은 신용장의 주요 구성 요소에 관한 설명이다. 설명 내용이 적합하지 <u>않은</u> 것은?

① 개설의뢰인(Applicant)은 신용장 개설을 의뢰하는 수입업자를 의미한다.
② 수익자(Beneficiary)는 신용장 발행의 혜택을 받는 수출업자를 의미한다.
③ 개설은행(Opening Bank)은 신용장 개설의뢰인의 신청과 지시에 따라 신용장을 개설하는 은행을 말한다.
④ 발행은행(Issuing Bank)은 개설은행으로부터 내도된 신용장을 수익자에게 송부하거나 교부하는 은행을 말한다.

해설

- 발행은행(Issuing Bank): 개설의뢰인의 요청과 지시에 따라 신용장을 개설하는 은행
- 통지은행(Advising Bank): 개설은행으로부터 내도된 신용장을 수익자에게 송부하거나 교부하는 수출지의 은행

| 정답 | 06 ③   07 ④   08 ②   09 ①   10 ④

11 [1급 | 2021년 2회]

[보기]는 신용장에 의한 거래절차 중 일부를 나타낸 것이다. [보기]의 거래절차가 순서대로 나열된 것은?

> ─ 보기 ─
>
> - A. L/C 개설
> - B. L/C 통지
> - C. 선적
> - D. B/L 인도
> - E. NEGO
> - F. 대금결제
> - G. 추심

① A → B → C → D → E → F → G
② A → C → B → E → D → F → G
③ A → C → D → B → E → G → F
④ A → B → C → E → D → G → F

해설

신용장 거래절차는 'L/C 개설 → L/C 통지 → 선적 → B/L 인도 → NEGO → 대금결제 → 추심 → 상환청구 → 상환 → B/L 제시 → 화물 인도' 순서로 이루어진다.

12 [1급 | 2023년 5회]

다음 [보기]는 신용장에 의한 결제 절차의 일부를 설명하고 있다. (㉠)에 들어갈 적합한 용어를 예와 같이 영문 약어로 기입하시오(예 ABCD).

> ─ 보기 ─
>
> (㉠)(이)란 수출업자가 수출상품을 통관한 후 본선에 선적하고 수출신용장과 일치되는 선적서류(선하증권, 보험증권, 상업송장 등)를 매입은행에 제출하여 선적서류와 환어음의 매입을 의뢰하고 수출대금을 지급받는 절차를 말한다.

(답:)

해설

수출자가 매입은행에 B/L을 포함한 선적서류를 제시하고 대금지불을 요청하는 NEGO에 대한 설명이다.

13 [1급 | 2021년 1회]

무역대금결제 방식 중 추심결제 방식에 대한 설명으로 적절하지 않은 것은?

① 결제시기에 따라 지급 인도조건 방식(D/P)과 인수 인도조건 방식(D/A)으로 구분한다.
② 은행의 지급확약이 없으므로 상호 성실한 계약 이행에 의존하여 결제가 진행된다.
③ 추심은행(Collecting Bank)은 수입자에게 수출자의 환어음과 선적서류를 제시하여 수출대금을 받아주는 은행이다.
④ 수출자는 신용장을 확인한 후 물품을 선적하며, 추심의뢰은행을 통해 대금을 청구하고 추심은행을 통해 대금을 회수한다.

해설

추심결제 방식은 신용장 없이 거래를 하여 은행의 지급에 대한 확약이 없는 방식이다.

14 [1급 | 2021년 3회]

지급 인도조건(D/P) 방식에서 수출자에게 수출대금이 지급되는 시기로 적절한 것은 무엇인가?

① 선사가 수출자에게 B/L을 인도한 직후
② 수출자가 추심의뢰은행에게 선적서류를 제출하고 추심의뢰한 직후
③ 추심은행이 선적서류를 수입자에게 제시하고 D/P를 요청한 직후
④ 추심의뢰은행이 수출자에게 수입자의 D/P 사실을 통지한 직후

해설

지급 인도조건(D/P) 방식에서는 추심의뢰은행이 수출자에게 수입자의 D/P 사실을 통지한 후에 수출자에게 대금결제를 한다.

15 [1급 | 2021년 4회]

다음 [보기]는 추심 방식의 유형에 대한 설명이다. (㉠) 안에 들어갈 알맞은 용어를 한글로 쓰시오.

> ─ 보기 ─
>
> (㉠)조건 방식은 수입자가 기한부환어음을 인수하면서 추심은행이 제시하는 인수증에 수입업자가 'accepted'라고 기입하고 서명날인을 하면 추심은행이 선적서류를 넘겨주게 되고 어음만기일에 현금을 추심하는 방식이다.

(답:)

해설

추심은행이 어음의 지급만기일에 추심하여 수입자로부터 대금을 받아 수출자의 거래은행에 송금하는 방식은 인수 인도조건 방식(D/A)이다.

| 정답 | 11 ① | 12 NEGO | 13 ④ | 14 ④ | 15 인수 인도 |

16 [1급 | 2021년 5회]

다음 [보기]에서 설명하는 무역대금결제 방식의 유형은 무엇인가?

> **보기**
>
> • 사전 송금 방식에 해당함
>
> • 수출자가 대금회수를 확실히 보장받는 방법으로, 수입자의 신용을 파악하기 어려운 경우에 주로 사용됨
>
> • 수입자가 계약 상품을 선적하기 전에 수출자에게 무역대금 전액을 미리 송금하는 방식

① 연불(Deferred Payment)
② 주문불(Cash With Order)
③ 현물상환불(Cash On Delivery)
④ 서류상환불(Cash Against Documents)

해설

① 연불(Deferred Payment): 선적서류가 수입지에 도착하더라도 거래 당사자가 사전에 합의한 약정기간이 경과된 후에 대금을 지급하는 방법
③ 현물상환불(Cash On Delivery): 수입지에 물품이 도착하면 수입자와 선적서류를 가진 수출자 대리인이 함께 수입통관을 한 후, 수입자가 직접 품질 검사를 하여 물품과 상환하여 수입대금을 지급하고 물품을 인수하는 방식
④ 서류상환불(Cash Against Documents): 수입자 대리인이 수출지에서 제조 과정이나 품질을 확인할 수 있으므로 현물 대신에 B/L 등의 선적서류와 상환하여 수입자가 수입대금을 지급하는 방식

17 [1급 | 2021년 3회]

다음 [보기]에서 공통적으로 설명하는 수출대금결제를 위한 송금 방식의 유형은 무엇인가? (답은 예와 같이 한글 용어로 기재하시오. 예 무역)

> **보기**
>
> • (   ) 방식은 수입자가 무역물품의 선적 진행 단계에 따라 대금을 분할하여 지급하는 방식으로, 분할 지급 방식이라고 불리기도 한다.
>
> • (   ) 방식은 선박, 기계류, 설비 등과 같이 제작기간이 오래 소요되는 경우에 주문 체결시 1/3, 선적시 1/3, 화물이 도착 후 잔액을 지급하는 것과 같은 방법이 이용된다.

(답 :   방식)

해설

누진불(Progressive Payment) 방식은 일부 사전 송금 방식의 성격을 갖고 있는 것으로 선박이나 기계처럼 제작기간이 오래 소요되는 경우에 사용하는 방식이다.

18 [1급 | 2022년 4회]

송금 방식의 유형을 결제시기로 구분할 때, 사후 송금 방식에 해당하는 것은?

① 연불(Deferred Payment)
② 주문불(Cash With Order)
③ 일부선불(Advance Money)
④ 누진불(Progressive Payment)

해설

• 사전 송금 방식: 주문불, 일부선불, 누진불
• 사후 송금 방식: 연불, 현물상환불, 서류상환불, 상호계산, 청산결제

19 [1급 | 2021년 1회]

다음 [보기]는 송금결제 방식에 대한 설명이다. 괄호 안에 들어갈 용어를 A, B 순서로 예와 같이 약자로 직접 기재하시오(예 ABC, DEF).

> **보기**
>
> • (A.   ) 방식은 사전 송금 방식으로서 수입자의 신용을 파악하기 어려운 경우에 주로 사용하며, 미리 물품대금이 결제되지 않으면 수출자가 선적을 하지 않는 방식이다.
>
> • (B.   ) 방식은 현물 대신에 B/L 등의 선적서류와 상환하여 수입자가 수입대금을 지급하는 방식으로서, 수출자가 선적 후, 수입자 대리인에게 선적서류를 제시하면 대금을 결제하는 방식으로, 수입자 대리인이 수출지에서 제품의 제조 과정이나 품질을 선적 전에 확인할 수 있다.

(답 :   .   )

해설

A. 주문불(CWO ; Cash with Order) 방식, B. 서류상환불(CAD ; Cash Against Documents) 방식에 대한 설명이다.

20 [1급 | 2021년 4회]

다음 중에서 내국신용장과 구매확인서의 특징을 나타낸 것으로 옳지 <u>않은</u> 것은?

	비교 내용	내국신용장	구매확인서
①	개설기관	외국환은행	외국환은행
②	부가가치세 영세율 적용	불가능	가능
③	수출실적 인정	인정	인정
④	은행의 대금 지급 보증	가능	불가능

해설

- 내국신용장: 부가가치세의 영세율 적용 가능, 수출실적 인정, 은행의 대금 지급 보증 가능
- 구매확인서: 부가가치세의 영세율 적용 가능, 수출실적 인정, 은행의 대금 지급 보증 불가능

21 [1급 | 2022년 4회]

환어음에 대한 설명으로 가장 적절하지 <u>않은</u> 것은?

① 화환어음은 선적서류가 첨부된 어음이다.
② 일람불환어음은 지급인에게 제시된 날에 즉시 금액이 지급된다.
③ 기한부환어음은 제시된 날부터 일정 기간이 지난 후에 대금 지급이 이루어진다.
④ 무담보환어음은 매매 계약서에 명시된 서류를 첨부하여 수출대금의 결제를 위해 주로 사용된다.

해설

무담보환어음(Clean Bill of Exchange)은 환어음 그 자체만으로 결제가 될 수 있는 어음으로 주로 운임, 수수료, 보험료 지급 등에 이용되지만 최근에는 거의 사용되지 않는다.

22 [1급 | 2021년 3회]

[보기]에서 설명하는 환어음에 해당하는 유형은 무엇인가?

> **보기**
>
> 선적서류가 첨부된 어음으로 수출대금의 결제용으로 사용된다.

① 일람불환어음
② 기한부환어음
③ 화환어음
④ 무담보환어음

해설

① 일람불환어음: 지급인에게 제시된 날 즉시 금액이 지급되는 어음
② 기한부환어음: 지급인에게 제시된 날부터 일정 기간이 지난 후에 지급이 이루어지는 어음
④ 무담보환어음: 환어음 그 자체만으로 결제가 될 수 있는 어음으로 주로 운임, 수수료, 보험료 지급 등에 이용되지만 최근에는 거의 사용되지 않음

23 [1급 | 2021년 6회]

다음 [보기]의 설명에 해당하는 외국환은행 대고객매매율의 유형을 기입하시오.

> **보기**
>
> 환어음의 결제를 전신으로 행하는 경우 적용되는 환율

(답:)

해설

환어음의 송달이 1일 이내에 완료되므로 우송기간 동안의 금리가 환율에 영향을 미치지 않는 순수한 의미의 환율이며 타 매매율 결정의 기준이 되는 환율인 전신환(T/T)매매율이 대한 설명이다.

24 [1급 | 2020년 3회]

다음 [보기]의 설명에 해당하는 외국환은행 대고객매매율의 유형을 기입하시오.

> **보기**
>
> 외국환은행이 고객과 외화 현찰거래를 할 때 적용하는 환율

(답:)

해설

외국환은행이 고객과 외화 현찰거래를 할 때 적용하는 환율은 현찰매매율이다.

25 [1급 | 2021년 1회]

다음 중 선하증권에 대한 설명으로 적절하지 <u>않은</u> 것은?

① 운송위탁인과 운송회사 간에 체결한 해상 운송 계약을 근거로 한다.
② 선하증권은 채권으로서의 효력을 가지며, 배서하여 소유권을 양도할 수 있다.
③ 선하증권의 소지자는 선박회사에 대하여 화물의 인도를 청구할 수 없다.
④ 운송회사(선박회사)가 발행하는 유가증권이다.

해설

선하증권의 소지자는 선박회사에 대하여 화물의 인도를 청구할 수 있다.

| 정답 | 20 ② | 21 ④ | 22 ③ | 23 전신환매매율 또는 T/T매매율 |
| | 24 현찰매매율 | 25 ③ | | |

26 [1급 | 2024년 1회]

[보기]에서 설명하는 선적서류를 한글로 기입하시오.

> **보기**
>
> - 운송위탁인(화주)과 운송회사(선박회사) 간에 체결한 해상 운송 계약을 근거로 선박회사가 발행하는 유가증권
> - 운송화물 수령을 확인하고 운송목적지에서 이 서류의 정당한 소지인에게 운송화물을 인도할 것을 약속하는 유가증권

(답:)

해설

운송회사(선박회사)가 발행하는 유가증권인 선하증권(B/L; Bill of Lading)에 대한 설명이다. 선하증권의 소지자는 운송회사(선박회사)에 대하여 화물의 인도를 청구할 수 있고, 화물에 대한 소유권리증뿐만 아니라 채권으로서의 효력을 가지며, 배서 또는 인도하여 소유권을 양도할 수도 있다.

27 [1급 | 2022년 2회]

항공 운송에 사용되는 운송서류이며, 선하증권과 유사한 성격을 가지지만 [보기]의 특성을 갖는 서류는 무엇인가? (용어를 영어 대문자 약어로 예와 같이 기입하시오. 예 CIP)

> **보기**
>
> - 항공 운송 계약에서 화물의 수령확인, 영수증, 세관신고서로서의 역할 등을 한다.
> - 선하증권과 다르게 운송목적지에서 명기된 수하인에게만 전달되고 양도성은 없다.

(답:)

해설

선하증권과 성격이 유사하나 운송목적지에서 지정된 수하인에게만 전달되는 것은 항공화물운송장(AWB; Air Way Bill)이다.

28 [1급 | 2022년 3회]

[보기]의 내용이 설명하고 있는 무역 관련 서류는 무엇인가?

> **보기**
>
> - 수입상품의 내용과 그 정확성을 입증할 수 있으므로, 수입통관 시 세관신고의 증명자료로 사용된다.
> - 수출자가 작성하여 다른 선적서류들과 함께 수입자에게 보내는 필수적인 서류이다.
> - 거래물품의 단가, 부대비용, 보험료, 총금액, 지불 방식 등이 표기되어 있으며, 거래계산서 및 대금청구서의 역할을 한다.

① 환어음
② 상업송장
③ 선하증권
④ 원산지증명서

해설

세관신고의 증명자료로서 중요하며 수출자가 작성하여 환어음 및 다른 선적서류들과 함께 수입자에게 보내는 필수적인 서류인 상업송장(Commercial Invoice)에 대한 설명이다.

29 [1급 | 2022년 4회]

포장명세서에 대한 설명으로 가장 적절한 것은?

① 거래물품의 단가, 보험료, 지불방식, 지불시기 등이 표기된다.
② 포장단위번호, 포장단위별 명세, 포장단위별 순중량이 기재된다.
③ 매도인이 매수인에게 발송하는 선적화물의 계산서 및 내용명세서이다.
④ 화주와 선박회사 간 체결한 해상 운송 계약을 근거로 선박회사가 발행하는 유가증권이다.

해설

①, ③은 상업송장(Commercial Invoice), ④는 선하증권(B/L; Bill of Lading)에 대한 설명이다.

30 [1급 | 2020년 3회]

다음 [보기]는 수출통관 절차를 나타낸 것이다. (   ) 안에 들어갈 숫자는?

> **보기**
>
> 수출신고 → 수출신고 심사 → 수출신고 수리 → (   )일 이내 선적 → 출항

(답: 일)

해설

수출신고가 수리된 물품은 적재의무 기한인 '수리일로부터 30일 이내'에 적합한 운송수단에 선적하여야 한다.

| 정답 | 26 선하증권 | 27 AWB | 28 ② | 29 ② | 30 30 |

31 [1급 | 2021년 6회]

관세를 과세하기 위해서는 과세요건이 정해져야 한다. 다음 중에서 과세요건에 해당하지 <u>않는</u> 것은?

① 납세의무자
② 과세물건
③ 세율
④ 납부 방식

`해설`

관세를 부과하기 위한 과세요건에는 납세의무자, 과세물건, 세율, 과세표준이 있다.

32 [1급 | 2022년 3회]

관세법령상 원칙적으로 수입물품의 과세물건 확정시기는 언제인가?

① 수입신고 시점
② 보세창고 반입시점
③ 수출국의 선적시점
④ 수입국의 항만 도착시점

`해설`

관세법상 원칙적으로 수입물품의 과세물건 확정시기는 수입신고 시점이다.

33 [1급 | 2022년 4회]

[보기]는 관세의 납부 방법 및 납부기한에 대한 설명이다. (A)에 공통으로 들어갈 내용을 단위를 제외하고 숫자만 입력하시오. (단위: 일)

> ─ 보기 ─
> • 납세의무자가 관세를 결정하여 자진신고한 경우: 수입신고가 수리된 날로부터 (A)일 이내 관세납부
> • 세관장이 납부세액을 결정하여 납부고지서를 발급하는 경우: 납부고지서를 받은 날로부터 (A)일 이내 관세납부

(답: 일)

`해설`

• 납세의무자가 관세액을 결정하여 자진신고하는 신고납부제도의 경우: 수입신고가 수리된 날로부터 15일 이내 관세납부
• 세관장이 납부세액을 결정하여 납부고지서를 발급하는 부과고지 방식의 경우: 납세고지서를 받은 날로부터 15일 이내 관세납부

34 [1급 | 2022년 2회]

간이정액환급에 대한 설명으로 가장 옳지 <u>않은</u> 것은?

① 수출 사실을 확인하여 일정액을 환급하여 주는 제도이다.
② 중소기업에 대한 관세환급절차를 간소화하기 위한 제도이다.
③ 원재료 수입 단계의 납부관세 등 증명과 소요량 산정을 하지 않고 환급을 신청할 수 있다.
④ 간이정액환급률표에 없는 품목도 관세 등의 납부액을 확인한 후 어 일정액을 환급해주는 제도이다.

`해설`

간이정액환급은 간이정액환급률표에 있는 품목에 대하여 환급해주는 제도이다.

35 [1급 | 2022년 1회]

다음 [보기]의 (   )에 공통적으로 들어갈 한글 용어를 기입하시오.

> ─ 보기 ─
> • (   )환급은 중소기업에 대한 관세환급절차를 간소화하기 위한 제도이다.
> • (   )환급은 수출물품 제조 시 소요되는 원재료의 납부세액을 정하여 매 건별 관세 등의 납부액을 확인하지 않고 일정액을 환급하여 주는 제도이다.
> • (   )환급은 원재료 수입 단계의 납부관세 등 증명과 소요량 산정을 하지 않고 환급을 신청할 수 있다.

(답: 환급)

`해설`

중소기업에 대한 관세환급절차를 간소화하기 위한 제도인 간이정액환급제도에 대한 설명이다.

| 정답 | 31 ④   32 ①   33 15   34 ④   35 간이정액 |

실무

PART

03

실무 시뮬레이션

Enterprise

Resource

Planning

| 프로그램 설치 & 백데이터 복원

☑ [에듀윌 도서몰]-[도서자료실]-[부가학습자료]에서 다운로드

☑ PART 03 실무 시뮬레이션 → 2026 핵심ERP 프로그램 설치

☑ 백데이터 파일은 반드시 압축 해제 후 복원

☑ 오류 발생 시 플래너 뒷면의 FAQ 참고

iCUBE 핵심ERP 프로그램 설치 방법

QR코드를 촬영해 프로그램
설치 방법을 확인하세요!

실무 기초 특강

1 iCUBE 핵심ERP 프로그램 설치 시 유의사항

아래 컴퓨터 사양보다 낮은 환경에서는 iCUBE 핵심ERP 프로그램을 설치할 수 없다.

설치 가능 OS	Microsoft Windows7 이상(Mac OS X, Linux 등 설치 불가)
CPU	Intel Core2Duo / i3 1.8Ghz 이상
Memory	3GB 이상
DISK	10GB 이상의 C:₩ 여유 공간

2 iCUBE 핵심ERP 프로그램 설치 방법

① 에듀윌 도서몰(book.eduwill.net) 홈페이지에 접속한다.
② 로그인 후 [도서자료실]−[부가학습자료]를 클릭한다.

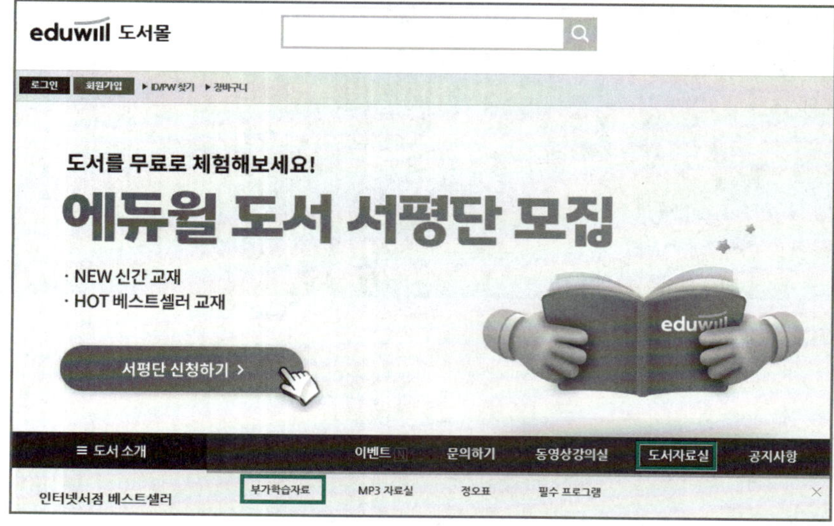

③ 카테고리를 'ERP 정보관리사'로 선택한 후 검색한다.

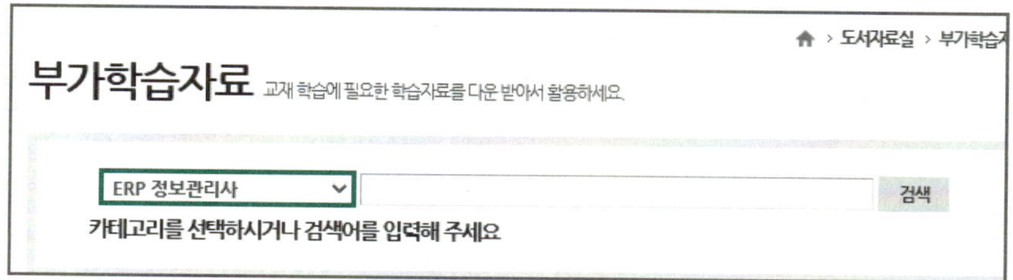

④ 〈2026 에듀윌 ERP 정보관리사 물류 1·2급〉 교재 우측의 다운로드 버튼을 클릭한 후 iCUBE 핵심ERP 프로그램을 다운로드한다.

⑤ 압축된 파일을 풀고 'CoreCubeSetup.exe'를 실행한다. 'CoreCube.exe'를 실행한 경우 아래와 같이 설치를 진행할 수 없다는 경고창이 뜨므로 유의한다.

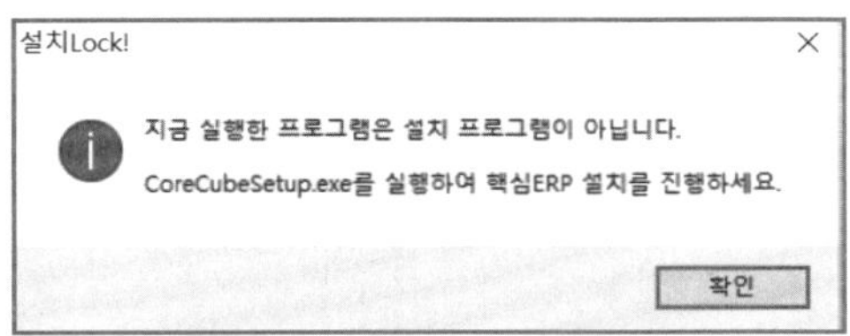

⑥ 설치가 진행되면 '핵심ERP 설치 전 사양체크'가 실행된다.

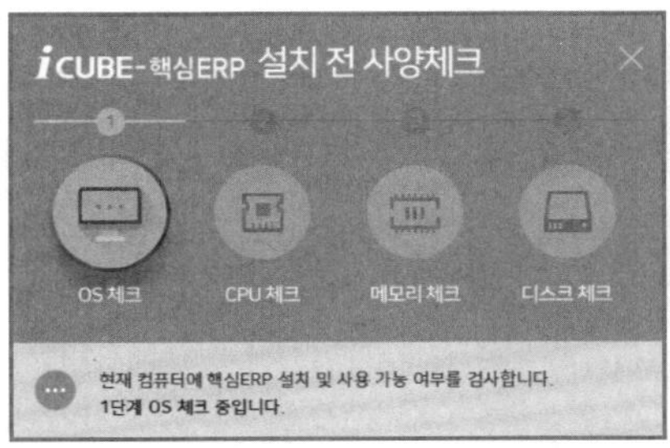

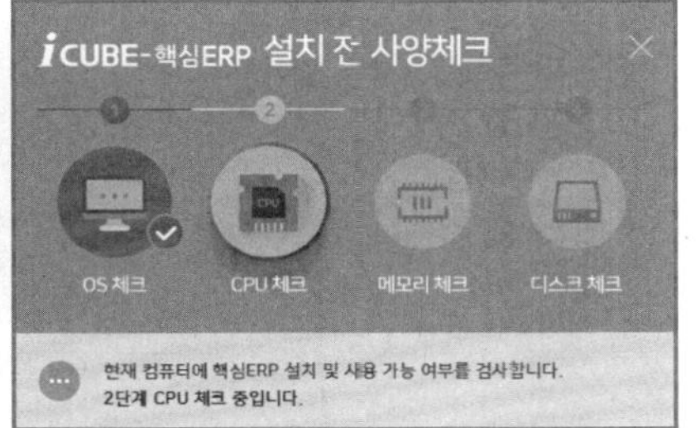

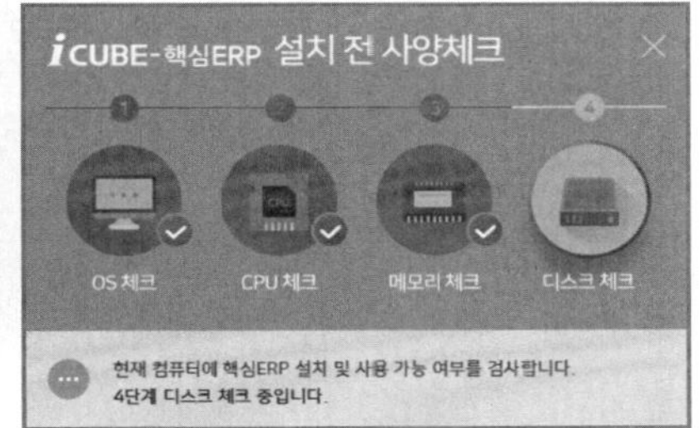

⑦ 설치가 완료되면 iCUBE 핵심ERP를 실행시켜 첫 화면에서 백더이터를 복원하거나 시스템관리자로 로그인한다.

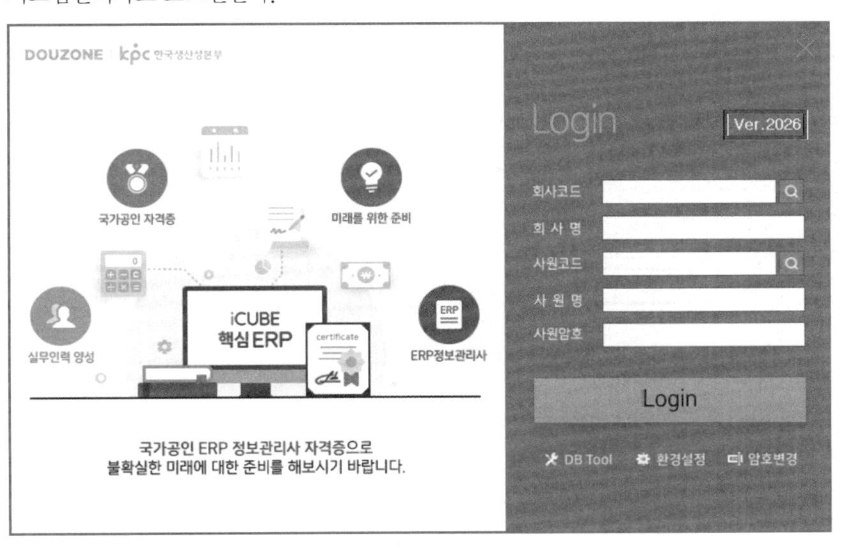

TIP

백데이터와의 호환을 위해 [PART 03 실무 시뮬레이션]은 2026 버전 프로그램과 2026 백데이터를, [PART 04 최신 기출문제]는 2025 버전 프로그램과 기출 백데이터를 다운로드하여 학습해야 한다.

TIP

4단계에 걸쳐 현재 컴퓨터의 사양을 체크하여 핵심ERP 설치 가능 여부를 확인한다. 4단계를 모두 충족해야만 핵심ERP 프로그램의 설치가 진행된다.

TIP

설치 중 오류 발생 시 [에듀윌 도서몰] - [도서자료실] - [부가학습자료] - 'ERP 정보관리사'에서 '핵심ERP 프로그램 설치 매뉴얼'을 다운로드하여 확인한다.

3 iCUBE 핵심ERP 백데이터 설치 방법

① [에듀윌 도서몰]−[도서자료실]−[부가학습자료]−'ERP 정보관리사'로 검색한다.
② 〈2026 에듀윌 ERP 정보관리사 물류 1·2급〉 교재 우측의 다운로드 버튼을 클릭한 후
  '백데이터'를 다운로드한다.
③ 다운로드된 백데이터의 압축을 풀고 **4**를 참고하여 백데이터를 복원한다.

4 iCUBE 핵심ERP 백데이터 사용 방법

1. 백데이터 복원 방법

① iCUBE 핵심ERP 첫 화면에서 'DB Tool' 버튼을 클릭한다.

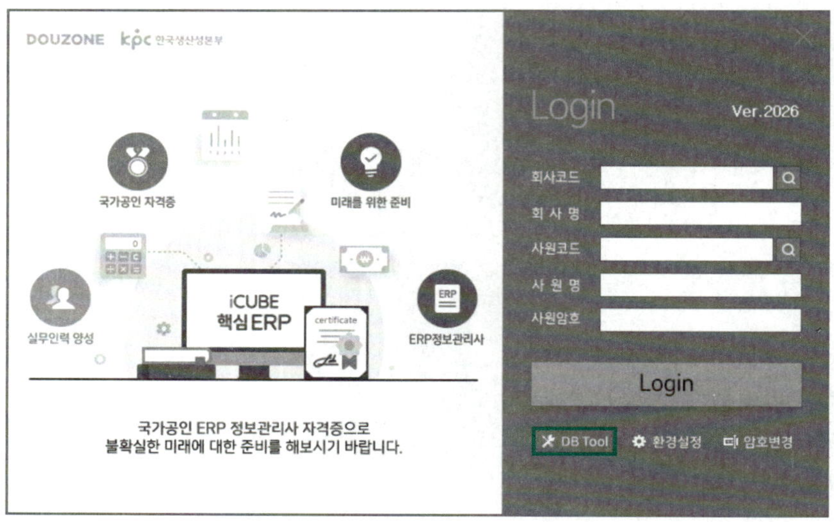

② iCUBE 핵심ERP DB TOOL 화면에서 'DB복원'을 클릭한다.

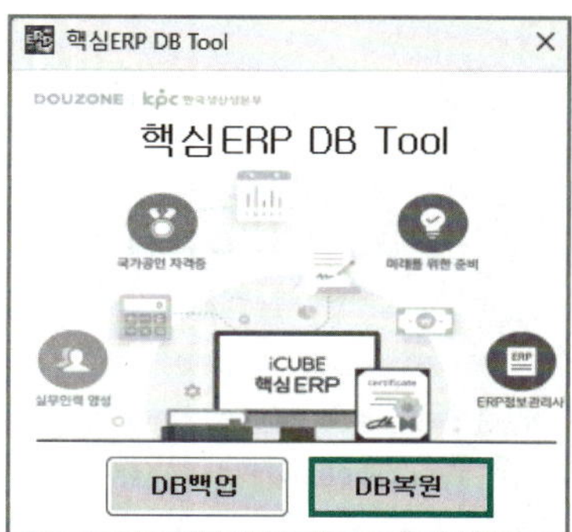

③ 복원하고자 하는 폴더를 지정한 후 '확인'을 클릭하면 지정한 폴더에 있는 백데이터가
  복원된다.

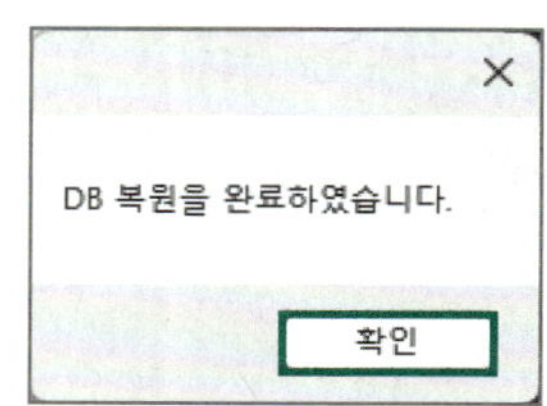

2. 백데이터 백업 방법

① iCUBE 핵심ERP 첫 화면에서 'DB Tool' 버튼을 클릭한다.

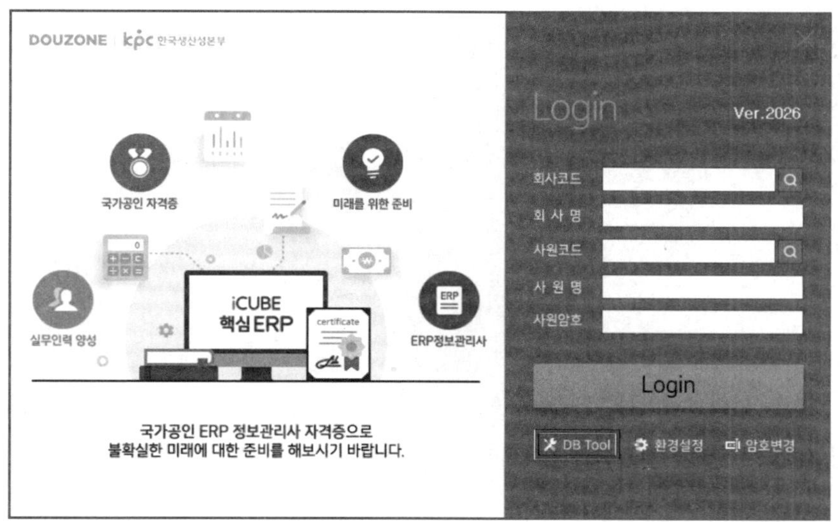

② iCUBE 핵심ERP DB TOOL 화면에서 'DB백업'을 클릭한다.

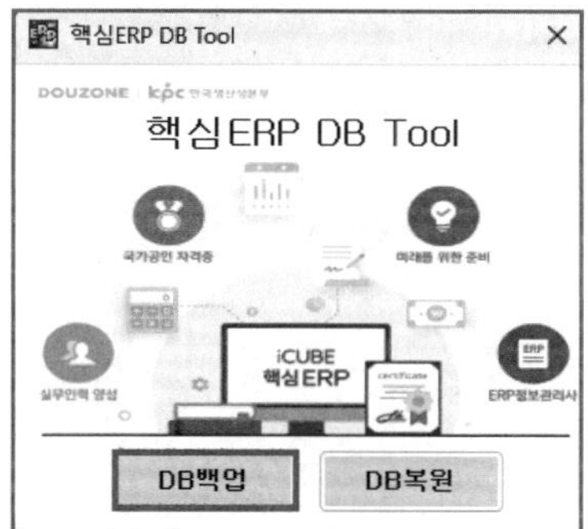

③ 백업하고자 하는 폴더를 선택한다. 백업 작업이 완료되면 지정한 폴더에 백데이터가
생성된 것을 확인할 수 있다.

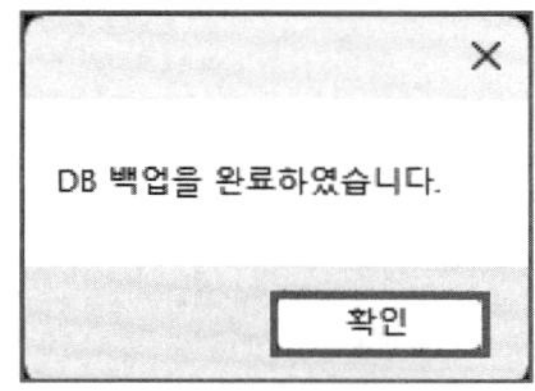

다 알고 가는 사람은 없습니다.
굳게 믿고 가는 사람이 있을 뿐입니다.

– 조정민, 『고난이 선물이다』, 두란노

시스템관리

> **＋ [PART 03 실무 시뮬레이션] 실습 방법**
>
> - [2026 에듀윌 ERP 정보관리사] 실무 시뮬레이션 백데이터를 복원
> - 회사코드 '3001', 회사명 '2026 에듀윌 ERP 물류', 사원코드 'ERP13L01', 사원명 '홍길동'으로 로그인(로그인 시 암호는 입력하지 않음)
> - [PART 03 실무 시뮬레이션]은 '2026 버전 핵심ERP 프로그램'을 사용

1 iCUBE 핵심ERP 시작하기

1. 백데이터 복원하기

실무 시험에 대한 이해를 높이고자 2026년 핵심ERP 프로그램에 맞추어 2026년 1회차 시험 DB를 바탕으로 재구성한 실무DB를 이용하여 연습하도록 구성하였다. ERP 프로그램을 설치한 후 실행하면 처음에는 회사가 등록되어 있지 않기 때문에 하단의 'DB Tool → DB복원'을 클릭하여 '2026 에듀윌 ERP 물류' 백데이터를 복원해야 한다. 백데이터는 바탕화면이나 찾기 편한 위치에 저장한 후 복원하는 것이 편리하다.

물류 2급 실무에서 [무역관리] 모듈이 추가된 것이 물류 1급 실무이다.

TIP

다운로드한 백데이터 파일은 반드시 압축을 해제한 후 복원해야 한다.

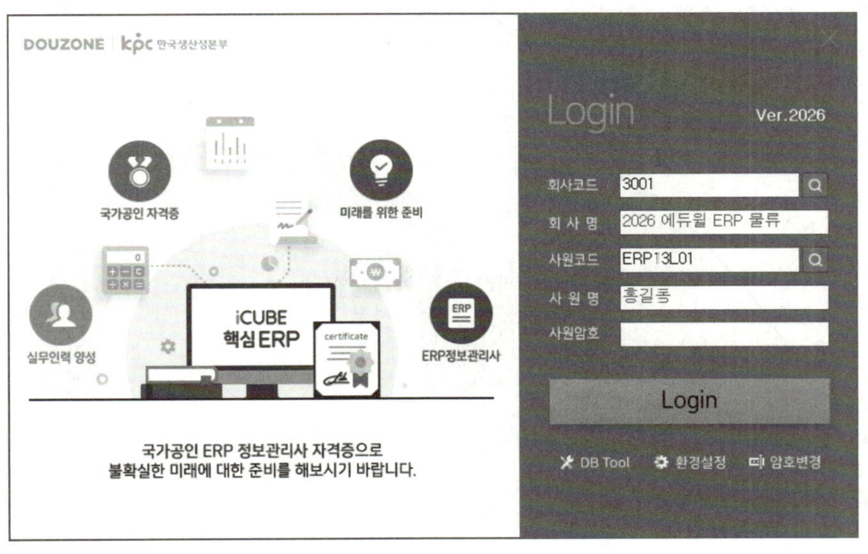

2. 로그인 화면

처음 로그인하면 다음과 같은 화면이 나온다. 왼쪽 하단에 [시스템관리], [영업관리], [구매/자재관리], [무역관리] 모듈이 있으며 각 모듈을 클릭하면 하위 메뉴를 확인할 수 있다.

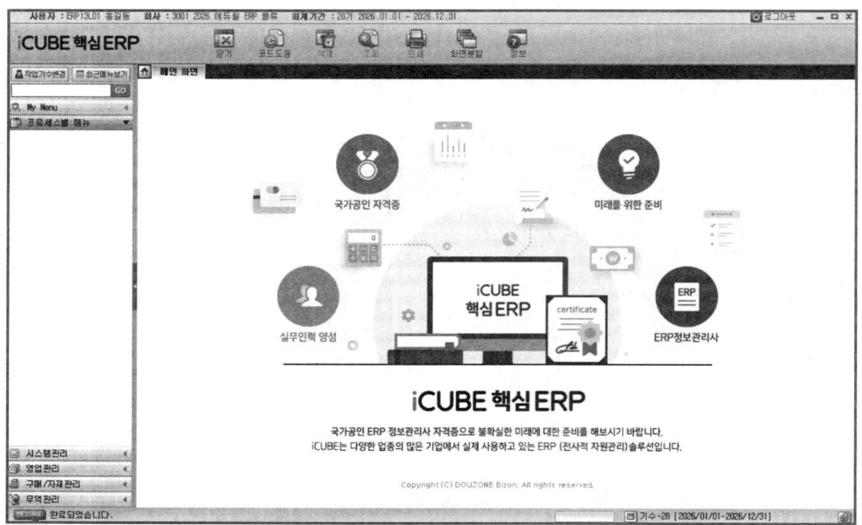

① 각 메뉴에 들어갈 때는 더블클릭을 한다.
② 시험에서는 팝업으로 메뉴가 열리므로 각 메뉴를 사용한 후에는 메뉴를 닫아야 한다.
③ 노란색으로 표시되는 입력부분은 필수입력란이므로 꼭 입력해야 한다.
④ 상단의 입력부분을 입력한 후 키보드의 'F12'나 화면 상단의 '조회' 버튼을 누르면 조회가 되며 'ENTER'를 계속 누르며 내려가도 조회할 수 있다.
⑤ 시험에서는 화면 왼쪽 상단의 메뉴 검색 기능이 지원되지 않으므로 실습 시에도 메뉴 검색 기능은 사용하지 않는 것이 좋다.
⑥ 키보드의 'F12' 버튼은 조회 시 사용되며, 저장이 필요한 경우에도 사용한다.

2 개요

[시스템관리]는 회사 업무를 수행함에 있어서 기초가 되는 자료를 입력하고 조회할 수 있는 모듈로 [회사등록정보], [기초정보관리], [초기이월관리], [마감/데이타관리]로 이루어져 있다. 각 메뉴를 더블클릭하거나 메뉴 옆의 ⊞를 클릭하면 하위 메뉴를 확인할 수 있다.

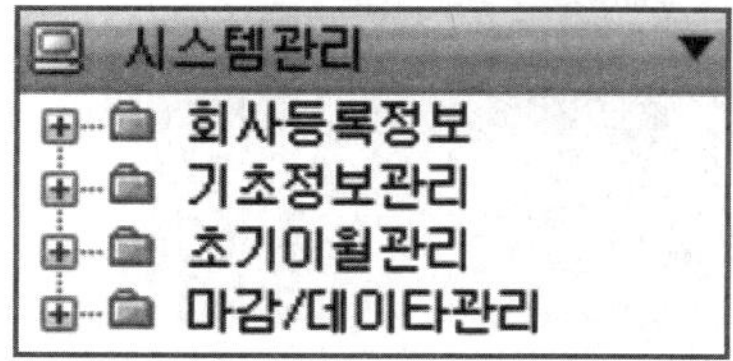

③ 회사등록정보

1. 회사등록

> **ERP 메뉴 찾아가기**
>
> 시스템관리 ▶ 회사등록정보 ▶ 회사등록

[회사등록]은 우리 회사의 사업자등록증을 바탕으로 본점의 회계연도, 사업자등록번호, 법인등록번호, 대표자 성명 등을 등록하는 메뉴로, 로그인할 때의 회사 정보가 등록되어 있다. 화면 왼쪽에서 회사명을 선택하면 화면 오른쪽에서 해당 회사의 정보를 조회할 수 있다. 기출문제 DB에는 여러 회사가 등록되어 있으므로 각 회사를 클릭하여 정보를 확인한다.

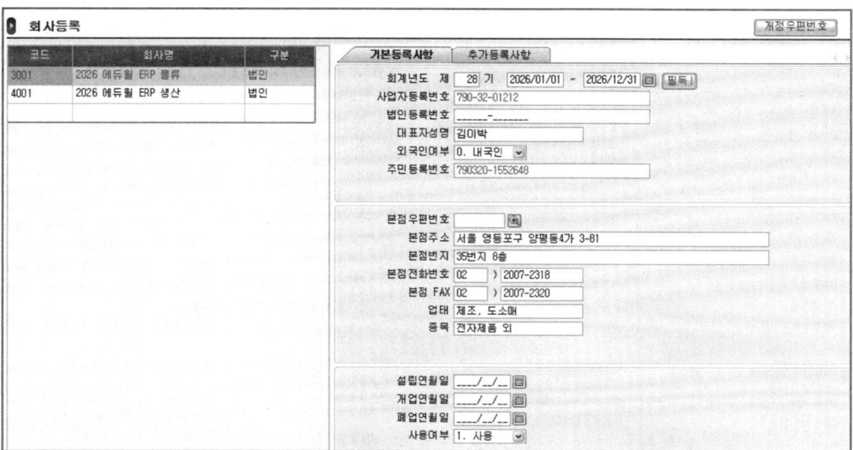

> **TIP**
>
> 시험용 백데이터에서 사업자등록번호와 주민등록번호는 실제 유효한 번호가 아니므로 붉은색 글자로 표시될 수 있다. 이것은 잘못된 번호라는 뜻이므로 실제 업무에서는 주의해야 한다.

2. 사업장등록

> **ERP 메뉴 찾아가기**
>
> 시스템관리 ▶ 회사등록정보 ▶ 사업장등록

회사에서 여러 개의 사업장을 운영하고 있는 경우 「부가가치세법」상 사업장마다 각각 사업자등록을 하여야 한다. 회사의 모든 장부는 사업장별로 조회가 이루어지며 각 사업장별로 납부(환급) 세액을 계산하여 이를 각 사업장이 속해 있는 관할 세무서장에게 신고·납부한다. 따라서 [사업장등록] 메뉴를 조회하면 (주)한국자전거본사, (주)한국자전거지사의 정보가 각각 등록되어 있다.

> **TIP**
>
> 시험에는 '본사'와 '지사'가 혼용되어 출제되므로 문제를 끝까지 잘 읽고 각 사업장을 확인한 후 풀어야 한다.

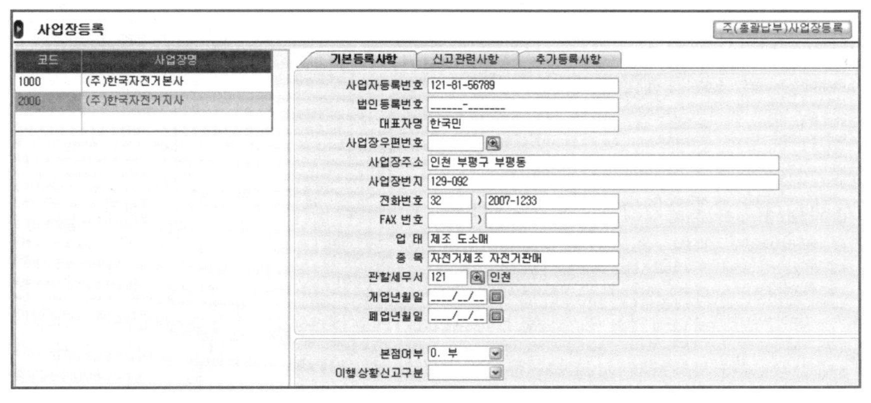

3. 부서등록

ERP 메뉴 찾아가기

시스템관리 ▶ 회사등록정보 ▶ 부서등록

회사에서는 업무 영역에 따라 부서가 여러 개로 나누어져 있으며 이러한 부서를 등록하는 메뉴가 [부서등록]이다. 각 부서들의 총괄 업무를 '부문'이라고 하며, 오른쪽 상단의 '부문등록'에 부문이 등록되어 있으면 부서등록 시 부문코드와 부문명을 선택하여 등록할 수 있다. 하나의 사업장에 여러 개의 부서가 등록될 수 있지만 부서코드는 중복하여 입력할 수 없다.

부서등록   [부문등록]

사업장 [____] 조회기준일 적용 □ [__/__/__]

부서코드	부서명	사업장코드	사업장명	부문코드	부문명	사용기간	사용기간
1100	총무부	1000	(주)한국자전거본사	1000	경리부문	2007/01/01	9999/12/31
1200	경리부	1000	(주)한국자전거본사	1000	경리부문	2007/01/01	9999/12/31
2100	국내영업부	1000	(주)한국자전거본사	3000	영업부문	2007/01/01	9999/12/31
2200	관리부	1000	(주)한국자전거본사	2000	관리부문	2007/01/01	9999/12/31
3100	해외영업부	2000	(주)한국자전거지사	3000	영업부문	2007/01/01	9999/12/31
4100	생산부	2000	(주)한국자전거지사	4000	생산부문	2007/01/01	9999/12/31
5100	자재부	2000	(주)한국자전거지사	5000	자재부문	2007/01/01	9999/12/31

4. 사원등록

ERP 메뉴 찾아가기

시스템관리 ▶ 회사등록정보 ▶ 사원등록

회사의 각 사원별로 사원코드, 사원명, 입력방식, 조회권한 등을 설정할 수 있는 메뉴이다. 퇴사일은 시스템관리자만 입력할 수 있으며, 퇴사일이 입력되어 있는 사원은 퇴사일 이후 시스템에 접근할 수 없다. 또한 사용자여부가 '여'로 설정되어 있는 사원만 프로그램에 접근할 수 있다. 프로그램 시작 시 사원별로 암호를 설정해야 하지만, 시험용 프로그램이므로 생략한다.

사원등록

부서 [2200] 관리부 ~ [2200] 관리부   사원명검색 [____]   □ 사용자만

사원코드	사원명	사원명(영문)	부서코드	부서명	입사일	퇴사일	사용자여부	암호	인사입력방식	회계입력방식	조회권한	품의서권한	검수조서권한	비상연락망
20000601	이중현		2200	관리부	2000/06/01		부		미결	미결	미사용	미결	미결	
ERP13L01	홍길동		2200	관리부	2000/01/01		여		미결	미결	회사	미결	미결	0

(1) 인사입력방식

급여에 대해 조금 더 안정적이고 정확한 관리가 이루어질 수 있도록 급여 마감에 대한 통제권한자를 설정한다.

① '0. 미결': 급여의 통제 및 결재권한이 없다.

② '1. 승인': 급여 승인권자만 최종 급여를 승인 또는 해제할 수 있다.

(2) 회계입력방식

사원의 전표입력방식에 대한 권한을 설정한다.

① '0. 미결': 전표입력 시 미결전표가 발행되며, 승인권자의 승인이 필요하다.

② '1. 승인': 전표입력 시 승인전표가 발행되며, 전표를 수정하거나 삭제할 경우에 승인해제를 해야 한다.

③ '2. 수정': 전표입력 시 승인전표가 발행되며, 승인해제를 하지 않아도 곧바로 수정 및 삭제할 수 있다.

(3) 조회권한

① '1. 회사': 회사 전체의 내역을 입력 및 조회할 수 있다.
② '2. 사업장': 사원이 소속되어 있는 사업장의 내역만을 입력 및 조회할 수 있으며, 다른 사업장에는 접근할 수 없다.
③ '3. 부서': 사원이 소속되어 있는 부서의 내역만을 입력 및 조회할 수 있으며, 다른 부서에는 접근할 수 없다.
④ '4. 사원': 사원 본인의 내역만을 입력 및 조회할 수 있으며, 다른 사원의 정보에는 접근할 수 없다.

5. 시스템환경설정

> 시스템관리 ▶ 회사등록정보 ▶ 시스템환경설정

각 메뉴의 운영여부, 소수점 자리수, 사용여부 등을 선택할 수 있으며, 오른쪽 선택범위에 해당하는 내용의 번호를 유형설정에서 선택할 수 있다.

예를 들어, 조회구분 '4. 물류'에서 품의등록운영여부의 유형설정이 '0'으로 선택되어 있다면 오른쪽 선택범위에서 '0. 운영안함, 1. 운영함' 중 '0. 운영안함'을 선택하여 품의등록을 운영하지 않는다는 뜻이다. '0. 부'나 '0. 운영안함'으로 설정되어 있는 메뉴를 열려고 시도하면 [시스템환경설정]에서 운영여부가 '0. 부' 또는 '0. 운영안함'으로 선택되어 있다는 팝업창이 나오면서 메뉴를 열 수 없다. 해당 메뉴를 열어 보고자 한다면 운영여부를 '1. 여' 또는 '1. 운영함'으로 설정하고 로그아웃한 후 다시 로그인해야 한다.

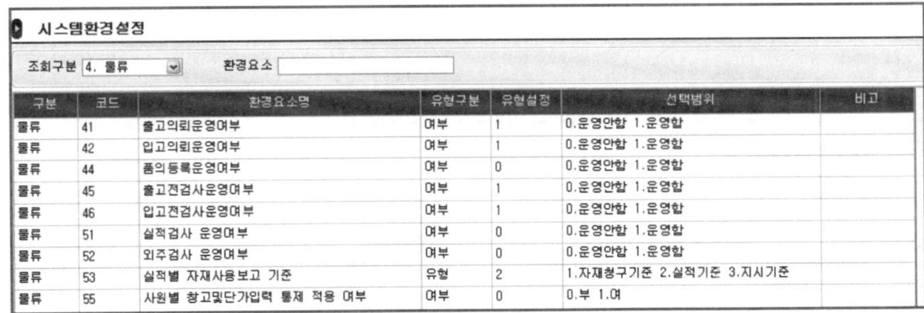

구분	코드	환경요소명	유형구분	유형설정	선택범위	비고
물류	41	출고의뢰운영여부	여부	1	0.운영안함 1.운영함	
물류	42	입고의뢰운영여부	여부	1	0.운영안함 1.운영함	
물류	44	품의등록운영여부	여부	0	0.운영안함 1.운영함	
물류	45	출고전검사운영여부	여부	1	0.운영안함 1.운영함	
물류	46	입고전검사운영여부	여부	1	0.운영안함 1.운영함	
물류	51	실적검사 운영여부	여부	0	0.운영안함 1.운영함	
물류	52	외주검사 운영여부	여부	0	0.운영안함 1.운영함	
물류	53	실적별 자재사용보고 기준	유형	2	1.자재청구기준 2.실적기준 3.지시기준	
물류	55	사원별 창고및단가입력 통제 적용 여부	여부	0	0.부 1.여	

6. 사용자권한설정

> 시스템관리 ▶ 회사등록정보 ▶ 사용자권한설정

사용자별로 각 모듈의 사용권한을 설정할 수 있으며, '모듈구분'에서 모듈을 선택하면 사용 가능한 메뉴를 확인할 수 있다. 메뉴 조회 시 '홍길동' 사원은 'S. 시스템관리', 'B. 영업관리', 'P. 구매/자재관리', 'D. 무역관리' 모듈에 대해서만 권한이 설정되어 있으며 '홍길동' 사원으로 로그인하면 왼쪽의 메뉴에서 [시스템관리], [영업관리], [구매/자재관리], [무역관리]만을 입력 및 조회할 수 있다.

만약에 사원에게 더 많은 모듈의 사용권한을 설정하고자 한다면 '모듈구분' 선택 → '사원' 선택 → 'MENU' 선택 → 오른쪽 상단의 '권한설정' 버튼을 클릭하면 된다. 권한설정을 하고 로그아웃한 후 다시 로그인하면 권한설정이 된 모듈과 메뉴를 확인할 수 있다.

4 기초정보관리

1. 일반거래처등록

시스템관리 ▶ 기초정보관리 ▶ 일반거래처등록

회사의 매입처, 매출처 등의 일반거래처를 등록하는 메뉴이다. 화면의 왼쪽에는 등록된 거래처의 이름이, 화면의 오른쪽에는 각 거래처의 기본등록사항과 거래등록사항, 추가등록사항이 입력되어 있다. 거래처 구분이 '일반'인 경우에 사업자등록번호는 입력부분이 노란색으로 표시되어 필수입력해야 하며, 그 외 '무역, 주민, 기타'인 경우에는 필수입력하지 않아도 된다.

실무 연습문제 일반거래처등록

다음 (주)한국자전거의 일반거래처에 대한 설명 중 옳지 <u>않은</u> 것은 무엇인가?

① (주)대흥정공의 사업자번호는 311-28-19927이다.
② (주)형광램프의 종목은 조명기기제조 외이다.
③ (주)제일물산은 서울 강남구에 위치해 있다.
④ 모든 거래처는 사업자등록번호를 반드시 입력해야 한다.

정답 ④

각 거래처마다 등록되어 있는 내역을 확인한다. 거래처 구분이 '일반'인 경우에 사업자등록번호는 입력부분이 노란색으로 표시되어 필수입력해야 하며, 그 외 '무역, 주민, 기타'인 경우에는 필수입력하지 않아도 된다. 구분이 '무역'인 거래처가 있으므로 모든 거래처에 사업자등록번호를 반드시 입력해야 하는 것은 아니다.

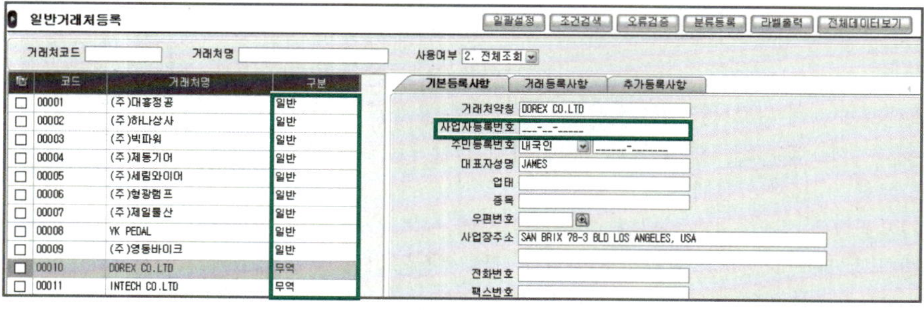

2. 금융거래처등록

시스템관리 ▶ 기초정보관리 ▶ 금융거래처등록

금융기관, 정기예금, 카드사 등의 금융거래처를 등록하는 메뉴이다. 각 거래처의 내용이
오른쪽의 '기본등록사항' 탭과 '고정자금등록' 탭에 입력되어 있다.

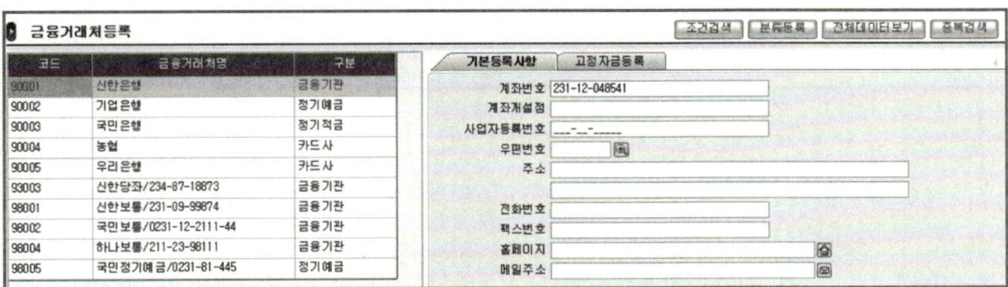

실무 연습문제　금융거래처등록

국민은행에 새로 개설한 당좌계좌를 ERP에 등록하고자 할 때 활용해야 하는 메뉴는 무엇인가?

① 일반거래처등록
② 금융거래처등록
③ 품목군등록
④ 물류관리내역등록

정답 ②

새로 개설한 당좌계좌를 등록할 때 활용하는 메뉴는 [금융거래처등록]이다.

3. 품목군등록

시스템관리 ▶ 기초정보관리 ▶ 품목군등록

회사에서 사용하고 있는 품목을 그룹별로 관리하기 위하여 품목군을 등록하는 메뉴이다.
품목등록 시 [품목군등록]에서 사용여부가 '사용'으로 설정되어 있는 품목군만 사용할 수
있으며, 품목군 없이도 품목등록이 가능하다.

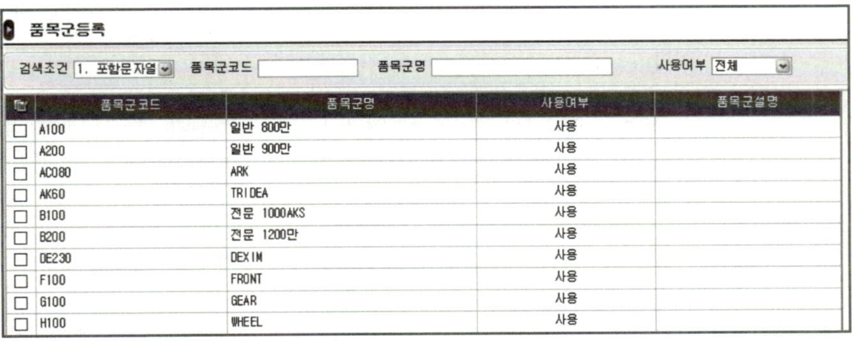

회사는 품목관리를 효율적으로 하기 위해 품목별로 유아용, 일반용, 산악용 등의 품목군을 지정하여 품목을 관리하고 있다. 다음 중 어떤 메뉴를 활용하여 품목군을 등록해야 하는가?

① 관리내역등록　　　　　　　② 품목분류(대/중/소)등록

③ 품목군등록　　　　　　　　④ 프로젝트등록

정답　③

새로운 품목군을 등록하는 메뉴는 [품목군등록]이다.

4. 품목등록 `중요`

✛ ERP 메뉴 찾아가기

시스템관리 ▶ 기초정보관리 ▶ 품목등록

회사에서 사용하고 있는 품목의 정보를 등록하는 메뉴이다. 생산관리와 물류관리에서 반드시 선행되어야 하는 필수입력 메뉴이며, 시험에도 가장 많이 출제된다. 화면 왼쪽에 품번과 품명이 있고, 화면 오른쪽에 'MASTER/SPEC', 'ORDER/COST', 'BARCODE 정보' 탭이 있어서 각 품목의 정보를 입력할 수 있다.

TIP

어떤 정보가 어느 탭에 있는지 위치를 파악하는 것이 중요하다.

(1) 'MASTER/SPEC' 탭

① 계정구분
- '0. 원재료': 제품이나 반제품 생산에 투입되는 주요 품목
- '1. 부재료': 제품이나 반제품 생산에 투입되는 부수 품목
- '2. 제품': 기업에서 판매를 목적으로 생산하는 품목
- '4. 반제품': 완전한 제품으로는 부족하지만 제품 생산에 투입하거나 독립적으로도 판매가 가능한 품목
- '5. 상품': 판매를 목적으로 구매하는 품목

② 조달구분
- '0. 구매': 계정구분이 원재료·부재료·상품 등으로 외부에 발주하여 구매하는 품목
- '1. 생산': 계정구분이 제품·반제품 등으로 내부에서 자재를 투입하여 생산하는 품목
- '8. Phantom': 공정상 잠시 존재하여 구매 및 수불행위가 발생하지 않는 품목

③ 재고단위: 재고관리 등에 사용되는 단위로, 입·출고, 재고관리, 생산·외주 시 사용되는 품목의 재고 기준단위이다.

④ 관리단위: 영업을 위한, 구매에서의 발주 시 사용되는 관리 기준단위이다.

⑤ 환산계수: 재고단위/관리단위로 계산할 수 있으며, 'F2'를 누르면 계산식을 확인할 수 있다.

⑥ 품목군: 품목을 그룹별로 관리하는 경우에 사용한다.

⑦ LOT*여부: 품목의 입·출고나 생산 시 LOT의 사용여부(사용·미사용)를 결정한다.

⑧ SET품목: 2가지 이상의 품목을 묶어서 SET로 구성하는지의 여부를 결정한다.

⑨ 검사여부: 영업관리, 구매관리, 생산관리, 외주관리 등을 운영할 때 품목의 검사여부를 결정한다.

⑩ 사용여부: 품목의 사용여부를 결정한다.

✳ **LOT**

1회에 생산되는 특정 수의 단위 또는 회사에서 관리하는 공정이나 라인 등의 기준

(2) 'ORDER/COST' 탭

① LEAD TIME: 품목의 조달 시 소요되는 기간을 의미하며, 일 단위로 설정한다. 'MASTER/SPEC' 탭의 조달구분에 따라 일자를 산정하는 기준이 다르다.
- 조달구분이 '0. 구매'인 경우: 발주에서 입고까지 소요되는 일자
- 조달구분이 '1. 생산'인 경우: 작업지시에서 생산완료까지 소요되는 일자

② 안전재고량: 여러 가지 불확실한 상황에 대비하여 회사에서 보유하고 있는 재고량이다.

③ 표준원가: 사전원가의 개념으로, 기업이 이상적인 제조활동을 하는 경우의 원가이다.

④ 실제원가: 사후원가의 개념으로, 제품이 완성된 후에 제조를 위하여 소비되는 금액을 산출한 원가이다.

실무 연습문제 — 품목등록

아래 [보기]의 조건으로 데이터를 조회한 후 물음에 답하시오.

> 보기
> - 조달구분: 0. 구매

다음 중 [보기]의 조건에 해당하는 품목 정보에 대한 설명으로 옳지 않은 것은?

① 품목 21-3000300. WIRING-DE의 표준원가는 7,000원이다.

② 품목 21-3065700. GEAR REAR C의 대분류는 2000. PACKING이다.

③ 품목 21-1060700. FRAME-NUT는 발주에서 입고까지 3일이 소요된다.

④ 품목 21-3001500. PEDAL(S)의 품목군은 P100. PEDAL이다.

정답 ②

[보기]의 조건으로 조회되는 품목을 확인한다. ① 표준원가, ② 대분류, ③ LEAD TIME(발주에서 입고까지 소요일 수)은 'ORDER/COST' 탭에서, ④ 품목군은 'MASTER/SPEC' 탭에서 확인할 수 있다. 여러 품목이 섞여 있으므로 품번이나 품명으로 조회하는 것이 한눈에 확인하기 편리하다.

② 품목 21-3065700. GEAR REAR C의 대분류는 4000. PCB이다.

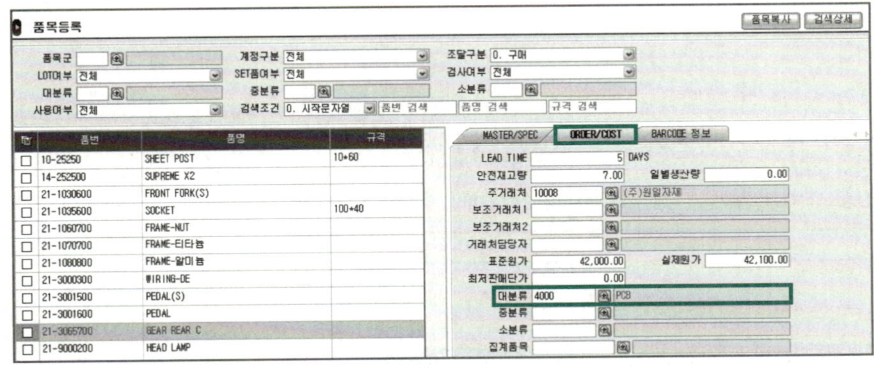

품번	품명	규격
10-25250	SHEET POST	10*60
14-252500	SUPREME X2	
21-1030600	FRONT FORK(S)	
21-1035600	SOCKET	100*40
21-1060700	FRAME-NUT	
21-1070700	FRAME-티타늄	
21-1080800	FRAME-알미늄	
21-3000300	WIRING-DE	
21-3001500	PEDAL(S)	
21-3001600	PEDAL	
21-3065700	GEAR REAR C	
21-9000200	HEAD LAMP	

5. 창고/공정(생산)/외주공정등록

시스템관리 ▶ 기초정보관리 ▶ 창고/공정(생산)/외주공정등록

사업장별로 '창고/장소', '생산공정/작업장', '외주공정/작업장'에 관한 정보를 등록하는
메뉴로, 각 탭마다 조회하여 등록할 수 있다. 생산관리와 물류관리를 운영하기 위해서는
창고, 공정, 작업장등록이 선행되어야 한다.

① 창고나 공정은 사업장별로 관리되므로 사업장을 선택한 후 각 창고나 공정을 조회 및
　입력한다.

② 사업장 옆의 🔍를 누르거나 사업장란에서 'F2'를 누른 후 사업장을 선택할 수 있다.

③ 각 탭의 화면 상단에 창고, 생산공정, 외주공정을 등록할 수 있고, 화면 하단에 창고의
　장소나 생산공정의 작업장, 외주공정의 작업장을 등록할 수 있다.

④ 하나의 창고나 공정에 여러 개의 장소나 작업장을 등록하여 사용할 수 있다.

⑤ 탭별로 각각 등록되어 있으므로 조회조건을 정확히 파악하여야 한다.

실무 연습문제　창고/공정(생산)/외주공정등록

다음 [보기]의 조건으로 데이터를 조회한 후 물음에 답하시오.

> ─ 보기 ─
> • 사업장: 1000. (주)한국자전거본사
> • 탭: 창고/장소

다음 중 적합여부가 '부적합'이며 가용재고여부가 '여'인 위치코드와 위치명으로 옳은 것은?

① M102. 제품장소

② 1200. 진열장소

③ M320. 제품_부산장소

④ P101. 제품장소

정답 ③

[보기]의 조건으로 조회한 후 각 위치의 적합여부와 가용재고여부를 확인한다. 각 창고를 클릭하면 하단에서 위치
를 확인할 수 있다.

③ M300. 완성품창고 하단의 M320. 제품_부산장소의 적합여부가 '부적합', 가용재고여부가 '여'이다.

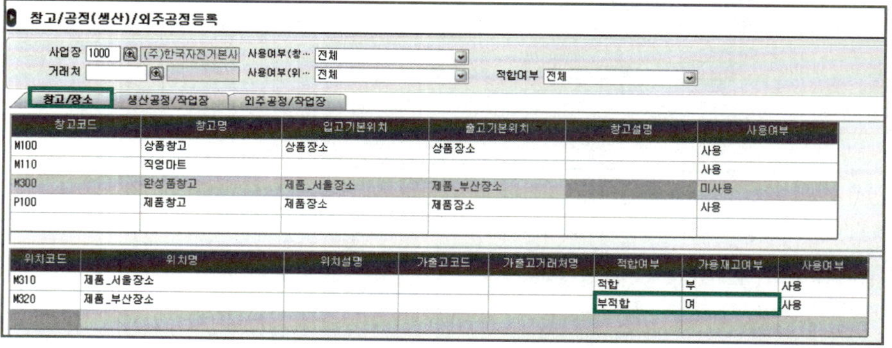

창고/공정(생산)/외주공정등록

| 사업장 | 1000 | 🔍 (주)한국자전거본사 | 사용여부(창… | 전체 | | | |
| 거래처 | | 🔍 | 사용여부(위… | 전체 | | 적합여부 | 전체 |

창고/장소	생산공정/작업장	외주공정/작업장

창고코드	창고명	입고기본위치	출고기본위치	창고설명	사용여부
M100	상품창고	상품장소	상품장소		사용
M110	직영마트				사용
M300	완성품창고	제품_서울장소	제품_부산장소		미사용
P100	제품창고	제품장소	제품장소		사용

위치코드	위치명	위치설명	가출고코드	가출고거래처명	적합여부	가용재고여부	사용여부
M310	제품_서울장소				적합	부	사용
M320	제품_부산장소				부적합	여	사용

6. 프로젝트등록

시스템관리 ▶ 기초정보관리 ▶ 프로젝트등록

특정한 행사, 프로젝트 등을 별도로 관리하고자 할 때 사용하는 메뉴이다. 오른쪽 상단의 '분류등록'을 클릭하면 프로젝트분류를 추가할 수 있다.

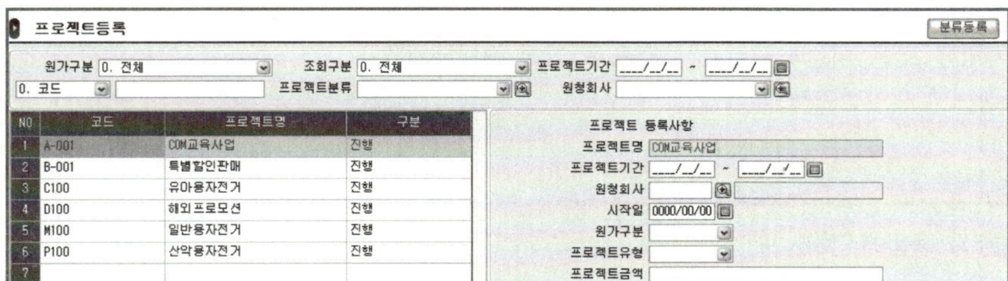

실무 연습문제   프로젝트등록

다음 [보기]와 같은 프로젝트분류를 추가하고자 할 때 활용해야 하는 메뉴는?

> ─ 보기 ─
> • 프로젝트분류: L100. 상반기사업

① 프로젝트등록

② 품목등록

③ 관리내역등록

④ 물류관리내역등록

정답 ①

프로젝트분류는 [프로젝트등록] 메뉴에서 오른쪽 상단의 '분류등록'을 이용하여 등록할 수 있다.

---

7. 관리내역등록

시스템관리 ▶ 기초정보관리 ▶ 관리내역등록

예금종류, 거래처등급 등의 관리항목을 등록해 놓은 메뉴이다. 구분이 '변경가능'인 것은 변경 및 입력이 가능하고, '변경불가능'인 것은 변경 및 입력이 불가능하다. 조회구분에는 '0. 공통', '1. 회계'가 있다.

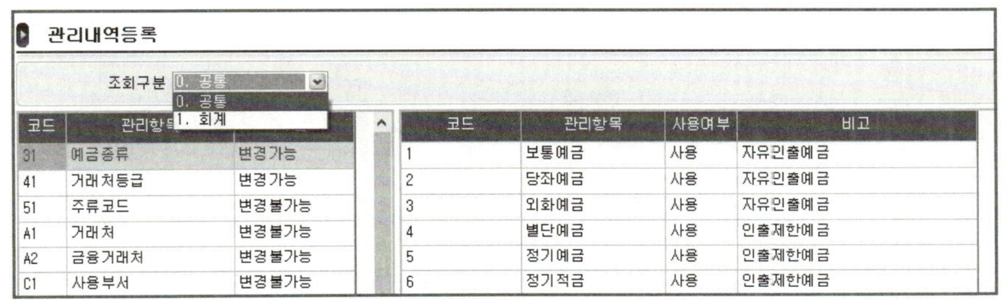

8. 회계연결계정과목등록

시스템관리 ▶ 기초정보관리 ▶ 회계연결계정과목등록

물류, 생산 등 여러 모듈에서 발생한 매입과 매출 정보에 대한 회계처리를 수행할 때 자동으로 분개하기 위해 계정과목코드를 미리 등록하는 메뉴이다. 회계처리 관련 메뉴에서 전표처리를 진행하면 [회계연결계정과목등록]에 등록되어 있는 계정이 대체차변, 대체대변에 생성된다. 각 모듈에서 회계처리된 것은 미결전표로 생성되므로 회계 승인권자가 [전표승인/해제] 메뉴에서 승인을 하여야 승인전표가 된다.

실무 연습문제　회계연결계정과목등록

아래 [보기]의 조건으로 데이터를 조회한 후 물음에 답하시오.

┌ 보기 ──────────────────────────────
• 모듈: 영업관리
• 전표코드: DOMESTIC_영업
└────────────────────────────────

다음 중 회계처리(매출마감)에서 사용되는 계정코드와 적요명이 <u>아닌</u> 것은?

① 10800 – 외상매출금 증가(상품)

② 40400 – 제품 매출

③ 25500 – 부가세예수금_DOMESTIC

④ 83100 – 수수료 대체

정답 ④

[보기]의 조건으로 조회 시 ④ 83100 – 수수료 대체는 조회되지 않는다.

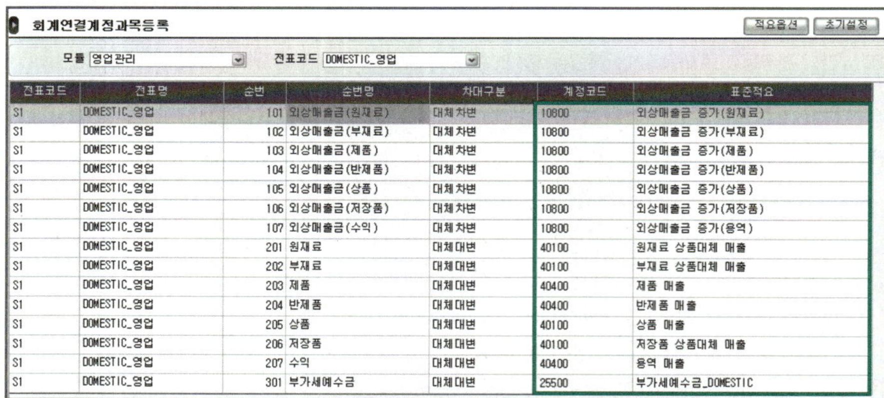

전표코드	전표명	순번	순변명	차대구분	계정코드	표준적요
S1	DOMESTIC_영업	101	외상매출금(원재료)	대체차변	10800	외상매출금 증가(원재료)
S1	DOMESTIC_영업	102	외상매출금(부재료)	대체차변	10800	외상매출금 증가(부재료)
S1	DOMESTIC_영업	103	외상매출금(제품)	대체차변	10800	외상매출금 증가(제품)
S1	DOMESTIC_영업	104	외상매출금(반제품)	대체차변	10800	외상매출금 증가(반제품)
S1	DOMESTIC_영업	105	외상매출금(상품)	대체차변	10800	외상매출금 증가(상품)
S1	DOMESTIC_영업	106	외상매출금(저장품)	대체차변	10800	외상매출금 증가(저장품)
S1	DOMESTIC_영업	107	외상매출금(수익)	대체차변	10800	외상매출금 증가(용역)
S1	DOMESTIC_영업	201	원재료	대체대변	40100	원재료 상품대체 매출
S1	DOMESTIC_영업	202	부재료	대체대변	40100	부재료 상품대체 매출
S1	DOMESTIC_영업	203	제품	대체대변	40400	제품 매출
S1	DOMESTIC_영업	204	반제품	대체대변	40400	반제품 매출
S1	DOMESTIC_영업	205	상품	대체대변	40100	상품 매출
S1	DOMESTIC_영업	206	저장품	대체대변	40100	저장품 상품대체 매출
S1	DOMESTIC_영업	207	수익	대체대변	40400	용역 매출
S1	DOMESTIC_영업	301	부가세예수금	대체대변	25500	부가세예수금_DOMESTIC

9. 물류관리내역등록

ERP 메뉴 찾아가기

시스템관리 ▶ 기초정보관리 ▶ 물류관리내역등록

물류나 생산 모듈에서 사용하는 생산설비, 작업팀, 영업관리구분 등의 관리항목을 등록하고 관리하는 메뉴이다. 화면 왼쪽의 코드와 관리항목명은 시스템상 자동 제공되며, 화면 오른쪽의 관리내역코드와 관리항목명은 직접 입력 및 수정할 수 있다. 사용하지 않는 관리내역의 사용여부를 '미사용'으로 설정하면 [작업지시등록] 메뉴 등에서 사용할 수 없다.

실무 연습문제 물류관리내역등록

다음 중 영업관리구분에 해당하는 관리항목은 무엇인가?

① 일반매출
② 긴급매출
③ 할인매출
④ 정기매출

정답 ①

'LS. 영업관리구분'에 등록되어 있는 관리항목명을 확인한다. 영업관리구분에서는 일반매출, 대리점매출, 우수고객매출, 본지점매출, 특별할인매출이 있다.

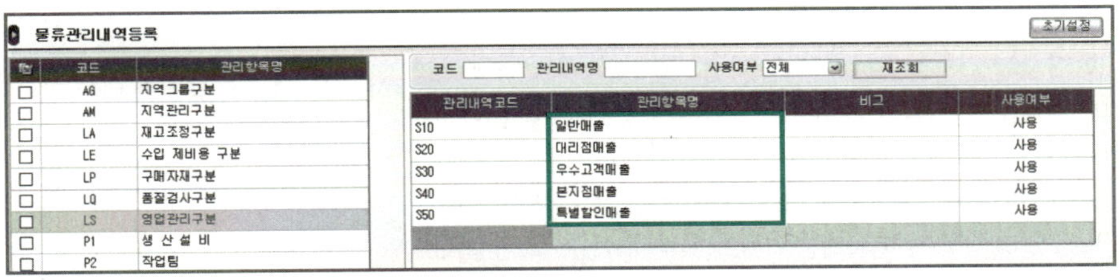

10. 물류담당자코드등록

ERP 메뉴 찾아가기

시스템관리 ▶ 기초정보관리 ▶ 물류담당자코드등록

물류나 생산 업무에서 사용하는 담당자를 등록하는 메뉴이다. 오른쪽 상단의 '담당그룹등록' 버튼을 클릭한 후 담당그룹을 먼저 등록할 수 있으며 담당그룹 없이도 담당자 등록이 가능하다. 시작일과 종료일 사이의 기준일자에 유효한 담당자의 조회가 가능하다.

실무 연습문제 물류담당자코드등록

아래 [보기]의 조건으로 데이터를 조회한 후 물음에 답하시오.

보기
- 기준일자: 2026/04/01

다음 중 회사에 등록되어 있는 담당자코드와 담당자코드명으로 올바르지 않은 것은?

① 1000. 김대연
② 2000. 이봉회
③ 3000. 김민경
④ 4000. 성민석

 ②

[보기]의 기준일자로 조회한 후 등록되어 있는 담당자코드와 담당자코드명을 확인한다.
② 담당자코드 2000의 담당자코드명은 정대준이다.

물류담당자코드등록										담당그룹등록

0. 담당자코드   담당그룹   사용여부 전체
기준일자 2026/04/01

담당자코드	담당자코드명	사원코드	사원명	전화번호	팩스번호	휴대폰	담당그룹	시작일	종료일	사용여부
10	영업1부							2007/01/01	9999/12/31	사용
1000	김대연							2013/01/01	9999/12/31	사용
20	영업2부							2007/01/01	9999/12/31	사용
2000	정대준							2013/01/01	9999/12/31	사용
30	영업3부							2007/01/01	9999/12/31	사용
3000	김민경							2013/01/01	9999/12/31	사용
40	무역부							2007/01/01	9999/12/31	사용
4000	성민석							2013/01/01	9999/12/31	사용
50	구매부							2007/01/01	9999/12/31	사용
5000	이봉회							2013/01/01	9999/12/31	사용

11. 물류실적(품목/고객)담당자등록

> **ERP 메뉴 찾아가기**
>
> 시스템관리 ▶ 기초정보관리 ▶ 물류실적(품목/고객)담당자등록

[물류담당자코드등록] 메뉴에서 등록한 물류담당자를 조회하여 거래처나 품목별로 담당자를 등록하는 메뉴이다. '거래처' 탭에서는 거래처별로, '품목' 탭에서는 품목별로 담당자를 입력할 수 있으며 영업담당자, 구매담당자, 외주담당자, 지역, 거래처분류, 영업기본단가, 구매기본단가 유형을 입력할 수 있다. [물류실적(품목/고객)담당자등록] 메뉴에는 담당자뿐만 아니라 지역이나 거래처분류, 영업기본단가 등도 입력할 수 있으므로 [물류실적(품목/고객)담당자등록] 메뉴의 입력사항을 확인해야 한다.

실무 연습문제   물류실적(품목/고객)담당자등록

다음 중 영업담당자와 구매담당자가 동일하지 <u>않은</u> 거래처는 어디인가?

① (주)대흥정공
② (주)빅파워
③ (주)제동기어
④ (주)제일물산

 ③

'거래처' 탭에서 각 거래처의 영업담당자와 구매담당자를 확인한다.
① (주)대흥정공: 영업담당자 – 김대연, 구매담당자 – 김대연
② (주)빅파워: 영업담당자 – 김대연, 구매담당자 – 김대연
③ (주)제동기어: 영업담당자 – 성민석, 구매담당자 – 이봉회 ✓
④ (주)제일물산: 영업담당자 – 김민경, 구매담당자 – 김민경

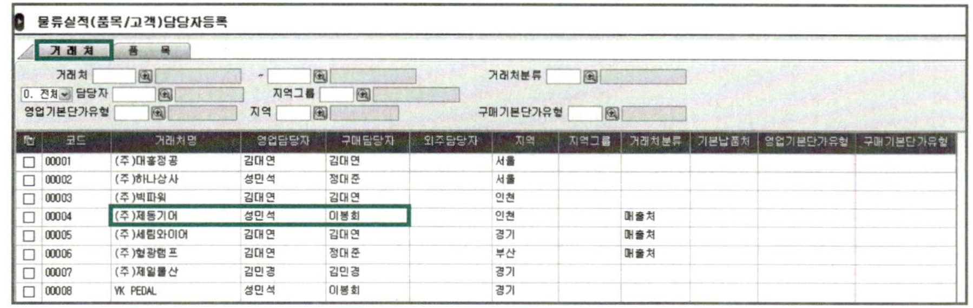

12. 품목분류(대/중/소)등록

> ### ERP 메뉴 찾아가기
>
> 시스템관리 ▶ 기초정보관리 ▶ 품목분류(대/중/소)등록

품목을 특성에 따라 품목군, 대분류, 중분류, 소분류별로 관리하고자 할 경우에 등록하는 메뉴이다. 품목군, 대분류, 중분류, 소분류 설정은 [품목등록] 메뉴에서도 가능하며, [품목분류(대/중/소)등록] 메뉴에서 품목분류를 등록하면 [품목등록] 메뉴에도 동일하게 적용된다. [물류관리내역등록] 메뉴의 품목대분류, 품목중분류, 품목소분류에 등록되어 있는 내용을 사용하며 사용여부가 '미사용'인 품목은 조회되지 않는다.

실무 연습문제   품목분류(대/중/소)등록

다음 중 품목의 대분류가 '4000. PCB'인 품목으로 옳지 <u>않은</u> 것은 무엇인가?

① 21-1060850. WHEEL FRONT-MTB

② 21-3065700. GEAR REAR C

③ 87-1002001. BREAK SYSTEM

④ 90-9001000. FRAME GRAY

정답 ④

'대분류: 4000. PCB'로 조회하여 포함되는 품목을 확인한다. 전체로 조회해도 되지만 대분류를 설정하고 조회하면 품목을 확인하기 더욱 편리하다.

④ 90-9001000. FRAME GRAY의 대분류는 '1000. FRAME'이다.

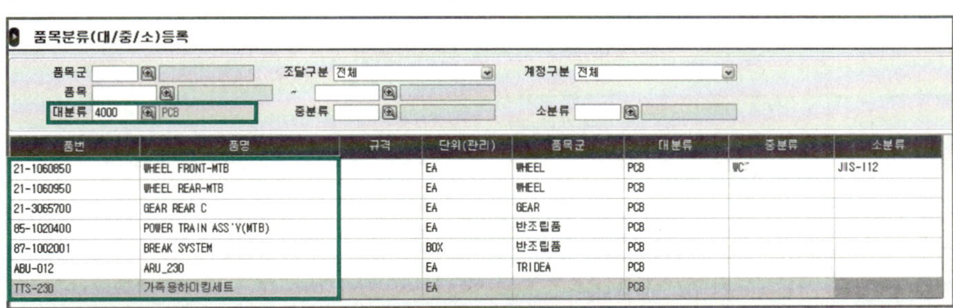

13. 검사유형등록

시스템관리 ▶ 기초정보관리 ▶ 검사유형등록

물류나 생산의 각 모듈에서 검사를 할 경우에 사용하는 검사유형을 등록한다. 검사구분에는 '11. 구매검사', '21. 외주검사', '41. 공정검사', '51. 출하검사'가 있다. 각 검사유형명 하단에 검사유형질문을 등록할 수 있으며, 입력필수에 '필수'와 '선택'을 구분하여 등록할 수 있다.

실무 연습문제 검사유형등록

아래 [보기]의 조건으로 데이터를 조회한 후 물음에 답하시오.

┌─ 보기 ─
• 검사구분: 51. 출하검사
└

다음 중 입력필수여부가 필수인 검사유형질문이 등록되어 있는 검사유형명은 무엇인가?

① 01. 조립검사
② 02. 외관검사
③ 03. 포장검사
④ 04. 기능검사

정답 ②

[보기]의 검사구분으로 조회한 후 각 검사유형명 하단에서 입력필수여부를 확인한다.
② '02. 외관검사'에 등록되어 있는 검사유형질문 '스크래치가 난 곳은 없는가?'의 입력필수여부는 '필수'이다.

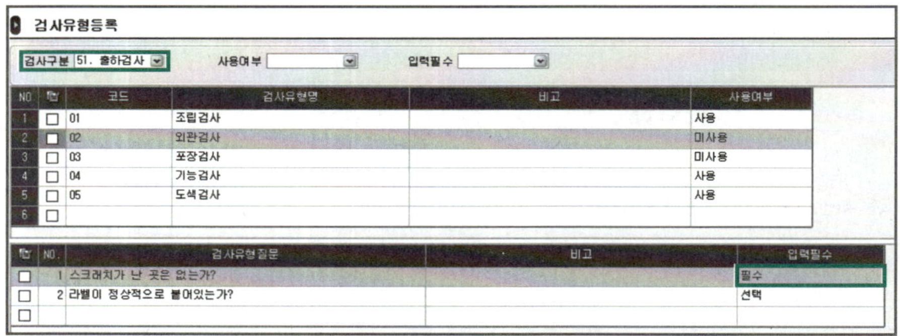

14. SET구성품등록

시스템관리 ▶ 기초정보관리 ▶ SET구성품등록

두 개 이상의 품목을 SET로 묶어서 판매하는 경우에 사용하는 메뉴이다. 화면의 상단에는 세트품을, 화면의 하단에는 세트의 구성품을 등록하여 SET로 관리할 수 있다. [품목등록] 메뉴에서 'SET품목'이 '1. 여'로 설정되어 있는 품목이 조회된다.

다음 중 'TTS-230. 가족용하이킹세트' 품목의 SET구성품으로 옳지 <u>않은</u> 것은?

① 자물쇠

② 일반자전거

③ 유아용자전거

④ 산악자전거

정답 ④

조회 후 'TTS-230. 가족용하이킹세트' 품목의 하단에 등록되어 있는 구성품을 확인한다. 등록되어 있는 구성품은 자물쇠, 유아용자전거, 일반자전거이다.

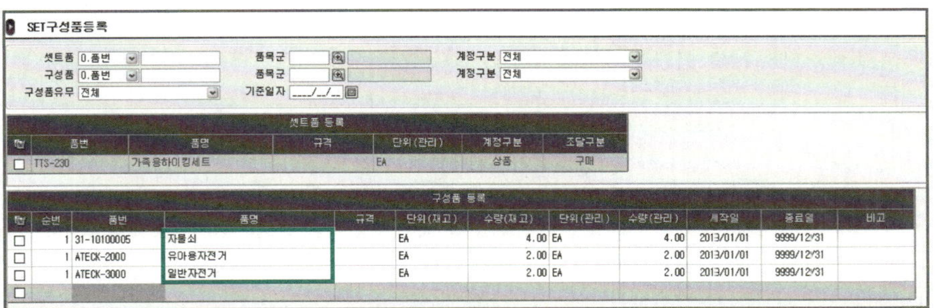

---

15. 고객별출력품목등록

ERP 메뉴 찾아가기

시스템관리 ▶ 기초정보관리 ▶ 고객별출력품목등록

동일한 품목에 대해서 고객마다 품번, 품명, 규격 등이 다를 경우 출력품번, 출력품명, 출력규격, 단위, 출력환산계수, 사용여부 등을 고객의 요구에 따라 등록하는 메뉴이다. 거래명세서나 세금계산서 등을 발급할 때 고객에게 맞출 수 있으므로 유용하게 사용할 수 있다.

실무 연습문제　고객별출력품목등록

품목 NAX-A500. 30단기어자전거에 대해 고객별로 출력품목을 설정하여 견적서를 인쇄하려고 한다. 고객과 출력품명의 연결이 올바르지 <u>않은</u> 것은?

① YK PEDAL – 30 MT BIKE

② DOREX CO.LTD – 30 DGR BK

③ INTECH CO.LTD – 30 DGR BIKER

④ 에치에프아이 – 30 DG BIKE X

정답 ③

'0. 품번, NAX-A500'으로 조회하여 고객명과 출력품명을 확인한다. 전체로 조회해도 되지만 품번이나 품명으로 조회하면 확인하기 편리하다.

③ 품목 'NAX-A500. 30단기어자전거'의 하단에 등록되어 있는 고객 'INTECH CO.LTD'의 출력품명은 '30 DG BIKE'이다.

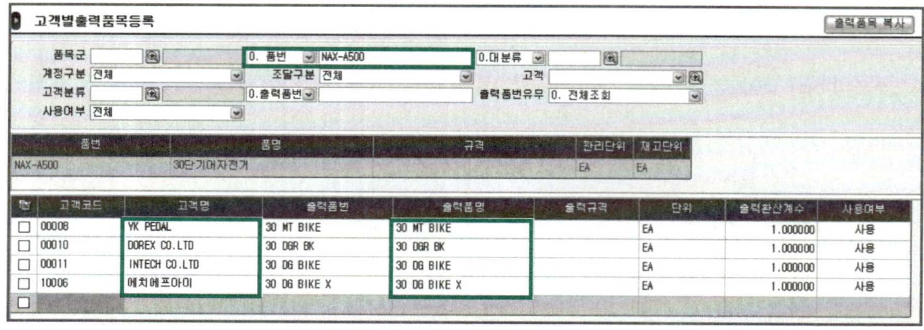

5 초기이월관리

1. 회계초기이월등록

 ERP 메뉴 찾아가기

시스템관리 ▶ 초기이월관리 ▶ 회계초기이월등록

주로 회계 모듈에서 사용하며, '1. 재무상태표', '2. 손익계산서', '3. 500번대원가', '4. 600번대원가', '5. 700번대원가'의 구분으로 입력 및 조회할 수 있는 메뉴이다. 전기의 보고서를 조회하여 이월기준일 1월 1일로 당기 이월된 내역을 입력 및 조회할 수 있으며, 차기에는 [시스템관리]−[마감/데이타관리]−[마감및년도이월] 메뉴를 통해 자동으로 회계이월작업을 할 수 있다.

2. 재고이월등록

시스템관리 ▶ 초기이월관리 ▶ 재고이월등록

당기 말(대상년도: 2026)의 기말재고를 차기(이월년도: 2027)의 기초재고로 반영하여 이월시키는 메뉴이다. 재고이월작업 후에 대상연도 재고를 수정하지 않으려면 [자재마감/통제등록] 메뉴에서 마감등록을 하여야 한다. 만약 이월작업 후 대상연도 재고의 변경이 발생할 경우, 대상연도의 기말재고와 이월연도의 기초재고가 일치하도록 이월작업을 다시 하여야 한다.

6 마감 / 데이타관리

1. 영업마감/통제등록

시스템관리 ▶ 마감/데이타관리 ▶ 영업마감/통제등록

사업장별로 영업에 관련된 판매단가, 품목코드도움창, 주문(유통) 여신통제 방법 등을 설정할 수 있는 메뉴이다.

① 판매단가: [영업관리]-[기초정보관리] 메뉴에 품목단가와 고객별단가가 등록되어 있어야 적용된다. 견적이나 수주등록을 할 경우에 적용할 단가를 선택할 수 있다.

② 품목코드도움창: 품목이 5,000건 미만인 표준코드도움과 품목이 5,000건 이상인 대용량코드도움 중에서 선택한다.

③ 일괄마감 후 출고변경 통제: '통제안함'을 선택하면 출고처리 수량 및 금액을 수정할 수 있고, '통제'를 선택하면 출고처리 수량 및 금액을 통제하여 수정할 수 없다.

④ 마감일자: 설정된 마감일자 이전의 매출이나 매출반품 등 영업품목의 이동(수불)을 통제하여 매출마감에 제약을 받는다. 재고평가를 한 경우에는 마감일자가 자동으로 설정되며, 사용자가 직접 마감일자를 입력하여 저장할 수도 있다.

⑤ 입력통제일자: 설정된 일자를 포함한 이전 일자에 대하여 재고수불과 관련 없는 메뉴(견적등록, 수주등록 등)에 대한 입력을 통제한다.

실무 연습문제　영업마감/통제등록

다음 중 [영업마감/통제등록] 메뉴에 판매단가로 설정되어 있는 것은 무엇인가?

① 적용안함

② 품목단가

③ 고객별단가

④ 고객 & 품목유형별단가

정답 ②

[영업마감/통제등록] 메뉴에 판매단가로 설정되어 있는 것은 품목단가이다.

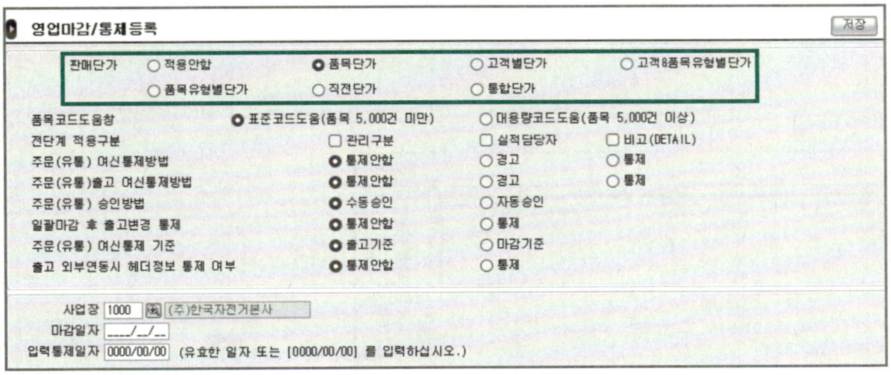

2. 자재마감/통제등록

ERP 메뉴 찾아가기

시스템관리 ▶ 마감/데이타관리 ▶ 자재마감/통제등록

사업장별로 자재정보에 대한 구매단가, 재고평가방법, 사업장이동평가, 품목코드도움창, 재고(-) 통제여부, 마감일자, 입력통제일자 등의 정보를 설정하여 통제하는 메뉴이다.

① 구매단가: [구매/자재관리]-[기초정보관리] 메뉴에서 품목단가와 거래처별 단가가 등록되어 있어야 적용된다. 발주하여 구매할 경우 적용할 단가를 선택할 수 있으며, 구매단가를 적용하면 발주등록 시 단가를 자동으로 반영할 수 있다.

② **재고평가방법**: 재고평가작업에 활용되는 평가방법을 설정하는 것으로 총평균, 이동평균, 선입선출, 후입선출 중에서 선택한다.

③ **사업장이동평가**: 사업장 간의 재고이동 시 표준원가와 사업장출고단가 중에서 재고의 단가유형을 선택한다.

④ **품목코드도움창**: 품목이 5,000건 미만인 표준코드도움과 품목이 5,000건 이상인 대용량코드도움 중에서 선택한다.

⑤ **재고(-) 통제여부**: '통제안함'을 선택하면 재고가 없어도 (-)재고를 허용하여 출고처리가 가능하고, '통제'를 선택하면 (-)재고를 허용하지 않아 출고처리가 불가능하다.

⑥ **일괄마감 후 입고변경 통제**: '통제안함'을 선택하면 입고처리 수량 및 금액을 수정할 수 있지만, '통제'를 선택하면 입고처리 수량 및 금액을 통제하여 수정할 수 없다.

⑦ **마감일자**: 설정된 마감일자 이전의 매입이나 매입반품 등 자재품목의 이동(수불)을 통제하여 입고 및 매입마감에 제약을 받는다. 재고평가를 한 경우에는 마감일자가 자동으로 설정되며, 사용자가 직접 마감일자를 입력하여 저장할 수도 있다.

⑧ **입력통제일자**: 설정된 입력일자를 포함한 이전 일자에 대하여 재고수불과 관련 없는 메뉴(발주등록 등)에 대한 입력을 통제한다.

 자재마감/통제등록

다음 중 [자재마감/통제등록] 메뉴의 설정항목별 설정값에 대한 설명으로 옳지 않은 것은?

① 구매단가 설정항목에 대한 설정값은 '품목단가'이다.
② 재고평가방법 설정항목에 대한 설정값은 '총평균'이다.
③ 일괄마감 후 입고변경 통제 설정항목에 대한 설정값은 '통제안함'이다.
④ 재고(-) 통제여부 설정항목에 대한 설정값은 '통제안함'이다.

정답 ②

재고평가방법 설정항목에 대한 설정값은 '선입선출'이다.

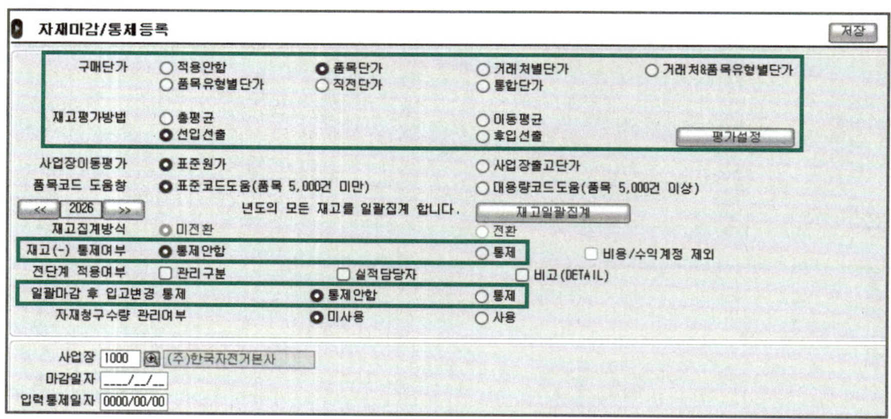

3. 마감및년도이월

시스템관리 ▶ 마감/데이타관리 ▶ 마감및년도이월

회계 모듈에서 주로 사용하는 메뉴이며 당기의 재무제표정보를 다음 연도의 초기이월데이터로 이월할 수 있는 메뉴이다. 당기의 회계처리 관련 입력 및 결산을 완료한 후에 [마감및년도이월] 메뉴에서 이월 작업을 하면, 기존 자료의 추가 입력 및 수정이 불가능하여 자료를 안전하게 보존할 수 있다.

4. 사원별단가/창고/공정통제설정

시스템관리 ▶ 마감/데이타관리 ▶ 사원별단가/창고/공정통제설정

사원별로 단가통제나 창고/공정통제를 설정하는 메뉴로 [시스템관리]−[회사등록정보]−[시스템환경설정] 메뉴에서 '사원별창고및단가입력통제 적용 여부'에 '1. 여'를 선택해야만 사용할 수 있다. 현재 '0. 부'로 설정되어 있으므로 메뉴를 사용할 수 없다.

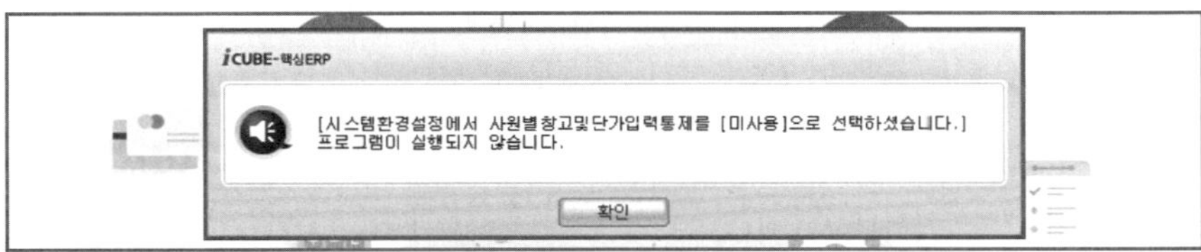

만약 [사원별단가/창고/공정통제설정] 메뉴를 실행하고자 한다면 [시스템관리]−[회사등록정보]−[시스템환경설정] 메뉴에서 조회구분 '4. 물류', 코드 '55. 사원별창고및단가입력통제 적용 여부'의 유형설정을 '1. 여'로 변경하고 로그아웃한 후 다시 로그인해야 한다.

영업관리

[영업관리]는 수주, 출고 등 매출에 관련된 작업을 입력 및 조회하는 모듈로 [영업관리], [영업현황], [영업분석], [기초정보관리]로 이루어져 있다.

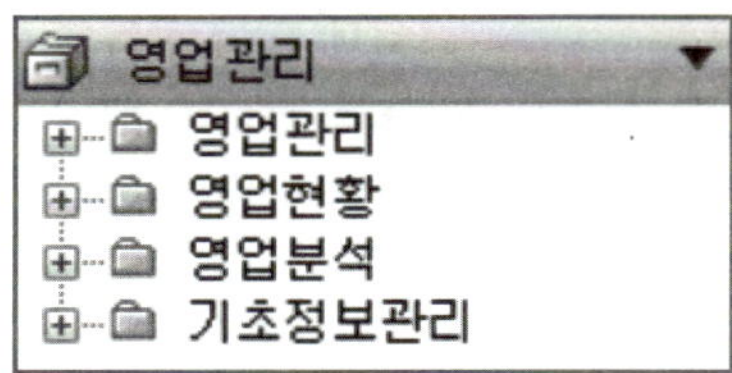

1 기초정보관리

품목별 단가나 고객별 단가 및 납품처를 등록해야 출고 등 매출이 원활하게 이루어질 수 있다.

1. 품목단가등록

ERP 메뉴 찾아가기

영업관리 ▶ 기초정보관리 ▶ 품목단가등록

구매 및 판매하는 품목의 단가를 입력하는 메뉴로 '구매단가' 탭에서는 구매 품목의 구매단가를, '판매단가' 탭에는 구매 및 생산한 품목을 판매할 경우의 판매단가를 등록한다. [시스템관리]−[마감/데이타관리]−[영업마감/통제등록] 메뉴에서 '판매단가' 항목이나 [자재마감/통제등록] 메뉴에서 '구매단가' 항목이 '품목단가'로 선택되어 있을 경우 [품목단가등록] 메뉴에서 입력한 단가가 적용된다.

① '판매단가' 탭의 일괄수정: 표준원가대비, 구매단가대비, 최저판매가대비에 대한 마진율을 입력한 후 '일괄수정'을 클릭하면 마진율을 적용한 판매단가를 일괄적으로 등록할 수 있다.
② 판매부가세단가: 판매단가에 10%의 부가세를 합한 금액이다.
③ 환산표준원가: [품목등록] 메뉴의 'MASTER/SPEC' 탭에서 입력한 환산계수와 'ORDER/COST' 탭에서 입력한 표준원가를 적용하여 '표준원가×환산계수'의 계산식에 의해 자동 반영된다.

실무 연습문제 품목단가등록

다음 품목 중 구매단가와 판매단가의 차이가 커서 이익이 가장 많이 발생하는 품목으로 옳은 것은?

① 산악자전거
② PS−BLACK
③ PS−WHITE
④ 싸이클

'판매단가' 탭에서 조회한 후 각 품목의 구매단가와 판매단가의 차이를 계산한다.
① 산악자전거: 구매단가 210,000원, 판매단가 320,000원 → 차이 110,000원
② PS-BLACK: 구매단가 6,500원, 판매단가 220,000원 → 차이 213,500원
③ PS-WHITE: 구매단가 5,520원, 판매단가 220,000원 → 차이 214,480원 ✓
④ 싸이클: 구매단가 190,000원, 판매단가 280,000원 → 차이 90,000원

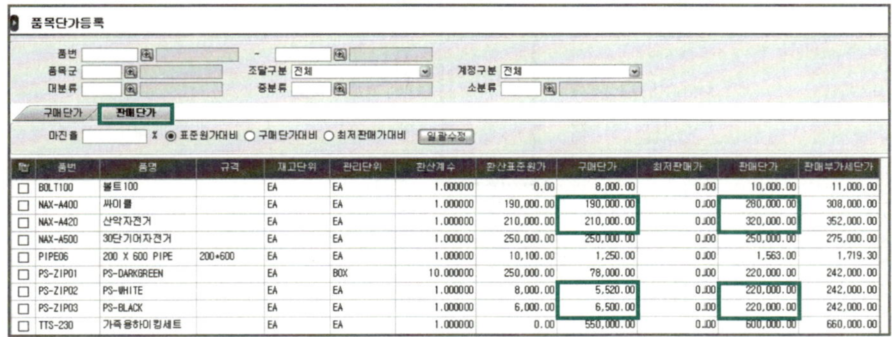

품목단가등록

	품번	품명	규격	재고단위	관리단위	환산계수	환산표준원가	구매단가	최저판매가	판매단가	판매부가세단가
☐	BOLT100	볼트100		EA	EA	1.000000	0.00	8,000.00	0.00	10,000.00	11,000.00
☐	NAX-A400	싸이클		EA	EA	1.000000	190,000.00	190,000.00	0.00	280,000.00	308,000.00
☐	NAX-A420	산악자전거		EA	EA	1.000000	210,000.00	210,000.00	0.00	320,000.00	352,000.00
☐	NAX-A500	30단기어자전거		EA	EA	1.000000	250,000.00	250,000.00	0.00	250,000.00	275,000.00
☐	PIPE06	200 X 600 PIPE	200*600	EA	EA	1.000000	10,100.00	1,250.00	0.00	1,563.00	1,719.30
☐	PS-ZIP01	PS-DARKGREEN		EA	BOX	10.000000	250,000.00	78,000.00	0.00	220,000.00	242,000.00
☐	PS-ZIP02	PS-WHITE		EA	EA	1.000000	8,000.00	5,520.00	0.00	220,000.00	242,000.00
☐	PS-ZIP03	PS-BLACK		EA	EA	1.000000	6,000.00	6,500.00	0.00	220,000.00	242,000.00
☐	TTS-230	가족용하이킹세트		EA	EA	1.000000	0.00	550,000.00	0.00	600,000.00	660,000.00

2. 고객별단가등록

ERP 메뉴 찾아가기

영업관리 ▶ 기초정보관리 ▶ 고객별단가등록

고객별로 구매단가와 판매단가를 다르게 적용시킬 경우에 사용하는 메뉴로, '구매단가' 탭에서는 고객별 구매단가를, '판매단가' 탭에서는 고객별 판매단가를 등록한다.
[시스템관리]-[마감/데이타관리]-[영업마감/통제등록] 메뉴에서 '판매단가' 항목이 '고객별단가'로 선택되어 있는 경우와 [자재마감/통제등록] 메뉴에서 '구매단가' 항목이 '거래처별단가'로 선택되어 있는 경우에 [고객별단가등록] 메뉴에서 입력한 단가가 적용된다. 고객별 단가등록이므로 고객인 거래처명을 반드시 입력하여야 입력 및 조회할 수 있다.

실무 연습문제 고객별단가등록

다음 품목 중 (주)제동기어에서 구매하는 단가가 올바르지 않은 것은?

① FRONT FORK(S): 19,000원

② PEDAL: 50,000원

③ HEAD LAMP: 10,000원

④ WHEEL FRONT-MTB: 17,000원

'구매단가' 탭에서 '거래처: (주)제동기어'로 조회한 후 각 품목의 구매단가를 확인한다.
④ WHEEL FRONT-MTB의 구매단가는 18,000원이다.

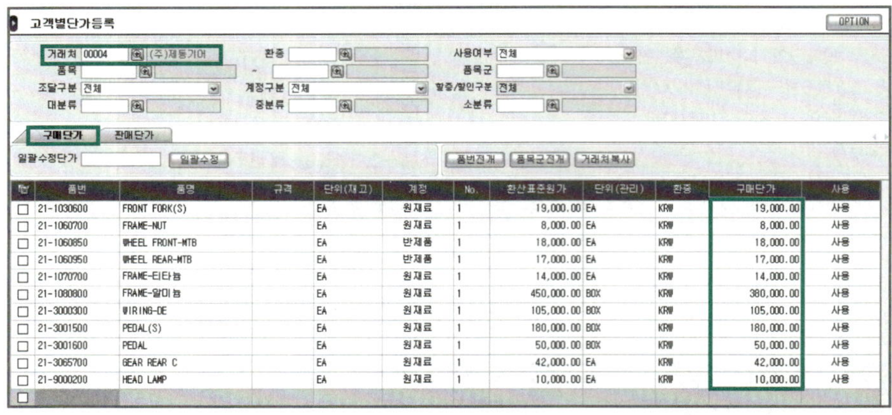

3. 납품처등록

영업관리 ▶ 기초정보관리 ▶ 납품처등록

거래처에 실제로 물건을 납품해야 하는 장소와 운임 등 납품처의 정보를 등록하는 메뉴로 거래처와 납품처가 다른 경우나 납품처가 여러 곳인 경우에 편리하게 사용할 수 있다.

 납품처등록

다음 (주)제일물산의 납품처 중 배송방법이 화물차량 1톤으로 설정되어 있는 곳은?

① 제일물산/하남창고
② 제일물산/대전창고
③ 제일물산/대구창고
④ 제일물산/부산창고

정답 ①

(주)제일물산의 납품처 중 배송방법이 화물차량 1톤으로 설정되어 있는 곳은 '제일물산/하남창고'이다.

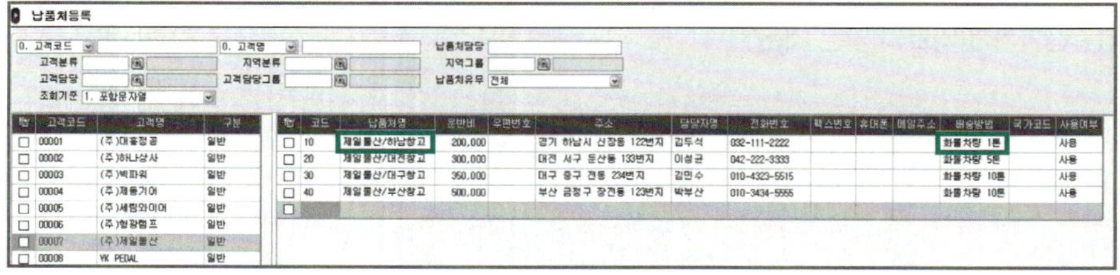

4. 채권기초/이월/조정(출고기준)

영업관리 ▶ 기초정보관리 ▶ 채권기초/이월/조정(출고기준)

사업장별로 채권기초, 채권이월, 채권조정을 등록하는 메뉴이다.
① '채권기초' 탭: 고객별 채권의 기초금액인 '기초미수채권'을 입력한다.
② '채권이월' 탭: 해당 연도 기말의 미수채권을 차기연도로 이월할 경우 이월미수채권을 보여준다.
③ '채권조정' 탭: 해당 거래처의 실제 미수채권과 장부상의 미수채권에 차이가 발생했을 때 채권을 조정하는 메뉴이다. 채권을 비교한 후 장부상 미수채권 금액을 증가시키려면 (+)값을, 장부상 미수채권 금액을 감소시키려면 (−)값을 입력한다.

실무 연습문제 채권기초/이월/조정(출고기준)

(주)한국자전거본사의 김대연 담당자가 담당하고 있는 고객 중 2026년도 기초미수채권이 가장 큰 고객으로 옳은 것은?

① (주)대흥정공
② (주)빅파워
③ (주)세림와이어
④ (주)형광램프

정답 ①

'사업장: 1000. (주)한국자전거본사, 해당년도: 2026, 담당자: 1000. 김대연'으로 조회한 후 '채권기초' 탭에서 각 고객별 기초미수채권을 확인한다. 전체로 조회해도 되지만 담당자를 김대연으로 지정하여 조회하는 것이 한눈에 확인하기 편리하다.
① (주)대흥정공의 기초미수채권: 10,081,505원 ✓
② (주)빅파워의 기초미수채권: 3,700,500원
③ (주)세림와이어의 기초미수채권: 844,250원
④ (주)형광램프의 기초미수채권: 844,250원

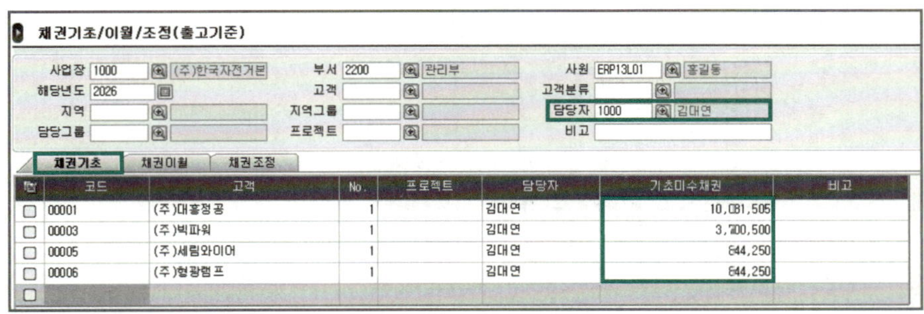

2 영업관리

1. 판매계획등록

ERP 메뉴 찾아가기

영업관리 ▶ 영업관리 ▶ 판매계획등록

사업장별, 계획연도별 등 판매계획을 등록하는 메뉴로 '기초계획' 탭에서는 계획연도의
월별 판매계획 내역을 등록하고, '수정계획' 탭에서는 기초계획에 입력한 내용의 수정계획
을 등록한다.

실무 연습문제 판매계획등록

아래 [보기]의 조건으로 데이터를 입력 및 조회한 후 물음에 답하시오.

> ─ 보기 ─
> • 사업장: 1000. (주)한국자전거본사
> • 계획연도: 2026년 5월

**(주)한국자전거본사는 2026년 5월 판매계획을 등록하였으나 갑작스러운 질병의 유행으로 인한
수요 증가로 판매계획수량을 수정하였다. 판매단가는 수정하지 않고 모든 품목의 계획수량만
100EA로 수정하여 등록한다면 수정계획을 등록한 후 각 품목의 판매예상 금액으로 옳지 <u>않은</u>
것은?**

① 유아용자전거: 16,000,000원

② 일반자전거: 24,000,000원

③ 싸이클: 27,000,000원

④ 산악자전거: 33,000,000원

정답 ④

'수정계획' 탭에서 [보기]의 조건으로 조회한다. 각 품목별 수정계획수량을 100EA로 입력하고 각 품목별 기초계획
단가와 동일하게 수정계획단가를 등록하면 변경된 수정계획 금액을 확인할 수 있다.
④ 산악자전거의 수정계획 금액은 32,000,000원이다.

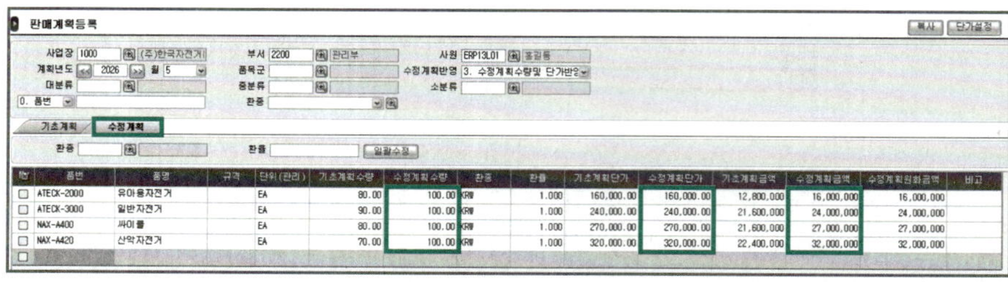

품번	품명	규격	단위(관리)	기초계획수량	수정계획수량	환종	환율	기초계획단가	수정계획단가	기초계획금액	수정계획금액	수정계획원화금액	비고
ATECK-2000	유아용자전거		EA	80.00	100.00	KRW	1.000	160,000.00	160,000.00	12,800,000	16,000,000	16,000,000	
ATECK-3000	일반자전거		EA	90.00	100.00	KRW	1.000	240,000.00	240,000.00	21,600,000	24,000,000	24,000,000	
NAX-A400	싸이클		EA	80.00	100.00	KRW	1.000	270,000.00	270,000.00	21,600,000	27,000,000	27,000,000	
NAX-A420	산악자전거		EA	70.00	100.00	KRW	1.000	320,000.00	320,000.00	22,400,000	32,000,000	32,000,000	

2. 판매계획등록(고객별상세)

> 영업관리 ▶ 영업관리 ▶ 판매계획등록(고객별상세)

판매계획을 고객별로 상세하게 등록하는 메뉴로 대상년월의 고객별 매출예상 금액과 수금예상 금액을 확인할 수 있다.

실무 연습문제 | 판매계획등록(고객별상세)

다음 중 (주)한국자전거본사의 2026년 10월 매출예상 금액보다 수금예상 금액이 적은 고객이 아닌 것은?

① (주)대흥정공
② (주)하나상사
③ (주)제일물산
④ YK PEDAL

정답 ④

'사업장: 1000. (주)한국자전거본사, 대상년월: 2026/10월'로 조회한 후 고객별 매출예상 금액과 수금예상 금액을 확인한다.

④ YK PEDAL은 매출예상 금액과 수금예상 금액이 38,600,000원으로 같다.

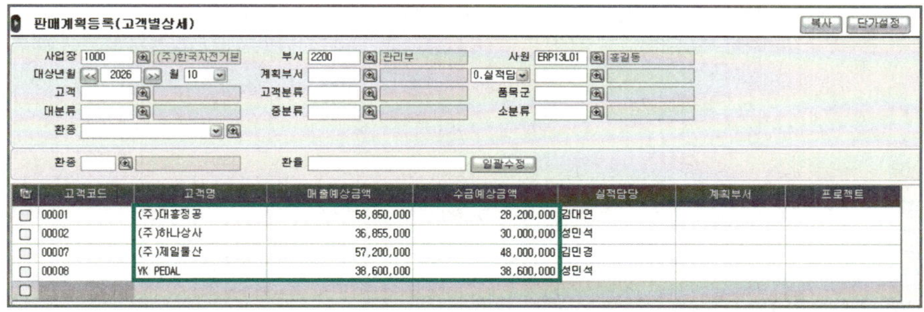

3. 견적등록

> 영업관리 ▶ 영업관리 ▶ 견적등록

고객에게 수량, 단가, 납품일정 등을 전달할 견적서의 내용을 등록하는 메뉴이다. 견적등록은 선택사항으로 반드시 입력해야 하는 것은 아니며 직접 입력만 할 수 있다. 견적등록한 내용을 적용받아 수주등록할 수 있으며, 이러한 경우에는 견적내역을 수정 및 삭제할 수 없다.

(1) 과세구분

① '0. 매출과세': 세금계산서가 교부되는 거래로 부가가치세 10%의 과세매출
② '1. 수출영세': 국외 수출거래로 부가가치세 0%의 매출
③ '2. 매출면세': 계산서가 교부되는 거래로 면세재화의 매출
④ '3. 매출기타': 과세와 면세 이외의 매출

다음 [보기]의 조건으로 데이터를 입력 및 조회한 후 물음에 답하시오.

> ─ 보기 ─
> • 사업장: 1000. (주)한국자전거본사
> • 견적기간: 2026/04/15
> • 고객: 00009. (주)영동바이크
> • 과세구분: 0. 매출과세
> • 단가구분: 0. 부가세미포함
> • 납기일: 2026/04/19
> • 견적수량: 10EA

다음 중 [보기]의 조건으로 견적등록을 하였을 때 등록되는 단가가 가장 큰 품목으로 옳은 것은?

① NAX−A400. 싸이클

② NAX−A420. 산악자전거

③ ATECK−2000. 유아용자전거

④ ATECK−3000. 일반자전거

정답 ②

[보기]의 사업장과 견적기간으로 조회한 후 메뉴의 상단에 견적일자, 고객, 과세구분, 단가구분을 입력하고 하단에 선택지의 각 품목과 납기일, 견적수량을 입력하면 단가와 금액이 자동 적용된다.
① NAX−A400. 싸이클의 단가: 280,000원
② NAX−A420. 산악자전거의 단가: 320,000원 ✓
③ ATECK−2000. 유아용자전거의 단가: 85,000원
④ ATECK−3000. 일반자전거의 단가: 165,000원

TIP

적용되는 단가를 확인하는 문제이므로 저장은 하지 않아도 된다.

견적등록 화면:

사업장 1000 (주)한국자전거본사　부서 2200 관리부　사원 ERP13L01 홍길동
견적기간 2026/04/15 ~ 2026/04/15　고객　　2.실적담당　
0. 품번　　관리구분

	견적번호	견적일자	고객	과세구분	단가구분	견적요청자	유효일자	담당자	비고
		2026/04/15	(주)영동바이크	매출과세	부가세미포함			김민경	

	No.	품번	품명	규격	단위	납기일	견적수량	단가	공급가	부가세	합계액
		NAX-A400	싸이클		EA	2026/04/19	10.00	280,000.00	2,800,000	280,000	3,080,000
		NAX-A420	산악자전거		EA	2026/04/19	10.00	320,000.00	3,200,000	320,000	3,520,000
		ATECK-2000	유아용자전거		EA	2026/04/19	10.00	85,000.00	850,000	85,000	935,000
		ATECK-3000	일반자전거		EA	2026/04/19	10.00	165,000.00	1,650,000	165,000	1,815,000

4. 수주등록

영업관리 ▶ 영업관리 ▶ 수주등록

고객으로부터 주문받은 수주내역을 등록하는 메뉴이다. 오른쪽 상단의 '견적적용 조회' 버튼을 클릭해 견적내용을 적용받아 수주등록을 할 수 있으며, 견적 없이 직접 등록할 수도 있다. '재고확인' 버튼을 이용해 관리단위와 재고단위의 현재고, 가용재고, 입고예정량을 확인할 수 있다.

다음 [보기]의 조건으로 데이터를 조회한 후 물음에 답하시오.

┌─ 보기 ───
• 사업장: 1000. (주)한국자전거본사
• 주문기간: 2026/09/01 ～ 2026/09/30
└──

[보기]의 조건에 해당하는 주문내역 중 견적적용 조회 기능을 이용하여 수주등록을 한 주문번호
로 옳은 것은?

① SO2609000001

② SO2609000002

③ SO2609000003

④ SO2609000004

정답 ①

[보기]의 조건으로 조회한 후 각 주문번호의 하단에서 마우스 오른쪽 버튼을 클릭하여 '[수주등록] 이력정보'를 확
인한다.

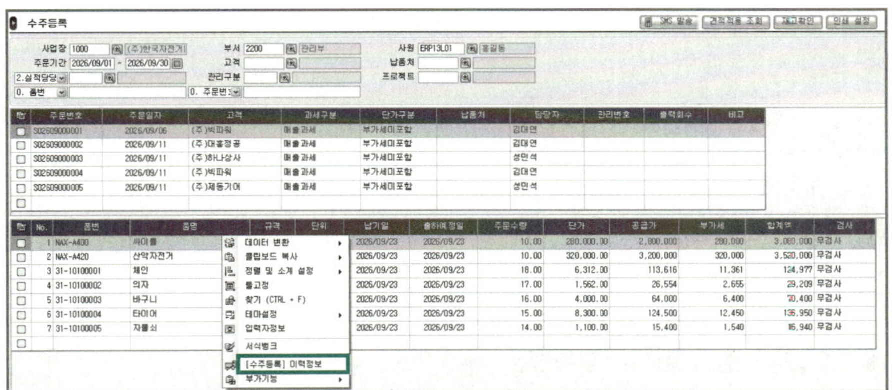

① SO2609000001의 이전 이력은 견적등록으로 오른쪽 상단의 견적적용 조회 기능을 이용하여 수주등록한 것을
알 수 있다.

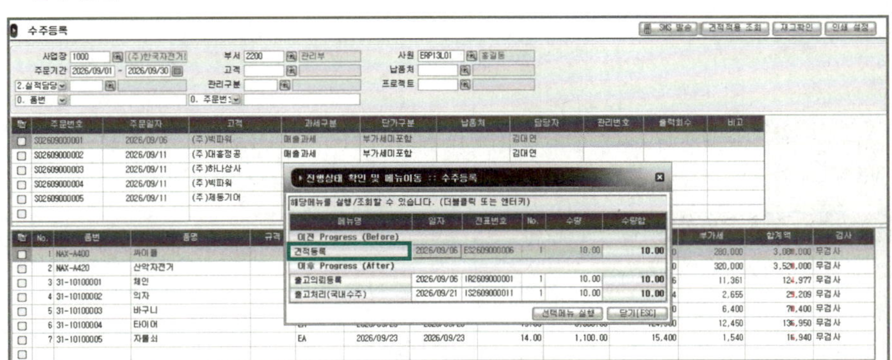

②, ③, ④는 이전 이력이 등록되어 있지 않으므로 적용을 받지 않고 직접 수주등록한 것을 알 수 있다.

5. 수주등록(유상사급)

영업관리 ▶ 영업관리 ▶ 수주등록(유상사급)

수주등록 시 외주생산에 사용될 자재를 외주업체에 유상으로 공급(판매)할 때 등록하는 메뉴이며 생산관리 모듈의 [외주관리]와 연계된 메뉴이다. 외주업체에 자재를 공급할 때 대가를 받고 판매하는 것을 유상사급, 대가를 받지 않고 공급하는 것을 무상사급이라고 한다.

6. 출고의뢰등록

영업관리 ▶ 영업관리 ▶ 출고의뢰등록

수주받은 품목에 대해 출고담당자에게 출고를 의뢰하는 메뉴이다. [시스템관리]–[회사등록정보]–[시스템환경설정] 메뉴에서 조회구분 '4. 물류'의 '출고의뢰운영여부'가 '1. 운영함'으로 되어 있으면 [출고의뢰등록] 메뉴를 사용할 수 있다.
수주등록된 내역을 적용받아 출고의뢰등록을 하기 위해서는 오른쪽 상단의 '주문적용 조회' 버튼을 클릭하여 조회된 주문잔량을 출고의뢰등록할 수 있다.

실무 연습문제　출고의뢰등록

아래 [보기]의 조건으로 데이터를 조회한 후 물음에 답하시오.

┌ 보기 ┐
- 사업장: 1000. (주)한국자전거본사
- 의뢰기간: 2026/09/01 ~ 2026/09/30
- 주문기간: 2026/09/01 ~ 2026/09/30

주문정보를 적용하여 출고의뢰를 등록할 경우 등록 가능한 품목으로 옳지 <u>않은</u> 것은?

① 81-1001000. BODY-알미늄(GRAY-WHITE)

② 83-2000100. 전장품 ASS'Y

③ 21-1070700. FRAME-티타늄

④ 21-1080800. FRAME-알미늄

정답 ④

[보기]의 사업장과 의뢰기간으로 조회한 후 오른쪽 상단의 '주문적용 조회' 버튼을 클릭하여 [보기]의 주문기간을 입력한다. 이때, 조회되는 품목과 주문잔량이 주문정보를 적용하여 출고의뢰등록이 가능한 품목과 수량이다.

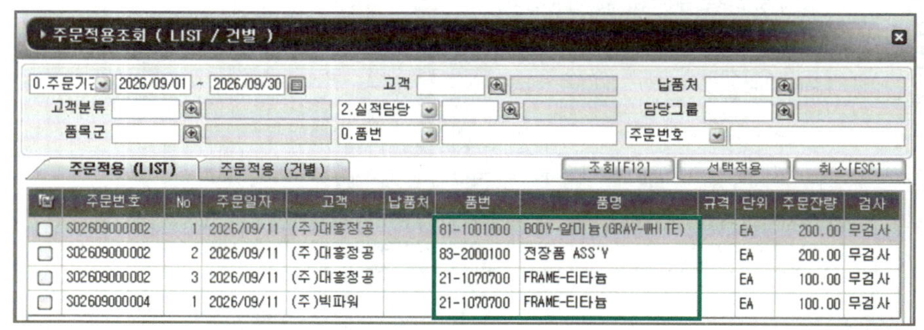

	주문번호	No	주문일자	고객	납품처	품번	품명	규격	단위	주문잔량	검사
☐	S02609000002	1	2026/09/11	(주)대흥정공		81-1001000	BODY-알미늄(GRAY-WHITE)		EA	200.00	무검사
☐	S02609000002	2	2026/09/11	(주)대흥정공		83-2000100	전장품 ASS'Y		EA	200.00	무검사
☐	S02609000002	3	2026/09/11	(주)대흥정공		21-1070700	FRAME-티타늄		EA	100.00	무검사
☐	S02609000004	1	2026/09/11	(주)빅파워		21-1070700	FRAME-티타늄		EA	100.00	무검사

7. 출고검사등록

영업관리 ▶ 영업관리 ▶ 출고검사등록

수주받은 품목을 고객에게 출고하기 전, 출고품목에 대한 검사 결과를 등록하는 메뉴이다.
[시스템관리]−[회사등록정보]−[시스템환경설정] 메뉴에서 조회구분 '4. 물류'의 '출고전
검사운영여부'가 '1. 운영함'으로 되어 있어야 [출고검사등록] 메뉴를 사용할 수 있다.
① [시스템관리]−[기초정보관리]−[검사유형등록] 메뉴에 등록된 검사유형을 조회하여
　검사내역을 등록할 수 있다.
② [수주등록]이나 [출고의뢰등록] 메뉴에서 검사여부가 '검사'로 설정되어 있어야 출고검
　사를 등록할 수 있다.
③ 검사구분이 '전수검사'인 경우 시료 수는 검사수량과 같으며, 시료합격수량, 시료불합격
　수량을 입력할 수 없다.
④ 검사구분이 '샘플검사'인 경우 실제 검사를 시행한 시료 수를 입력한다.
⑤ 합격수량이 출고처리 적용 가능 수량이다.

실무 연습문제 　출고검사등록

아래 [보기]의 조건으로 데이터를 조회한 후 물음에 답하시오.

보기
- 사업장: 1000. (주)한국자전거본사
- 검사기간: 2026/09/01 ~ 2026/09/15

**회사에서는 출고검사 시 발생한 불량유형을 알아보고자 한다. [보기]의 조건으로 등록된 출고
검사 건에서 발생한 불량유형명은 무엇인가?**

① 조립불량

② 포장불량

③ 외관불량

④ 도색불량

정답 ④

[보기]의 조건으로 조회한 후 하단에 등록되어 있는 품목의 불량유형명 '도색불량'을 확인한다.

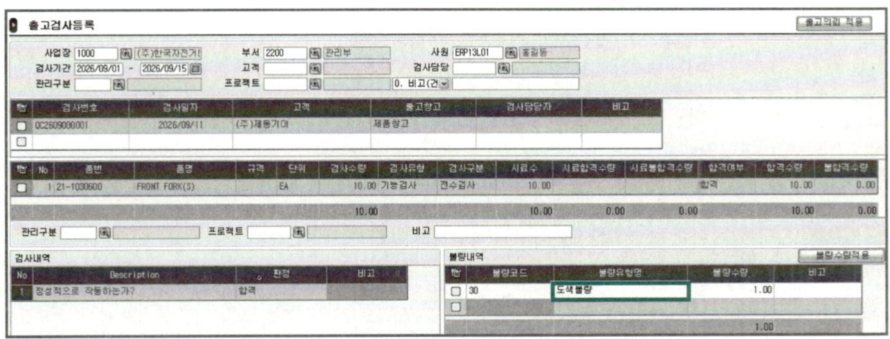

8. 출고처리(국내수주)

국내수주(주문받은) 내역을 출고처리하는 메뉴이다. 출고처리를 통하여 고객에게 납품을 하게 되면 재고가 감소하며, 반품이 되어 돌아오면 다시 재고가 증가한다.

(1) '예외출고' 탭

① 수주등록 없이 출고처리하거나 샘플, 견본품으로 출고처리 시 사용하며, 출고를 하면 재고 가 감소한다.

② 오른쪽 상단의 '출고적용'을 이용하여 적용하면 주문단위수량에 (−)로 입력되고 반품 처리된다. 반품으로 인하여 재고는 증가한다.

(2) '주문출고' 탭

수주등록, 출고의뢰등록, 출고검사를 한 내역을 적용받아 출고처리하는 경우에 사용하며, 출고를 하면 재고가 감소한다.

실무 연습문제   출고처리(국내수주)

아래 [보기]의 조건으로 데이터를 조회한 후 물음에 답하시오.

보기
- 사업장: 1000. (주)한국자전거본사
- 출고기간: 2026/09/01 ~ 2026/09/30
- 출고창고: P100. 제품창고

[보기]의 기간에 출고처리한 내역에 대한 설명으로 올바르지 <u>않은</u> 것은?

① 출고번호 IS2609000001은 적용을 받지 않고 직접 입력한 건이다.

② 출고번호 IS2609000004의 장소는 P101. 제품장소이다.

③ 출고번호 IS2609000010은 출고적용을 통하여 반품이 등록되었다.

④ 출고번호 IS2609000011은 주문번호 SO2609000005의 주문 건의 적용을 받아 등록되었다.

정답 ④

[보기]의 조건으로 조회되는 출고 건을 확인한다. ①, ②, ③은 '예외출고' 탭에서, ④는 '주문출고' 탭에서 확인할 수 있다.

① 출고번호 IS2609000001의 하단 품목에서 마우스 오른쪽 버튼을 클릭하여 '[출고처리(국내수주)] 이력정보'를 확인한다. 이전 이력이 등록되어 있지 않으므로 적용을 받지 않고 직접 입력한 것을 알 수 있다.

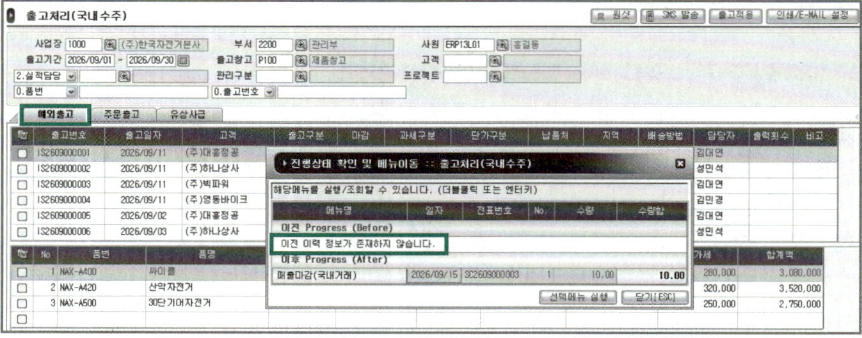

② 출고번호 IS2609000004 하단의 모든 품목을 클릭하면 장소 'P101. 제품장소'를 확인할 수 있다.

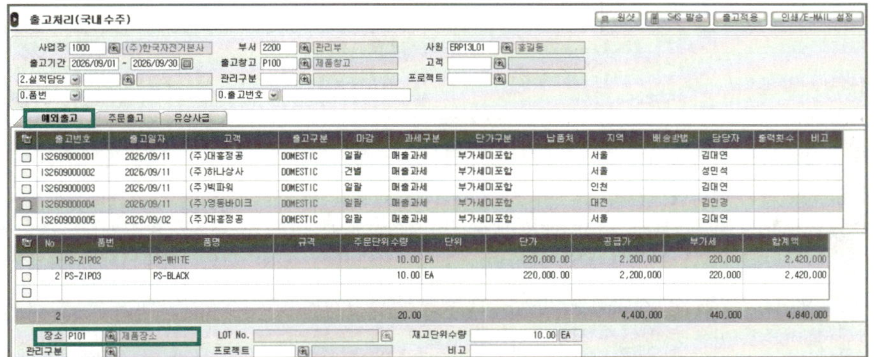

③ 출고번호 IS2609000010의 하단 품목 'WHEEL FRONT-MTB' 주문단위수량 -5EA는 반품되어 등록된 것이다.
하단 품목에서 마우스 오른쪽 버튼을 클릭하여 '[출고처리(국내수주)] 이력정보'를 확인하면 이전 이력에 '출고
처리(국내수주)'가 등록되어 있어, [출고처리(국내수주)] 메뉴의 오른쪽 상단 '출고적용' 기능을 통하여 반품이 등
록되었음을 알 수 있다.

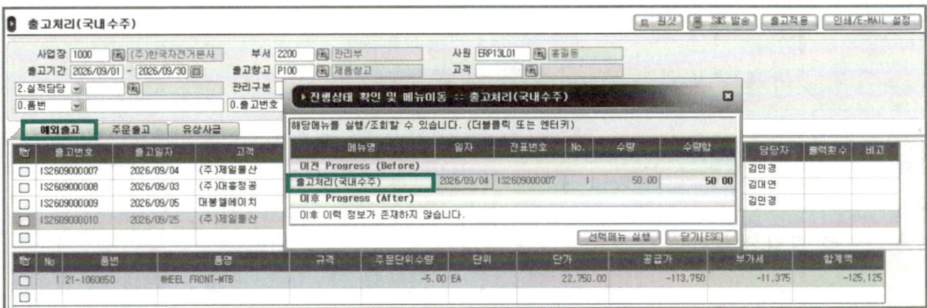

④ 출고번호 IS2609000011의 하단에 주문번호 SO2609000001이 등록되어 있으므로 주문번호 SO2609000001
의 적용을 받아 등록되었음을 알 수 있다. 또한 '[출고처리(국내수주)] 이력정보'에서도 수주등록 전표번호를 확
인할 수 있다.

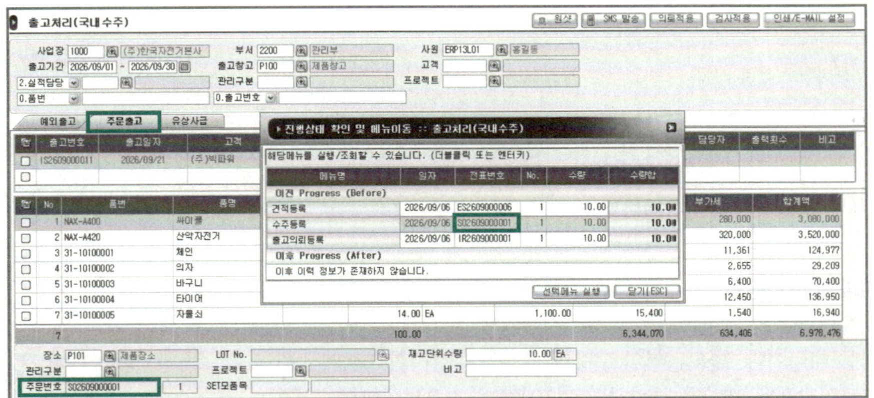

9. 거래명세서발행

영업관리 ▶ 영업관리 ▶ 거래명세서발행

출고된 내역 또는 반품처리한 내역에 대하여 거래명세서를 발행하는 메뉴이다.

① [출고처리(국내수주)] 메뉴에서 등록한 출고 건(반품 포함)이 조회된다.

② 출고수량이나 출고단가를 수정할 수는 없으며, 수정은 [출고처리(국내수주)] 메뉴에서 한다.

③ 상단의 '인쇄' 버튼을 클릭해 거래명세서를 인쇄하여 거래처에 발행할 수 있다.

④ 오른쪽 상단의 '인쇄/E-MAIL 설정' 버튼을 이용하여 인쇄 설정을 할 수 있다.

   거래명세서발행

다음 중 [거래명세서발행] 메뉴에 대한 설명으로 옳지 <u>않은</u> 것은?

① 출고된 내역 또는 반품처리한 내역에 대하여 거래명세서를 발행하는 메뉴이다.

② [출고처리(국내수주)] 메뉴에서 등록한 출고 건이 조회된다.

③ 필요한 경우에도 출고수량이나 출고단가를 수정할 수 없다.

④ '거래명세서'는 인쇄하여 사용할 수 없으므로 따로 작성하여야 한다.

정답 ④

[거래명세서발행] 메뉴 상단의 '인쇄' 버튼을 이용하여 거래명세서를 바로 인쇄할 수 있다.

---

10. 매출마감(국내거래)

영업관리 ▶ 영업관리 ▶ 매출마감(국내거래)

국내거래에 대하여 매출마감을 하는 메뉴이다. 출고내역의 수량과 금액을 확정하며, 오른쪽 상단의 '출고적용' 버튼이나 '출고일괄적용' 버튼을 클릭하여 출고내역을 적용받아 매출마감을 할 수 있다.

① 매출마감된 내역은 재고평가와 회계처리의 대상이 된다. 매출마감이 되지 않은 내역은 재고의 감소에 영향을 주지만 세금계산서를 발행할 수 없으며 재고평가 대상에서도 제외된다.

② 마감내역 선택 후 오른쪽 상단의 '계산서처리' 버튼을 클릭하면 세금계산서를 발행할 수 있다.

③ 마감구분이 '건별'이면 자동으로 매출마감이 등록되고, '일괄'이면 직접 매출마감을 등록해야 한다. 따라서 마감구분이 '건별'인 마감 건의 마감수량 및 단가는 본 메뉴에서 직접 수정 및 삭제할 수 없으나, 마감일자와 세무구분은 수정이 가능하다.

 매출마감(국내거래)

아래 [보기]의 조건으로 데이터를 조회한 후 물음에 답하시오.

┌ 보기 ─
- 사업장: 1000. (주)한국자전거본사
- 마감기간: 2026/09/01 ～ 2026/09/15

다음 중 국내거래의 매출마감내역에 대한 설명으로 옳지 않은 것은?

① 마감번호 SC2609000001은 자동으로 매출마감이 등록되었다.

② 마감번호 SC2609000003은 [회계처리(매출마감)] 메뉴에서 전표처리되었다.

③ 마감번호 SC2609000004의 마감수량 합계는 20EA이다.

④ 마감번호 SC2609000005는 출고번호 IS2609000006의 매출마감 건이다.

정답 ④

[보기]의 조건으로 조회한 후 각 마감번호의 내역을 확인한다.

① 마감번호 SC2609000001의 마감구분은 '건별'로 자동으로 매출마감이 등록되었다. 만약 마감구분이 '일괄'이면 직접 매출마감을 등록해야 한다.

② 마감번호 SC2609000003의 전표구분은 '처리'로 [회계처리(매출마감)] 메뉴에서 전표처리된 것이다.

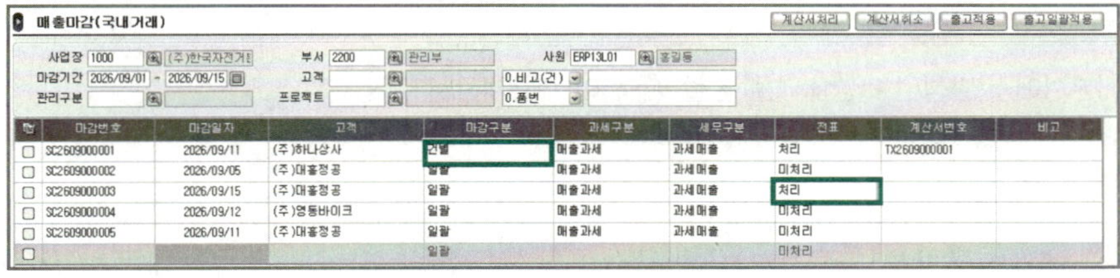

마감번호	마감일자	고객	마감구분	과세구분	세무구분	전표	계산서번호	비고
SC2609000001	2026/09/11	(주)하나상사	건별	매출과세	과세매출	처리	TX2609000001	
SC2609000002	2026/09/05	(주)대흥정공	일괄	매출과세	과세매출	미처리		
SC2609000003	2026/09/15	(주)대흥정공	일괄	매출과세	과세매출	처리		
SC2609000004	2026/09/12	(주)영동바이크	일괄	매출과세	과세매출	미처리		
SC2609000005	2026/09/11	(주)대흥정공	일괄	매출과세	과세매출	미처리		
			일괄			미처리		

③ 마감번호 SC2609000004의 하단에 등록되어 있는 마감수량 합계는 20EA이다.

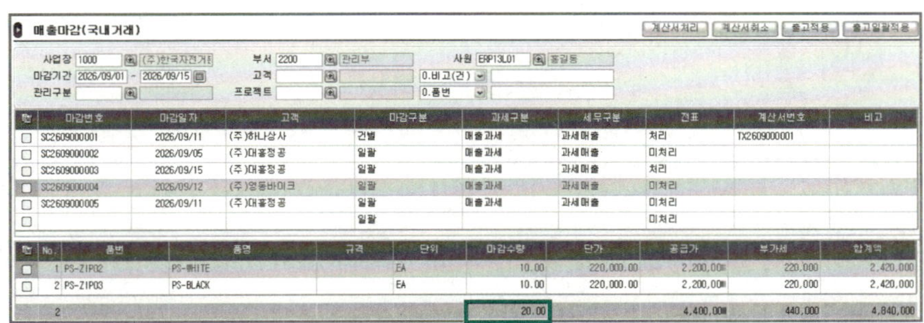

마감번호	마감일자	고객	마감구분	과세구분	세무구분	전표	계산서번호	비고
SC2609000001	2026/09/11	(주)하나상사	건별	매출과세	과세매출	처리	TX2609000001	
SC2609000002	2026/09/05	(주)대흥정공	일괄	매출과세	과세매출	미처리		
SC2609000003	2026/09/15	(주)대흥정공	일괄	매출과세	과세매출	처리		
SC2609000004	2026/09/12	(주)영동바이크	일괄	매출과세	과세매출	미처리		
SC2609000005	2026/09/11	(주)대흥정공	일괄	매출과세	과세매출	미처리		
			일괄			미처리		

No.	품번	품명	규격	단위	마감수량	단가	공급가	부가세	합계액
1	PS-ZIP02	PS-WHITE		EA	10.00	220,000.00	2,200,000	220,000	2,420,000
2	PS-ZIP03	PS-BLACK		EA	10.00	220,000.00	2,200,000	220,000	2,420,000
2					20.00		4,400,000	440,000	4,840,000

④ 마감번호 SC2609000005의 하단에 출고번호 IS26090000080이 등록되어 있다. 하단에서 마우스 오른쪽 버튼을 클릭하여 '[매출마감(국내거래)] 이력정보'에서도 출고번호를 확인할 수 있다.

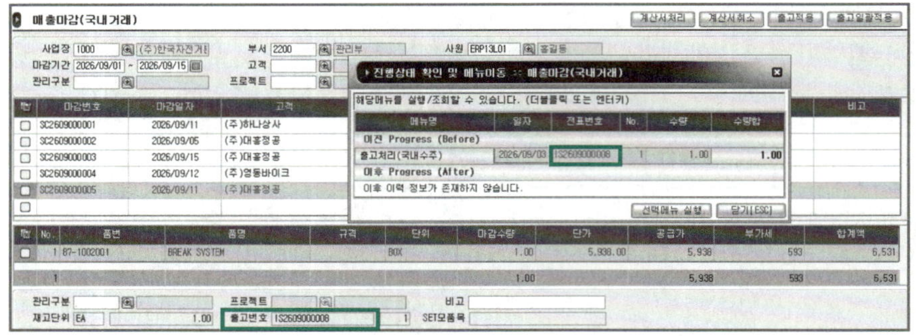

11. 세금계산서처리

영업관리 ▶ 영업관리 ▶ 세금계산서처리

세금계산서를 발행하고 출력하기 위한 메뉴이며, 매출마감된 국내 과세거래의 세금계산서를 발행할 수 있다. 매출마감 데이터를 적용받지 않고 본 메뉴에서 하단의 품목을 직접 입력할 수 없다. 세금계산서 발행 시 이미 대금을 받은 상태이면 '영수', 아직 대금을 받지 않은 상태라면 '청구'를 선택한다.

실무 연습문제 세금계산서처리

다음 [보기]를 바탕으로 (주)한국자전거본사에서 발생된 마감내역을 일괄적용하여 세금계산서를 처리한 후, 등록되는 세금계산서의 내역에 대한 설명으로 올바르지 <u>않은</u> 것은?

┌ 보기 ┄┄
• 조건: 고객일괄
• 발행일자: 2026/09/15
• 과세구분: 전체
• 영수/청구: 청구
• 마감기간: 2026/09/10 ~ 2026/09/15

① 총 2건의 세금계산서가 처리된다.
② (주)대흥정공의 건은 마감번호 SC2609000003과 SC2609000005의 2건을 적용받았다.
③ (주)대흥정공의 외상미수금은 8,505,938원이다.
④ (주)영동바이크 합계액의 합은 4,840,000원이다.

정답 ③

'사업장: 1000. (주)한국자전거본사, 발행기간: 2026/09/15 ~ 2026/09/15'를 입력하여 조회한 후 오른쪽 상단의 '마감일괄적용' 버튼을 클릭한다. [보기]의 조건을 입력한 후 '확인[TAB]'을 클릭하면 세금계산서처리가 된다.

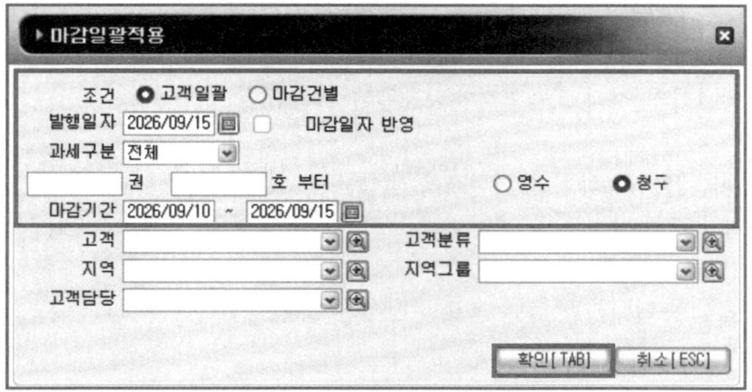

① (주)대흥정공, (주)영동바이크의 세금계산서 2건이 처리된다.

② (주)대흥정공의 품목을 클릭하면 하단에서 마감번호를 확인할 수 있다. 싸이클, 산악자전거, 30단기어자전거의 마감번호는 SC2609000003이며, BREAK SYSTEM의 마감번호는 SC2609000005로 2건의 마감이 세금계산서 처리되었다.

③ (주)대흥정공의 외상미수금은 9,356,531원이다.

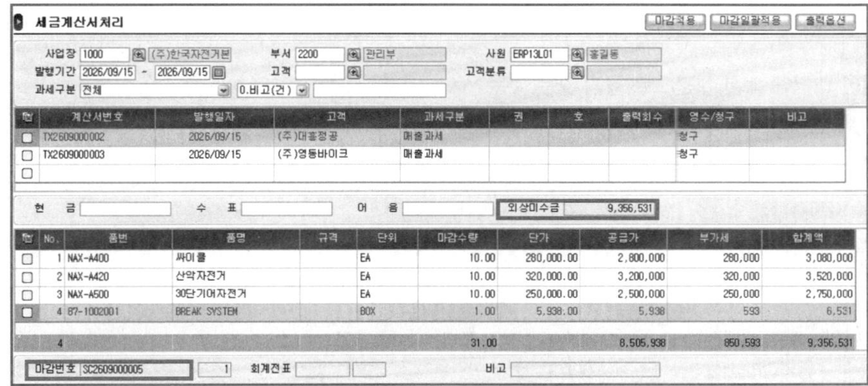

④ (주)영동바이크의 하단에서 합계액의 합 4,840,000원을 확인할 수 있다.

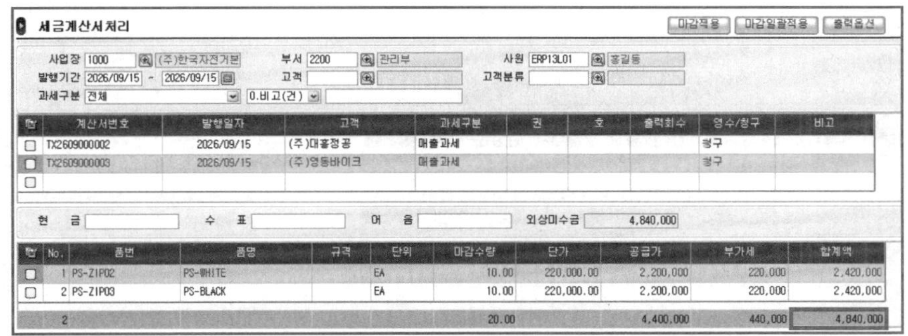

12. 회계처리(매출마감)

ERP 메뉴 찾아가기

영업관리 ▶ 영업관리 ▶ 회계처리(매출마감)

매출마감된 내역을 전표처리기능을 이용하여 회계처리하기 위한 메뉴이다. 영업관리 모듈에서 발생된 자료는 회계관리 모듈에 영향을 주기 때문에 반드시 회계처리를 통하여 이관하는 작업을 해야 하며, 회계관리 모듈로 이관하기 전에 회계연결계정과목이 설정되어 있어야 처리할 수 있다.

① '매출마감' 탭에서 오른쪽 상단의 '전표처리' 버튼을 이용하여 회계전표를 생성할 수 있으며, '전표취소' 버튼을 이용하여 생성된 회계전표를 취소할 수 있다.

② '회계전표' 탭에서 생성된 전표를 확인할 수 있다.

③ 생성된 전표의 상태는 '미결'이며, 회계 모듈에서 승인처리를 하면 전표의 상태가 '승인'으로 변경된다.

 회계처리(매출마감)

아래 [보기]의 조건으로 데이터를 조회한 후 물음에 답하시오.

┌─ 보기 ─
• 사업장: 1000. (주)한국자전거본사
• 기간: 2026/09/10 ~ 2026/09/15
└

회사에서 매출마감 데이터를 전표처리한 내역에 대한 설명으로 옳지 <u>않은</u> 것은?

① 마감번호 SC2609000001의 회계전표에는 외상매출금 2,750,000원이 있다.

② 마감번호 SC2609000003의 회계전표에는 상품매출 8,500,000원이 있다.

③ 마감번호 SC2609000001의 회계전표는 (주)하나상사의 마감 건을 전표처리한 것이다.

④ 마감번호 SC2609000003의 회계전표는 미결전표이다.

 ②

전표처리된 내역은 '회계전표' 탭에서 확인할 수 있으므로, '회계전표' 탭에서 [보기]의 조건으로 조회한다. ①, ③은 영업관리(매출마감: SC2609000001)에서, ②, ④는 영업관리(매출마감: SC2609000003)에서 확인한다.
② 마감번호 SC2609000003의 회계전표에는 상품매출이 아닌, '제품매출'이 8,500,000원 있다.

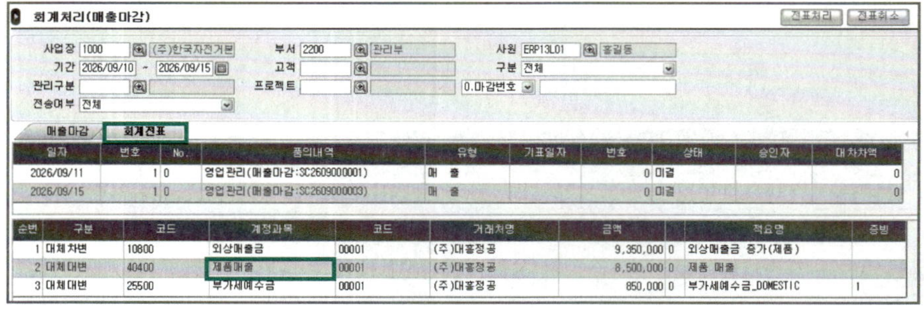

일자	번호	No.	품의내역	유형	기표일자	번호	상태	승인자	대차차액
2026/09/11	1	0	영업관리(매출마감:SC2609000001)	매출		0	미결		0
2026/09/15	1	0	영업관리(매출마감:SC2609000003)	매출		0	미결		0

순번	구분	코드	계정과목	코드	거래처명	금액		적요명	증빙
1	대체차변	10800	외상매출금	00001	(주)대흥정공	9,350,000	0	외상매출금 증가(제품)	
2	대체대변	40400	제품매출	00001	(주)대흥정공	8,500,000	0	제품 매출	
3	대체대변	25500	부가세예수금	00001	(주)대흥정공	850,000	0	부가세예수금_DOMESTIC	1

13. 수금등록

> 영업관리 ▶ 영업관리 ▶ 수금등록

거래처로부터 수금한 내역을 등록하는 메뉴이다. 매출 후 대금을 수금하는 경우는 '정상수금', 매출 전 미리 계약금을 받은 경우는 '선수금'으로 입력한다.

아래 [보기]의 조건으로 데이터를 조회한 후 물음에 답하시오.

> **보기**
> • 사업장: 1000. (주)한국자전거본사
> • 수금기간: 2026/09/01 ~ 2026/09/10

[보기]의 기간에 수금된 내역에 대한 설명으로 바르지 <u>않은</u> 것은?

① (주)대흥정공의 선수금정리잔액은 500,000원이다.

② (주)하나상사로부터 받을어음으로 선수금을 수취하였다.

③ (주)빅파워의 선수금정리금액은 1,300,000원이다.

④ (주)제동기어에서는 현금으로 2,000,000원을 수취하였다.

정답 ④

[보기]의 조건으로 조회되는 내역을 확인한다.

① (주)대흥정공의 정리잔액은 500,000원이며, 이는 선수금 2,000,000원에서 오른쪽 상단의 '선수금정리' 버튼을 클릭하여 조회되는 선수금정리금액 1,500,000원을 차감한 금액이다.

② (주)하나상사의 하단에 받을어음으로 선수금 1,500,000원을 수취한 내역이 등록되어 있다.

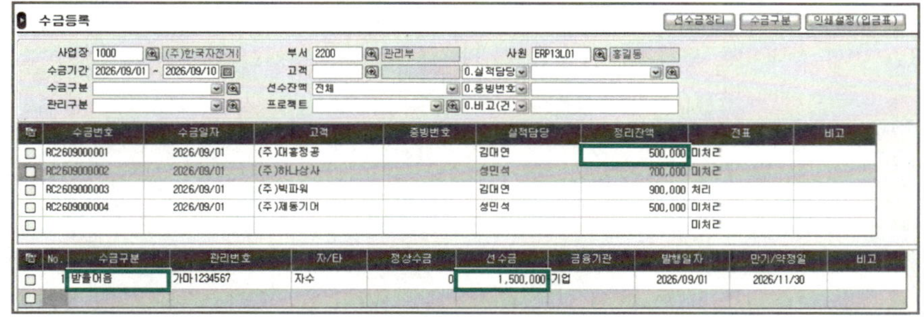

③ (주)빅파워에서 오른쪽 상단의 '선수금정리' 버튼을 클릭하면 정리금액 1,300,000원을 확인할 수 있다. 또한, 선수금정리잔액은 하단의 제예금 선수금 1,200,000원과 받을어음 선수금 1,000,000원의 합인 2,200,000원에서 선수금정리금액 1,300,000원을 차감한 900,000원이다.

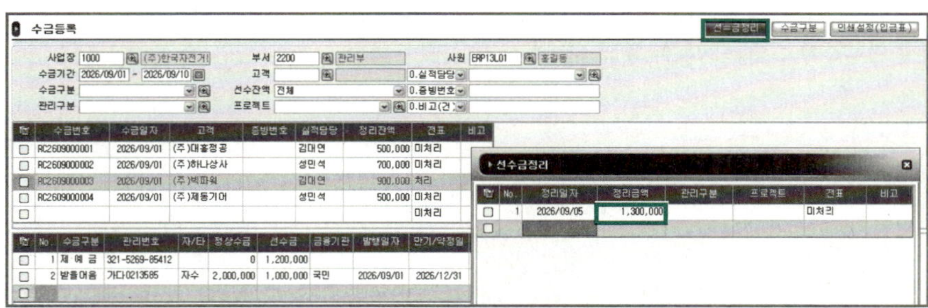

④ (주)제동기어에서는 정상수금 2,000,000원과 선수금 500,000원을 합한 2,500,000원을 현금으로 수취하였다.

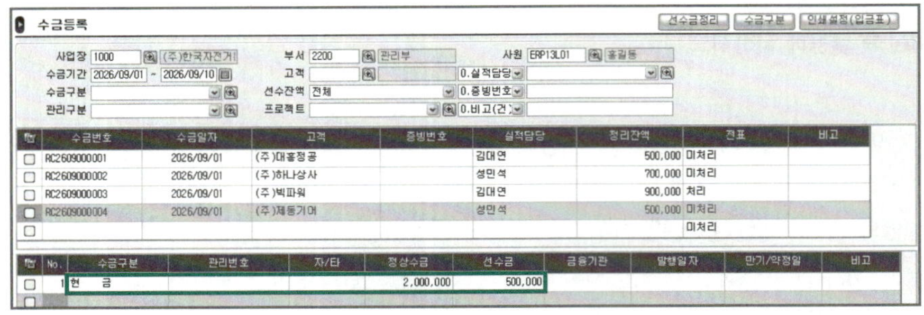

14. 회계처리(수금)

> **ERP 메뉴 찾아가기**
>
> 영업관리 ▶ 영업관리 ▶ 회계처리(수금)

수금된 내역을 회계처리하는 메뉴이다. '수금' 탭과 '선수정리' 탭에서 오른쪽 상단의 '전표처리' 버튼을 이용하여 회계전표를 생성할 수 있으며, 전표취소를 이용하여 생성된 회계전표를 취소할 수 있다. 생성된 전표는 '미결' 상태이며, 회계 모듈에서 승인처리 시 전표의 상태가 '승인'으로 변경된다. 생성된 전표는 '회계전표' 탭에서 확인할 수 있으며 '수금' 탭에서의 회계전표는 '수금'으로, '선수정리' 탭에서의 회계전표는 '선수금정리'로 표시된다.

실무 연습문제 회계처리(수금)

아래 [보기]의 조건으로 데이터를 입력 및 조회한 후 물음에 답하시오.

> ┌ 보기 ┐
> • 사업장: 1000. (주)한국자전거본사
> • 기간: 2026/09/01 ~ 2026/09/30

[회계처리(수금)] 메뉴의 선수정리 탭에서 (주)빅파워의 수금내역을 전표처리했을 때 발생하는 전표의 대체차변에 등록되는 계정과목과 적요명을 연결한 것으로 옳은 것은?

① 선수금 – 선수금 정리
② 외상매출금 – 외상매출금 선수금 대체
③ 받을어음 – 받을어음 수금
④ 선수금 – 선수금 입금(제예금)

정답 ①

[보기]의 조건으로 조회한 후 '선수정리' 탭에서 (주)빅파워의 수금번호 □에 체크한다. 오른쪽 상단의 '전표처리' 버튼을 클릭하면 회계전표를 생성할 수 있다.

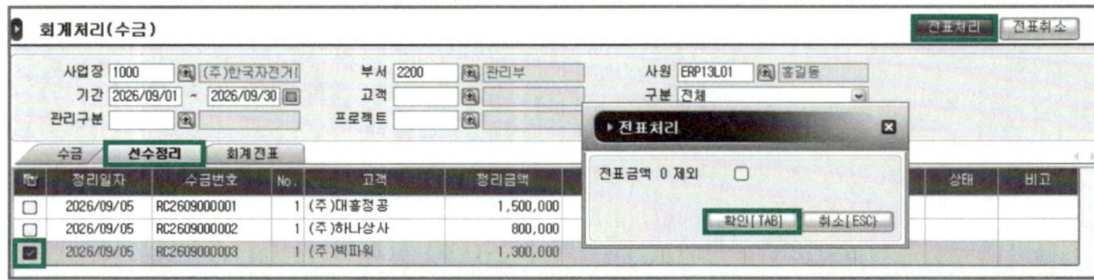

'회계전표' 탭에서 생성된 전표를 확인한다. '선수정리' 탭에서 전표처리하였으므로 '영업관리(선수금정리 : RC2609000003)'의 회계전표를 확인해야 한다.
① 대체차변에 생성되는 계정과목은 '선수금'이며 적요명은 '선수금 정리'이다.

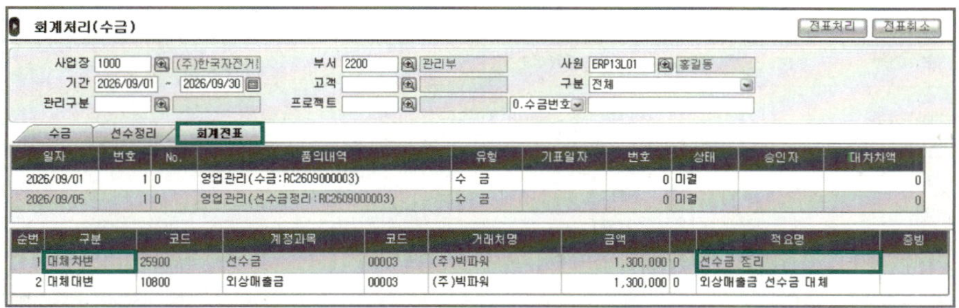

15. 수주마감처리

ERP 메뉴 찾아가기

영업관리 ▶ 영업관리 ▶ 수주마감처리

주문취소 등 여러 사유로 해당 수주 건을 더 이상 진행하지 않고 마감처리하는 메뉴이다. 수주잔량이 남아 있는 상태에서도 수주마감처리가 가능하다. 수주마감처리를 하면 출고의뢰, 출고처리, 출고검사 등에서 제외되며 반드시 해야 하는 작업은 아니다.

실무 연습문제　수주마감처리

다음 [보기]의 조건에 해당하는 수주 건 중 마감처리한 주문번호의 마감사유는 무엇인가?

> 보기
> • 사업장: 1000. (주)한국자전거본사
> • 주문기간: 2026/09/01 ~ 2026/09/30

① 재고부족　　　　　　　　　② 품목변경
③ 고객변심　　　　　　　　　④ 납기연장

정답 ③

[보기]의 조건으로 조회되는 주문번호 중 주문번호 'SO2609000003'의 마감여부가 '마감'으로 마감처리된 것이다. ③ 하단에 등록된 마감사유는 '고객변심'이다.

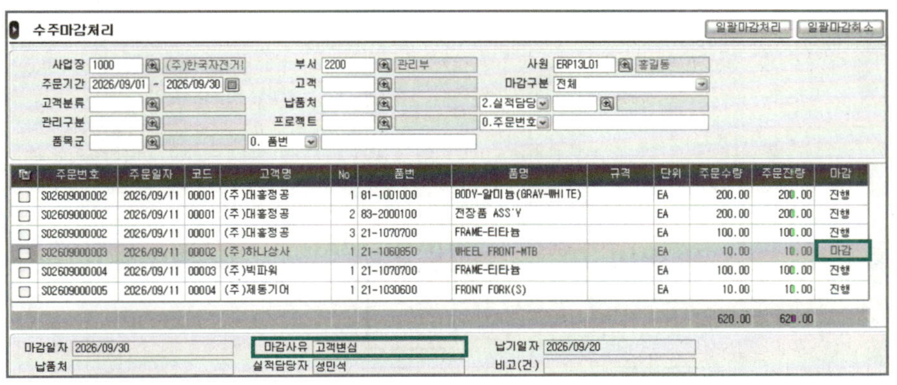

1. 판매계획현황

ERP 메뉴 찾아가기

영업관리 ▶ 영업현황 ▶ 판매계획현황

계획연도에 대하여 품목별, 품목군별, 월별로 판매계획에 등록된 현황을 확인하는 메뉴이다.

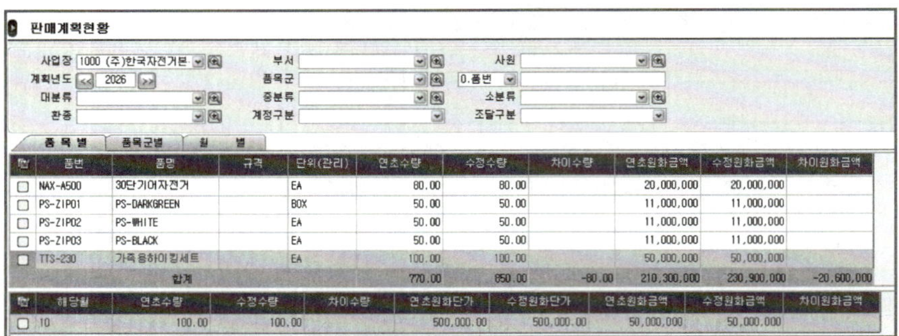

2. 판매계획대비출고현황

ERP 메뉴 찾아가기

영업관리 ▶ 영업현황 ▶ 판매계획대비출고현황

계획연도의 월에 대하여 품목별, 품목군별, 월별로 판매계획대비출고현황을 확인하는 메뉴이다. 달성기준에는 '0. 수량'과 '1. 금액'이 있으며 각 계획대비 달성률을 확인할 수 있다.

실무 연습문제 판매계획대비출고현황

(주)한국자전거본사의 2026년 9월 ~ 10월의 판매계획대비출고현황에서 금액 달성기준의 품목별 달성률 연결이 올바르지 <u>않은</u> 것은?

① 유아용자전거: 13.281% ② 일반자전거: 54.375%

③ 싸이클: 69.136% ④ 산악자전거: 66.667%

정답 ②

'사업장: 1000. (주)한국자전거본사, 계획연도: 2026, 계획월: 9 ~ 10, 달성기준: 1. 금액'으로 조회한 후 각 품목의 달성률을 확인한다. 달성기준을 '0. 수량'이 아닌 '1. 금액'으로 조회하여야 한다는 점에 주의한다.
② 일반자전거의 달성률은 34.375%이다.

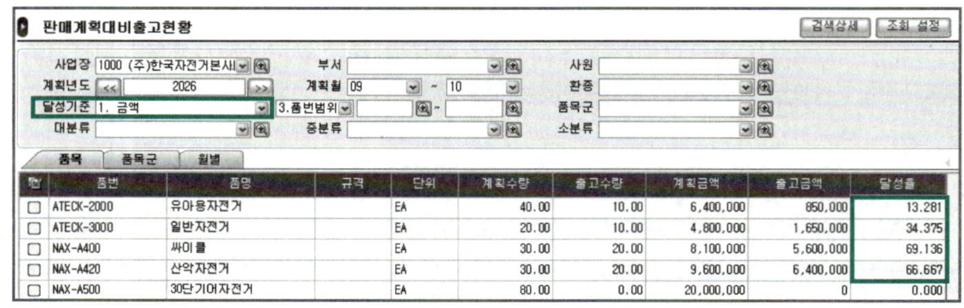

3. 견적현황

영업관리 ▶ 영업현황 ▶ 견적현황

견적기간에 견적등록된 현황을 확인하는 메뉴이다.

□	견적일	견적번호	고객명	견적요청자	담당자	NO	품번	품명	규격	단위(관리)	견적수량	단가	공급가	부가세	합계액	관리구분	프로젝트	비고(내역)
□	2026/09/01	ES2609000001	(주)대흥정공		김대연	1	ATECK-3000	일반자전거		EA	10.00	165,000.00	1,650,000	165,000	1,815,000			
□	2026/09/01	ES2609000001	(주)대흥정공		김대연	2	ATECK-2000	유아용자전거		EA	10.00	85,000.00	850,000	85,000	935,000			
□	2026/09/01	ES2609000002	(주)하나상사		성민석	1	10-25250	SHEET POST	10*60	EA	10.00	220,000.00	2,200,000	220,000	2,420,000			
□	2026/09/01	ES2609000002	(주)하나상사		성민석	2	PS-ZIP02	PS-WHITE		EA	10.00	220,000.00	2,200,000	220,000	2,420,000			
□	2026/09/01	ES2609000002	(주)하나상사		성민석	3	PS-ZIP03	PS-BLACK		EA	10.00	220,000.00	2,200,000	220,000	2,420,000			
□	2026/09/01	ES2609000003	(주)벡파워		김대연	1	NAX-A400	싸이클		EA	10.00	280,000.00	2,800,000	280,000	3,080,000			
□	2026/09/01	ES2609000003	(주)벡파워		김대연	2	NAX-A420	산악자전거		EA	10.00	320,000.00	3,200,000	320,000	3,520,000			
□	2026/09/01	ES2609000004	(주)제동기어		성민석	1	TTS-230	가족용하이킹세트		EA	10.00	600,000.00	6,000,000	600,000	6,600,000			

4. 견적대비수주현황

영업관리 ▶ 영업현황 ▶ 견적대비수주현황

견적기간에 견적등록된 내역에 대한 수주현황을 확인하는 메뉴이다.

□	견적번호	견적일자	고객명	NO.	품번	품명	규격	단위(관리)	견적수량	주문번호	주문일자	NO.	주문수량
□	ES2609000001	2026/09/01	(주)대흥정공	1	ATECK-3000	일반자전거		EA	10.00	S02609000001	2026/09/06	1	10.00
□	ES2609000001	2026/09/01	(주)대흥정공	2	ATECK-2000	유아용자전거		EA	10.00				
□	ES2609000003	2026/09/01	(주)벡파워	1	NAX-A400	싸이클		EA	10.00				
□	ES2609000003	2026/09/01	(주)벡파워	2	NAX-A420	산악자전거		EA	10.00				
□	ES2609000006	2026/09/06	(주)벡파워	1	NAX-A400	싸이클		EA	10.00				
□	ES2609000006	2026/09/06	(주)벡파워	2	NAX-A420	산악자전거		EA	10.00				

5. 수주현황

영업관리 ▶ 영업현황 ▶ 수주현황

주문기간에 수주가 등록된 현황을 확인하는 메뉴이다.

□	주문번호	주문일자	고객	납품처	담당자	NO.	품번	품명	규격	단위	수량	단가	공급가	부가세	합계액	납기일	출하예정일	관리구분	프로젝트	비고(내역)
□	S02609000002	2026/09/11	(주)대흥정공		김대연	1	81-1001000	BODY-알미늄(GRAY-WHITE)		EA	200.00	7,088.00	1,417,600	141,760	1,559,360	2026/09/20	2026/09/20			
□	S02609000002	2026/09/11	(주)대흥정공		김대연	2	83-2000100	전장품 ASS'Y		EA	200.00	2,513.00	502,600	50,260	552,860	2026/09/20	2026/09/20			
□	S02609000002	2026/09/11	(주)대흥정공		김대연	3	21-1070700	FRAME-티타늄		EA	100.00	17,750.00	1,775,000	177,500	1,952,500	2026/09/20	2026/09/20			
□	S02609000001	2026/09/06	(주)벡파워		김대연	1	NAX-A400	싸이클		EA	10.00	280,000.00	2,800,000	280,000	3,080,000	2026/09/23	2026/09/23			
□	S02609000001	2026/09/06	(주)벡파워		김대연	2	NAX-A420	산악자전거		EA	10.00	320,000.00	3,200,000	320,000	3,520,000	2026/09/23	2026/09/23			
□	S02609000001	2026/09/06	(주)벡파워		김대연	3	31-10100001	체인		EA	18.00	6,312.00	113,616	11,361	124,977	2026/09/23	2026/09/23			
□	S02609000001	2026/09/06	(주)벡파워		김대연	4	31-10100002	의자		EA	17.00	1,562.00	26,554	2,655	29,209	2026/09/23	2026/09/23			
□	S02609000001	2026/09/06	(주)벡파워		김대연	5	31-10100003	바구니		EA	16.00	4,000.00	64,000	6,400	70,400	2026/09/23	2026/09/23			
□	S02609000001	2026/09/06	(주)벡파워		김대연	6	31-10100004	타이어		EA	15.00	8,300.00	124,500	12,450	136,950	2026/09/23	2026/09/23			
□	S02609000001	2026/09/06	(주)벡파워		김대연	7	31-10100005	자물쇠		EA	14.00	1,100.00	15,400	1,540	16,940	2026/09/23	2026/09/23			
□	S02609000004	2026/09/11	(주)벡파워		김대연	1	21-1070700	FRAME-티타늄		EA	100.00	17,750.00	1,775,000	177,500	1,952,500	2026/09/20	2026/09/20			
□	S02609000005	2026/09/11	(주)제동기어		성민석	1	21-1030600	FRONT FORK(S)		EA	10.00	24,000.00	240,000	24,000	264,000	2026/09/11	2026/09/11			
□	S02609000003	2026/09/11	(주)하나상사		성민석	1	21-1060850	WHEEL FRONT-MTB		EA	10.00	22,750.00	227,500	22,750	250,250	2026/09/20	2026/09/20			

6. 수주대비출고현황

영업관리 ▶ 영업현황 ▶ 수주대비출고현황

주문기간에 수주등록된 내역에 대한 출고현황을 확인하는 메뉴이다.

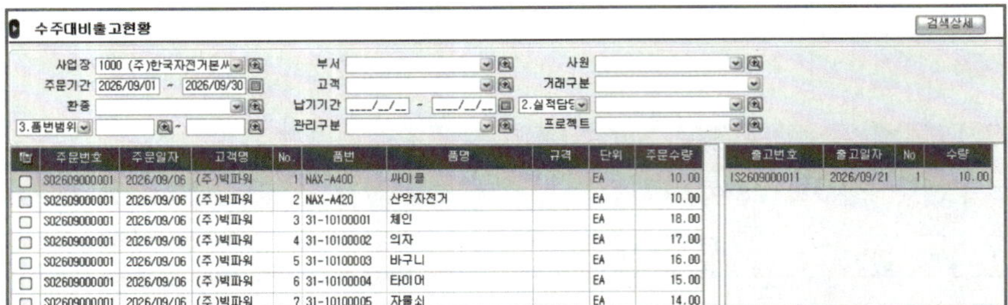

7. 수주미납현황

영업관리 ▶ 영업현황 ▶ 수주미납현황

기준일자 대비 납기일이나 출하예정일의 수주에 대한 미납현황을 확인하는 메뉴이다.

실무 연습문제 수주미납현황

(주)한국자전거본사에서는 2026/09/30 기준으로 출하예정일이 2026/09/01 ~ 2026/09/30인 주문대비 출고되지 못한 내역을 확인하였다. 경과일수가 다른 고객으로 옳은 것은?

① (주)제동기어
② (주)대흥정공
③ (주)하나상사
④ (주)빅파워

정답 ①

'사업장: 1000. (주)한국자전거본사, 기준일자: 2026/09/30, 출하예정일: 2026/09/01 ~ 2026/09/30'으로 조회되는 고객의 경과일수를 확인한다. ① (주)제동기어의 경과일수는 −19일이며, ②, ③, ④의 경과일수는 −10일이다.

TIP

조회조건이 납기일인 경우와 출하예정일인 경우에 따라 경과일수가 달라질 수 있으므로 문제를 정확히 읽고 판단한다.

8. 출고현황

ERP 메뉴 찾아가기

영업관리 ▶ 영업현황 ▶ 출고현황

출고기간에 일자별, 고객별, 품목별, 거래구분별, 관리구분별, 프로젝트별로 출고된 현황을 확인하는 메뉴이다.

실무 연습문제　출고현황

(주)한국자전거본사에서 2026년 9월에 발생된 출고기준의 고객별 당기발생 금액의 합계로 옳지 <u>않은</u> 것은? (단, 부가세 포함 금액이며, 국내 출고거래에 한한다.)

① (주)대흥정공: 9,331,506원

② (주)하나상사: 2,737,350원

③ (주)영동바이크: 2,420,000원

④ (주)제일물산: 1,126,125원

정답 ③

'사업장: 1000. (주)한국자전거본사, 출고기간: 2026/09/01 ～ 2026/09/30, 거래구분: 0. DOMESTIC'으로 조회한 후 각 고객별로 합계액을 확인한다. 부가세 포함 금액이므로 합계액을 확인해야 하며 국내 출고거래는 거래구분 DOMESTIC이다. 전체로 조회한 후 각 금액을 합하여 계산하는 것보다 고객별로 조회하는 것이 합계액의 합을 한눈에 확인할 수 있어 편리하다.

③ (주)영동바이크 합계액의 합은 4,840,000원이다.

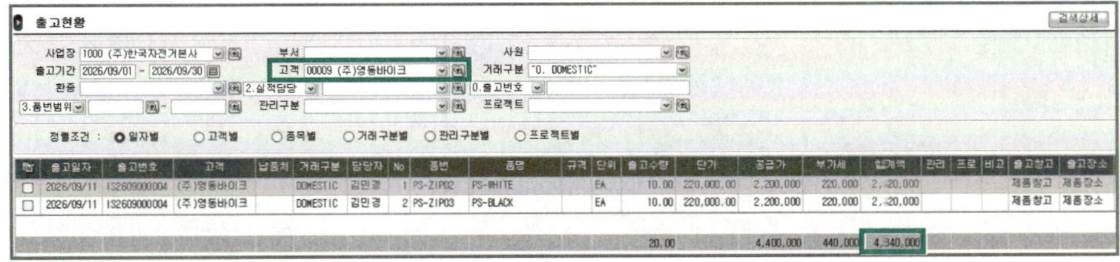

No	출고일자	출고번호	고객	납품처	거래구분	담당자	No	품번	품명	규격	단위	출고수량	단가	공급가	부가세	합계액	관리	프로	비고	출고창고	출고장소
☐	2026/09/11	IS2609000004	(주)영동바이크		DOMESTIC	김민경	1	PS-ZIP02	PS-WHITE		EA	10.00	220,000.00	2,200,000	220,000	2,420,000				제품창고	제품장소
☐	2026/09/11	IS2609000004	(주)영동바이크		DOMESTIC	김민경	2	PS-ZIP03	PS-BLACK		EA	10.00	220,000.00	2,200,000	220,000	2,420,000				제품창고	제품장소
												20.00		4,400,000	440,000	4,340,000					

9. 출고반품현황

ERP 메뉴 찾아가기

영업관리 ▶ 영업현황 ▶ 출고반품현황

반품기간에 일자별, 고객별, 품목별, 거래구분별, 관리구분별, 프로젝트별로 출고반품된 현황을 확인하는 메뉴이다.

실무 연습문제　출고반품현황

(주)한국자전거본사에서 2026년 9월에 출고반품된 품목으로 옳지 <u>않은</u> 것은?

① 21-1060850. WHEEL FRONT-MTB

② 21-3001500. PEDAL(S)

③ 25-252300. CIRCLE CHAIN

④ NAX-A400. 싸이클

'사업장: 1000. (주)한국자전거본사, 반품기간: 2026/09/01 ~ 2026/09/30'으로 조회되는 품목을 확인한다.
④ NAX-A400. 싸이클은 조회되지 않는다.

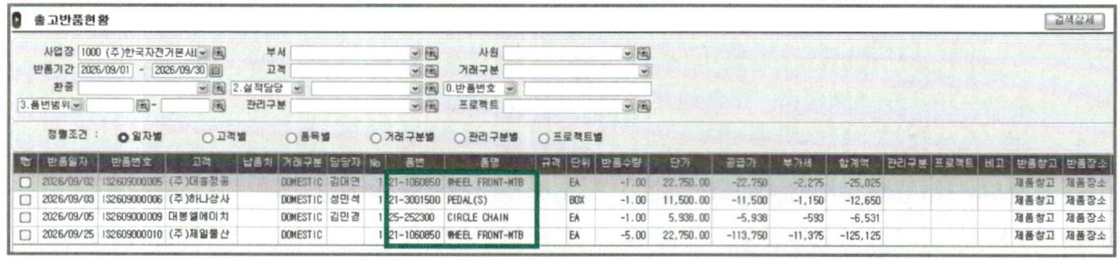

10. 매출마감현황

ERP 메뉴 찾아가기

영업관리 ▶ 영업현황 ▶ 매출마감현황

마감기간에 일자별, 고객별, 품목별, 거래구분별, 관리구분별, 프로젝트별로 마감된 현황을 확인하는 메뉴이다.

11. 매출미마감현황

ERP 메뉴 찾아가기

영업관리 ▶ 영업현황 ▶ 매출미마감현황

출고기간에 출고처리한 후 매출마감이 되지 않은 현황을 일자별, 고객별, 품목별, 거래구분별, 관리구분별, 프로젝트별로 확인하는 메뉴이다.

실무 연습문제 매출미마감현황

(주)한국자전거본사의 2026년 9월 한 달 간 출고된 품목 중 매출미마감 수량이 남아 있는 품목이 아닌 것은 무엇인가?

① ATECK-2000. 유아용자전거

② 31-10100004. 타이어

③ 31-10100005. 자물쇠

④ NAX-A400. 싸이클

정답 ①

'사업장: 1000. (주)한국자전거본사, 출고기간: 2026/09/01 ~ 2026/09/30'으로 조회되는 매출디마감 품목을 확인한다.

① ATECK-2000. 유아용자전거는 조회되지 않는다.

12. 세금계산서발행대장

ERP 메뉴 찾아가기

영업관리 ▶ 영업현황 ▶ 세금계산서발행대장

발행기간에 세금계산서가 발행된 현황을 확인하는 메뉴이다.

13. 수금현황

ERP 메뉴 찾아가기

영업관리 ▶ 영업현황 ▶ 수금현황

수금기간에 일자별, 고객별, 담당자별, 거래구분별, 관리구분별, 프로젝트별토 수금된 현황을 확인하는 메뉴이다.

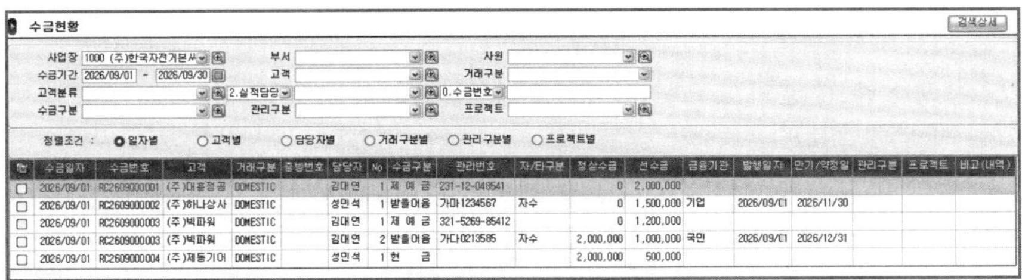

14. 받을어음현황

> 영업관리 ▶ 영업현황 ▶ 받을어음현황

수금기간에 받을어음으로 대금이 회수된 현황을 확인하는 메뉴이다. 각 어음의 금융기관, 발행일자, 만기/약정일 등을 확인할 수 있다.

실무 연습문제 받을어음현황

(주)한국자전거본사의 2026년 9월에 수금한 받을어음 중 '가마1234567'의 만기/약정일로 옳은 것은?

① 2026/09/01 ② 2026/10/31
③ 2026/11/30 ④ 2026/12/31

정답 ③

'사업장: 1000. (주)한국자전거본사, 수금기간: 2026/09/01 ~ 2026/09/30'으로 조회한다.
③ 관리번호 '가마1234567'의 만기/약정일은 2026/11/30이다.

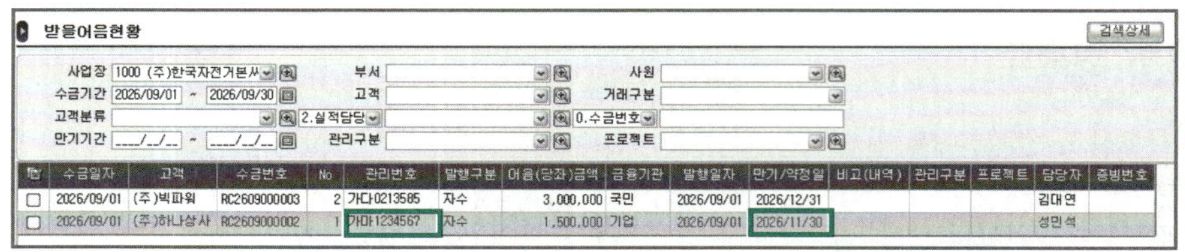

15. 미수채권집계

> 영업관리 ▶ 영업현황 ▶ 미수채권집계

'0. 국내(출고기준), 1. 국내(마감기준), 2. 해외'의 조회기준으로 고객별, 담당자별, 프로젝트별로 수금되지 않은 채권의 현황을 확인하는 메뉴이다. 미수기준은 '0. 발생기준, 1. 잔액기준' 중에서 선택할 수 있다.

실무 연습문제 미수채권집계

(주)한국자전거본사의 2026년 9월 한 달 간 국내 출고기준의 고객과 미수채권 잔액의 연결이 올바르지 <u>않은</u> 것은? (단, 미수기준은 발생기준으로 한다.)

① (주)대흥정공: 17,413,011원
② (주)제일물산: 1,151,150원
③ (주)하나상사: 2,737,350원
④ (주)영동바이크: 9,680,000원

정답 ③

'고객' 탭에서 '사업장: 1000. (주)한국자전거본사, 조회기간: 2026/09/01 ~ 2026/09/30, 조회기준: 0. 국내(출고기준), 미수기준: 0. 발생기준'으로 조회하여 각 고객의 잔액을 확인한다.

③ (주)하나상사의 잔액은 2,474,700원이다.

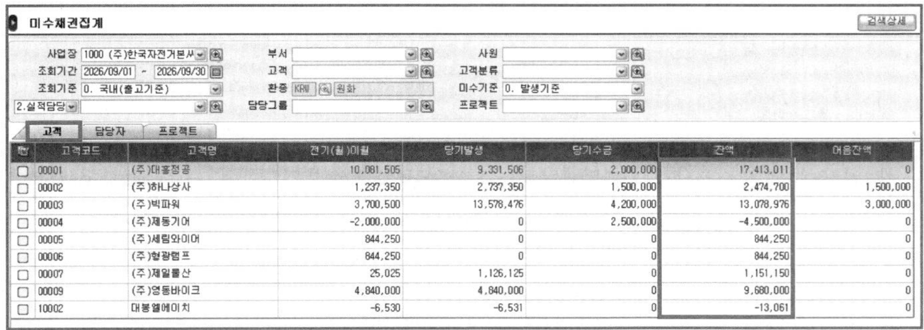

	고객코드	고객명	전기(월)이월	당기발생	당기수금	잔액	어음잔액
☐	00001	(주)대흥정공	10,081,505	9,331,506	2,000,000	17,413,011	0
☐	00002	(주)하나상사	1,237,350	2,737,350	1,500,000	2,474,700	1,500,000
☐	00003	(주)박파워	3,700,500	13,578,476	4,200,000	13,078,976	3,000,000
☐	00004	(주)제동기어	-2,000,000	0	2,500,000	-4,500,000	0
☐	00005	(주)세림와이어	844,250	0	0	844,250	0
☐	00006	(주)형광램프	844,250	0	0	844,250	0
☐	00007	(주)제일물산	25,025	1,126,125	0	1,151,150	0
☐	00009	(주)영동바이크	4,840,000	4,840,000	0	9,680,000	0
☐	10002	대봉엘에이치	-6,530	-6,531	0	-13,061	0

16. 미수채권상세현황

영업관리 ▶ 영업현황 ▶ 미수채권상세현황

'0. 국내(출고기준), 1. 국내(마감기준), 2. 해외'의 조회기준으로 고객별, 담당자별, 프로젝트별로 수금되지 않은 채권의 상세한 현황을 확인하는 메뉴이다.

일자	전기(월)이월	당기발생							당기수금			잔액
		품번	품명	규격	수량	단가	공급가	부가세	금액	수금내역	형태	금액	
전기(월)	10,081,505												10,081,505
2026/09/01										제예금(231-12-04541)	선수	2,000,000	8,081,505
2026/09/02		21-1060850	WHEEL FRONT-MTB		-1.00	22,750.00	-22,750	-2,275	-25,025				8,056,480
2026/09/03		87-1002001	BREAK SYSTEM		1.00	5,938.00	5,938	593	6,531				8,063,011
2026/09/11		NAX-A400	싸이클		10.00	280,000.00	2,800,000	280,000	3,080,000				11,143,011
2026/09/11		NAX-A420	산악자전거		10.00	320,000.00	3,200,000	320,000	3,520,000				14,663,011
2026/09/11		NAX-A500	30단기어자전거		10.00	250,000.00	2,500,000	250,000	2,750,000				17,413,011
월계					30.00		8,483,188	848,318	9,331,506			2,000,000	
합계	10,081,505				30.00		8,483,188	848,318	9,331,506			2,000,000	17,413,011

1. 수주미납집계

영업관리 ▶ 영업분석 ▶ 수주미납집계

주문일, 납기일, 출하예정일에 대하여 고객별, 품목별, 담당자별, 관리구분별, 프로젝트별로 수주미납된 내역을 집계하는 메뉴이다.

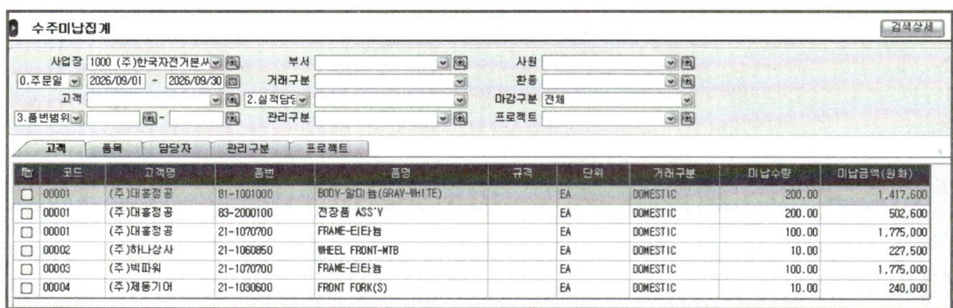

2. 출고실적집계표(월별)

영업관리 ▶ 영업분석 ▶ 출고실적집계표(월별)

해당 연도에 대하여 '0. 수량, 1. 원화금액, 2. 외화금액'의 조회기준으로 월별 출고실적을 집계하는 메뉴이다. '고객', '품목', '담당자', '관리구분', '프로젝트', '부서' 탭에서 각 기준별로 조회할 수 있다.

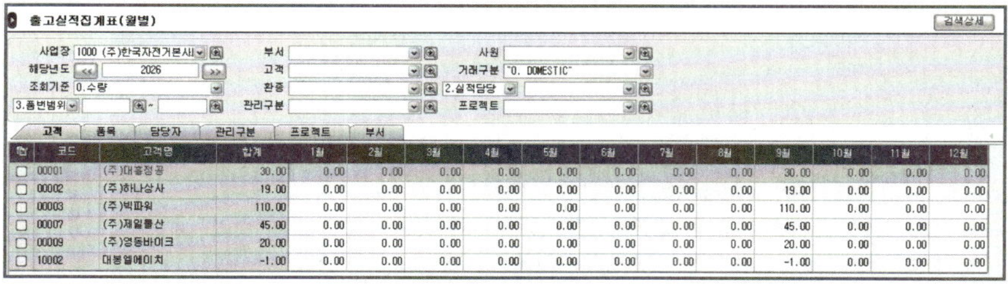

3. 매출현황(부서별)

영업관리 ▶ 영업분석 ▶ 매출현황(부서별)

입력부서, 품목담당부서, 고객담당부서, 실적담당부서 기준으로 매출현황을 분석하는 메뉴이다.

4. 매출집계표(월별)

ERP 메뉴 찾아가기

영업관리 ▶ 영업분석 ▶ 매출집계표(월별)

해당 연도에 대하여 '0. 수량, 1. 원화금액, 2. 외화금액'의 조회기준으로 월별 매출을 집계하는 메뉴이다. '고객', '품목', '담당자', '관리구분', '프로젝트', '부서' 탭에서 각 기준별로 조회할 수 있다.

5. 매출집계표(관리분류별)

ERP 메뉴 찾아가기

영업관리 ▶ 영업분석 ▶ 매출집계표(관리분류별)

해당 연도에 대하여 '0. 수량, 1. 원화금액, 2. 외화금액'의 조회기준으로 월별 매출을 집계하는 메뉴이다. '고객분류', '지역분류', '지역그룹', '담당그룹' 탭에서 각 기준별로 조회할 수 있다.

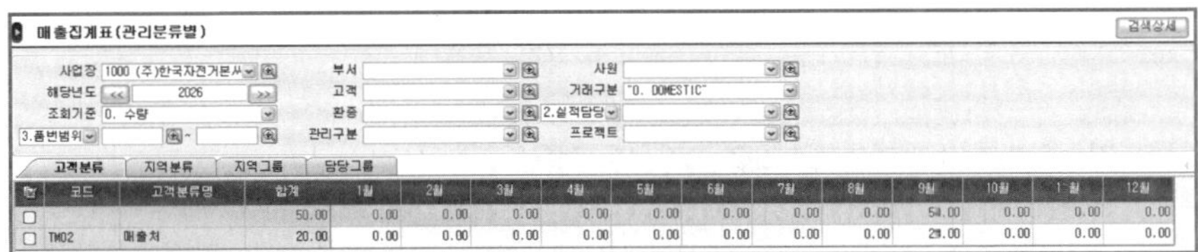

6. 매출순위표(마감기준)

ERP 메뉴 찾아가기

영업관리 ▶ 영업분석 ▶ 매출순위표(마감기준)

'0. 수량, 1. 원화금액, 2. 외화금액'의 조회기준으로 고객별, 품목별, 담당자별, 관리구분별, 프로젝트별, 부서별 마감기준의 매출순위를 분석하는 메뉴이다.

(주)한국자전거본사의 2026년 9월 한 달 간 원화금액을 기준으로 품목별 매출 1, 2, 3순위를 나열한 것으로 옳은 것은?

① 산악자전거 – 싸이클 – 30단기어자전거

② 산악자전거 – 일반자전거 – 싸이클

③ 일반자전거 – 유아용자전거 – 30단기어자전거

④ 유아용자전거 – 일반자전거 – 싸이클

정답 ①

'사업장: 1000. (주)한국자전거본사, 매출기간: 2026/09/01 ~ 2026/09/30, 조회기준: 1. 원화금액'으로 조회하여 각 품목의 매출순위를 확인한다. 품목별 매출순위이므로 '품목' 탭에서 확인한다.

순위	품번	품명	규격	단위	매출수량	매출금액	점유율
1	NAX-A420	산악자전거		EA	10.00	3,200,000	20.802
2	NAX-A400	싸이클		EA	10.00	2,800,000	18.202
3	NAX-A500	30단기어자전거		EA	10.00	2,500,000	16.252
4	PS-ZIP02	PS-WHITE		EA	10.00	2,200,000	14.301
4	PS-ZIP03	PS-BLACK		EA	10.00	2,200,000	14.301
6	ATECK-3000	일반자전거		EA	10.00	1,650,000	10.726
7	ATECK-2000	유아용자전거		EA	10.00	850,000	5.526
8	87-1002001	BREAK SYSTEM		BOX	1.00	5,938	0.039
9	21-1060850	WHEEL FRONT-MTB		EA	-1.00	-22,750	-0.148

순위	코드	고객명	매출수량	매출금액	점유율
1	00001	(주)대흥정공	10.00	3,200,000	100.000

7. 매출채권회전율

ERP 메뉴 찾아가기

영업관리 ▶ 영업분석 ▶ 매출채권회전율

'0. 출고기준, 1. 마감기준'의 조회기준으로 평균매출채권, 순매출액, 대상일수, 일평균매출액, 회전율, 회수기간을 분석하는 메뉴이다. 매출채권회전율은 순매출액을 평균매출채권으로 나눈 값이다.

(주)한국자전거본사에서 2026년 9월 한 달 간 (주)빅파워의 매출채권회전율로 옳은 것은? (단, 조회기준은 출고기준으로 한다.)

① 0.732

② 0.667

③ 1.462

④ 1.915

정답 ③

'사업장: 1000. (주)한국자전거본사, 조회기간: 2026/09/01 ~ 2026/09/30, 조회기준: 0. 출고기준'으로 조회되는 (주)빅파워의 회전율은 1.462이다.

매출채권회전율

사업장 1000 (주)한국자전거본사 / 조회기간 2026/09/01 ~ 2026/09/30 / 조회기준 0. 출고기준

코드	고객명	평균매출채권	순매출액	대상일수	일평균매출액	회전율	회수기간
00001	(주)대흥정공	12,747,258	9,331,506	30	311,050	0.732	41 일
00002	(주)하나상사	2,606,025	2,737,350	30	91,245	1.050	29 일
00003	(주)빅파워	9,289,738	13,578,476	30	452,616	1.462	21 일
00005	(주)세림와이어	844,250	0	30	0	0.000	일
00006	(주)형광램프	844,250	0	30	0	0.000	일
00007	(주)제일물산	588,088	1,126,125	30	37,538	1.915	16 일
00009	(주)영동바이크	7,260,000	4,840,000	30	161,333	0.667	45 일

8. 추정매출원가보고서

영업관리 ▶ 영업분석 ▶ 추정매출원가보고서

'0. 매출액, 1. 이익'의 조회기준으로 고객별, 품목별, 담당자별, 관리구분별, 프로젝트별, 부서별로 추정매출원가를 분석하는 메뉴이다.

사업장 1000 (주)한국자전거본사 / 매출기간 2026/09/01 ~ 2026/09/30 / 조회기준 0. 매출액 / 3.품번범위 / 2.실적담당

코드	고객명	매출액	이익	이익률	점유율
00001	(주)대흥정공	8,483,188	1,946,188	22.942	55.146
00002	(주)하나상사	2,500,000	-700,000	-28.000	16.252
00009	(주)영동바이크	4,400,000	4,260,000	96.818	28.603

품번	품명	규격	수량	매출액	원가	이익	이익률	점유율
21-1060850	WHEEL FRONT-MTB		-1.00	-22,750	-18,000	-4,750	20.879	-0.268
87-1002001	BREAK SYSTEM		1.00	5,938	55,000	-49,062	-826.238	0.070
NAX-A400	싸이클		10.00	2,800,000	1,900,000	900,000	32.143	33.006
NAX-A420	산악자전거		10.00	3,200,000	2,100,000	1,100,000	34.375	37.722
NAX-A500	30단기어자전거		10.00	2,500,000	2,500,000	0	0.000	29.470

9. 미수채권연령분석표

영업관리 ▶ 영업분석 ▶ 미수채권연령분석표

기준일자 대비 '0. 출고기준, 1. 마감기준'으로 고객(월), 고객(분기), 담당(월), 담당(분기), 프로젝트(월), 프로젝트(분기)별로 미수채권의 금액과 비율을 분석하는 메뉴이다. 잔액보유조건은 '0. 전체'와 '1. 잔액보유분' 중에서 선택할 수 있다.

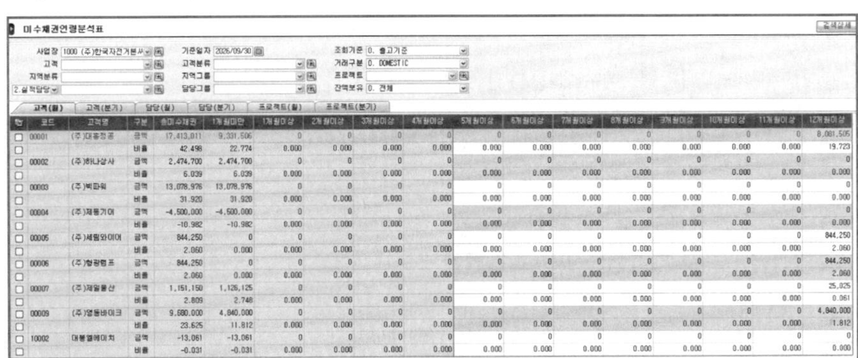

사업장 1000 (주)한국자전거본사 / 기준일자 2026/09/30 / 조회기준 0. 출고기준 / 거래구분 0. DOMESTIC / 잔액보유 0. 전체 / 2.실적담당

코드	고객명	구분	총미수채권	1개월미만	1개월이상	2개월이상	3개월이상	4개월이상	5개월이상	6개월이상	7개월이상	8개월이상	9개월이상	10개월이상	11개월이상	12개월이상
00001	(주)대흥정공	금액	17,413,011	9,331,506	0	0	0	0	0	0	0	0	0	0	0	8,081,505
		비율	42.498	22.774	0.000	0.000	0.000	0.000	0.000	0.000	0.000	0.000	0.000	0.000	0.000	19.723
00002	(주)하나상사	금액	2,474,700	2,474,700	0	0	0	0	0	0	0	0	0	0	0	0
		비율	6.039	6.039	0.000	0.000	0.000	0.000	0.000	0.000	0.000	0.000	0.000	0.000	0.000	0.000
00003	(주)빅파워	금액	13,078,976	13,078,976	0	0	0	0	0	0	0	0	0	0	0	0
		비율	31.920	31.920	0.000	0.000	0.000	0.000	0.000	0.000	0.000	0.000	0.000	0.000	0.000	0.000
00004	(주)제동기어	금액	-4,500,000	-4,500,000	0	0	0	0	0	0	0	0	0	0	0	0
		비율	-10.982	-10.982	0.000	0.000	0.000	0.000	0.000	0.000	0.000	0.000	0.000	0.000	0.000	0.000
00005	(주)세림와이어	금액	844,250	0	0	0	0	0	0	0	0	0	0	0	0	844,250
		비율	2.060	0.000	0.000	0.000	0.000	0.000	0.000	0.000	0.000	0.000	0.000	0.000	0.000	2.060
00006	(주)형광램프	금액	844,250	0	0	0	0	0	0	0	0	0	0	0	0	844,250
		비율	2.060	0.000	0.000	0.000	0.000	0.000	0.000	0.000	0.000	0.000	0.000	0.000	0.000	2.060
00007	(주)제일물산	금액	1,151,150	1,126,125	0	0	0	0	0	0	0	0	0	0	0	25,025
		비율	2.809	2.748	0.000	0.000	0.000	0.000	0.000	0.000	0.000	0.000	0.000	0.000	0.000	0.061
00009	(주)영동바이크	금액	9,680,000	4,840,000	0	0	0	0	0	0	0	0	0	0	0	4,840,000
		비율	23.625	11.812	0.000	0.000	0.000	0.000	0.000	0.000	0.000	0.000	0.000	0.000	0.000	1.812
10002	대봉엘에이치	금액	-13,061	-13,061	0	0	0	0	0	0	0	0	0	0	0	0
		비율	-0.031	-0.031	0.000	0.000	0.000	0.000	0.000	0.000	0.000	0.000	0.000	0.000	0.000	0.000

구매/자재관리

[구매/자재관리] 모듈은 상품이나 원재료 등을 구매하기 위해 청구등록, 발주등록에서부터 입고하여 회계처리까지의 과정과 재고 관련 내역을 입력 및 조회하는 모듈이다. [구매관리], [구매현황], [구매분석], [재고관리], [재고수불현황], [재고평가], [기초정보관리]로 이루어져 있다.

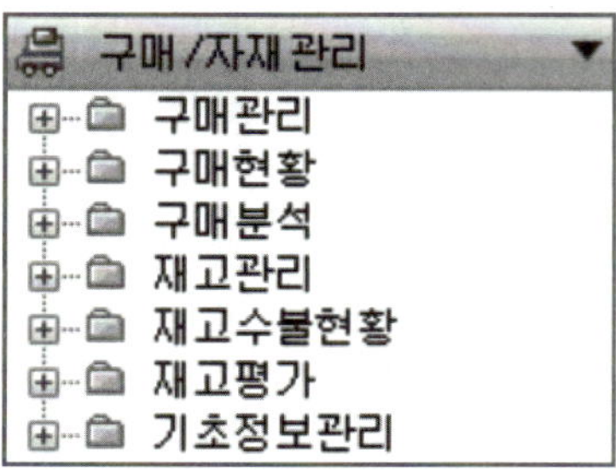

1 구매관리

1. 주계획작성(MPS)

ERP 메뉴 찾아가기

구매/자재관리 ▶ 구매관리 ▶ 주계획작성(MPS)

제품이나 반제품 등에 대한 생산계획을 작성하는 메뉴이다. MPS란 주생산계획 또는 기준생산계획이라고도 하며 MPS를 통하여 해당 품목의 필요수량이나 일정 등을 확인할 수 있다.

판매계획, 주문, SIMULATION의 계획구분에 의하여 일정 등을 계획하며 이 내역은 소요량전개의 입력 요소가 된다.

(1) 계획구분

① '0. 판매계획': [영업관리]−[영업관리]−[판매계획등록] 메뉴에 등록된 월별 판매계획을 근거로 생산계획을 세운다. 오른쪽 상단의 '판매계획적용' 버튼을 클릭해 판매계획을 적용할 수 있다.

② '1. 주문': [영업관리]−[영업관리]−[수주등록] 메뉴에 등록된 수주정보를 근거로 생산계획을 세운다. 오른쪽 상단의 '주문적용' 버튼을 클릭해 주문내역을 적용할 수 있다.

③ '2. SIMULATION': 판매계획이나 수주정보를 근거로 하지 않고 모의로 생산계획을 세운다.

(주)한국자전거본사에서는 2026년 9월 주문잔량을 적용하여 주계획작성(MPS)을 하였다. 품목별 계획수량을 연결한 것으로 옳지 않은 것은?

① FRONT FORK(S): 100EA

② FRAME-티타늄: 80EA

③ BODY-알미늄(GRAY-WHITE): 150EA

④ 전장품 ASS'Y: 200EA

정답 ①

'사업장: 1000. (주)한국자전거본사, 계획기간: 2026/09/01 ~ 2026/09/30, 계획구분: 1. 주문'으로 조회하여 품목별 계획수량을 확인한다. 주문잔량을 적용하였으므로 계획구분을 '1. 주문'으로 해야 한다.
① FRONT FORK(S)의 계획수량은 10EA이다.

번	계획일	품번	품명	규격	단위	순서	출하예정일	납기일	계획수량	고객	비고
□	2026/09/05	21-1030600	FRONT FORK(S)		EA	4	2026/09/11	2026/09/11	10.00	(주)제동기어	
□	2026/09/15	21-1070700	FRAME-티타늄		EA	4	2026/09/20	2026/09/20	80.00	(주)박파워	
□	2026/09/15	81-1001000	BODY-알미늄(GRAY-WHITE)		EA	4	2026/09/20	2026/09/20	150.00	(주)대흥정공	
□	2026/09/15	83-2000100	전장품 ASS'Y		EA	4	2026/09/20	2026/09/20	200.00	(주)대흥정공	

2. 소요량전개(MRP)

ERP 메뉴 찾아가기

구매/자재관리 ▶ 구매관리 ▶ 소요량전개(MRP)

생산계획 등을 통하여 각 품목의 소요일자, 예정발주일, 예정수량을 산출하는 메뉴이다. 오른쪽 상단의 '소요량전개' 버튼을 클릭하여 소요량전개 작업을 할 수 있다.

① 전개구분
- '0. 판매계획': [영업관리]−[영업관리]−[판매계획등록] 메뉴를 근거로 작성한다.
- '1. 주문전개': [영업관리]−[영업관리]−[수주등록] 메뉴를 근거로 작성한다.
- '2. 모의전개': 판매계획정보나 수주등록정보를 적용받지 않고, [주계획작성(MPS)] 메뉴에서 임의로 작성한다.
- '3. 생산계획': [생산관리공통]−[생산관리]−[생산계획등록] 메뉴를 근거로 작성한다.

② 소요일자: 품목의 조달구분이 '생산'이면 작업완료일을, '구매'이면 납기일을 의미한다.

③ 예정발주일: 품목의 조달구분이 '생산'이면 작업시작일을 의미하고, 구매'이면 발주일을 의미한다.

④ 예정수량: 생산계획에 등록된 품목의 수량을 근거로 BOM(자재명세서)에 등록되어 있는 필요수량을 적용하여 계산한다.

⑤ 소요량전개: 생산품의 생산에 필요한 품목, 소요일자, 예정발주일, 예정수량을 MPS, BOM, [시스템관리]−[기초정보관리]−[품목등록] 메뉴의 LEAD TIME을 근거로 산출한다.

⑥ 소요량취합: 소요량전개 작업 후 같은 품목이 있으면 소요량을 합하여 계산한다.

TIP

소요량전개 시 조회일자가 예정발주일 이전인 경우 예정발주일이 자동 계산되며, 예정발주일 이후인 경우 조회일자가 예정발주일이 된다.

다음 중 (주)한국자전거본사의 2026년 9월 1일부터 30일까지의 판매계획기준 소요량전개 내역 중 WHEEL FRONT-MTB의 구매발주에서 입고까지의 소요일수로 옳은 것은?

① 0일   ② 2일
③ 5일   ④ 10일

정답 ②

'사업장: 1000. (주)한국자전거본사'로 조회하여 소요량전개 내역을 확인한다. WHEEL FRONT-MTB의 소요일자는 2026/08/31이고, 예정발주일은 2026/08/29이므로 예정발주일부터 소요일자까지 2일이 소요된다. 이는 [시스템관리]-[기초정보관리]-[품목등록] 메뉴에서 WHEEL FRONT-MTB 품목의 'ORDER/COST' 탭에 등록된 LEAD TIME 2일이 반영된 것이다.

품번	품명	규격	소요일자	순번	예정발주일	예정수량	단위	계정구분
21-1030600	FRONT FORK(S)		2026/08/31	1	2026/08/24	430.00	EA	원재료
21-1060700	FRAME-NUT		2026/09/06	1	2026/09/03	200.00	EA	원재료
21-1060850	WHEEL FRONT-MTB		2026/08/31	1	2026/08/29	310.00	EA	반제품
21-1070700	FRAME-티타늄		2026/09/06	1	2026/09/03	100.00	EA	원재료
21-3065700	GEAR REAR C		2026/08/31	1	2026/08/26	410.00	EA	원재료
31-10100001	체인		2026/08/31	1	2026/08/30	100.00	EA	제품

TIP

전개구분과 계획기간을 변경한 후 조회하여도 원래 등록되어 있는 내역으로 조회된다. 소요량전개를 다시 하거나 변경하려면 전개구분과 계획기간을 입력한 후 오른쪽 상단의 '소요량전개' 버튼을 클릭하여 소요량전개 작업을 해야 하며, 이후 소요량을 취합하는 경우는 '소요량취합' 버튼을 클릭하면 된다.

3. 청구등록

ERP 메뉴 찾아가기

구매/자재관리 ▶ 구매관리 ▶ 청구등록

필요한 품목을 요청하여 청구등록하는 메뉴이다. [소요량전개(MRP)] 메뉴의 '소요량적용'을 받거나 직접 입력할 수 있다. '청구구분'이 '0. 구매'이면 하단의 품목이 [구매/자재관리]-[구매관리]-[발주등록] 메뉴와 연계되고, '청구구분'이 '1. 생산'이면 [생산관리공통]-[생산관리]-[작업지시등록], [생산관리공통]-[외주관리]-[외주발주등록] 메뉴와 연계된다. [청구등록]의 내용을 적용받아 [발주등록]한 경우에는 청구내역을 수정 및 삭제할수 없다.

오른쪽 상단의 '재고확인'을 클릭하면 하단에서 관리단위와 재고단위의 현재고, 가용재고, 입고예정량을 확인할 수 있다.

아래 [보기]의 조건으로 데이터를 조회한 후 물음에 답하시오.

┌─ 보기 ─────────────────────────────────────
• 사업장: 1000. (주)한국자전거본사
• 요청일자: 2026/08/01 ~ 2026/08/31
└──

[보기]의 조건으로 입력된 청구번호 PR2608000001의 청구내역에 대한 설명으로 옳지 <u>않은</u> 것은?

① 품목 21-1035600. SOCKET의 계정구분은 원재료이다.

② 품목 21-1070700. FRAME-티타늄의 조달구분과 청구등록의 구분값은 일치한다.

③ 품목 21-1080800. FRAME-알미늄은 주거래처를 [청구등록] 메뉴에서 변경하였다.

④ 품목 21-3000300. WIRING-DE의 관리구분은 P10. 정기구매이다.

정답 ④

[보기]의 조건으로 조회한 후 청구번호 PR2608000001의 하단 내역을 확인한다.

① 품목 21-1035600. SOCKET에서 마우스 오른쪽 버튼을 클릭하여 '부가기능-품목상시정보'를 확인한다. 품목
   21-1035600. SOCKET의 계정구분은 '0. 원재료'이다.

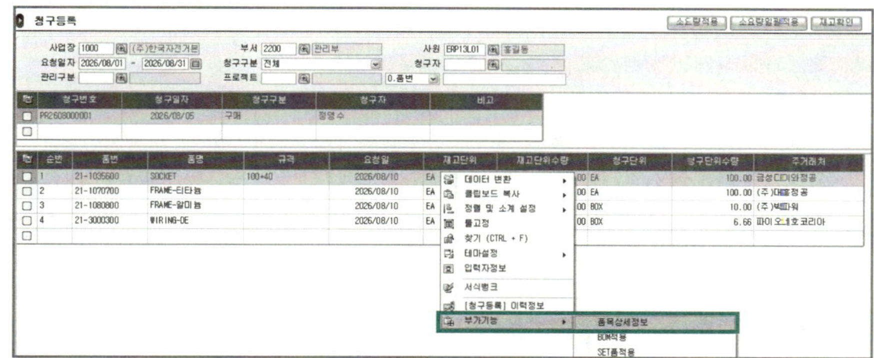

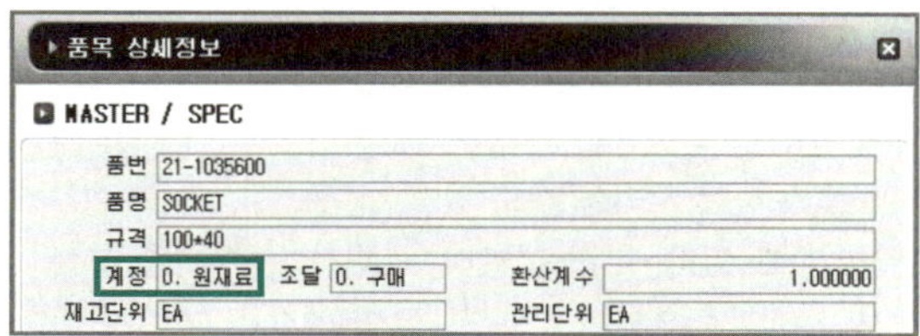

② 품목 21-1070700. FRAME-티타늄에서 마우스 오른쪽 버튼을 클릭하여 '부가기능-품목상세정보'를 확인한다.
   품목의 조달구분은 '0. 구매'이고. [청구등록] 메뉴의 청구구분 역시 '구매'이므로 조달구분과 청구등록의 구분값
   은 일치한다.

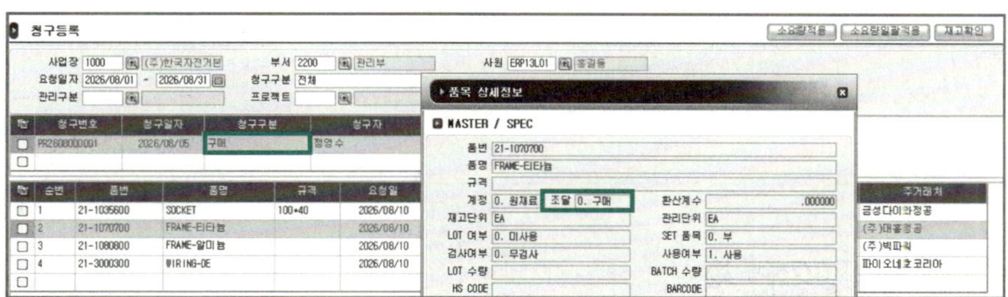

③ 품목 21-1080800. FRAME-알미늄에서 마우스 오른쪽 버튼을 클릭하여 '부가기능-품목상세정보'를 확인한다. 품목의 주거래처는 (주)대흥정공인 반면, [청구등록] 메뉴에 등록되어 있는 주거래처는 (주)빅파워이므로 주거래처를 [청구등록] 메뉴에서 변경하였음을 알 수 있다.

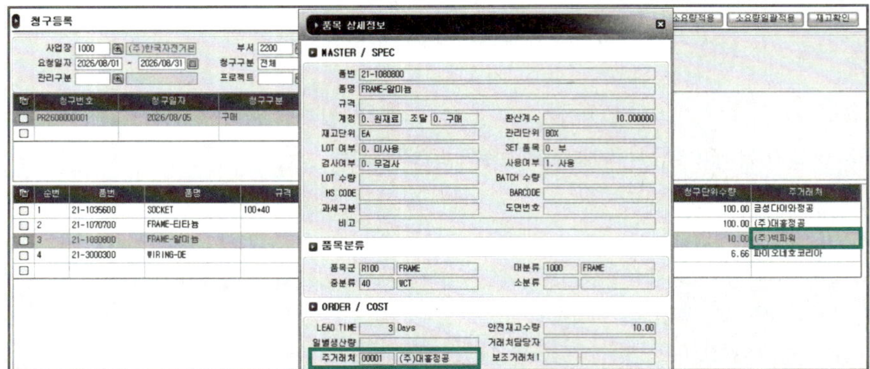

④ 품목 21-3000300. WIRING-DE의 하단에 등록되어 있는 관리구분은 P20. 일반구매이다.

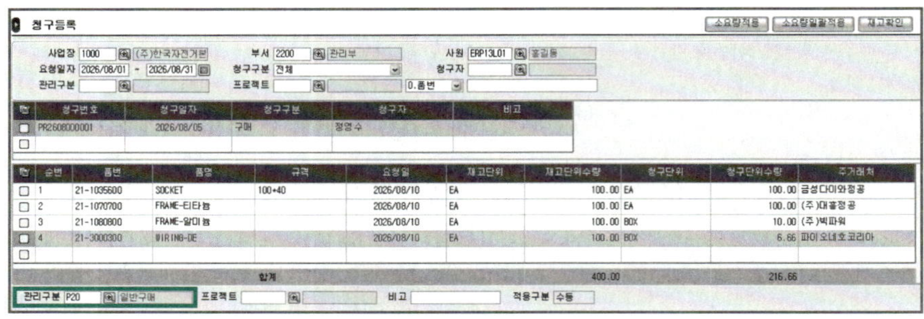

4. 청구품의등록

구매/자재관리 ▶ 구매관리 ▶ 청구품의등록

구매발주 시 구매품에 대하여 품의(결재)과정을 통하여 승인을 얻은 후 구매발주를 처리하고자 할 경우에 사용하는 메뉴이다. 상단의 '청구적용'을 통하여 처리할 수도 있고, 청구작업을 생략하고 직접 '품의일자', '품의구분' 등을 입력할 수도 있다. [시스템관리]-[회사등록정보]-[시스템환경설정]의 조회구분 '4. 물류'에서 '품의등록운영여부'를 '1. 운영함'으로 선택한 경우에만 메뉴를 사용할 수 있다. 이러한 경우 [발주등록] 메뉴에서 '청구적용조회' 버튼을 이용하여 발주를 등록할 수 없으며, 품의승인적용조회 등을 이용하여 발주등록할 수 있다.

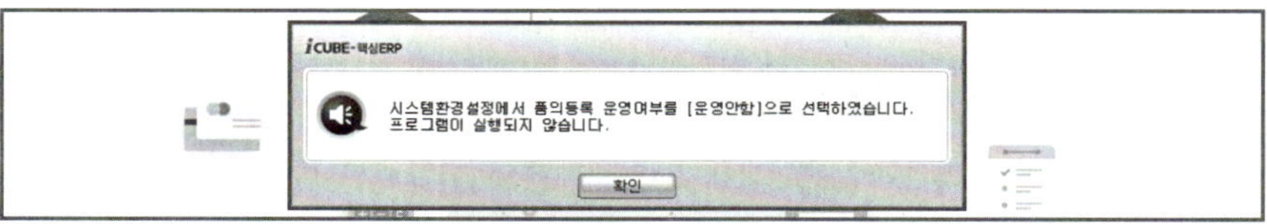

5. 청구품의승인등록

구매/자재관리 ▶ 구매관리 ▶ 청구품의승인등록

[청구품의등록] 메뉴에 등록된 내역을 구매발주를 위해 승인권자가 '승인처리' 또는 '승인취소'를 하는 메뉴이다. [시스템관리]-[회사등록정보]-[시스템환경설정]에서 '품의등록운영여부'를 '1. 운영함'으로 선택한 경우에만 메뉴를 사용할 수 있다.

6. 청구품의마감등록

구매/자재관리 ▶ 구매관리 ▶ 청구품의마감등록

[청구품의등록]이나 [청구품의승인등록] 메뉴에 등록된 내역 중에서 여러 사유로 더 이상 진행되지 않는 내역을 선택하여 등록된 품의를 마감처리하는 메뉴이다. [청구품의마감등록]에 등록된 내역은 [발주등록]에서 조회되지 않는다.

7. 발주등록

구매/자재관리 ▶ 구매관리 ▶ 발주등록

거래처에 상품, 원재료, 부재료 등을 주문한 발주내역을 등록하는 메뉴이며, 상단의 '인쇄' 버튼을 눌러 발주서를 출력할 수도 있다. 발주내역은 직접 등록할 수 있으며 상단의 '청구적용 조회', '주문적용 조회' 등의 버튼을 이용하여 등록할 수도 있다.

실무 연습문제 발주등록

아래 [보기]의 조건으로 데이터를 조회한 후 물음에 답하시오.

┌ 보기 ┐
- 사업장: 1000. (주)한국자전거본사
- 발주기간: 2026/08/01 ~ 2026/08/31
- 청구기간: 2026/08/01 ~ 2026/08/31

다음 중 청구적용 조회 기능을 이용하여 발주등록을 시행하려고 할 때 발주등록 가능한 품목으로 옳지 않은 것은?

① 21-1035600. SOCKET

② 21-1070700. FRAME-티타늄

③ 21-1080800. FRAME-알미늄

④ 21-3001600. PEDAL

정답 ④

[보기]의 사업장과 발주기간으로 조회한 후 오른쪽 상단의 '청구적용 조회' 버튼을 클릭하여 '청구적용창'에서 [보기]의 청구기간을 입력한다. 이때 조회되는 품목과 청구잔량이 청구적용 조회 기능을 이용하여 발주등록 가능한 품목과 수량이다.

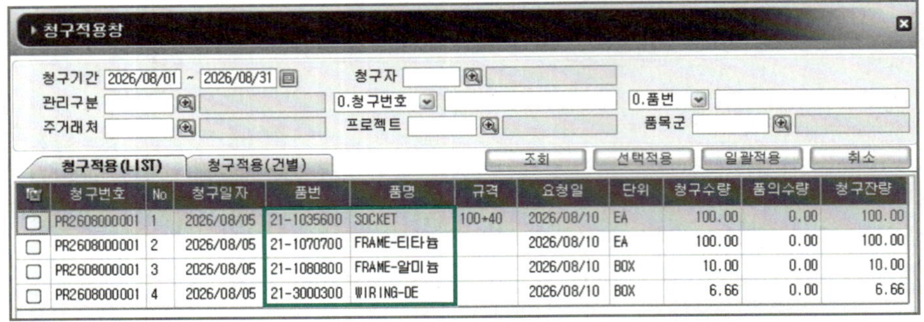

	청구번호	No	청구일자	품번	품명	규격	요청일	단위	청구수량	품의수량	청구잔량
☐	PR2608000001	1	2026/08/05	21-1035600	SOCKET	100+40	2026/08/10	EA	100.00	0.00	100.00
☐	PR2608000001	2	2026/08/05	21-1070700	FRAME-티타늄		2026/08/10	EA	100.00	0.00	100.00
☐	PR2608000001	3	2026/08/05	21-1080800	FRAME-알미늄		2026/08/10	BOX	10.00	0.00	10.00
☐	PR2608000001	4	2026/08/05	21-3000300	WIRING-DE		2026/08/10	BOX	6.66	0.00	6.66

8. 입고의뢰등록

ERP 메뉴 찾아가기

구매/자재관리 ▶ 구매관리 ▶ 입고의뢰등록

거래처에 발주한 내역을 납품받아 창고에 입고시키기 위해 입고의뢰할 때 사용하는 메뉴이다. 오른쪽 상단의 '발주적용조회'를 이용하여 입고의뢰를 할 수 있다.

[시스템환경설정]에서 '입고의뢰운영여부'가 '1. 운영함'으로 되어 있어야 [입고의뢰등록] 메뉴를 사용할 수 있다. 입고의뢰등록 시 의뢰창고, 의뢰담당자, 납기일을 반드시 입력해야 한다.

실무 연습문제　　입고의뢰등록

아래 [보기]의 조건으로 데이터를 조회한 후 물음에 답하시오.

┌ 보기 ┄
• 사업장: 1000. (주)한국자전거본사
• 의뢰기간: 2026/08/01 ~ 2026/08/31

다음 중 [보기]의 조건으로 조회되는 입고의뢰 건에 대한 설명으로 옳지 <u>않은</u> 것은?

① 의뢰번호 SR2608000001의 납기일과 입고예정일은 같다.

② 모든 의뢰 건은 발주적용을 이용하여 입고의뢰를 등록하였다.

③ 의뢰번호 SR2608000002에 등록된 모든 품목은 [입고검사등록] 메뉴에서 검사를 해야만 입고처리가 가능하다.

④ 의뢰번호 SR2608000003의 관리구분은 P30. 특별구매이다.

정답 ③

[보기]의 조건으로 조회되는 의뢰 건의 내역을 확인한다.

① 의뢰번호 SR2608000001의 하단에 등록되어 있는 납기일과 입고예정일은 2026/08/05로 같다.

② 모든 의뢰 건의 하단 품목에서 마우스 오른쪽 버튼을 클릭하여 '[입고의뢰등록] 이력정보'를 확인한다. 이전 이력에 발주등록이 등록되어 있으므로, 발주적용을 이용하여 입고의뢰를 등록한 것을 알 수 있다.

③ 의뢰번호 SR2608000002의 품목 FRAME-티타늄, FRAME-알미늄, WIRING-DE의 검사구분은 '무검사'이고, GEAR REAR C, FRAME GRAY의 검사구분은 '검사'이다. 검사구분이 '검사'인 품목은 [입고검사등록] 메뉴에서 검사를 해야만 입고처리가 가능하며, '무검사'인 품목은 [입고검사등록] 메뉴에서 검사를 하지 않아도 바로 입고 처리가 가능하다. 따라서 의뢰번호 SR26080000002에 등록된 모든 품목이 [입고검사등록] 메뉴에서 검사를 해야만 입고처리가 가능한 것은 아니다.

④ 의뢰번호 SR2608000003의 하단에 등록되어 있는 관리구분은 P30. 특별구매이다.

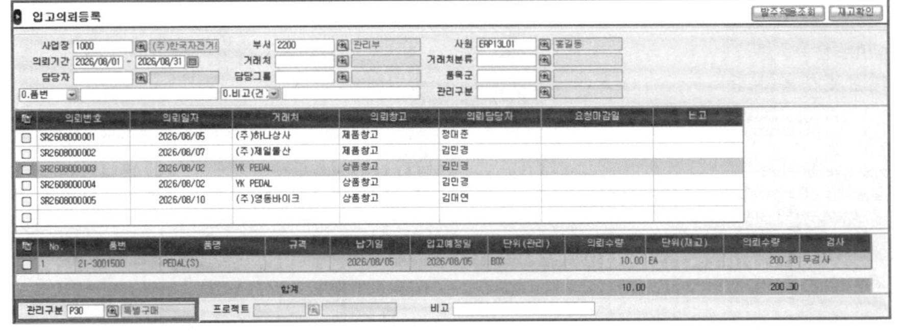

9. 입고검사등록

> 구매/자재관리 ▶ 구매관리 ▶ 입고검사등록

입고품목을 창고에 입고하기 전에 검사를 실시하여 검사결과를 등록하는 메뉴이다. [입고
의뢰등록] 메뉴에서 검사여부가 '검사'로 설정되어 있는 품목의 입고검사를 등록할 수 있
다. '전수검사'일 경우 시료 수를 입력할 수 없으며 '샘플검사'일 경우 검사를 행한 시료 수
를 입력할 수 있다. [시스템관리]–[회사등록정보]–[시스템환경설정] 메뉴에서 '입고전검
사운영여부'가 '1. 운영함'으로 되어 있어야 메뉴를 사용할 수 있다.

실무 연습문제　입고검사등록

아래 [보기]의 조건으로 데이터를 조회한 후 물음에 답하시오.

> 보기
> • 사업장: 1000. (주)한국자전거본사
> • 검사기간: 2026/08/01 ～ 2026/08/15

[보기]의 조건으로 조회되는 입고검사 건에 대한 설명으로 옳지 <u>않은</u> 것은?

① 검사번호 QC2608000002의 불합격수량은 2EA이다.

② 검사번호 QC2608000002에 등록된 불량유형은 포장불량과 외관불량으로 총 5EA이다.

③ 검사번호 QC2608000001의 검사유형은 파레트검사이다.

④ 검사번호 QC2608000001은 전수검사로 시료 수를 입력할 수 없다.

정답　②

[보기]의 조건으로 조회되는 내역을 확인한다.

② 검사번호 QC2608000002에 등록되어 있는 모든 품목을 클릭하여 불량유형을 확인해야 한다. 품목 GEAR REAR
　C에 등록된 불량유형은 포장불량 3EA와 외관불량 2EA이며, 품목 FRAME GRAY에 등록된 불량유형은 도색불량
　2EA이다.

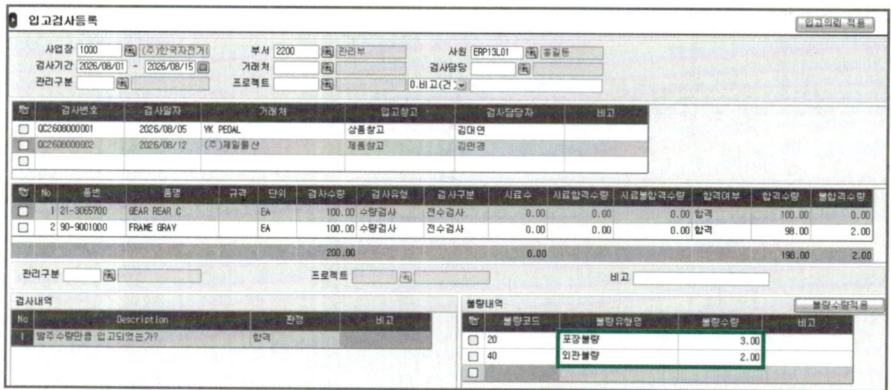

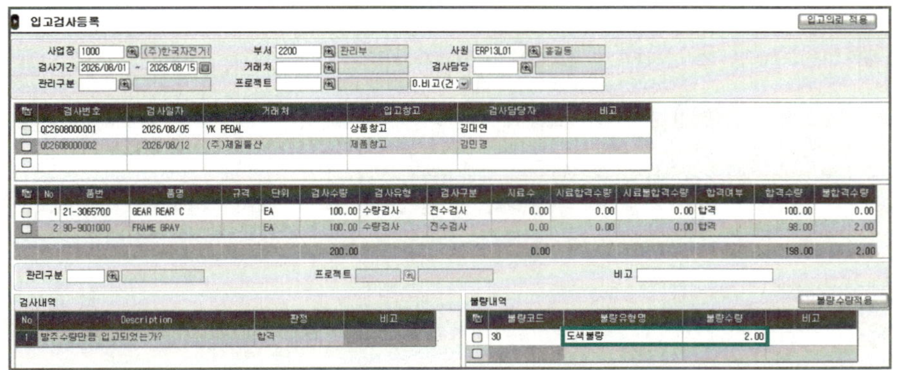

10. 입고처리(국내발주)

 ERP 메뉴 찾아가기

구매/자재관리 ▶ 구매관리 ▶ 입고처리(국내발주)

국내발주분에 대하여 창고에 입고처리한 내역을 등록하는 메뉴이다. 입고처리를 하면 재고가 증가하며, 반품이 되어 나가면 다시 재고가 감소한다.

(1) '예외입고' 탭

① 발주등록 없이 입고처리하거나 샘플이나 견본품으로 입고처리 시 사용하며 재고가 증가한다.

② 오른쪽 상단의 '입고적용'을 이용하여 적용하면 발주수량에 (−)로 입력이 되며 반품으로 처리되므로 재고가 감소한다.

(2) '발주입고' 탭

발주를 통한 입고의뢰나 검사내역을 적용받아 입고처리하는 경우에 사용하며 입고를 하면 재고가 증가한다. [입고의뢰등록] 메뉴에서 '검사'로 되어 있는 품목은 [입고검사등록] 메뉴에서 검사를 해야만 '검사적용'을 통하여 발주입고할 수 있으며, '발주적용'이나 '의뢰적용' 버튼을 통해 적용할 수 없다.

실무 연습문제 입고처리(국내발주)

아래 [보기]의 조건으로 데이터를 조회한 후 물음에 답하시오.

> ┌ 보기
> - 사업장: 1000. (주)한국자전거본사
> - 입고기간: 2026/08/01 ~ 2026/08/31
> - 입고창고: M100. 상품창고

(주)제동기어에서 입고된 품목을 입고처리하였다. 입고처리 후 품목 21−1080800. FRAME−알미늄의 관리단위현재고 수량으로 옳은 것은?

① 2BOX
② 7BOX
③ 5EA
④ 70EA

'예외입고' 탭에서 [보기]의 조건으로 조회하면 품목 21-1080800. FRAME-알미늄이 입고번호 RV2608000001에 등록되어 있다.

② 품목 21-1080800. FRAME-알미늄의 하단에서 '재고확인'을 클릭하면 관리단위현재고는 7BOX이다.

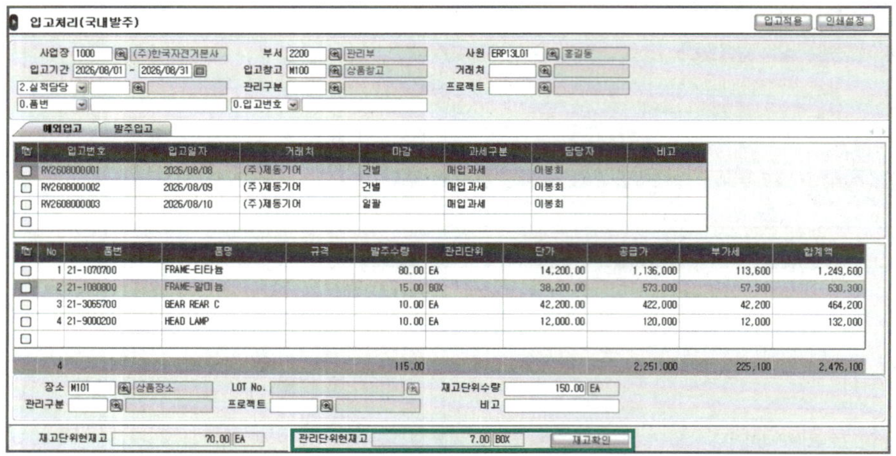

11. 매입마감(국내거래)

ERP 메뉴 찾아가기

구매/자재관리 ▶ 구매관리 ▶ 매입마감(국내거래)

[입고처리(국내발주)] 메뉴에 등록된 내용을 적용받아 국내거래에 대한 매입마감을 하는 메뉴이다. 매입마감이 된 품목은 재고평가 대상이 되며, 입고처리는 되었으나 매입마감이 되지 않은 품목은 재고평가 대상에서 제외되고 재고는 증가한다. 회계처리를 위해서는 매입마감 작업을 선행하여야 한다. 마감구분이 '건별'이면 자동으로 매입마감이 등록되고, '일괄'이면 직접 매입마감을 등록해야 한다. 마감구분이 '건별'인 마감 건의 마감수량 및 단가는 본 메뉴에서 직접 수정 및 삭제할 수 없으나, 마감일자와 세무구분은 수정이 가능하다. 또한 전표처리된 건에 대해서는 삭제 및 수정이 불가능하다.

실무 연습문제 매입마감(국내거래)

아래 [보기]의 조건으로 데이터를 조회한 후 물음에 답하시오.

┌ 보기 ─────
• 사업장: 1000. (주)한국자전거본사
• 마감기간: 2026/08/01 ~ 2026/08/15

다음 국내거래에 대한 매입마감 건 중 입고번호 RV2608000005를 마감한 마감번호는 무엇인가?

① PC2608000001

② PC2608000002

③ PC2608000003

④ PC2608000004

[보기]의 조건으로 조회되는 각 마감번호의 하단에 등록된 입고번호를 확인한다. 마감번호 PC2608000003에 등록되어 있는 품목들의 입고번호는 RV2608000005이다. 입고번호는 마우스 오른쪽 버튼을 클릭하여 '[매입마감(국내거래)] 이력정보'에서도 확인할 수 있다.

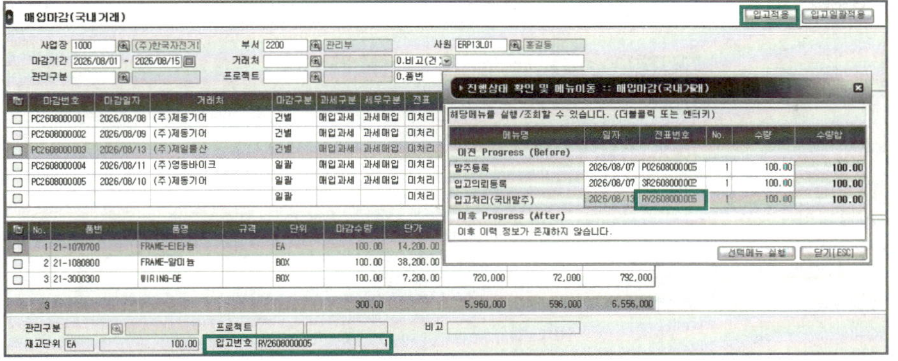

12. 회계처리(매입마감)

ERP 메뉴 찾아가기

구매/자재관리 ▶ 구매관리 ▶ 회계처리(매입마감)

매입마감내역을 회계처리하여 전표발행을 하기 위한 메뉴이다. 매입마감이 되면 회계 모듈로 이관되어 회계처리할 수 있다. 회계연결계정과목등록이 되어 있어야 매입마감내역의 회계처리가 가능하며 생성된 회계전표는 '미결' 상태이고 회계 모듈에서 승인처리를 하면 '승인'으로 변경된다. 회계 모듈에서 전표승인이 되면 '매입마감' 탭에서 전표취소 기능을 이용하여 해당 전표를 삭제할 수 없다.

실무 연습문제 — 회계처리(매입마감)

아래 [보기]의 조건으로 데이터를 입력 및 조회한 후 물음에 답하시오.

보기
- 사업장: 1000. (주)한국자전거본사
- 기간: 2026/08/01 ~ 2026/08/31
- 마감번호: PC2608000002

[보기]의 기간에 매입마감된 마감 건을 전표처리하고자 한다. 전표처리 후 생성된 회계전표에 대한 설명으로 올바르지 <u>않은</u> 것은?

① 거래처는 (주)제동기어이다.
② 원재료 구매로 인하여 대체대변에 외상매입금이 증가한다.
③ 대체차변에 생성되는 계정과목은 제품이다.
④ 생성된 전표는 '미결' 상태가 된다.

정답 ②

'매입마감' 탭에서 [보기]의 조건으로 조회한다. 마감번호 PC2608000002의 □에 체크현 후 오른쪽 상단의 '전표처리'를 눌러 회계전표를 생성한다.

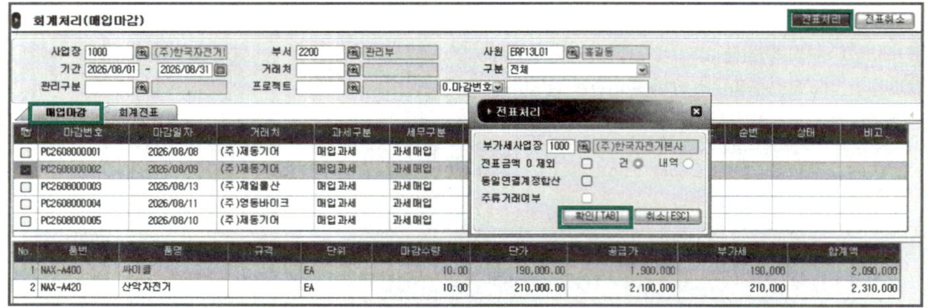

'회계전표' 탭에서 조회하면 생성된 회계전표를 확인할 수 있다.

② 대체대변에 외상매입금이 증가하는 것은 원재료가 아닌 제품 구매로 인한 것이다.

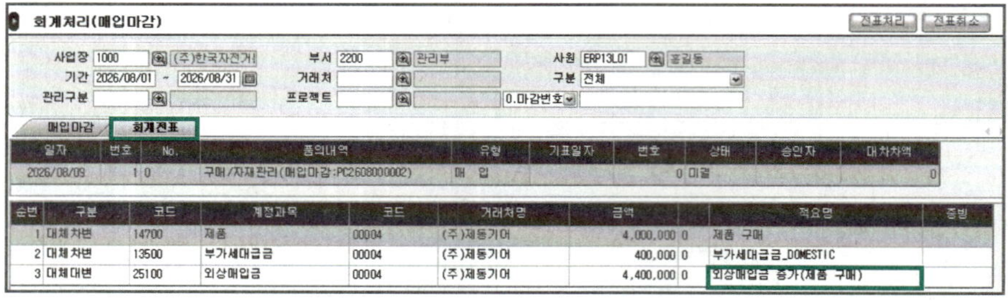

---

13. 발주마감처리

ERP 메뉴 찾아가기

구매/자재관리 ▶ 구매관리 ▶ 발주마감처리

발주등록된 내역 중에서 더 이상 거래처에 요청하지 않으며 입고처리되지 않고 진행하지 않는 내역을 마감처리하는 메뉴이다. 발주마감처리를 한 품목은 입고의뢰, 입고검사, 입고 처리 대상에서 제외되며 반드시 입력해야 하는 메뉴는 아니다.

실무 연습문제 발주마감처리

아래 [보기]의 조건으로 데이터를 조회한 후 물음에 답하시오.

┌─ 보기 ─
• 사업장: 1000. (주)한국자전거본사
• 발주기간: 2026/08/01 ~ 2026/08/31

발주하였으나 입고되지 못한 품목 중 관리구분이 '일반구매'인 품목을 발주마감처리하고자 한다. 다음 중 발주마감처리할 수 있는 품목으로 옳지 <u>않은</u> 것은?

① 21-1060850. WHEEL FRONT-MTB

② 21-3001600. PEDAL

③ 21-3001500. PEDAL(S)

④ 14-252600. SUPREME X2

정답 ③

[보기]의 조건으로 조회한 후 각 품목의 관리구분을 확인한다. 전체로 조회해도 되지만 '관리구분: P20. 일반구매'
로 선택한 후 조회하면 확인하기 편리하다. 조회되는 품목이 발주마감처리 가능한 품목이며 발주잔량이 발주마감
처리 가능한 수량이다.

③ 21-3001500. PEDAL(S)은 관리구분이 '특별구매'인 품목이다.

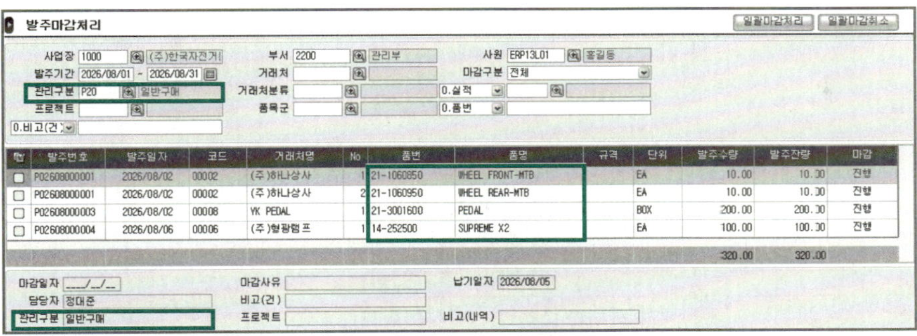

2 구매현황

1. 소요량전개현황

> ✎ **ERP 메뉴 찾아가기**
>
> 구매/자재관리 ▶ 구매현황 ▶ 소요량전개현황

소요기간 동안 소요량전개된 현황을 확인하는 메뉴이다.

2. 청구현황

> ✎ **ERP 메뉴 찾아가기**
>
> 구매/자재관리 ▶ 구매현황 ▶ 청구현황

청구기간 동안 청구된 현황을 확인하는 메뉴이다.

다음 중 (주)한국자전거본사의 2026년 8월 청구내역 중 주거래처가 (주)대흥정공인 품목은 무엇인가?

① SOCKET

② FRAME-티타늄

③ FRAME-알미늄

④ WIRING-DE

정답 ②

'사업장: 1000. (주)한국자전거본사, 청구기간: 2026/08/01 ~ 2026/08/31'로 조회되는 품목 중 주거래처가 (주)대흥정공인 품목은 FRAME-티타늄이다.

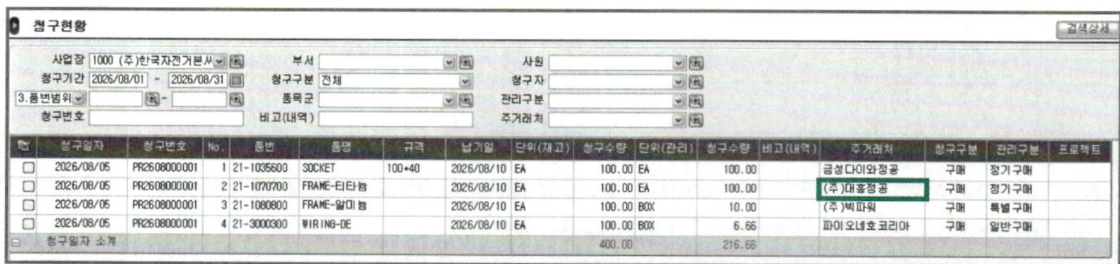

	청구일자	청구번호	No.	품번	품명	규격	납기일	단위(재고)	청구수량	단위(관리)	청구수량	비고(내역)	주거래처	청구구분	관리구분	프로젝트
☐	2026/08/05	PR2608000001	1	21-1035600	SOCKET	100+40	2026/08/10	EA	100.00	EA	100.00		금성다이와정공	구매	정기구매	
☐	2026/08/05	PR2608000001	2	21-1070700	FRAME-티타늄		2026/08/10	EA	100.00	EA	100.00		(주)대흥정공	구매	정기구매	
☐	2026/08/05	PR2608000001	3	21-1080800	FRAME-알미늄		2026/08/10	EA	100.00	BOX	10.00		(주)빅파워	구매	특별구매	
☐	2026/08/05	PR2608000001	4	21-3000300	WIRING-DE		2026/08/10	EA	100.00	BOX	6.66		파이오네호코리아	구매	일반구매	
	청구일자 소계								400.00		216.66					

3. 발주현황

ERP 메뉴 찾아가기

구매/자재관리 ▶ 구매현황 ▶ 발주현황

발주기간 동안 발주일별, 납기일별, 거래처별, 품목별, 거래구분별, 관리구분별, 프로젝트별로 발주한 현황을 확인하는 메뉴이다.

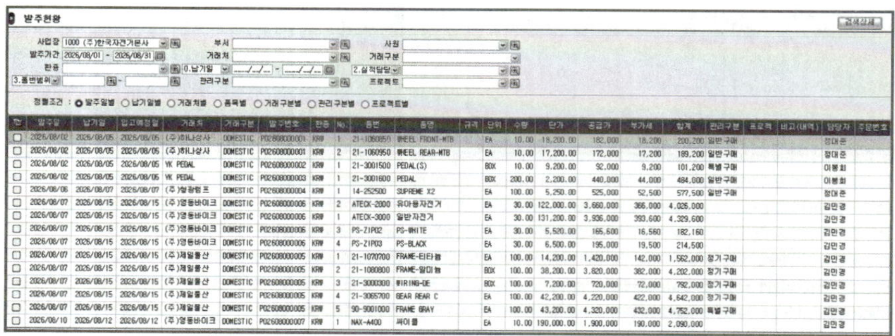

	발주일	납기일	입고예정일	거래처	거래구분	발주번호	환종	No.	품번	품명	규격	단위	수량	단가	공급가	부가세	합계	관리구분	프로젝트	비고(내역)	담당자	주문번호
☐	2026/08/02	2026/08/05	2026/08/05	(주)하나상사	DOMESTIC	P02608000001	KRW	1	21-1060850	WHEEL FRONT-MTB		EA	10.00	18,200.00	182,000	18,200	200,200	일반구매			정대준	
☐	2026/08/02	2026/08/05	2026/08/05	(주)하나상사	DOMESTIC	P02608000001	KRW	2	21-1060950	WHEEL REAR-MTB		EA	10.00	17,200.00	172,000	17,200	189,200	일반구매			정대준	
☐	2026/08/02	2026/08/05	2026/08/05	YK PEDAL	DOMESTIC	P02608000002	KRW	1	21-3001500	PEDAL(S)		BOX	10.00	9,200.00	92,000	9,200	101,200	특별구매			이봉회	
☐	2026/08/02	2026/08/05	2026/08/05	YK PEDAL	DOMESTIC	P02608000003	KRW	1	21-3001600	PEDAL		BOX	200.00	2,200.00	440,000	44,000	484,000	일반구매			이봉회	
☐	2026/08/06	2026/08/07	2026/08/07	(주)청광펌프	DOMESTIC	P02608000004	KRW	1	14-252500	SUPREME X2		EA	100.00	5,250.00	525,000	52,500	577,500	일반구매			정대준	
☐	2026/08/07	2026/08/15	2026/08/15	(주)영동바이크	DOMESTIC	P02608000006	KRW	2	ATECK-2000	유아용자전거		EA	30.00	122,000.00	3,660,000	366,000	4,026,000				김민경	
☐	2026/08/07	2026/08/15	2026/08/15	(주)영동바이크	DOMESTIC	P02608000006	KRW	1	ATECK-3000	일반자전거		EA	30.00	131,200.00	3,936,000	393,600	4,329,600				김민경	
☐	2026/08/07	2026/08/15	2026/08/15	(주)영동바이크	DOMESTIC	P02608000006	KRW	3	PS-ZIP02	PS-WHITE		EA	30.00	5,520.00	165,600	16,560	182,160				김민경	
☐	2026/08/07	2026/08/15	2026/08/15	(주)영동바이크	DOMESTIC	P02608000006	KRW	4	PS-ZIP03	PS-BLACK		EA	30.00	6,500.00	195,000	19,500	214,500				김민경	
☐	2026/08/07	2026/08/15	2026/08/15	(주)제일물산	DOMESTIC	P02608000005	KRW	1	21-1070700	FRAME-티타늄		EA	100.00	14,200.00	1,420,000	142,000	1,562,000	정기구매			김민경	
☐	2026/08/07	2026/08/15	2026/08/15	(주)제일물산	DOMESTIC	P02608000005	KRW	2	21-1080800	FRAME-알미늄		BOX	100.00	38,200.00	3,820,000	382,000	4,202,000	정기구매			김민경	
☐	2026/08/07	2026/08/15	2026/08/15	(주)제일물산	DOMESTIC	P02608000005	KRW	3	21-3000300	WIRING-DE		BOX	100.00	7,200.00	720,000	72,000	792,000	정기구매			김민경	
☐	2026/08/07	2026/08/15	2026/08/15	(주)제일물산	DOMESTIC	P02608000005	KRW	4	21-3065700	GEAR REAR C		EA	100.00	42,200.00	4,220,000	422,000	4,642,000	정기구매			김민경	
☐	2026/08/07	2026/08/15	2026/08/15	(주)제일물산	DOMESTIC	P02608000005	KRW	5	90-9001000	FRAME GRAY		EA	100.00	43,200.00	4,320,000	432,000	4,752,000	특별구매			김민경	
☐	2026/08/10	2026/08/12	2026/08/12	(주)영동바이크	DOMESTIC	P02608000007	KRW	1	NAX-A400	싸이클		EA	10.00	190,000.00	1,900,000	190,000	2,090,000				김민경	

4. 발주대비입고현황

ERP 메뉴 찾아가기

구매/자재관리 ▶ 구매현황 ▶ 발주대비입고현황

발주기간 동안 발주등록된 내역에 대한 입고현황을 확인하는 메뉴이다.

(주)한국자전거본사의 2026년 8월 발주내역 대비 입고내역을 감안할 경우, 추후 발주 시 가장 많은 수량조정이 필요한 품목으로 옳은 것은? (단, 입고수량이 등록된 품목에 한한다.)

① 21-3000300. WIRING-DE

② 21-1070700. FRAME-티타늄

③ 21-3065700. GEAR REAR C

④ 90-9001000. FRAME GRAY

정답 ④

'사업장: 1000. (주)한국자전거본사, 발주기간: 2026/08/01 ~ 2026/08/31'로 조회한 후 각 품목의 발주수량과 오른쪽 화면의 입고수량을 확인한다. 발주수량과 입고수량의 차이가 입고되지 못한 수량이므로 수량조정이 필요한 품목이다.

① 21-3000300. WIRING-DE: 발주수량 100EA, 입고수량 100EA → 차이 0EA

② 21-1070700. FRAME-티타늄: 발주수량 100EA, 입고수량 100EA → 차이 0EA

③ 21-3065700. GEAR REAR C: 발주수량 100EA, 입고수량 100EA → 차이 0EA

④ 90-9001000. FRAME GRAY: 발주수량 100EA, 입고수량 80EA → <u>차이 20EA</u> ✓

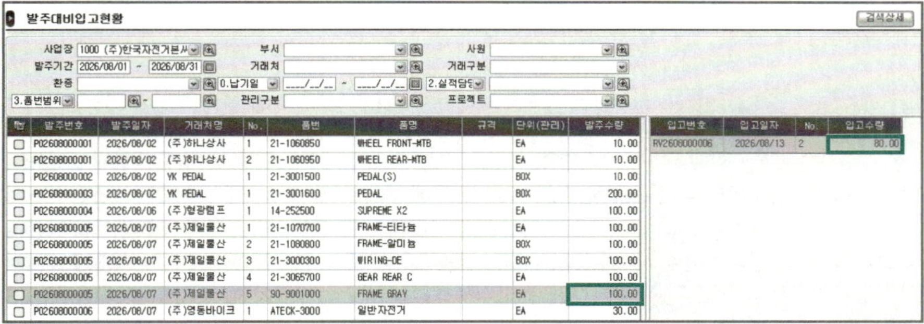

발주대비입고현황

	발주번호	발주일자	거래처명	No.	품번	품명	규격	단위(관리)	발주수량
☐	P02608000001	2026/08/02	(주)하나상사	1	21-1060850	WHEEL FRONT-MTB		EA	10.00
☐	P02608000001	2026/08/02	(주)하나상사	2	21-1060950	WHEEL REAR-MTB		EA	10.00
☐	P02608000002	2026/08/02	YK PEDAL	1	21-3001500	PEDAL(S)		BOX	10.00
☐	P02608000003	2026/08/02	YK PEDAL	1	21-3001600	PEDAL		BOX	200.00
☐	P02608000004	2026/08/06	(주)형광램프	1	14-252500	SUPREME X2		EA	100.00
☐	P02608000005	2026/08/07	(주)제일물산	1	21-1070700	FRAME-티타늄		EA	100.00
☐	P02608000005	2026/08/07	(주)제일물산	2	21-1080800	FRAME-알미늄		BOX	100.00
☐	P02608000005	2026/08/07	(주)제일물산	3	21-3000300	WIRING-DE		BOX	100.00
☐	P02608000005	2026/08/07	(주)제일물산	4	21-3065700	GEAR REAR C		EA	100.00
☐	P02608000005	2026/08/07	(주)제일물산	5	90-9001000	FRAME GRAY		EA	100.00
☐	P02608000006	2026/08/07	(주)영동바이크	1	ATECK-3000	일반자전거		EA	30.00

입고번호	입고일자	No.	입고수량
RV2608000006	2026/08/13	2	80.00

5. 발주미납현황

ERP 메뉴 찾아가기

구매/자재관리 ▶ 구매현황 ▶ 발주미납현황

기준일자 대비 납기일이나 입고예정일에 발주 후 입고되지 않은 발주미납현황을 확인하는 메뉴이다. 미납수량, 합계액, 경과일수 등을 확인할 수 있다.

발주미납현황

	발주번호	발주일자	납기일	입고예정일	거래처	No.	품번	품명	규격	단위(관리)	미납수량	단가	공급가	부가세	합계액	경과일수
☐	P02608000001	2026/08/02	2026/08/05	2026/08/05	(주)하나상사	1	21-1060850	WHEEL FRONT-MTB		EA	10.00	18,200.00	182,000	18,200	200,200	-26
☐	P02608000001	2026/08/02	2026/08/05	2026/08/05	(주)하나상사	2	21-1060950	WHEEL REAR-MTB		EA	10.00	17,200.00	172,000	17,200	189,200	-26
☐	P02608000002	2026/08/02	2026/08/05	2026/08/05	YK PEDAL	1	21-3001500	PEDAL(S)		BOX	10.00	9,200.00	92,000	9,200	101,200	-26
☐	P02608000003	2026/08/02	2026/08/05	2026/08/05	YK PEDAL	1	21-3001600	PEDAL		BOX	200.00	2,200.00	440,000	44,000	484,000	-26
☐	P02608000004	2026/08/06	2026/08/07	2026/08/07	(주)형광램프	1	14-252500	SUPREME X2		EA	100.00	5,250.00	525,000	52,500	577,500	-24
☐	P02608000005	2026/08/07	2026/08/15	2026/08/15	(주)제일물산	5	90-9001000	FRAME GRAY		EA	20.00	43,200.00	864,000	86,400	950,400	-16
☐	P02608000006	2026/08/07	2026/08/15	2026/08/15	(주)영동바이크	1	ATECK-3000	일반자전거		EA	30.00	131,200.00	3,936,000	393,600	4,329,600	-16
☐	P02608000006	2026/08/07	2026/08/15	2026/08/15	(주)영동바이크	2	ATECK-2000	유아용자전거		EA	30.00	122,000.00	3,660,000	366,000	4,026,000	-16
☐	P02608000006	2026/08/07	2026/08/15	2026/08/15	(주)영동바이크	3	PS-ZIP02	PS-WHITE		EA	30.00	5,520.00	165,600	16,560	182,160	-16
☐	P02608000006	2026/08/07	2026/08/15	2026/08/15	(주)영동바이크	4	PS-ZIP03	PS-BLACK		EA	30.00	6,500.00	195,000	19,500	214,500	-16

6. 입고현황

구매/자재관리 ▶ 구매현황 ▶ 입고현황

입고기간 동안 일자별, 거래처별, 품목별, 거래구분별, 관리구분별, 프로젝트별로 입고된 현황을 확인하는 메뉴이다.

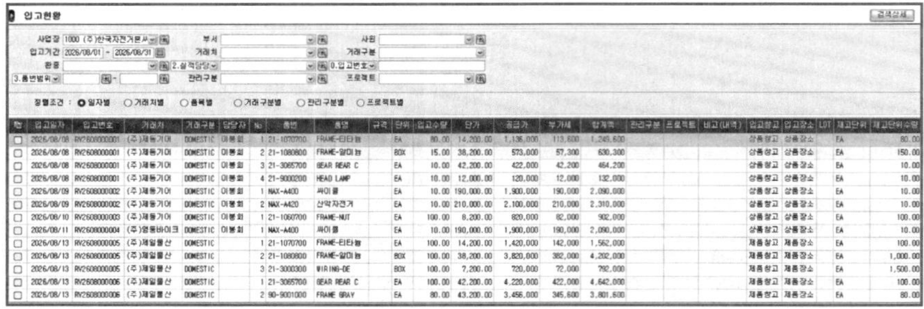

	입고일자	입고번호	거래처	거래구분	담당자	No	품번	품명	규격	단위	입고수량	단가	공급가	부가세	합계액	관리구분	프로젝트	비고(내역)	입고창고	입고장소	LOT	재고단위	재고단위수량
	2026/08/08	RV2608000001	(주)제동기어	DOMESTIC	이봉회	1	21-1070700	FRAME-티타늄		EA	80.00	14,200.00	1,136,000	113,600	1,249,600				상품창고	상품장소		EA	80.00
	2026/08/08	RV2608000001	(주)제동기어	DOMESTIC	이봉회	2	21-1080800	FRAME-알미늄		BOX	15.00	38,200.00	573,000	57,300	630,300				상품창고	상품장소		EA	150.00
	2026/08/08	RV2608000001	(주)제동기어	DOMESTIC	이봉회	3	21-3065700	GEAR REAR C		EA	10.00	42,200.00	422,000	42,200	464,200				상품창고	상품장소		EA	10.00
	2026/08/08	RV2608000001	(주)제동기어	DOMESTIC	이봉회	4	21-9000200	HEAD LAMP		EA	10.00	12,000.00	120,000	12,000	132,000				상품창고	상품장소		EA	10.00
	2026/08/09	RV2608000002	(주)제동기어	DOMESTIC	이봉회	1	NAX-A400	싸이클		EA	10.00	190,000.00	1,900,000	190,000	2,090,000				상품창고	상품장소		EA	10.00
	2026/08/09	RV2608000002	(주)제동기어	DOMESTIC	이봉회	2	NAX-A420	산악자전거		EA	10.00	210,000.00	2,100,000	210,000	2,310,000				상품창고	상품장소		EA	10.00
	2026/08/10	RV2608000003	(주)제동기어	DOMESTIC	이봉회	1	21-1060700	FRAME-NUT		EA	100.00	8,200.00	820,000	82,000	902,000				상품창고	상품장소		EA	100.00
	2026/08/11	RV2608000004	(주)영동바이크	DOMESTIC	이봉회	1	NAX-A400	싸이클		EA	10.00	190,000.00	1,900,000	190,000	2,090,000				상품창고	상품장소		EA	10.00
	2026/08/13	RV2608000005	(주)제일물산	DOMESTIC		1	21-1070700	FRAME-티타늄		EA	100.00	14,200.00	1,420,000	142,000	1,562,000				제품창고	제품장소		EA	100.00
	2026/08/13	RV2608000005	(주)제일물산	DOMESTIC		2	21-1080800	FRAME-알미늄		BOX	100.00	38,200.00	3,820,000	382,000	4,202,000				제품창고	제품장소		EA	1,000.00
	2026/08/13	RV2608000005	(주)제일물산	DOMESTIC		3	21-3000300	WIRING-DE		BOX	100.00	7,200.00	720,000	72,000	792,000				제품창고	제품장소		EA	1,500.00
	2026/08/13	RV2608000006	(주)제일물산	DOMESTIC		1	21-3065700	GEAR REAR C		EA	100.00	42,200.00	4,220,000	422,000	4,642,000				제품창고	제품장소		EA	100.00
	2026/08/13	RV2608000006	(주)제일물산	DOMESTIC		2	90-9001000	FRAME GRAY		EA	80.00	43,200.00	3,456,000	345,600	3,801,600				제품창고	제품장소		EA	80.00

7. 매입마감현황

구매/자재관리 ▶ 구매현황 ▶ 매입마감현황

마감기간 동안 일자별, 거래처별, 품목별, 거래구분별, 관리구분별, 프로젝트별로 매입마감된 현황을 확인하는 메뉴이다.

	마감일자	거래처	거래구분	마감번호	No	품번	품명	규격	단위(관리)	수량	단가	공급가	부가세	합계	관리구분	프로젝트	비고(내역)
	2026/08/08	(주)제동기어	DOMESTIC	PC2608000001	1	21-1070700	FRAME-티타늄		EA	80.00	14,200.00	1,136,000	113,600	1,249,600			
	2026/08/08	(주)제동기어	DOMESTIC	PC2608000001	2	21-1080800	FRAME-알미늄		BOX	15.00	38,200.00	573,000	57,300	630,300			
	2026/08/08	(주)제동기어	DOMESTIC	PC2608000001	3	21-3065700	GEAR REAR C		EA	10.00	42,200.00	422,000	42,200	464,200			
	2026/08/08	(주)제동기어	DOMESTIC	PC2608000001	4	21-9000200	HEAD LAMP		EA	10.00	12,000.00	120,000	12,000	132,000			
	2026/08/09	(주)제동기어	DOMESTIC	PC2608000002	1	NAX-A400	싸이클		EA	10.00	190,000.00	1,900,000	190,000	2,090,000			
	2026/08/09	(주)제동기어	DOMESTIC	PC2608000002	2	NAX-A420	산악자전거		EA	10.00	210,000.00	2,100,000	210,000	2,310,000			
	2026/08/10	(주)제동기어	DOMESTIC	PC2608000005	1	21-1060700	FRAME-NUT		EA	100.00	8,200.00	820,000	82,000	902,000			
	2026/08/11	(주)영동바이크	DOMESTIC	PC2608000004	1	NAX-A400	싸이클		EA	10.00	190,000.00	1,900,000	190,000	2,090,000			
	2026/08/13	(주)제일물산	DOMESTIC	PC2608000003	1	21-1070700	FRAME-티타늄		EA	100.00	14,200.00	1,420,000	142,000	1,562,000			
	2026/08/13	(주)제일물산	DOMESTIC	PC2608000003	2	21-1080800	FRAME-알미늄		BOX	100.00	38,200.00	3,820,000	382,000	4,202,000			
	2026/08/13	(주)제일물산	DOMESTIC	PC2608000003	3	21-3000300	WIRING-DE		BOX	100.00	7,200.00	720,000	72,000	792,000			

8. 매입미마감현황

구매/자재관리 ▶ 구매현황 ▶ 매입미마감현황

입고기간 동안 일자별, 거래처별, 품목별, 거래구분별, 관리구분별, 프로젝트별로 매입마감이 되지 않은 현황을 확인하는 메뉴이다.

실무 연습문제　매입미마감현황

(주)한국자전거본사의 2026년 8월 한 달 간 매입미마감된 금액의 합계액으로 옳은 것은? (단, 부가세 포함 금액이다.)

① 3,801,600원

② 4,642,000원

③ 7,676,000원

④ 8,443,600원

정답 ④

'사업장: 1000. (주)한국자전거본사, 입고기간: 2026/08/01 ～ 2026/08/31'로 조회 시 부가세를 포함한 매입미마감된 금액의 합계액은 8,443,600원이다.

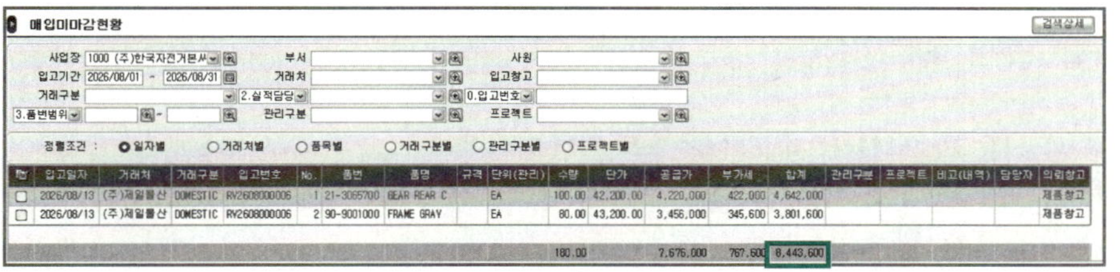

3 구매분석

1. 발주미납집계

◎ ERP 메뉴 찾아가기

구매/자재관리 ▶ 구매분석 ▶ 발주미납집계

'0. 발주일', '1. 납기일', '2. 입고예정일'의 발주미납수량과 미납 금액을 분석하는 메뉴이다.

실무 연습문제　발주미납집계

(주)한국자전거본사의 발주일이 2026년 8월인 발주미납내역 중 미납 금액의 합이 가장 적은 거래처는?

① YK PEDAL

② (주)하나상사

③ (주)형광램프

④ (주)제일물산

정답 ②

'사업장: 1000. (주)한국자전거본사, 발주일: 2026/08/01 ～ 2026/08/31'로 조회한 후 '거래처' 탭에서 각 거래처의 미납 금액 합을 확인한다. 전체로 확인해도 되지만 거래처별로 조회하면 합계를 한눈에 확인할 수 있어 더욱 편리하다.

① YK PEDAL의 미납 금액 합: 532,000원

② (주)하나상사의 미납 금액 합: 354,000원 ✓

③ (주)형광램프의 미납 금액 합: 525,000원

④ (주)제일물산의 미납 금액 합: 864,000원

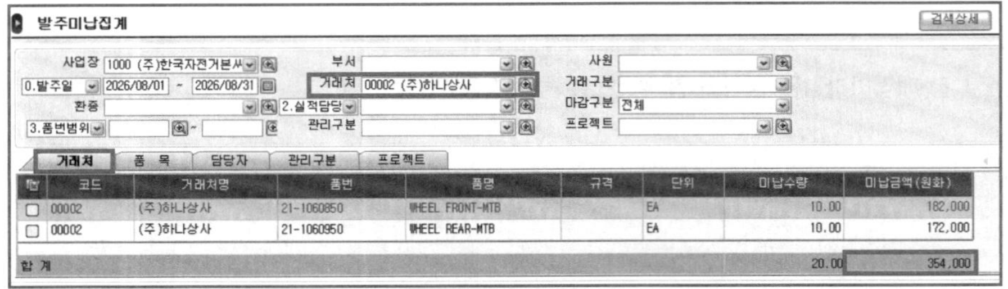

2. 입고집계표(월별)

구매/자재관리 ▶ 구매분석 ▶ 입고집계표(월별)

해당 연도에 대하여 '0. 수량', '1. 원화금액', '2. 외화금액'의 조회기준으로 월별 입고내역을 집계하는 메뉴이다. '거래처', '품목', '담당자', '관리구분', '프로젝트', '부서' 탭별로 조회할 수 있다.

3. 매입집계표(월별)

구매/자재관리 ▶ 구매분석 ▶ 매입집계표(월별)

해당 연도에 대하여 '0. 수량', '1. 원화금액', '2. 외화금액'의 조회기준으로 월별 매입내역을 집계하는 메뉴이다. '거래처', '품목', '담당자', '관리구분', '프로젝트', '부서' 탭별로 조회할 수 있다.

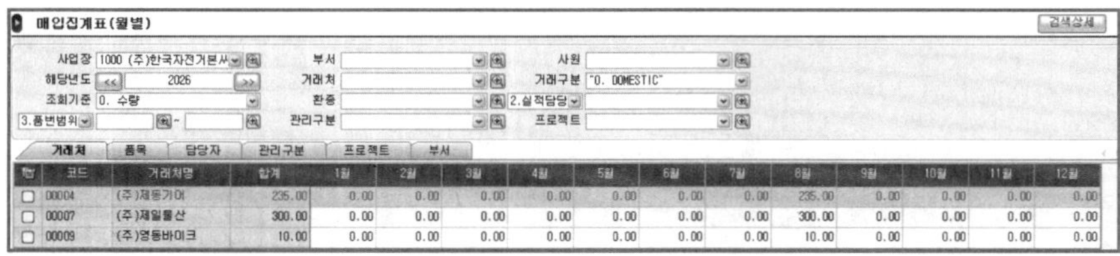

4. 매입집계표(관리분류별)

구매/자재관리 ▶ 구매분석 ▶ 매입집계표(관리분류별)

해당 연도에 대하여 '0. 수량', '1. 원화금액', '2. 외화금액'의 조회기준으로 월별 매입내역을 집계하는 메뉴이다. '거래처분류', '지역분류', '지역그룹', '담당그룹' 탭별로 조회할 수 있다.

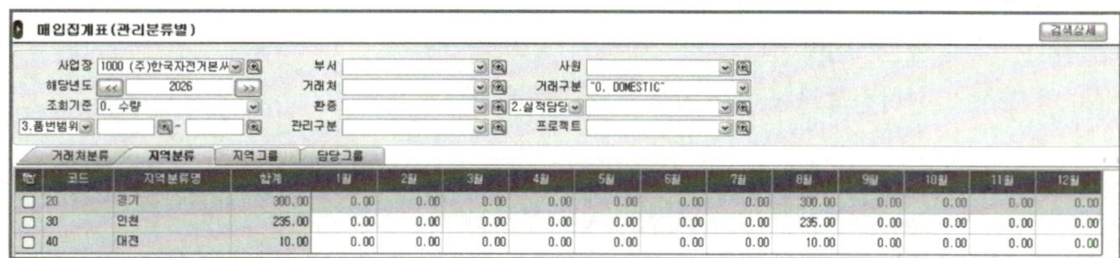

5. 매입순위표(마감기준)

구매/자재관리 ▶ 구매분석 ▶ 매입순위표(마감기준)

매입기간 동안 '0. 수량', '1. 원화금액', '2. 외화금액'의 조회기준으로 마감기준의 매입순위를 분석하는 메뉴이다. '거래처', '품목', '담당자', '관리구분', '프로젝트', '부서' 탭별로 조회할 수 있다.

실무 연습문제 매입순위표(마감기준)

다음 중 (주)한국자전거본사의 2026년 8월 한 달 간 매입순위표(마감기준)의 수량기준 1순위 거래처와 그 점유율의 연결이 옳은 것은?

① (주)제일물산: 33.333
② (주)영동바이크: 37.454
③ (주)제동기어: 44.144
④ (주)제일물산: 55.046

정답 ④

'사업장: 1000. (주)한국자전거본사, 매입기간: 2026/08/01 ～ 2026/08/31, 조회기준: 0. 수량'으로 조회한 후 '거래처' 탭에서 순위와 점유율을 확인한다.
④ 1순위 거래처는 (주)제일물산이며 점유율은 55.046이다.

1. 재고이동등록(창고)

◇'- ERP 메뉴 찾아가기

구매/자재관리 ▶ 재고관리 ▶ 재고이동등록(창고)

이동기간에 대하여 동일한 사업장 내에서 다른 창고/장소로의 재고이동을 등록하는 메뉴이다. '출고창고/출고장소'에서 '입고창고/입고장소'로 이동한다. [시스템관리]−[마감/데이타관리]−[자재마감/통제등록] 메뉴의 마감일자 이전으로는 재고이동등록 작업을 할 수 없다.

실무 연습문제   재고이동등록(창고)

아래 [보기]의 조건으로 데이터를 조회한 후 물음에 답하시오.

┌─ 보기 ─
• 사업장: 1000. (주)한국자전거본사
• 이동기간: 2026/04/01 ~ 2026/04/30

다음 중 [보기]의 기간 동안 발생한 재고의 이동으로 인하여 상품창고/상품장소에서 품목 ATECK −2000. 유아용자전거의 재고가 얼마나 변동되었는지 설명한 것으로 옳은 것은?

① 20EA 증가

② 20EA 감소

③ 30EA 증가

④ 30EA 감소

정답 ④

[보기]의 조건으로 조회하면 상품창고/상품장소가 이동번호 MV2604000001에는 출고창고/출고장소에, MV2604000002에는 입고창고/입고장소에 등록되어 있다.

④ ATECK−2000. 유아용자전거가 출고창고/출고장소에서는 50EA만큼 출고되어 감소하며, 입고창고/입고장소에서는 20EA만큼 입고되어 증가하므로 재고는 총 30EA만큼 감소한다.

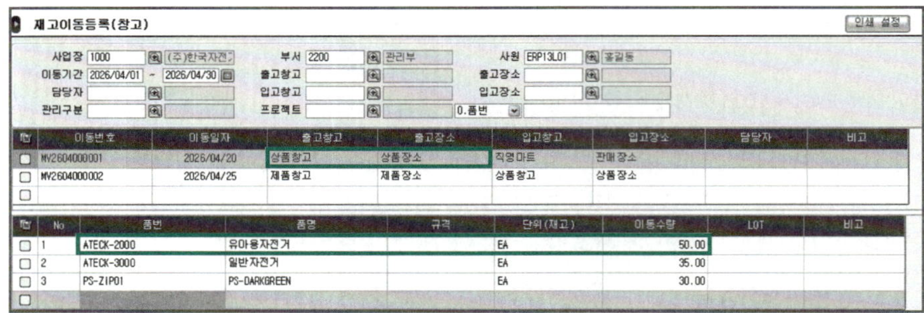

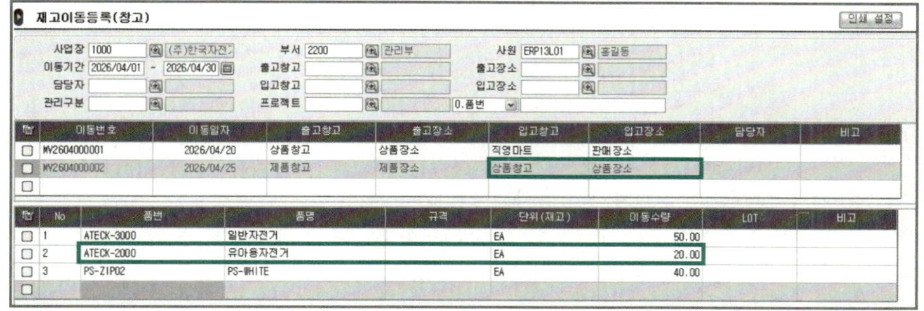

2. 재고이동등록(사업장)

구매/자재관리 ▶ 재고관리 ▶ 재고이동등록(사업장)

이동기간에 대하여 한 사업장에서 다른 사업장의 창고/장소로 재고이동을 등록하는 메뉴이다. '단가설정', '단가일괄적용'의 작업을 통하여 단가를 설정할 수 있다.

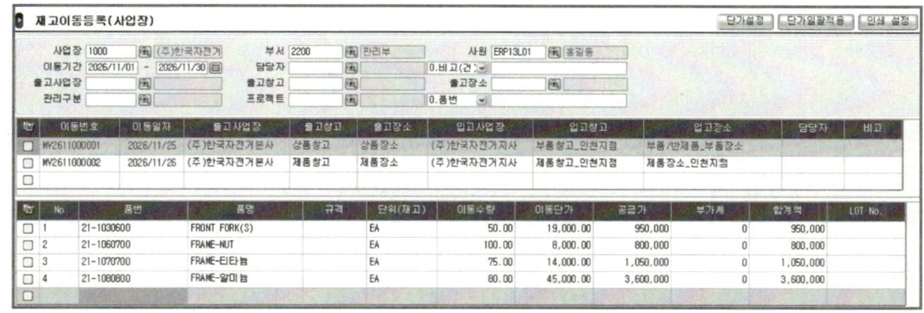

실무 연습문제　재고이동등록(사업장)

(주)한국자전거본사 사업장 내 제품창고의 제품장소에서 (주)한국자전거지사 사업장 내 제품창고의 반제품장소로 일반자전거 품목 50EA를 이동시키려고 한다. 이러한 내용을 등록하기 위해 활용해야 하는 메뉴로 옳은 것은?

① 입고처리(국내거래)

② 매입마감(국내거래)

③ 재고이동등록(창고)

④ 재고이동등록(사업장)

정답 ④

회사의 한 사업장에서 다른 사업장의 창고/장소로 재고이동을 등록하는 메뉴는 [재고이동등록(사업장)]이다.

3. 재고실사등록

구매/자재관리 ▶ 재고관리 ▶ 재고실사등록

재고실사내역을 등록하는 메뉴로 재고실사등록을 통하여 전산재고와 실사재고의 수량 차이를 확인할 수 있다. 화면 상단에서 '실사일자, 재고기준일, 창고, 장소' 등을 입력한 후 오른쪽 상단의 '일괄전개' 버튼을 누르면 화면 하단에 모든 품목의 전산재고가 반영되며 여기에 실사재고수량을 입력할 수 있다.

수량 차이의 원인에는 출고나 입고 사실을 누락한 경우, 실제 출고처리수량과 다른 수량으로 잘못 처리한 경우, 파손, 도난 등의 경우가 있다. 전산재고와 실사재고의 수량 차이는 [기초재고/재고조정등록] 메뉴에서 조정하여 일치시킨다.

실무 연습문제 · 재고실사등록

아래 [보기]의 조건으로 데이터를 입력한 후 물음에 답하시오.

보기
- 사업장: 1000. (주)한국자전거본사
- 실사일자: 2026/12/31
- 재고기준일: 2026/12/31
- 창고/장소: 상품창고/상품장소

(주)한국자전거본사에서는 실사일자에 정기 재고실사를 실시한 실사결과를 등록하고자 한다. 'FRONT FORK(S)' 품목의 전산재고수량으로 옳은 것은?

① 75EA

② 90EA

③ 100EA

④ 120EA

정답 ④

'사업장: 1000. (주)한국자전거본사, 실사기간: 2026/12/31 ~ 2026/12/31'을 입력한 후 조회한다. 상단에 [보기]의 실사일자, 재고기준일, 창고, 장소와 '실사구분: 0. 정기'를 직접 입력한 후, 하단의 품번란에서 'F2'를 누르거나 더블클릭하여 '품목 코드 도움'창을 띄운다. '품명: FRONT FORK(S)'를 해당 창에 입력하여 '조회(F12)' 버튼을 클릭하고 품목 선택 후 하단의 '확인[ENTER]'을 클릭하면 전산재고수량 120EA가 자동으로 반영된 것을 확인할 수 있다. 해당 품목의 전산재고수량을 확인하는 문제이므로 저장은 하지 않아도 된다.

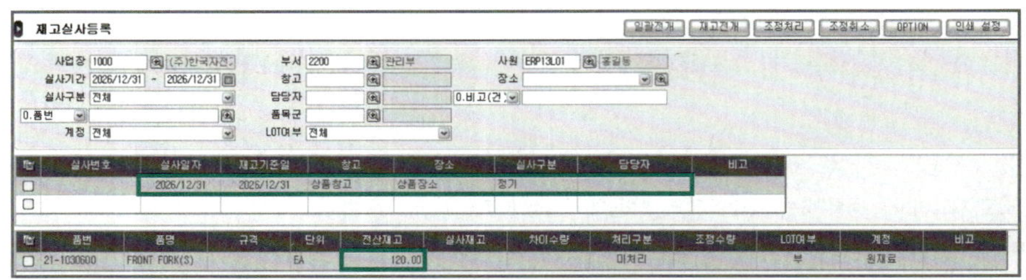

4. 기초재고/재고조정등록

구매/자재관리 ▶ 재고관리 ▶ 기초재고/재고조정등록

물류이나 생산 모듈을 사용하기 전에 기초재고수량을 '기초조정' 탭에 입력하거나, 운영 중에 발생한 전산재고와 실사재고의 수량을 일치시키기 위한 메뉴이다. 실사저고수량을 기준으로 '입고조정' 탭 또는 '출고조정' 탭에서 재고조정을 등록할 수 있다.

구분	조정수량 양수(+)	조정수량 음수(−)
'기초조정' 탭	전산재고 증가	전산재고 감소
'입고조정' 탭	전산재고 증가	전산재고 감소
'출고조정' 탭	전산재고 감소	전산재고 증가

실무 연습문제 기초재고/재고조정등록

아래 [보기]의 조건으로 데이터를 조회한 후 물음에 답하시오.

┌─ 보기 ─
• 사업장: 1000. (주)한국자전거본사
• 조정기간: 2026/01/01 ~ 2026/01/31

다음 중 [보기]의 조건으로 입고조정 및 출고조정된 내역에 대한 설명으로 옳지 <u>않은</u> 것은?

① 제품창고/제품장소의 품목 31−10100005. 자물쇠의 재고가 30EA만큼 증가하였다.
② 제품창고/제품장소의 품목 NAX−A400. 싸이클의 재고가 100EA만큼 감소하였다.
③ 상품창고/상품장소의 품목 ATECK−2000. 유아용자전거의 재고가 30EA만큼 감소하였다.
④ 상품창고/상품장소의 품목 NAX−A500. 30단기어자전거의 재고가 10EA만큼 감소하였다.

정답 ④

[보기]의 조건으로 조회한 후 각 탭에 등록된 내용을 확인한다. ①, ④는 '입고조정' 탭에서, ②, ③은 '출고조정' 탭에서 확인할 수 있다. '입고조정' 탭에 등록된 조정수량만큼 재고가 증가하고, '출고조정' 탭에 등록된 조정수량만큼 재고가 감소한다.
④ 상품창고/상품장소의 품목 NAX−A500. 30단기어자전거는 '입고조정' 탭의 조정번호 IA26010000003에 등록되어 있으므로 재고가 10EA만큼 증가하였음을 알 수 있다.

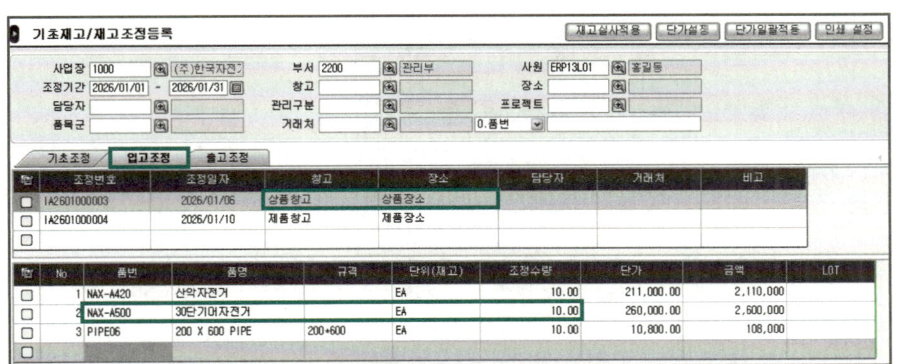

5. SET품 수불조정등록

구매/자재관리 ▶ 재고관리 ▶ SET품 수불조정등록

SET품으로 판매구성한 내역의 SET모품목 입고조정수량과 SET구성품목 출고조정수량을 등록하는 메뉴이다.

실무 연습문제 SET품 수불조정등록

아래 [보기]의 조건으로 데이터를 조회한 후 물음에 답하시오.

— 보기 —
- 사업장: 1000. (주)한국자전거본사
- 조정기간: 2026/01/01 ~ 2026/01/31
- 입고창고: M100. 상품창고
- 입고장소: M101. 상품장소
- 출고창고: M100. 상품창고
- 출고장소: M101. 상품장소

[보기]의 조건으로 입력된 SET모품목 TTS-230. 가족용하이킹세트에 대한 구성품목을 확인한 결과, 구성품목 중 출고조정이 아직 다 이루어지지 않은 것을 발견하였다. 출고조정잔량이 가장 많이 남아있는 구성품목으로 옳은 것은?

① 31-10100005. 자물쇠

② ATECK-2000. 유아용자전거

③ ATECK-3000. 일반자전거

④ 31-10100003. 바구니

정답 ①

[보기]의 조건으로 조회한 후 SET모품목 TTS-230. 가족용하이킹세트에서 오른쪽 상단의 'SET 적용' 버튼을 클릭하고, '조회' 버튼을 클릭하여 각 품목의 잔량을 확인한다.
① 31-10100005. 자물쇠의 출고조정잔량이 15EA로 가장 많이 남아있다.

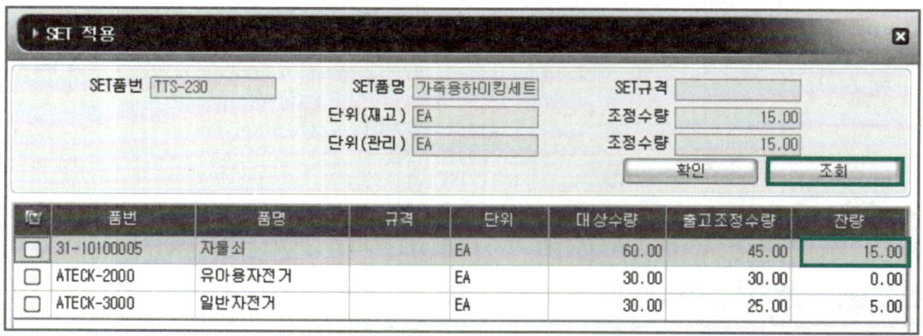

☑	품번	품명	규격	단위	대상수량	출고조정수량	잔량
☐	31-10100005	자물쇠		EA	60.00	45.00	15.00
☐	ATECK-2000	유아용자전거		EA	30.00	30.00	0.00
☐	ATECK-3000	일반자전거		EA	30.00	25.00	5.00

6. 재고이동현황(창고)

구매/자재관리 ▶ 재고관리 ▶ 재고이동현황(창고)

이동기간 동안 동일한 사업장 내에서 다른 창고의 장소로 재고이동된 현황을 확인하는 메
뉴이다. [재고이동등록(창고)] 메뉴에서 입력한 내역을 조회할 수 있으며, 재고가 이동된
출고창고의 출고장소와 입고창고의 입고장소를 알 수 있다.

7. 재고이동현황(사업장)

구매/자재관리 ▶ 재고관리 ▶ 재고이동현황(사업장)

이동기간 동안 한 사업장에서 다른 사업장으로의 재고이동된 현황을 확인하는 메뉴이다.
[재고이동등록(사업장)] 메뉴에서 입력한 내역을 조회할 수 있다.

8. SET품수불조정현황

구매/자재관리 ▶ 재고관리 ▶ SET품수불조정현황

조정기간에 대하여 SET품의 수불조정현황을 확인하는 메뉴이며, [SET품 수불조정등록]
메뉴에서 입력한 내역을 조회하여 조정일자, 입고조정수량, 출고조정수량 등을 알 수 있다.

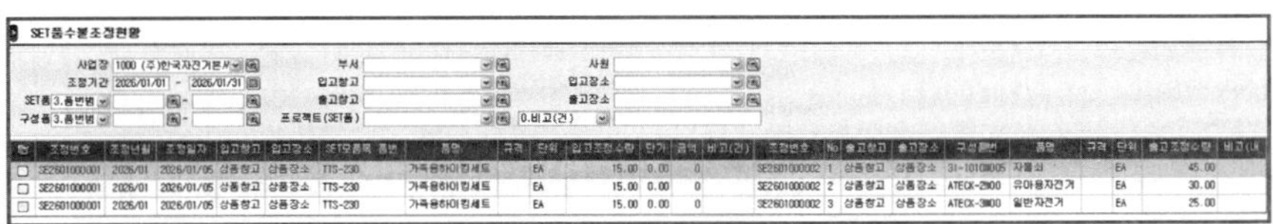

9. 재고실사현황

구매/자재관리 ▶ 재고관리 ▶ 재고실사현황

실사기간에 대하여 재고실사현황을 확인하는 메뉴이다. [재고실사등록] 메뉴에서 입력한
내역을 조회하여 전산재고와 실사재고의 차이수량, 조정수량 등을 알 수 있다.

10. 기초재고/재고조정현황

구매/자재관리 ▶ 재고관리 ▶ 기초재고/재고조정현황

조정기간에 대하여 [기초재고/재고조정등록] 메뉴에서 입력한 내역을 조회하는 메뉴이다.
조정번호, 창고, 장소, 품목 등을 알 수 있다.

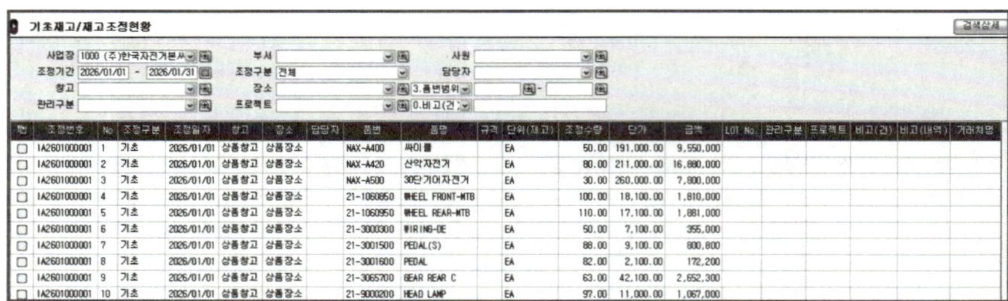

번	조정번호	No	조정구분	조정일자	창고	장소	담당자	품번	품명	규격	단위(재고)	조정수량	단가	금액	LOT No.	관리구분	프로젝트	비고(건)	비고(내역)	거래처명
☐	IA2601000001	1	기초	2026/01/01	상품창고	상품장소		NAX-A400	싸이클		EA	50.00	191,000.00	9,550,000						
☐	IA2601000001	2	기초	2026/01/01	상품창고	상품장소		NAX-A420	산악자전거		EA	80.00	211,000.00	16,880,000						
☐	IA2601000001	3	기초	2026/01/01	상품창고	상품장소		NAX-A500	30단기어자전거		EA	30.00	260,000.00	7,800,000						
☐	IA2601000001	4	기초	2026/01/01	상품창고	상품장소		21-1060850	WHEEL FRONT-MTB		EA	100.00	18,100.00	1,810,000						
☐	IA2601000001	5	기초	2026/01/01	상품창고	상품장소		21-1060950	WHEEL REAR-MTB		EA	110.00	17,100.00	1,881,000						
☐	IA2601000001	6	기초	2026/01/01	상품창고	상품장소		21-3000300	WIRING-DE		EA	50.00	7,100.00	355,000						
☐	IA2601000001	7	기초	2026/01/01	상품창고	상품장소		21-3001500	PEDAL(S)		EA	88.00	9,100.00	800,800						
☐	IA2601000001	8	기초	2026/01/01	상품창고	상품장소		21-3001600	PEDAL		EA	82.00	2,100.00	172,200						
☐	IA2601000001	9	기초	2026/01/01	상품창고	상품장소		21-3065700	GEAR REAR C		EA	63.00	42,100.00	2,652,300						
☐	IA2601000001	10	기초	2026/01/01	상품창고	상품장소		21-9000200	HEAD LAMP		EA	97.00	11,000.00	1,067,000						

5 재고수불현황

1. 현재고현황(전사/사업장)

구매/자재관리 ▶ 재고수불현황 ▶ 현재고현황(전사/사업장)

해당 연도에 대하여 현재고현황을 전사별, 사업장별로 확인하기 위한 메뉴이다. '전사' 탭
에서는 회사 전체의 내역을, '사업장' 탭에서는 사업장별 내역을 확인할 수 있다.

실무 연습문제　현재고현황(전사/사업장)

다음 중 (주)한국자전거지사의 2026년 기준 FRONT FORK(S)의 가용재고량으로 옳은 것은?

① 40EA

② 50EA

③ 150EA

④ 200EA

정답 ①

사업장이 주어졌으므로 '사업장' 탭에서 '사업장: 2000. (주)한국자전거지사, 해당년도: 2026'으로 조회한다.
① FRONT FORK(S)의 가용재고량은 40EA이다.

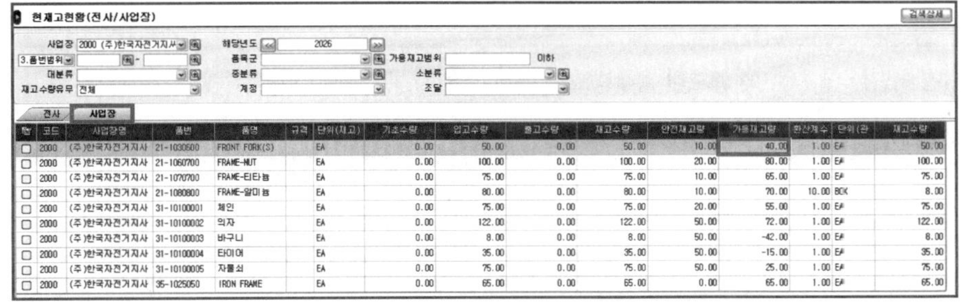

2. 재고수불현황(일자별)

ERP 메뉴 찾아가기

구매/자재관리 ▶ 재고수불현황 ▶ 재고수불현황(일자별)

일자별 재고수불현황을 조회하기 위한 메뉴이다. 사업장에서의 누계기간 대비 수불기간에 대하여 입고와 출고의 일계와 누계, 기초재고와 기말재고를 확인할 수 있으며 창고별, 장소별로 조회할 수 있다. '수불기간'은 '누계기간' 이후여야 한다.

3. 재고수불현황(유형별)

ERP 메뉴 찾아가기

구매/자재관리 ▶ 재고수불현황 ▶ 재고수불현황(유형별)

수불기간에 대하여 유형별로 각 사업장의 재고수불현황을 파악하기 위한 메뉴이다. '유형별', '유형별상세' 탭에서 조회할 수 있다.

다음 중 (주)한국자전거본사에서 2026년 8월 한 달 간 구매 입고한 총수량으로 옳은 것은?

① 1,958EA

② 2,194EA

③ 3,160EA

④ 5,148EA

정답 ③

'사업장: 1000. (주)한국자전거본사, 수불기간: 2026/08/01 ~ 2026/08/31', 구매 입고한 수량이므로 '수불유형: 2. 구매', '입출고유형: 1. 입고'로 조회한다. 입고수량의 합계는 3,160EA이다.

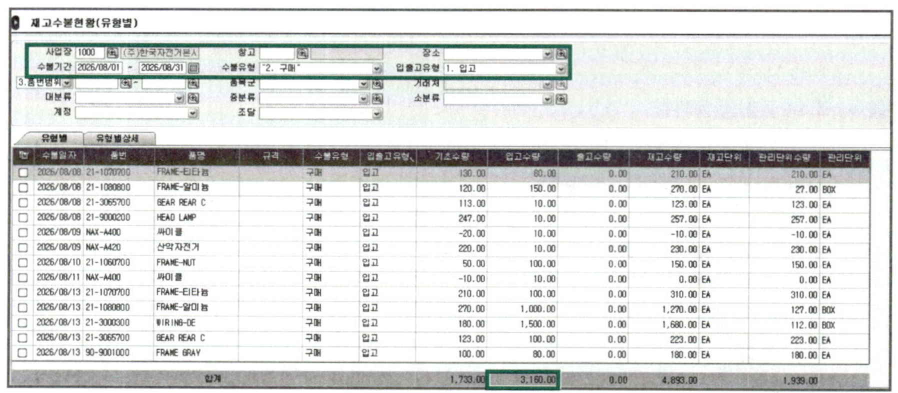

수불일자	품번	품명	규격	수불유형	입출고유형	기초수량	입고수량	출고수량	재고수량	재고단위	관리단위 수량	관리단위
2026/08/08	21-1070700	FRAME-티타늄		구매	입고	130.00	80.00	0.00	210.00	EA	210.00	EA
2026/08/08	21-1080800	FRAME-알미늄		구매	입고	120.00	150.00	0.00	270.00	EA	27.00	BOX
2026/08/08	21-3065700	GEAR REAR C		구매	입고	113.00	10.00	0.00	123.00	EA	123.00	EA
2026/08/08	21-9000200	HEAD LAMP		구매	입고	247.00	10.00	0.00	257.00	EA	257.00	EA
2026/08/09	NAX-A400	싸이클		구매	입고	-20.00	10.00	0.00	-10.00	EA	-10.00	EA
2026/08/09	NAX-A420	산악자전거		구매	입고	220.00	10.00	0.00	230.00	EA	230.00	EA
2026/08/10	21-1060700	FRAME-NUT		구매	입고	50.00	100.00	0.00	150.00	EA	150.00	EA
2026/08/11	NAX-A400	싸이클		구매	입고	-10.00	10.00	0.00	0.00	EA	0.00	EA
2026/08/13	21-1070700	FRAME-티타늄		구매	입고	210.00	100.00	0.00	310.00	EA	310.00	EA
2026/08/13	21-1080800	FRAME-알미늄		구매	입고	270.00	1,000.00	0.00	1,270.00	EA	127.00	BOX
2026/08/13	21-3000300	WIRING-DE		구매	입고	180.00	1,500.00	0.00	1,680.00	EA	112.00	BOX
2026/08/13	21-3065700	GEAR REAR C		구매	입고	123.00	100.00	0.00	223.00	EA	223.00	EA
2026/08/13	90-9001000	FRAME GRAY		구매	입고	100.00	80.00	0.00	180.00	EA	180.00	EA
		합계				1,733.00	3,160.00	0.00	4,893.00		1,939.00	

4. 재고수불상세현황(일자별)

ERP 메뉴 찾아가기

구매/자재관리 ▶ 재고수불현황 ▶ 재고수불상세현황(일자별)

일자별 재고수불현황을 상세하게 조회하기 위한 메뉴이다. 누계기간 대비 수불기간에 대하여 창고, 장소별 기준으로 수불일자별 입고와 출고의 재고수불상세현황을 조회하며 '수불기간'은 '누계기간' 이후여야 한다. [재고수불현황(일자별)] 메뉴와 비슷하나 수불일이 추가되어 있다.

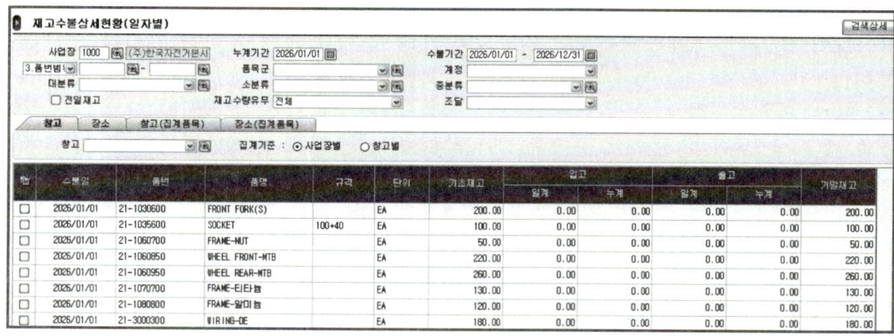

수불일	품번	품명	규격	단위	기초재고	입고 일계	입고 누계	출고 일계	출고 누계	기말재고
2026/01/01	21-1030600	FRONT FORK(S)		EA	200.00	0.00	0.00	0.00	0.00	200.00
2026/01/01	21-1035600	SOCKET	100+40	EA	100.00	0.00	0.00	0.00	0.00	100.00
2026/01/01	21-1060700	FRAME-NUT		EA	50.00	0.00	0.00	0.00	0.00	50.00
2026/01/01	21-1060850	WHEEL FRONT-MTB		EA	220.00	0.00	0.00	0.00	0.00	220.00
2026/01/01	21-1060950	WHEEL REAR-MTB		EA	260.00	0.00	0.00	0.00	0.00	260.00
2026/01/01	21-1070700	FRAME-티타늄		EA	130.00	0.00	0.00	0.00	0.00	130.00
2026/01/01	21-1080800	FRAME-알미늄		EA	120.00	0.00	0.00	0.00	0.00	120.00
2026/01/01	21-3000300	WIRING-DE		EA	180.00	0.00	0.00	0.00	0.00	180.00

5. 과다재고명세서

구매/자재관리 ▶ 재고수불현황 ▶ 과다재고명세서

각 사업장에서의 마감기간에 대하여 과다재고수량을 조회하는 메뉴이며 평가배수의 기준에 따라 조회할 수 있다.

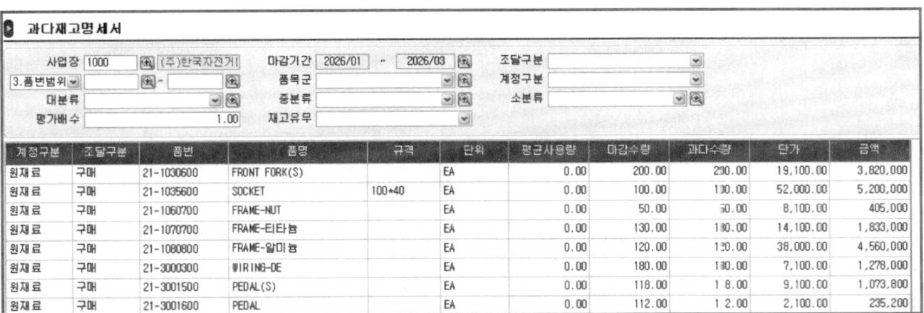

계정구분	조달구분	품번	품명	규격	단위	평균사용량	마감수량	과다수량	단가	금액
원재료	구매	21-1030600	FRONT FORK(S)		EA	0.00	200.00	200.00	19,100.00	3,820,000
원재료	구매	21-1035600	SOCKET	100+40	EA	0.00	100.00	100.00	52,000.00	5,200,000
원재료	구매	21-1060700	FRAME-NUT		EA	0.00	50.00	50.00	8,100.00	405,000
원재료	구매	21-1070700	FRAME-티타늄		EA	0.00	130.00	130.00	14,100.00	1,833,000
원재료	구매	21-1080800	FRAME-알미늄		EA	0.00	120.00	120.00	38,000.00	4,560,000
원재료	구매	21-3000300	WIRING-DE		EA	0.00	180.00	180.00	7,100.00	1,278,000
원재료	구매	21-3001500	PEDAL(S)		EA	0.00	118.00	118.00	9,100.00	1,073,800
원재료	구매	21-3001600	PEDAL		EA	0.00	112.00	112.00	2,100.00	235,200

6. 부동재고명세서(사업장)

구매/자재관리 ▶ 재고수불현황 ▶ 부동재고명세서(사업장)

각 사업장의 기준일자 대비 수불기간에 대하여 사업장에 속한 재고품목의 수량과 부동일수를 조회할 수 있는 메뉴이다. 부동일수는 입출고일과 기준일자 기간의 차이로 나타난다.

계정구분	조달구분	품번	품명	규격	단위	수량	부동일
부재료	구매	10-25250	SHEET POST	10+60	EA	-100.00	11
원재료	구매	14-252500	SUPREME X2		EA	-100.00	11
원재료	구매	21-1030600	FRONT FORK(S)		EA	250.00	36
원재료	구매	21-1035600	SOCKET	100+40	EA	100.00	364
원재료	구매	21-1060700	FRAME-NUT		EA	200.00	36
반제품	생산	21-1060850	WHEEL FRONT-MTB		EA	76.00	10
반제품	생산	21-1060950	WHEEL REAR-MTB		EA	160.00	10
원재료	구매	21-1070700	FRAME-티타늄		EA	235.00	36

7. 부동재고명세서(창고/장소)

구매/자재관리 ▶ 재고수불현황 ▶ 부동재고명세서(창고/장소)

각 사업장에서의 기준일자 대비 수불기간에 대하여 창고별, 장소별로 품목의 수량과 부동일수를 조회할 수 있는 메뉴이다.

아래 [보기]의 조건으로 데이터를 조회한 후 물음에 답하시오.

> 보기
> - 기준일자: 2026/08/31
> - 수불기간: 2026/08/01 ~ 2026/08/31

다음 중 (주)한국자전거본사의 상품창고/상품장소에 있는 원재료 재고의 부동일을 확인하고자 한다. 부동일이 가장 작은 품목은 무엇인가?

① FRAME–NUT

② FRAME–알미늄

③ GEAR REAR C

④ FRAME GRAY

정답 ①

[보기]의 조건과 '사업장: 1000. (주)한국자전거본사, 계정구분: 0. 원재료'를 입력한 후 '장소' 탭에서 창고와 장소를 각각 '상품창고'와 '상품장소'로 선택하여 조회한다.
① FRAME–NUT의 부동일: 21일 ✓
② FRAME–알미늄의 부동일: 23일
③ GEAR REAR C의 부동일: 23일
④ FRAME GRAY의 부동일: 31일

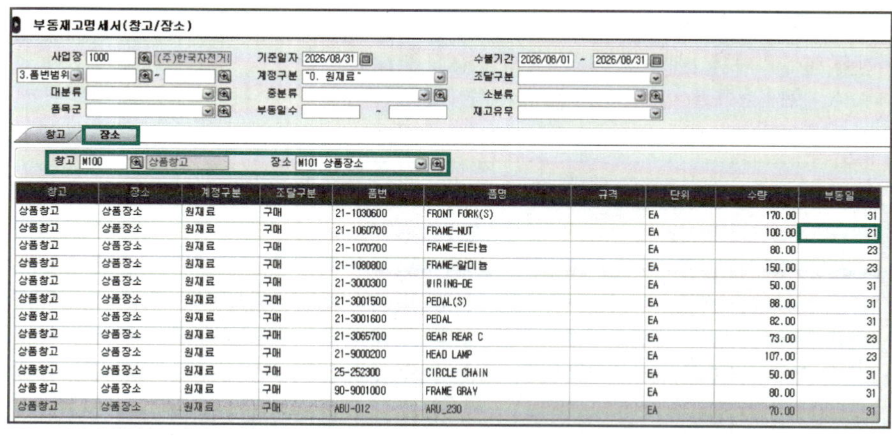

창고	장소	계정구분	조달구분	품번	품명	규격	단위	수량	부동일
상품창고	상품장소	원재료	구매	21-1030600	FRONT FORK(S)		EA	170.00	31
상품창고	상품장소	원재료	구매	21-1060700	FRAME-NUT		EA	100.00	21
상품창고	상품장소	원재료	구매	21-1070700	FRAME-티타늄		EA	80.00	23
상품창고	상품장소	원재료	구매	21-1080800	FRAME-알미늄		EA	150.00	23
상품창고	상품장소	원재료	구매	21-3000300	WIRING-DE		EA	50.00	31
상품창고	상품장소	원재료	구매	21-3001500	PEDAL(S)		EA	88.00	31
상품창고	상품장소	원재료	구매	21-3001600	PEDAL		EA	82.00	31
상품창고	상품장소	원재료	구매	21-3065700	GEAR REAR C		EA	73.00	23
상품창고	상품장소	원재료	구매	21-9000200	HEAD LAMP		EA	107.00	23
상품창고	상품장소	원재료	구매	25-252300	CIRCLE CHAIN		EA	50.00	31
상품창고	상품장소	원재료	구매	90-9001000	FRAME GRAY		EA	80.00	31
상품창고	상품장소	원재료	구매	ABU-012	ARU_230		EA	70.00	31

---

8. 사업장/창고/장소별재고(금액)현황

ERP 메뉴 찾아가기

구매/자재관리 ▶ 재고수불현황 ▶ 사업장/창고/장소별재고(금액)현황

사업장별, 창고별, 장소별로 일자 대비 재고현황을 수량과 금액 기준으로 확인하는 메뉴이다.

다음 중 2026년 9월 기준 (주)한국자전거본사의 대분류별 재고 금액으로 옳지 <u>않은</u> 것은?
(단, 단가는 조달구분과 관계없이 모두 단가 OPTION의 실제원가[품목등록]으로 설정한다.)

① FRAME: 77,054,500원

② PCB: 30,209,000원

③ PEDAL: 1,491,000원

④ FACIAL POST: 3,820,000원

정답 ②

'사업장' 탭에서 '사업장: 1000. (주)한국자전거본사, 일자: 2026/09/01 ~ 2026/09/30'을 입력한 후 '금액' 조건
으로 조회한다. 오른쪽 상단의 '단가 OPTION'에서 '실제원가[품목등록]'를 선택한 후 '확인(TAB)'을 클릭한다. 전체
로 조회하는 것보다 각 대분류별로 조회하는 것이 한눈에 금액 합계를 확인할 수 있어 편리하다.
② PCB의 재고 합계액은 29,877,800원이다.

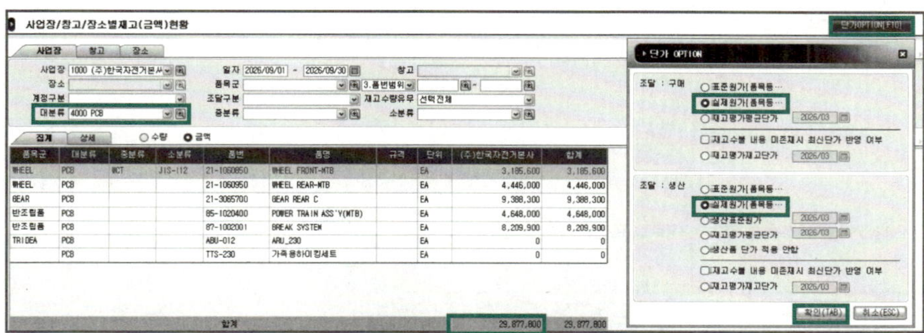

9. 현재고(LOT)현황(전사/사업장)

ERP 메뉴 찾아가기

구매/자재관리 ▶ 재고수불현황 ▶ 현재고(LOT)현황(전사/사업장)

해당 연도에 대하여 전사, 사업장을 기준으로 LOT별로 현재고현황을 조회하는 메뉴이다.

10. 현재고현황(LOT)현황(창고/장소)

ERP 메뉴 찾아가기

구매/자재관리 ▶ 재고수불현황 ▶ 현재고현황(LOT)현황(창고/장소)

해당 연도에 대하여 사업장의 창고, 장소를 기준으로 LOT별 현재고현황을 조회하는 메뉴
이다.

1. 생산품표준원가등록

> ⊘ ERP 메뉴 찾아가기
>
> 구매/자재관리 ▶ 재고평가 ▶ 생산품표준원가등록

생산품의 표준원가를 등록하여 생산품의 입고 금액으로 등록할 단가를 입력하는 메뉴이다. [생산품표준원가등록] 메뉴에 등록된 표준원가는 생산품 재고평가 시 입고단가가 된다. 일반적으로 구매품은 매입 금액이 있으나 생산품은 매입 금액이 불분명하므로 사업장 간 재고이동이 있을 경우 재고평가를 위하여 입고사업장의 매입원가 단가로 등록한다.

실무 연습문제 생산품표준원가등록

다음 중 (주)한국자전거본사의 2026년 1월 생산품표준원가내역 중 품목별 표준원가를 연결한 것으로 옳지 <u>않은</u> 것은?

① 체인: 3,200원
② 의자: 4,800원
③ 바구니: 1,500원
④ 타이어: 6,000원

정답 ④

'사업장: 1000. (주)한국자전거본사, 해당년도: 2026/1월'로 조회한 후 각 품목의 표준원가를 확인한다.
④ 타이어의 표준원가는 7,200원이다.

☐	품번	품명	규격	단위(재고)	표준원가(품목등록)	실제원가(품목등록)	표준원가
☐	31-10100001	체인		EA	3,000.00	3,000.00	3,200.00
☐	31-10100002	의자		EA	5,000.00	4,500.00	4,800.00
☐	31-10100003	바구니		EA	1,500.00	1,480.00	1,500.00
☐	31-10100004	타이어		EA	6,000.00	6,300.00	7,200.00
☐							

2. 재고평가작업

> ⊘ ERP 메뉴 찾아가기
>
> 구매/자재관리 ▶ 재고평가 ▶ 재고평가작업

재고자산에 설정된 재고평가방법을 적용하여 재고평가를 하고 매출원가를 산정하기 위한 메뉴이다. 재고평가를 하기 전에 [시스템관리]−[마감/데이타관리]−[자재마감/통제등록] 메뉴에서 '총평균, 이동평균, 선입선출, 후입선출' 중 재고평가방법을 선택하여야 한다.
① 재고평가작업을 실행하면 [자재마감/통제등록]과 [영업마감/통제등록]의 마감일자가 재고평가 종료연월의 말일로 자동 변경되어 입고, 출고, 재고의 이동 등이 통제된다.
　예 종료연월이 2026/06이면 마감일자는 자동으로 2026/06/30이 된다.
② 재고평가작업은 사업장 단위로 이루어진다.
③ '매입마감'이나 '매출마감'된 품목은 재고평가 대상이 된다.
④ '시작연월', '종료연월'이 해당 기수에 속해 있어야 재고평가를 할 수 있다.

(주)한국자전거본사의 2026년 1월 ~ 2026년 3월 구매품의 재고평가를 수행하였다. 다음 중 품목별 재고수량을 연결한 것으로 옳지 <u>않은</u> 것은?

① GEAR REAR C: 112EA

② FRAME-티타늄: 130EA

③ FRONT FORK(S): 200EA

④ PEDAL(S): 118EA

정답 ①

'구매품' 탭에서 '사업장: 1000. (주)한국자전거본사'로 조회한 후 '시작년월: 2026/01, 종료년월: 2026/03'에 등록된 각 품목의 재고수량을 확인한다.
① GEAR REAR C의 재고수량은 113EA이다.

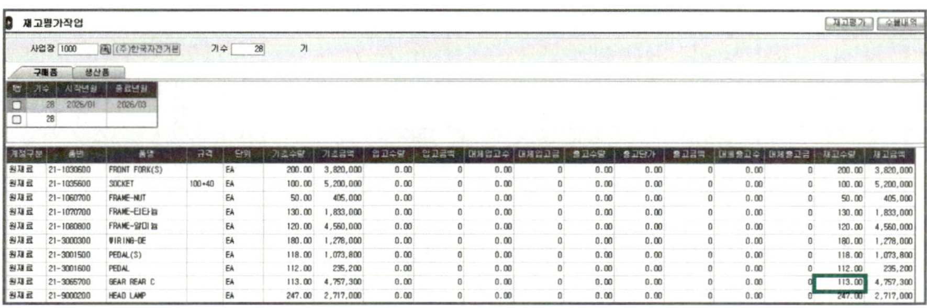

계정구분	품번	품명	규격	단위	기초수량	기초금액	입고수량	입고금액	대체입고수	대체입고금	출고수량	출고단가	출고금액	대체출고수	대체출고금	재고수량	재고금액
원재료	21-1030600	FRONT FORK(S)		EA	200.00	3,820,000	0.00	0	0.00	0	0.00	0.00	0	0.00	0	200.00	3,820,000
원재료	21-1035600	SOCKET	100+40	EA	100.00	5,200,000	0.00	0	0.00	0	0.00	0.00	0	0.00	0	100.00	5,200,000
원재료	21-1060700	FRAME-NUT		EA	50.00	405,000	0.00	0	0.00	0	0.00	0.00	0	0.00	0	50.00	405,000
원재료	21-1070700	FRAME-티타늄		EA	130.00	1,833,000	0.00	0	0.00	0	0.00	0.00	0	0.00	0	130.00	1,833,000
원재료	21-1080800	FRAME-알미늄		EA	120.00	4,560,000	0.00	0	0.00	0	0.00	0.00	0	0.00	0	120.00	4,560,000
원재료	21-3000300	WIRING-DE		EA	180.00	1,278,000	0.00	0	0.00	0	0.00	0.00	0	0.00	0	180.00	1,278,000
원재료	21-3001500	PEDAL(S)		EA	118.00	1,073,800	0.00	0	0.00	0	0.00	0.00	0	0.00	0	118.00	1,073,800
원재료	21-3001600	PEDAL		EA	112.00	235,200	0.00	0	0.00	0	0.00	0.00	0	0.00	0	112.00	235,200
원재료	21-3065700	GEAR REAR C		EA	113.00	4,757,300	0.00	0	0.00	0	0.00	0.00	0	0.00	0	113.00	4,757,300
원재료	21-9000200	HEAD LAMP		EA	247.00	2,717,000	0.00	0	0.00	0	0.00	0.00	0	0.00	0	247.00	2,717,000

3. 재고평가보고서

ERP 메뉴 찾아가기

구매/자재관리 ▶ 재고평가 ▶ 재고평가보고서

사업장별로 마감기간을 기준으로 재고평가내역을 조회하기 위한 메뉴이다.

품번	품명	규격	단위	기초수량	기초금액	입고수량	입고단가	입고금액	대체입고	대체단가	대체금액	출고수량	출고단가	출고금액	대체출고	대체금액	재고수량	재고금액
21-1030600	FRONT FORK(S)		EA	200.00	3,820,000	0.00	0.00	0	0.00	0.00	0	0.00	0.00	0	0.00	0	200.00	3,820,000
21-1035600	SOCKET	100+40	EA	100.00	5,200,000	0.00	0.00	0	0.00	0.00	0	0.00	0.00	0	0.00	0	100.00	5,200,000
21-1060700	FRAME-NUT		EA	50.00	405,000	0.00	0.00	0	0.00	0.00	0	0.00	0.00	0	0.00	0	50.00	405,000
21-1070700	FRAME-티타늄		EA	130.00	1,833,000	0.00	0.00	0	0.00	0.00	0	0.00	0.00	0	0.00	0	130.00	1,833,000
21-1080800	FRAME-알미늄		EA	120.00	4,560,000	0.00	0.00	0	0.00	0.00	0	0.00	0.00	0	0.00	0	120.00	4,560,000
21-3000300	WIRING-DE		EA	180.00	1,278,000	0.00	0.00	0	0.00	0.00	0	0.00	0.00	0	0.00	0	180.00	1,278,000
21-3001500	PEDAL(S)		EA	118.00	1,073,800	0.00	0.00	0	0.00	0.00	0	0.00	0.00	0	0.00	0	118.00	1,073,800
21-3001600	PEDAL		EA	112.00	235,200	0.00	0.00	0	0.00	0.00	0	0.00	0.00	0	0.00	0	112.00	235,200
21-3065700	GEAR REAR C		EA	113.00	4,757,300	0.00	0.00	0	0.00	0.00	0	0.00	0.00	0	0.00	0	113.00	4,757,300

4. 재고자산명세서

ERP 메뉴 찾아가기

구매/자재관리 ▶ 재고평가 ▶ 재고자산명세서

사업장별로 재고평가작업 후 재고자산내역을 조회하기 위한 메뉴이다.

아래 [보기]의 조건으로 데이터를 조회한 후 물음에 답하시오.

> **보기**
> • 사업장: 1000. (주)한국자전거본사
> • 마감기간: 2026/01 ～ 2026/03

다음 중 재고자산명세서에서 조회되는 원재료 PEDAL(S) 품목의 재고 금액으로 옳은 것은?

① 1,278,000원

② 1,073,800원

③ 1,833,000원

④ 2,717,000원

정답 ②

[보기]의 조건으로 조회되는 원재료 PEDAL(S) 품목의 재고 금액은 1,073,800원이다.

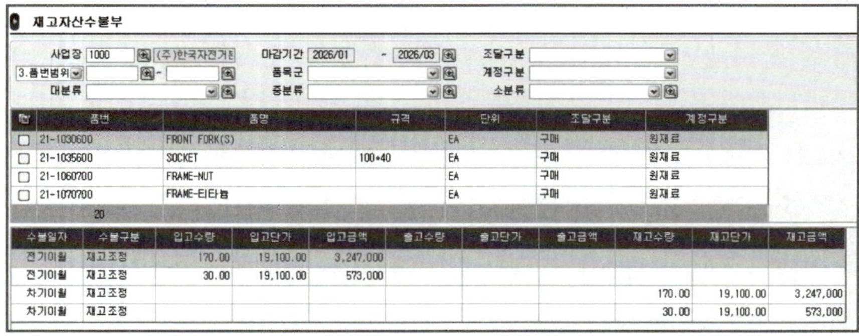

계정구분	조달구분	품번	품명	규격	단위	재고수량	재고단가	재고금액
원재료	구매	21-1030600	FRONT FORK(S)		EA	200.00	19,100.00	3,820,000
원재료	구매	21-1035600	SOCKET	100+40	EA	100.00	52,000.00	5,200,000
원재료	구매	21-1060700	FRAME-NUT		EA	50.00	8,100.00	405,000
원재료	구매	21-1070700	FRAME-티타늄		EA	130.00	14,100.00	1,833,000
원재료	구매	21-1080800	FRAME-알미늄		EA	120.00	38,000.00	4,560,000
원재료	구매	21-3000300	WIRING-DE		EA	180.00	7,100.00	1,278,000
원재료	구매	21-3001500	PEDAL(S)		EA	118.00	9,100.00	1,073,800
원재료	구매	21-3001600	PEDAL		EA	112.00	2,100.00	235,200
원재료	구매	21-3065700	GEAR REAR C		EA	113.00	42,100.00	4,757,300

5. 재고자산수불부

> **ERP 메뉴 찾아가기**
>
> 구매/자재관리 ▶ 재고평가 ▶ 재고자산수불부

사업장별로 마감기간 동안 각 품목당 재고자산수불내역을 상세하게 조회하기 위한 메뉴이다.

☐	품번	품명	규격	단위	조달구분	계정구분
☐	21-1030600	FRONT FORK(S)		EA	구매	원재료
☐	21-1035600	SOCKET	100+40	EA	구매	원재료
☐	21-1060700	FRAME-NUT		EA	구매	원재료
☐	21-1070700	FRAME-티타늄		EA	구매	원재료

20

수불일자	수불구분	입고수량	입고단가	입고금액	출고수량	출고단가	출고금액	재고수량	재고단가	재고금액
전기이월	재고조정	170.00	19,100.00	3,247,000						
전기이월	재고조정	30.00	19,100.00	573,000						
차기이월	재고조정							170.00	19,100.00	3,247,000
차기이월	재고조정							30.00	19,100.00	573,000

6. 대체출고내역현황

ERP 메뉴 찾아가기

구매/자재관리 ▶ 재고평가 ▶ 대체출고내역현황

사업장별로 마감기간 동안 '조정대체', '계정대체', '사업장대체', 'SET조정대체' 탭별로 대체출고내역현황을 조회하는 메뉴이다.

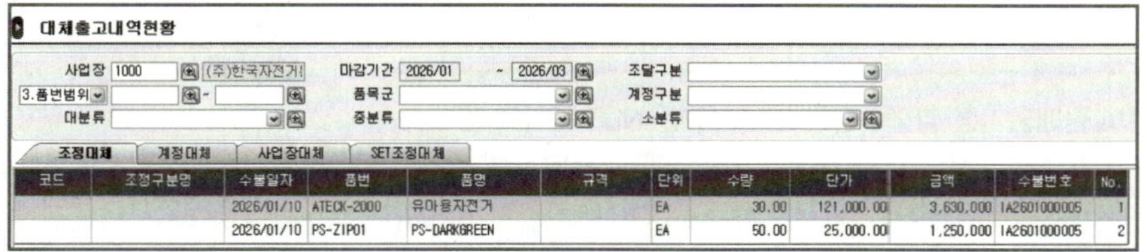

7 기초정보관리

1. 품목단가등록

ERP 메뉴 찾아가기

구매/자재관리 ▶ 기초정보관리 ▶ 품목단가등록

[영업관리]–[기초정보관리]–[품목단가등록] 메뉴의 작업과 동일하다.

실무 연습문제 품목단가등록

다음 중 판매단가가 구매단가보다 작아서 판매를 할수록 손해를 보는 품목으로 옳은 것은?

① 의자

② 바구니

③ 자물쇠

④ 타이어

정답 ④

판매단가와 구매단가를 모두 확인할 때는 '판매단가' 탭에서 조회하는 것이 편리하다.
① 의자: 구매단가 1,250원 < 판매단가 1,563원
② 바구니: 구매단가 3,200원 < 판매단가 4,000원
③ 자물쇠: 구매단가 880원 < 판매단가 1,100원
④ 타이어: 구매단가 65,000원 > 판매단가 8,300원 ✓

2. 거래처별단가등록

구매/자재관리 ▶ 기초정보관리 ▶ 거래처별단가등록

[영업관리]−[기초정보관리]−[고객별단가등록] 메뉴의 작업과 동일하다. 특정 거래처를
선택하고 조회하면 구매단가, 판매단가를 각 품목별로 확인할 수 있다.

실무 연습문제 거래처별단가등록

다음 [보기]를 참조하여 구매단가 기준의 판매단가를 일괄수정한 뒤 FRAME−NUT 품목의 판매
단가로 옳은 것은?

> ─ 보기 ─
> • 거래처: (주)제동기어
> • 단가수정 대상: 판매단가
> • 단가수정 기준단가: 구매단가
> • 할증율: 15%

① 8,000원

② 9,200원

③ 10,100원

④ 11,000원

정답 ②

'판매단가' 탭에서 '거래처: (주)제동기어'로 조회한다. [보기]의 조건을 입력하고 FRAME−NUT에 체크한 후 '일괄수
정'을 누르면 판매단가가 자동으로 계산되어 입력된다.

② 품목 FRAME−NUT의 구매단가가 8,000원이므로 15%의 할증을 계산하면 9,200원이 된다.

품번	품명	규격	단위	계정	No.	환산표준원가	단위(관리)	환종	구매단가	최저판매가	판매단가(전)	구분	적용율	판매단가	판매부가세단가	사용
21-1030600	FRONT FORK(S)		EA	원재료	1	19,000.00	EA	KRW	19,000.00			할증				사용
21-1060700	FRAME-NUT		EA	원재료	1	8,000.00	EA	KRW	8,000.00			할증	15.000	9,200.00		사용
21-1060850	WHEEL FRONT-MTB		EA	반제품	1	18,000.00	EA	KRW	18,000.00			할증				사용
21-1060950	WHEEL REAR-MTB		EA	반제품	1	17,000.00	EA	KRW	17,000.00			할증				사용
21-1070700	FRAME-티타늄		EA	원재료	1	14,000.00	EA	KRW	14,000.00			할증				사용
21-1080800	FRAME-알미늄		EA	원재료	1	450,000.00	BOX	KRW	380,000.00			할증				사용
21-3000300	WIRING-DE		EA	원재료	1	105,000.00	BOX	KRW	105,000.00			할증				사용

05 무역관리 1급에만 해당

1 무역관리

[무역관리]는 크게 수출 메뉴와 수입 메뉴로 구분할 수 있다. 수출 메뉴에는 [구매승인서(수출)], [LOCAL L/C(수출)], [MASTER L/C(수출)], [기타(수출)], [수출현황]이 있으며, 수입 메뉴에는 [구매승인서(수입)], [LOCAL L/C(수입)], [MASTER L/C(수입)] [기타(수입)], [수입현황]이 있다. 견적등록(수출), 견적마감처리(수출), L/C등록 등 여러 메뉴들이 그 상위 메뉴들에 중복으로 포함되어 있으며 동일한 메뉴이므로 실제 기출문제 풀이 시 어떤 메뉴를 사용해도 상관없다.

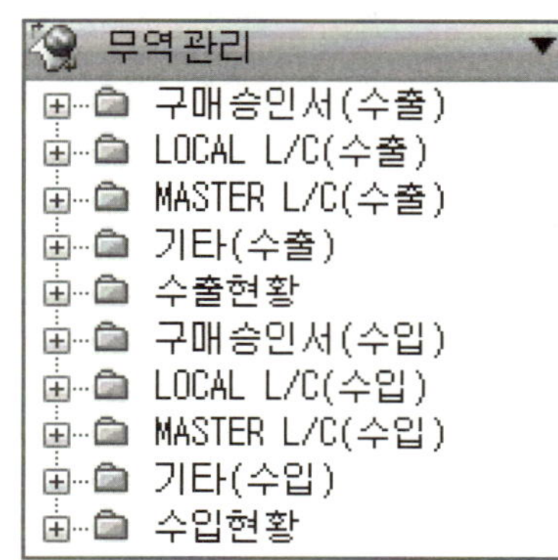

1. 구매승인서(구매확인서)

A 회사가 해외 수출 목적의 품목을 국내의 B 회사로부터 영세율을 적용받아 구입하고자 할 때 사용하는 서류이다. 국내에서 생산된 물품을 외화 획득용 원료로 구매하는 것을 승인하는 서류로, '외화 획득용 원료 구매확인서'라고도 한다. 무역금융 한도가 부족하거나 비금융 대상 수출신용장 등으로 인하여 내국신용장을 개설하기 어려운 경우 등에 외국환은행이 내국신용장 취급규정에 준하여 발급한다.

LOCAL L/C(내국신용장)와 마찬가지로 수출용 원자재를 공급하는 업체에 수출실적을 인정해 주며, 부가가치세 영세율을 적용받을 수 있다. 그러나 LOCAL L/C(내국신용장)는 개설은행의 대금 지급보증을 받을 수 있으나 구매승인서는 지급보증을 받을 수 없다. 대금 지급은 거래 당사자 간 계약에 따르며 상대방의 신용이 확실하지 않으면 사용하기 곤란할 수 있다.

2. LOCAL L/C(내국신용장)

구매승인서와 동일하게 A 회사가 해외 수출 목적의 품목을 국내의 B 회사로부터 영세율을 적용받아 구입하여 수출하고자 할 때 사용하는 서류이다. 구매승인서와 다르게 국내 수출업자가 수출용 원자재나 완제품을 국내에서 조달할 때 외국환은행이 물품대금 지급을 보장한다. 국제거래에 이용되는 MASTER L/C(원신용장)와 유사하지만 LOCAL L/C(내국신용장)는 국내거래에서만 사용 가능하다.

3. MASTER L/C(원신용장)

수입업자의 의뢰로 신용장 개설은행이 수출업자 앞으로 개설하는 신용장으로, 원래의 신용장을 말한다. [구매승인서(수출)]와 [LOCAL L/C(수출)]는 국내에서 이루어지는 거래이므로 [거래명세서발행], [세금계산서처리(LOCAL L/C)] 메뉴가 있으며, [MASTER L/C]는 해외에 직접 수출을 등록하는 것으로 [COMMERCIAL INVOICE 등록], [PACKING LIST 등록], [선적등록] 등의 메뉴가 있다.

2 MASTER L/C(수출)

1. 견적등록(수출)

> **ERP 메뉴 찾아가기**
>
> 무역관리 ▶ MASTER L/C(수출) ▶ 견적등록(수출)

해외로 수출하는 경우에 해외의 고객으로부터 견적 요청을 받고 견적서를 보낸 내역을 등록하는 메뉴이다. 상단의 '인쇄' 기능으로 견적서를 출력할 수 있으며, 견적수량, 외화단가, 외화금액 등을 입력할 수 있다.

① 환종: JPY. 일본엔화, KRW. 원화, USD. 미국달러가 있으며 'F2'를 눌러 조회할 수 있다.

② 외화단가: [품목단가등록] 또는 [고객별단가등록] 메뉴에서 판매단가로 등록한 단가가 자동으로 반영되며 수정하여 입력할 수 있다.

실무 연습문제 견적등록(수출)

아래 [보기]의 조건으로 데이터를 조회한 후 물음에 답하시오.

┌─ 보기 ─
• 견적기간: 2026/12/01 ~ 2026/12/31

(주)한국자전거본사에서 고객에게 수출할 품목의 견적서를 보냈다. 다음 중 견적조건이 '1개월 내 선적요청'으로 등록되어 있는 견적번호로 옳은 것은?

① ES2612000001

② ES2612000002

③ ES2612000003

④ ES2612000004

정답 ④

[보기]의 조건으로 조회한 후 각 견적번호의 하단에서 견적조건을 확인한다.

④ ES2612000004의 견적조건이 '1개월 내 선적요청'이다.

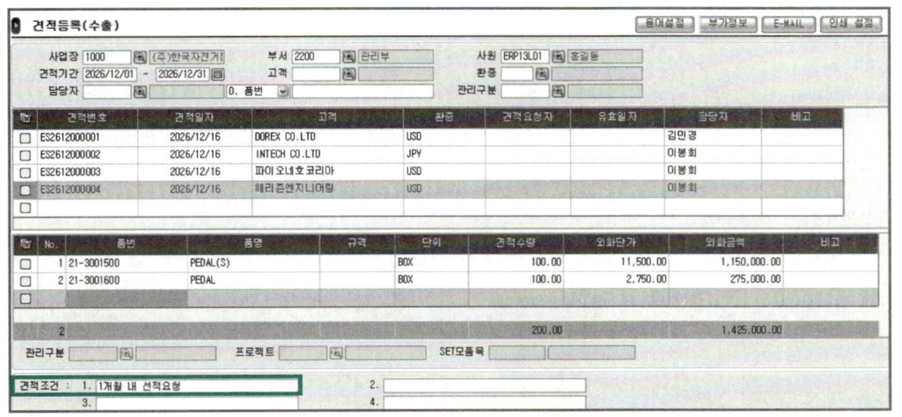

2. 견적마감처리(수출)

ERP 메뉴 찾아가기

> 무역관리 ▶ MASTER L/C(수출) ▶ 견적마감처리(수출)

[견적등록(수출)] 메뉴에서 입력한 내역 중에서 여러 가지 이유로 더 이상 진행하지 않는 수출견적을 마감처리하는 메뉴이다. 오른쪽 상단의 '일괄마감처리'를 누르면 마감처리가 되어 더 이상 진행하지 않게 되며, '일괄마감취소'를 누르면 마감이 취소되어 다시 진행할 수 있다. 마감처리 시 마감일자와 마감사유를 등록할 수 있다.

3. L/C등록

ERP 메뉴 찾아가기

> 무역관리 ▶ MASTER L/C(수출) ▶ L/C등록

L/C를 등록하는 메뉴이다. L/C(Letter of Credit)란 신용장이라고도 하며 상품의 수입업자가 자신의 지불능력(신용)을 증명하기 위해 거래은행으로부터 발급받는 보증서이다.
① L/C구분: '1. LOCAL L/C', '2. 구매승인서', '3. MASTER L/C' 중에서 선택할 수 있다.
② S/D: Shipping Date로 신용장에 의해 거래되는 화물의 최종 유효 선적기일이다.
③ E/D: Expiry Date로 신용장을 포함한 선적서류를 은행에 제시해야 하는 최종 마감일로 신용장 유효기일이라고도 한다.
④ 외화금액: '주문수량×외화단가'로 계산되는 금액이다.

실무 연습문제　L/C등록

아래 [보기]의 조건으로 데이터를 조회한 후 물음에 답하시오.

┌ 보기 ┄
• 사업장: 1000. (주)한국자전거본사
• 주문기간: 2026/12/01 ～ 2026/12/31
• L/C구분: 3. MASTER L/C

(주)한국자전거본사에서는 수출할 품목의 L/C를 등록하였다. 다음 중 고객 DOREX CO.LTD의 L/C 정보에 관한 설명으로 옳지 <u>않은</u> 것은?

① 등록되어 있는 품목은 견적적용을 받아 입력하였다.

② L/C 정보에 대한 가격조건은 FOB이다.

③ 출하예정일은 2026/12/21이다.

④ 품목 21-1060950. WHEEL REAR-MTB의 LOT 사용여부는 사용이다.

정답 ④

[보기]의 조건으로 조회하면 'L/C등록 조회' 창이 나타난다. 고객 DOREX CO.LTD의 L/C □에 체크한 후 '선택항목 편집'을 누르면 [L/C등록] 메뉴에 등록된 내역을 확인할 수 있다.

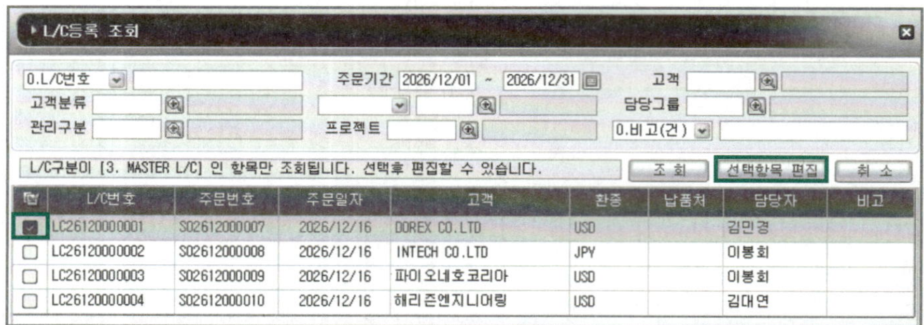

① 품목에서 마우스 오른쪽 버튼을 클릭하고 '[L/C등록] 이력정보'를 확인하면 이전 이력이 '견적등록(수출)'으로, 견적적용을 받아 입력한 것을 알 수 있다.

② 메뉴의 중간에서 '가격조건: FOB'를 확인할 수 있다.

③ 출하예정일은 2026/12/21이다.

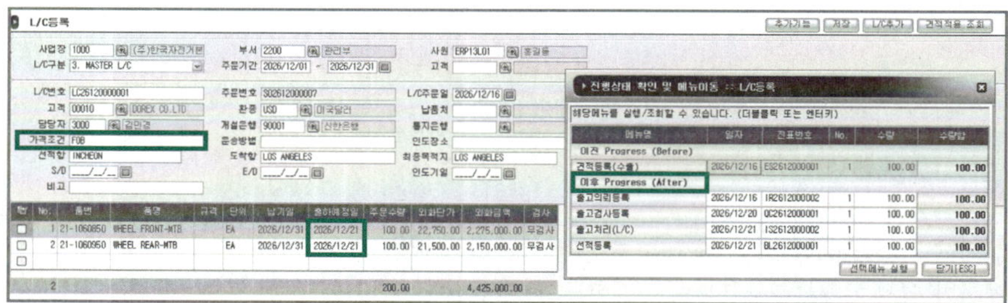

④ 품목 21-1060950. WHEEL REAR-MTB에서 마우스 오른쪽 버튼을 클릭하여 '부가기능-품목상세정보'를 확인하면 LOT 여부가 '0. 미사용'으로 등록된 것을 알 수 있다.

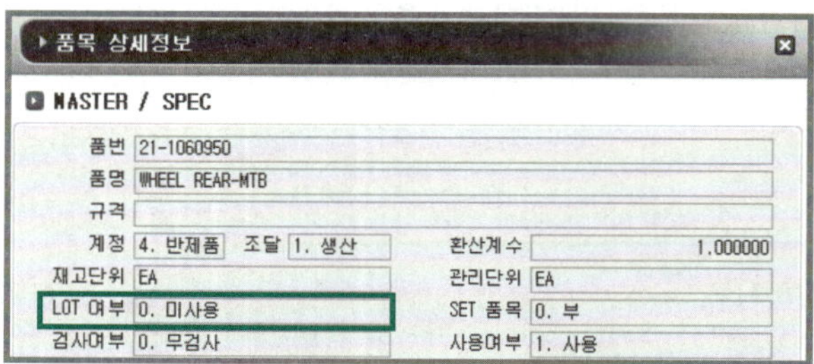

4. 주문마감처리(수출)

> 무역관리 ▶ MASTER L/C(수출) ▶ 주문마감처리(수출)

수출하기 위하여 주문받은 내역 중에서 여러 가지 이유로 더 이상 진행하지 않는 건을 마감처리하는 메뉴이다. [견적마감처리(수출)] 메뉴와 비슷한 기능을 하는 메뉴로 오른쪽 상단의 '일괄마감처리'를 누르면 마감처리가 되어 더 이상 진행하지 않게 되며, '일괄마감 취소'를 누르면 마감이 취소되어 다시 진행할 수 있다. 마감처리 시 마감일자와 마감사유를 등록할 수 있다.

실무 연습문제 주문마감처리(수출)

아래 [보기]의 조건으로 데이터를 조회하시오.

> **보기**
> - 사업장: 1000. (주)한국자전거본사
> - 주문기간: 2026/12/15 ~ 2026/12/31

고객 INTECH CO.LTD에 의하여 수출 주문받은 건을 더 이상 진행하지 않고 마감하려고 한다. 주문마감처리가 가능한 수량의 합으로 옳은 것은?

① 100EA

② 200EA

③ 300EA

④ 400EA

정답 ②

[보기]의 조건과 '고객: INTECH CO.LTD'로 조회하면 주문잔량은 200EA이다. 전체로 조회해도 되지만 고객 'INTECH CO.LTD'로 조회하면 확인하기 더욱 편리하다.

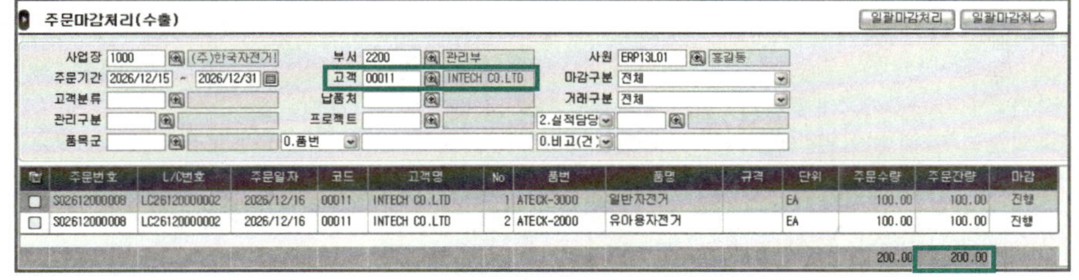

TIP

주문잔량은 주문마감처리 가능한 수량이다.

5. 출고의뢰등록

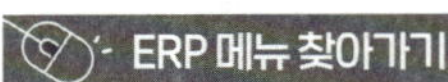

> 무역관리 ▶ MASTER L/C(수출) ▶ 출고의뢰등록

주문을 받아 수출할 품목을 출고하기 위하여 출고의뢰등록하는 메뉴이다. [시스템관리]–[회사등록정보]–[시스템환경설정] 메뉴에서 '출고의뢰운영여부'가 '1. 여'로 설정되어 있어야 사용이 가능하다. 오른쪽 상단의 '주문적용 조회' 버튼을 이용하여 출고의뢰를 등록할 수 있다.

실무 연습문제 — 출고의뢰등록

아래 [보기]의 조건으로 데이터를 조회한 후 물음에 답하시오.

보기
- 사업장: 1000. (주)한국자전거본사
- 의뢰기간: 2026/12/01 ~ 2026/12/31

회사에서는 수출 품목에 대하여 출고의뢰를 등록하였다. 등록되어 있는 내역에 대한 설명으로 올바르지 않은 것은?

① 등록되어 있는 출고의뢰 건은 모두 제품창고에 의뢰하였다.

② 고객 DOREX CO.LTD의 출고의뢰 건은 검사를 해야 출고처리할 수 있다.

③ 고객 파이오네호코리아의 출고의뢰 건은 납기일과 출고예정일이 다르다.

④ 고객 INTECH CO.LTD의 출고의뢰등록된 모든 품목의 관리구분은 특별할인매출이다.

정답 ④

[보기]의 조건으로 조회되는 내역을 확인한다.

① 등록되어 있는 모든 의뢰번호의 의뢰창고는 제품창고이다.

② 고객 DOREX CO.LTD의 출고의뢰 건인 의뢰번호 IR2612000002의 검사여부는 '검사'이다. 검사여부가 '검사'인 출고의뢰 건은 [출고검사등록] 메뉴에 등록해야 출고처리를 등록할 수 있다.

③ 고객 파이오네호코리아의 출고의뢰 건인 의뢰번호 IR2612000003의 납기일은 2026/12/31, 출고예정일은 2026/12/20으로 납기일과 출고예정일이 서로 다르다.

④ 고객 INTECH CO.LTD의 출고의뢰 건인 의뢰번호 IR2612000004에 등록되어 있는 품목 일반자전거의 관리구분은 'S50. 특별할인매출'이며, 유아용자전거의 관리구분은 'S10. 일반매출'이다.

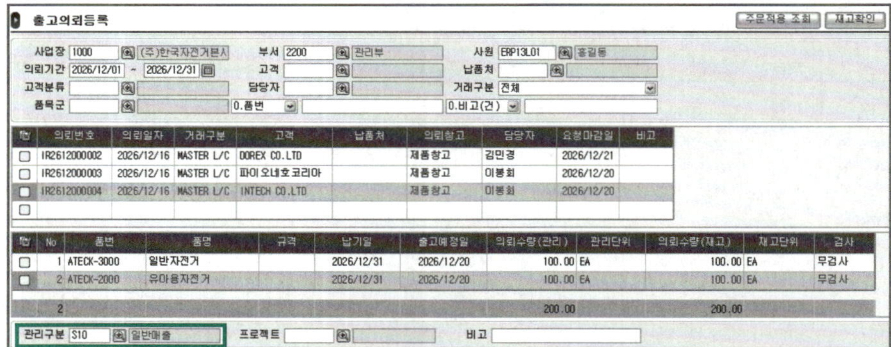

출고의뢰등록

사업장	1000	(주)한국자전거본사	부서	2200	관리부	사원	ERP13L01	홍길동
의뢰기간	2026/12/01 ~ 2026/12/31		고객			납품처		
고객분류			담당자			거래구분	전체	
품목군			0.품번			0.비고(건)		

	의뢰번호	의뢰일자	거래구분	고객	납품처	의뢰창고	담당자	요청마감일	비고
☐	IR2612000002	2026/12/16	MASTER L/C	DOREX CO.LTD		제품창고	김민경	2026/12/21	
☐	IR2612000003	2026/12/16	MASTER L/C	파이오네호코리아		제품창고	이봉회	2026/12/20	
☐	IR2612000004	2026/12/16	MASTER L/C	INTECH CO.LTD		제품창고	이봉회	2026/12/20	
☐									

	No	품번	품명	규격	납기일	출고예정일	의뢰수량(관리)	관리단위	의뢰수량(재고)	재고단위	검사
☐	1	ATECK-3000	일반자전거		2026/12/31	2026/12/20	100.00	EA	100.00	EA	무검사
☐	2	ATECK-2000	유아용자전거		2026/12/31	2026/12/20	100.00	EA	100.00	EA	무검사
	2						200.00		200.00		

| 관리구분 | S10 | 일반매출 | 프로젝트 | | | 비고 | |

6. 출고검사등록

무역관리 ▶ MASTER L/C(수출) ▶ 출고검사등록

수출하기 위하여 출고할 품목을 출고하기 전에 검사하여 등록하는 메뉴이다. [시스템관리]-
[회사등록정보]-[시스템환경설정] 메뉴에서 '출고전검사운영여부'가 '1. 운영함'으로 설정
되어 있어야 메뉴를 사용할 수 있다. [출고의뢰등록] 메뉴에서 '검사'로 등록된 내역을
적용받아 출고검사를 할 수 있으며, '영업관리' 모듈의 [출고검사등록] 메뉴와 비슷하다.

실무 연습문제 출고검사등록

(주)한국자전거본사에서는 2026년 12월의 수출 품목에 대하여 출고검사 결과를 등록하였다.
등록된 결과에 대한 올바르지 <u>않은</u> 설명은 무엇인가?

① 불량이 발생하였으나 합격여부는 합격이다.
② 고객은 DOREX CO.LTD이다.
③ 모든 품목의 검사구분은 전수검사이다.
④ 모든 품목의 검사유형은 조립검사이다.

정답 ④

'사업장: 1000. (주)한국자전거본사, 검사기간: 2026/12/01 ~ 2026/12/31'로 조회되는 내역을 확인한다.
④ 품목 WHEEL FRONT-MTB의 검사유형은 '조립검사'이며, WHEEL REAR-MTB의 검사유형은 '기능검사'이다.

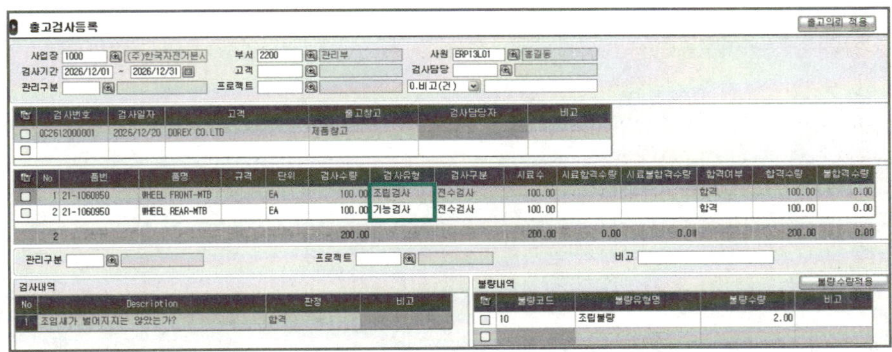

7. 출고처리(L/C)

무역관리 ▶ MASTER L/C(수출) ▶ 출고처리(L/C)

수출하기 위하여 출고처리하는 메뉴이다. '출고적용', '의뢰적용', '검사적용'을 통하여
출고처리가 가능하며 출고처리를 하면 창고의 재고가 감소한다.
① 출고적용: 출고처리등록된 내역을 적용받아 반품처리하는 경우에 사용한다. '출고적용'
을 받으면 출고처리된 내역의 수량과 금액이 (-)로 등록된다.

② 의뢰적용: [출고의뢰등록] 메뉴는 진행하고, 검사유무를 '무검사'로 하여 [출고검사등록] 메뉴는 진행하지 않는 경우 출고의뢰등록된 내용을 적용받아 출고처리하는 경우에 사용한다.

③ 검사적용: [출고의뢰등록]과 [출고검사등록] 메뉴를 모두 진행할 경우 검사등록된 내용을 적용받아 출고처리하는 경우에 사용한다.

 출고처리(L/C)

아래 [보기]의 조건으로 데이터를 입력한 후 물음에 답하시오.

┌─ 보기 ─────────────────────────────────
• 사업장: 1000. (주)한국자전거본사
• 출고기간: 2026/12/01 ～ 2026/12/31
• 출고창고: P100. 제품창고
• 거래구분: 전체
└────────────────────────────────────

다음 중 [보기]의 조건으로 출고처리(L/C)등록된 내역 중 원화 금액의 합이 가장 적은 출고번호로 옳은 것은?

① IS2612000002

② IS2612000003

③ IS2612000004

④ IS2612000005

정답 ③

[보기]의 조건으로 조회한 후 등록되어 있는 각 출고번호의 원화 금액 합을 확인한다.
① IS2612000002의 원화 금액 합: 6,690,000원
② IS2612000003의 원화 금액 합: 20,257,500원
③ IS2612000004의 원화 금액 합: 3,360,000원 ✓
④ IS2612000005의 원화 금액 합: 49,840,000원

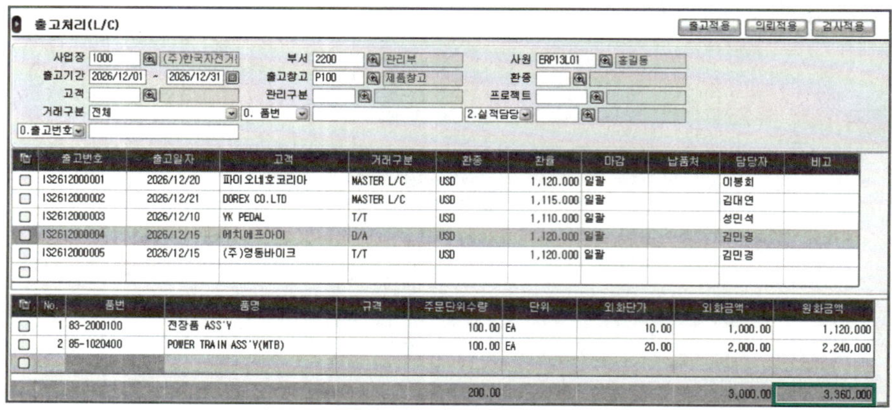

	출고번호	출고일자	고객	거래구분	환종	환율	마감	납품처	담당자	비고
☐	IS2612000001	2026/12/20	파이오녀호코리아	MASTER L/C	USD	1,120.000	일괄		이봉회	
☐	IS2612000002	2026/12/21	DOREX CO.LTD	MASTER L/C	USD	1,115.000	일괄		김대연	
☐	IS2612000003	2026/12/10	YK PEDAL	T/T	USD	1,110.000	일괄		성민석	
☐	IS2612000004	2026/12/15	에치에프아이	D/A	USD	1,120.000	일괄		김민경	
☐	IS2612000005	2026/12/15	(주)영동바이크	T/T	USD	1,120.000	일괄		김민경	
☐										

	No.	품번	품명	규격	주문단위수량	단위	외화단가	외화금액	원화금액
☐	1	83-2000100	전장품 ASS'Y		100.00	EA	10.00	1,000.00	1,120,000
☐	2	85-1020400	POWER TRAIN ASS'Y(MTB)		100.00	EA	20.00	2,000.00	2,240,000
☐									
					200.00			3,000.00	3,360,000

8. COMMERCIAL INVOICE 등록

무역관리 ▶ MASTER L/C(수출) ▶ COMMERCIAL INVOICE 등록

COMMERCIAL INVOICE의 세부내용을 등록하는 메뉴이다. COMMERCIAL INVOICE
는 상업송장이라고도 하며, 품목, 수량, 금액, 거래처 등을 상세하게 기록하는 문서로
수출자가 작성하여 수입자에게 발송한다.

조회를 한 후 체크하여 확인하면 등록된 내역을 확인할 수 있고, 오른쪽 상단의 '출고조회'를
이용하여 출고등록된 내역의 COMMERCIAL INVOICE를 등록할 수 있다. 상단의 '인쇄'
버튼을 이용하면 실무에서 사용하는 COMMERCIAL INVOICE 서류 확인이 가능하다.

실무 연습문제 COMMERCIAL INVOICE 등록

(주)한국자전거본사에서는 2026년 12월 고객 DOREX CO.LTD에 수출한 COMMERCIAL
INVOICE를 등록하였다. 등록되어 있는 COMMERCIAL INVOICE 금액의 합으로 옳은 것은?

① USD 3,000　　　　　　　　　② USD 4,000

③ USD 5,000　　　　　　　　　④ USD 6,000

정답 ④

상단의 '조회(F12)' 버튼을 누르면 뜨는 'COMMERCIAL INVOICE 조회' 창에서 Invoice Date가 2026년 12월인
DOREX CO.LTD □에 체크하고 확인을 클릭하면 등록되어 있는 내역을 확인할 수 있다.

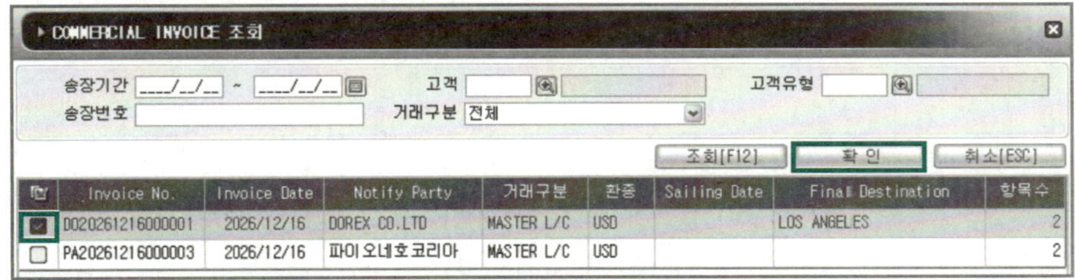

등록되어 있는 COMMERCIAL INVOICE 금액의 합은 USD 6,000이다.

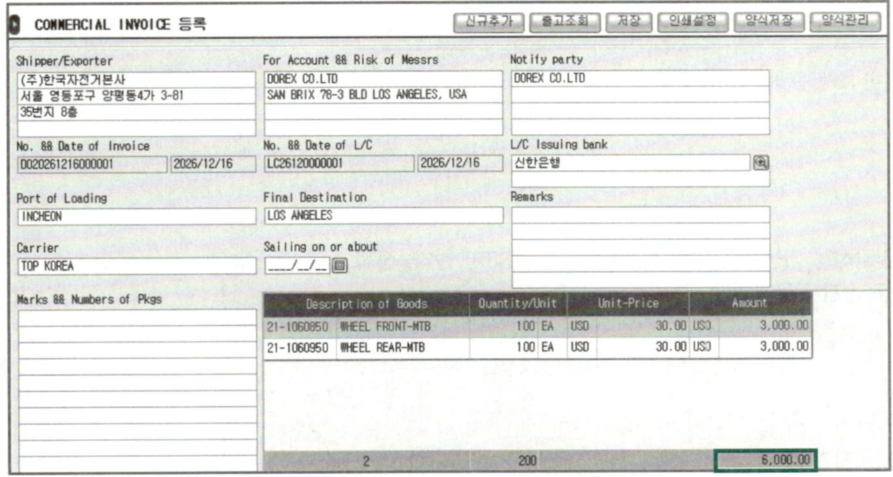

9. PACKING LIST 등록

무역관리 ▶ MASTER L/C(수출) ▶ PACKING LIST 등록

PACKING LIST의 세부내역을 등록하는 메뉴이다. PACKING LIST는 포장명세서라고
도 하며, 품목, 중량, 부피, 수량 등을 상세하게 기록하는 문서로, COMMERCIAL
INVOICE와 함께 작성하여 사용된다. '송장조회'를 이용하여 등록된 COMMERCIAL
INVOICE의 내역으로 중량, 부피, 수량, 상자수량 등을 등록할 수 있다.

① NET – WEIGHT: 선적품목의 순중량을 의미한다.
② GROSS – WEIGHT: 포장무게를 포함한 총중량을 의미한다.
③ MEASUREMENT: 선적품목의 부피를 의미한다.
④ C/T No.: 상자의 수량을 의미한다.

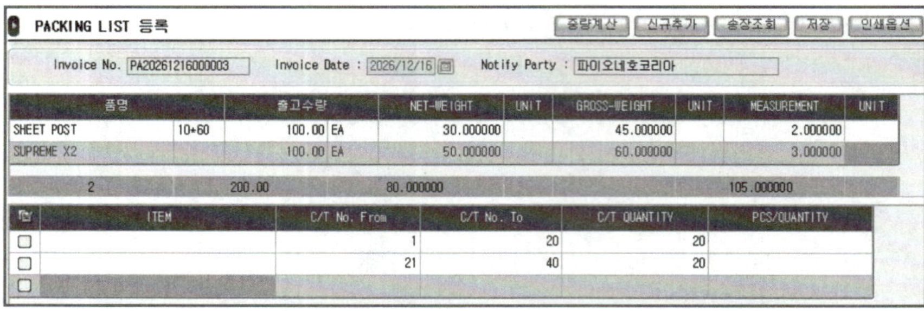

PACKING LIST 등록   중량계산 | 신규추가 | 송장조회 | 저장 | 인쇄옵션

Invoice No. PA20261216000003   Invoice Date : 2026/12/16   Notify Party : 파이오네호코리아

품명		출고수량	NET-WEIGHT	UNIT	GROSS-WEIGHT	UNIT	MEASUREMENT	UNIT
SHEET POST	10+60	100.00 EA	30.000000		45.000000		2.000000	
SUPREME X2		100.00 EA	50.000000		60.000000		3.000000	
2		200.00	80.000000				105.000000	

	ITEM	C/T No. From	C/T No. To	C/T QUANTITY	PCS/QUANTITY
☐		1	20	20	
☐		21	40	20	
☐					

10. 선적등록

무역관리 ▶ MASTER L/C(수출) ▶ 선적등록

수출품목의 선적내역을 등록하는 메뉴로 출고내역을 적용받아 등록할 수 있다. 선적일자,
고객, 거래구분, 환율, 품명, 선적수량, 금액, 도착예정일, 수금예정일 등을 등록할 수 있다.

실무 연습문제   선적등록

아래 [보기]의 조건으로 데이터를 입력한 후 물음에 답하시오.

┌ 보기 ┄
- 사업장: 1000. (주)한국자전거본사
- 조건: 출고건별
- 선적일자: 2026/12/10
- 출고기간: 2026/12/01 ~ 2026/12/10

**[보기]의 기간에 출고된 품목을 출고일괄적용 기능을 이용하여 선적등록을 하고자 한다. 선적
등록한 후 등록된 내용에 대한 설명으로 옳지 않은 것은?**

① 선적등록되는 품목은 유아용자전거와 일반자전거이다.
② 고객은 YK PEDAL이다.
③ 외화금액 USD 18,250에 환율 1,110을 곱한 금액이 원화금액 20,257,500원이다.
④ 출고번호 IS2612000004를 적용받아 등록되었다.

정답 ④

'사업장: 1000. (주)한국자전거본사, 선적기간: 2026/12/10 ~ 2026/12/10'으로 조회한 후, 오른쪽 상단의 '출고
일괄적용'을 눌러 [보기]의 조건을 입력하고 '확인'을 클릭한다.

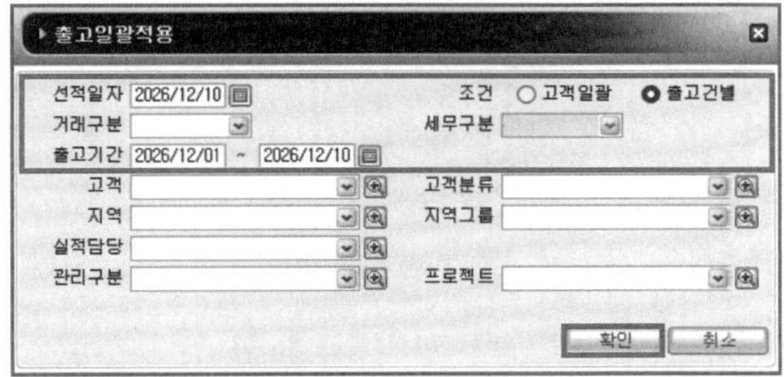

④ 하단에 등록되어 있는 출고번호 IS2612000003을 적용받아 등록된 것을 알 수 있으며, 품목에서 마우스 오른쪽
버튼을 클릭하여 나오는 '[선적등록] 이력정보'에서도 출고번호를 확인할 수 있다.

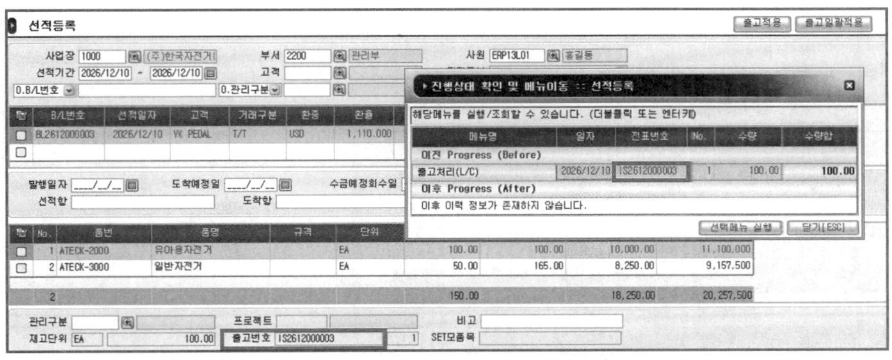

11. 회계처리(선적)

ERP 메뉴 찾아가기

무역관리 ▶ MASTER L/C(수출) ▶ 회계처리(선적)

선적등록된 내역을 회계처리하는 메뉴이다.

① '전표처리'를 하여 생성된 회계전표는 모두 미결 상태이며, 회계 모듈에서 승인권자가
승인을 하면 전표가 '미결'에서 '승인'으로 바뀐다.

② 회계 모듈에서 승인을 한 회계전표는 오른쪽 상단의 '전표취소'를 이용하여 전표를 취
소할 수 없다.

③ '회계전표' 탭에서 '대체차변', '대체대변' 등 회계처리된 내역을 조회할 수 있으며, [시스템
관리]-[기초정보관리]-[회계연결계정과목등록] 메뉴에 등록되어야 회계처리를 할 수
있다.

④ '매출마감' 탭에서 마감내역을 회계처리할 수 있고, '수출선적' 탭에서 수출선적된 내역
을 회계처리할 수도 있다.

아래 [보기]의 조건으로 데이터를 조회한 후 물음에 답하시오.

> **보기**
> • 사업장: 1000. (주)한국자전거본사
> • 기간: 2026/12/01 ～ 2026/12/31

고객 DOREX CO.LTD로 수출선적된 건의 회계전표를 작성하였다. 부가세예수금 금액으로 옳은 것은?

① 0원
② 1,800,000원
③ 6,690,000원
④ 16,800,000원

정답 ①

'회계전표' 탭에서 [보기]의 조건으로 조회하여 고객 DOREX CO.LTD의 회계전표를 확인하면 부가세예수금 금액은 0원이다. 수출선적은 세금계산서 발행을 하지 않으므로 부가세예수금이 0원이 되는 것이다.

순번	구분	코드	계정과목	코드	거래처명	금액		적요명	증빙
1	대체차변	10800	외상매출금	00010	DOREX CO.LTD	6,690,000	0	외상매출금 증가(반제품)	
2	대체대변	40400	제품매출	00010	DOREX CO.LTD	6,690,000	0	반제품 매출	
3	대체대변	25500	부가세예수금	00010	DOREX CO.LTD	0	0	부가세예수금_MASTER L/C	

12. NEGO등록

> **ERP 메뉴 찾아가기**
>
> 무역관리 ▶ MASTER L/C(수출) ▶ NEGO등록

NEGO내역을 등록하는 메뉴이다. NEGO란 Negotiation의 줄임말로 수출업자가 은행에 신용장과 수출환어음 등의 선적서류를 제시하고 기업 활동에 필요한 자금을 확보하는 절차이다.

① 'NEGO등록' 탭에 정상수금 내용을 입력하고, 'NEGO선입정리' 탭에서 선수금 등의 선입정리 내용을 확인한다.

② 형태
  • '0. 외화순대체': NEGO 당시의 수출 환종으로 처리한다.
  • '1. 원화CONVERT': NEGO 당시의 환율로 환산하여 원화금액으로 계산하여 처리한다.

③ NEGO환율: NEGO 당시의 환율이다.

④ NEGO금액: 'NEGO환율 × NEGO금액(외화)'으로 계산되는 금액이다.

⑤ 수수료(외화)/수수료: '수수료(외화)'란은 '0. 외화순대체'일 때 외화수수료이며, '수수료'란은 '1. 원화CONVERT'일 때의 원화수수료이다.

⑥ 실입금액: NEGO금액에서 수수료를 차감한 금액이다.

⑦ 외환차손익: 형태가 '1. 원화CONVERT'인 경우 발생하며 매출환율로 계산한 원화금액과 NEGO환율로 계산한 NEGO금액의 차이를 자동 계산하여 반영한다. (+)값인 경우 외환차익이고 (-)값인 경우 외환차손이다.

아래 [보기]의 조건으로 데이터를 입력한 후 물음에 답하시오.

> **보기**
> - 사업장: 1000. (주)한국자전거본사
> - NEGO일자: 2026/12/20
> - 유형: MASTER L/C
> - 형태: 원화CONVERT
> - NEGO환율: 1,180원
> - 선적일자: 2026/12/20 ~ 2026/12/31
> - NEGO기간: 2026/12/20 ~ 2026/12/31
> - 고객: 파이오네호코리아
> - 환종: USD
> - 매입은행: 기업은행
> - 수수료: 58,000원
> - B/L번호: BL2612000002

[보기]의 조건에 의하여 선적등록된 B/L의 NEGO등록 시 외환차손익으로 옳은 것은?

① 900,000원

② 880,000원

③ 800,000원

④ 760,000원

정답 ①

'NEGO등록' 탭에서 [보기]의 사업장, NEGO기간을 입력하여 조회한 후 [보기]의 NEGO일자, 고객, 유형, 환종, 형태를 입력한 후 ENTER를 클릭하며 내려온다. 하단 'B/L번호'에서 'F2'나 🔍를 눌러 '선적번호도움' 창에서 선적일자를 입력한 후 조회되는 B/L번호 BL2612000002 □에 체크하고 '확인[TAB]'을 클릭한다.

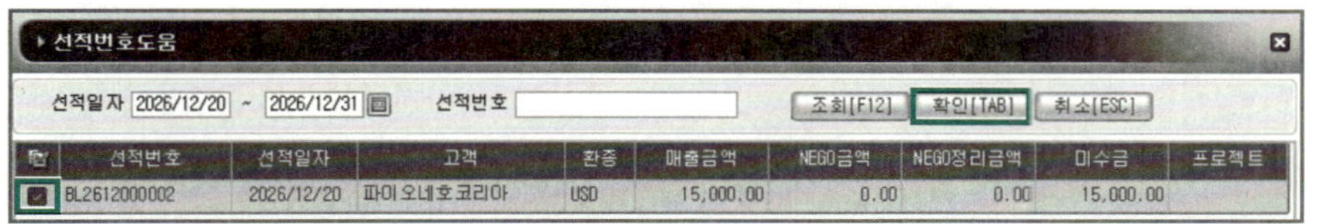

① [보기]의 매입은행, NEGO환율을 입력하면 NEGO금액이 등록되며 외환차손익 900,000원을 확인할 수 있다. 외환차손익을 확인하는 문제이므로 저장할 필요는 없다.

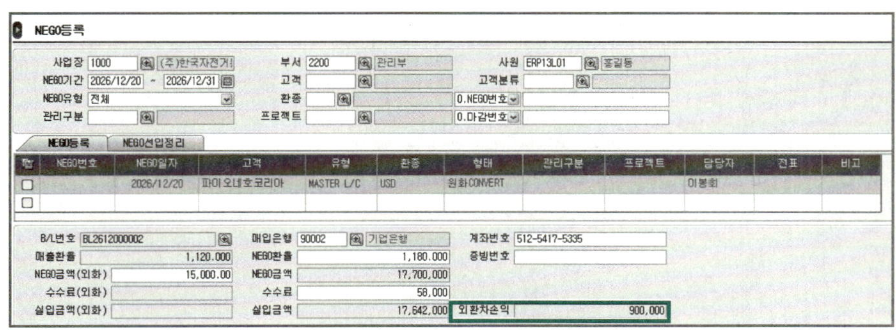

13. 회계처리(NEGO)

무역관리 ▶ MASTER L/C(수출) ▶ 회계처리(NEGO)

NEGO등록된 내역을 회계처리하는 메뉴이다.
① '전표처리'를 하여 생성된 회계전표는 모두 미결 상태이며, 회계 모듈에서 승인권자가
  승인을 하면 전표가 '미결'에서 '승인'으로 바뀐다.
② 회계 모듈에서 승인을 한 회계전표는 오른쪽 상단의 '전표취소'로 전표취소를 할 수 없다.
③ '회계전표' 탭 하단에서 '대체차변', '대체대변' 등 회계처리된 내역을 조회할 수 있으며,
  [시스템관리]−[기초정보관리]−[회계연결계정과목등록] 메뉴에 등록되어야 회계처리
  를 할 수 있다.

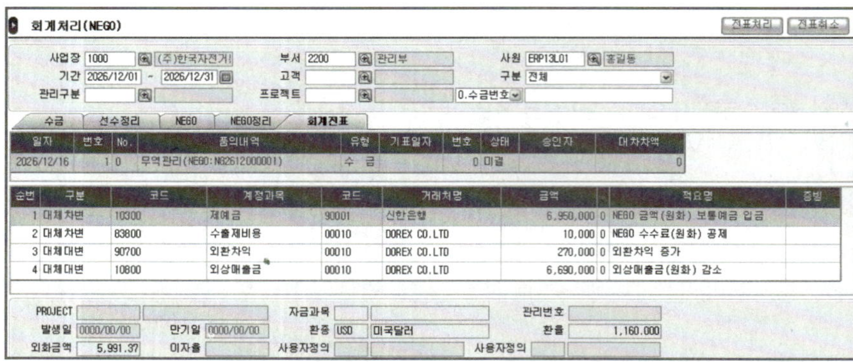

3 수출현황

1. 해외수주현황

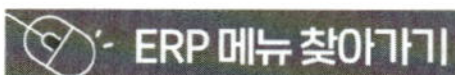

무역관리 ▶ 수출현황 ▶ 해외수주현황

주문기간 동안의 해외수주현황을 확인하는 메뉴이다.

2. 선적현황

ERP 메뉴 찾아가기

무역관리 ▶ 수출현황 ▶ 선적현황

선적기간 동안의 선적현황을 확인하는 메뉴이다. 일자별, 고객별, 품목별로 조회할 수 있다.

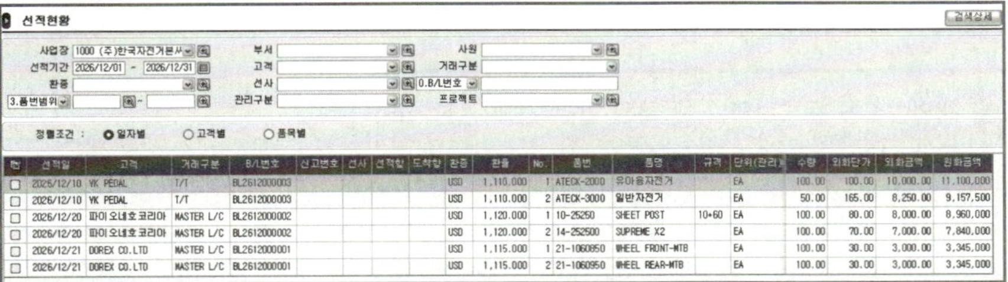

3. NEGO현황(수출)

ERP 메뉴 찾아가기

무역관리 ▶ 수출현황 ▶ NEGO현황(수출)

NEGO기간 동안의 수출 NEGO현황을 확인하는 메뉴이다.

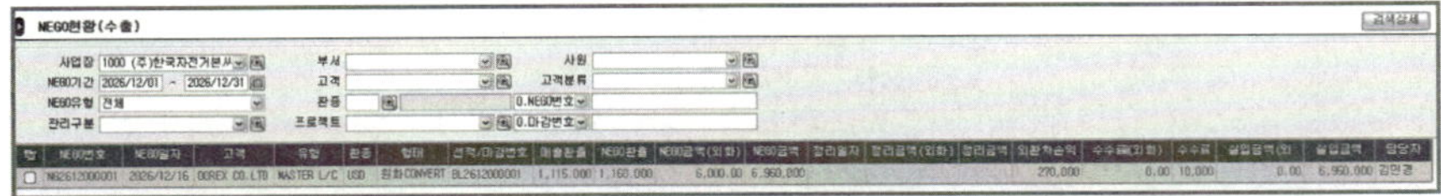

4 기타(수입)

[기타(수입)]는 신용장(L/C)을 기반으로 하지 않고 T/T, D/A, D/P의 거래로 수입한 건을 등록한다.

1. 해외발주등록

ERP 메뉴 찾아가기

무역관리 ▶ 기타(수입) ▶ 해외발주등록

해외에서 수입하기 위해 발주를 등록하는 메뉴이다. 청구내역이나 주문내역을 적용하여 등록할 수 있으며 직접 등록도 가능하다.

① 거래구분
- '4. T/T': 전신환송금으로 수입대금의 지급을 은행을 통해 전신을 이용하여 송금하는 방식이며 계좌로 송금을 받을 수 있기 때문에 간편하다는 장점이 있다.
- '5. D/A': 인수 인도조건으로 수출자가 발행한 화환어음을 지급하지 않고 인수만 함으로써 선적서류가 수입자에게 인도되며, 약정기일 후에 수입대금을 연지급하도록 허용하는 방식이다.
- '6. D/P': 지급 인도조건으로 수출자가 발행한 화환어음 금액을 수입자가 지불하여야만 선적서류를 인도하는 방식이다.

② 환종: JPY. 일본엔화, KRW. 원화, USD. 미국달러가 있으며 'F2'를 눌러 조회할 수 있다.

③ 외화단가: [영업관리]－[기초정보관리]－[품목단가등록]에서 구매단가로 등록한 단가가 자동 반영되며 수정하여 입력할 수 있다.

④ 해외발주등록내역을 적용받아 B/L접수를 하거나 입고의뢰등록을 한 경우에는 해외 발주등록 내역을 수정하거나 삭제할 수 없다.

 해외발주등록

(주)한국자전거본사에서는 2026년 10월 해외발주를 등록하였다. 등록된 발주 건에 관한 설명 으로 옳지 <u>않은</u> 것은?

① 등록되어 있는 발주는 모두 4건이다.

② 거래구분은 모두 T/T이다.

③ 품목의 외화금액은 발주수량과 외화단가의 곱으로 계산된다.

④ 모든 발주 건은 청구적용이나 주문적용을 받지 않고 직접 입력하였다.

정답 ②

'사업장: 1000. (주)한국자전거본사, 발주기간: 2026/10/01 ～ 2026/10/31'로 조회되는 발주 건을 확인한다.

② 발주번호 PO2610000001, PO2610000002, PO2610000004의 거래구분은 'T/T'이며, 발주번호 PO2610000003의 거래구분은 'D/A'이다.

④ 각 발주번호의 하단 품목에서 마우스 오른쪽 버튼을 클릭하여 '[해외발주등록] 이력정보'를 확인하면 이전 이력 이 등록되어 있지 않으므로 직접 입력한 것을 알 수 있다.

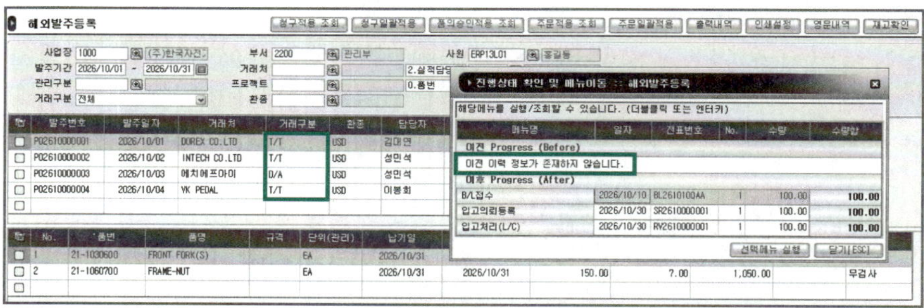

2. B/L접수

무역관리 ▶ 기타(수입) ▶ B/L접수

B/L이 접수된 내역을 등록하는 메뉴이다. B/L은 선하증권이라고도 하며 수출업자가 운송 화물을 선적하였음을 증명하는 서류로 선박회사가 발행한다. 수출업자가 발급받은 B/L을 수입업자에게 보내야 수입업자는 수입 절차를 진행할 수 있다. 거래구분, 환율, 선사, 인도조건, VESSEL명, 운송방법 등을 등록할 수 있다.

아래 [보기]의 조건으로 데이터를 조회한 후 물음에 답하시오.

> **보기**
> - 사업장: 1000. (주)한국자전거본사
> - 선적기간: 2026/10/01 ~ 2026/10/31
> - B/L번호: BL261012AB

[보기]의 조건으로 등록되어 있는 B/L접수 건에 대한 설명으로 옳지 않은 것은?

① 환율은 1,140원을 적용한다.

② 거래구분은 T/T이다.

③ 인도조건은 FOB이다.

④ 발주번호 PO2610000004의 B/L접수 건이다.

정답 ①

[보기]의 사업장, 선적기간으로 조회하면 '선적적용조회(LIST/건별)' 창이 나타난다. 주어진 B/L번호 □에 체크하고 '선택적용'을 클릭하면 자세한 내역을 확인할 수 있다.

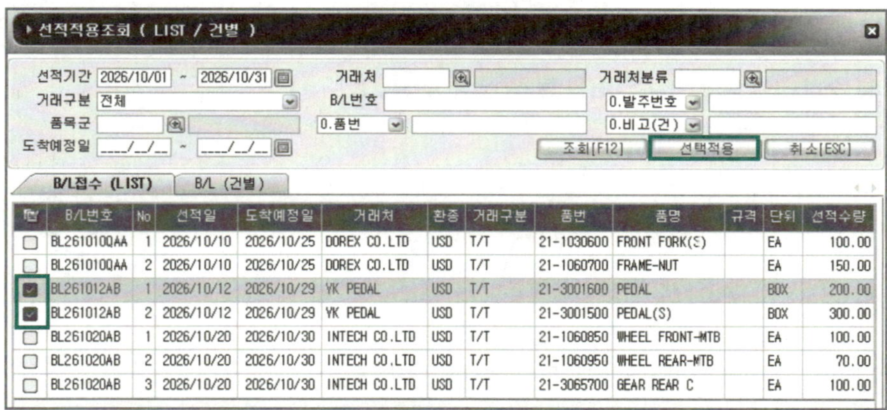

① 환율은 1,150원을 적용한다.

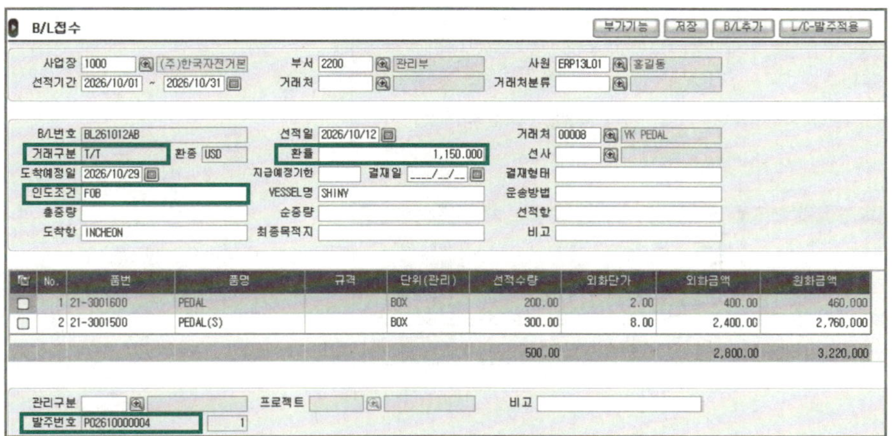

3. 수입제비용등록

무역관리 ▶ 기타(수입) ▶ 수입제비용등록

수입 과정에서 발생하는 비용을 등록하는 메뉴이다. 수입 절차를 진행하기 위해서는 물품 대금만 필요한 것이 아니다. B/L결제대금, 관세, 부가세, 하역비, 운반비 등 수입 과정에서 진행되는 비용이 있으므로 이러한 수입제비용을 등록하여야 한다. 수입제비용을 등록하면 미결전표가 생성되며 회계 모듈로 이관된다.

① [시스템관리]-[기초정보관리]-[물류관리내역등록] 메뉴에 등록된 내역을 조회하여 비용명을 등록할 수 있다.

② [미착품원가정산] 메뉴에서 배부처리를 하면 배부여부가 '미배부'에서 '배부'로 변경된다.

③ 오른쪽 상단의 '전표생성'을 누르면 전표처리가 되어 전표가 '미처리'에서 '처리'로 변경된다. 이때 생성된 전표는 회계 모듈로 이관이 되어 무역관리 모듈에서는 확인할 수 없으며, [회계관리]-[전표/장부관리]-[매입매출장] 메뉴에서 조회가 가능하다.

④ 오른쪽 상단의 '전표삭제'는 생성된 전표를 삭제하여 전표의 '처리'가 '미처리'로 변경된다.

 수입제비용등록

(주)한국자전거본사에서는 2026년 10월 수입 건에 대한 수입제비용을 등록하였다. 비용번호 EC2610000003에 등록된 비용명으로 옳지 <u>않은</u> 것은?

① 운반비

② 관세

③ 수수료

④ 하역비

정답 ④

'사업장: 1000. (주)한국자전거본사, 등록기간: 2026/10/01 ~ 2026/10/31'로 조회하면 수입제비용등록 내역을 확인할 수 있다.

④ 비용번호 EC2610000003에 하역비는 등록되어 있지 않다.

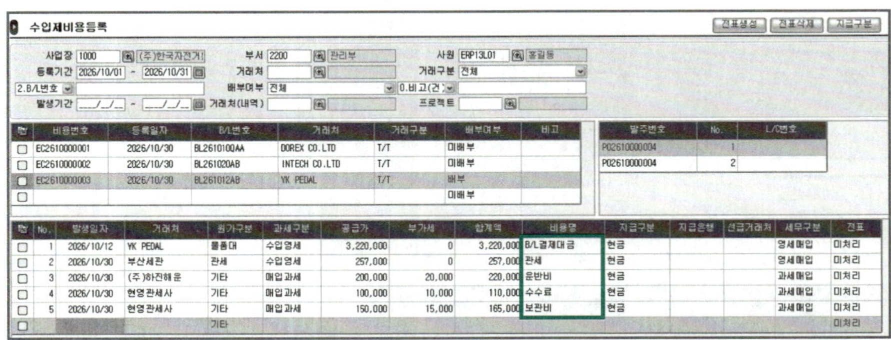

4. 입고의뢰등록

무역관리 ▶ 기타(수입) ▶ 입고의뢰등록

수입한 품목을 창고에 입고하기 위하여 창고담당자에게 요청할 때 사용하는 메뉴이다. 발주내역이나 선적내역을 적용하여 등록할 수 있다. [시스템관리]–[회사등록정보]–[시스템환경설정] 메뉴에서 '입고의뢰운영여부'가 '1. 운영함'으로 설정되어야 [입고의뢰등록] 메뉴를 사용할 수 있다.

① '발주적용': 거래구분이 '1. LOCAL L/C', '2. 구매승인서'인 경우 오른쪽 상단의 '발주적용'을 이용할 수 있다.

② '선적적용': 거래구분이 '3. MASTER L/C', '4. T/T', '5. D/A', '6. D/P'인 경우 오른쪽 상단의 '선적적용'을 이용할 수 있다.

실무 연습문제 　입고의뢰등록

아래 [보기]의 조건으로 데이터를 조회한 후 물음에 답하시오.

> 보기
>
> - 사업장: 1000. (주)한국자전거본사
> - 의뢰기간: 2026/10/01 ~ 2026/10/31
> - 거래구분: 4. T/T

해외에서 수입한 품목을 입고의뢰등록하였다. 다음 중 입고검사를 해야 하는 품목으로 옳지 않은 것은?

① WHEEL FRONT-MTB

② WHEEL REAR-MTB

③ GEAR REAR C

④ FRONT FORK(S)

정답 ④

[보기]의 조건으로 조회되는 의뢰번호의 검사여부를 확인한다. 검사여부가 '검사'인 품목은 [입고검사등록] 메뉴에서 검사를 해야 입고처리를 할 수 있다.

④ 의뢰번호 SR2610000002의 검사여부는 '검사'이며, 등록되어 있는 품목은 WHEEL FRONT-MTB, WHEEL REAR-MTB, GEAR REAR C이다.

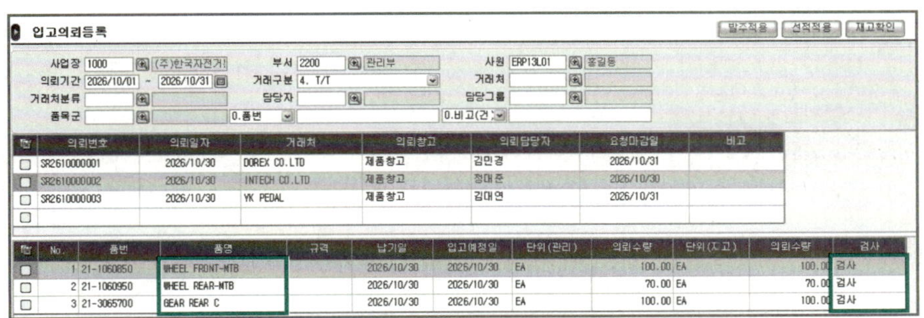

5. 입고검사등록

무역관리 ▶ 기타(수입) ▶ 입고검사등록

수입된 품목을 입고하기 전에 입고검사한 내역을 등록하는 메뉴이다.
① [시스템관리]−[회사등록정보]−[시스템환경설정] 메뉴에서 '입고전검사운영여부'가
  '1. 운영함'으로 설정되어 있어야 메뉴를 사용할 수 있다.
② [입고의뢰등록] 메뉴에서 검사구분이 '검사'로 등록된 내역을 '의뢰등록' 적용하여 검사
  할 수 있다.
③ 검사구분이 '검사'로 설정되어 있는 품목은 [입고검사등록] 메뉴에서 검사를 하여야
  입고처리할 수 있으며, '무검사'로 설정되어 있는 품목은 검사하지 않고 바로 입고처리
  가 가능하다.

6. 입고처리(해외발주)

무역관리 ▶ 기타(수입) ▶ 입고처리(해외발주)

해외에 발주하여 수입한 품목을 창고에 입고처리하는 메뉴이다. 창고에 입고되면 창고의
재고가 증가한다. [입고의뢰등록] 메뉴에서 검사구분이 '검사'로 등록되어 [입고검사등록]
메뉴에서 검사를 한 품목은 오른쪽 상단의 '검사적용'을 이용하며, '무검사'로 등록되어 있
는 품목은 오른쪽 상단의 '의뢰적용'을 이용하여 입고처리한다.

실무 연습문제　입고처리(해외발주)

아래 [보기]의 조건으로 데이터를 조회한 후 물음에 답하시오.

┌─ 보기 ─
• 사업장: 1000. (주)한국자전거본사
• 입고기간: 2026/10/01 ~ 2026/10/31
• 입고창고: P100. 제품창고
• 거래구분: 4. T/T

거래처 DOREX CO.LTD에서 수입하여 입고처리된 건에 대한 설명으로 옳지 <u>않은</u> 것은?

① 입고처리된 품목은 FRONT FORK(S), FRAME−NUT이다.
② 환율은 1,115원을 적용한다.
③ 입고처리 장소는 P102. 반제품장소이다.
④ 입고의뢰적용을 이용하여 입고처리하였다.

정답 ③

[보기]의 조건으로 조회되는 거래처 DOREX CO.LTD의 입고처리내역을 확인한다.
③ 입고처리 장소는 P101. 제품장소이다.
④ 하단의 품목에서 마우스 오른쪽 버튼을 클릭하여 '[입고처리(해외발주)] 이력정보'를 확인하면 이전 이력에 입고
  의뢰등록이 있어 입고의뢰적용을 이용하여 입고처리한 것을 알 수 있다.

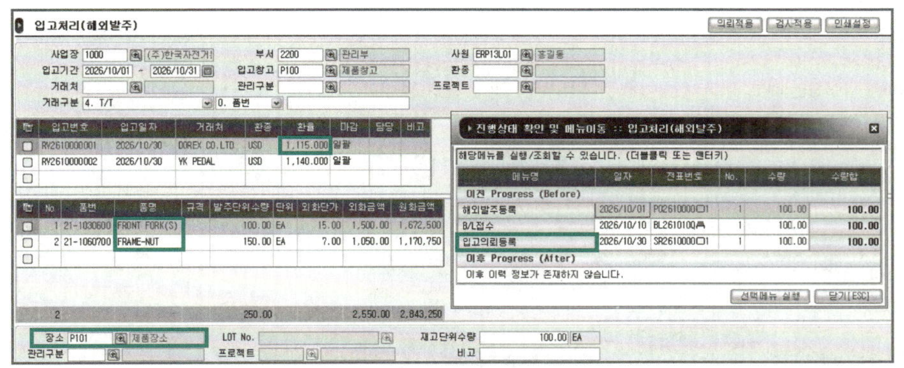

7. 미착품원가정산

ERP 메뉴 찾아가기

무역관리 ▶ 기타(수입) ▶ 미착품원가정산

자산의 매입 시 부대비용은 자산의 취득원가에 포함한다. [미착품원가정산] 메뉴에서는 수입제비용등록한 내역을 '배부처리' 작업을 통하여 배부처리하며 Z- 품목의 매입원가에 배부하여 가산한다.

① 수입제비용을 배부할 때는 수입 품목의 품목별 금액을 기준으로 한다. 만약 이러한 기준이 아니라 임의로 수정하려면 오른쪽 상단의 '배부조정'을 이용하여 조정할 수 있다.

② 배부처리 시의 정산일자는 배부처리를 완료하는 일자이며 수입 건의 마감일자로 회계 처리 시 마감일자로 적용된다.

③ 배부처리 시 배부여부가 '미배부'에서 '배부'로 변경되며, [무역관리]−[MASTER L/C (수입)] 또는 [무역관리]−[기타(수입)]−[수입제비용등록] 메뉴의 배부여부도 '배부'로 변경된다.

실무 연습문제 미착품원가정산

아래 [보기]의 조건으로 데이터를 입력한 후 물음에 답하시오.

> **보기**
> • 사업장: 1000. (주)한국자전거본사
> • 입고기간: 2026/10/01 ~ 2026/10/31
> • 정산일자: 2026/10/31

[보기]의 기간에 입고된 B/L번호 BL261010QAA에 대하여 수입제비용 배부처리를 한 후에 FRAME−NUT 품목의 배부비율을 구한 것으로 옳은 것은?

① 15.155

② 23.682

③ 41.177

④ 58.823

[보기]의 사업장, 입고기간으로 조회한다. B/L번호 BL261010QAA □에 체크한 후 오른쪽 상단의 '배부처리'를 클릭하여 주어진 정산일자를 입력하고 확인(TAB)을 클릭하면 배부처리가 된다. 배부처리를 하면 [미착품원가정산]과 [수입제비용등록] 메뉴의 배부여부가 '미배부'에서 '배부'로 변경된다.

오른쪽 상단의 '배부조정'을 클릭하면 배부전금액, 배부비율, 배부후금액 등을 확인할 수 있다. 품목별 금액을 기준으로 자동 배부되며 배부비율을 변경하여 입력할 수도 있다.
③ FRAME-NUT 품목의 배부비율은 41.177이다.

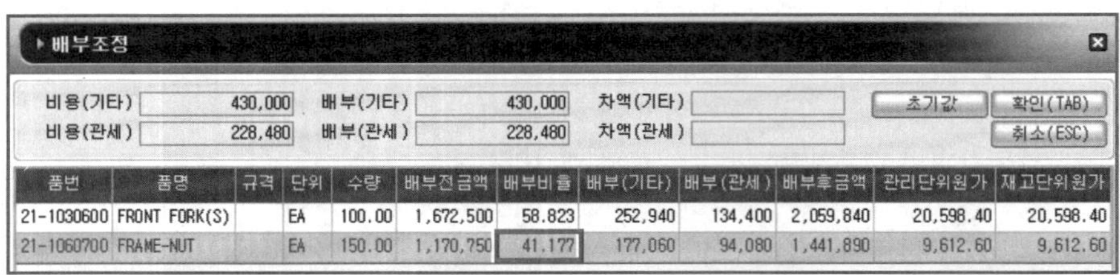

8. 회계처리(매입마감)

ERP 메뉴 찾아가기

무역관리 ▶ 기타(수입) ▶ 회계처리(매입마감)

[미착품원가정산] 메뉴에서의 배부내역을 근거로 회계처리하는 메뉴이다.
① '전표처리'를 하여 생성된 회계전표는 모두 미결 상태이며, 회계 모듈에서 승인권자가 승인을 하면 전표가 '미결'에서 '승인'으로 바뀐다.
② 회계 모듈에서 승인한 회계전표는 오른쪽 상단의 '전표취소'를 이용하여 전표취소를 할 수 없다.
③ '회계전표' 탭에서 '대체차변', '대체대변' 등 회계처리된 내역을 조회할 수 있으며, [시스템관리]−[기초정보관리]−[회계연결계정과목등록] 메뉴에 등록되어야 회계처리를 할 수 있다.

아래 [보기]의 조건으로 데이터를 입력한 후 물음에 답하시오.

> **보기**
> • 사업장: 1000. (주)한국자전거본사
> • 기간: 2026/10/01 ~ 2026/10/31

[보기]의 기간에 수입한 매입마감번호 PC2610000001을 회계처리하였다. 생성된 회계전표의 '미착품 원재료 계정 대체' 금액으로 올바른 것은?

① 3,899,000원 　　　　　　　② 3,192,000원

③ 257,000원 　　　　　　　④ 200,000원

정답 ①

'회계전표' 탭에서 [보기]의 조건으로 조회한다.

① 마감번호 PC2610000001의 회계전표에 등록된 '미착품 원재료 계정 대체' 금액은 3,899,000원이다.

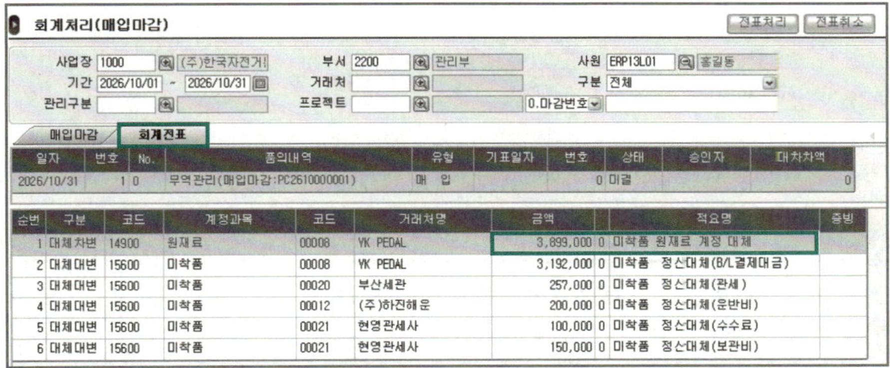

일자	번호	No.	품의내역	유형	기표일자	번호	상태	승인자	대차차액
2026/10/31	1	0	무역관리(매입마감:PC2610000001)	매 입		0	미결		0

순번	구분	코드	계정과목	코드	거래처명	금액		적요명	증빙
1	대체차변	14900	원재료	00008	YK PEDAL	3,899,000	0	미착품 원재료 계정 대체	
2	대체대변	15600	미착품	00008	YK PEDAL	3,192,000	0	미착품 정산대체(B/L결제대금)	
3	대체대변	15600	미착품	00020	부산세관	257,000	0	미착품 정산대체(관세)	
4	대체대변	15600	미착품	00012	(주)하진해운	200,000	0	미착품 정산대체(운반비)	
5	대체대변	15600	미착품	00021	현영관세사	100,000	0	미착품 정산대체(수수료)	
6	대체대변	15600	미착품	00021	현영관세사	150,000	0	미착품 정산대체(보관비)	

5 수입현황

1. L/C개설및해외발주현황

> **ERP 메뉴 찾아가기**
>
> 무역관리 ▶ 수입현황 ▶ L/C개설및해외발주현황

발주기간에 L/C개설이나 해외발주현황을 확인하는 메뉴이다. 발주일별, 납기일별, 거래처별, 품목별, 거래구분별, 관리구분별, 프로젝트별로 조회할 수 있다.

발주일	납기일	입고예정일	거래처	거래구분	발주번호	L/C번호	환종	No.	품번	품명	규격	단위	수량	외화단가	외화금액	관리구분	프로젝트	비고(내역)	담당자	주문번호
2026/10/01	2026/10/31	2026/10/31	DOREX CO.LTD	T/T	PO2610000001		USD	1	21-1030600	FRONT FORK(S)		EA	100.00	15.00	1,500.00				김대연	
2026/10/01	2026/10/31	2026/10/31	DOREX CO.LTD	T/T	PO2610000001		USD	2	21-1060700	FRAME-NUT		EA	150.00	7.00	1,050.00				김대연	
2026/10/02	2026/10/31	2026/10/31	INTECH CO.LTD	T/T	PO2610000002		USD	1	21-1060850	WHEEL FRONT-MTB		EA	100.00	16.00	1,600.00				성민석	
2026/10/02	2026/10/31	2026/10/31	INTECH CO.LTD	T/T	PO2610000002		USD	2	21-1060950	WHEEL REAR-MTB		EA	70.00	15.00	1,050.00				성민석	
2026/10/02	2026/10/31	2026/10/31	INTECH CO.LTD	T/T	PO2610000002		USD	3	21-3065700	GEAR REAR C		EA	100.00	40.00	4,000.00				성민석	
2026/10/03	2026/10/31	2026/10/31	에치에프아이	D/A	PO2610000003		USD	1	21-1060700	FRAME-NUT		EA	100.00	7.00	700.00				성민석	
2026/10/03	2026/10/31	2026/10/31	에치에프아이	D/A	PO2610000003		USD	2	21-1070700	FRAME-티타늄		EA	100.00	13.00	1,300.00				성민석	
2026/10/04	2026/11/05	2026/11/05	YK PEDAL	T/T	PO2610000004		USD	1	21-3001500	PEDAL		BOX	200.00	2.00	400.00				이봉회	
2026/10/04	2026/11/05	2026/11/05	YK PEDAL	T/T	PO2610000004		USD	2	21-3001500	PEDAL(S)		BOX	300.00	8.00	2,400.00				이봉회	

2. 수입선적현황

무역관리 ▶ 수입현황 ▶ 수입선적현황

선적기간에 대한 수입선적현황을 확인하는 메뉴이다.

3. 미착품원가정산현황

무역관리 ▶ 수입현황 ▶ 미착품원가정산현황

정산기간과 선적기간에 대한 미착품원가정산현황을 확인하는 메뉴이다.

실무 연습문제　미착품원가정산현황

(주)한국자전거본사의 2026년 10월에 선적하여 정산한 미착품원가정산내역 중 거래처 YK PEDAL의 품목 PEDAL에 대한 배부 후 금액으로 옳은 것은?

① 100,998원

② 556,998원

③ 666,002원

④ 3,342,002원

정답 ②

'사업장: 1000. (주)한국자전거본사, 정산기간: 2026/10/01 ~ 2026/10/31, 선적기간: 2026/10/01 ~ 2026/10/31'로 조회한다.

② 거래처 YK PEDAL의 품목 PEDAL에 대한 배부 후 금액은 556,998원이다.

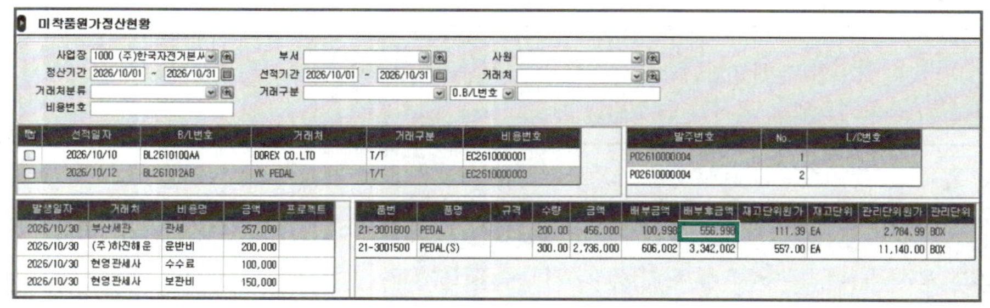

TIP

거래처 DOREX CO.LTD의 건은 [미착품원가정산] 메뉴에서 배부처리를 한 경우에 조회된다. 따라서 [미착품원가정산] 메뉴에서 배부처리 연습을 하지 않았다면 조회되지 않는다.

4. 품목별배부현황

무역관리 ▶ 수입현황 ▶ 품목별배부현황

정산기간과 선적기간에 대한 품목별배부현황을 확인하는 메뉴이다.

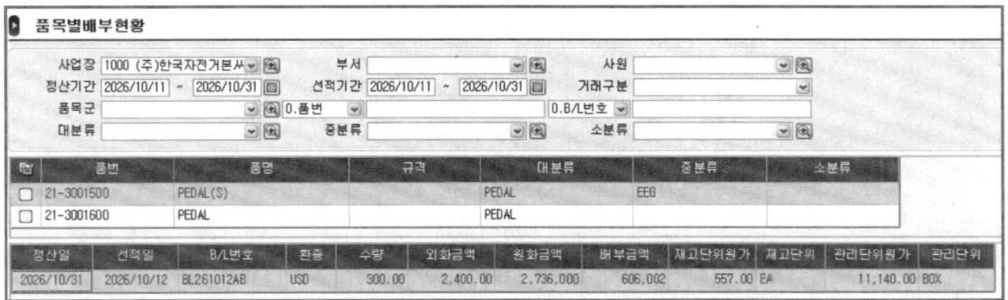

5. B/L결제예정일별조회

무역관리 ▶ 수입현황 ▶ B/L결제예정일별조회

수입 건의 B/L접수 시 등록된 B/L내역을 B/L결제예정일별로 조회하는 메뉴이다.

6. B/L수금예정일별수금반제현황

무역관리 ▶ 수입현황 ▶ B/L수금예정일별수금반제현황

선적일에 수입 건의 B/L금액, 환율, 원화금액 등의 내역을 수금예정일별로 확인하는 메뉴
이다.

7. 선적대비입고현황(수입)

무역관리 ▶ 수입현황 ▶ 선적대비입고현황(수입)

선적기간에 수입선적대비 입고현황을 확인하는 메뉴이다.

8. 선적대비입고집계(수입)

무역관리 ▶ 수입현황 ▶ 선적대비입고집계(수입)

선적기간에 수입선적대비 입고내역을 집계하여 확인하는 메뉴이다.

	선적번호	선적일자	거래처명	거래구분	환종	비고(건)	No.	품번	품명	규격	단위(관리)	선적수량	입고수량	선적잔량	관리구분	프로젝트	비고(내역)
☐	BL261010QAA	2026/10/10	DOREX CO.LTD	T/T	USD		1	21-1030600	FRONT FORK(S)		EA	100.00	100.00	0.00			
☐	BL261010QAA	2026/10/10	DOREX CO.LTD	T/T	USD		2	21-1060700	FRAME-NUT		EA	150.00	150.00	0.00			
☐	BL261012AB	2026/10/12	YK PEDAL	T/T	USD		1	21-3001600	PEDAL		BOX	200.00	200.00	0.00			
☐	BL261012AB	2026/10/12	YK PEDAL	T/T	USD		2	21-3001500	PEDAL(S)		BOX	300.00	300.00	0.00			
☐	BL261020AB	2026/10/20	INTECH CO.LTD	T/T	USD		1	21-1060850	WHEEL FRONT-MTB		EA	100.00	0.00	100.00			
☐	BL261020AB	2026/10/20	INTECH CO.LTD	T/T	USD		2	21-1060950	WHEEL REAR-MTB		EA	70.00	0.00	70.00			
☐	BL261020AB	2026/10/20	INTECH CO.LTD	T/T	USD		3	21-3065700	GEAR REAR C		EA	100.00	0.00	100.00			

9. 미착정산배부현황(수입)

무역관리 ▶ 수입현황 ▶ 미착정산배부현황(수입)

정산기간과 선적기간에 수입 건의 미착정산배부현황을 확인하는 메뉴이다.

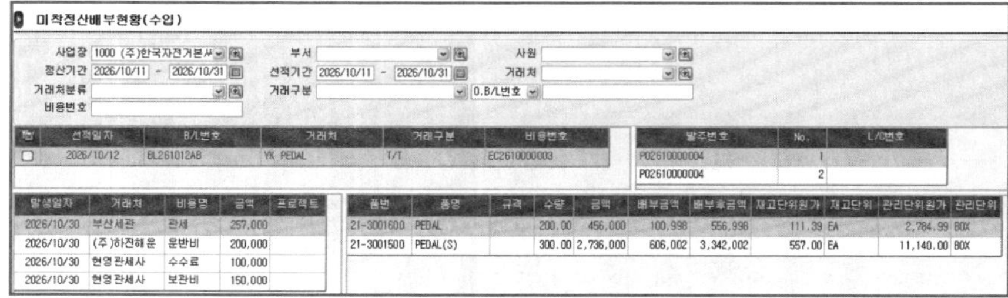

	선적일자	B/L번호	거래처	거래구분	비용번호	발주번호	No.	L/C번호
☐	2026/10/12	BL261012AB	YK PEDAL	T/T	EC2610000003	PO2610000004	1	
						PO2610000004	2	

발생일자	거래처	비용명	금액	프로젝트
2026/10/30	부산세관	관세	257,000	
2026/10/30	(주)하진해운	운반비	200,000	
2026/10/30	현영관세사	수수료	100,000	
2026/10/30	현영관세사	보관비	150,000	

품번	품명	규격	수량	금액	배부금액	배부후금액	재고단위원가	재고단위	관리단위원가	관리단위
21-3001600	PEDAL		200.00	456,000	100,998	556,998	111.39	EA	2,784.99	BOX
21-3001500	PEDAL(S)		300.00	2,736,000	606,002	3,342,002	557.00	EA	11,140.00	BOX

10. 미착정산배부현황(수입_품목별)

무역관리 ▶ 수입현황 ▶ 미착정산배부현황(수입_품목별)

정산기간과 선적기간 동안 수입 건의 미착정산배부현황을 품목별로 확인하는 메뉴이다.

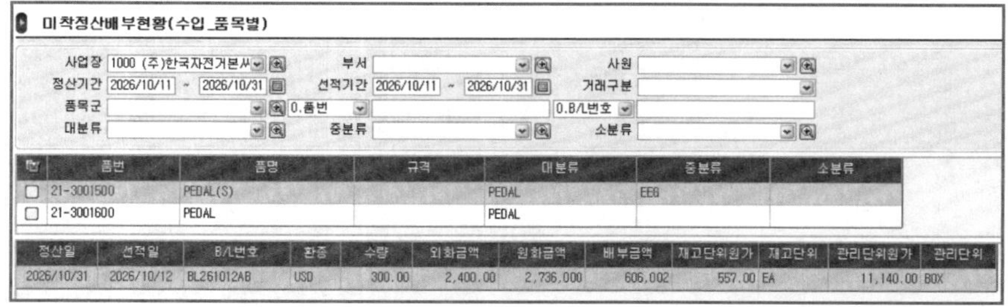

	품번	품명	규격	대분류	중분류	소분류
☐	21-3001500	PEDAL(S)		PEDAL	EE6	
☐	21-3001600	PEDAL		PEDAL		

정산일	선적일	B/L번호	환종	수량	외화금액	원화금액	배부금액	재고단위원가	재고단위	관리단위원가	관리단위
2026/10/31	2026/10/12	BL261012AB	USD	300.00	2,400.00	2,736,000	606,002	557.00	EA	11,140.00	BOX

11. 선급금지급대비정리현황(INCOME)

무역관리 ▶ 수입현황 ▶ 선급금지급대비정리현황(INCOME)

지급기간에 지급한 선급금내역에 대하여 정리현황을 확인하는 메뉴이다.

12. 수입진행현황

무역관리 ▶ 수입현황 ▶ 수입진행현황

발주기간에 수입진행현황을 확인하는 메뉴이다. 발주번호별, 거래처별, 품목별로 조회가
가능하며, 수입 중인 품목의 발주수량, 선적수량, 입고수량을 비교할 수 있다.

최신 기출문제

Enterprise

Resource

Planning

| 프로그램 설치 & 백데이터 복원

☑ [에듀윌 도서몰]−[도서자료실]−[부가학습자료]에서 다운로드

☑ PART 04 최신 기출문제 → 2025 핵심ERP 프로그램 설치

☑ 백데이터 파일은 반드시 압축 해제 후 복원

☑ 오류 발생 시 플래너 뒷면의 FAQ 참고

 2025 프로그램 설치
및 DB 복원 방법
바로보기

기출문제 · 1급 | 2026년 1회

회독 CHECK | ☐ 1회독 ☐ 2회독 ☐ 3회독

이론

01

[보기]에서 스마트 ERP시스템의 장점이 <u>아닌</u> 것은?

> **보기**
>
> (주)생산로직스는 글로벌 물류기업으로, 기존의 물류 시스템을 스마트 ERP로 전환하면서 데이터 기반의 실시간 재고관리 기능을 도입했다. 이 과정에서 AI와 머신러닝을 활용하여 물류센터에서의 재고 변동을 자동으로 예측하고 수요 예측 정확도를 향상시켰다.

① AI 기반의 수요예측기능을 활용하여 적정 재고를 유지할 수 있다.
② 기존의 수동재고관리 방식보다 운영비용이 증가할 가능성이 높다.
③ 실시간 재고 변동 데이터를 분석하여 물류 프로세스를 최적화할 수 있다.
④ 머신러닝을 통해 과거 데이터를 분석하여 물류 흐름을 자동으로 개선할 수 있다.

02

[보기]에서 나타나는 빅데이터의 5V 특성에 해당하지 <u>않는</u> 것은?

> **보기**
>
> (주)생산은 글로벌 물류기업으로, 최신 빅데이터(Big Data) 기술을 활용하여 물류 프로세스를 최적화하고 있다. 특히, 실시간 배송 추적, 고객 수요예측, 재고관리 최적화 등을 위해 데이터를 분석하고 있으며, 이를 통해 정확하고 빠른 의사결정을 내리고 있다.

① 규모(Volume): 대량의 배송 데이터와 고객 데이터를 처리하고 있다.
② 정확성(Veracity): 신뢰할 수 있는 데이터를 바탕으로 물류계획을 수립하고 있다.
③ 속도(Velocity): 실시간 데이터 분석을 통해 즉각적인 배송 상태를 파악할 수 있다.
④ 보안(Vaccine): 빅데이터 분석 과정에서 기업 내부 데이터 보호를 위한 보안이 필수적이다.

03

인공지능(AI) 규범 원칙에 대한 설명으로 옳은 것은?

① 인공지능은 기업의 이익을 우선적으로 고려하여 개발되어야 한다.
② 인공지능은 인간을 해치거나 속이는 능력을 갖출 수 있도록 개발될 수도 있다.
③ 인공지능은 인류의 공동 이익을 위해 개발되어야 하며, 투명성과 공정성을 지켜야 한다.
④ 인공지능은 모든 데이터 수집과 활용 과정에서 개인정보 보호 원칙을 무조건 배제할 수 있다.

04

(주)생산은 ERP 시스템을 자체 개발하려 했으나, 내부 인력의 기술력 부족과 예산 문제로 어려움을 겪고 있었다. 이에 따라 (주)생산은 ERP 솔루션 업체에 ERP 시스템의 구축 및 운영을 외부 위탁(아웃소싱) 하기로 결정했다. 아웃소싱 의사결정 이후의 변화로 적절하지 <u>않은</u> 것은?

① ERP 구축 관련 전문지식과 노하우를 외부에서 확보하였다.
② ERP 아웃소싱을 통해 외부 업체에 대한 의존성이 감소하였다.
③ ERP 유지보수와 운영이 외부 업체에 의해 안정적으로 진행되었다.
④ 부족한 내부 개발 인력의 보완과 IT 인프라 유지 비용 절감 효과를 달성했다.

05

원가, 품질, 서비스, 속도 등 주요 성과지표의 획기적인 개선을 위해 업무 프로세스를 근본적으로 재설계하는 기법은 무엇인가?

① TQM(Total Quality Management)
② BPR(Business Process Reengineering)
③ MRP(Material Requirements Planning)
④ CRM(Customer Relationship Management)

06

판매계획은 수립기간에 따라 단기계획, 중기계획, 장기계획으로 구분된다. 장기계획에 해당하는 설명을 고르시오.

① 연간 목표매출액을 설정하고, 이를 달성하기 위한 제품별 가격·구체적인 판매할당 등을 결정한다.
② 제품별 수요예측과 판매예측을 통해 제품별 매출액을 예측하고, 이를 생산·재고·판매계획에 반영한다.
③ 기업의 시장 상황 변화를 예측하여 신제품 개발, 시장 개척, 판매경로 강화 등 기업의 방향성을 설정한다.
④ 월별 또는 분기별 판매촉진 계획을 수립하여 계절별 판매변동에 대응한다.

07

거래처(고객)별 여신한도 설정 방법 중 하나인 과거 총이익액의 실적 이용법에 대한 설명으로 가장 적절한 것은 무엇인가?

① 여신한도액 = 과거 3년간의 회수누계액 + 평균 총이익률
② 여신한도액 = 과거 3년간의 회수누계액 ÷ 평균 총이익률
③ 여신한도액 = 거래처의 총매출액 × 자사 수주점유율 × 여신기간
④ 여신한도액 = 과거 3년간의 (총매출액 − 외상매출채권 잔액) × 평균 총이익률

08

[보기]에서 상품 및 서비스별 판매할당 방식에 해당하는 설명을 모두 고른 것은?

> **보기**
>
> ㄱ. 상품 또는 서비스의 시장점유율, 공헌이익률, 단가 구조 등을 기준으로 목표매출액을 분배한다.
> ㄴ. 영업거점(판매점, 영업소 등)별로 매출목표를 배분하며, 지역별 편차도 고려한다.
> ㄷ. 과거 상품별 매출실적과 성장성 등을 고려하여 향후 상품별 판매목표를 할당한다.
> ㄹ. 각 영업사원의 거래처 수, 개인 실적 및 담당 품목 수를 기준으로 매출목표를 부여한다.

① ㄱ, ㄴ
② ㄱ, ㄷ
③ ㄱ, ㄷ, ㄹ
④ ㄱ, ㄴ, ㄷ, ㄹ

09

[보기]는 (주)생산의 B2B 정기배송 판매계획 수립 내용이다. 거래처 및 고객별 판매계획 절차 순서로 가장 적절한 것을 고르시오.

> **보기**
>
> ㄱ. 기간·지역·고객군 기준으로 매출/계약건수/물동량 등 정량 목표를 확정한다.
> ㄴ. 영업활동과 제안/협상/계약 및 운영 연계를 실행한다(판매계획 실행).
> ㄷ. 분석 결과를 바탕으로 가격·타깃·서비스·운영을 보완해 다음 계획에 반영한다(피드백 및 개선).
> ㄹ. 목표 달성 가능성이 높은 우선 타깃 거래처를 선정하고 등급화 한다.
> ㅁ. 시장 규모와 경쟁사 서비스·가격, 고객 니즈(리드 타임/품질/클레임 등)를 조사·분석한다.
> ㅂ. 타깃별 제안상품(서비스 구성), 가격·프로모션, 운영조건을 설계한다.
> ㅅ. KPI 기준으로 목표 대비 실적과 원인을 분석해 성과를 평가한다.

① ㄱ − ㅁ − ㅂ − ㄹ − ㄴ − ㄷ − ㅅ
② ㄱ − ㅁ − ㄹ − ㅂ − ㄴ − ㅅ − ㄷ
③ ㅁ − ㄱ − ㄹ − ㅂ − ㄴ − ㄷ − ㅅ
④ ㅁ − ㄹ − ㄱ − ㅂ − ㄴ − ㅅ − ㄷ

10

[보기]에서 가격 결정에 영향을 미치는 요인 중 성격이 <u>다른</u> 하나를 고르시오.

> **보기**
>
> (주)생산은 온라인 쇼핑몰 대상 당일배송 서비스 요금(가격)을 재설계하고 있다. 물류기획팀은 요금(가격) 결정을 위해 여러 요인을 검토하였다.
> • 물류센터 운영비와 라스트마일 배송비 증가로 A. 물류비용이 상승했고, 회사는 올해 B. 이윤극대화 목표를 설정했다.
> • 소비자 수요가 요금 변화에 대한 C. 가격탄력성을 분석했고, 경쟁사의 유사 서비스(당일배송) 요금인 D. 대체품가격도 조사했다.

① A
② B
③ C
④ D

11

2026년 1월 6일 거래처 A로부터 노트북 100대를 주문 받았다. 예정납기일(출고일)을 거래처 A에 통보하려고 할 때, 가장 빠른 날짜는 언제인가? (다른 주문 및 기타 입출고 정보는 존재하지 않으며, [보기]에 주어진 자료만을 활용하여 계산하시오. 정답은 예와 같이 숫자만 입력하시오. 예 1월 24일일 경우 (1, 24)만 입력하시오.)

> **보기**
> - 1월 6일: 현재고 60
> - 1월 7일: 가용재고 40
> - 1월 8일: 생산완료 예정량 40
> - 1월 9일: 생산완료 예정량 30
> - 1월 10일: 생산계획 예정량 30

(답:　　　　월　　　　일)

12

[보기]는 수익성지표 관련 내용이다. (　A　)에 공통으로 들어갈 용어를 한글로 기입하시오.

> **보기**
> - 목표매출액 = 목표한계이익 ÷ 목표한계이익률
> - (　A　) = 매출액 − 변동비 = 이익 + 고정비
> - 한계이익률 = ((　A　) ÷ 매출액) × 100%

(답:　　　　　　　　　　)

13

기존 매출채권에 대한 회수현황이다. 매출채권의 회수기간을 60일로 단축시키기 위해 B 어음의 어음기간을 90일로 조정하였다. 이때 A 어음의 어음기간은 얼마로 조정하여야 하는가? (정답은 단위(일)를 제외한 숫자만 기입하시오.)

회수 유형	금액	기존 어음기간	조정 어음기간
현금	1억원	—	—
A 어음	2억원	60일	? 일
B 어음	3억원	120일	90일

(답:　　　　　　　　일)

14

SCM의 3가지 주요 흐름(Flow)에 해당하지 <u>않는</u> 것은?

① 정보 흐름
② 재정 흐름
③ 원재료 흐름
④ 제품/서비스 흐름

15

[보기]는 무엇에 대한 설명인가?

> **보기**
> (주)생산은 최근 설비 고장과 정비 지연으로 라인이 자주 멈추는 문제가 발생했다. 원인을 분석해 보니 제품에 직접 들어가는 원·부재료는 충분했지만, 아래 품목들의 재고가 부족하거나 발주가 늦어 설비 유지·보수 및 운전에 차질이 생긴 것으로 확인됐다.
> - 생산에 직접 소요되는 원·부재료는 아니지만 윤활유, 베어링, 벨트, 공구, 안전장갑, 청소용품 등 간접 소요자재
> - 생산에 직접 사용되지는 않으나 시설물의 유지·보수·운전에 필요한 자재
> - 제품의 구성 재료는 아니지만 취득·보관·수불(입출고) 처리는 일반 재료와 동일하게 관리되는 자재

① JIT
② BOM
③ MRO
④ PHM

16

[보기]는 국내 유통기업인 (주)생산의 S1~S4의 4가지 주력 상품에 대한 설명이다. (주)생산은 상품의 특성에 맞도록 공급자 관리재고(VMI), 공동 재고관리(CMI), 지속적 보충 프로그램(CRP), 크로스 도킹(CD) 등의 물류관리 시스템을 선택하려고 한다. 다음 중 상품의 특성에 맞는 물류관리 시스템 연결로 가장 적절한 것을 고르시오.

상품	유통기한	특성
S1(신선채소)	3일	유통기한이 짧고 신선도가 핵심
S2(가공음료)	6개월	판촉행사 영향이 크므로 판촉일정에 따라 선제적으로 출고량 조정 필요
S3(즉석커피)	12개월	판매량이 지속적이며, 안정적인 공급이 필요
S4(생활용품)	24개월	대체재가 많아 제조원가와 지역 특성을 동시에 고려하여 재고관리 필요

① S1 - CD, S2 - CRP, S3 - VMI, S4 - CMI
② S1 - CD, S2 - CRP, S3 - CMI, S4 - VMI
③ S1 - CD, S2 - VMI, S3 - CRP, S4 - CMI
④ S1 - CD, S2 - CMI, S3 - CRP, S4 - VMI

17

(주)생산은 연말 기준으로 감사인의 지적에 따라 재고자산 평가 방식을 재검토하게 되었다. 감사인은 (주)생산이 계속기록법을 채택하면서도 감모손실에 대한 실물조사를 실시하지 않아 기말재고가 장부상으로 과대계상되었다고 판단하였다. 이에 따른 평가결과로 가장 적절하지 <u>않은</u> 것은?

① 기말재고가 과대계상되면, 판매가능재고액이 증가하여 매출원가가 감소하고 이익이 과대계상된다.
② 계속기록법은 실물 흐름보다는 평균단가 기준의 원가 흐름에만 의존하기 때문에 정확한 자산평가에는 부적합한 방법이다.
③ 계속기록법은 입·출고내역을 모두 기록하는 방법으로 재고수량의 정확성이 전제되지 않으면 과대계상 오류가 발생할 수 있다.
④ 실지재고조사법은 재고 실사를 통해 감모손실 등의 누락 수량을 반영하므로, 매출원가가 상대적으로 과대계상되는 경향이 있다.

18

[보기]에서 설명하는 선박 운송 방식에 대한 설명으로 적절하지 <u>않은</u> 것은?

> ― 보기 ―
>
> (주)생산은 제품을 수출하기 위해 운송수단을 검토하고 있다.
> - 화물 1: 철강 코일 3,000톤(대량·중량, 납기 여유 있음)
> - 화물 2: 정밀 반도체 장비 2톤(단가 매우 높고 충격·습기에 민감, 납기 촉박)
>
> 운송 담당자는 선박 운송을 기본 대안으로 두고, 선박 운송의 장단점을 정리하여 경영진에 보고하려 한다.

① 고가·고부가가치 제품 운송에 적합하며 포장비 절감에 유리하다.
② 국제 간 대량 화물 운송에서 운송 단가가 낮아 원거리 공급망에 효과적이다.
③ 항로와 기상에 영향을 받기 쉬워 일정의 유연성과 운송속도에서 제한이 있다.
④ 적재 용량이 크고 다양한 화물 형태(액체, 벌크, 컨테이너 등)에 대응이 가능하다.

19

[보기]에서 설명하는 운송 방식을 한글로 입력하시오.

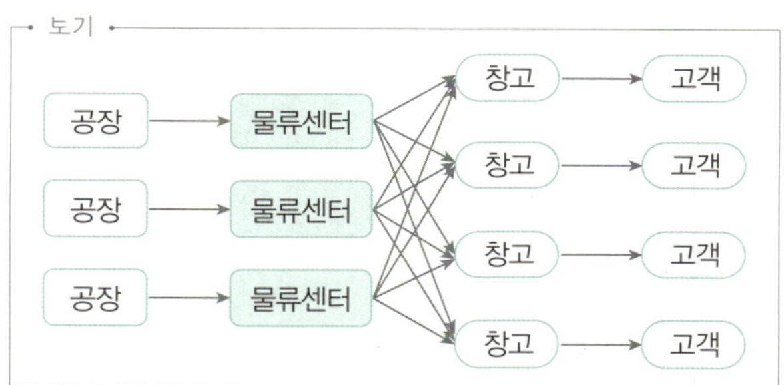

(답: 방식)

20

[보기]는 무엇에 대한 설명인가?

> ― 보기 ―
>
> - 생산 또는 자재조달의 불확실성에 대처하기 위하여 보유하고 있는 재고이다.
> - 재고부족으로 인한 손실이 해당 재고의 유지비보다 클 경우와 해당 재고의 유지비가 소액인 경우에 바람직하며, 그 수준은 수요와 조달기간의 변동에 의한다.
> - 예를 들어 병원은 수술용 장갑이 갑자기 품절되면 대체가 어렵기 때문에, 항상 넉넉한 기간 동안 사용이 가능한 추가분을 확보하는데, 여기서 추가로 확보한 수술용 장갑에 해당한다.

(답: 재고)

21

구매가격 결정 방식을 비용중심적 가격 결정 방법과 경쟁자 중심적 가격 결정으로 구분하였을 때, 성격이 <u>다른</u> 하나를 고르시오.

① 입찰경쟁 방식
② 가산이익률 방식
③ 코스트플러스 방식
④ 손익분기점 분석 방식

22

원가계산 정보를 활용한 구매관리의 전략적 목적에 대한 설명으로 가장 적절한 것은?

① 저렴한 가격으로 품목을 구매하여 단기적인 비용을 절감한다.
② 공급업체와의 관계를 강화하고, 상호 협력을 통해 구매원가를 최소화하는 방법을 모색한다.
③ 구매원가 동향을 예측하고, 공급망의 가치를 최적화하여 기업의 경쟁력을 강화하는 의사결정을 지원한다.
④ 구매원가를 분석하여 재고관리 시스템 중심의 물류중심체계를 구축하고, 전반적인 업무 프로세스를 변경한다.

23

구매정책에 대한 설명으로 옳지 <u>않은</u> 것은?

① 장기적인 발주 주기는 생산·판매 계획의 변동분을 적시에 반영하기 어렵다.
② 상위 시스템인 주생산계획(MPS), 자재소요계획(MRP)을 바탕으로 발주 주기를 결정하여야 한다.
③ 세밀한 발주 주기는 발주서의 수시 변동으로 판매, 생산계획 변동에 따라 원활한 수급활동과 관리가 어렵다.
④ 자재소요계획 주기에 맞추어 주 주기를 설정하고 주 주기의 1/10을 보조 주기로 설정하여 판매·생산계획분을 반영하는 것이 좋다.

24

투기구매 방식에 해당하는 설명으로 가장 적절한 것은?

① 계절성 품목의 수요 변동에 대비하여, 단기 생산계획과 수요예측을 기반으로 재고를 확보하였다.
② 신규 설비에 필요한 자재를 설계 변경 가능성에 대비해, 청구 시점에 맞춰 소량으로 수시 구매하였다.
③ 장기 납품 계약 품목의 고정단가 조달 조건과 무관하게, 계약 물량 외 원재료를 미리 일부 추가 매입하였다.
④ 설비 교체를 앞두고, 특정 부품의 수급 중단 우려와 가격 상승이 예상되어, 향후 사용량을 초과하여 시장가격이 오르기 전 미리 대량 구매하였다.

25

8월 15일 거래 계약 체결 후 현금할인 방식 중 구매당월락 현금할인 방식으로 결제조건을 "20/10 EOM"으로 약정하였다. 현금할인을 받기 위해서는 9월 (   )일까지 대금을 지급해야 하는가?(정답은 숫자만 입력하시오.)

(답: 9월   일)

26

[보기]는 특인기간 현금할인(Extra Dating)에 대한 내용이다. (A)에 해당하는 숫자를 입력하시오.

> ┌ 보기
> • 결제조건: 5/(A) – 20Days Extra
> • 설명: 거래일로부터 10일 이내의 현금 지불에 대하여 5% 할인을 인정하며, 추가로 20일간 할인기간을 연장한다(거래일로부터 총 30일간 현금할인이 적용됨).

(답:)

27

[보기]는 무엇에 대한 설명인가?

> ─ 보기 ─
>
> 상업서류, 견본품, 자가사용물품, 그 밖에 이와 유사한 물품으로서 국제무역선·국제무역기 또는 국경출입차량을 이용한 물품의 송달을 업으로 하는 자(물품을 휴대하여 반출입하는 것을 업으로 하는 자는 제외한다)에게 위탁하여 우리나라에 반입하거나 외국으로 반출하는 물품

① 탁송품
② 재공품
③ 선박용품
④ 내국물품

28

송금을 통한 결제 방식 중에서 동일한 거래절차를 가정할 때, 수출대금의 전부가 수출자에게 가장 빨리 지급되는 결제 방식으로 가장 적절한 것은?

① 서류상환 방식(CAD)
② 연불(Deferred Payment)
③ 누진불(Progressive Payment)
④ 단순송금 방식(Payment in Advance)

29

"INCOTERMS 2020"의 'Group F'에 대한 설명으로 가장 적절하지 <u>않은</u> 것은?

① FCA, FAS, FOB와 같은 조건들이 Group F에 속하며, 이 조건들은 공통적으로 주 운송비를 매수인이 부담해야 한다는 원칙을 따른다.
② Group F 조건에서는 매도인이 물품을 지정된 운송인에게 인도하는 순간 모든 위험과 비용의 부담이 매수인에게 이전되는 특징을 가지고 있다.
③ 매도인은 물품을 운송인에게 인도하는 순간 위험이 이전되지만 목적지까지의 주요 운송비는 부담해야 하며, 보험 가입 의무는 매수인에게 있다.
④ 매도인은 수출국 내에서 지정된 장소까지 물품을 운송인에게 전달하는 비용만을 책임지며, 그 이후 발생하는 모든 비용과 위험은 매수인의 몫이 된다.

30

선적서류(Shipping Documents)에 대한 설명으로 적절하지 <u>않은</u> 것은?

① CIF 계약에서는 수입자가 보험 계약자인 동시에 피보험자가 된다.
② 선하증권(B/L)은 화주와 운송회사 간에 체결한 해상 운송 계약을 근거로 선박회사가 발행하는 유가증권이다.
③ 보험증권은 유동성 증권이어야 하며, 보험 조건의 확인을 위하여 보험증권에 보험약관이 반드시 첨부되어야 한다.
④ 상업송장은 거래계산서 및 대금청구서의 역할을 하므로 환어음의 발행금액과 상업송장의 총액이 일치하여야 한다.

31

수출업자(발행인)가 수입업자(지급인)에게 화물을 선적한 후, 대금 지급을 선적일로부터 60일 후에 받기로 합의하였다. 이처럼 일정 기간이 지난 후에 지급이 이루어지는 환어음을 한글로 입력하시오.

(답: 환어음)

32

[보기]에서 설명하는 법률을 한글로 입력하시오.

> ─ 보기 ─
>
> • 외국에서 물건을 들여오거나(수입) 내보낼 때(수출) 내야 하는 세금의 부과·징수 방법과 물품이 국경을 넘나들 때의 통관 절차를 규정해 놓은 대한민국 법률이다.
> • 수출입과 관련된 세금의 부과·징수 및 수출입 물품의 통관을 적정하게 하여, 관련 수익을 적절하게 확보함으로써 국민경제의 발전에 이바지함을 목적으로 하는 법이다.

(답: 법)

프로그램 버전	iCUBE 핵심ERP ver.2025
사원명	• 회사: 3001. 물류1급, 회사A • 사원명: ERP13L01. 홍길동
DB 파일명	[백데이터] 2026 에듀윌 ERP 물류 1·2급 > PART 04 최신 기출문제_2026년 1회

01

(주)한국자전거는 환산계수를 이용하여 재고단위와 관리단위를 관리하고 있다. 다음 품목 중 환산계수가 1이 <u>아닌</u> 품목을 고르시오.

① 21-1060850. WHEEL FRONT-MTB
② 21-1060950. WHEEL REAR-MTB
③ 21-1070700. FRAME-티타늄
④ 21-1080800. FRAME-알미늄

02

(주)한국자전거는 거래처별 물류실적담당자를 등록하여 거래처를 관리하고 있다. 다음 거래처 중 물류담당자 '성민석'이 '영업담당자'로 지정되면서 지역이 '인천'인 곳을 고르시오.

① (주)대흥정공
② (주)하나상사
③ (주)빅파워
④ (주)제동기어

03

다음 [보기]는 회사의 영업과 구매의 통제등록에 대한 설명이다.

> **보기**
>
> 가. 판매단가와 구매단가는 다르게 설정되어 있다.
> 나. 2025년 12월 31일 이전의 주문내역을 수주등록 메뉴에서 입력할 수 없다.
> 다. 2025년 12월 31일 이전의 입고내역을 입고처리 메뉴에서 입력할 수 없다.
> 라. 재고평가방법은 총평균법이다.

[보기]의 내용 중 올바른 설명의 수를 고르시오.

① 0
② 1
③ 2
④ 3

04

(주)한국자전거본사는 2026년 1월 판매계획을 세운 후 수정작업을 진행했다. 다음 중 최초 계획했던 수량을 낮게 조정하였지만, 계획단가가 높아진 품목을 고르시오.

① NAX-A400. 싸이클
② NAX-A420. 산악자전거
③ NAX-A500. 30단기어자전거
④ ATECX-2000. 유아용자전거

05

다음 [보기]는 (주)한국자전거본사에서 2026년 1월 2일 등록된 국내 견적내역에 대한 설명이다.

> **보기**
>
> 가. 부가세 포함 정보로 등록된 견적이다.
> 나. 관리구분 '상설매출'로 등록된 견적이다.
> 다. 프로젝트 '일반용자전거'로 등록된 견적이다.
> 라. 결제조건 '외상결제'로 등록된 견적이다.

[보기]의 내용 중 올바른 설명의 수를 고르시오.

① 0
② 1
③ 2
④ 3

06

아래 [조회조건]의 조건으로 데이터를 조회한 후 물음에 답하시오.

> **조회조건**
>
> • 사업장: 1000. (주)한국자전거본사
> • 주문기간: 2026/01/03 ~ 2026/01/03

다음 국내 수주내역에 대한 설명 중 옳은 것을 고르시오.

① 수주 건의 실적담당자는 '성민석'이다.
② 품목의 검사여부와 실제 주문내역에 등록된 검사여부는 같다.
③ 등록된 품목은 견적내역을 적용받아 등록되었다.
④ 수주내역의 납기일은 출하예정일과 동일한 일자로 등록되었다.

07

아래 [조회조건]으로 데이터를 조회한 후 물음에 답하시오.

다음 국내 출고내역 중 관리구분이 '일반매출'이면서 프로젝트가 '특별할인판매'인 품목을 포함한 고객을 고르시오.

① (주)대흥정공
② (주)하나상사
③ (주)빅파워
④ (주)제동기어

08

다음 [보기]는 2026년 1월 8일 (주)한국자전거본사에서 등록된 국내 출고내역에 대한 설명이다.

올바른 설명의 수를 고르시오.

① 0
② 1
③ 2
④ 3

09

아래 [조회조건]의 조건으로 데이터를 조회한 후 물음에 답하시오.

다음 매출마감 국내 거래내역에 대한 설명 중 옳은 것을 고르시오.

① 출고내역 중 일부만 적용받아 등록되었다.
② 세금계산서처리가 진행된 건이다.
③ 회계전표 생성이 진행되지 않았다.
④ 마감수량과 재고단위수량은 서로 다르게 등록되었다.

10

다음 [보기]는 (주)한국자전거본사에서 2026년 1월에 등록된 국내 수금에 대한 설명이다.

올바른 설명의 수를 고르시오.

① 0
② 1
③ 2
④ 3

11

(주)한국자전거본사에서는 2026년 1월 동안 국내(출고기준)로 하여 미수채권에 잔액을 관리하고자 한다. 위 조건을 만족하는 데이터를 조회할 시 매수채권의 잔액이 가장 적은 고객을 고르시오 (미수기준은 '잔액기준'으로 한다.).

① (주)대흥정공
② (주)하나상사
③ (주)빅파워
④ (주)제동기어

12

아래 [조회조건]으로 데이터를 조회한 후 물음에 답하시오.

다음 입력된 주계획작성내역 중 품목군이 '일반 800만'인 품목을 고르시오.

① 81-1001000. BODY-알미늄(GRAY-WHITE)
② 83-2000100. 전장품 ASS'Y
③ 87-1002001. BREAK SYSTEM
④ 88-1001000. PRESS FRAME-W

13

(주)한국자전거본사는 SIMULATION으로 계획일이 2026년 2월 1일 등록된 주계획내역을 소요량전개하였다. 다음 중 품목군 R100. FRAME인 품목 중 예정발주일이 가장 빠른 날짜인 품목을 고르시오.

① 21-1060700. FRAME-NUT
② 21-1070700. FRAME-티타늄
③ 21-1080800. FRAME-알미늄
④ 88-1001000. PRESS FRAME-W

14

다음 [보기]는 (주)한국자전거본사에서 2026년 1월 5일 등록된 청구내역에 대한 설명이다.

> ― 보기 ―
>
> 가. 청구구분은 품목의 조달구분과 동일하게 설정되었다.
> 나. 품목의 주거래처와 다른 주거래처로 등록이 되었다.
> 다. 재고단위수량과 청구단위수량은 다르게 등록되었다.
> 라. 청구내역 이후 발주등록 메뉴로 적용받을 수 없다.

올바른 설명의 수를 고르시오.

① 0   ② 1
③ 2   ④ 3

15

아래 [조회조건]으로 데이터를 조회한 후 물음에 답하시오.

> ― 조회조건 ―
>
> • 사업장: 1000. (주)한국자전거본사
> • 발주기간: 2026/01/07 ~ 2026/01/07

다음 국내 발주내역 중 청구내역을 적용받아 등록된 발주거래처를 고르시오.

① (주)세림와이어   ② (주)형광램프
③ (주)제일물산   ④ YK PEDAL

16

다음 [보기]는 (주)한국자전거본사에서 2026년 1월 10일에 입고된 내역에 대한 설명이다.

> ― 보기 ―
>
> 가. 입고된 내역은 발주입고내역이다.
> 나. '제품창고'로 입고된 내역이다.
> 다. 프로젝트 '특별할인판매'로 등록된 내역이다.
> 라. 검사 과정을 마치고 입고된 내역이다.

올바른 설명의 수를 고르시오.

① 0   ② 1
③ 2   ④ 3

17

아래 [조회조건]으로 데이터를 조회한 후 물음에 답하시오.

> ― 조회조건 ―
>
> • 사업장: 1000. (주)한국자전거본사
> • 마감기간: 2026/01/11 ~ 2026/01/11

다음 국내 매입마감 건에 대한 설명으로 **틀린** 것을 고르시오.

① 입고내역의 수량과 동일한 수량으로 마감되었다.
② 전표처리 상태가 미처리인 상태이다.
③ 입고번호 RV2601000002에 대한 마감내용이다.
④ 적용된 입고내역의 입고일자와 마감일자는 다르다.

18

아래 [조회조건]으로 데이터를 조회한 후 물음에 답하시오.

> ― 조회조건 ―
>
> • 사업장: 1000. (주)한국자전거본사
> • 내역: 2026년 1월 10일에 수출창고-수출장소에 있는 ATECK
>   -3000. 일반자전거 2EA를 실손처리한다.

다음 중 내역의 정보를 재고조정수불을 활용하여 올바르게 반영한 조정번호를 고르시오.

① IA2601000001   ② IA2601000002
③ IA2601000003   ④ IA2601000004

19

아래 [조회조건]으로 데이터를 조회한 후 물음에 답하시오.

> ― 조회조건 ―
>
> • 사업장: 1000. (주)한국자전거본사
> • 이동기간: 2026/01/11 ~ 2026/01/11

(주)한국자전거본사는 불량품 발생 시, 적합여부가 '부적합'으로 설정된 장소로 재고를 이동하여 관리한다. 다음 중 불량품 발생으로 등록된 올바른 이동번호를 고르시오.

① MV2601000001   ② MV2601000002
③ MV2601000003   ④ MV2601000004

20

아래 [조회조건]으로 데이터를 조회한 후 물음에 답하시오.

조회조건
- 사업장: 1000. (주)한국자전거본사
- 거래구분: T/T
- 주문기간: 2026/01/15 ~ 2026/01/15

다음 해외 수주내역에 대한 설명으로 옳지 <u>않은</u> 것을 고르시오.

① 환종은 USD이다.
② 납기일은 2026년 1월 20일이다.
③ 검수 과정을 거치고 출하될 예정이다.
④ 최종 도착지는 Los Angeles, USA이다.

21

아래 [조회조건]으로 데이터를 조회한 후 물음에 답하시오.

조회조건
- 사업장: 1000. (주)한국자전거본사
- 견적기간 : 2026/01/15 ~ 2026/01/15

다음 견적등록(수출) 메뉴에 등록된 수출견적내역을 적용받은 수주내역의 거래구분을 고르시오.

① MASTER L/C
② T/T
③ D/A
④ D/P

22

(주)한국자전거본사에서 Date of Invoice가 2026년 1월 20일인 외상업송장(COMMERCIAL INVOICE)에 대한 설명 중 잘못 설명한 것을 고르시오.

① 환종은 USD로 거래된 송장내역이다.
② 선적항은 Busan, South Korea이다.
③ 최종 목적지는 LosAngeles, USA이다.
④ 송장에 작성된 품목의 총 수량은 50EA이다.

23

아래 [조회조건]으로 데이터를 조회한 후 물음에 답하시오.

조회조건
- 사업장: 1000. (주)한국자전거본사
- 거래구분: MASTER L/C
- 발주기간: 2026/01/10 ~ 2026/01/10

다음 수입 L/C개설내역에 대한 설명 중 옳지 <u>않은</u> 것을 고르시오.

① L/C번호는 LCMI2601000001이다.
② 운송방법은 해상 운임 방식으로 작성되었다.
③ 도착항은 Busan Port, South Korea이다.
④ 프로젝트는 '특별할인판매'로 등록되었다.

24

다음 [보기]는 (주)한국자전거본사에서 2026년 1월 12일 수입제비용을 등록한 내역에 대한 설명이다.

보기
- 가. 적용된 B/L번호는 DJ202601-071이다.
- 나. 미착품 원가 정산처리가 완료된 제비용내역이다.
- 다. 관세 비용은 현금으로 지급되었다.
- 라. 수수료 비용은 전표처리가 되었다.

올바른 설명의 수를 고르시오.

① 0
② 1
③ 2
④ 3

25

아래 [조회조건]으로 데이터를 조회한 후 물음에 답하시오.

조회조건
- 사업장: 1000. (주)한국자전거본사
- 입고기간: 2026/01/20 ~ 2026/01/20
- 입고창고: H100. 수출창고
- 거래구분: 구매승인서

다음 수입 입고내역에 대한 설명 중 옳은 것을 고르시오.

① 실적담당자는 이봉회이다.
② 프로젝트 '해외프로모션'으로 등록된 입고내역이다.
③ L/C개설내역을 적용받아 입력된 내역이다.
④ 환종은 JPY로 입력된 입고내역이다.

기출문제   1급 | 2025년 6회

이론

01

[보기]는 무엇에 대한 설명인가?

> **보기**
>
> (주)생산은 물류 경쟁력 강화를 위해 ERP 물류 모듈을 클라우드로 전환하고, AI 수요예측으로 재고보충·피킹계획을 자동화했다. 또한 창고·차량에 IoT 센서를 부착해 온도/진동을 실시간 모니터링하고, 배송경로 최적화·이상 감지를 적용했다. 사내 협업은 디지털 협업 플랫폼으로 전환되었고, 고객은 챗봇을 통해 배송조회·클레임을 처리한다. 이처럼 물류 전반의 운영 방식을 디지털 기술로 근본적으로 혁신하고 있다.

① 모든 업무를 비대면으로만 전환하는 과정
② ERP만 도입해 IT 부서 중심의 시스템을 개선하는 과정
③ 바코드 단말기 같은 개별 디지털 기기 보급에 초점을 둔 과정
④ 디지털 기술을 활용하여 전통적인 운영 구조를 혁신하는 과정

02

[보기]를 참고하면, 상용 패키지에 의한 ERP 시스템 구축 시, 성공과 실패를 좌우하는 요인으로 가장 적절하지 <u>않은</u> 것은?

> **보기**
>
> (주)생산은 상용 패키지 기반의 ERP 물류 모듈을 도입한다. 프로젝트는 표준 프로세스 수용과 최소 커스터마이징 원칙으로 진행되며, 공급사 컨설턴트와 현업 직원이 하나의 구축팀을 구성하여 추진한다. 주차별 사용자 교육, 마스터 데이터 정비 등을 수행할 예정이다.

① 시스템 공급자와 기업 양쪽에서 참여하는 인력의 자질
② 제품이 보유한 기능을 기업의 업무환경에 얼마나 잘 적용하는지
③ 기업 환경을 최대한 고려하여 개발할 수 있는 자체 개발 인력 보유 여부
④ 사용자 입장에서 ERP 시스템을 충분히 이해·활용하도록 하는 교육 훈련

03

(주)생산은 ERP 시스템을 클라우드 기반으로 전환하면서, AI와 빅데이터 기술을 활용하여 고객 수요예측과 생산계획을 최적화하고 있다. 이와 같은 클라우드 ERP 도입의 주요 장점으로 적절한 것은?

① 데이터 실시간 접근성이 감소하여 정보 활용이 제한된다.
② 기업 내 IT 인프라 유지 비용이 증가하여 운영 부담이 커진다.
③ 초기 구축비용이 절감되며, 확장성이 강화되어 유연한 운영이 가능하다.
④ 클라우드 ERP 도입 후 시스템의 유연성이 저하되어 업무 효율성이 낮아진다.

04

4차 산업혁명의 핵심기술인 빅데이터에 대한 설명으로 적절하지 <u>않은</u> 것은?

① 빅데이터 처리 과정은 데이터 수집 → 저장(공유) → 처리 → 분석 → 시각화 순으로 이루어진다.
② 빅데이터의 특성으로 규모(Volume), 속도(Velocity), 다양성(Variety), 정확성(Veracity), 가치(Value)의 5V를 제시하였다.
③ 빅데이터(Big Data)는 규모가 방대한 아날로그데이터이며, 수치, 문자, 이미지, 영상데이터를 포함한 다양하고 거대한 양의 데이터의 집합을 말한다.
④ 수치나 문자를 처리하는 전통적인 데이터베이스 시스템과는 달리, 복잡성과 대량의 규모를 갖는 빅데이터를 처리하기 위해서는 특별한 기술과 처리도구가 필요하다.

05

ERP와 인공지능(AI), 빅데이터(BigData), 사물인터넷(IoT) 등 혁신기술과의 관계에 대한 설명으로 가장 적절하지 <u>않은</u> 것은?

① 현재 ERP는 기업 내 각 영역의 업무 프로세스를 지원하고 단위별 업무처리의 강화를 추구하는 시스템으로 발전하고 있다.
② 제조업에서는 빅데이터 분석 기술을 기반으로 생산자동화를 구현하고 ERP와 연계하여 생산계획의 선제적 예측과 실시간 의사결정이 가능하다.
③ ERP에서 생성되고 축적된 빅데이터를 활용하여 기업의 새로운 업무 개척이 가능해지고, 비즈니스 간 융합을 지원하는 시스템으로 확대가 가능하다.
④ 현재 ERP는 인공지능 및 빅데이터 분석 기술과의 융합으로 전략경영 등의 분석도구를 추가하여 상위계층의 의사결정을 지원할 수 있는 지능형 시스템으로 발전하고 있다.

06

[보기]는 가격탄력성이 서로 다른 4가지의 제품에 대한 설명이다. 다른 조건은 일정하다고 가정할 때, 각 제품의 매출액의 변화에 대한 설명으로 가장 적절한 것은?

- 제품 P1의 가격탄력성: 무한대(1보다 매우 큼)
- 제품 P2의 가격탄력성: 1보다 큼
- 제품 P3의 가격탄력성: 1
- 제품 P4의 가격탄력성: 1보다 작음

① 제품 P1의 가격이 상승하면 총매출은 증가하고, P1의 가격이 하락하면 총매출은 감소한다.
② 제품 P2의 가격이 상승하면 총매출은 감소하고, P2의 가격이 하락하면 총매출은 증가한다.
③ 제품 P3의 가격이 상승하면 총매출은 증가하고, P3의 가격이 하락하면 총매출은 감소한다.
④ 제품 P4의 가격이 상승하면 총매출은 감소하고, P4의 가격이 하락하면 총매출은 증가한다.

07

[보기]의 목표매출액 판매할당 방식 중, 영업거점별 할당에 대한 적절한 설명을 모두 고른 것은?

ㄱ. 상품 특성이나 서비스 유형에 따라 시장점유율, 공헌이익률 등을 기준으로 목표매출을 할당한다.
ㄴ. 지리적 또는 조직 단위의 판매점, 영업소, 영업팀 등의 수행 단위를 기준으로 매출 목표를 배분한다.
ㄷ. 특정 영업사원의 실적, 역량, 거래처 수 등을 기준으로 목표매출액을 차등 배정한다.
ㄹ. 같은 지역이라 하더라도 판매점별 실적 편차가 크기 때문에 영업거점별 할당이 필요하다.

① ㄱ, ㄴ
② ㄴ, ㄷ
③ ㄴ, ㄹ
④ ㄱ, ㄴ, ㄷ, ㄹ

08

[보기]는 제품 A의 손익분기점에 관한 자료이다. 손익분기점에서의 제품 A의 매출량(개)을 구하시오.

- 손익분기점의 매출액: 500만원
- 연간 고정비: 100만원
- 연간 총매출액: 800만원
- 제품 A의 단위당 변동비: 50만원

① 6개
② 8개
③ 10개
④ 12개

09

수요예측에서 지수평활법을 이용할 때, 평활계수 α값의 영향에 대한 설명으로 적절하지 <u>않은</u> 것은?

① α값이 1에 가까울수록 예측값의 변동성이 커지게 된다.
② α값이 1에 가까울수록 장기추세를 반영하기 어려워진다.
③ α값이 0에 가까울수록 과거 데이터의 영향력이 커진다.
④ α값이 0에 가까울수록 단기예측의 신뢰성이 높아진다.

10

가격유지 정책에 대한 설명으로 가장 적절하지 <u>않은</u> 것은?

① 리베이트 전략은 비가격 경쟁에 의한 가격유지 정책의 한 방법이다.
② 리베이트는 판매촉진적 기능, 보상적 기능, 통제·관리적 기능이 있다.
③ 리베이트는 원래 본래 이익을 얻는 기회를 준 대상에게 이익의 일부를 지급한다는 성격이 있다.
④ 경쟁격화로 가격인하 정책에 의한 매출은 증가되지만, 이익은 감소하는 경우 적정이익을 추구하기 위해 가격유지 정책 수립이 필요하다.

11

(주)대박전자는 에어컨을 판매하는 기업이다. [보기]의 자료를 이용하여 계산한 2025년도 목표매출액은 얼마인가? (정답은 단위(억원)를 제외한 숫자만 입력하시오.)

- 2023년 국내 에어컨 총판매액: 5,000억원
- 2023년 (주)대박전자 매출액: 2,000억원
- 2024년 국내 에어컨 총판매액: 7,000억원
- 2024년 (주)대박전자 매출액: 3,000억원
- ※ 매출액증가율을 이용하여 구할 것

(답: 억원)

12

서로 다른 2개의 요인들을 고려하여 분석표를 만들고, 이를 바탕으로 고객 범주화하고 우량 고객을 선정하는 거래처 중점 선정 방법을 한글로 입력하시오.

(답: 분석)

13

(주)생산은 자금조달기간을 이용하여 연간 총 여신한도액을 설정하려고 한다. [보기]에 제시된 자금운용 현황을 이용하여 매출채권 한도액을 구하시오(정답은 단위(원)를 제외한 숫자만 입력하시오.).

> ── 보기 ──
> • 매출액: 8,000만원
> • 매출채권 회수기간: 80일
> • 매입채무 지급기간: 30일
> • 재고회전기간: 23일

(답: 원)

14

채찍 효과의 발생 이유와 관련된 설명으로 옳지 <u>않은</u> 것은?

① 불안정한 가격 구조와 수요·공급의 관계에서 발생한다.
② 리드 타임이 길어지면 수요와 공급의 변동 폭의 증감 정도가 감소한다.
③ 일방적 정보의 전달과 공급망 구성원의 비합리적 사고와 의사결정에서 생성된다.
④ 공급망 전체의 관점이 아니라 개별 기업 관점에서 기능적 사일로 심리 의사결정을 수행하게 되면 공급망 전체의 왜곡 현상을 초래하게 된다.

15

공급망 거점 비용 요소 중 물류거점 수가 증가함에 따라 서서히 감소하다가 어느 수준을 넘어서게 되면 오히려 증가하는 비용으로 가장 적절한 것은?

① 인건비
② 재고비용
③ 수송비용
④ 고정투자비용

16

재고관리비용에 관한 설명으로 가장 적절하지 <u>않은</u> 것은?

① 재고 관련 총비용은 주문비용, 재고유지비용, 재고부족비용을 합한 값이다.
② 주문비용은 로트 사이즈를 크게 할수록 재고 한 단위당 비용이 감소하는 특성이 있다.
③ 재고부족비용은 납기지연, 판매기회 상실, 거래처 신용 하락, 잠재적 고객 상실 등과 관련된 비용이다.
④ 주문비용은 발주마다 일정하게 발생하는 고정비용으로 1회 발주량을 적게 할수록 재고 1단위당 비용이 줄어드는 특성을 갖고 있다.

17

운송수단별 특성 비교에 대한 설명으로 가장 적절하지 <u>않은</u> 것은?

① 항공 운송은 기후의 영향을 많이 받고, 운송시간은 가장 짧은 편이다.
② 철도 운송은 원거리 운송에 적합하며, 운임은 탄력적이고 중량 제한을 받는다.
③ 선박 운송은 화물 수취가 불편하고, 운송시간이 매우 느리며 기후 영향을 많이 받는다.
④ 파이프라인은 기후 영향을 가장 적게 받고, 대량화물의 중·장거리 운송에 경제적이며, 안전성이 매우 높다.

18

창고위치관리 기법 중 'R(Route, 경로) 분석'을 가장 적절하게 설명하고 있는 것은?

① 물류 유형을 파악하기 위해 X축에는 물품의 종류를, Y축에는 수량을 표시하는 파레토 그림을 이용하여 창고입지 선정을 분석하는 기법이다.
② 어떠한 물량이 어떠한 경로로 흐르고 있는가를 과거에서부터 현재까지 경향을 파악함으로써 장래 계획에 대한 의사를 결정하는 분석 기법이다.
③ 제조와 판매부문을 효율성 있게 가동시키기 위해서 보조부문(제조)이 어떠한 기능을 갖추어야 하는지를 과거와 현재의 실상을 분석한 후 결정하는 기법이다.
④ 현재의 창고가 언제, 어떤 형태로 입출에 대응하고 있는가를 명확히 하고 미래에 수·배송관리, 판매관리, 공정관리 등을 위해 어떤 창고기능을 갖추어야 하는지를 분석하여 의사결정에 도움을 준다.

19

[보기]는 계속기록법을 적용하는 (주)생산의 1분기 자산 변동 현황이다. 1분기의 매출원가와 기말재고액을 이동평균법으로 각각 계산하시오(매출원가 20원, 기말재고액이 10원일 경우, 예와 같이 단위(원)를 제외하고 순서대로 숫자만 기입하시오(예 20, 10)).

일자	구분	수량	단가
1월 1일	기초재고	10	10
1월 15일	입고	10	20
2월 15일	출고	5	
3월 5일	출고	15	
3월 15일	입고	10	17

(답:　　　　　　.　　　　　　)

20

[보기]는 운송계획 수립 시 운송의 효율화를 도모하기 위해서 고려해야 하는 원칙에 대한 설명이다. (　　)에 공통적으로 들어갈 용어를 한글로 기입하시오.

- (　　)율 극대화의 원칙
- (　　)율은 차량에 얼마나 화물을 싣고 운행하였는지를 나타내는 비율
- 차량의 (　　)율 = 1회 운행당 평균 용적 ÷ 전체 용적 × 100

(답:　　　　　　율)

21

전략적 구매를 중시하는 현대적 시각에서 구매관리는 다양한 영역으로 구분된다. [보기]에서 설명하는 것과 관련된 영역으로 가장 적절한 것은?

시장조사 및 원가 분석, 구매가격 결정, 공급자 선정 및 평가, 계약 및 납기관리, 규격 및 검사관리

① 구매전략
② 구매평가
③ 구매실무
④ 구매분석

22

공급자의 공급가격이 적정한지 평가하기 위하여 반드시 원가 분석이 필요한 상황으로 가장 적절한 것은?

① 새로운 규격이 적용된 신제품인 경우
② 구매가격에서 가격이 가장 중요한 요소인 경우
③ 완전경쟁시장환경에서 표준품을 구매해야 하는 경우
④ 분석 대상 품목을 공급하는 경쟁업체가 많이 존재하는 경우

23

표준원가에 대한 설명으로 가장 적절하지 <u>않은</u> 것은?

① 표준원가는 실제 발생한 원가와 비교 및 분석하여 원가 개선 활동의 평가 요소로 활용될 수 있다.
② 표준원가는 기업이 달성해야 할 구체적인 원가 목표를 제시하므로, 예산 편성이나 성과 평가의 기준으로 활용될 수 있다.
③ 표준원가는 공정상에서 어떠한 원가 손실도 가정하지 않으며, 최적의 제조 환경에서 이상적으로 제조 과정이 진행된 경우에 구성되는 이론적인 원가이다.
④ 표준원가는 미래의 생산 환경을 예측하고, 과거의 제조경험을 고려하여 제품 생산 전에 미리 산출되는 추정원가로, 입찰이나 견적의 기초로 활용될 수 있다.

24

[보기]에서 설명하는 구매 방식에 해당하는 것으로 가장 적절한 것은 무엇인가?

- 기업 A는 원자재를 여러 사업장에서 따로 구매하지 않고, 본사 구매팀에서 회사 전체가 사용할 물량을 일괄구매하여 공급한다.
- 이 방식은 구매단가를 낮추고, 표준화가 쉬우며, 전문 인력의 운영 효율성도 높이는 장점이 있다.
- 그러나 공급처 변경 시 리스크가 크고, 공급 유연성 저하의 우려도 있다.

① 지역업체와의 관계 유지를 위한 분산구매 방식
② 소규모 사업장별에서 개별 구매하여 긴급 대응이 유리한 방식
③ 각 사업장에서 구매권한을 가지고 구매처별 가격 협상을 수행하는 방식
④ 본사 중심으로 전체 물량을 통합해 계약조건을 유리하게 설정하는 집중구매 방식

25

8월 10일 거래 계약 체결 후 현금할인 방식 중 구매당월락 현금
할인 방식으로 결제조건을 "10/20 EOM"으로 약정하였다. 10%
의 할인을 받기 위해 언제까지 대금을 지급해야 하는가? (정답
이 11월 22일인 경우 예와 같이 숫자 월, 일 순서대로 입력하시오
(예 11, 22).)

(답:　　　　　.　　　　　)

26

[보기]는 (주)생산의 공급자 선정 방식에 대한 사례이다. (주)생산의
공급자 선정 방법을 한글로 입력하시오.

> ─ 보기 ─
>
> 중견 제조기업 (주)생산은 주력 생산라인에서 사용하던 온도센서
> 장비가 갑작스럽게 고장 나면서 즉시 교체가 필요한 상황에 놓였
> 다. 해당 센서는 공정 안정성에 직접 영향을 미치는 핵심 장비로,
> 고장이 지속되면 하루 약 3천만원의 생산 손실이 발생할 수 있었
> 다. 대부분의 장비 공급사는 납기 2주~3주가 필요하다고 답변했
> 으나, 기존 유지보수 업체인 (주)엔지니어링 서비스는 동일 규격
> 장비를 1일 내 공급 및 설치 가능하다고 확인되었다. 기업은 생산
> 차질을 막기 위해 긴급성에 근거하여 경쟁입찰을 진행할 수 없는
> 사유를 기록하고, 해당 업체를 급하게 공급자로 선정하였다. 설치
> 후 바로 생산라인이 정상 가동되었고, 기업은 큰 손실을 피할 수
> 있었다. 다만, 고액의 온도센서를 공개 입찰 단계 없이 공급자를
> 선정한 처리 과정의 문제를 제기받아, 담당자는 사전에 사유서를
> 제출했음에도 불구하고 추가적인 소명서를 제출하게 되었다.

(답:　　　　　　　　)

27

국제무역의 이론적 토대인 절대우위와 비교우위에 대한 설명으로
가장 적절하지 **않은** 것은?

① 실제 무역은 절대우위론에 의해 결정되는 경우가 더 많다.
② 절대우위란 동일한 자원을 사용하여 다른 나라보다 더 많은 생산
이 가능한 능력을 의미한다.
③ 비교우위란 한 나라가 다른 나라에 비해 상대적으로 더 낮은 기회
비용으로 특정 재화나 서비스를 생산할 수 있는 능력을 의미한다.
④ 국제분업은 각국이 자신이 비교우위를 가진 상품이나 서비스를
전문적으로 생산하고, 이를 다른 나라와 교환하는 경제 활동을
의미한다.

28

[보기]에서 설명하는 무역대금 결제 방식의 유형은 무엇인가?

> ─ 보기 ─
>
> • 수입물품이 수입지에 도착하면 선적서류를 가진 수출자 대리인
> 과 수입자가 함께 수입통관을 한 후, 수입자가 직접 품질검사를
> 하여 물품과 상환하여 수입대금을 지급하고 물품을 인수해가는
> 방식
> • 귀금속 등의 고가품과 같이 사전 품질 검사가 필요한 경우 주로
> 사용되는 방식

① 연불(Deferred Payment)
② 누진불(Progressive Payment)
③ 현물상환불(Cash on Delivery)
④ 서류상환불(Cash against Documents)

29

해상보험증권은 1981년 UNCTAD가 채택한 신양식을 적용하여
피보험자 성명, 선적항과 도착항, 선박명, 출항예정일, 보험금액,
보험목적물 등을 기재한다. 해상보험 계약자의 당사자는 수출입
매매계약의 조건에 따라 보험 계약자와 피보험자에 차이가 있다.
수출자가 보험료를 제외하고 도착항까지의 모든 비용을 부담하는
계약은 무엇인가?

① FAS 조건 계약
② FOB 조건 계약
③ CFR 조건 계약
④ CIF 조건 계약

30

내국신용장(Local L/C)과 함께 수출용 원자재를 국내에서 조달하기 위해 활용되는 구매확인서에 대한 설명이다. 제시된 설명 중 가장 적절하지 <u>않은</u> 것은?

① 내국신용장은 개설은행이 지급 보증을 하지만, 구매확인서는 발급 은행이 판매대금 지급을 보증하지 않는다는 차이점이 있다.
② 내국신용장과 마찬가지로 구매확인서를 통해 수출용 원자재를 공급하는 업체는 수출실적을 인정받거나 부가가치세를 영세율로 적용받을 수 있다.
③ 구매확인서 제도를 통해 수출자는 국내에서 필요한 원자재를 쉽게 조달할 수 있으며, 매출에 따른 세금 부담 없이 판매대금을 확정적으로 회수할 수 있는 장점을 갖는다.
④ 구매확인서는 수출자가 내국신용장 개설 한도가 부족하거나 내국신용장 개설 대상이 아닌 경우에 외화획득용 원료 등의 구매를 지원할 목적으로 외국환은행장이 발급하는 증서이다.

31

[보기]에서 설명하는 용어를 한글로 입력하시오.

> 보기
>
> 수입통관절차의 마지막 단계에서 세관장이 신고 내용을 수리하고 적법하게 이행된 수입신고에 대해 교부하는 서류이다. 해당 서류를 교부받은 수입자는 수입물품을 반출할 수 있다. 즉, 규정에 따른 수입신고를 세관장에게 완료하였음을 입증하는 서류를 의미한다.

(답:)

32

[보기]에서 설명하는 용어를 한글로 입력하시오.

> 보기
>
> 국가 간의 거래에 있어서 화폐의 교환이 먼저 이루어져야 거래가 이뤄질 수 있고, 이때 자국화폐와 타국화폐의 교환비율을 의미함

(답:)

프로그램 버전	iCUBE 핵심ERP ver.2025
사원명	• 회사: 3004. 물류1급. 회사B • 사원명: ERP13L01. 홍길동
DB 파일명	[백데이터] 2026 에듀윌 ERP 물류 1·2급 > PART 04 최신 기출문제_2025년 6회

01

다음 [보기]는 일반거래처등록에 관한 설명이다.

> 보기
>
> 가. (주)하나상사의 업태는 '제조, 도소매'이다.
> 나. (주)제동기어의 종목은 '자전거부품제조, 판매 외'이다.
> 다. (주)세림와이어의 대표자 성명은 '박순영'이다.
> 라. (주)제일물산의 사업장은 '서울 구로구'에 위치한다.

올바른 설명의 수를 고르시오.

① 0
② 1
③ 2
④ 3

02

(주)한국자전거에서 관리하는 품목 중 품목군이 'FRONT'이면서 계정구분은 '원재료'이고, 대분류가 'FACIAL POST'인 품목의 LEAD TIME을 고르시오.

① 1DAYS
② 3DAYS
③ 5DAYS
④ 7DAYS

03

(주)한국자전거는 거래명세서를 발급 시 각 고객에 맞는 품목의
정보를 전달하기 위해 품목별 출력 정보를 관리하고 있다. 다음
중 21-1035600. SOCKET 품목의 '출력품번'이 나머지와 <u>다른</u>
고객을 고르시오.

① (주)대흥정공
② (주)하나상사
③ (주)빅파워
④ (주)제동기어

04

아래 [조회조건]의 조건으로 데이터를 조회한 후 물음에 답하시오.

- 사업장: 1000. (주)한국자전거본사
- 대상년월: 2025년 11월

(주)한국자전거본사는 2025년 11월 국내 매출 관련 고객별 판매계
획을 등록하였다. 다음 중 계획부서가 '국내영업부'이며, 실적담당자
'CRM담당자'로 등록된 거래처의 계획 수량 총합을 고르시오(관리단
위 기준).

① 40EA
② 45EA
③ 50EA
④ 55EA

05

아래 [조회조건]의 조건으로 데이터를 조회한 후 물음에 답하시오.

- 사업장: 1000. (주)한국자전거본사
- 견적기간: 2025/11/01 ~ 2025/11/01

다음 국내 견적내역 중 결제조건이 '현금결제'인 견적번호로 옳은
것은?

① ES2511000001
② ES2511000002
③ ES2511000003
④ ES2511000004

06

아래 [조회조건]의 조건으로 데이터를 조회한 후 물음에 답하시오.

- 사업장: 1000. (주)한국자전거본사
- 견적기간: 2025/11/02 ~ 2025/11/02

다음 국내 견적내역 중 수주 후 잔량이 가장 많이 남아있는 거래처
를 고르시오(관리단위 기준).

① (주)대흥정공
② (주)하나상사
③ (주)빅파워
④ (주)제동기어

07

아래 [조회조건]의 조건으로 데이터를 조회한 후 물음에 답하시오.

- 사업장: 1000. (주)한국자전거본사
- 주문기간: 2025/11/05 ~ 2025/11/05

다음 관리구분이 '일반매출(A)'이면서 프로젝트가 '특별할인판매'인
품목을 포함한 국내수주 건을 고르시오.

① SO2511000005
② SO2511000006
③ SO2511000007
④ SO2511000008

08

아래 [조회조건]의 조건으로 데이터를 조회한 후 물음에 답하시오.

- 사업장: 1000. (주)한국자전거본사
- 주문기간: 2025/11/06 ~ 2025/11/07

다음 국내 수주내역 중 관리단위 기준으로 주문수량 합이 가장 적
은 프로젝트를 고르시오.

① 특별할인판매
② 유아용자전거
③ 일반용자전거
④ 산악용자전거

09

아래 [조회조건]의 조건으로 데이터를 조회한 후 물음에 답하시오.

- 조회조건 -
- 사업장: 1000. (주)한국자전거본사
- 출고기간: 2025/11/08 ~ 2025/11/08
- 출고창고: M110. 대리점창고

다음 국내 출고내역 중 불량품이고, 판매할 수 없도록 물품을 관리하기 위해 특정 장소에서 출고된 건을 고르시오(물품의 양품여부와 판매여부는 장소별 설정에 따라 판단된다. 불량품은 적합여부가 '부적합'으로 설정된 경우이며, 판매여부는 가용재고여부에 따라 결정된다.).

① IS2511000001
② IS2511000002
③ IS2511000003
④ IS2511000004

10

한국자전거본사에서 2025년 11월 10일부터 2025년 11월 13일 동안 출고등록되지 않은 창고, 장소를 고르시오.

① 완성품창고-제품_서울장소
② 완성품창고-제품_부산장소
③ 제품창고-제품장소
④ 제품창고-제품장소(안전재고)

11

(주)한국자전거본사에서 2025년 11월 15일에 진행한 국내 매출 마감내역을 조회한 후 잘못 설명한 것을 고르시오.

① SC2511000001은 마감수량을 수정할 수 없다.
② SC2511000002는 마감수량을 수정할 수 있다.
③ SC2511000003은 세무구분을 수정할 수 없다.
④ SC2511000004는 세무구분을 수정할 수 있다.

12

아래 [조회조건]으로 데이터를 조회한 후 물음에 답하시오.

- 조회조건 -
- 사업장: 1000. (주)한국자전거본사
- 계획기간: 2025/11/28 ~ 2025/11/28
- 계획구분: 2. SIMULATION

다음 입력된 주계획작성내역 중 대분류가 'PACKING'인 품목을 고르시오.

① IRON FRAME
② EODY-알미늄(GRAY-WHITE)
③ 전장품 ASS'Y
④ POWER TRAIN ASS'Y(MTB)

13

2025년 11월 1일 등록된 청구내역에 대한 설명으로 <u>잘못</u> 설명한 것을 고르시오.

① FRONT FORK(S)의 요청일은 2025/11/04이다.
② SOCKET은 품목등록 메뉴의 주거래처와 동일 주거래처로 등록되었다.
③ FRAME-NUT는 관리구분이 '일반구매'로 청구등록되었다.
④ WIRING-DE의 조달구분과 청구구분은 동일하다.

14

아래 [조회조건]으로 데이터를 조회한 후 물음에 답하시오.

- 조회조건 -
- 사업장: 1000. (주)한국자전거본사
- 발주기간: 2025/11/03 ~ 2025/11/03

다음 국내 발주내역에 대한 설명으로 옳은 것을 고르시오.

① 청구적용을 통해 등록된 발주내역이다.
② 품목등록의 주거래처와 동일 거래처로 발주등록된 내역이다.
③ 관리구분 '일반구매'로 등록된 발주내역이다.
④ 입고 전 검사를 거쳐야 입고등록이 가능한 내역이다.

15

(주)한국자전거본사는 2025년 11월 5일, (주)제일물산 거래처로부터 발주를 진행하여 전달받은 물품을 부품창고에 입고하기 전에 검사를 진행하였다. 다음 중 진행된 입고검사의 검사유형으로 올바른 것을 고르시오.

① 수량점검
② 성능점검
③ 도색점검
④ 외관점검

16

아래 [조회조건]으로 데이터를 조회한 후 물음에 답하시오.

┌─ 조회조건 ─
• 사업장: 1000. (주)한국자전거본사
• 입고기간: 2025/11/07 ～ 2025/11/07
• 입고창고: M100. 부품창고
• 발주기간: 2025/11/06 ～ 2025/11/06
└─

(주)한국자전거본사는 (주)형광램프로 요청한 국내 발주내역을 적용받아 입고처리를 진행하고자 한다. 다음 중 등록된 프로젝트가 '일반용자전거'이면서 발주잔량이 가장 많은 품목을 고르시오(관리단위기준).

① SUPREME X2
② FRONT FORK(S)
③ SOCKET
④ FRAME-NUT

17

아래 [조회조건]의 조건을 매입마감(국내거래) 메뉴에서 조회한 후 물음에 답하시오.

┌─ 조회조건 ─
• 사업장: 1000. (주)한국자전거본사
• 마감기간: 2025/11/10 ～ 2025/11/10
└─

다음 중 매입마감에 대한 설명으로 옳지 않은 것을 고르시오.

① PC2511000001은 마감수량과 재고단위수량이 서로 다르다.
② PC2511000002는 서로 다른 입고번호내역을 적용받았다.
③ PC2511000003은 단가, 공급가를 수정할 수 없다.
④ PC2511000004는 전표처리되었다.

18

아래 [조회조건]으로 데이터를 조회한 후 물음에 답하시오.

┌─ 조회조건 ─
• 사업장: 1000. (주)한국자전거본사
• 조정기간: 2025/11/01 ～ 2025/11/01
└─

(주)한국자전거본사는 재고조정을 등록하고 그 사유를 상세내역 비고에 기재한다. 출고조정의 상세내역 비고에 기재되지 않은 내용을 고르시오.

① 불량재고 폐기
② 재고실사 조정
③ 부품파손 발생
④ 전시용 출고

19

아래 [조회조건]으로 데이터를 조회한 후 물음에 답하시오.

┌─ 조회조건 ─
• 사업장: 1000. (주)한국자전거본사
• 이동기간: 2025/11/05 ～ 2025/11/05
└─

(주)한국자전거본사는 불량품 발생 시, 적합여부가 '부적합'으로 설정된 장소로 재고를 이동하여 관리한다. 다음 중 불량품 발생으로 등록된 올바른 이동번호를 고르시오.

① MV2511000001
② MV2511000002
③ MV2511000003
④ MV2511000004

20

아래 [조회조건]으로 데이터를 조회한 후 물음에 답하시오.

┌─ 조회조건 ─
• 사업장: 1000. (주)한국자전거본사
• 거래구분: MASTER L/C
• 주문기간: 2025/11/15 ～ 2025/11/15
└─

다음 해외수주 건 SO2511000017에 대한 설명 중 올바르지 않은 것을 고르시오.

① L/C번호는 LCME25111998이다.
② 견적적용 받아 입력되었으며, 견적수량 모두 수주되었다.
③ 환종은 USD로 거래가 되었다.
④ 프로젝트와 비고가 입력되지 않은 수주 건이다.

21

(주)한국자전거본사에서 Date of Invoice가 2025년 11월 18일인 해외상업송장(COMMERCIAL INVOICE)에 대한 설명 중 <u>잘못</u> 설명한 것을 고르시오.

① 환종은 CNY이다.
② 출항 항구는 INCHEON, KOREA이다.
③ Sailing on or about은 2025/11/18이다.
④ 최종 목적지는 GUANGZHOU, CHINA이다.

22

(주)한국자전거본사는 2025년 11월 1일에 고객 DOREX CO.LTD 로부터 T/T선입금액을 받았다. T/T선입정리일자를 고르시오.

① 2025년 11월 19일
② 2025년 11월 20일
③ 2025년 11월 21일
④ 2025년 11월 22일

23

(주)한국자전거본사의 2025년 11월 8일 해외수입선적 B/L정보를 조회하고 다음 중 올바르게 설명한 것을 고르시오.

① 거래구분은 MASTER L/C이다.
② 인도조건은 FOB(Free On Board)이다.
③ 환종은 JPY이다.
④ 선적수량은 200EA이다(관리단위 기준).

24

아래 [조회조건]으로 데이터를 조회한 후 물음에 답하시오.

┌─ 조회조건 ─────────────────────────────┐
• 사업장: 1000. (주)한국자전거본사
• 등록기간: 2025/11/10 ～ 2025/11/10
└────────────────────────────────────┘

다음 수입제비용내역 중 등록되지 <u>않은</u> 비용을 고르시오.

① B/L결제대금
② 관세
③ 수수료
④ 운반비

25

아래 [조회조건]으로 데이터를 조회한 후 물음에 답하시오.

┌─ 조회조건 ─────────────────────────────┐
• 사업장: 1000. (주)한국자전거본사
• 입고기간: 2025/11/15 ～ 2025/11/15
• 입고창고: M100. 부품창고
• 거래구분: LOCAL L/C
└────────────────────────────────────┘

다음 수입 입고내역에 대한 설명 중 <u>옳지 않은</u> 것을 고르시오.

① L/C번호 LCLI25111998 내역을 적용받았다.
② 별도의 입고검사를 거치지 않고 등록된 입고내역이다.
③ 재고단위 기준 총 2,000EA가 입고되었다.
④ 등록된 품목은 미착품원가정산 배부처리 대상이 아니다.

기출문제 1급 | 2025년 5회

회독 CHECK | ☐ 1회독 ☐ 2회독 ☐ 3회독

이론

01

인공지능의 기술발전에 대한 설명으로 옳지 <u>않은</u> 것은?

① 연결주의 시대는 학습에 필요한 빅데이터와 컴퓨팅 파워의 부족이라는 한계를 극복하였다.
② 연결주의는 지식을 직접 제공하기보다 지식과 정보가 포함된 데이터를 제공하고 컴퓨터가 스스로 필요한 정보를 학습한다.
③ 계산주의는 인간이 보유한 지식을 컴퓨터로 표현하고 이를 활용해 현상을 분석하거나 문제를 해결하는 지식기반 시스템을 말한다.
④ 딥러닝은 입력층(Input Layer)과 출력층(Output Layer) 사이에 다수의 숨겨진 은닉층(Hidden Layer)으로 구성된 심층신경망(Deep Neural Networks)을 활용한다.

02

인공지능 비즈니스 적용 프로세스의 순서로 올바른 것은?

① 비즈니스 영역 탐색 → 비즈니스 목표 수립 → 데이터 수집 및 적재 → 인공지능 배포 및 프로세스 정비 → 인공지능 모델 개발
② 비즈니스 목표 수립 → 비즈니스 영역 탐색 → 데이터 수집 및 적재 → 인공지능 모델 개발 → 인공지능 배포 및 프로세스 정비
③ 비즈니스 목표 수립 → 데이터 수집 및 적재 → 인공지능 모델 개발 → 인공지능 배포 및 프로세스 정비 → 비즈니스 영역 탐색
④ 비즈니스 영역 탐색 → 비즈니스 목표 수립 → 데이터 수집 및 적재 → 인공지능 모델 개발 → 인공지능 배포 및 프로세스 정비

03

[보기]에서 (주)생산에 적용된 핵심 기술은 무엇인가?

> ─ 보기 ─
> (주)생산은 생산 설비에 부착된 센서를 통해 온도·습도·진동 데이터를 자동으로 수집하고, 이 정보는 ERP 시스템에 실시간으로 전송된다. 이를 기반으로 설비 이상 징후를 조기에 감지하고, 생산 일정 자동 조정 및 품질관리에 활용하고 있다.

① 인공지능(AI)
② 사물인터넷(IoT)
③ 빅데이터 분석
④ 클라우드 컴퓨팅

04

효과적인 ERP 교육을 위한 고려 사항으로 가장 적절하지 <u>않은</u> 것은?

① 다양한 교육도구를 이용하라.
② 교육에 충분한 시간을 배정하라.
③ 비즈니스 프로세스가 아닌 트랜잭션에 초점을 맞춰라.
④ 조직차원의 변화관리 활동을 잘 이해하도록 교육을 강화하라.

05

ERP 아웃소싱(Outsourcing)에 대한 설명으로 적절하지 <u>않은</u> 것은?

① ERP 자체개발에서 발생할 수 있는 기술력 부족을 해결할 수 있다.
② ERP 아웃소싱을 통해 기업이 가지고 있지 못한 지식을 획득할 수 있다.
③ ERP 개발과 구축, 운영, 유지보수에 필요한 인적 자원을 절약할 수 있다.
④ ERP 시스템 구축 후에는 IT 아웃소싱 업체로부터 독립적으로 운영할 수 있다.

06

A 기업은 연간 판매량을 평활상수 0.2로 지수평활법에 의해 예측하고자 한다. 당기 4/4분기 판매량과 예측치를 통해 차기 1월의 판매 예측치를 계산하시오.

─ 보기 ─

구분	판매량	예측치
10월	1,000	950
11월	940	?
12월	961	?
차기 1월		?

① 863
② 910
③ 943
④ 957

07

판매계획은 수립기간에 따라 구분될 수 있다. [보기]의 내용은 어느 계획에 해당하는가?

- 판매 촉진을 위한 정책 수립, 판매경로 및 판매자원의 구체적인 계획을 수립한다.
- 제품별 디자인, 원가, 품질 등을 개선한다.
- 제품별 경쟁력 강화를 위한 계획을 수립한다.
- 제품별 수요예측과 판매예측을 통하여 제품별로 매출액을 예측한다.

① 초기 계획
② 장기 계획
③ 중기 계획
④ 단기 계획

08

교차비율을 이용하여 목표판매액을 차등화하여 할당하는 방법으로 가장 적절하지 <u>않은</u> 것은?

① 한계이익률이 동일할 경우에 상품 회전율이 가장 높은 상품에 대해 가장 높은 목표판매액을 할당한다.
② 상품 회전율이 동일할 경우에 한계이익률이 가장 높은 상품에 대해 가장 높은 목표판매액을 할당한다.
③ 한계이익이 동일할 경우에 평균 재고액이 가장 높은 상품에 대해 가장 높은 목표판매액을 할당한다.
④ 평균 재고액이 동일할 경우에 한계이익이 가장 높은 상품에 대해 가장 높은 목표판매액을 할당한다.

09

[보기]에서 설명과 고객(거래처) 중점선정 방법의 연결이 바르게 짝지어진 것만을 고른 것은?

ㄱ. A 회사는 거래처의 과거 2년간 매출실적을 기준으로 고객을 A, B, C등급으로 분류하여 집중관리 대상을 선별하고 있다. → 거래처 포트폴리오 분석
ㄴ. B 회사는 거래처의 성장 가능성과 수익성이라는 두 기준을 축으로 설정하여, 고객군을 4개 유형으로 나누고 유형별 차등 전략을 수립하고 있다. → 매트릭스 분석
ㄷ. C 회사는 거래처의 매출, 수익성, 전략적 가치 등의 요인에 가중치를 부여하여 종합 점수로 고객을 등급화하고, 그 결과에 따라 핵심 고객을 선정하고 있다. → 거래처 포트폴리오 분석
ㄹ. D 회사는 전체 거래처 중 상위 20%가 전체 매출의 80%를 차지한다는 전제하에, 그 20%를 집중관리 대상 고객으로 분류하고 있다. → ABC 분석

① ㄱ, ㄴ, ㄹ
② ㄱ, ㄷ, ㄹ
③ ㄴ, ㄷ, ㄹ
④ ㄱ, ㄴ, ㄷ, ㄹ

10

2025년 9월 2일, 거래처 A로부터 노트북 110대를 주문 받았다. 예정납기일(출고일)을 거래처 A에 통보하려고 할 때, 가장 빠른 예정납기일은 언제인가? 단, 다른 주문 및 기타 입출고 정보는 존재하지 않으며, [보기]에 주어진 자료만을 활용하여 계산하시오.

- 9월 2일: 현재고 60
- 9월 3일: 가용재고 30
- 9월 4일: 생산완료 예정량 30
- 9월 5일: 생산완료 예정량 40
- 9월 6일: 생산완료 예정량 40

① 9월 3일
② 9월 4일
③ 9월 5일
④ 9월 6일

11

[보기]의 자료를 이용하여 손익분기점에서의 매출액을 산출하면 얼마인가? (정답은 단위(원)를 제외하고 숫자만 입력하시오.)

- 연간 예측 판매량: 5,000개
- 연간 고정비: 12,000,000원
- 제품 단위당 변동비: 6,000원/개
- 제품 단위당 판매가격: 12,000원/개

(답: 원)

12

원가가산에 의한 가격 결정 방법으로 상품의 소매가격을 1,000원으로 결정하였다. 이때 원가 구성이 다음 [보기]와 같은 경우에 소매업자의 이익은 얼마인가? (정답은 단위(원)를 제외한 숫자만 입력하시오.)

- 제조원가: 300원
- 도매가격: 400원
- 소매업자 영업비: 200원

(답: 원)

13

(주)생산은 연간 총여신한도액을 설정하려고 한다. [보기]의 연간 자금운용 현황을 이용할 때, 적절한 매출채권 한도액은 얼마인가? ([보기]에 주어진 자료만을 활용하여 구하시오. 정답은 단위(만원)를 제외한 숫자만 입력하시오.)

구분	금액
매출채권 잔액	500만원
매출채권 회수기간	0.5년
매입채무 지급기간	0.3년
재고 회전율	2회/년

(답: 만원)

14

생산자가 6곳, 수요지가 8곳, 물류거점이 5곳일 때, 각 물류거점에서 모든 수요지로 연결되는 수송경로의 수는 총 몇 가지인가?

① 30가지　　　　　② 40가지
③ 48가지　　　　　④ 240가지

15

[보기]의 (주)물류로지스의 물류거점 운영 방식은 무엇인가?

(주)물류로지스는 전국 단위의 물류 네트워크를 운영하는 기업으로, 물류거점에 환적기능만을 제공함으로써 보관보다는 물류의 원활한 흐름에 초점을 두고 물류센터를 구성하고 있다.

① 직배송 운영 방식
② 크로스도킹 운영 방식
③ 지역 물류센터 운영 방식
④ 통합 물류센터 운영 방식

16

A기업은 과거 1년간의 수요 데이터를 바탕으로 경제적 주문량(EOQ)을 분석해왔다. 내년에는 연간 수요량이 14,400개로 증가할 것으로 예상되며, 이에 따라 EOQ를 다시 산정하고자 한다. [보기]의 조건을 고려할 때, 예상되는 경제적 주문량(Q*)은 얼마인가?

• 1회 주문비용(S): 3,000원
• 단위당 연간 재고유지비용(H): 1,500원
• 내년 예상 연간 수요량(D): 14,400개

① 220　　　　　② 230
③ 240　　　　　④ 250

17

[보기]에 해당하는 운송경로 유형으로 가장 적절한 것을 고르시오.

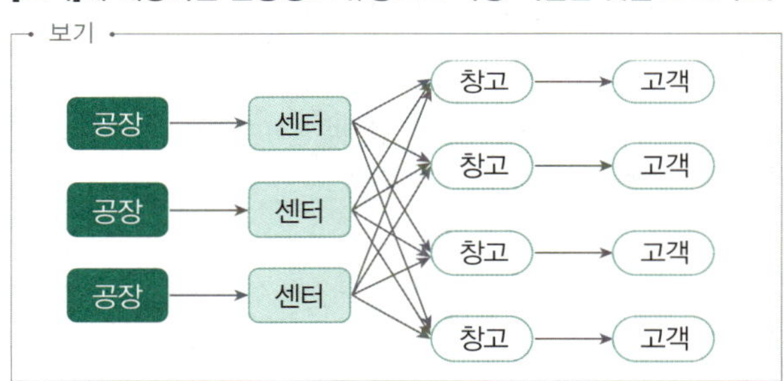

① 배송거점 방식　　　　　② 복수거점 방식
③ 다단계거점 방식　　　　④ 중앙집중거점 방식

18

제시된 선택지 중에서 창고관리의 출고 업무 프로세스 중에서 가장 먼저 수행되는 업무를 고르시오.

① 검사　　　　　② 출고 지시
③ 주문 마감 집계　　　　④ 출고 계획 수립

19

[보기]의 설명에 해당하는 공급망관리 정보 시스템을 예와 같이 영문 약어로 기입하시오(예 ERP).

> ─ 보기 ─
>
> 고객의 재고보충 업무권한을 공급자에게 위탁하여 공급자가 고객의 재고수준을 파악하고 재고보충량을 결정하여 공급하는 공급자 주도 재고보충관리 방법이다.

(답:)

20

[보기]에서 설명하는 창고보관의 기본 원칙은 무엇인가?

> ─ 보기 ─
>
> • 창고보관의 기본 원칙 중 하나는 제품의 형태, 크기, 포장 유무에 따라 적절한 보관 위치와 방법을 달리 정하여 공간 효율성과 작업 효율을 높이는 것이다.
> • 이 (   )의 원칙은 표준화된 물품은 랙에 보관하고, 표준화되지 않은 물품은 물건의 모양이나 상태에 따라 보관하는 원칙이다.

(답: 의 원칙)

21

[보기]의 상황에 해당하는 가격 유형으로 가장 적절한 것은?

> ─ 보기 ─
>
> 한 아파트 단지 입주자 대표회의가 노후 시설 개선을 위해 리모델링 공사를 추진하고 있다. 입주자 대표회의는 여러 건설사와 협의하고 절충하여 건설사를 선정하고 거래 당사자와 공사 범위, 자재 품질, 공사기간 등을 토대로 최종 공사 비용을 확정했다.

① 정가가격　　　　② 교섭가격
③ 시중가격　　　　④ 협정가격

22

[보기]의 조건을 반영할 때, 가장 적절한 구매가격 결정 방식은 무엇인가?

> ─ 보기 ─
>
> • 투자회수 계획
> • 향후 예상되는 발주량 증가
> • 장기공급계약으로 인한 리스크 분산
> • 제조원가 구조 및 목표이익률

① 시장조사 방식　　　　② 코스트플러스 방식
③ 목표투자이익률 방식　　　　④ 손익분기점분석 방식

23

구매팀은 기업의 장기적인 경쟁력 강화를 위해 최적의 구매 방안을 수립하고자 한다. 다음 중 이러한 구매전략에 해당하지 <u>않는</u> 것은 무엇인가?

① 급변하는 시장 상황에 유연하게 대응하고, 특정 공급업체에 대한 의존도를 낮추기 위해 단일 공급업체 구매 방식을 복수의 공급업체로부터 조달하는 방식으로 전환하는 의사결정
② 기업의 핵심 역량을 강화하기 위해 단순 구매 관계를 넘어, 주요 공급업체와 장기적인 파트너십을 구축하고 공동으로 기술 개발을 추진하는 등 미래 지향적인 협력 관계를 모색하는 업무
③ 최근 1년간 모든 구매 계약이 종료된 공급업체들을 대상으로 계약내용과 실제 성과(납기 준수율, 제품 불량률 등)를 비교·분석하여, 다음 구매 계약 시 참고자료로 활용하기 위해 평가 보고서를 작성하는 업무
④ 원자재 가격 상승과 공급망 불안정성 같은 외부 리스크에 선제적으로 대응하기 위해, 기존에 외부에서 구매하던 핵심 부품을 더 적은 비용과 높은 효율성으로 내부에서 생산하는 것이 가능한지 판단하는 의사결정

24

공급자 선정 방식 중 지명경쟁 방식을 사용할 때 특히 '공정성'을 염두에 두고 지명에 신중을 기해야 하는 이유로 가장 타당한 것은?

① 불특정 다수의 입찰 참여를 보장하기 위해서
② 법률에 의해 모든 경쟁 방식에 차등하게 적용되는 원칙이기 때문
③ 계약 이행이 불가능한 부실 공급자를 의도적으로 제외하기 위해서
④ 특정 공급자에게만 특혜를 주었다는 오해를 피하고, 객관성을 유지하기 위해서

25

가구 제조업체인 (주)KPC가구는 신제품 책상을 출시하면서 코스트 플러스(Cost-Plus) 방식으로 적정가격을 산정하려 한다. 책상 1개의 가격을 산정하기 위한 주요 원가 정보가 [보기]와 같을 때, 책상 1개의 판매가격은 얼마인가? (정답은 단위(원)를 제외한 숫자만 입력하시오.)

보기

- 직접재료비: 60,000원
- 직접노무비: 160,000원
- 직접원가: 300,000원
- 제조간접비: 80,000원
- 판매비와 관리비: 200,000원
- 목표이익: 250,000원

(답: 원)

26

[보기]의 구매계약에 대한 설명 중 (   )에 적합한 내용을 한글로 쓰시오.

보기

- 향후 거래조건에 대하여 분쟁의 소지가 있을 경우에는 구매계약서를 작성하는 것이 바람직하다.
- 구매계약의 (   )(은)는 이미 발생된 계약사항을 소급하여 무효로 함을 의미한다.

(답:)

27

무역거래의 결제와 송금 등 외국환 업무를 전문적으로 취급하는 금융기관인 '갑종 외국환은행'에 대한 설명이다. 가장 적절한 것은?

① 환전, 송금, 신용장 개설 등 수출입 기업의 다양한 금융 니즈(Needs)를 충족시키는 업무를 처리한다.
② 수출입 기업이 환어음을 발행하거나 매입하여 무역대금을 결제할 때 환율을 결정하는 주요 역할을 수행한다.
③ 갑종 외국환은행의 주요 업무는 해외여행객을 위한 환전 서비스나 해외 송금에 국한되어 있으며, 기업 간의 무역거래와는 직접적인 관련이 적다.
④ 국내 모든 시중은행은 무조건 갑종 외국환은행으로 자동 지정되므로, 수출입 기업은 어떤 은행에서든 동일한 수준의 외국환 업무 서비스를 받을 수 있다.

28

통관(通關)에 대한 설명으로 가장 적절하지 <u>않은</u> 것은?

① 수출입신고는 수출입자 본인만 진행할 수 있으며, 관세사를 통한 대행은 허용되지 않는다.
② 통관이란 「관세법」에 규정된 절차를 이행하여 물품을 수출·수입 또는 반송하는 것을 의미한다.
③ 수출입 물품이 세관의 검사와 허가를 거쳐 외국으로 반출되거나 국내로 반입될 수 있도록 하는 절차이다.
④ 세관을 통해 물품이 국내외로 이동하기 위해 필요한 신고 및 심사, 관세 및 관련 규제 준수 확인 등을 거치는 과정을 의미한다.

29

국제운송조약(협약) 중 해상운송과 관련된 내용이 <u>아닌</u> 것은?

① 헤이그규칙
② 함부르크규칙
③ 로테르담규칙
④ 몬트리올협약

30

해상보험에 대한 설명으로 옳지 <u>않은</u> 것은?

① ICC 신약관의 종류는 ICC(A/R), ICC(W.A), ICC(F.P.A) 약관이 있다.
② 협회적하약관의 조건 ICC(A), ICC(B), ICC(C) 중 담보하는 위험의 범위가 가장 넓은 조건은 ICC(A)이다.
③ 해상보험에서는 해상 위험뿐만 아니라 해상 항해에 부수되는 육상 위험 또는 내수면 위험까지 담보구간이 확장될 수 있다.
④ 해상보험이란 해상사업에서 직면하고 있는 여러 가지 해상 위험으로부터 발생할 수 있는 피보험 재산의 경제적 손해를 보상하기 위한 제도이다.

31

[보기]는 무역의 발생원인에 대한 설명이다. (   ) 안에 들어갈 적절한 용어를 한글로 쓰시오(例 무역이익).

> **보기**
>
> 나라에 따라 자연조건이나 사회조건이 다르고 물품을 생산하기 위한 비용이나 효율이 다르기 때문에 이 점에서 유리한 지위에 있는, 즉 (   )가(이) 있는 상품을 여분으로 생산하여 이것을 타국의 (   ) 상품과 교환하면 상호 간에 무역이익을 얻을 수 있기 때문에 무역이 발생한다.

(답:)

32

[보기]는 어떤 무역거래를 위한 계약의 조건이다. 해당 거래조건에 적합한 "INCOTERMS 2020"을 예와 같이 영어 약어로 표기하시오(例 ABC).

> **보기**
>
> • INCOTERMS 2020의 신설 규칙으로서 합의된 목적지 장소에서 양하가 이루어진 상태로 매수인의 처분하에 둔 때 인도가 이루어지는 규칙이다.
> • DAP조건에서 매도인의 양하의무가 추가된 것으로 이해할 수 있다.
> • 운송 방식에 관계없이 둘 이상의 운송 방식이 채택된 경우에도 이용될 수 있다.

(답:)

프로그램 버전	iCUBE 핵심ERP ver.2025
사원명	• 회사: 3001. 물류1급, 회사A • 사원명: ERP13L01. 홍길동
DB 파일명	[백데이터] 2026 에듀윌 ERP 물류 1·2급 > PART 04 최신 기출문제_2025년 5회

01

(주)한국자전거본사 M300. 완성품창고에 속한 장소 중에서 적합여부가 부적합인 장소를 고르시오.

① M105. 점검장소
② M106. 불량장소
③ M330. 제품_보관장소
④ M340. 제품_검사장소

02

다음은 일반거래처에 대한 설명이다.

> **보기**
>
> 가. (주)대흥정공의 사업자번호는 '311-28-19927'이다.
> 나. (주)하나상사의 대표자성명은 '김재영'이다.
> 다. (주)빅파워의 소재지는 경기 안산시에 위치하고 있다.
> 라. (주)제동기어의 거래시작일은 2017년 5월 3일이다.

올바른 설명으로 짝지어진 것을 고르시오.

① 가, 나
② 가, 라
③ 나, 다
④ 다, 라

03

다음 거래처 중 발주등록 메뉴에서 거래처입력 시 자동으로 불러오는 실적담당자가 1000. 김대연인 거래처를 고르시오.

① 00001. (주)대흥정공
② 00002. (주)하나상사
③ 00003. (주)빅파워
④ 00004. (주)제동기어

04

아래 [조회조건]의 조건으로 데이터를 조회한 후 물음에 답하시오.

> ─ 조회조건 ─
> • 사업장: 1000. (주)한국자전거본사
> • 대상년월: 2025/09

2025년 9월에 대하여 고객별로 판매계획을 세웠다. 다음 중 계획 수량이 가장 많은 고객을 고르시오.

① 00001. (주)대흥정공
② 00002. (주)하나상사
③ 00003. (주)빅파워
④ 00004. (주)제동기어

05

아래 [조회조건]으로 데이터를 조회한 후 물음에 답하시오.

> ─ 조회조건 ─
> • 사업장: 1000. (주)한국자전거본사
> • 견적기간: 2025/09/01 ~ 2025/09/05

다음 중 [보기]의 견적기간 동안 발생한 견적내역 중 결제조건이 "현금결제"인 견적번호로 옳은 것은?

① ES2509000001
② ES2509000002
③ ES2509000003
④ ES2509000004

06

아래 [조회조건]으로 데이터를 조회한 후 물음에 답하시오.

> ─ 조회조건 ─
> • 사업장: 1000. (주)한국자전거본사
> • 견적기간: 2025/09/01 ~ 2025/09/05

다음 국내 견적내역 중, 프로젝트 '특별할인판매'이며 수주등록 후 남은 견적 잔량이 가장 많은 품목을 고르시오(관리단위 기준).

① 21-1060850. WHEEL FRONT-MTB
② 21-1060950. WHEEL REAR-MTB
③ 21-3065700. GEAR REAR C
④ ATECK-3000. 일반자전거

07

아래 [조회조건]으로 데이터를 조회한 후 물음에 답하시오.

> ─ 조회조건 ─
> • 사업장: 1000. (주)한국자전거본사
> • 주문기간: 2025/09/03 ~ 2025/09/03

다음 국내 수주내역 중 '특별할인판매' 프로젝트로 등록된 수주수량의 합을 고르시오(관리단위 기준).

① 25EA
② 50EA
③ 75EA
④ 100EA

08

아래 [조회조건]으로 데이터를 조회한 후 물음에 답하시오.

> ─ 조회조건 ─
> • 사업장: 1000. (주)한국자전거본사
> • 출고기간: 2025/09/01 ~ 2025/09/05
> • 출고창고: P100. 제품창고

다음 국내 출고내역에 대하여 잘못 설명한 것을 고르시오.

① IS2509000001은 "대리점매출" 관리구분으로 출고처리되었다.
② IS2509000002는 매출마감이 등록되었다.
③ IS2509000003의 실적담당자는 김대연이다.
④ IS2509000004는 주문단위수량의 합과 재고단위수량의 합은 서로 다르다.

09

(주)한국자전거본사에서 2025년 9월 7일에 진행한 국내 매출마감 내역을 조회한 후 잘못 설명한 것을 고르시오.

① SC2509000002는 매출마감(국내거래) 메뉴에서 마감수량을 수정할 수 없다.
② SC2509000003은 마감수량을 수정할 수 있다.
③ SC2509000004는 계산서처리되어 삭제할 수 없다.
④ SC2509000005는 2025/09/07 일자로 세금계산서처리되었다.

10

2025년 9월 8일 수금내역에 대한 선수금을 정리하였다. 다음 일자 중 가장 많은 선수금을 정리한 일자를 고르시오.

① 2025년 9월 11일
② 2025년 9월 12일
③ 2025년 9월 13일
④ 2025년 9월 14일

11

아래 [조회조건]으로 데이터를 조회한 후 물음에 답하시오.

조회조건
- 사업장: 1000. (주)한국자전거본사
- 조회기준: 0. 국내(출고기준)
- 미수기준: 0. 발생기준

2025년 2분기 미수채권을 조회하고 당기발생 금액이 가장 큰 고객을 고르시오.

① 00001. (주)대흥정공
② 00002. (주)하나상사
③ 00003. (주)빅파워
④ 00004. (주)제동기어

12

아래 [조회조건]으로 데이터를 조회한 후 물음에 답하시오.

조회조건
- 사업장: 1000. (주)한국자전거본사
- 계획기간: 2025/09/05 ~ 2025/09/05
- 계획구분: 2. SIMULATION

다음 중 계정구분이 4. 반제품이며, 주계획작성(MPS)의 계획수량이 가장 큰 품목을 고르시오.

① 35-1025050. IRON FRAME
② 85-1020400. POWER TRAIN ASS'Y(MTB)
③ 87-1002001. BREAK SYSTEM
④ 88-1001000. PRESS FRAME-W

13

2025년 9월 1일 등록된 청구내역에 대한 설명으로 잘못 설명한 것을 고르시오.

① 21-1030600. FRONT FORK(S)의 요청일은 2025/09/05이다.
② 21-1035600. SOCKET는 품목의 주거래처가 청구등록의 주거래처로 등록되었다.
③ 21-1060700. FRAME-NUT는 관리구분이 P20. 일반구매로 청구등록되었다.
④ 21-3000300. WIRING-DE는 요청수량이 120EA지만 일부 20EA만 청구등록되었다.

14

아래 [조회조건]으로 데이터를 조회한 후 물음에 답하시오.

조회조건
- 사업장: 1000. (주)한국자전거본사
- 발주기간: 2025/09/08 ~ 2025/09/08

다음 국내 발주내역 중 청구내역을 적용받지 않고 등록된 발주 건을 고르시오.

① PO2509000001
② PO2509000002
③ PO2509000003
④ PO2509000004

15

(주)한국자전거본사에서 2025년 9월 재고평가를 할 때, 생산품 87-1002001. BREAK SYSTEM의 입고단가는 얼마인가?

① 55,000원
② 55,100원
③ 55,450원
④ 55,650원

16

아래 [조회조건]으로 데이터를 조회한 후 물음에 답하시오.

---조회조건---
- 사업장: 1000. (주)한국자전거본사
- 입고기간: 2025/09/08 ~ 2025/09/08
- 입고창고: P100. 제품창고

다음 국내 입고내역에 대하여 <u>잘못</u> 설명한 것을 고르시오.

① RV2509000001은 공급가를 수정할 수 있다.
② RV2509000002는 입고일자를 수정할 수 있다.
③ RV2509000003은 발주수량을 수정할 수 없다.
④ RV2509000004는 품번을 수정할 수 없다.

17

아래 [조회조건]의 조건을 매입마감(국내거래) 메뉴에서 조회한 후 물음에 답하시오.

---조회조건---
- 사업장: 1000. (주)한국자전거본사
- 마감기간: 2025/09/11 ~ 2025/09/15

다음 중 매입마감에 대한 설명으로 옳지 <u>않은</u> 것을 고르시오.

① PC2509000004는 마감수량과 재고단위수량은 서로 다르다.
② PC2509000005는 서로 다른 입고번호를 적용받았다.
③ PC2509000006은 단가, 공급가를 수정할 수 없다.
④ PC2509000007은 전표처리되었다.

18

아래 [조회조건]으로 데이터를 조회한 후 물음에 답하시오.

---조회조건---
- 사업장: 1000. (주)한국자전거본사
- 조정기간: 2025/09/02 ~ 2025/09/02

(주)한국자전거본사는 재고조정을 등록하고 그 사유를 상세내역 비고에 기재한다. 입고조정의 상세내역 비고에 기재되지 <u>않은</u> 내용은 무엇인가?

① 반품재고 입고
② 분실재고 회수
③ 안전재고량 보충
④ 불량재고 수리조정

19

아래 [조회조건]으로 데이터를 조회한 후 물음에 답하시오.

---조회조건---
- 사업장: 1000. (주)한국자전거본사
- 이동기간: 2025/09/01 ~ 2025/09/01

(주)한국자전거본사는 불량품 발생 시, 가용재고여부가 '부'로 설정된 장소로 재고를 이동하여 관리한다. 다음 중 불량품에 대한 이동번호를 고르시오.

① MV2509000001
② MV2509000002
③ MV2509000003
④ MV2509000004

20

아래 [조회조건]으로 데이터를 조회한 후 물음에 답하시오.

---조회조건---
- 사업장: 1000. (주)한국자전거본사
- 거래구분: T/T
- 주문기간: 2025/09/11 ~ 2025/09/11

다음 해외수주내역인 주문번호 SO2509000005에 대한 설명 중 옳지 <u>않은</u> 것을 고르시오.

① 환종은 JPY이다.
② 납기일은 2025년 9월 25일이다.
③ 선적항은 Busan, South Korea이다.
④ 수주 고객은 00011. INTECH CO.LTD이다.

21

(주)한국자전거본사에서 Date of Invoice가 2025년 9월 18일인 해외상업송장(COMMERCIAL INVOICE)에 대한 설명 중 <u>잘못</u> 설명한 것을 고르시오.

① 환종은 JPY이다.
② 선적일은 2025/09/22이다.
③ Date of L/C는 2025/09/11이다.
④ 총 Amount 금액은 원화 17,020,000원이다.

22

(주)한국자전거본사는 2025/09/10에 고객 00011. INTECH CO.LTD로부터 T/T선입 금액을 받았다. T/T 선입 정리일자를 고르시오.

① 2025년 9월 10일
② 2025년 9월 18일
③ 2025년 9월 22일
④ 2025년 9월 25일

23

(주)한국자전거본사의 2025년 9월 12일 해외수입선적 B/L 정보를 조회하고 다음 중 올바르게 설명한 것을 고르시오.

① 인도조건은 CIF이다.
② 선적수량은 220이다.
③ 도착예정일은 2025년 9월 25일이다.
④ 2025년 9월 3일에 해외발주등록되었다.

24

아래 [조회조건]으로 데이터를 조회한 후 물음에 답하시오.

┌ 조회조건 ─────────────────────
• 사업장: 1000. (주)한국자전거본사
• 등록기간: 2025/09/03 ～ 2025/09/03
└──────────────────────────

수입제비용번호 EC2509000001에 대한 설명으로 잘못 설명한 것을 고르시오.

① 제비용에 관세는 포함되지 않았다.
② 운반비 비용은 전표처리가 되었다.
③ 수수료는 2025년 9월 3일에 발생하였다.
④ 하역비 비용으로 550,000원이 발생하였다.

25

아래 [조회조건]으로 데이터를 조회한 후 물음에 답하시오.

┌ 조회조건 ─────────────────────
• 사업장: 1000. (주)한국자전거본사
• 입고기간: 2025/09/23 ～ 2025/09/23
└──────────────────────────

수입 B/L번호 BL2509000001는 2025년 9월 23일에 입고되어 미착품원가정산을 등록하였다. 다음 중 정산일자를 고르시오.

① 2025년 9월 3일
② 2025년 9월 12일
③ 2025년 9월 24일
④ 2025년 9월 25일

기출문제　2급 | 2026년 1회

이론

01

[보기]의 사례를 보고 판단하였을 때, (주)생산이 위반했을 가능성이 높은 인공지능 윤리 규범 원칙은 무엇인가?

> **보기**
>
> (주)생산은 고객 맞춤형 추천 시스템을 위한 인공지능 기술을 도입하였다. 그러나 최근 고객 불만이 제기되었다. (주)생산의 인공지능 시스템이 고객 데이터를 수집하면서 고객의 동의 없이 구매 이력, SNS 활동, 위치 정보 등을 분석해 개인 맞춤형 광고를 제공한 것이다.

① 인공지능은 데이터 권리 또는 개인정보를 침해해서는 안 된다.
② 인공지능은 인간을 속이는 자율적 판단을 수행해서는 안 된다.
③ 인공지능은 인류 기업의 이익을 위한 방향으로 개발되어야 한다.
④ 인공지능 솔루션 제공 기업은 고객의 번영을 위해 교육적 권리를 보장해야 한다.

02

기계학습에 대한 설명으로 옳은 것은?

① 기계학습이란 데이터가 부족한 상황에서 알고리즘을 활용해 미래를 예측하는 기술로, 생성된 데이터를 정보와 지식으로 변환하는 알고리즘을 의미한다.
② 비지도학습(Unsupervised Learning)은 데이터가 어떻게 구성되어 있는지 알아내는 문제의 범주에 속하며, 대표적인 방법에는 분류모형과 클러스터링이 있다.
③ 강화학습(Reinforcement Learning)은 선택 가능한 행동들 중 보상을 최대화하는 행동 혹은 순서를 선택하는 방법으로, 게임 플레이어 생성, 로봇 학습 알고리즘, 공급망 최적화 등의 영역에서 활용되고 있다.
④ 데이터를 수집하고 머신러닝을 수행하는 과정인 머신러닝 워크플로우(Machine Learning Workflow)의 처리 순서는 데이터 수집 → 점검 및 탐색 → 전처리 → 정제 → 평가 → 모델링 및 훈련 → 배포 순으로 진행된다.

03

상용화 ERP 패키지 시스템 구축의 성공과 실패를 결정짓는 주요 요인으로 적절하지 <u>않은</u> 것은?

① 시스템 공급자와 기업 내부 인력의 역량
② ERP를 직접 개발할 수 있는 자체 개발 인력의 보유 여부
③ ERP 시스템을 효과적으로 활용하기 위한 사용자 교육과 반복 훈련
④ ERP 패키지의 기능이 기업의 업무 환경에 얼마나 잘 적용되는지 여부

04

차세대 ERP의 비즈니스 애널리틱스(Business Analytics)에 관한 설명으로 가장 적절하지 <u>않은</u> 것은?

① ERP 시스템의 방대한 데이터 분석을 위해 비즈니스 애널리틱스가 차세대 ERP의 핵심 요소가 되고 있다.
② 비즈니스 애널리틱스는 정형 데이터만을 대상으로 하며, 비정형 데이터는 분석 대상에 포함되지 않는다.
③ 비즈니스 애널리틱스는 기존 리포팅을 넘어 통계 기반의 고급 분석과 미래 예측기능을 제공할 수 있다.
④ 비즈니스 애널리틱스는 대시보드나 리포트처럼 단순한 시각화뿐만 아니라 예측·시나리오 분석기능도 포함한다.

05

[보기]에서 가중이동평균법을 이용해 7월의 수요를 예측할 경우 몇 개인가?

> **보기**
>
> • 박 대리: 최근 출고량이 꾸준히 증가하고 있습니다. 3월 100개, 4월 120개, 5월 140개, 6월 160개입니다.
> • 김 과장: 이번 7월 예측은 최근 데이터를 더 반영하는 방식으로 해보죠. 가중치를 1 : 2 : 3 : 4로 적용해 4개월 평균을 구해봅시다. 가장 최근인 6월이 가중치 4입니다.

① 136개
② 140개
③ 144개
④ 148개

06

제품 A에 대한 목표매출액을 결정하기 위해 수익성 지표를 활용하려고 한다. [보기]의 예측자료를 이용한 손익분기점에서의 매출액으로 옳은 것은?

> — 보기 —
>
> • 연간 고정비: 400만원
> • 제품단위당 변동비: 500원/개
> • 제품단위당 판매가: 700원/개

① 1,000만원 　　　② 1,200만원
③ 1,400만원 　　　④ 1,600만원

07

[보기]의 내용에서 거래처 및 고객별로 판매를 할당하고자 할 때 필요한 정보만 짝지은 것은?

> — 보기 —
>
> ㉠ 시장지수
> ㉡ 잠재구매력지수
> ㉢ 목표 수주점유율
> ㉣ 판매(수주)실적 경향
> ㉤ 고객별 과거 판매액

① ㉠, ㉡, ㉢ 　　　② ㉡, ㉢, ㉣
③ ㉢, ㉣, ㉤ 　　　④ ㉠, ㉡, ㉢, ㉣

08

(주)생산은 물품가격을 원가가산 방식(Cost-Plus-Pricing)으로 결정한다. [보기]의 제시된 자료만을 참고하면, 소매가격을 얼마로 책정해야 하는가?

> — 보기 —
>
> • 제조원가: 5,000원
> • 생산자 영업비: 1,000원
> • 생산자 이익: 400원
> • 도매업자 영업비: 800원
> • 도매업자 이익: 400원
> • 소매업자 영업비: 1,200원
> • 소매업자 이익: 소매가격의 20%

① 10,800원 　　　② 11,000원
③ 11,200원 　　　④ 11,500원

09

[보기] 중에서 가격탄력성에 대한 설명으로 적합한 것을 모두 나열한 것은?

> — 보기 —
>
> ㉠ 가격탄력성은 가격 변화에 대한 수요의 민감도를 나타내는 값이다.
> ㉡ 일반적으로 수요가 지속적으로 유지되는 생필품의 가격탄력성이 사치품보다 작아 비탄력적이다.
> ㉢ 가격탄력성이란 가격이 1% 변화하였을 때 수요량은 몇 % 변화하는가를 절대치로 나타낸 크기이다.
> ㉣ 가격탄력성이 1보다 큰 상품의 수요는 탄력적(Elastic)이라 하고, 1보다 작은 상품의 수요는 비탄력적(Inelastic)이라고 한다.

① ㉠, ㉡, ㉢ 　　　② ㉠, ㉢, ㉣
③ ㉡, ㉢, ㉣ 　　　④ ㉠, ㉡, ㉢, ㉣

10

(주)생산은 거래처인 A사로부터 외상매출액 1,000만원 중 800만원을 [보기]와 같이 받을어음으로 회수하였다. [보기]에 주어진 정보를 활용하여 잔액 200만원에 대해 가능한 최대 어음기간을 산출하면 얼마인가?

> — 보기 —
>
> 〈거래처 A사의 여신 관련 자료〉
> • 여신기간 50일, 여신한도액 1,000만원, 외상매출액 1,000만원
> • 회수된 어음 현황
> － 받을어음: 600만원(어음기간: 30일)
> － 받을어음: 200만원(어음기간: 90일)

① 40일 　　　② 50일
③ 60일 　　　④ 70일

11

공급망 운영전략의 유형을 효율적 공급망 전략과 대응적 공급망 전략으로 구분할 경우, [보기]의 내용 중 효율적 공급망 전략의 특징에 대한 설명으로 짝지어 놓은 것으로 가장 옳은 것은?

> — 보기 —
>
> ㉠ 신속하게 대응하는 운송을 선호한다.
> ㉡ 비용과 품질에 근거하여 공급자를 선정한다.
> ㉢ 리드 타임을 단축시키기 위해 공격적으로 투자한다.
> ㉣ 높은 가동률을 통해 낮은 비용을 유지하고자 한다.
> ㉤ 공급망에서 높은 재고 회전율과 낮은 재고수준을 유지하고자 한다.

① ㉠, ㉡, ㉢ 　　　② ㉠, ㉢, ㉣
③ ㉡, ㉣, ㉤ 　　　④ ㉡, ㉣, ㉤

12

[보기]에서 재고관리 관련 비용 중 재고부족비용 관련 항목으로만 묶인 것을 고르시오.

> **보기**
>
> ⊙ 운송 및 검사비용
> ⓛ 취급 및 보관비용
> ⓒ 납기지연
> ⓔ 판매기회 상실
> ⓜ 거래처 신용 하락

① ⊙, ⓛ, ⓒ
② ⊙, ⓒ, ⓔ
③ ⓛ, ⓒ, ⓔ
④ ⓒ, ⓔ, ⓜ

13

(주)생산은 여러 차례에 걸쳐 곡물을 구매하고 있다. 이 회사는 원가법에 따라 재고자산을 평가하고 있으며, 최근 곡물 가격의 변동이 심화됨에 따라 재고평가 방식을 검토하고 있다. 최근 분기 동안의 곡물 구매내역은 [보기]와 같다. 5월 말까지 (주)생산은 총 1,000톤의 곡물을 출고한 바 있다. (주)생산은 5월 24일에 구매한 재고부터 우선 출고하는 기준에 따라 재고자산을 평가하였다. (주)생산의 재고자산 평가방법은 무엇인가?

> **보기**
>
> • 3월 7일: 600톤을 톤당 400,000원에 구매함
> • 4월 13일: 700톤을 톤당 450,000원에 구매함
> • 5월 24일: 600톤을 톤당 550,000원에 구매함

① 개별법
② 총평균법
③ 후입선출법
④ 선입선출법

14

[보기]에서 설명하는 특징을 갖는 운송경로 유형으로 가장 적절한 것은?

> **보기**
>
> • 권역별·품목별로 거래처(소비자) 밀착형 물류거점을 운영하는 방식
> • 물류거점 및 지역별 창고 운영으로 다수의 물류거점 확보가 필요

① 복수거점 방식
② 배송거점 방식
③ 다단계거점 방식
④ 공장직송 운송 방식

15

[보기]는 운송 화물의 이력 추적관리에 대한 설명이다. 이에 대한 직접적인 기대 효과로 적절하지 <u>않은</u> 것은?

> **보기**
>
> 운송 화물의 이력 추적관리는 물류 흐름 전반에 걸쳐 화물의 위치, 상태, 이동 경로 등을 실시간으로 확인할 수 있는 시스템이다.

① 납기 준수율 향상
② 고객 서비스 수준 증대
③ 물류센터의 보관 용량 확대
④ 운송비의 체계적 관리 가능

16

[보기]에서 설명하는 정량적 예측 기법은 무엇인가?

> **보기**
>
> 최근 N개의 시계열 자료로부터 단순 평균을 구하고, 이 값을 미래 시계열의 예측치로 사용하는 방법으로 기간이 지남에 따라 평균 계산에 포함되는 대상이 바뀐다.

① 이동평균법
② 시장조사법
③ 델파이분석법
④ 시뮬레이션 모델

17

[보기]의 사례에 나타난 가격의 유형으로 가장 적절한 것은?

> **보기**
>
> (주)생산은 신제품 생산에 필요한 자동화 설비를 도입하기 위해 여러 업체를 대상으로 제안서를 받았다. (주)생산 성능, 가격, 설치 조건, A/S 등을 종합 검토하며 업체들과 여러 차례 협상을 진행하였고, 상호 조건을 조율한 끝에 개별 계약을 체결하였다.

① 교섭가격
② 개정가격
③ 정가가격
④ 협정가격

18

현금할인(Cash Discount) 방식 중 "특인기간 현금할인(Extra Dating)"으로 "4/15 – 20Days Extra"로 표시되는 경우의 할인 적용 기간을 구하시오.

① 4일
② 15일
③ 19일
④ 35일

19

직접노무비가 직접원가의 40%를 차지하고, 제조간접비가 제조원가의 30%를 차지하는 경우에 제조원가가 5,000원이라면 직접노무비는 얼마인가?

① 1,200원
② 1,400원
③ 1,600원
④ 1,800원

20

[보기]에서 (주)생산의 구매방법으로 가장 적절한 것은?

> ― 보기 ―
>
> 국제 유가가 하락세를 보이던 중, (주)생산은 향후 유가 상승 가능성에 대비하여 대량의 석유 원재료를 미리 확보하였다. 당시 실제로 유가는 2개월 뒤 급등하였고, (주)생산은 시세보다 저렴한 단가로 장기간 안정적인 원가관리를 할 수 있었다.

① 투기구매
② 수시구매
③ 일괄구매
④ 장기계약구매

프로그램 버전	iCUBE 핵심ERP ver.2025
사원명	• 회사: 3002. 물류2급, 회사A • 사원명: ERP13L02. 홍길동
DB 파일명	[백데이터] 2026 에듀윌 ERP 물류 1·2급 > PART 04 최신 기출문제_2026년 1회

01

다음 중 품목에 대한 설명으로 옳지 <u>않은</u> 것을 고르시오.

① 21-1030600. FRONT FORK(S) 조달구분은 0. 구매이다.
② 21-1060700. FRAME-NUT 품목군은 R100. FRAME이다.
③ 21-1060850. WHEEL FRONT-MTB LEAD TIME은 2DAYS이다.
④ 21-1060950. WHEEL REAR-MTB 품목의 검사여부는 1. 검사이다.

02

다음 거래처 중 수주등록 메뉴에서 고객입력 시 자동으로 불러오는 실적담당자가 '김종욱'인 거래처를 고르시오.

① (주)대흥정공
② (주)하나상사
③ (주)빅파워
④ (주)제동기어

03

다음 중 (주)한국자전거본사 사업장에서 사용하는 재고평가방법을 고르시오.

① 총평균
② 이동평균
③ 선입선출
④ 후입선출

04

(주)한국자전거에서는 월별로 고객별 판매계획을 등록하고 있다.
다음 중 2026년 1월에 실적담당이 '김종욱'인 고객 중 매출예상금
액이 가장 큰 곳을 고르시오.

① (주)대흥정공
② (주)하나상사
③ (주)빅파워
④ (주)제동기어

05

아래 [조회조건]으로 데이터를 조회한 후 물음에 답하시오.

┌ 조회조건 ─────────────────────────────
 • 사업장: 1000. (주)한국자전거본사
 • 견적기간: 2026/01/02 ~ 2026/01/02
└──────────────────────────────────────

다음 국내 견적 건 중 프로젝트 '특별할인판매'로 등록된 내역이
있는 고객을 고르시오.

① (주)대흥정공
② (주)하나상사
③ (주)빅파워
④ (주)제동기어

06

아래 [조회조건]으로 데이터를 조회한 후 물음에 답하시오.

┌ 조회조건 ─────────────────────────────
 • 사업장: 1000. (주)한국자전거본사
 • 주문기간: 2026/01/03 ~ 2026/01/03
└──────────────────────────────────────

다음 국내 수주내역 중 등록된 실적 담당자가 '박용덕'이면서, '검사'
과정을 거치는 고객을 고르시오.

① (주)대흥정공
② (주)하나상사
③ (주)빅파워
④ (주)제동기어

07

아래 [조회조건]으로 데이터를 조회한 후 물음에 답하시오.

┌ 조회조건 ─────────────────────────────
 • 사업장: 1000. (주)한국자전거본사
 • 주문기간: 2026/01/05 ~ 2026/01/05
└──────────────────────────────────────

다음 국내 주문내역 중 마감처리된 내역에 사유가 <u>다른</u> 고객을 고르
시오.

① (주)대흥정공
② (주)하나상사
③ (주)빅파워
④ (주)제동기어

08

아래 [조회조건]으로 데이터를 조회한 후 물음에 답하시오.

┌ 조회조건 ─────────────────────────────
 • 사업장: 1000. (주)한국자전거본사
 • 출고기간: 2026/01/07 ~ 2026/01/07
 • 출고창고: P100. 제품창고
└──────────────────────────────────────

다음 국내 출고내역 중 출고장소가 나머지와 <u>다른</u> 품목을 고르시오.

① NAX-A400. 싸이클
② NAX-A420. 산악자전거
③ ATECK-3000. 일반자전거
④ ATECX-2000. 유아용자전거

09

(주)한국자전거본사에서 2026년 1월 10일 국내 매출거래에 대해
매출마감을 등록하였다. 다음 국내 매출마감 입력내역 중 마감수량
을 수정할 수 있는 고객을 고르시오.

① (주)대흥정공
② (주)하나상사
③ (주)빅파워
④ (주)제동기어

10

아래 [조회조건]으로 데이터를 조회한 후 물음에 답하시오.

- 조회조건 -
- 사업장: 1000. (주)한국자전거본사
- 수금기간: 2026/01/10 ~ 2026/01/10

다음 중 수금내역 중 2026년 1월 15일 일자로 선수금정리내역이 존재하는 고객을 고르시오.

① (주)대흥정공
② (주)하나상사
③ (주)빅파워
④ (주)제동기어

11

(주)한국자전거본사는 2026년에 대한 고객별 기초미수채권 정보를 확인하고자 한다. 다음 중 기초미수채권 금액이 가장 큰 고객을 고르시오(미수채권 정보 기준은 '출고기준'으로 한다.).

① (주)대흥정공
② (주)하나상사
③ (주)빅파워
④ (주)제동기어

12

아래 [조회조건]으로 데이터를 조회한 후 물음에 답하시오.

- 조회조건 -
- 사업장: 1000. (주)한국자전거본사
- 계획기간: 2026/01/02 ~ 2026/01/02
- 계획구분: SIMULATION

다음 중 '(주)중앙전자' 고객으로 등록된 주계획작성(MPS)의 품목을 고르시오.

① BODY-알미늄(GRAY-WHITE)
② 전장품 ASS'Y
③ POWER TRAIN ASS'Y(MTB)
④ BREAK SYSTEM

13

아래 [조회조건]으로 데이터를 조회한 후 물음에 답하시오.

- 조회조건 -
- 사업장: 1000. (주)한국자전거본사
- 내역조회: ˙. 조회함
- 전개구분: 2. 모의전개
- 계획기간: 2026/02/01 ~ 2026/02/01

2026년 2월 1일에 등록된 주계획작성(MPS) 내역을 바탕으로 소요량을 분석하였다. 다음 조회된 품목 중 계정구분이 '반제품'이며 예정발주일이 가장 빠른 품목을 고르시오.

① BODY-알미늄(GRAY-WHITE)
② 전장품 ASS'Y
③ FOWER TRAIN ASS'Y(MTB)
④ FRESS FRAME-W

14

아래 [조회조건]으로 데이터를 조회한 후 물음에 답하시오.

- 조회조건 -
- 사업장: 1000. (주)한국자전거본사
- 요청일자: 2026/01/02 ~ 2026/01/02

다음 청구내역 중 입력된 주거래처와 품목등록에 설정된 주거래처가 다른 품목을 고르시오.

① FRONT FORK(S)
② FRAME-NUT
③ WHEEL FRONT-MTB
④ WHEEL REAR-MTB

15

아래 [조회조건]으로 데이터를 조회한 후 물음에 답하시오.

- 조회조건 -
- 사업장: 1000. (주)한국자전거본사
- 발주기간: 2026/01/05 ~ 2026/01/05

다음 국내 발주내역에 대한 설명 중 옳은 것을 고르시오.

① 청구적용을 통해 등록된 발주내역이다.
② 납기일과 입고예정일은 입력된 일자가 같다.
③ 관리구분 '일반구매'로 등록된 발주내역이다.
④ 구매검사 과정을 거쳐 입고를 진행하는 발주내역이다.

16

(주)한국자전거본사는 2026년 1월 8일, (주)형광램프 거래처로부터 발주를 진행하여 전달받은 물품을 상품창고에 입고하기 전에 검사를 진행하였다. 다음 중 진행된 입고검사의 검사유형으로 올바른 것을 고르시오.

① 외관검사
② 성능검사
③ 내구력검사
④ 통합검사

17

아래 [조회조건]으로 데이터를 조회한 후 물음에 답하시오.

> ┌─ 조회조건 ─
> • 사업장: 1000. (주)한국자전거본사
> • 입고기간: 2026/01/10 ~ 2026/01/10
> • 입고창고: M100. 부품창고

다음 국내 입고내역에 대한 설명 중 옳은 것을 고르시오.

① 마감 구분이 '건별'로 등록된 입고내역이다.
② 검사 과정을 거쳐 등록된 발주입고내역이다.
③ 발주수량과 재고단위수량이 동일하게 입력된 입고내역이다.
④ 별도의 프로젝트가 등록되지 않은 입고내역이다.

18

아래 [조회조건]으로 데이터를 조회한 후 물음에 답하시오.

> ┌─ 조회조건 ─
> • 사업장: 1000. (주)한국자전거본사
> • 입고기간: 2026/01/11 ~ 2026/01/11

다음 국내 입고내역 중, 매입 미마감잔량이 가장 적은 품목을 고르시오(관리단위 기준).

① FRONT FORK(S)
② FRAME-NUT
③ WHEEL FRONT-MTB
④ WHEEL REAR-MTB

19

아래 [조회조건]으로 데이터를 조회한 후 물음에 답하시오.

> ┌─ 조회조건 ─
> • 사업장: 1000. (주)한국자전거본사
> • 기간: 2026/01/15 ~ 2026/01/15

다음 회계처리를 진행한 국내 매입마감 데이터 중 관리구분 '할인구매'내역이 포함된 건의 전표번호와 순번을 고르시오.

① 전표번호: 2026/01/15, 순번: 1
② 전표번호: 2026/01/15, 순번: 2
③ 전표번호: 2026/01/15, 순번: 3
④ 전표번호: 2026/01/15, 순번: 4

20

아래 [조회조건]으로 데이터를 조회한 후 물음에 답하시오.

> ┌─ 조회조건 ─
> 작업내역 – (주)한국자전거본사는 2026/01/02에 유아용자전거 1EA를 점검할 목적으로 특정창고로 입고 이동시켰다. 해당 특정창고의 적합여부는 '부적합'이며, 가용재고는 '여'로, 양품이 아니지만 사용하는 물품을 관리하기 위한 곳이다.

(주)한국자전거본사는 작업내역을 처리하기 위하여 재고이동등록(창고) 메뉴를 사용하였다. 다음 창고이동내역 중 위 작업내역을 만족하는 이동번호를 고르시오.

① MV2601000001
② MV2601000002
③ MV2601000003
④ MV2601000004

기출문제 | 2급 | 2025년 6회

이론

01

[보기]에서 (주)생산에 적용된 핵심 기술은 무엇인가?

> 보기
> (주)스마트물류는 발주 – 출고지시 – 사전 출하통지(ASN) – 배송증명(POD)까지 거래 건별 정보가 시간 순서대로 연결되고, 모든 참여자에게 분산·공유되는 저장 방식의 도입을 검토한다.

① 데이터 마이닝
② TMS 기능 확장
③ 중앙집중형 거래원장
④ 블록체인 기반 분산원장(공공거래장부)

02

인공지능 비즈니스 적용 프로세스의 순서를 고르시오.

① 비즈니스 목표 수립 → 데이터 수집 및 적재 → 인공지능 모델 개발 → 인공지능 배포 및 프로세스 정비 → 비즈니스 영역 탐색
② 비즈니스 목표 수립 → 비즈니스 영역 탐색 → 데이터 수집 및 적재 → 인공지능 모델 개발 → 인공지능 배포 및 프로세스 정비
③ 비즈니스 영역 탐색 → 비즈니스 목표 수립 → 데이터 수집 및 적재 → 인공지능 모델 개발 → 인공지능 배포 및 프로세스 정비
④ 비즈니스 영역 탐색 → 비즈니스 목표 수립 → 데이터 수집 및 적재 → 인공지능 배포 및 프로세스 정비 → 인공지능 모델 개발

03

클라우드 컴퓨팅 서비스 유형에 대한 설명으로 가장 적절하지 <u>않은</u> 것은?

① PaaS는 데이터베이스와 스토리지 등을 제공하는 서비스이다.
② ERP 소프트웨어 개발을 위한 플랫폼을 클라우드 서비스로 제공받는 것을 PaaS라고 한다.
③ ERP 구축에 필요한 IT 인프라 자원을 클라우드 서비스로 빌려 쓰는 형태를 IaaS라고 한다.
④ ERP, CRM 솔루션 등의 소프트웨어를 클라우드 서비스를 통해 제공받는 것을 SaaS라고 한다.

04

[보기]에서 가장 성공적인 ERP 도입이 기대되는 회사를 고르시오.

> 보기
> • 회사 A: 시스템의 전문지식이 풍부한 IT 및 전산 관련 부서 구성원으로 도입 TFT를 결성하였다.
> • 회사 B: 현재 업무 방식이 최대한 반영될 수 있도록 업무 단위에 맞추어 ERP 도입을 추진 중이다.
> • 회사 C: ERP 도입 과정에서 부서 간 갈등 발생 시, 최고 경영층의 개입이 최소화 될 수 있도록 하향식 의사결정을 배제한다.
> • 회사 D: 프로세스 개선을 위해 효율적인 업무 프로세스를 재정립하고, 성공적인 ERP 도입을 위해 유능한 컨설턴트를 고용하고자 한다.

① 회사 A
② 회사 B
③ 회사 C
④ 회사 D

05

수요예측에 대한 설명으로 적절하지 <u>않은</u> 것은?

① 수요예측은 시장 상황, 경쟁사의 동향, 지역경제 등 외부환경을 고려해야 한다.
② 수요예측은 설정된 예측오차 범위 안에서 실제 수요를 반드시 정확히 예측해야 한다.
③ 수요예측은 다양한 요인으로 인해 예측오차가 발생할 수밖에 없다.
④ 개별 품목보다 전체 수요에 대한 예측이 더 정확할 수 있다.

06

판매계획을 단기, 중기, 장기 계획으로 구분할 때 중기 판매계획 요소로 적절하지 <u>않은</u> 것은?

① 신제품 개발
② 제품별 디자인
③ 판매촉진을 위한 정책
④ 판매경로 및 판매자원의 구체적인 계획

07

(주)생산은 2025년 상반기 전체 목표 매출액 60억원을 설정한 후, 시장규모, 잠재구매력지수 등을 종합적으로 분석하여 권역별로 매출목표를 할당하기로 하였다. 이에 해당되는 판매할당 방법으로 가장 적절한 것은?

① 월별 할당
② 영업거점별 할당
③ 지역 및 시장별 할당
④ 거래처 및 고객별 할당

08

(주)생산성은 제품가격 결정을 경쟁기업의 제품가격을 우선적으로 고려하여 자사의 제품가격을 결정하는 방법을 채택하고 있다. 따라서, (주)생산성은 제품가격을 결정할 경우 아래 [보기]에 제시된 단계에 따라 진행할 경우 괄호 안에 들어갈 내용을 순서대로 나열한 것으로 가장 옳은 것은?

> ― 보기 ―
> 경쟁환경 분석 ⇒ 선발기업의 상품 가격 조사 ⇒ (㉠) ⇒ (㉡) ⇒ (㉢) ⇒ 도소매 유통비용을 고려한 생산자 가격 결정

	㉠	㉡	㉢
①	자사의 시장 입지도 분석	전략적 판매가격 결정	경쟁기업의 가격과 비교
②	경쟁기업의 가격과 비교	전략적 판매가격 결정	자사의 시장 입지도 분석
③	경쟁기업의 가격과 비교	자사의 시장 입지도 분석	전략적 판매가격 결정
④	자사의 시장 입지도 분석	경쟁기업의 가격과 비교	전략적 판매가격 결정

09

ABC 분석에 대한 설명으로 가장 적절한 것은?

① C 그룹은 매출 기여도가 가장 높기 때문에 중점적으로 관리해야 할 고객이다.
② A 그룹은 전체 매출의 약 70%~80%를 차지하는 핵심 고객으로, 집중 관리가 필요하다.
③ 고객의 성장 가능성과 관계의 질을 기준으로 고객을 정성적으로 분류하는 방법이다.
④ A 그룹은 전체 고객 수의 약 70%~80%를 차지하며, 중요도가 낮아 관리 우선순위에서 제외된다.

10

[보기]의 자료를 활용하여 매출채권 회전율을 구하시오.

> ― 보기 ―
> • 특정 연도의 총매출액: 750억원
> • 외상매출금 잔액: 250억원
> • 받을어음 잔액: 50억원
> • 매출채권 회전율: ( )회

① 2
② 2.5
③ 3
④ 3.5

11

공급망 프로세스의 경쟁능력 4요소 중 [보기]의 내용에서 시간 요소에 대한 설명으로 짝지어 놓은 것으로 가장 옳은 것은?

> ― 보기 ―
> ㉠ 정시 제품 배달능력
> ㉡ 신속한 제품 배달능력
> ㉢ 경쟁사보다 빠른 신제품 개발능력
> ㉣ 설계 변화와 수요 변화에 효율적으로 대응할 수 있는 능력
> ㉤ 적은 자원으로 제품이나 서비스를 창출할 수 있는 능력

① ㉠, ㉡, ㉢
② ㉠, ㉢, ㉣
③ ㉡, ㉢, ㉣
④ ㉡, ㉣, ㉤

12

물류거점을 설계할 때 고려되어야 할 비용지표에 대한 설명으로 옳지 <u>않은</u> 것은?

① 고정투자비용은 1회성 고정비용이다.
② 재고비용은 안전재고가 증가함에 따라 발생한다.
③ 물류거점 수가 증가하면 1회당 수송거리도 길어진다.
④ 개별 물류거점의 규모가 커지면 변동운영비용도 커진다.

13

유통소요계획(DRP; Distribution Requirement Planning)에 대한 설명으로 가장 옳지 <u>않은</u> 것은?

① 공급자가 고객, 거래처의 재고수준을 파악하고 재고보충량을 결정하여 공급하는 방법이다.
② 기업들은 자재를 효율적으로 관리함으로써 유동부채를 감소시킬 수 있으며 업무 성과를 개선할 수 있다.
③ 다단계 유통체계를 갖는 공급망에서 고객, 거래처의 수요에 따라 필요한 수량을 필요한 시기에 공급하는 방법이다.
④ 여러 단계로 구성된 공급망의 하위 물류센터들에서 예측한 수요를 통합하여 상위 물류센터의 수요로 집계하고 그것을 근거로 재고 조달계획을 수립한다.

14

일반화물자동차운송에 비해 철도 운송의 특징에 관한 설명으로 옳지 <u>않은</u> 것은?

① 화물 수취가 편리하다.
② 이원적 운송이 이루어진다.
③ 장거리 운송에 경제적이다.
④ 대량의 화물 운송이 가능하다.

15

창고배치(Layout)의 기본 원리 중 화물의 형태나 건축 구조의 제약이 있을 경우 공간 효율을 높이기 위한 방법으로 가장 적절한 것은?

① 모듈화·규격화 고려
② 높낮이 차이의 최대화
③ 흐름방향의 직진성으로만 경로 설계
④ 물품, 사람, 운반기기의 역행·교차 없애기

16

[보기]의 내용에 해당하는 출고 업무 프로세스로 가장 적절한 것은?

> **보기**
>
> 출고 지시서에 따라 창고에 보관된 재고에서 해당 물품을 꺼내는 활동

① 분류
② 출고 지시
③ 출고 피킹
④ 출하 포장

17

[보기]는 가격의 결정 방식에 대한 사례이다. 이와 같은 사례에 해당하는 가격의 유형으로 가장 적절한 것은?

> **보기**
>
> A자동차는 1년 전 출시한 '그랜토' 모델의 새로운 버전을 곧 출시할 예정이다. 이에 따라 기존 모델의 재고 차량은 제조업체와 판매 대리점 간 협의 없이도 일정 수준으로 가격이 인하되었으며, 이는 동일 업계 전반에서 자연스럽게 형성된 가격 범위 내에서 이루어졌다.

① 시중가격
② 교섭가격
③ 협정가격
④ 개정가격

18

[보기]에서 원가계산의 목적을 모두 나열한 것을 고르시오.

> **보기**
>
> ㉠ 가격 결정
> ㉡ 개별원가 산정
> ㉢ 원가관리
> ㉣ 예산 편성

① ㉠, ㉡
② ㉡, ㉢
③ ㉡, ㉢, ㉣
④ ㉠, ㉡, ㉢, ㉣

19

구매가격을 결정하고, 합리적 구매계획을 수립하기 위한 목적으로 구매시장조사를 실시할 경우 고려해야 할 사항으로 가장 적절하지 않은 것은?

① 조사적시성
② 조사정확성
③ 비용의 경제성
④ 공급자의 수주능력

20

[보기]는 (주)생산의 구매 방식에 대한 설명이다. 이 사례에서 나타나는 구매 방식의 특징에 대한 설명으로 가장 적절한 것은?

> ― 보기 ―
>
> (주)생산은 각 사업장별로 구매팀을 별도로 운영하고 있다. 각 사업장은 구매 자율권을 바탕으로 인근 지역의 납품업체를 통해 필요 자재를 직접 소량구매한다. 최근 한 사업장은 현지 납품업체와의 장기 협력을 통해 납품 지연 없이 원활히 자재를 확보하고 있으며, 또 다른 사업장은 거래처 부족으로 원자재 확보에 어려움을 겪고 있다.

① 구매 일원화를 통해 협상력이 향상된다.
② 자재 품목별로 전문 구매 전담 조직을 둘 수 있다.
③ 중앙 통제가 가능하여 전체 자재 운영이 표준화된다.
④ 긴급 대응에는 유리하나 공급처 부족 시 문제가 생길 수 있다.

프로그램 버전	iCUBE 핵심ERP ver.2025
사원명	• 회사: 3005. 물류2급, 회사B • 사원명: ERP13L02. 홍길동
DB 파일명	[백데이터] 2026 에듀윌 ERP 물류 1·2급 > PART 04 최신 기출문제_2025년 6회

01

(주)한국자전거에 등록된 일반거래처 중 사업장 주소지가 '경기 화성시'에 위치한 거래처를 고르시오.

① (주)대흥정공
② (주)하나상사
③ (주)빅파워
④ (주)제동기어

02

(주)한국자전거에 등록된 품목 88-1001000. PRESS FRAME-W에 설정된 계정구분으로 옳은 것을 고르시오.

① 원재료
② 반제품
③ 제품
④ 상품

03

(주)한국자전거에서는 제품 출하 시 검사항목을 관리하고 있다. 다음 중 사용 중인 검사유형이면서, 출하 검사 시 '필수' 검사유형 질문 항목이 포함된 검사유형을 고르시오.

① 도색검사
② 포장검사
③ 작동검사
④ A/S검사

04

(주)한국자전거본사는 2025년 11월 고객별 판매계획을 등록하였다. 다음 고객 중 매출예상금액이 가장 큰 고객을 고르시오.

① (주)대흥정공
② (주)하나상사
③ (주)빅파워
④ (주)제동기어

05

아래 [조회조건]으로 데이터를 조회한 후 물음에 답하시오.

┌─ 조회조건 ─
• 사업장: 1000. (주)한국자전거본사
• 견적기간: 2025/11/01 ~ 2025/11/01
└─

(주)한국자전거본사에서 2025년 11월 1일, (주)대흥정공으로부터 요청받은 견적내역에 대해 수주 진행이 완료되었다. 다음 중 요청받은 견적내역에 적용된 주문번호로 옳은 것을 고르시오.

① SO2511000001
② SO2511000002
③ SO2511000003
④ SO2511000004

06

아래 [조회조건]으로 데이터를 조회한 후 물음에 답하시오.

┌─ 조회조건 ─
• 사업장: 1000. (주)한국자전거본사
• 주문기간: 2025/11/03 ~ 2025/11/03
└─

다음 국내 수주내역 중 '특별할인판매' 프로젝트로 등록된 수주수량의 합을 고르시오(관리단위 기준).

① 0EA
② 10EA
③ 15EA
④ 20EA

07

아래 [조회조건]으로 데이터를 조회한 후 물음에 답하시오.

┌─ 조회조건 ─
• 사업장: 1000. (주)한국자전거본사
• 출고기간: 2025/11/05 ~ 2025/11/05
• 출고창고: P100. 제품창고
└─

다음 국내 출고내역 중 출고장소가 나머지와 <u>다른</u> 품목을 고르시오.

① NAX-A400. 일반자전거(P-GRAY WHITE)
② NAX-A420. 산악자전거(P-20G)
③ ATECK-3000. 일반자전거
④ ATECX-2000. 유아용자전거

08

아래 [조회조건]으로 데이터를 조회한 후 물음에 답하시오.

┌─ 조회조건 ─
• 사업장: 1000. (주)한국자전거본사
• 마감기간: 2025/11/06 ~ 2025/11/06
└─

다음 매출마감등록내역에 대한 설명으로 올바르지 <u>않은</u> 것을 고르시오.

① 마감 과세구분 '매출과세'에 대한 매출마감처리내역이다.
② 매출마감 후 전표처리로 진행이 완료되었다.
③ 출고번호 'IS2511000002'의 마감내역이다.
④ 관리단위수량과 재고단위수량이 다르게 등록되었다.

09

(주)한국자전거본사는 2025년 11월 7일에 세금계산서를 발행하였다. 다음 일자의 세금계산서내역 중 포함되지 <u>않는</u> 매출마감번호를 고르시오.

① SC2511000002
② SC2511000003
③ SC2511000004
④ SC2511000005

10

아래 [조회조건]으로 데이터를 조회한 후 물음에 답하시오.

다음 중 수금내역 중 2025년 11월 5일 일자로 선수금정리내역이 존재하는 고객을 고르시오.

① (주)대흥정공
② (주)하나상사
③ (주)빅파워
④ (주)제동기어

11

아래 [조회조건]으로 데이터를 조회한 후 물음에 답하시오.

(주)한국자전거본사는 고객별 미수채권 정보를 확인하고자 한다. 다음 중 미수채권의 잔액이 가장 많은 거래처는 어디인가?

① (주)대흥정공
② (주)하나상사
③ (주)빅파워
④ (주)제동기어

12

아래 [조회조건]으로 데이터를 조회한 후 물음에 답하시오.

다음 중 품목군이 'WHEEL'이면서 주계획작성(MPS)의 계획수량이 가장 적은 품목을 고르시오.

① FRONT FORK(S)
② FRAME-NUT
③ WHEEL FRONT-MTB
④ WHEEL REAR-MTB

13

2025년 11월 1일 청구등록내역 중 입력된 주거래처와 품목의 주거래처가 <u>다른</u> 품목을 고르시오.

① FRONT FORK(S)
② FRAME-NUT
③ WHEEL FRONT-MTB
④ WHEEL REAR-MTB

14

아래 [조회조건]으로 데이터를 조회한 후 물음에 답하시오.

다음 중 고객의 주문에 의해 등록된 발주번호를 고르시오.

① PO2511000001
② PO2511000002
③ PO2511000003
④ PO2511000004

15

2025년 11월 입고내역인 입고번호 RV2511000001에 대한 설명이다. 다음 중 <u>잘못</u> 설명한 것을 고르시오.

① 실적담당자는 노희선이다.
② 입고일자는 2025/11/05이다.
③ 입고창고는 '부품창고'이다.
④ 거래처는 (주)세림와이어이다.

16

다음의 [조회조건] 내용을 읽고 질문에 답하시오.

조회조건
- 사업장: 1000. (주)한국자전거본사
- 입고기간: 2025/11/10 ~ 2025/11/10

다음 국내 입고내역 중 매입미마감잔량이 가장 적은 품목을 고르시오(관리단위 기준).

① FRONT FORK(S)
② FRAME-NUT
③ WHEEL FRONT-MTB
④ WHEEL REAR-MTB

17

아래 [조회조건]으로 데이터를 조회한 후 물음에 답하시오.

조회조건
- 사업장: 1000. (주)한국자전거본사
- 기간: 2025/11/15 ~ 2025/11/15

다음 회계처리를 진행한 국내 매입마감 데이터 중 관리구분 '기타구매'내역이 포함된 건의 전표번호와 순번을 고르시오.

① 전표번호: 2025/11/15, 순번: 1
② 전표번호: 2025/11/15, 순번: 2
③ 전표번호: 2025/11/15, 순번: 3
④ 전표번호: 2025/11/15, 순번: 4

18

(주)한국자전거본사는 품목별 안전재고량을 등록하여 현재 재고수량을 고려한 가용재고를 관리한다. 다음 중 계정구분이 '반제품'인 품목 중 안전재고량의 고려로 인하여 가용재고가 존재하지 <u>않는</u> 것을 고르시오(재고기준은 2025년 전사기준으로 확인한다.).

① BODY-알미늄(GRAY-WHITE)
② 전장품 ASS'Y
③ POWER TRAIN ASS'Y(MTB)
④ BREAK SYSTEM

19

아래 [조회조건]으로 데이터를 조회한 후 물음에 답하시오.

조회조건
작업내역 - (주)한국자전거본사는 2025/11/01에 유아용자전거 1EA를 점검할 목적으로 특정창고로 입고 이동시켰다. 해당 특정창고의 적합여부는 '부적합'이며, 가용재고는 '여'로, 양품이 아니지만 사용하는 물품을 관리하기 위한 곳이다.

(주)한국자전거본사는 작업내역을 처리하기 위하여 재고이동등록(창고) 메뉴를 사용하였다. 다음 창고이동내역 중 위 작업내역을 만족하는 이동번호를 고르시오.

① MV2511000001
② MV2511000002
③ MV2511000003
④ MV2511000004

20

(주)한국자전거본사에서 2025년 10월 31일 원재료창고/원재료장소 에서 재고실사를 실시하였다. 전산재고와 실사재고가 차이나는 항목들은 재고조정을 통하여 두 수량을 맞추려고 한다. 수량을 모두 양수로 입력하기 위하여 입고할 품목은 입고조정으로 출고할 품목은 출고조정에 입력할 예정이다. 다음 중 출고조정수량이 가장 적은 품목을 고르시오.

① WHEEL FRONT-MTB
② WHEEL REAR-MTB
③ FRAME-티타늄
④ FRAME-알미늄

기출문제   2급 | 2025년 5회

이론

01

[보기]에서 (주)대한의 부서(부문)별 RPA 도입 사례이다. 적용 단계로 가장 적절한 것은?

보기

- 인사부문: 이력서 PDF에서 이름·학력·자격증을 자동 추출 후 ERP 인사 모듈에 등록
- 회계부문: 영수증 이미지에서 금액·날짜·거래처를 자동 인식해 경비 전표로 변환
- 생산부문: 설비 점검표 이미지에서 수치값을 자동 추출해 ERP 설비관리 모듈에 반영
- 물류부문: 고객이 메일이나 채팅으로 보낸 배송지 변경 요청을 NLP로 인식하여 ERP 배송정보 자동 수정

---

① 인지자동화
② 기초프로세스 자동화
③ 데이터 기반의 머신러닝 활용
④ 네트워크 참여자들에게 분산 및 공유하는 분산원장

02

제품, 공정, 생산설비와 공장에 대한 실제 세계와 가상 세계의 통합 시스템이며 제조 빅데이터를 기반으로 사이버모델을 구축하고 이를 활용하여 최적의 설계 및 운영을 수행하는 것을 무엇이라 하는가?

① 비즈니스 애널리틱스(Business Analytics)
② 사이버물리 시스템(Cyber Physical System, CPS)
③ 전사적 자원관리(Enterprise Resource Planning, ERP)
④ 고장 진단 및 예지 시스템(Prognostics and Health Management, PHM)

03

차세대 ERP의 비즈니스 애널리틱스(Business Analytics)에 관한 설명으로 가장 적절하지 <u>않은</u> 것은?

① 비즈니스 애널리틱스는 구조화된 데이터(Structured Data)만 분석 대상으로 한다.
② ERP 시스템의 방대한 데이터 분석을 위해 비즈니스 애널리틱스가 차세대 ERP의 핵심 요소가 되고 있다.
③ 비즈니스 애널리틱스는 리포트, 쿼리, 대시보드, 스코어카드뿐만 아니라 예측모델링과 같은 진보된 형태의 분석기능도 제공한다.
④ 비즈니스 애널리틱스는 질의 및 보고와 같은 기본적 분석기술뿐만 아니라 예측모델링과 같은 수학적으로 정교한 수준의 분석을 지원한다.

04

세계경제포럼(World Economic Forum)에서 발표한 인공지능 규범(AI code)의 5개 원칙에 해당하지 <u>않는</u> 것은?

① 인공지능은 투명성과 공정성의 원칙에 따라 작동해야 한다.
② 인공지능은 인류의 공동 이익과 이익을 위해 개발되어야 한다.
③ 인공지능이 개인, 가족, 지역 사회의 데이터 권리 또는 개인정보를 감소시켜야 한다.
④ 인간을 해치거나 파괴하거나 속이는 자율적 힘을 인공지능에 절대로 부여하지 않는다.

05

지수평활법을 이용하여 예측 판매량의 변화를 파악하고자 한다. 실제 판매량과 예측 판매량이 [보기]와 같을 때, 8월 대비 9월의 예측 판매량의 변화로 옳은 것은? (단, 지수평활상수 α = 0.4이다.)

보기

- 7월 실제 판매량: 400
- 7월 예측 판매량: 450
- 8월 실제 판매량: 500

---

① 27 증가
② 28 증가
③ 29 증가
④ 30 증가

06

판매계획을 단기, 중기, 장기 계획으로 구분할 때, [보기]의 내용에서 장기 판매계획 요소에 대해 가장 올바르게 짝지은 것은?

> **보기**
>
> ㉠ 품질개선
> ㉡ 신시장 개척
> ㉢ 신제품 개발
> ㉣ 판매경로 강화
> ㉤ 구체적인 판매할당

① ㉠, ㉡, ㉢
② ㉡, ㉢, ㉣
③ ㉢, ㉣, ㉤
④ ㉠, ㉡, ㉣, ㉤

07

제품 A에 대한 목표매출액을 결정하기 위해 수익성 지표를 활용하려고 한다. [보기]의 예측자료를 이용한 손익분기점에서의 매출액으로 옳은 것은?

> **보기**
>
> • 연간 고정비: 270만원
> • 제품단위당 변동비: 450원/개
> • 제품단위당 판매가: 600원/개

① 900만원
② 1,000만원
③ 1,050만원
④ 1,080만원

08

가격 결정에 영향을 미치는 기업 내·외적 요인 중 "가격이 1% 변화하였을 때 수요량은 몇 % 변화하는가"를 절대치로 나타낸 크기의 내용을 포함하는 요인으로 가장 옳은 것은?

① 경쟁환경
② 고객 수요
③ 유통채널
④ 원가(비용)

09

[보기]에서 나타나는 가격유지 정책으로 가장 적절한 것은?

> **보기**
>
> (주)KPC는 제품 A의 가격유지를 위해 도매업체와 계약 시 일정 판매목표를 설정하고, 목표 달성 시 해당 판매액의 일정 비율을 사후 환급해주는 조건을 적용하였다.

① 리베이트 전략으로, 관습에 따라 리베이트 비율이 달라질 수 있다.
② 리베이트 전략으로, 도매업체에 판매 전 일정 금액을 할인해 주는 방식이다.
③ 비가격경쟁 전략으로, 도매업체의 마진을 보장하여 유통단가를 낮추는 방식이다.
④ 비가격경쟁에 의한 가격유지로, 제품 외적 요소를 강조하여 가격을 유지하는 방식이다.

10

[보기]에 나타난 대금회수 관리 방법으로 가장 적절한 것은?

> **보기**
>
> (주)KPC는 최근 매출채권 회수율이 저조하여 거래처별 외상매출금 잔액과 외상매출처를 집중적으로 점검하고 있다. 회계팀은 실제 회수가 가능한 금액을 정확히 파악하기 위해 잔액 및 거래처별 대출 현황을 검토하고 있다.

① 회수기간을 단축하는 관리 방법에 해당한다.
② 대금 미회수 사유를 분석하여 반품 여부를 확인하는 방식이다.
③ 선결제 조건을 계약서에 명시하여 회수율을 사전에 확보하는 방식이다.
④ 외상매출금 잔액과 거래처별 내역을 확인하여 회수 가능성을 점검하는 방식이다.

11

[보기]에서 설명하는 공급사슬관리의 물류활동으로 옳은 것은?

> **보기**
>
> 소비자가 교환, 환불 또는 수리를 위하여 구입한 제품을 판매자에게 되돌려 보내기까지의 물류

① 반품물류
② 생산물류
③ 조달물류
④ 판매물류

12

공급망 물류거점의 구축 시 질적인 고려 사항으로 가장 적절하지 <u>않은</u> 것은?

① 고객만족
② 수요 창출
③ 고정 투자비용
④ 참여기업 경쟁력 향상

13

재고관리 기법의 하나인 고정주문기간 모형에 대한 설명으로 옳은 것은?

① 주문량이 항상 일정하다.
② 재고의 수시 파악이 어렵다.
③ 주문시기가 일정하지 않다.
④ 재고수준을 수시로 점검하게 된다.

14

재고자산 기록방법 중 계속기록법에 대한 설명으로 적절하지 <u>않은</u> 것은?

① 거래가 빈번하지 않을 때 적합한 방법이다.
② 감모손실이 기말재고수량에 포함되지 않는다.
③ 매출원가가 과대평가되고 당기매출이익이 작게 나타난다.
④ 재고의 증감수량과 금액을 일일이 장부에 기록하는 방법이다.

15

운송 공급 모형에 관한 설명으로 [보기]의 내용에 적합한 모형으로 가장 옳은 것은?

> ─ 보기 ─
>
> 1회의 편도 운송 거리가 1일 이상 소요되는 운송이나 일정한 도시를 순회하며 집화·배달하는 경우의 운송에서 일정 시간을 운행한 후 운전자를 교대하여 차량을 계속 운행시킴으로써 차량의 가동시간을 최대화한다.

① 왕복 운송 시스템
② 환결 운송 시스템
③ 중간 환승 시스템
④ 릴레이식 운송 시스템

16

창고 관리자 A와 B의 대화를 바탕으로 이들이 고려하고 있는 창고 보관의 기본 원칙으로 가장 적절한 것은?

> ─ 보기 ─
>
> A: 이쪽은 회전율이 낮은 재고니까 안쪽 구석에 두자.
> B: 그래, 자주 꺼낼 필요 없는 물품은 안쪽에 두고, 자주 꺼내는 건 바깥쪽에 놓는 게 효율적이야.

① 중량 특성의 원칙
② 높이 쌓기의 원칙
③ 회전 대응의 원칙
④ 동일성 및 유사성의 원칙

17

[보기] 사례에서 설명하고 있는 업무 방식의 개념으로 가장 적절한 것은?

> ─ 보기 ─
>
> 현우는 자재구매팀 신입사원이다. 그는 생산부서의 요청에 따라 동일한 품질의 원재료를 필요한 수량만큼, 적정한 가격으로, 정해진 기한 내에 납품될 수 있도록 조율하였다. 또한 여러 공급처를 비교하여 신뢰할 수 있는 거래처를 선정하였다.

① JIT 방식에 따른 재고 최소화
② 5R 원칙에 따른 구매관리 실행
③ 5S 활동을 통한 구매현장 개선
④ EOQ에 따른 경제적 주문수량 계산

18

[보기]의 내용을 적절하게 나타내고 있는 현금할인조건 표기로 옳은 것은?

> ― 보기 ―
>
> 가격할인 방식 중 거래일이 9월 1일이지만 할인기산일을 9월 15일로 하고, 9월 25일까지 현금지불이 되면 5%의 할인이 적용되는 경우

① 5/10 Advanced
② 5/15 Advanced
③ 10/5 Advanced
④ 15/25 Advanced

19

[보기]는 (주)생산성의 A제품의 원가 구성 자료이다. 제품 A의 총원가를 구하시오.

> ― 보기 ―
>
> • 직접노무비: 3,000원
> • 직접재료비: 4,500원
> • 직접경비는 직접노무비의 50%
> • 제조간접비는 직접원가의 40%
> • 판매비: 2,000원
> • 관리비: 2,000원
>
> ※ 총원가 = 제조원가 + 판매비 + 관리비로 정의한다.
> ※ 직접원가 = 직접재료비 + 직접노무비 + 직접경비로 본다.

① 13,200원
② 15,600원
③ 16,600원
④ 18,200원

20

[보기]에 해당하는 공급자 선정 방식으로 가장 적절한 것은?

> ― 보기 ―
>
> 입찰 참가자의 자격을 제한하지만 특정한 자격을 갖춘 모든 대상자를 입찰 참가자에 포함시키는 방식

① 일반경쟁 방식
② 지명경쟁 방식
③ 제한경쟁 방식
④ 수의계약 방식

프로그램 버전	iCUBE 핵심ERP ver.2025
사원명	• 회사: 3002. 물류2급, 회사A • 사원명: ERP13L02. 홍길동
DB 파일명	[백데이터] 2026 에듀윌 ERP 물류 1·2급 > PART 04 최신 기출문제_2025년 5회

01

다음 [보기]는 품목에 대한 설명이다.

> ― 보기 ―
>
> 가. 16-102800. RECTANGLE PIPE의 계정구분은 5. 상품이다.
> 나. 21-1060950. WHEEL REAR-MTB는 조달구분이 0. 구매이다.
> 다. 21-3001500. PEDAL(S)과 21-3001600. PEDAL의 환산계수는 동일하다.
> 라. 85-1020400. POWER TRAIN ASS'Y(MTB)의 LEAD TIME은 5DAYS이다.

올바른 설명으로 짝지은 것을 고르시오.

① 가, 나
② 가, 다
③ 가, 라
④ 다, 라

02

다음 거래처 중 수주등록 메뉴에서 거래처 입력 시 자동으로 불러오는 실적담당자가 3000. 박용덕인 거래처를 고르시오.

① 00001. (주)대흥정공
② 00002. (주)하나상사
③ 00003. (주)빅파워
④ 00004. (주)제동기어

03

(주)한국자전거본사의 창고 M400. 상품창고에 속한 장소 중 적합여부는 '부적합'이며 가용재고여부는 '여'인 장소를 고르시오.

① M102. 부재료장소
② M104. 진열장소
③ M402. 상품적재장소
④ M403. 상품대기장소

04

(주)한국자전거본사는 2025년 9월 고객별 판매계획을 등록하였
다. 다음 고객 중 매출예상금액이 가장 큰 고객을 고르시오.

① (주)대흥정공
② (주)하나상사
③ (주)빅파워
④ (주)제동기어

05

아래 [조회조건]으로 데이터를 조회한 후 물음에 답하시오.

> ┌ 조회조건 ┐
> • 사업장: 1000. (주)한국자전거본사
> • 견적기간: 2025/09/01 ~ 2025/09/01

다음 국내 견적 중 단가구분이 "부가세포함"으로 등록된 견적번호
를 고르시오.

① ES2509000001
② ES2509000002
③ ES2509000003
④ ES2509000004

06

아래 [조회조건]으로 데이터를 조회한 후 물음에 답하시오.

> ┌ 조회조건 ┐
> • 사업장: 1000. (주)한국자전거본사
> • 주문기간: 2025/09/03 ~ 2025/09/03

다음 국내 수주내역 중 S40. 정기매출 관리구분으로 등록된 수주
수량의 합을 고르시오(관리단위 기준).

① 15EA
② 40EA
③ 50EA
④ 60EA

07

(주)한국자전거본사의 2025년 9월 8일 수주내역 중 수주마감처리
되어 출고처리할 수 없는 수주번호를 고르시오.

① SO2509000005
② SO2509000006
③ SO2509000007
④ SO2509000008

08

아래 [조회조건]으로 데이터를 조회한 후 물음에 답하시오.

> ┌ 조회조건 ┐
> • 사업장: 1000. (주)한국자전거본사
> • 출고기간: 2025/09/10 ~ 2025/09/10
> • 출고창고: M400. 상품창고

다음 중 견적번호 ES2509000004에 대한 출고내역을 고르시오.

① IS2509000001
② IS2509000002
③ IS2509000003
④ IS2509000004

09

아래 [조회조건]으로 데이터를 조회한 후 물음에 답하시오.

> ┌ 조회조건 ┐
> • 사업장: 1000. (주)한국자전거본사
> • 마감기간: 2025/09/29 ~ 2025/09/29

다음 중 2025년 9월 5일 출고에 대한 매출마감내역을 고르시오.

① SC2509000001
② SC2509000002
③ SC2509000003
④ SC2509000004

10

2025년 9월 9일 수금내역 중 수금금액이 가장 큰 고객을 고르시오.

① (주)대흥정공
② (주)하나상사
③ (주)빅파워
④ (주)제동기어

11

아래 [조회조건]으로 데이터를 조회한 후 물음에 답하시오.

┌─ 조회조건 ─
- 조회기간: 2025/09/01 ~ 2025/09/30
- 조회기준: 0. 국내(출고기준)
- 미수기준: 0. 발생기준

(주)한국자전거본사는 고객별 미수채권 정보를 확인하고자 한다. 다음 고객 중 미수채권의 잔액이 가장 적은 고객을 고르시오.

① (주)대흥정공
② (주)하나상사
③ (주)세림와이어
④ (주)영동바이크

12

아래 [조회조건]으로 데이터를 조회한 후 물음에 답하시오.

┌─ 조회조건 ─
- 사업장: 1000. (주)한국자전거본사
- 계획기간: 2025/09/03 ~ 2025/09/03
- 계획구분: 2. SIMULATION

(주)한국자전거본사는 고객 요청에 따라 2025년 9월 3일 제품의 출하 진행을 위해 자재소요량계획(MRP)을 수립하고, 필요한 자재를 원활하게 수급하기 위해 주계획을 작성하였다. 다음 중 주계획에 등록되지 않은 고객을 고르시오.

① (주)세림와이어
② (주)제일물산
③ (주)한라상사
④ (주)성진테크원

13

2025년 9월 2일 청구등록내역 중 입력된 주거래처와 품목의 주거래처가 다른 품목을 고르시오.

① 21-1030600. FRONT FORK(S)
② 21-3000300. WIRING-DE
③ 21-3065700. GEAR REAR C
④ 25-3005000. MOTOR & SW LEADFRAME RH

14

아래 [조회조건]으로 데이터를 조회한 후 물음에 답하시오.

┌─ 조회조건 ─
- 사업장: 1000. (주)한국자전거본사
- 발주기간: 2025/09/03 ~ 2025/09/03

다음 중 고객의 수주에 의해 등록된 발주번호를 고르시오.

① PO2509000001
② PO2509000002
③ PO2509000003
④ PO2509000004

15

2025년 9월 입고내역인 입고번호 RV2509000004에 대한 설명이다. 다음 중 잘못 설명한 것을 고르시오.

① 실적담당자는 박용덕이다.
② 입고일자는 2025/09/10이다.
③ 입고창고는 D100. 분배창고이다.
④ 거래처는 00037. (주)성진테크원이다.

16

아래 [조회조건]으로 데이터를 조회한 후 물음에 답하시오.

┌─ 조회조건 ─
• 사업장: 1000. (주)한국자전거본사
• 입고기간: 2025/09/11 ~ 2025/09/11
└─

다음 국내 입고내역 중, 매입미마감잔량이 가장 많은 것을 고르시오(관리단위 기준).

① 16-102800. RECTANGLE PIPE
② 21-3065700. GEAR REAR C
③ 21-9000200. HEAD LAMP
④ 90-9001000. FRAME GRAY

17

아래 [조회조건]으로 데이터를 조회한 후 물음에 답하시오.

┌─ 조회조건 ─
• 사업장: 1000. (주)한국자전거본사
• 기간: 2025/09/15 ~ 2025/09/18
└─

매입마감번호 PC2509000003의 전표번호를 고르시오.

① 전표번호: 2025/09/15
② 전표번호: 2025/09/16
③ 전표번호: 2025/09/17
④ 전표번호: 2025/09/18

18

(주)한국자전거본사에서 2025년 9월 25일에 상품창고/상품장소에서 재고실사를 실시하였다. 전산재고와 실사재고가 차이나는 항목들은 재고조정을 통하여 두 수량을 맞추려고 한다. 수량을 모두 양수로 입력하기 위하여 입고할 품목은 입고조정으로 출고할 품목은 출고조정에 입력할 예정이다. 다음 중 출고조정수량이 가장 큰 품목을 고르시오.

① 21-1060700. FRAME-NUT
② 21-1060850. WHEEL FRONT-MTB
③ 40-2525000. LEAD FRAME
④ 90-9001000. FRAME GRAY

19

전사기준 2025년 재고를 조회하고 계정구분이 원재료인 품목 중 가용재고량이 가장 많은 품목을 고르시오.

① 21-1060850. WHEEL FRONT-MTB
② 21-1080800. FRAME-알미늄
③ 21-3065700. GEAR REAR C
④ 21-9000200. HEAD LAMP

20

(주)한국자전거본사에서 생산품에 대하여 2025년 9월 재고평가를 할 때, NAX-A400. 싸이클의 입고단가를 고르시오.

① 188,000원
② 190,000원
③ 191,000원
④ 193,000원

끝이 좋아야 시작이 빛난다.

– 마리아노 리베라(Mariano Rivera)

2026 에듀윌 ERP 정보관리사 물류 1·2급
한권끝장 + 무료특강

발 행 일	2026년 4월 27일 초판 | 2026년 4월 27일 1쇄
편 저 자	최주영
펴 낸 이	양형남
개 발	정상욱, 배소진
펴 낸 곳	(주)에듀윌
등록번호	제25100–2002–000052호
주 소	08378 서울특별시 구로구 디지털로34길 55 코오롱싸이언스밸리 2차 3층
I S B N	979–11–360–4201–9(13320)

* 이 책의 무단 인용 · 전재 · 복제를 금합니다.

www.eduwill.net
대표전화 1600-6700

오랜 시간 쌓아온 **1위**의 기록, 수많은 합격생이 선택한 **베스트셀러** 교재

검정고시

고졸 검정고시
과목별 기본서 / 핵심총정리
기출문제집 / 모의고사

중졸 검정고시
과목별 기본서 / 핵심총정리
기출문제집 / 모의고사

세무회계 / ERP

전산세무
1급 / 2급

전산회계
1급 / 2급

기초회계원리

재경관리사

ERP 정보관리사
인사 / 회계 / 생산 / 물류

경제 / 금융

매경TEST
2주끝장 / 문제집

TESAT
한권끝장 / 기출문제집 / 600제

투자자산운용사

외환전문역
I종 / II종

손해평가사
1차 / 2차

보안 / 운전 / 기술면허

경비지도사
1차 / 2차

운전면허

지게차운전기능사

굴착기운전기능사

화물운송종사

스포츠 / 서비스 / 보건

스포츠지도사
필기 / 실기

사회조사분석사
필기 / 실기

SMAT
모듈 A / B / C

CS리더스 관리사

간호조무사

상담 / 복지

사회복지사 1급
이론서 / 기출문제집 / 핵심요약집

청소년상담사 3급
필기 / 면접

임상심리사 2급
필기 / 실기

한국어

KBS한국어능력시험
한권끝장 / 2주끝장 / 통기출 600제

한국실용글쓰기

TOPIK 한국어능력시험
I / II / II 쓰기

ToKL 국어능력인증시험
한권끝장 / 2주끝장

한국사

한국사능력검정시험 심화
한권끝장 / 2주끝장 / 시대별 기출 /
회차별 기출 / 1주끝장

한국사능력검정시험 기본
한권끝장 / 2주끝장 /
기출문제집 / 초등

사회통합프로그램
사전평가 핵심총정리 / 모의고사

푸드

제과·제빵기능사
필기 / 실기

조리기능사
5종목 통합 /
한식 / 양식 / 중식 / 일식·복어

떡제조기능사

뷰티 / 취미 / 초등 / 토익

네일미용사

피부미용사

일반(헤어)미용사

메이크업미용사

맞춤형화장품 조제관리사

반려동물행동지도사

초등 한국사 / 세계사

토익

2026 최신판

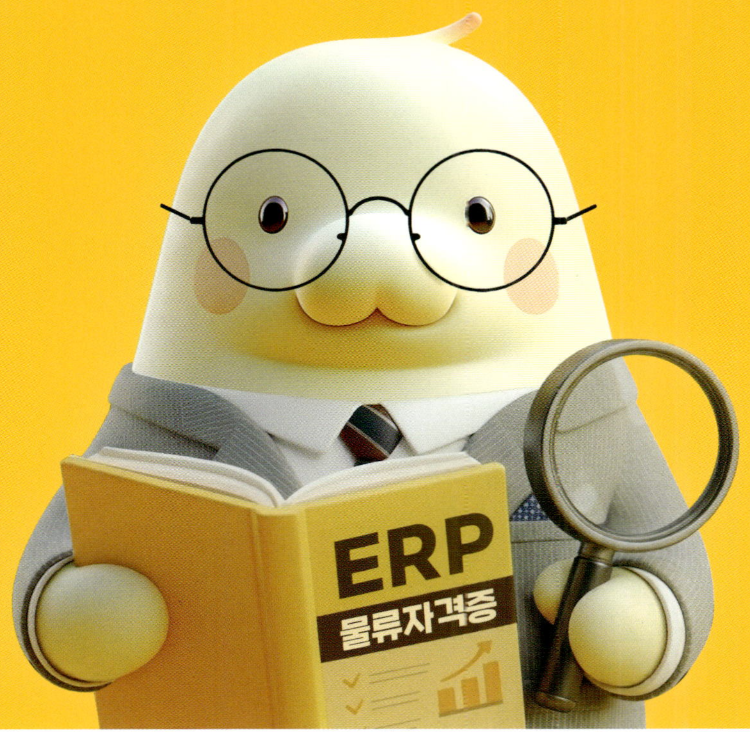

eduwill

에듀윌 ERP 정보관리사

물류 1·2급 한권끝장+무료특강

정답과 해설

최신기출 6회분

에듀윌에서
공부해듀~
eduwill

정답 및 해설

1급 | 2026년 1회　　　　　　　　p.268~277

이론

01	②	02	④	03	③	04	②	05	②	06	③	07	④	08	②	09	④	10	②
11	(1,9)	12	한계이익			13	45	14	③	15	③	16	②	17	②	18	①		
19	다단계거점			20	안전	21	①	22	③	23	④	24	④	25	10	26	10	27	①
28	④	29	③	30	①	31	기한부			32	관세								

01　②

기존의 물류 시스템을 스마트 ERP 시스템으로 전환하면서 AI와 머신러닝을 활용하면 수요예측, 재고관리, 물류 흐름 개선 등 운영의 효율성이 크게 향상된다. 또한 스마트 ERP는 자동화, 효율성 향상 등으로 운영비용이 감소할 가능성이 높다.

02　④

빅데이터의 5V 특성
- 규모(Volume)
- 다양성(Variety)
- 속도(Velocity)
- 정확성(Veracity)
- 가치(Value)

03　③

2018년 9월 세계경제포럼에서 발표한 인공지능 규범(AI Code)의 5개 원칙
- 인공지능은 인류의 공동 이익을 위해 개발되어야 한다.
- 인공지능은 투명성과 공정성의 원칙에 따라 작동해야 한다.
- 인공지능이 개인, 가족, 지역 사회의 데이터 권리 또는 개인정보를 감소시켜서는 안 된다.
- 모든 시민은 인공지능을 통해서 정신적, 정서적, 경제적 번영을 누리도록 교육받을 권리를 가져야 한다.
- 인간을 해치거나 파괴하거나 속이는 자율적 힘을 인공지능에 절대로 부여하지 않는다.

04　②

기업이 ERP 시스템의 구축 및 운영을 아웃소싱한다면 일반적으로 외부 업체에 대한 의존성이 높아질 수 있다.

05 ②

원가, 품질, 서비스, 속도와 같은 핵심적인 부분에서 극적인 성과를 이루기 위해 기업의 업무 프로세스를 기본적으로 다시 생각하고 급진적으로 재설계하는 것은 BPR이다.

06 ③

①은 단기계획, ②는 중기계획, ④는 단기계획에 대한 설명이다.

07 ④

거래처(고객)별 여신한도 설정 방법 중 과거 총이익액의 실적 이용법
여신한도액 = 과거 3년간의 회수누계액 × 평균 총이익률
= (과거 3년간의 총매출액 − 외상매출채권 잔액) × 평균 총이익률

08 ②

ㄴ은 영업거점별 할당, ㄹ은 영업사원별 할당에 대한 설명이다.

09 ④

거래처 및 고객별 판매 계획 수립 절차는 'ㅁ. 시장 분석 − ㄹ. 거래처/고객 선정 − ㄱ. 판매 목표 설정 − ㅂ. 판매 전략 수립 − ㄴ. 판매 계획 실행 − ㅅ. 실적 분석 및 평가 − ㄷ. 피드백 및 개선'이다.

10 ②

가격 결정에 영향을 미치는 요인
- 외부적 요인: A. 물류비용, C. 가격탄력성, D. 대체품가격
- 내부적 요인: B. 이윤극대화 목표

11 (1, 9)

1월 6일 거래처 A로부터 100대를 주문받았으므로, 재고가 100대가 되는 시점을 예정납기일(출고일)로 통보하여야 한다.
- 1월 7일 가용재고가 40대이고, 1월 8일 생산완료 예정량이 40대이므로, 1월 8일 재고는 40대 + 40대 = 80대이다.
- 1월 9일 생산완료 예정량이 30대이므로, 1월 8일 재고 80대와 합하여 1월 9일 재고는 80대 + 30대 = 110대이다.
따라서 거래처 A에 예정납기일(출고일)로 통보할 수 있는 가장 빠른 날짜는 1월 9일이다.

12 한계이익

매출액은 변동비, 고정비의 비용에 이익을 더하여 결정한다. 이때 한계이익은 변동비만을 고려한 이익으로 매출액에서 변동비를 차감한 것이다. 즉, 이익과 고정비를 합한 금액이다(매출액 = 변동비 + 고정비 + 이익).

13   45

$$\text{매출채권(받을어음) 회수기간} = \frac{\text{(각 받을어음 금액 × 각 어음기간)의 합계}}{\text{매출총액}}$$

- 기존 회수기간 : $\dfrac{(1억원 × 0일) + (2억원 × 60일) + (3억원 × 120일)}{(1+2+3)억원} = \dfrac{120+360}{6} = 80일$

- 조정 회수기간 : $\dfrac{(1억원 × 0일) + (2억원 × x일) + (3억원 × 90일)}{(1+2+3)억원} = \dfrac{2x+270}{6} = 60일$

$\therefore x = 45일$

14   ③

SCM(공급망관리)의 3가지 주요 흐름은 물자 흐름(제품/서비스 흐름), 정보 흐름, 재정 흐름이다.

15   ③

생산에 직접 소요되는 원·부재료를 제외한 간접적인 소요자재로서 생산에 직접 사용되지는 않으나 생산활동에 필요한 시설물의 유지, 보수, 운전에 필요한 자재는 MRO(소모성자재; Maintenance, Repair and Operation)이다.
① JIT(Just In Time): 필요한 것을 필요할 때, 필요한 만큼 만드는 생산 방식이다.
② BOM(Bill of Materials): 제품을 생산하는 데 필요한 모든 부품·자재의 구성 목록과 수량을 체계적으로 정리한 명세서를 말한다.
④ PHM(고장 진단 및 예지 시스템): 설비 상태를 모니터링하여 고장을 진단하고 미래 고장 시점을 예측해 예방정비를 수행하는 시스템이다.

16   ②

- S1(유통기한이 짧고 신선도가 핵심인 상품): 물류센터에 보관하지 않고 당일 입고, 당일 출고하는 통과형 운송 시스템인 CD(크로스도킹)가 적절하다.
- S2(판촉행사 영향이 크므로 판촉일정에 따라 선제적으로 출고량 조정이 필요한 상품): 상품의 재고가 부족할 때 자동으로 보충하고 재고관리를 하도록 지원하는 CRP(지속적 보충 프로그램)가 적절하다.
- S3(판매량이 지속적이며, 안정적인 공급이 필요한 상품): 소매업체(유통업체)와 공급자(제조업체)가 공동으로 판촉활동, 지역 여건, 경쟁상황을 고려하면서 적절하게 재고수준을 관리하는 CMI(공동 재고관리)가 적절하다.
- S4(대체제가 많아 제조원가와 지역 특성을 동시에 고려하여 재고관리가 필요한 상품): 재고관리 책임을 공급자에게 위탁하는 성격의 VMI(공급자 관리재고)가 적절하다.

17   ②

계속기록법은 재고자산의 입·출고 시에 재고의 증감수량과 금액을 일일이 장부에 계속 기록하는 방법으로 거래가 빈번하지 않을 때 적합한 방법이다. 따라서 평균단가 기준의 원가 흐름에만 의존하지 않는다.

18   ①

고가·고부가가치 제품 운송에 적합하며 포장비 절감에 유리한 운송방식은 항공 운송 방식이다.

19 다단계거점

[보기]는 다단계거점 방식이다. 이는 권역별·품목별로 거래처(소비자) 밀착형 물류거점을 운영하는 방식이며, 거래처(소비자) 물류 서비스 만족도가 향상된다.

20 안전

조달기간의 불확실, 생산의 불확실 또는 그 기간 동안의 수요량이 불확실한 경우 등 예상 외의 소비나 재고부족 상황에 대비하여 보유하는 재고는 안전재고이다.

21 ①

- 경쟁자 중심적 가격 결정 방식: 입찰경쟁 방식
- 비용 중심적 가격 결정 방식: 가산이익률 방식, 코스트플러스 방식, 손익분기점 분석 방식

22 ③

원가계산 정보를 활용한 구매관리의 전략적 목적은 단순히 비용의 절감을 넘어 기업의 장기적인 목표와 경쟁력 강화에 기여하는 방안을 도출하는 것과 관련되어 있다. 따라서 구매원가 동향을 예측하고 공급망의 가치를 최적화하여 기업의 경쟁력을 강화하는 의사결정을 지원한다.
① 품질, 납기, 총소유원가(TCO)를 고려하여 장기적인 관점에서 구매비용을 최적화한다.
② 공급업체와의 장기적 파트너십을 구축하고 협력을 통해 총구매원가와 공급 효율성을 개선한다.
④ 구매원가 정보를 활용하여 공급망 전체를 통합 관리하고 업무 프로세스를 효율적으로 개선한다.

23 ④

자재소요계획 주기에 맞추어 주 주기를 설정하고 주 주기의 1/2을 보조 주기로 설정하여 판매·생산계획분을 반영하는 것이 좋다.

24 ④

투기구매는 가격 인상을 대비하여 이익을 도모할 목적으로 가격이 저렴할 때 장기간의 수요량을 미리 구매하여 재고로 보유하는 구매 방식이다.
①은 예측구매, ②는 수시구매, ③은 장기계약구매에 해당한다.

25 10

8월 15일 거래 계약 체결 후 현금할인 방식 중 구매당월락 현금할인 방식으로 결제조건을 "20/10 EOM"으로 약정한 것은 익월인 9월 10일까지 현금 지불시 20% 할인이 적용되는 것이다.

26 10

'5/10-20 Days Extra'를 결제조건으로 하면 거래일로부터 10일 이내의 현금 지불에 대하여 5% 할인을 인정하며, 특별히 추가로 20일간 할인기간을 연장한다는 의미이다. 즉, 거래일로부터 총 30일간 현금할인이 적용된다.

27 ①

탁송품은 상업서류, 견본품, 자가사용물품, 그 밖에 이와 유사한 물품으로서 국제무역선·국제무역기 또는 국경출입차량을 이용한 물품의 송달을 업으로 하는 자(물품을 휴대하여 반출입하는 것을 업으로 하는 자는 제외)에게 위탁하여 우리나라에 반입하거나 외국으로 반출하는 물품이다.

28 ④

단순송금 방식은 수입자가 은행을 통해 직접 송금하는 방식으로 수출자가 바로 대금의 회수가 가능하며, 수출대금의 전부가 수출자에게 가장 빨리 지급된다.
① 서류상환불(CAD): 수입자 대리인이 수출지에서 제조 과정이나 품질을 확인할 수 있으므로 현물 대신에 B/L 등의 선적서류와 상환하여 수입자가 수입대금을 지급하는 방식
② 연불(Deferred Payment): 선적서류가 수입지에 도착하더라도 거래 당사자가 사전에 합의한 약정기간이 경과된 후에 대금을 지급하는 방법
③ 누진불(Progressive Payment): 일부 사전 송금 방식의 성격을 갖고 있는 것으로 선박이나 기계처럼 제작기간이 오래 소요되는 경우에 사용하는 방식

29 ③

Group F는 FCA, FAS, FOB와 같은 조건들이 속하며, Main Carriage Unpaid(운송비 미지급 인도조건)으로 수출자에게 유리하다.

30 ①

CIF(Cost, Insurance and Freight, 운임·보험료 포함 인도조건)는 수출자가 선적하고 목적항까지의 운임료에, 즉 CFR 조건에 해상보험료까지 부담하는 조건이다. 따라서 CIF 계약에서는 수출자가 보험 계약자가 되고, 수입자가 피보험자가 된다.

31 기한부

지급인에게 제시된 날부터 일정 기간이 지난 후에 지급이 이루어지는 어음은 기한부환어음이다.

32 관세

관세법은 관세의 부과와 징수, 적정한 수출입물품의 통관으로 관세 수입을 확보하여 국민경제의 발전에 이바지하고자 정한 법으로, 수출입물품의 통관에 따른 관련 세금의 부과와 징수요건 및 절차 등을 규정한 법이다.

01	①	02	④	03	②	04	③	05	③	06	②	07	④	08	①	09	③	10	②
11	④	12	③	13	①	14	③	15	④	16	①	17	④	18	③	19	①	20	③
21	②	22	②	23	④	24	①	25	②										

01 ①

📍 [시스템관리] – [기초정보관리] – [품목등록]

'MASTER/SPEC' 탭에서 조회한 후 각 품목의 환산계수를 확인한다.

① 품목 '21-1060850. WHEEL FRONT-MTB'의 환산계수는 2이고, ②, ③, ④ 품목의 환산계수는 1이다.

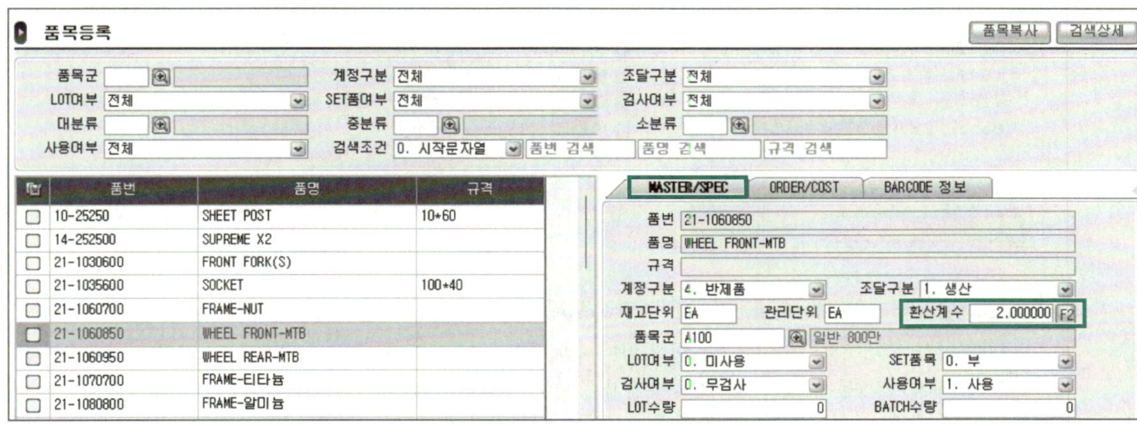

02 ④

📍 [시스템관리] – [기초정보관리] – [물류실적(품목/고객)담당자등록]

'거래처' 탭에서 '영업담당자: 4000. 성민석, 지역: 30. 인천'으로 조회되는 거래처를 확인한다.

④ '성민석'이 영업담당자로 지정되면서 지역이 '인천'인 거래처는 '(주)제동기어'이다.

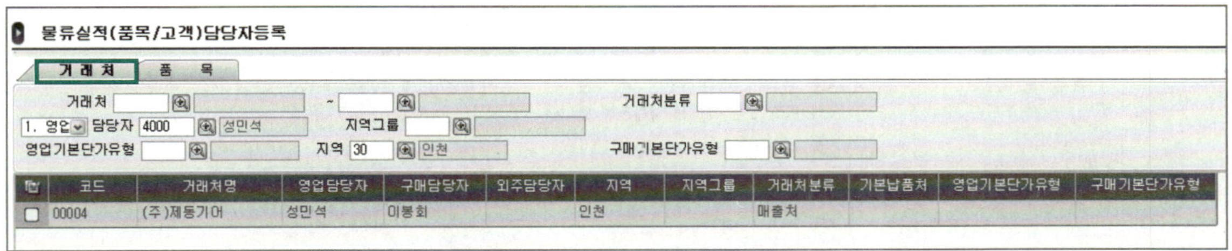

03 ②

◉ [시스템관리] – [마감/데이타관리] – [영업마감/통제등록]

가. 판매단가는 [영업마감/통제등록] 메뉴에, 구매단가는 [자재마감/통제등록] 메뉴에 등록되어 있다. [영업마감/통제등록] 메뉴에 등록되어 있는 판매단가는 '품목단가'이다.

나. 하단의 입력통제일자가 입력되어 있지 않으므로, 2025년 12월 31일 이전의 주문 내역을 [수주등록] 메뉴에서 입력할 수 있다.

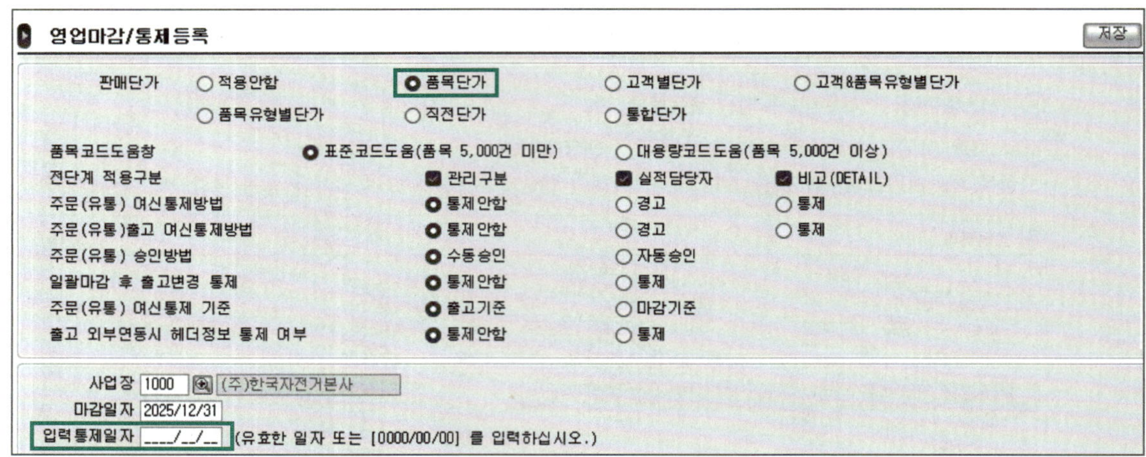

◉ [시스템관리] – [마감/데이타관리] – [자재마감/통제등록]

가. [자재마감/통제등록] 메뉴에 등록되어 있는 구매단가는 '품목단가'이다. 따라서 [영업마감/통제등록] 메뉴의 판매단가와 [자재마감/통제등록] 메뉴의 구매단가는 모두 '품목단가'로 같게 설정되어 있다.

다. 하단의 마감일자가 2025/12/31이므로 마감일자 이전의 매입이나 매입반품 등 자재품목의 이동(수불)을 통제하여 입고 및 매입마감에 제약을 받는다. 따라서 2025년 12월 31일 이전의 입고내역을 [입고처리] 메뉴에서 입력할 수 없다.

라. 등록되어 있는 재고평가방법은 '선입선출'이다.

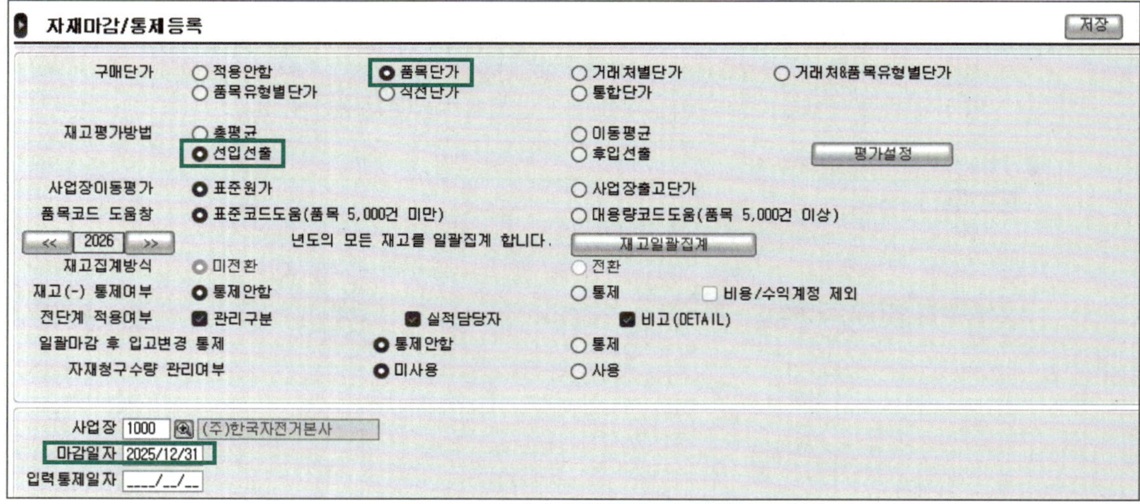

따라서 올바른 설명은 '다' 1가지이다.

◉ **[영업관리] – [영업관리] – [판매계획등록]**

'수정계획' 탭에서 '사업장: 1000. (주)한국자전거본사, 계획년도: 2026/1월'로 조회한다.

③ 'NAX-A500. 30단기어자전거'는 기초계획수량 100EA보다 수정계획수량 90EA가 낮고, 기초계획단가 260,000원
보다 수정계획단가 265,000원이 높다.

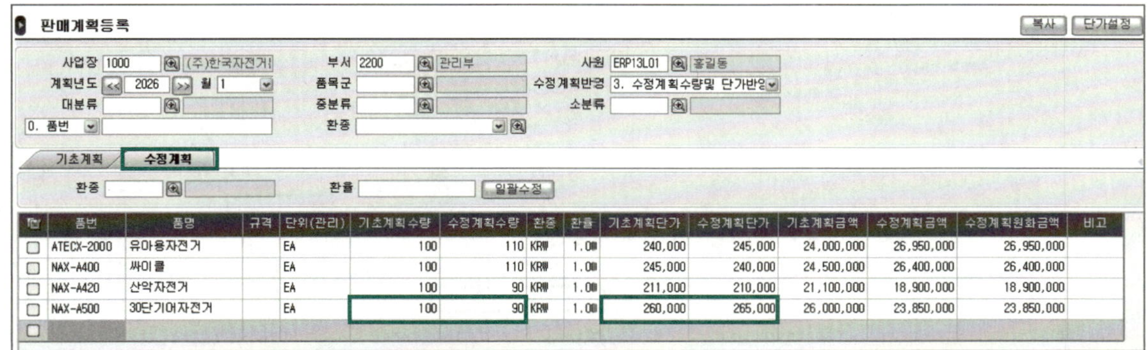

◉ **[영업관리] – [영업관리] – [견적등록]**

'사업장: 1000. (주)한국자전거본사, 견적기간: 2026/01/02~2026/01/02'로 조회되는 내역을 확인한다.

가. 단가구분은 '부가세포함'으로 등록되어 있다.

나. 관리구분은 'S10. 일반매출'로 등록되어 있다.

다. 프로젝트는 'B-001. 특별할인판매'로 등록되어 있다.

라. 결제조건은 '외상결제'로 등록되어 있다.

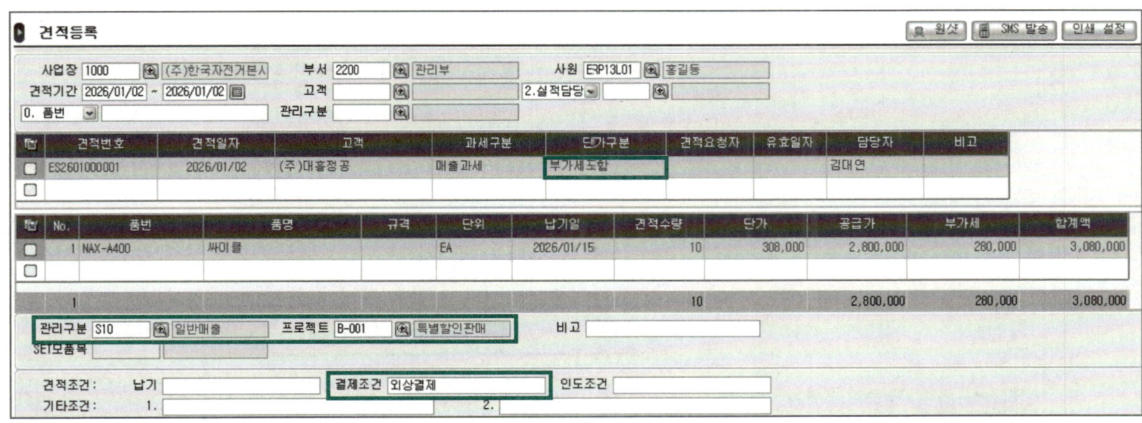

따라서 올바른 설명은 '가, 라' 2가지이다.

📍 **[영업관리] – [영업관리] – [수주등록]**

[조회조건]으로 조회되는 내역을 확인한다.

① 수주 건의 실적담당자는 '김대연'이다.

④ 수주내역의 납기일은 2026/01/15이고, 출하예정일은 2026/01/10으로 동일한 일자로 등록되지 않았다.

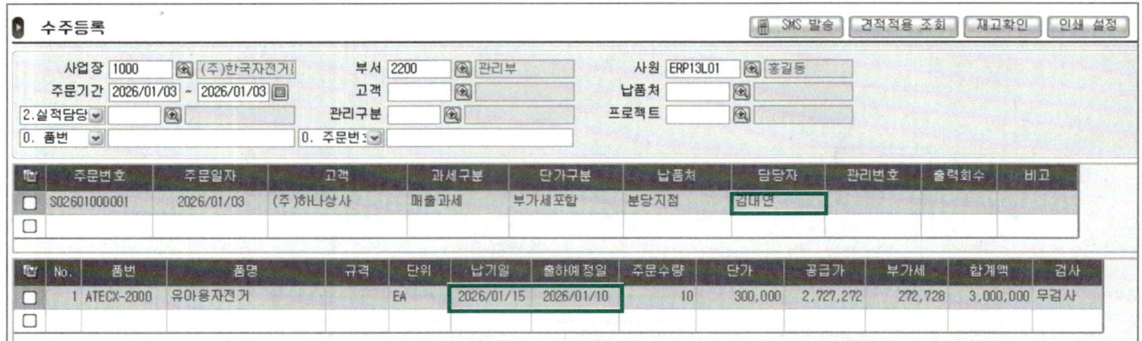

② 하단 품목에서 마우스 오른쪽 버튼을 클릭하여 '부가기능–품목상세정보'를 확인한다. 품목의 검사여부는 '0. 무검사'이고 [수주등록] 메뉴의 검사여부도 '무검사'로, 품목의 검사여부와 실제 주문내역에 등록된 검사여부는 같다.

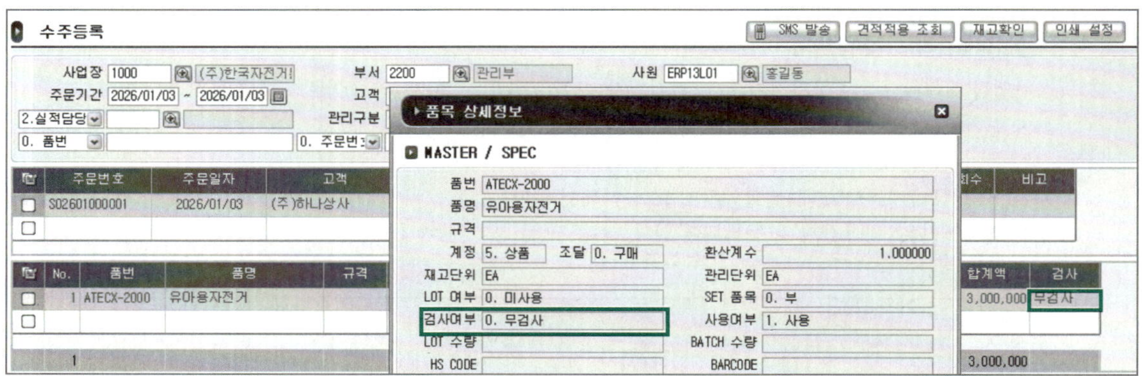

③ 하단에서 마우스 오른쪽 버튼을 클릭하여 '[수주등록] 이력정보'를 확인한다. 이력정보가 등록되어 있지 않으므로 적용을 받지 않고 직접 등록한 것이다.

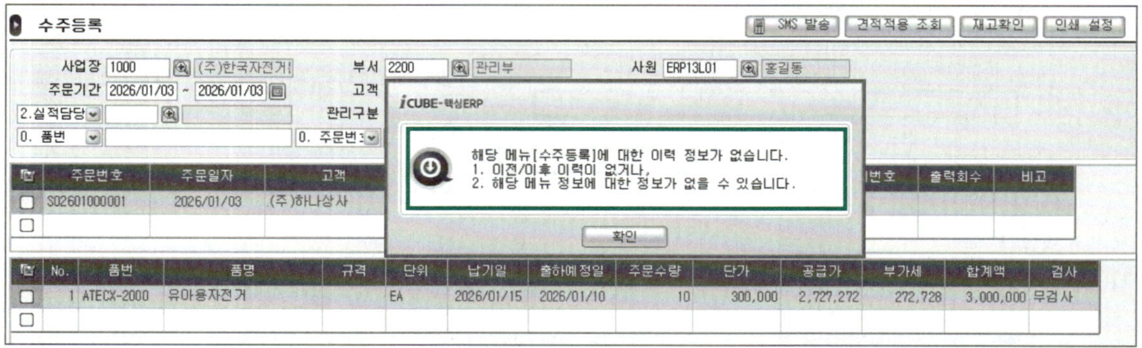

07 ④

[조회조건]의 사업장과 출고기간, '관리구분: S10. 일반매출, 프로젝트: B-001. 특별할인판매'로 조회한다.

④ 조건에 맞는 품목을 포함한 고객은 '(주)제동기어'이다.

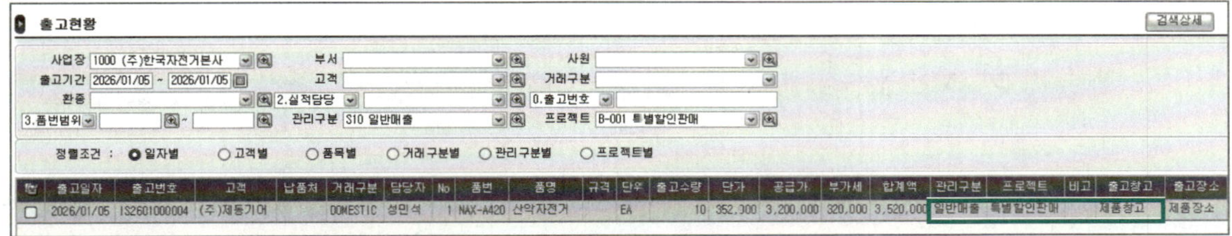

08 ①

'사업장: 1000.(주)한국자전거본사, 출고기간: 2026/01/08~2026/01/08'로 조회되는 내역을 확인한다.

가. (주)대흥정공의 출고창고/출고장소는 '직영마트/판매장소', (주)빅파워의 출고창고/출고장소는 '상품창고/제품장소'
   로 동일한 창고, 장소에서 출고되지 않았다.

나. 고객은 (주)대흥정공과 (주)빅파워로 동일하지 않다.

다. 프로젝트는 등록되어 있지 않다.

라. 주문번호, 주문순번이 등록되어 있지 않아 수주정보를 적용받지 않고 '예외출고' 탭에 등록한 것을 알 수 있다.

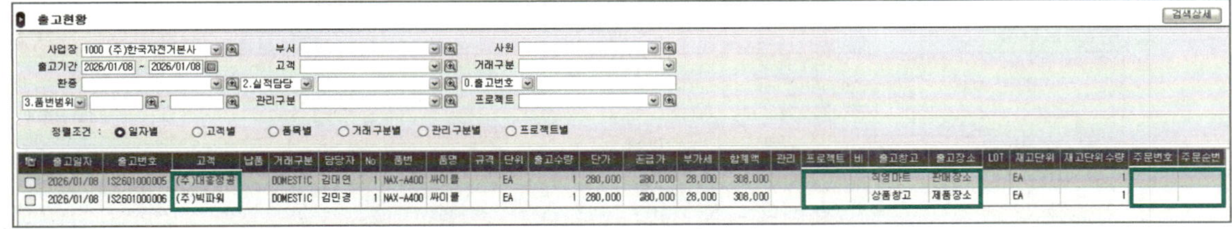

따라서 올바른 설명은 0가지이다.

09 ③

[조회조건]으로 조회되는 내역을 확인한다.

① 하단에서 마우스 오른쪽 버튼을 클릭하여 '[매출마감(국내거래)] 이력정보'를 확인한다. 출고처리수량이 1EA이고,
   [매출마감(국내거래)] 메뉴에 등록되어 있는 마감수량은 1EA이므로 출고내역 모두를 적용받아 등록한 것을 알 수 있다.

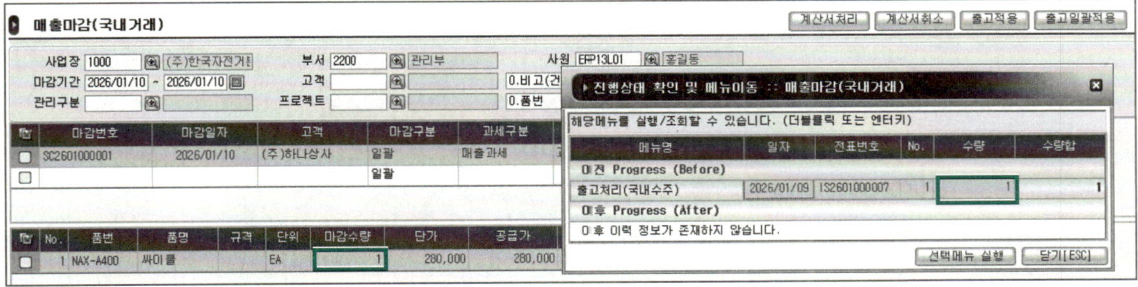

② 계산서번호가 등록되어 있지 않으므로 세금계산서처리가 진행되지 않았다.

③ 전표는 '미처리'이므로 회계전표 생성이 진행되지 않았다.

④ 마감수량은 1EA이고, 하단의 재고단위 수량은 1EA로 같게 등록되어 있다.

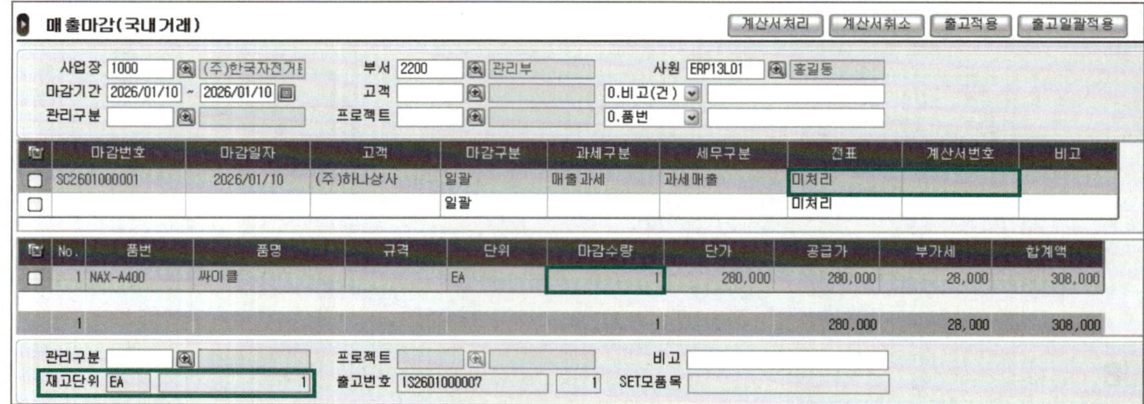

10 ②

'사업장: 1000. (주)한국자전거본사, 수금기간: 2026/01/01~2026/01/31'로 조회되는 내역을 확인한다.

가. (주)대흥정공의 전표는 '미처리'로 전표처리되지 않았다.

나. (주)하나상사의 수금내역 실적담당은 '성민석'이다.

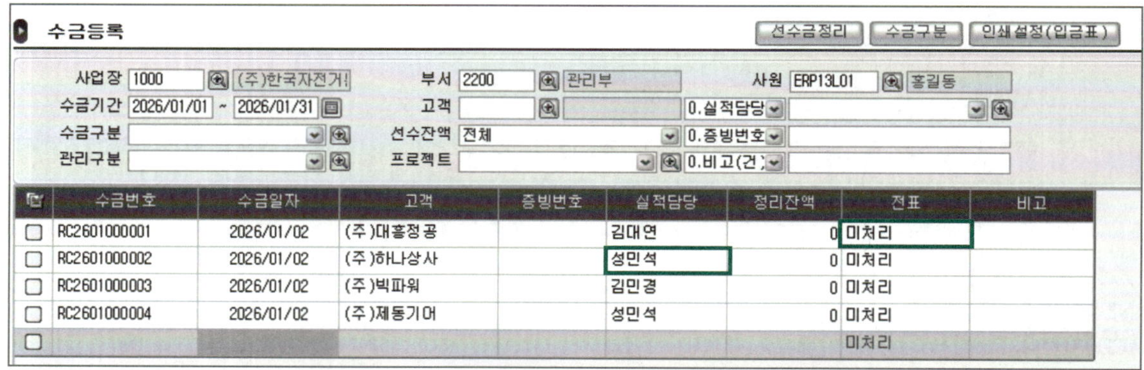

다. (주)빅파워에서 오른쪽 상단의 '선수금정리'를 클릭하면 선수금정리내역이 존재하지 않는다.

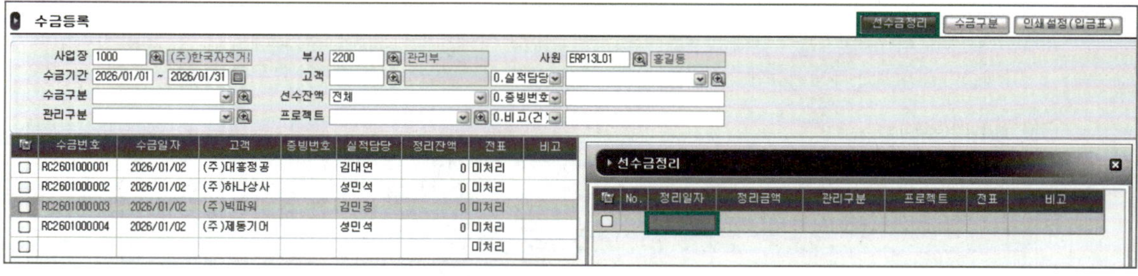

라. (주)제동기어의 하단을 클릭하면 프로젝트가 등록되어 있지 않다.

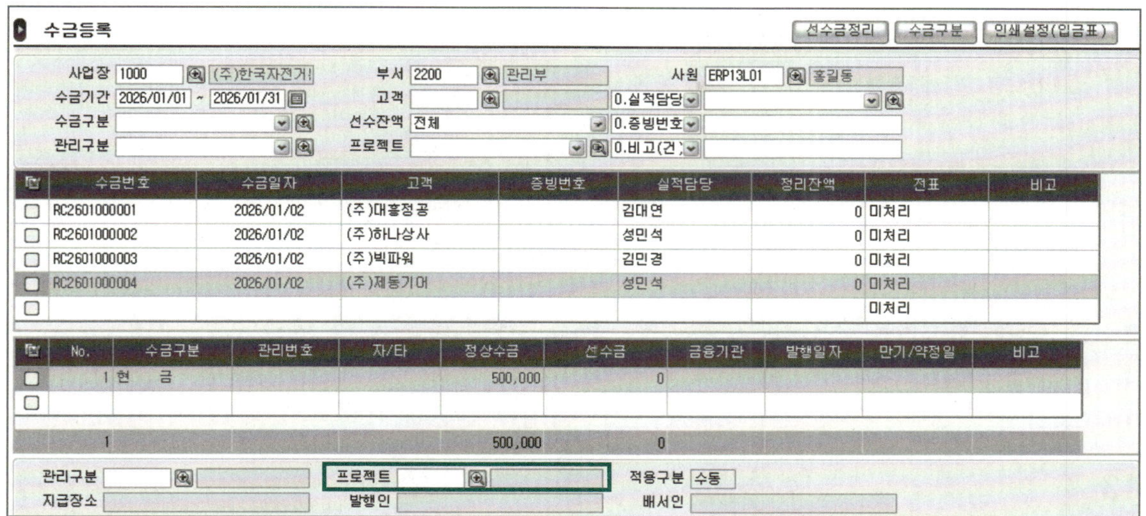

따라서 올바른 설명은 '나' 1가지이다.

11   ④

[영업관리] – [영업현황] – [미수채권집계]

'사업장: 1000. (주)한국자전거본사, 조회기간: 2026/01/01~2026/01/31, 미수기준: 1. 잔액기준'으로 조회한 후 '고객'
탭에서 각 고객의 잔액을 확인한다.
① (주)대흥정공, ② (주)하나상사, ③ (주)빅파워 잔액: 3,328,000원
④ (주)제동기어 잔액: 3,020,000원 ⇒ 가장 적음

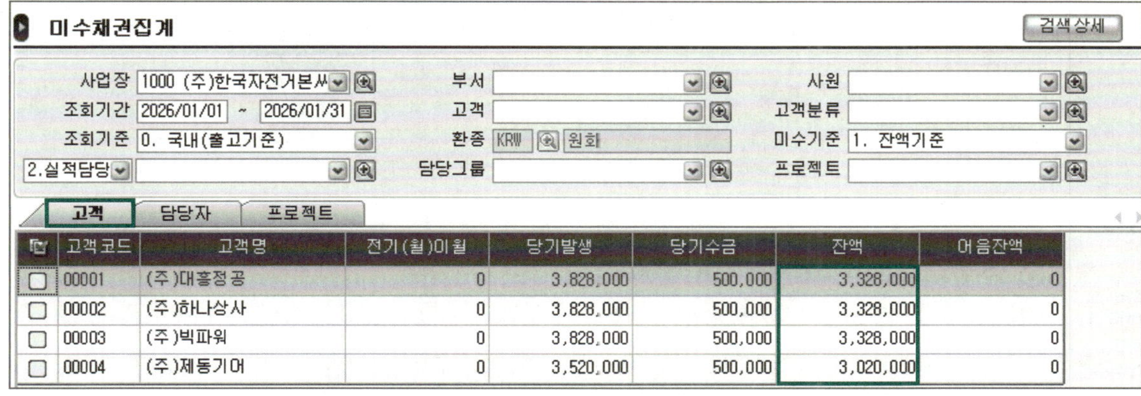

12 ③

[조회조건]과 '품목군: A100. 일반 800만'으로 조회한다.

③ 조회되는 품목은 '87-1002001. BREAK SYSTEM'이다.

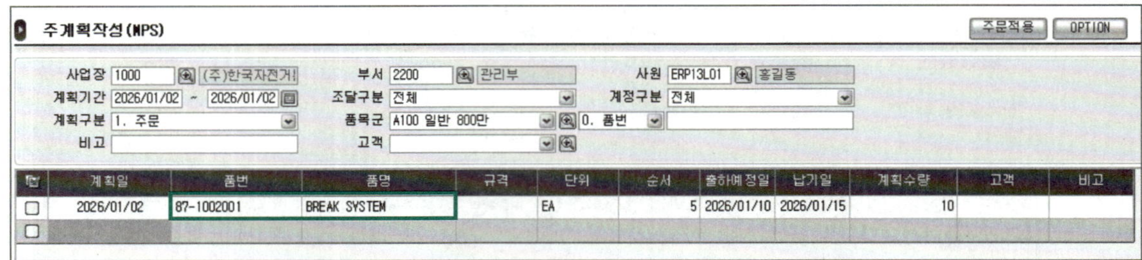

13 ①

'사업장: 1000. (주)한국자전거본사, 품목군: R100. FRAME'으로 조회하면 계획일 2026년 2월 1일에 소요량전개된 내역을 확인할 수 있다.

① 예정발주일이 가장 빠른 날짜인 품목은 2026/01/13인 '21-1060700. FRAME-NUT'이다.

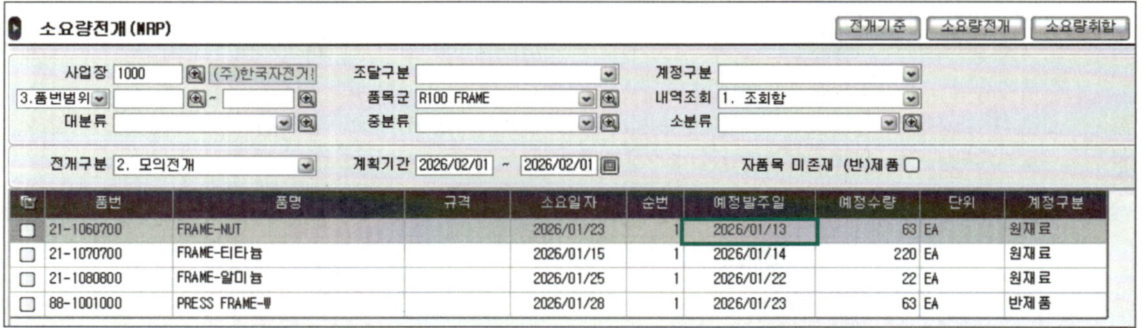

14 ③

'사업장: 1000. (주)한국자전거본사, 요청일자: 2026/01/05~2026/01/05'로 조회되는 내역을 확인한다.

가. 하단에서 마우스 오른쪽 버튼을 클릭하면 나오는 '부가기능-품목상세정보'의 조달구분과 [청구등록] 메뉴에 등록되어 있는 청구구분은 모두 '생산'으로 동일하다. (○)

나. 하단에서 마우스 오른쪽 버튼을 클릭하면 나오는 '부가기능-품목상세정보'의 주거래처와 [청구등록] 메뉴에 등록되어 있는 주거래처는 모두 '(주)영동바이크'로 동일하다. (×)

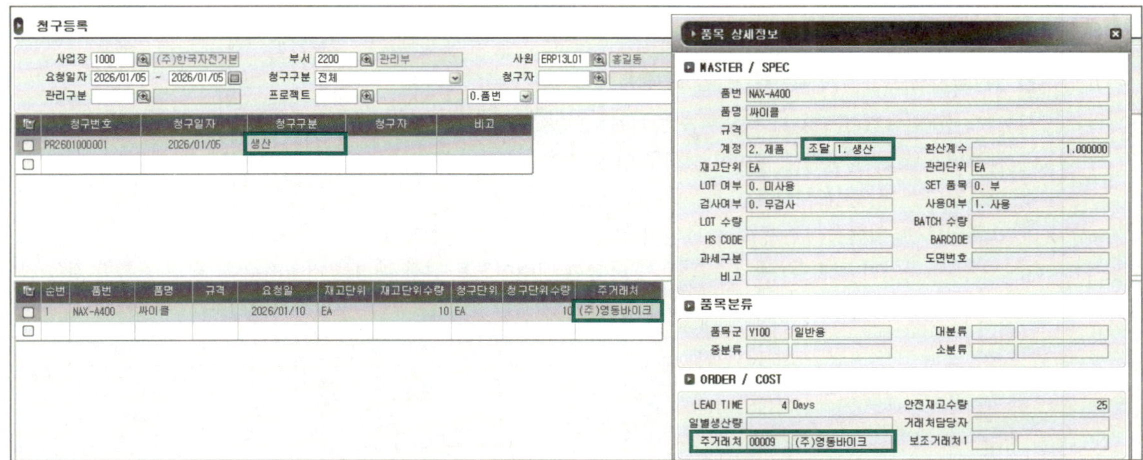

다. 등록되어 있는 재고단위수량과 청구단위수량은 모두 10EA이다. (×)
라. 청구구분이 '생산'으로 등록되어 있으므로 [발주등록] 메뉴가 아닌, [생산관리공통]－[생산관리]－[작업지시등록],
　　[생산관리공통]－[외주관리]－[외주발주등록] 메뉴와 연계된다. (○)

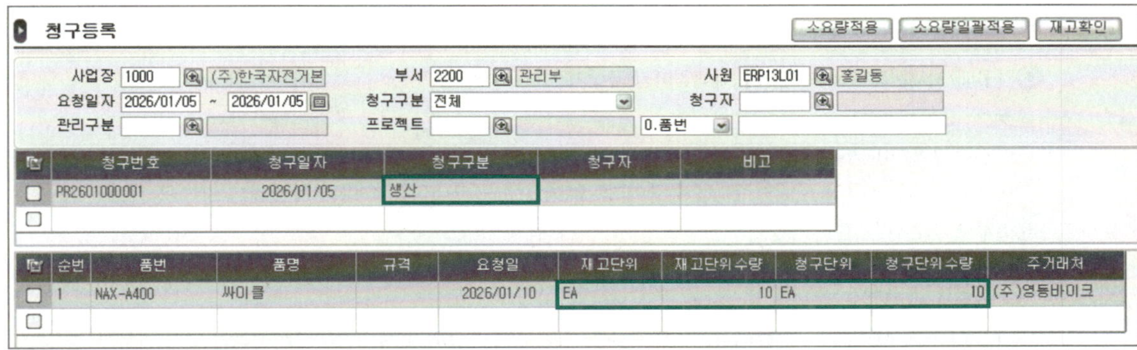

따라서 올바른 설명은 '가, 라' 2가지이다.

15　④

◉ [구매/자재관리] － [구매관리] － [발주등록]

[조회조건]으로 조회되는 각 거래처의 하단에서 마우스 오른쪽 버튼을 클릭하여 '[발주등록] 이력정보'를 확인한다.
①, ②, ③의 이전 이력은 등록되어 있지 않아 청구내역을 적용받지 않고 등록한 것을 알 수 있으며, ④ YK PEDAL의
이전 이력은 '청구등록'으로 청구내역을 적용받은 것을 알 수 있다.

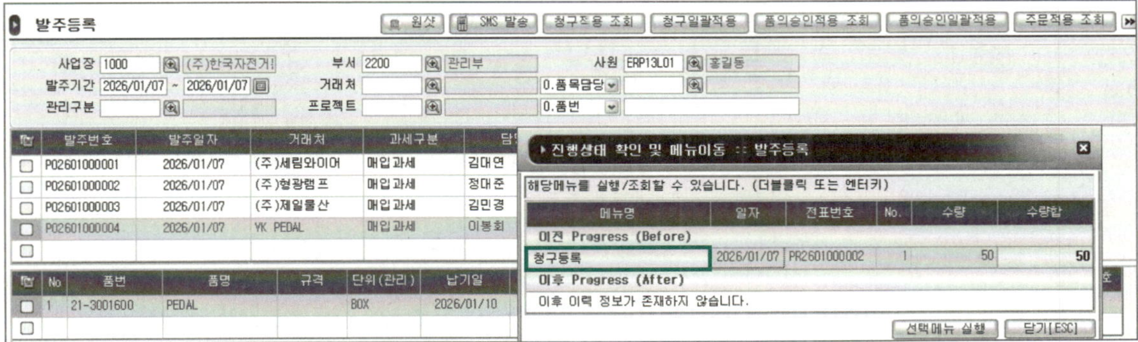

16 ①

'사업장: 1000. (주)한국자전거본사, 입고기간: 2026/01/10~2026/01/10'으로 조회되는 내역을 확인한다.

가. 발주번호, 발주순번이 등록되어 있지 않아 발주입고내역이 아닌, '예외입고' 탭에 등록한 것을 알 수 있다.

나. 입고창고는 '상품창고'이다.

다. 프로젝트는 '일반용자전거'로 등록되어 있다.

라. '가'에서 확인한 것처럼 '예외입고' 탭에 등록한 내역이므로 검사 과정을 거치지 않고 직접 등록한 것을 알 수 있다.

따라서 올바른 설명은 0가지이다.

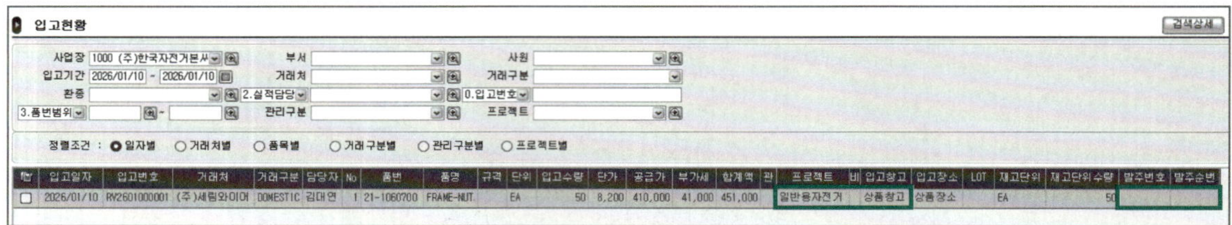

17 ④

[조회조건]으로 조회되는 내역을 확인한다.

① 마감수량은 50EA이다. 또한, 하단에서 마우스 오른쪽 버튼을 클릭하여 '[매입마감(국내거래)] 이력정보'를 확인하면, 이전 이력 '입고처리(국내발주)'의 수량이 50EA이므로 입고내역의 수량과 동일한 수량으로 마감된 것을 알 수 있다.

② 전표는 '미처리'이다.

③ 하단에 등록되어 있는 입고번호는 RV2601000002이며, '[매입마감(국내거래)] 이력정보'에서도 전표번호 RV2601000002를 확인할 수 있다.

④ 마감일자는 2026/01/11이고, '[매입마감(국내거래)] 이력정보'에서의 일자가 2026/01/11이므로 적용된 입고내역의 입고일자와 마감일자는 같게 등록되어 있다.

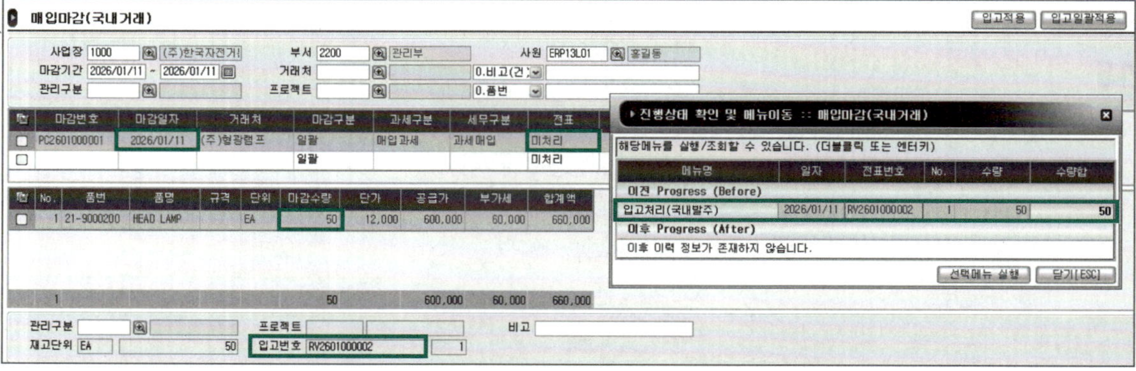

18 ③

📍 [구매/자재관리] – [재고관리] – [기초재고/재고조정등록]

[조회조건]으로 조회한 후 등록된 내역을 확인한다.
③ 실손처리이므로 조정구분은 '출고', 창고/장소가 '수출창고/수출장소', 품목은 'ATECK-3000. 일반자전거', 조정
　수량은 2EA인 조정번호는 IA2601000003이다.

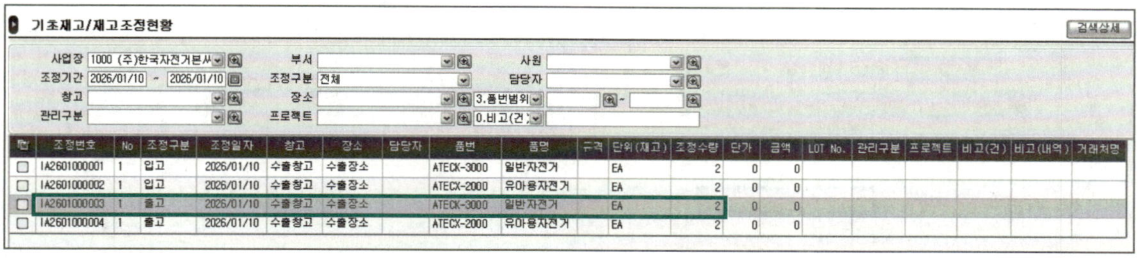

기초재고/재고조정현황

	조정번호	No	조정구분	조정일자	창고	장소	담당자	품번	품명	규격	단위(재고)	조정수량	단가	금액	LOT No.	관리구분	프로젝트	비고(건)	비고(내역)	거래처명
☐	IA2601000001	1	입고	2026/01/10	수출창고	수출장소		ATECK-3000	일반자전거		EA	2	0	0						
☐	IA2601000002	1	입고	2026/01/10	수출창고	수출장소		ATECX-2000	유아용자전거		EA	2	0	0						
☐	IA2601000003	1	출고	2026/01/10	수출창고	수출장소		ATECK-3000	일반자전거		EA	2	0	0						
☐	IA2601000004	1	출고	2026/01/10	수출창고	수출장소		ATECX-2000	유아용자전거		EA	2	0	0						

19 ①

📍 [구매/자재관리] – [재고관리] – [재고이동등록(창고)]

[조회조건]으로 조회한다. 불량품 발생 시 재고를 이동하였으므로 '입고창고/입고장소'에 등록되어 있는 창고/장소의
적합여부를 [창고/공정(생산)/외주공정등록] 메뉴에서 확인한다.

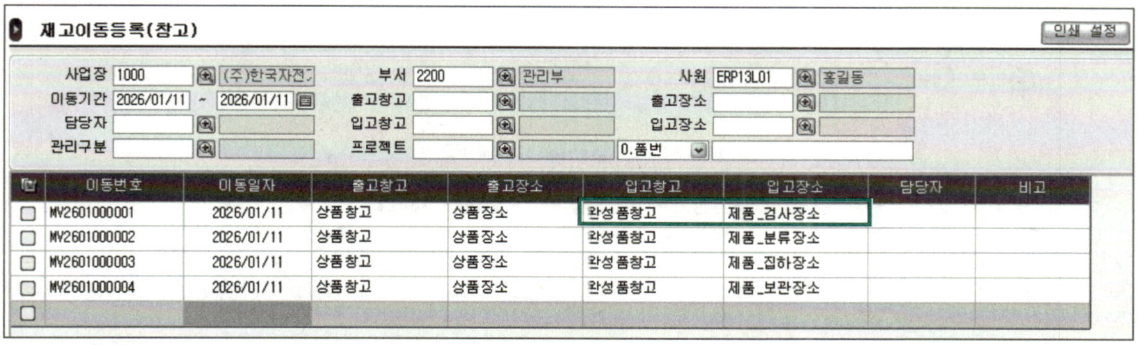

재고이동등록(창고)

	이동번호	이동일자	출고창고	출고장소	입고창고	입고장소	담당자	비고
☐	MV2601000001	2026/01/11	상품창고	상품장소	완성품창고	제품_검사장소		
☐	MV2601000002	2026/01/11	상품창고	상품장소	완성품창고	제품_분류장소		
☐	MV2601000003	2026/01/11	상품창고	상품장소	완성품창고	제품_집하장소		
☐	MV2601000004	2026/01/11	상품창고	상품장소	완성품창고	제품_보관장소		
☐								

'창고/장소' 탭에 등록되어 있는 '완성품창고'의 하단 '제품_검사장소'의 적합여부가 '부적합'으로 설정되어 있다.
① [재고이동등록(창고)] 메뉴에서 적합여부가 '부적합'으로 설정된 장소로 재고를 이동한 이동번호는 MV2601000001 이다.

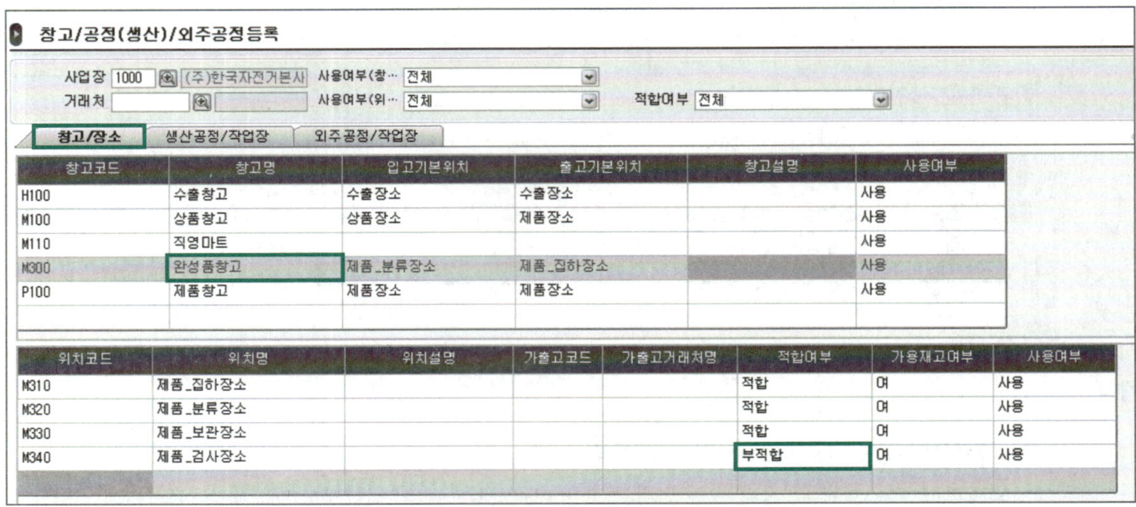

20 ③

◉ [무역관리] – [기타(수출)] – [해외수주등록]

[조회조건]으로 조회되는 내역을 확인한다.
①, ② 환종은 USD이고, 납기일은 2026/01/20이다.
③ 검사여부는 '무검사'이므로 검수 과정을 거치지 않고 출하될 예정이다.
④ 오른쪽 상단의 부가정보 Final Destination에 'Los Angeles, USA'가 등록되어 있다.

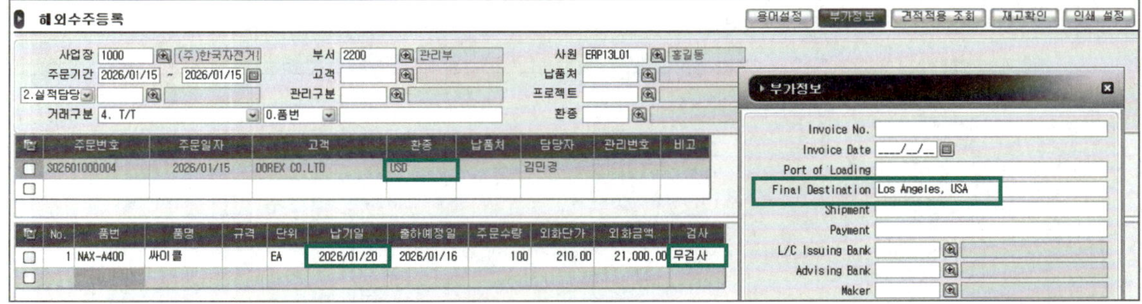

21 ②

[조회조건]으로 조회되는 견적번호 ES2601000002의 하단에서 마우스 오른쪽 버튼을 클릭하여 '[견적등록(수출)] 이력
정보'를 확인한다. 이후 이력 '해외수주등록' 일자는 2026/01/17이며, 적용받은 내역을 확인해야 하므로 [해외수주등록]
메뉴에서 수주내역을 확인한다.

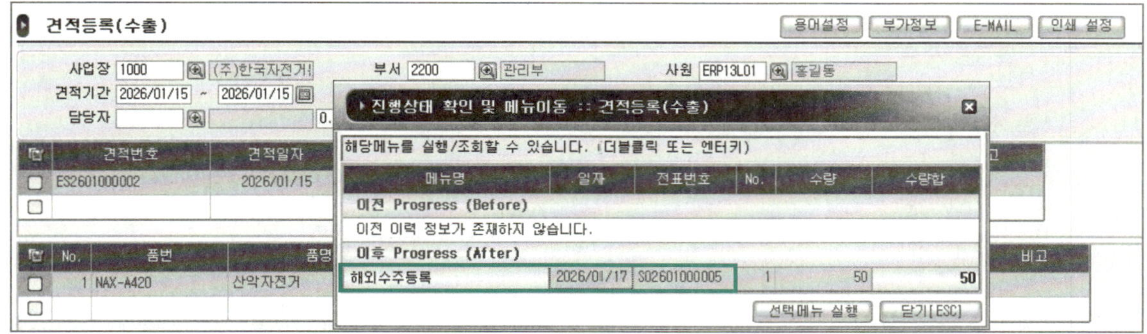

[견적등록(수출)] 메뉴에서 확인한 해외수주등록 일자인 2026/01/17을 '주문기간: 2026/01/17~2026/01/17'로 조회
한다.
② 조회되는 주문번호는 SO2601000005이며, 거래구분은 'T/T'이다.

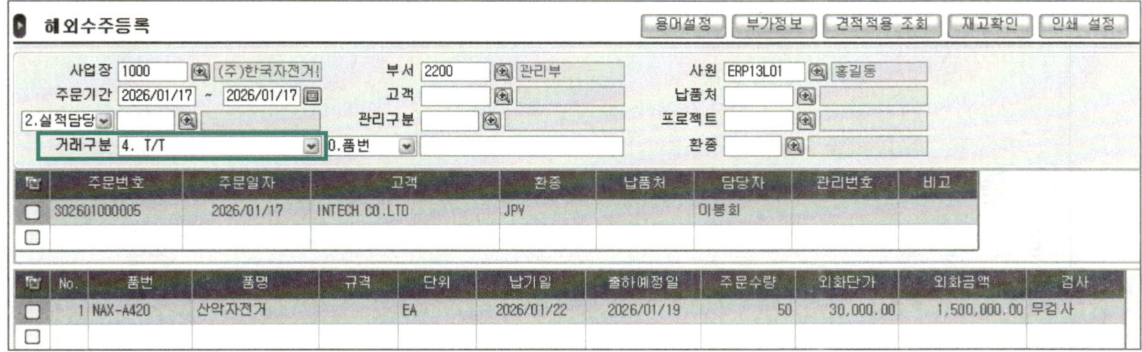

22 ②

'조회(F12)'를 누르면 뜨는 'COMMERCIAL INVOICE 조회'창에서 '송장기간: 2026/01/20~2026/01/20'으로 조회
되는 내역에 체크하고 '확인'을 클릭한다.

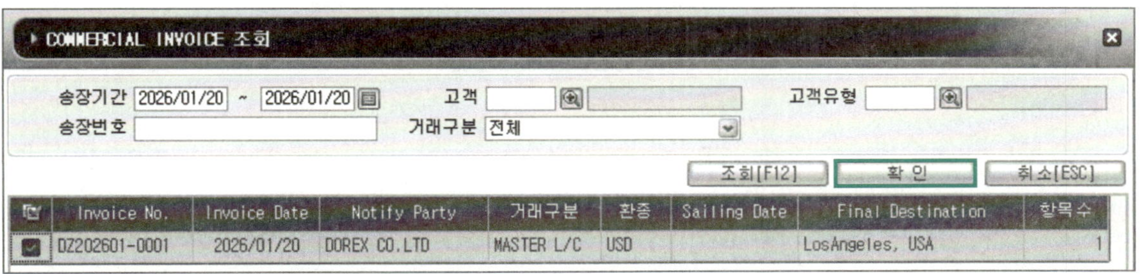

① 환종은 USD이다.

② 선적항(Port of Loading)은 Pyeongtaek, South Korea이다.

③ 최종 목적지(Final Destination)는 LosAngeles, USA이다.

④ 송장에 작성된 품목 '일반자전거'의 총 수량은 50EA이다.

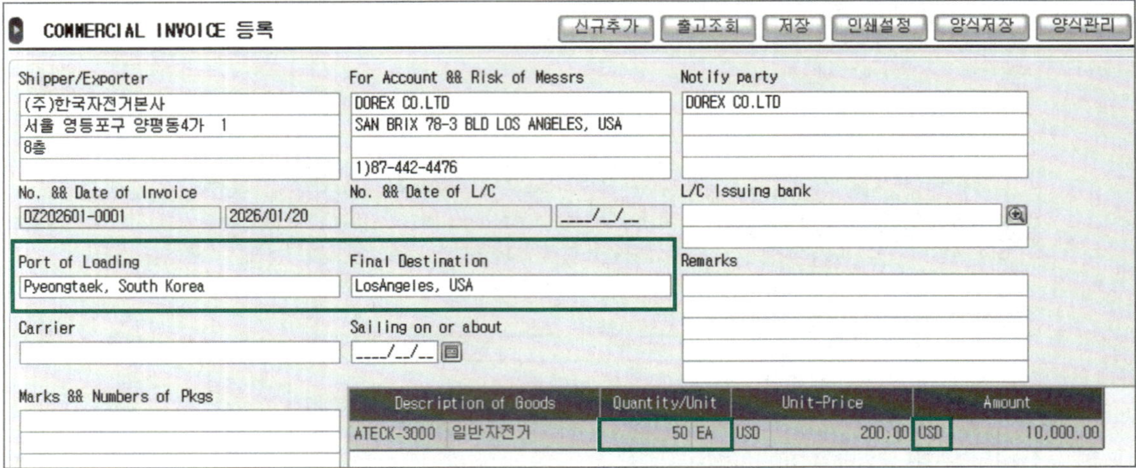

23 ④

[조회조건]으로 조회한 후 팝업창의 L/C번호에 체크하고 '선택적용'을 클릭하여 등록되어 있는 내역을 확인한다.

① L/C번호는 LCMI2601000001이다.

② 운송방법은 Ocean Freight(해상 운임 방식)으로 작성되었다.

③ 도착항은 Busan Port, South Korea이다.

④ 프로젝트는 '일반용자전거'로 등록되었다.

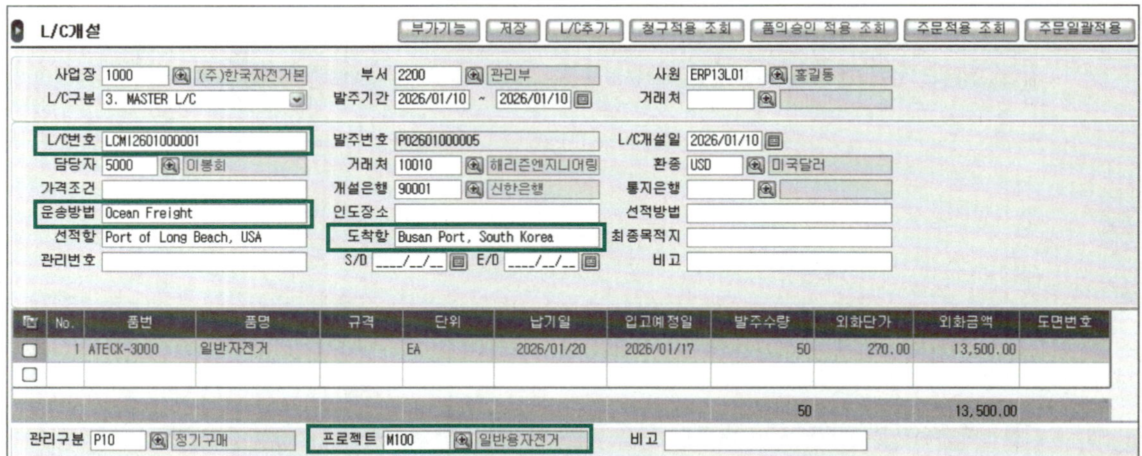

24 ①

📍 [무역관리] – [기타(수입)] – [수입제비용등록]

'사업장: 1000. (주)한국자전거본사, 등록기간: 2026/01/12~2026/01/12'로 조회되는 내역을 확인한다.

가. 등록되어 있는 B/L번호는 HSBC202601-001이다.

나. 배부여부가 '미배부'이므로 미착품 원가 정산처리가 완료되지 않은 제비용내역이다.

다. 관세 비용은 제예금으로 지급되었다.

라. 비용명 '수수료'의 전표는 '미처리'이다.

따라서 올바른 설명은 0가지이다.

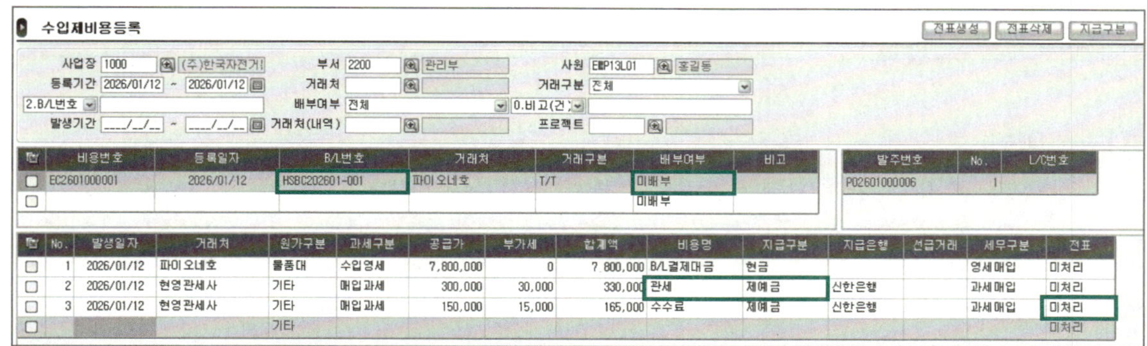

25 ②

📍 [무역관리] – [구매승인서(수입)] – [입고처리(L/C)]

[조회조건]으로 조회되는 내역을 확인한다.

① 실적담당자는 '성민석'이다.

② 하단에 프로젝트 'D100. 해외프로모션'이 등록되어 있다.

③ 하단에서 마우스 오른쪽 버튼을 클릭하여 '[입고처리(L/C)] 이력정보'를 확인하면 이력정보가 등록되어 있지 않으므로 적용을 받지 않고 직접 등록한 것을 알 수 있다.

④ 환종은 USD로 입력된 입고내역이다.

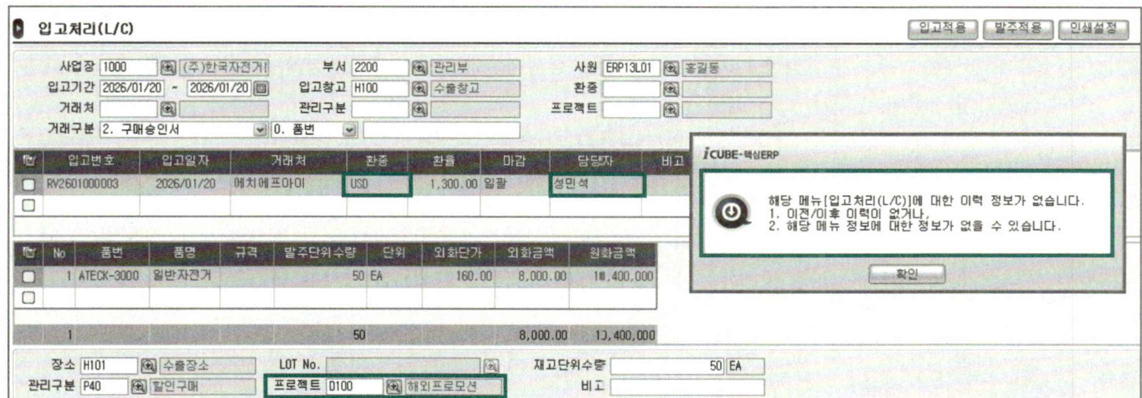

이론

01	④	02	③	03	③	04	③	05	①	06	②	07	③	08	②	09	④	10	①
11	4,500			12	매트릭스			13	16,000,000			14	②	15	③	16	④	17	②
18	②	19	300, 170			20	적재	21	③	22	①	23	④	24	④	25	9, 20		
26	수의계약			27	①	28	③	29	③	30	③	31	수입신고필증			32	환율		

01　④

(주)생산이 물류 전반의 운영 방식을 디지털 기술로 근본적으로 혁신하고 있으므로 디지털 기술을 활용하여 전통적인 운영 구조를 혁신하는 과정이다.

02　③

ERP 시스템은 도입하려는 기업의 상황에 맞는 패키지를 선택하는 것이 중요하며, 기업에서 자체 개발을 할 필요는 없다. 따라서 ERP 시스템을 개발할 수 있는 자체 개발 인력의 보유 여부는 성공과 실패를 좌우하는 요인이 아니다.

03　③

클라우드 ERP를 도입하면 사용자들은 클라우드 컴퓨팅 사업자가 제공하는 소프트웨어, 스토리지, 서버, 네트워크 등의 IT 자원을 필요한 만큼 사용하고, 사용한 만큼 비용을 지불할 수 있다. 따라서 실시간 데이터 접근성의 증가로 정보 활용이 좋아지며. 기업 내 IT 인프라 유지비용이 감소하여 운영 부담이 줄어든다. 또한 클라우드 ERP 도입 후 시스템의 유연성이 증가되어 업무 효율성이 높아진다.

04　③

빅데이터는 그 규모가 방대한 디지털데이터이며, 수치데이터뿐만 아니라 문자와 영상데이터를 포함한 다양하고 거대한 데이터의 집합이다.

05　①

미래의 ERP는 4차 산업혁명의 핵심 기술인 인공지능(AI), 빅데이터(Big Data), 사물인터넷(IoT), 블록체인 등의 신기술과 융합하여 보다 지능화된 기업경영이 가능한 통합 시스템으로 발전할 것이다.

06　②

①, ② 제품 P1과 P2는 가격탄력성이 1보다 크므로 가격이 상승하면 총매출은 감소하고, 가격이 하락하면 총매출은 증가한다.
③ 제품 P3은 가격탄력성이 1과 같으므로 총매출은 변화가 없다,
④ 제품 P4는 가격탄력성이 1보다 작으므로 가격이 상승하면 총매출은 증가하고, 가격이 하락하면 총매출은 감소한다.

07 ③

ㄱ은 상품 및 서비스별 할당, ㄷ은 영업사원별 할당에 대한 설명이다.

08 ②

손익분기점에서는 이익이 0이므로 '매출액 = 고정비 + 변동비'이다.
- 손익분기점의 매출액 500만원 = 연간 고정비 100만원 + 변동비 ⇒ 변동비 = 400만원
- 변동비 400만원 = 제품 A의 단위당 변동비 50만원 × 매출량 ⇒ 매출량 8개

09 ④

α값이 커짐에 따라 최근의 변동을 더 많이 고려한다. 최근 변화에 빠르게 반영하는 단기예측이 필요할수록 최근 관측값을 더 중시해야 하기 때문이다. 따라서 α값이 0에 가까울수록 단기예측의 신뢰성이 낮아진다.

10 ①

리베이트 전략에 의한 가격유지 정책은 생산업자와 판매업자, 도매업자와 소매업자 사이에서 일정 기간의 판매액을 기준으로 판매에 기여한 판매업자에게 이익의 일부를 되돌려 주는 것이다. 따라서 비가격 경쟁에 의한 가격유지 정책이 아니다.

11 4,500

- 전년 대비 매출액 증가율: $\dfrac{2024년\ 매출액\ 3,000억원 - 2023년\ 매출액\ 2,000억원}{2023년\ 매출액\ 2,000억원} = 0.5$

- 2025년 목표매출액: 2024년 자사 매출액 실적 3,000억원 × (1 + 전년 대비 매출액 증가율 0.5) = 4,500억원

12 매트릭스

우량 거래처나 고객을 선정하기 위해 고려해야 할 서로 다른 2개의 요인을 이용하여 가로축과 세로축을 기준으로 매트릭스(이원표)를 구성한 다음, 이원표 내의 위치에 따라 고객을 범주화하고 우량 고객을 선정하는 거래처 중점 선정 방법은 매트릭스 분석(이원표 분석)이다.

13 16,000,000

- 자금 조달기간(일): 매출채권 회수기간 80일 − 매입채무 지급기간 30일 + 재고 회전기간 23일 = 73일

- 자금 고정률: $\dfrac{자금\ 조달기간\ 73}{365} = 0.2$

- 매출채권한도액(여신한도액): 매출액 8,000만원 × 자금 고정률 0.2 = 1,600만원

14 ②

조달 리드 타임이 길어지면 수요와 공급의 변동성, 불확실성이 확대되어 채찍 효과가 발생하게 된다.

15 ③

운송비용은 물류거점과 생산자·소비자 사이를 연결하는 수배송 관련 비용이다. 물류거점 수가 증가함에 따라 서서히 감소하다가 어느 수준을 넘어서게 되면 오히려 증가한다.

16 ④

재고주문비용(발주비용)은 발주량에 관계없이 발주할 때마다 일정하게 발생하는 고정비로 1회 발주량을 크게 할수록 주문 품목 1단위당 비용이 줄어드는 특성이 있다.

17 ②

철도 운송은 중거리 운송에 적합하며, 운임은 경직적이고 중량 제한은 거의 없다.

18 ②

창고위치관리기법 중 'R(Route, 경로 분석)은 어떠한 물량이 어떠한 경로로 흐르고 있는가를 과거에서부터 현재까지 경향을 파악함으로써 장래 계획에 대한 의사를 결정하는 분석 기법이다.

19 300, 170

- 매출원가는 2월 15일 출고와 3월 5일 출고의 매출원가이며, 1월 1일 기초재고와 1월 15일 입고금액으로 계산한다.
  1월 1일 기초재고 $10 \times 10 = 100$원
  1월 15일 입고 $10 \times 20 = 200$원
  $\Rightarrow$ 매출원가 $= 100 + 200 = 300$원
- 매출원가를 제외한 3월 15일 입고금액이 기말재고액이 된다.
  3월 15일 입고금액 $10 \times 17 = 170$원
  $\Rightarrow$ 기말재고액 $= 170$원

20 적재

적재율은 차량에 얼마나 화물을 싣고 운행하였는지를 나타내는 비율로, 운송계획 수립 시 운송의 효율화를 도모하기 위해서 적재율은 높이는 것이 좋다.

21 ③

시장조사 및 원가 분석, 구매가격 결정, 공급자 선정 및 평가, 계약 및 납기관리, 규격 및 검사관리는 구매관리 영역 중 구매실무에 해당한다.
① 구매전략: 구매방침 설정, 구매계획 수립, 구매방법 결정
② 구매평가: 납품업체 성과 평가, 협력업체 등급관리, 우수업체 선정, 거래 지속 여부 결정
④ 구매분석: 구매활동의 성과 평가, 구매활동의 감사

22 ①

새로운 규격이 적용된 신제품인 경우 공급자의 공급가격이 적정한지 평가하기 위하여 반드시 원가 분석이 필요하다.

23 ④

예정원가는 미래의 생산 환경을 예측하고, 과거의 제조 경험을 고려하여 제품 생산 전에 미리 산출되는 추정원가로, 입찰이나 견적의 기초로 활용될 수 있다.

24 ④

[보기]는 본사 집중구매 방식에 대한 설명이다.

25 9, 20

8월 10일 거래 계약 체결 후 현금할인 방식 중 구매당월락 현금할인 방식으로 결제조건을 "10/20 EOM"으로 약정한 경우는 익월인 9월 20일까지 현금 지불이 되면 10%의 할인이 적용된다.

26 수의계약

수의계약 방식은 경쟁입찰 방법에 따르지 않고 특정 기업을 공급자로 선정하여 구매 계약을 체결하는 방식으로 경쟁입찰을 할 수 없는 특별한 상황인 경우 등에 적합하다. 다만, 계약 과정에 대한 의심을 받기 쉬운 단점이 있다.

27 ①

실제 무역은 비교우위론에 기반하여 결정되는 경우가 더 많다.

28 ③

[보기]는 현물상환불(Cash on Delivery)에 대한 설명이다. 현물상환불은 사전에 품질검사가 필요한 귀금속 등 고가품의 거래에 주로 사용하며 수입자가 인수를 거절하면 물품을 반송하거나 다른 구매자를 찾아야 하는 단점이 있다.
① 연불(Deferred Payment): 선적서류가 수입지에 도착하더라도 거래 당사자가 사전에 합의한 약정기간이 경과된 후에 대금을 지급하는 방법
② 누진불(Progressive Payment): 일부 사전 송금 방식의 성격을 갖고 있는 것으로 선박이나 기계처럼 제작기간이 오래 소요되는 경우에 사용하는 방식
④ 서류상환불(Cash Against Documents): 수입자 대리인이 수출지에서 제조 과정이나 품질을 확인할 수 있으므로 현물 대신에 B/L 등의 선적서류와 상환하여 수입자가 수입대금을 지급하는 방식

29 ③

수출자가 선적하고 목적항까지의 운임을 부담하며, 보험료는 부담하지 않는 조건은 CFR(Cost and Freight, 운임 포함 인도조건)이다.
① FAS 조건 계약: 물품을 운송할 본선의 선측에 인도할 때까지의 수출자가 책임을 부담한다.
② FOB 조건 계약: 수출자가 화물을 본선에 적재하였을 때 인도의무를 이행한 것을 의미한다. 본선 적재 이후에는 물품의 멸실 또는 손상 위험이 수입자에게 이전된다. 수출자의 비용 부담은 본선의 적재비용까지이고 위험 부담은 수출항의 본선의 난간까지이다.
④ CIF 조건 계약: 수출자가 선적하고 목적항까지의 운임료에, 즉 CFR 조건에 해상보험료까지 부담하는 조건이다.

30 ③

구매확인서 제도를 통해 수출자는 국내에서 필요한 원자재를 쉽게 조달할 수 있고, 부가가치세 영세율을 적용받거나 수출실적을 인정받는 등 여러 장점이 있다. 그러나, 구매확인서는 내국신용장(Local L/C)과 달리 은행이 지급 보증을 하지 않기 때문에 판매대금 회수가 보장되지 않아 판매대금을 확정적으로 회수할 수 없다.

31 수입신고필증

규정에 따른 수입신고를 세관장에게 완료하였음을 입증하는 서류는 수입신고필증이다.

32 환율

서로 다른 국가의 통화 간의 교환비율을 의미하는 것은 환율이다.

01	①	02	④	03	②	04	②	05	③	06	④	07	①	08	④	09	①	10	③
11	②	12	③	13	①	14	③	15	②	16	①	17	④	18	①	19	④	20	②
21	④	22	①	23	②	24	③	25	③												

01 　①

📍 [시스템관리] – [기초정보관리] – [일반거래처등록]

각 거래처에 등록된 내용을 확인한다.

가. (주)하나상사의 업태는 '도소매 외'이다.

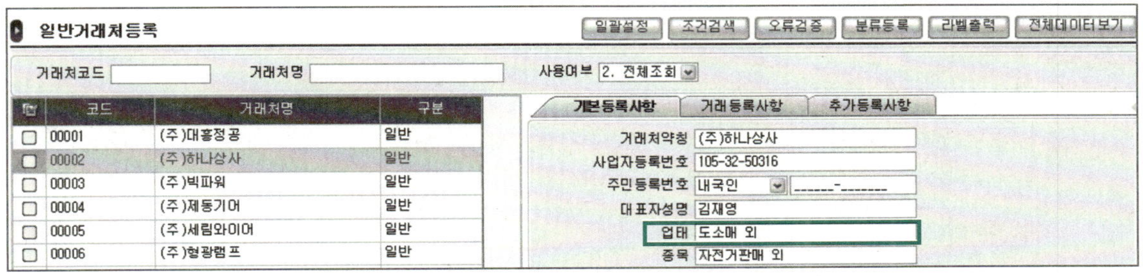

나. (주)제동기어의 종목은 '기계장치 제조 외'이다.

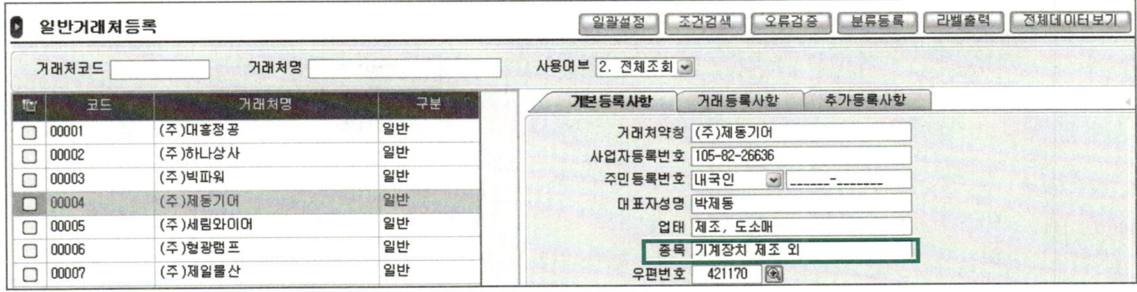

다. (주)세림와이어의 대표자 성명은 '이기수'이다.

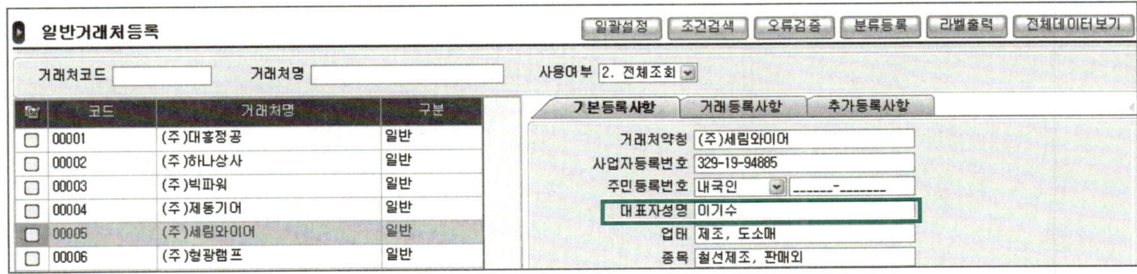

라. (주)제일물산의 사업장은 '서울 강남구'에 위치한다.

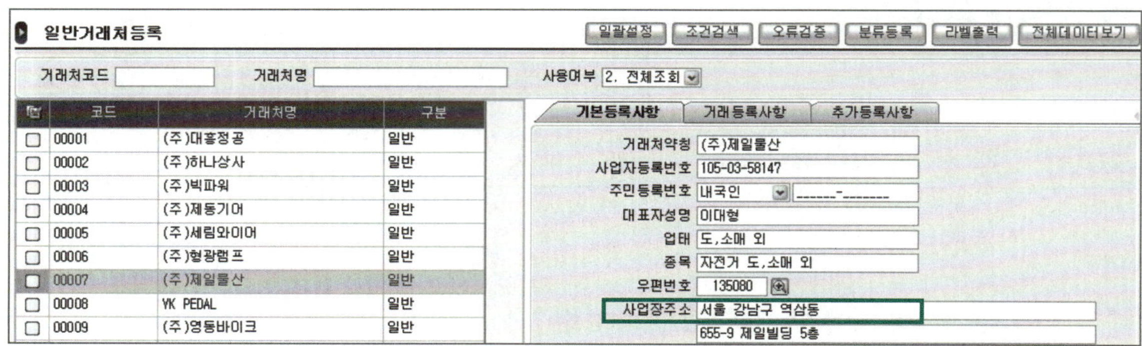

따라서 올바른 설명은 0가지이다.

02 ④

'ORDER/COST' 탭에서 '품목군: F100. FRONT, 계정구분: 0. 원재료, 대분류: 5000. FACIAL POST'로 조회한다.
④ 조회되는 품목은 '21-1030600. FRONT FORK(S)'이며, LEAD TIME은 7DAYS이다.

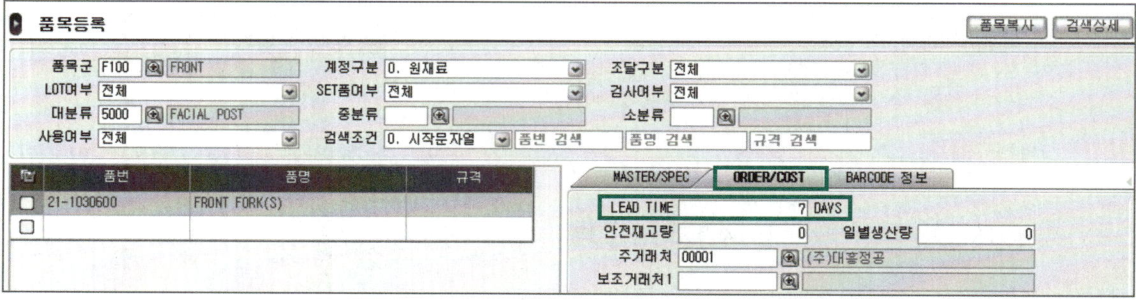

03 ②

'품번: 21-1035600'으로 조회한 후 하단의 고객별 출력품번을 확인한다.

①, ③, ④ 다른 고객의 출력품번은 '21-1035600'이나, ② (주)하나상사의 출력품번은 'SOCKET_P'로 나머지와 다르다.

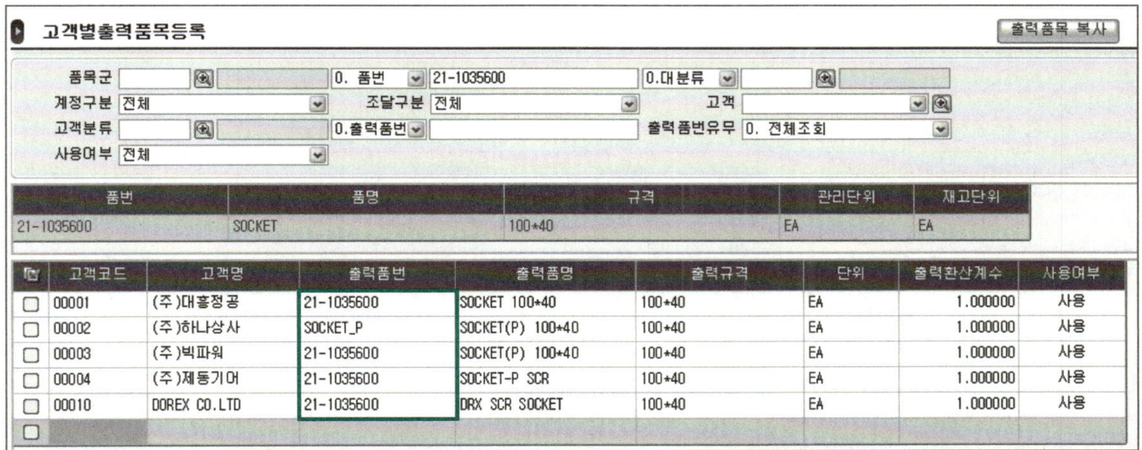

04 ②

[조회조건]으로 조회한다.

② 계획부서가 '국내영업부', 실적담당자 'CRM담당자'로 등록된 거래처는 '(주)빅파워'이며, 수량의 총합은 45EA이다.

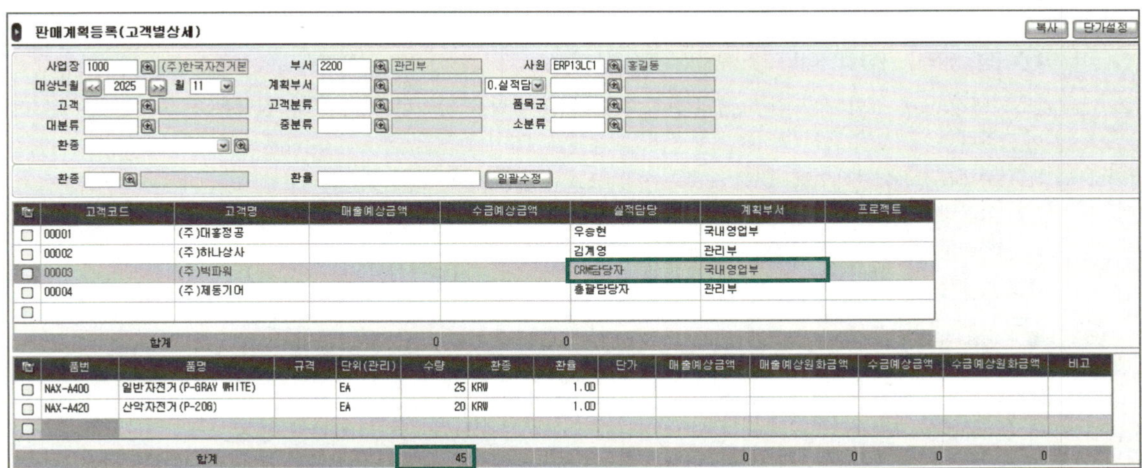

05 ③

📍 [영업관리] – [영업관리] – [견적등록]

[조회조건]으로 조회한 후 각 견적번호의 하단에 등록되어 있는 결제조건을 확인한다. 결제조건이 '현금결제'인 견적
번호는 ES2511000003이다.
① ES2511000001: 외상결제
② ES2511000002: 카드결제
③ ES2511000003: 현금결제
④ ES2511000004: 외상결제

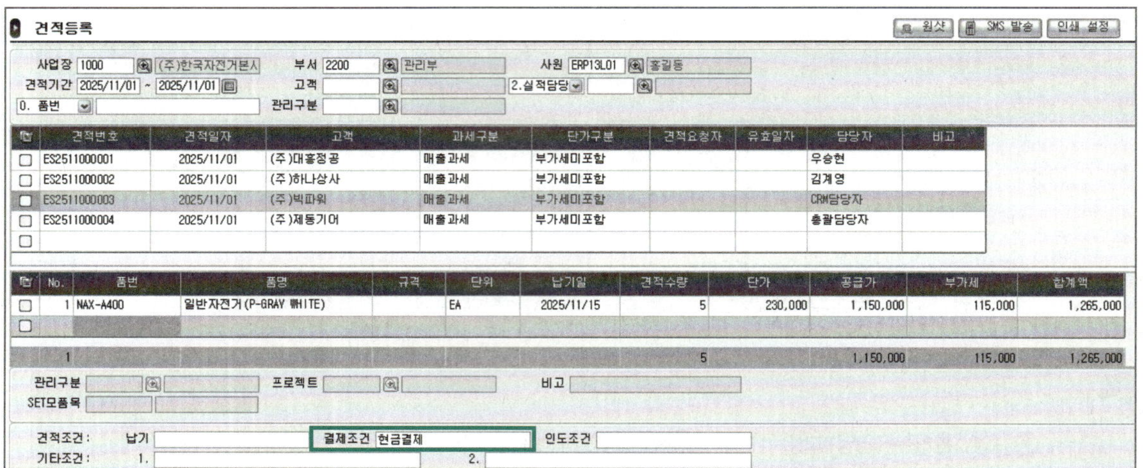

06 ④

📍 [영업관리] – [영업현황] – [견적대비수주현황]

[조회조건]으로 조회한 후 각 고객의 견적수량과 주문수량을 확인한다. 수주 후 잔량은 견적수량과 주문수량의 차이로
계산한다.
① (주)대흥정공: 견적수량 10EA − 주문수량 8EA = 잔량 2EA
② (주)하나상사: 견적수량 10EA − 주문수량 6EA = 잔량 4EA
③ (주)빅파워: 견적수량 10EA − 주문수량 8EA = 잔량 2EA
④ (주)제동기어: 견적수량 10EA − 주문수량 5EA = 잔량 5EA ⇒ 가장 많음

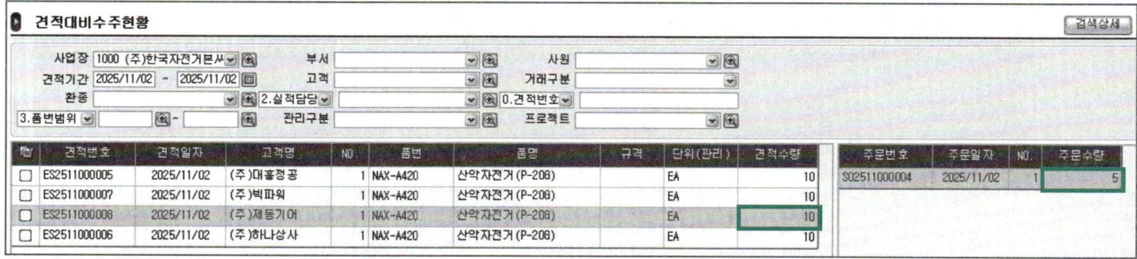

07 ①

[조회조건]과 '관리구분: S10. 일반매출(A), 프로젝트: B–001. 특별할인판매'로 조회한다.
① 조회되는 주문번호는 SO2511000005이다.

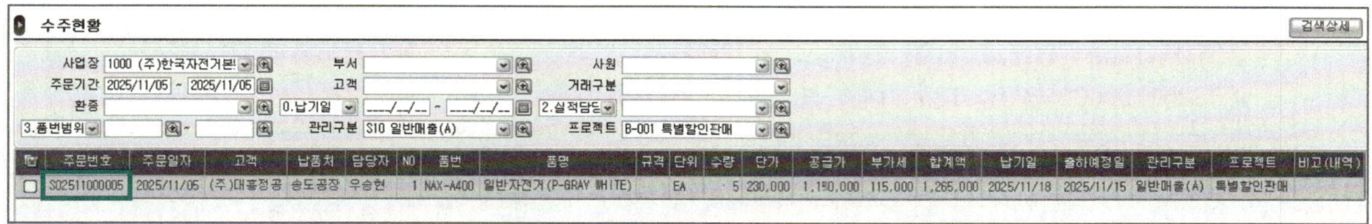

08 ④

[조회조건]으로 조회한 후 각 프로젝트별 수량의 합을 확인한다.
① 특별할인판매: 8 + 5 + 5 = 18EA
② 유아용자전거: 6EA
③ 일반용자전거: 8 + 5 + 5 = 18EA
④ 산악용자전거: 5EA ⇒ 가장 적음

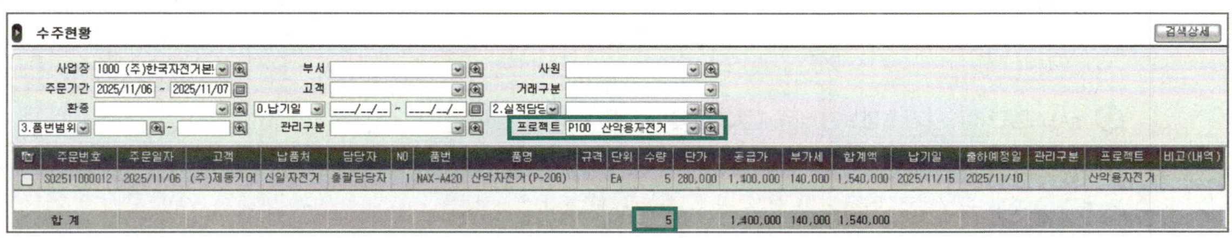

◉ [영업관리] – [영업관리] – [출고처리(국내수주)]

[조회조건]으로 조회되는 출고 건의 하단을 클릭하여 등록되어 있는 장소를 확인한다.

① IS2511000001: 장소 1400. 불량장소
② IS2511000002: 장소 1200. 진열장소
③ IS2511000003: 장소 1100. 판매장소
④ IS2511000004: 장소 1300. 대기장소

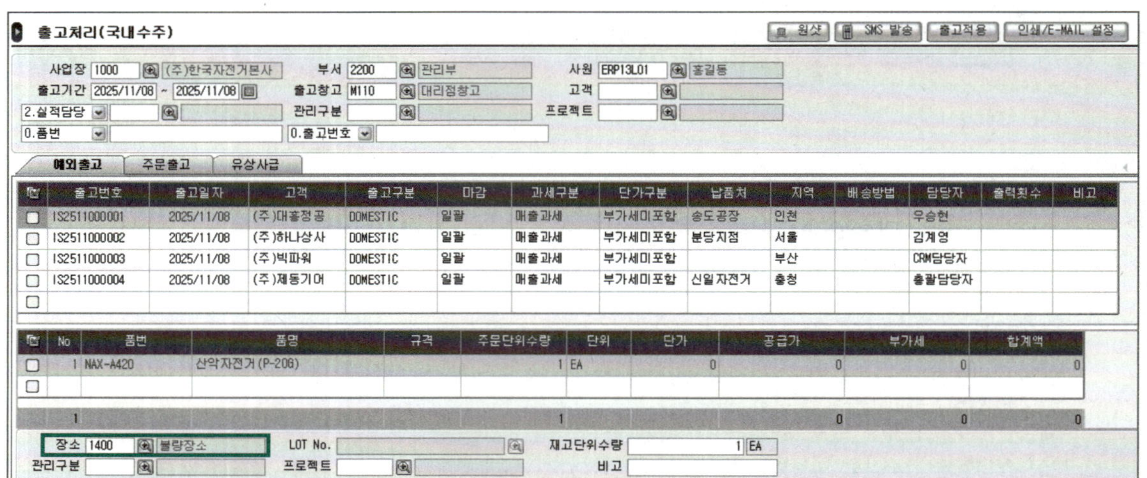

◉ [시스템관리] – [기초정보관리] – [창고/공정(생산)/외주공정등록]

'창고/장소' 탭에서 '대리점창고'의 하단에 등록된 장소의 적합여부와 가용재고여부를 확인한다. 적합여부가 '부적합', 가용재고여부가 '부'로 등록되어 있는 장소는 '1400. 불량장소'이다.

① [출고처리(국내수주)] 메뉴에서 '1400. 불량장소'가 등록되어 있는 출고번호는 IS2511000001이다.

10 ③

'사업장: 1000. (주)한국자전거본사, 출고기간: 2025/11/10~2025/11/13'으로 조회한 후 등록되어 있는 출고창고와 출고장소를 확인한다. 등록되어 있는 출고창고-출고장소는 '완성품창고-제품_서울장소, 제품창고-제품장소(안전재고), 완성품창고-제품_부산장소, 제품창고-제품장소(안전재고)'이다.

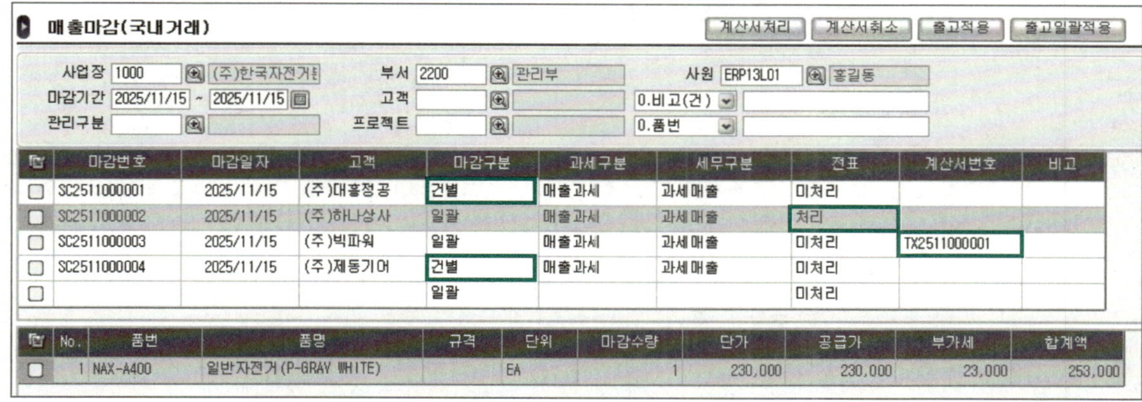

11 ②

'사업장: 1000. (주)한국자전거본사, 마감기간: 2025/11/15~2025/11/15'로 조회되는 내역을 확인한다. 마감구분이 '건별'인 마감 건의 마감수량 및 단가는 [매출마감(국내거래)] 메뉴에서 직접 수정 및 삭제할 수 없으나, 마감일자와 세무구분은 수정이 가능하다.
① SC2511000001은 마감구분이 '건별'이므로 마감수량을 수정할 수 없다.
② SC2511000002는 전표가 '처리'이므로 마감수량을 수정할 수 없다.
③ SC2511000003은 계산서번호가 있으므로 세무구분을 수정할 수 없다.
④ SC2511000004는 마감구분이 '건별'이므로 세무구분을 수정할 수 있다.

📍 **[구매/자재관리] – [구매관리] – [주계획작성(MPS)]**

[조회조건]으로 조회되는 품목을 확인한다.

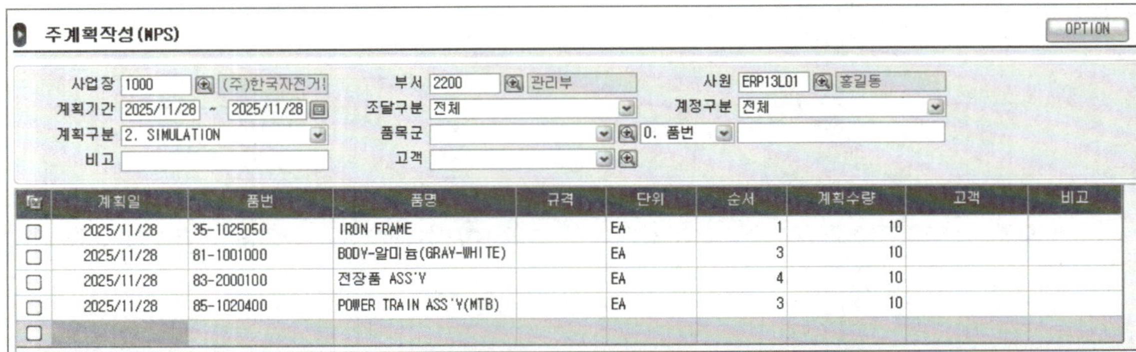

📍 **[시스템관리] – [기초정보관리] – [품목등록]**

'대분류: 2000. PACKING'으로 조회한다. [주계획작성(MPS)] 메뉴에서 조회된 품목 중 대분류가 'PACKING'인 품목은 '전장품 ASS'Y'이다.

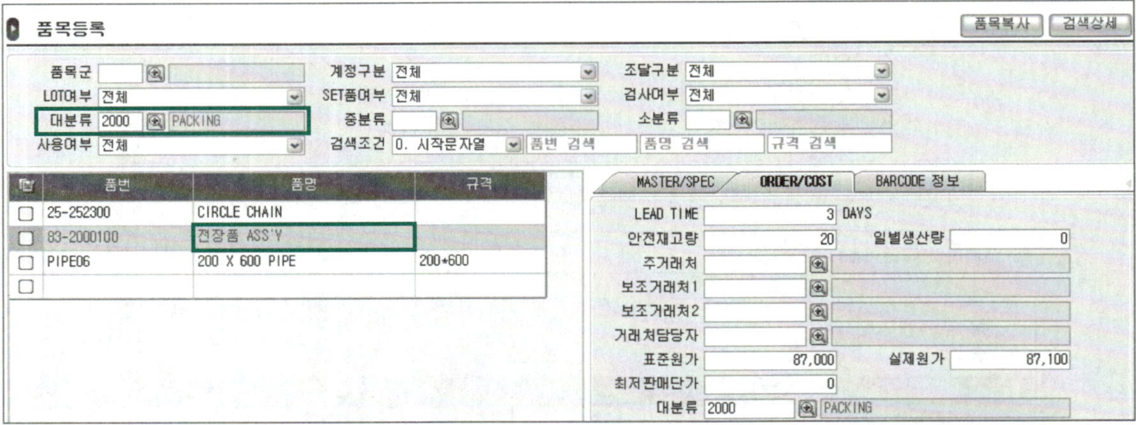

13 ①

📍 [구매/자재관리] – [구매관리] – [청구등록]

'사업장: 1000. (주)한국자전거본사, 요청일자: 2025/11/01~2025/11/01'로 조회되는 청구내역을 확인한다.

① 품목 '21-1030600. FRONT FORK(S)'의 요청일은 2025/11/05이다.

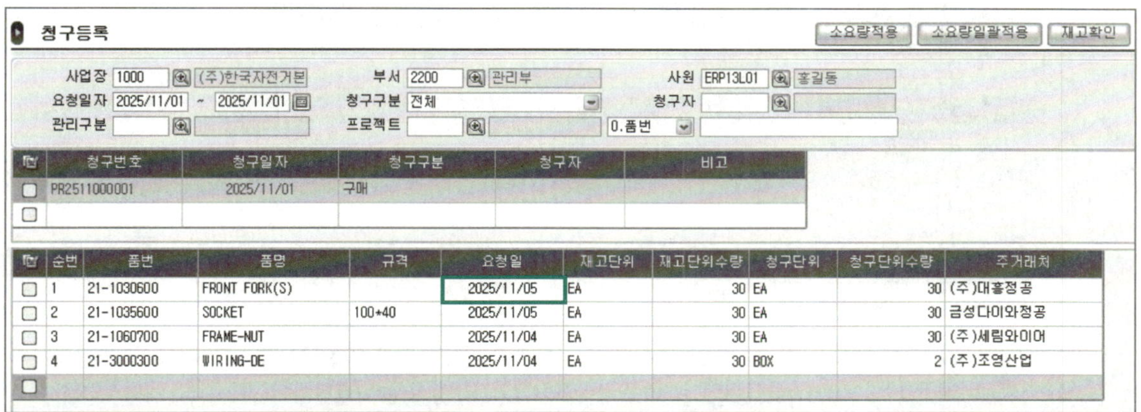

② 품목 '21-1035600. SOCKET'에서 마우스 오른쪽 버튼을 클릭하면 나오는 '부가기능–품목상세정보'의 주거래처와 [청구등록] 메뉴에 등록되어 있는 주거래처는 모두 '금성다이와정공'으로 동일하다.

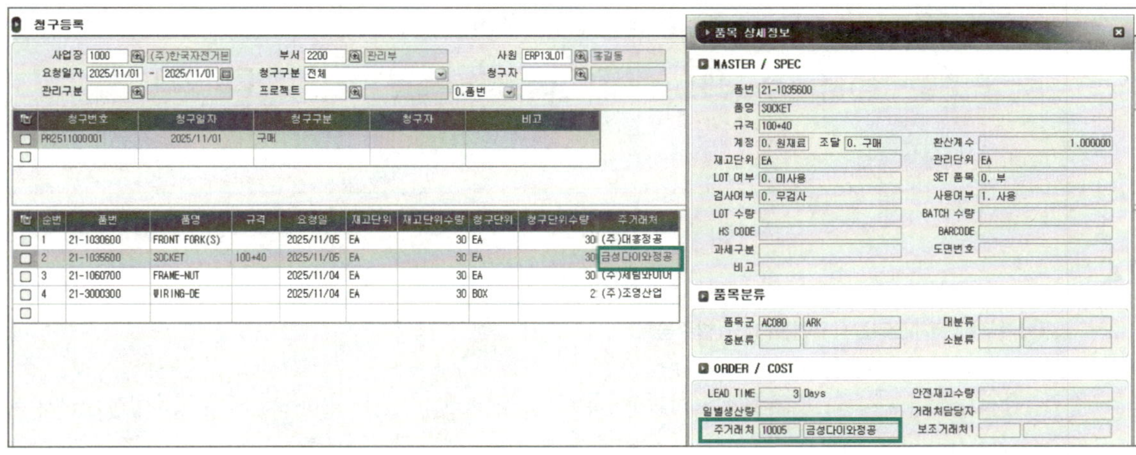

③ 품목 '21-1060700. FRAME-NUT'의 하단에 관리구분 'P20. 일반구매'가 등록되어 있다.

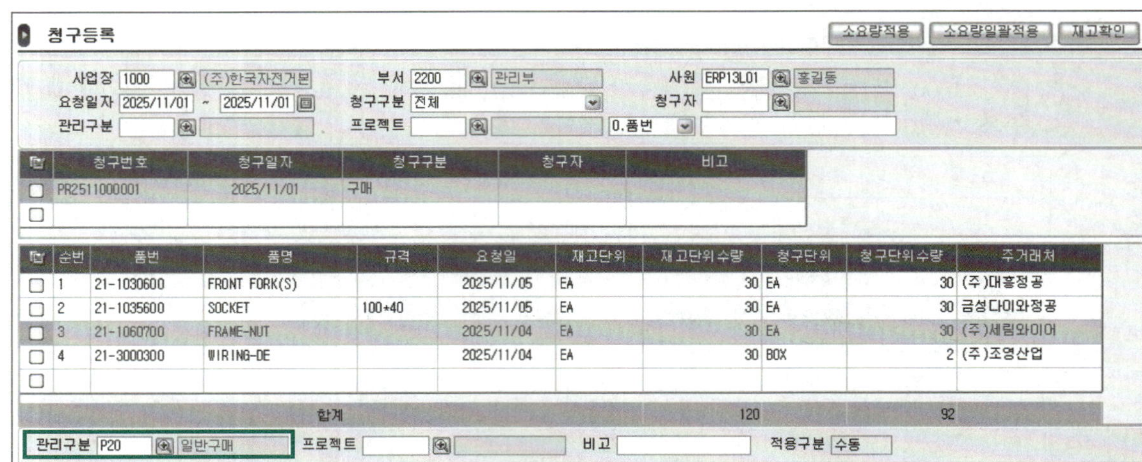

④ 품목 '21-3000300. WIRING-DE'에서 마우스 오른쪽 버튼을 클릭하면 나오는 '부가기능-품목상세정보'의 조달구
분과 [청구등록] 메뉴에 등록되어 있는 청구구분은 모두 '구매'로 동일하다.

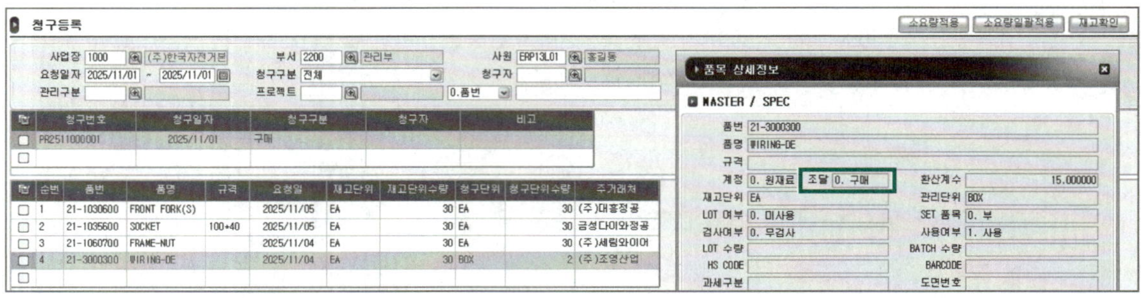

14 ③

◉ [구매/자재관리] – [구매관리] – [발주등록]

[조회조건]으로 조회되는 내역을 확인한다.

① 하단에서 마우스 오른쪽 버튼을 클릭하여 '[발주등록] 이력정보'를 확인하면 이력이 등록되어 있지 않아 적용을 받지
않고 직접 입력한 것을 알 수 있다.

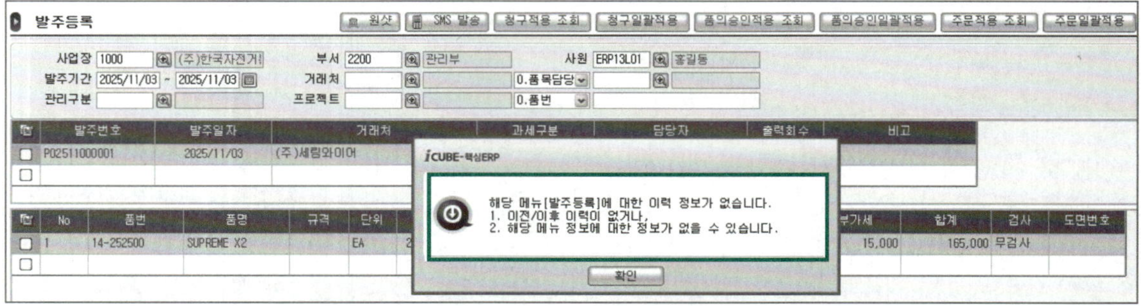

② 하단에서 마우스 오른쪽 버튼을 클릭하여 '부가기능–품목상세정보'에서의 주거래처는 '(주)형광램프'이며, 발주등록된 거래처는 '(주)세림와이어'로 동일하지 않다.

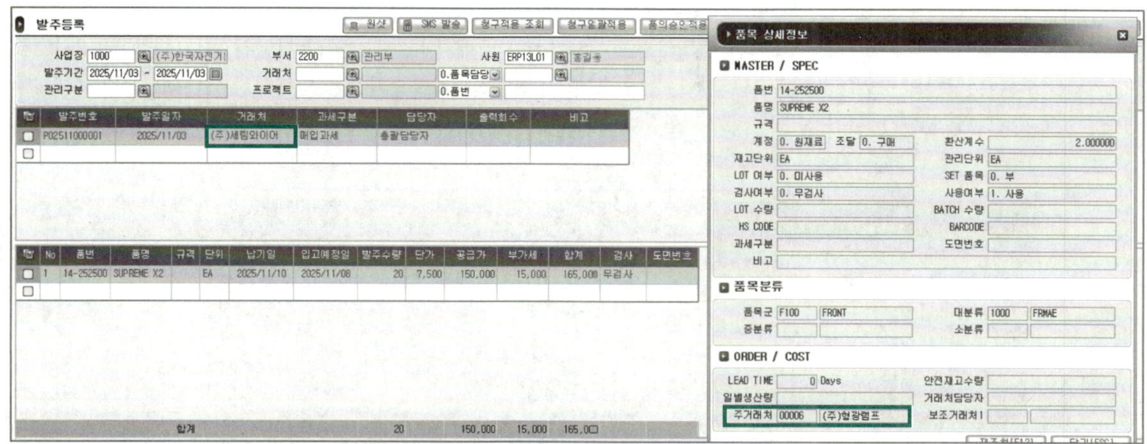

③ 하단에 등록되어 있는 관리구분은 'P20. 일반구매'이다.
④ 검사구분은 '무검사'로 입고 전 검사를 거치지 않고 입고등록이 가능하다.

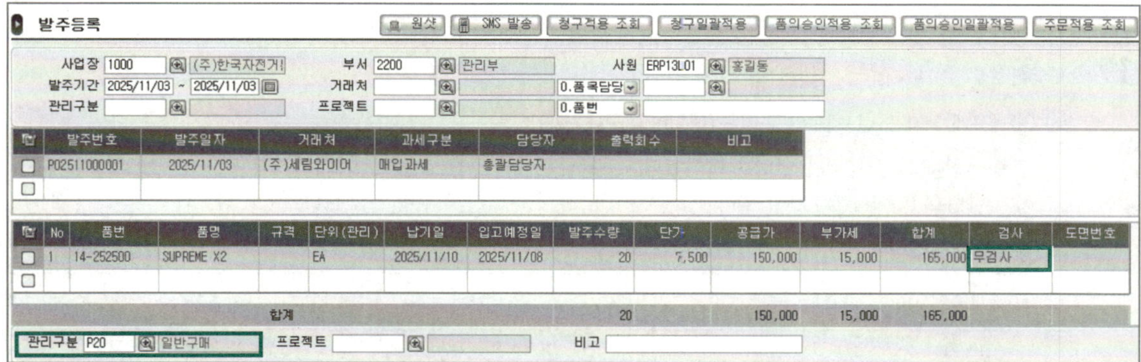

15 ②

📍 [구매/자재관리] – [구매관리] – [입고검사등록]

'사업장: 1000. (주)한국자전거본사, 검사기간: 2025/11/05~2025/11/05'로 조회한다.
② 거래처 (주)제일물산의 검사유형은 '성능점검'이다.

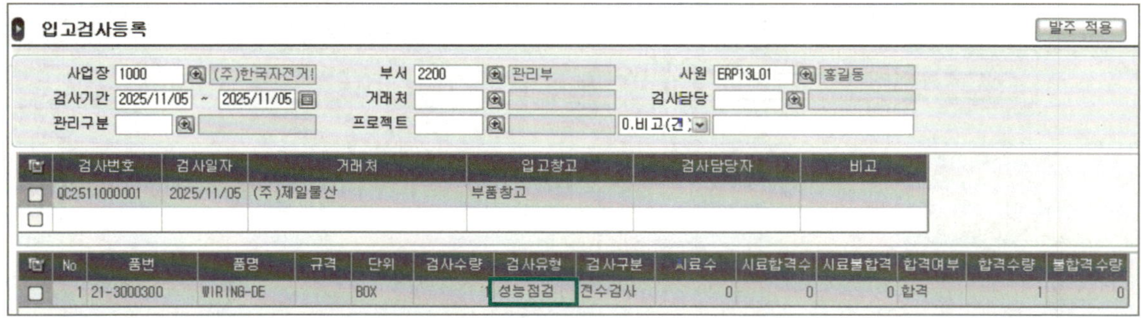

16 ①

발주내역을 적용받아 입고처리를 진행하므로 '발주입고' 탭에서 [조회조건]의 사업장, 입고기간, 입고창고로 조회한 후 오른쪽 상단의 '발주적용'을 클릭한다. 팝업창에 [조회조건]의 발주기간을 입력한 후 '거래처: 00006. (주)형광램프, 프로젝트: M100. 일반용자전거'로 조회한다.

① 품목 'SUPREME X2'의 발주잔량이 20EA로 가장 많다.

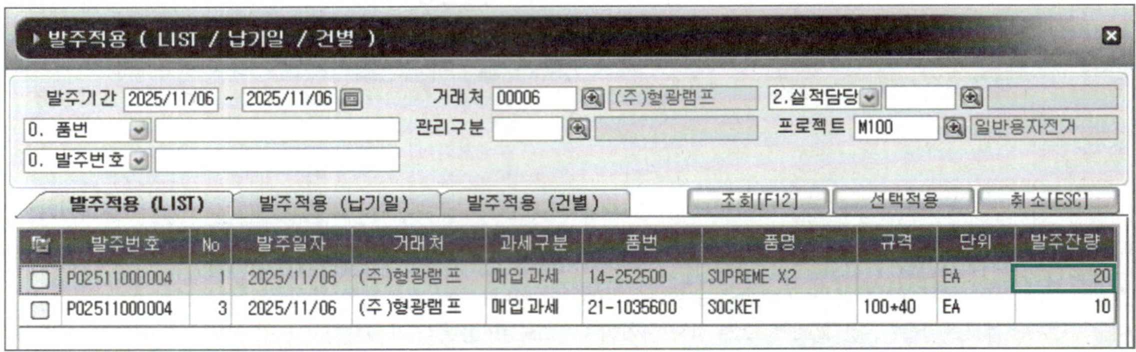

17 ④

[조회조건]으로 조회되는 내역을 확인한다.

① 마감번호 PC2511000001의 마감수량은 10EA이고 재고단위수량은 20EA로 서로 다르다.

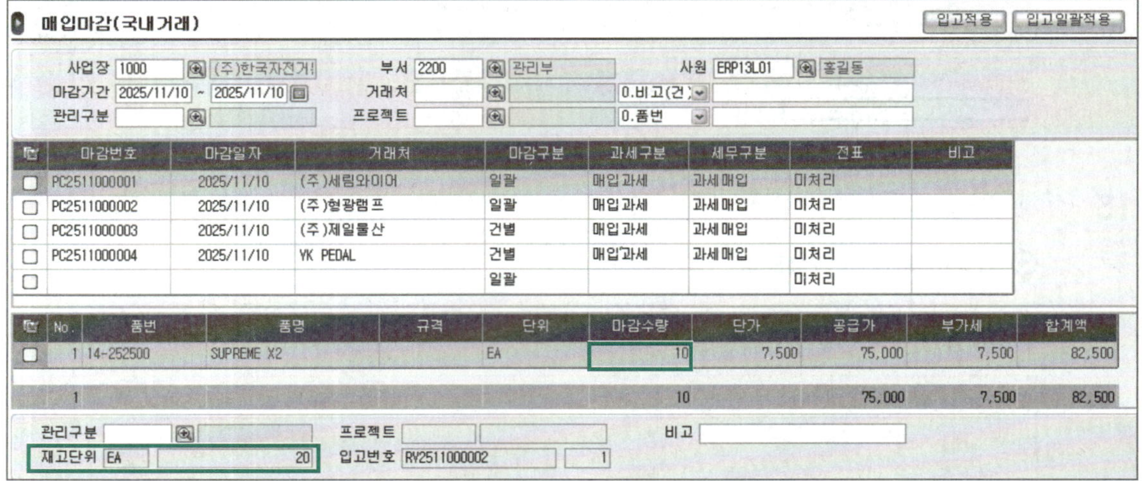

② 마감번호 PC2511000002의 하단에 등록되어 있는 각 품목에서 마우스 오른쪽 버튼을 클릭하여 '[매입마감(국내거래)] 이력정보'를 확인한다. 품목 '14-252500. SUPREME X2'의 이전 이력 '입고처리(국내발주)' 전표번호는 RV2511000001이고, 품목 '21-1030600. FRONT FORK(S)'의 이전 이력 '입고처리(국내발주)' 전표번호는 RV2511000003으로 서로 다른 입고번호내역을 적용받은 것을 알 수 있다.

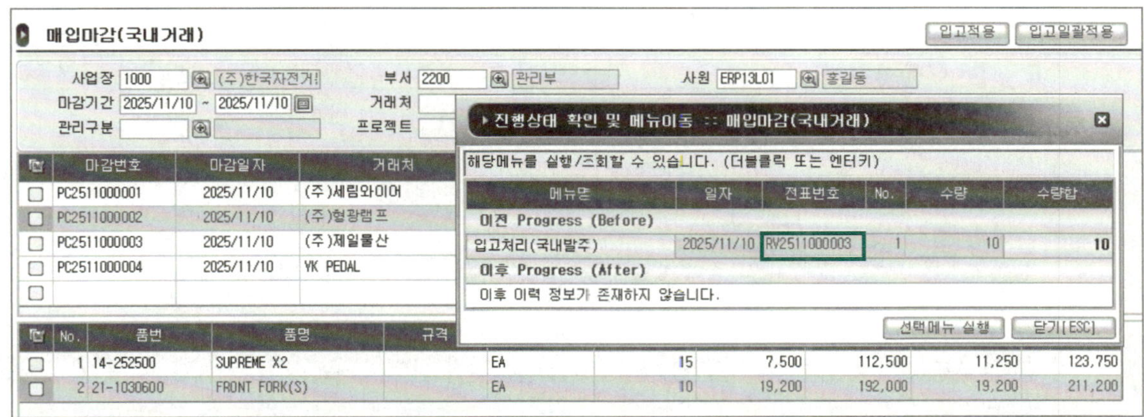

③ 마감번호 PC2511000003의 마감구분은 '건별'이다. 마감구분이 '건별'인 마감 건의 마감수량 및 단가, 공급가는 직접 수정 및 삭제할 수 없다.

④ 마감번호 PC2511000004는 전표가 '미처리'되었다.

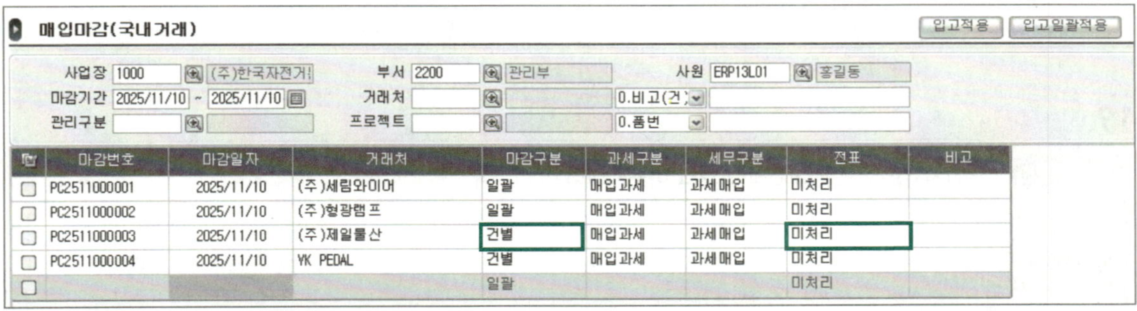

18 ①

'출고조정' 탭에서 [조회조건]으로 조회한 후 비고에 등록된 내역을 확인한다. 등록되어 있는 비고는 전시용 출고, 재고 실사 조정, 부품파손 발생이다.

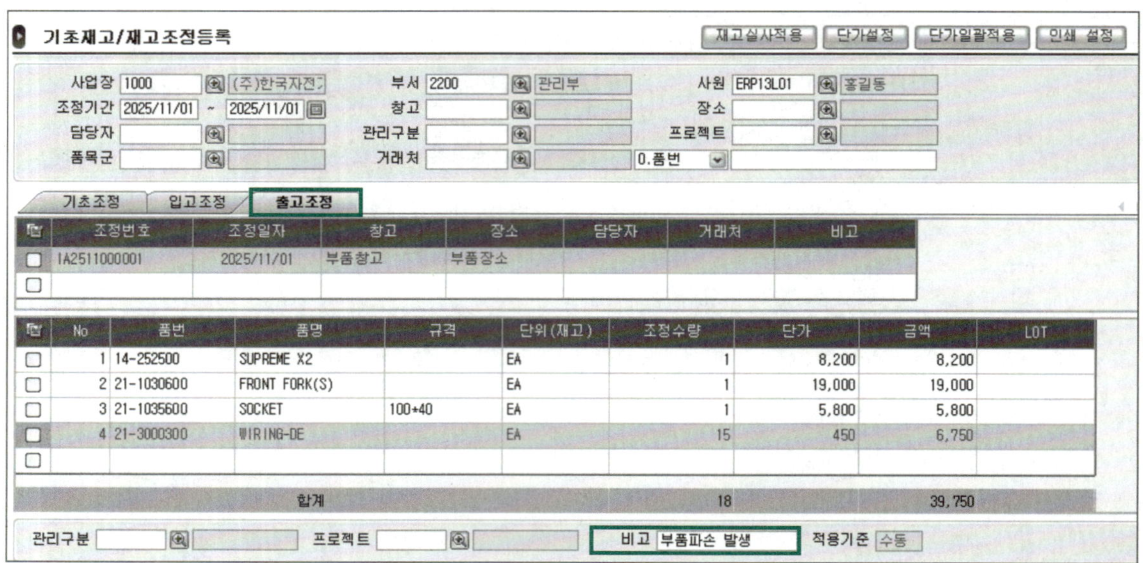

19 ④

[조회조건]으로 조회한다. 불량품 발생 시 재고를 이동하였으므로 '입고창고/입고장소'를 확인한다. '입고창고/입고 장소'로 등록되어 있는 창고/장소의 적합여부를 [창고/공정(생산)/외주공정등록] 메뉴에서 확인한다.

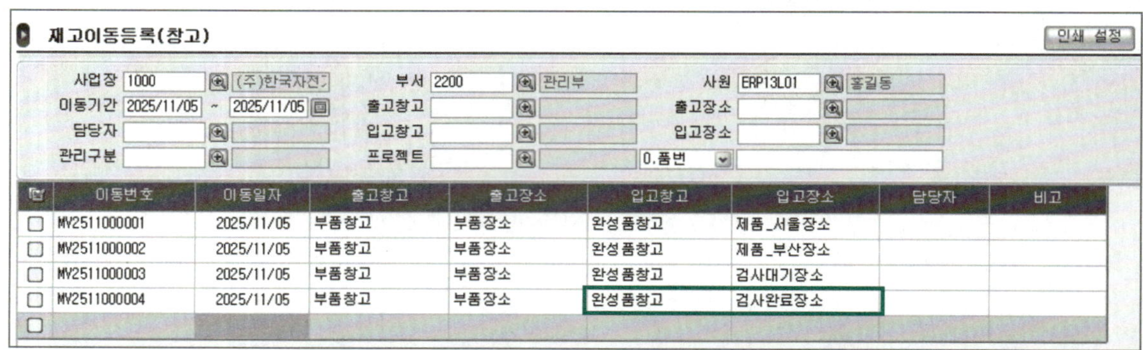

◉ [시스템관리] – [기초정보관리] – [창고/공정(생산)/외주공정등록]

'창고/장소' 탭에 등록되어 있는 '완성품창고'의 하단 '검사완료장소'의 적합여부가 '부'로 설정되어 있다.

④ [재고이동등록(창고)] 메뉴에서 불량품 발생 시 적합여부가 '부적합'으로 설정된 장소로 재고를 이동하여 관리한 이동번호는 MV2511000004이다.

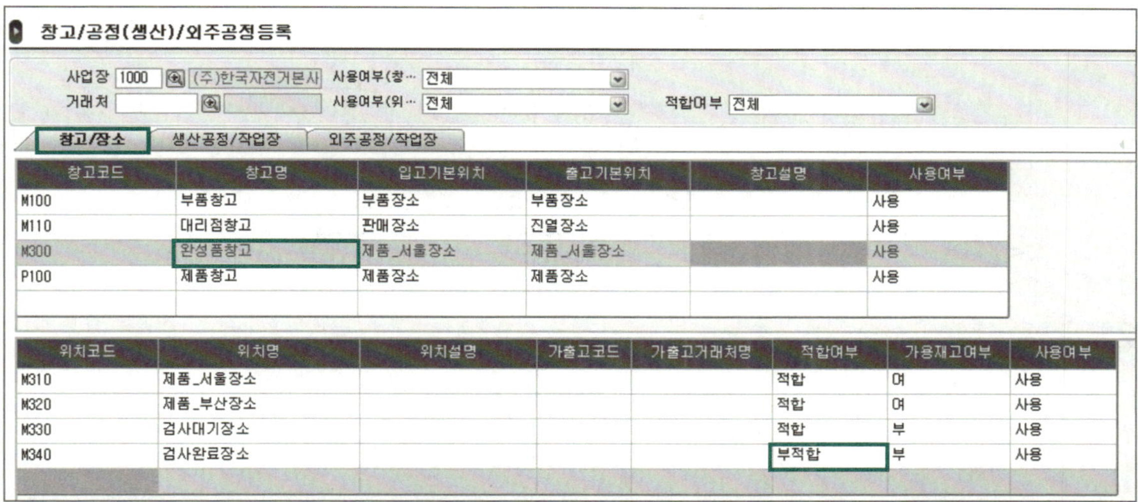

20 ②

◉ [무역관리] – [MASTER L/C(수출)] – [L/C등록]

[조회조건]으로 조회한 후 팝업창의 주문번호 SO2511000017에 체크하고 '선택항목 편집'을 클릭한다.

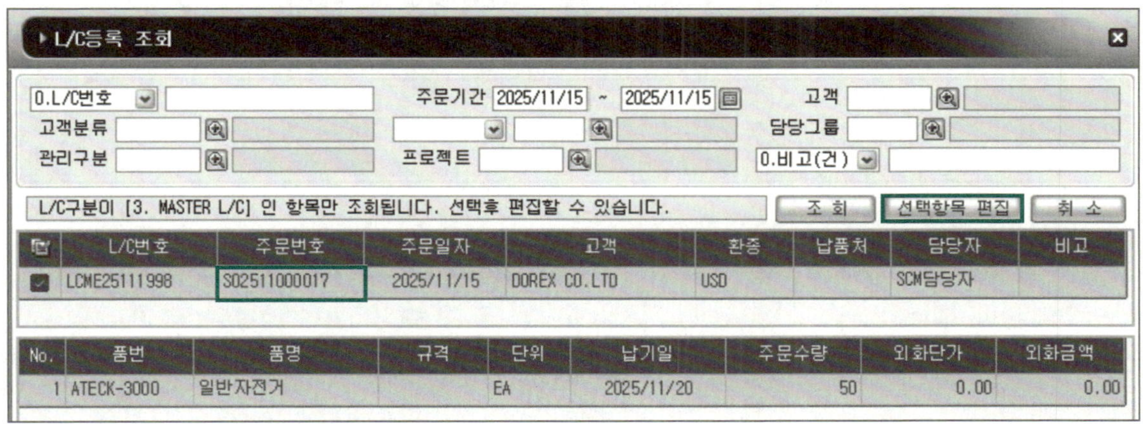

① L/C번호는 LCME25111998이다.
② 마우스 오른쪽 버튼을 클릭하여 '[L/C등록] 이력정보'를 클릭하면 이력정보가 등록되어 있지 않아, 적용을 받지 않고 직접 등록한 것을 알 수 있다.
③ 환종은 USD이다.
④ 하단에 프로젝트와 비고가 입력되지 않았다.

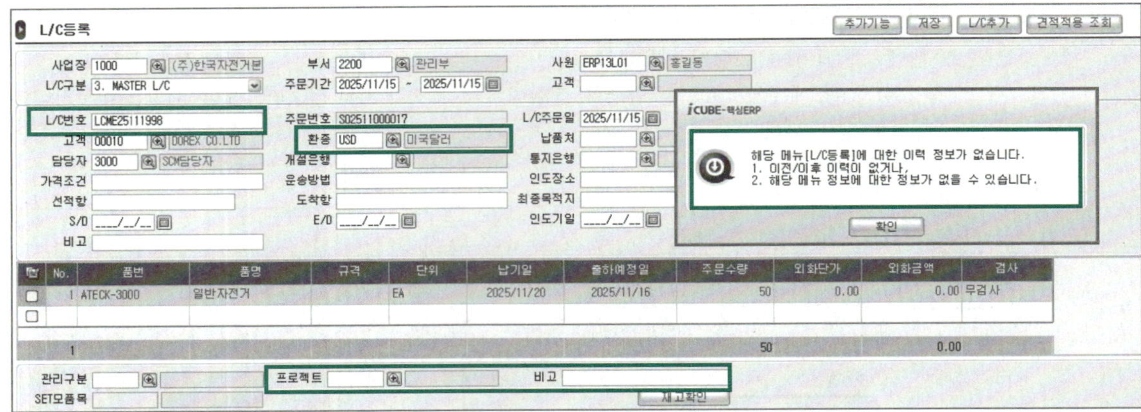

21 ④

'조회(F12)'를 누르면 뜨는 'COMMERCIAL INVOICE 조회' 팝업창에서 '송장기간: 2025/11/18~2025/11/18'로 조회되는 내역에 체크하고 '확인'을 클릭한다.

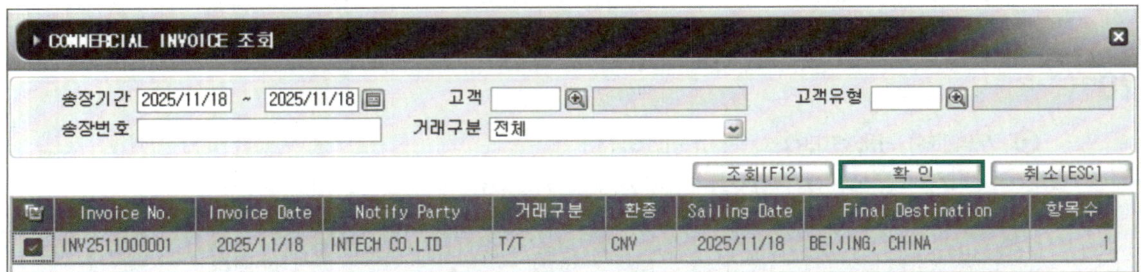

① 환종은 CNY이다.
② 출항 항구(Port of Loading)는 INCHEON, KOREA이다.
③ Sailing on or about는 2025/11/18이다.
④ 최종 목적지(Final Destination)는 BEIJING, CHINA이다.

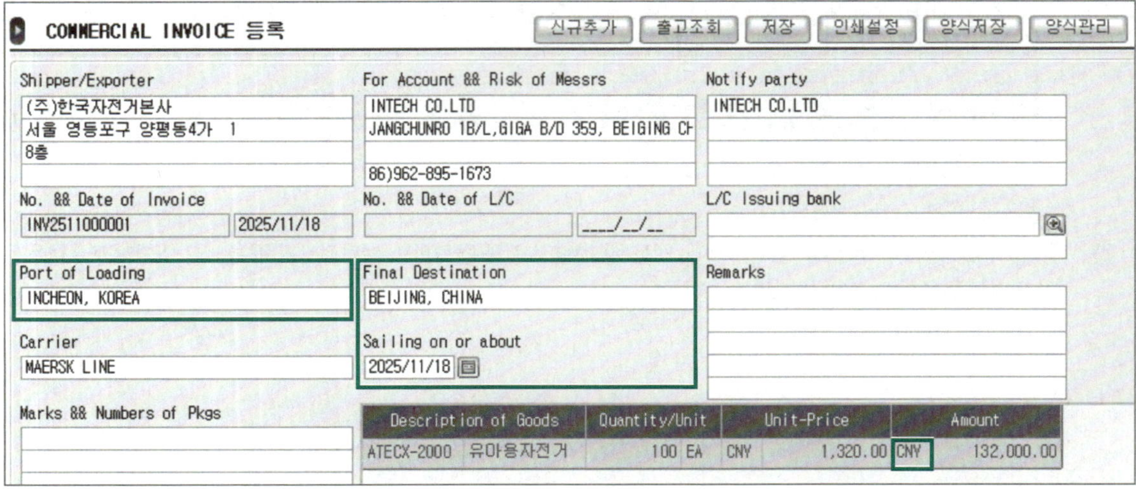

22 ①

'NEGO선입정리' 탭에서 '사업장: 1000. (주)한국자전거본사. NEGO기간: 2025/11/01~2025/11/01'로 조회한다.
① 고객 'DOREX CO.LTD'의 정리일자는 2025/11/19이다.

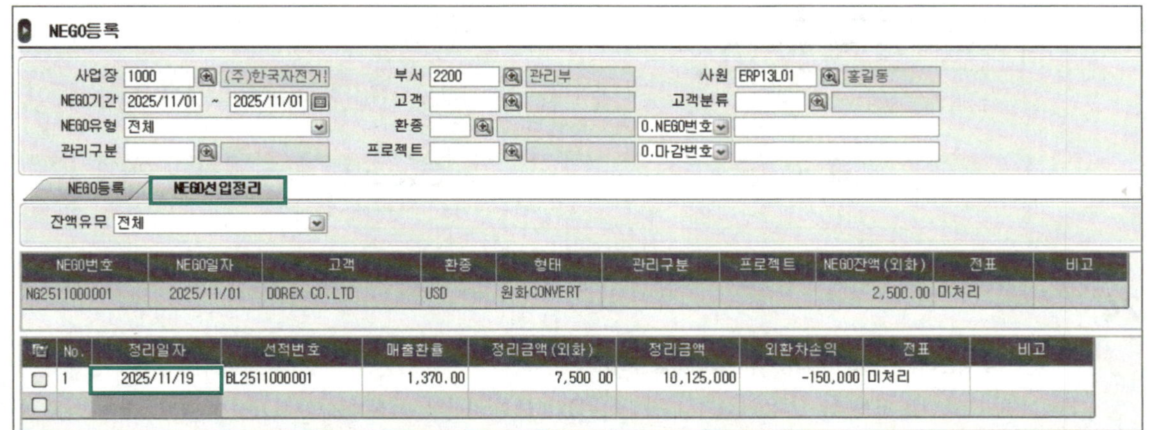

23 ②

'사업장: 1000. (주)한국자전거본사, 선적기간: 2025/11/03~2025/11/08'로 조회한 후 '선적적용조회(LIST/건별)'
팝업창의 B/L번호에 체크하고 '선택적용'을 클릭하면 B/L 등록된 내역을 확인할 수 있다.

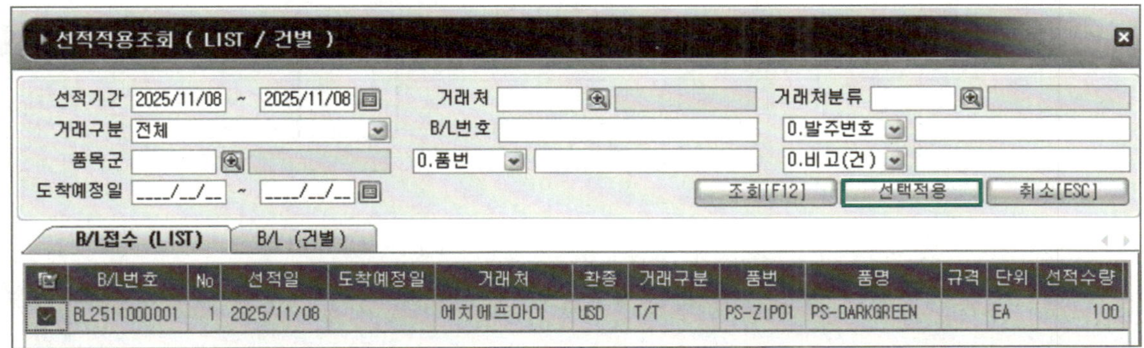

① 거래구분은 T/T이다.
② 인도조건은 FOB(Free On Board)이다.
③ 환종은 USD이다.
④ 선적수량은 100EA이다(관리단위 기준).

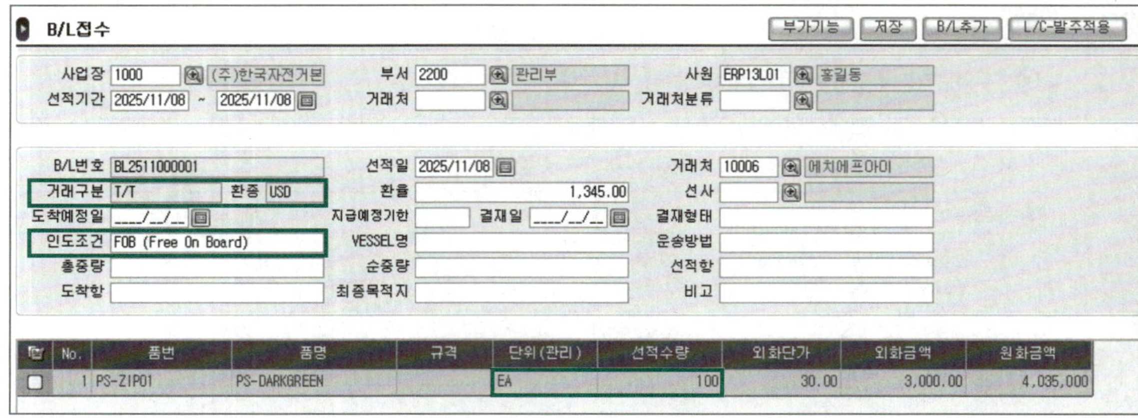

24 ③

[조회조건]으로 조회되는 비용번호의 하단에서 비용명을 확인한다. 등록되어 있는 비용명은 B/L결제대금, 관세, 통관료, 운반비이다.

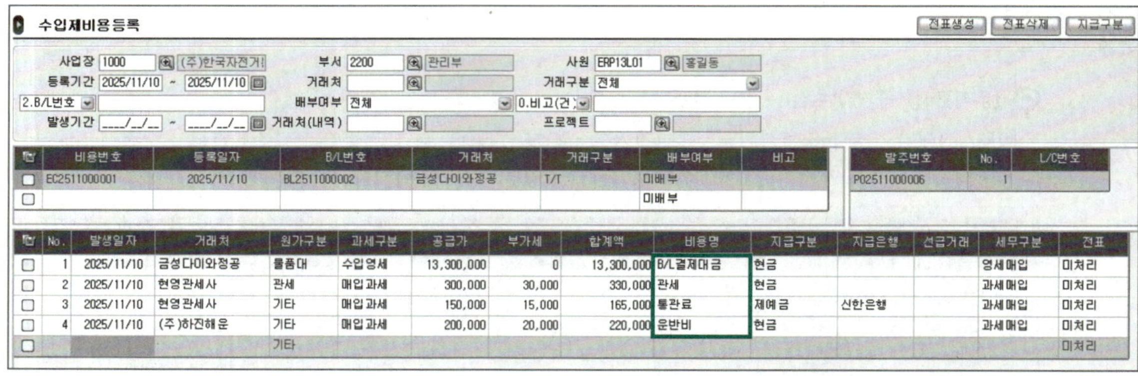

◉ [무역관리] – [LOCAL L/C(수입)] – [입고처리(L/C)]

[조회조건]으로 조회되는 입고 건의 내역을 확인한다.

③ 하단에 재고단위수량 1,000EA가 등록되어 있으며, 재고단위 기준 총 1,000EA가 입고된 것을 알 수 있다.

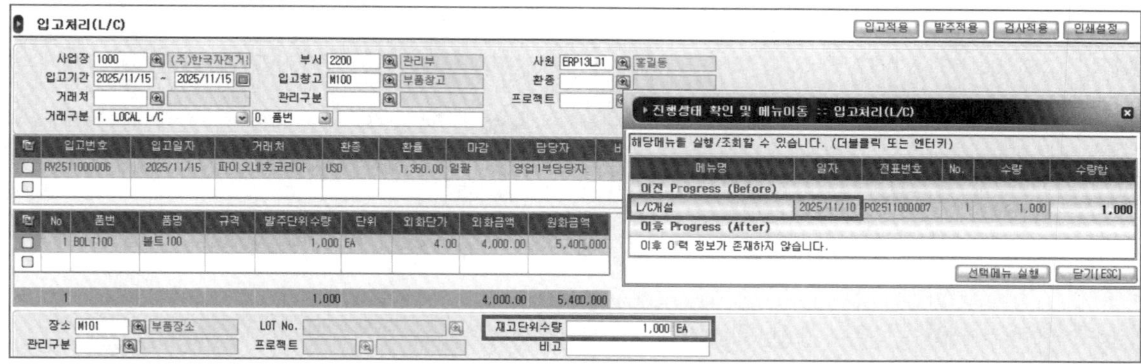

◉ [무역관리] – [LOCAL L/C(수입)] – [L/C개설]

[입고처리(L/C)] 메뉴의 하단에서 마우스 오른쪽 버튼을 클릭하여 '[입고처리(L/C)] 이력정보'를 확인한다. 이전 이력 'L/C개설' 일자 2025/11/10으로 [L/C개설] 메뉴에서 조회하여 등록되어 있는 L/C내역을 확인한다.

'발주기간: 2025/11/10~2025/11/10'으로 조회되는 팝업창에서 등록된 건에 체크하고 '선택적용'을 클릭하면 L/C 개설된 내역을 확인할 수 있다.

① L/C번호는 LCLI25111998이다.

② 검사여부는 '무검사'로 별도의 입고검사를 거치지 않고 등록된 것을 알 수 있다.

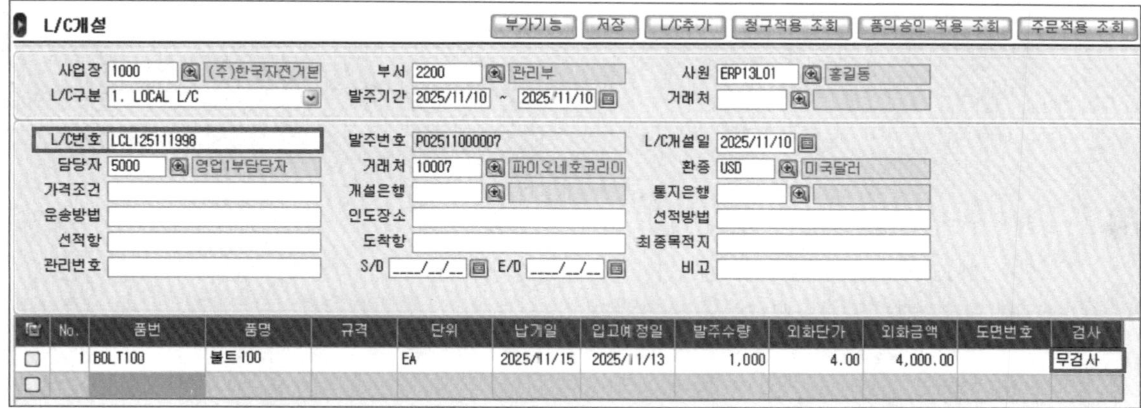

④ 미착품원가정산은 수입제비용을 등록하여야 가능하다. 주어진 입고내역은 수입제비용이 등록되어 있지 않으므로 미착품원가정산 배부처리 대상이 아니다.

이론

01	①	02	④	03	②	04	③	05	④	06	④	07	③	08	③	09	③	10	④
11	24,000,000		12	400	13	700	14	②	15	②	16	③	17	③	18	③	19	VMI		
20	형상 특성		21	②	22	③	23	③	24	④	25	830,000		26	해제	27	①		
28	①	29	④	30	①	31	비교우위		32	DPU									

01   ①

연결주의 시대도 학습에 필요한 빅데이터와 컴퓨팅 파워의 부족이라는 한계를 극복하지 못하였다.

02   ④

인공지능 비즈니스 적용 프로세스는 '비즈니스 영역 탐색 → 비즈니스 목표 수립 → 데이터 수집 및 적재 → 인공지능 모델 개발 → 인공지능 배포 및 프로세스 정비'이다.

03   ②

수 많은 사물인터넷 기기들이 내장된 센서를 통해 데이터를 수집하고 인터넷을 통해 서로 연결되고 통신하는 것은 사물인터넷(IoT; Internet of Things)이다.
① 인공지능(AI): 인간의 학습능력과 추론능력, 지각능력, 자연언어의 이해능력 등을 컴퓨터 프로그램으로 실현한 기술
③ 빅데이터 분석: 대량의 다양한 데이터를 수집·처리·분석하여 의미 있는 정보와 패턴을 찾아 의사결정에 활용하는 과정
④ 클라우드 컴퓨팅: 인터넷 기술을 활용하여 가상화된 IT 자원을 서비스로 제공하는 컴퓨팅 기술

04   ③

효과적인 ERP 교육을 위해서는 트랜잭션이 아닌 비즈니스 프로세스에 초점을 맞추어야 한다.

05   ④

ERP 아웃소싱은 단순한 구축이 아니라 지속적인 운영·유지보수까지 외부 업체에 위탁하는 방식이므로 구축 이후에도 업체 의존성이 계속될 수 있다.

06   ④

- 11월의 예측치: 전기(10월)의 실제값 1,000개 × 평활상수 0.2 + 전기(10월)의 예측치 950개 × (1 − 평활상수 0.2) = 960개
- 12월의 예측치: 전기(11월)의 실제값 940개 × 평활상수 0.2 + 전기(11월)의 예측치 960개 × (1 − 평활상수 0.2) = 956개
- 차기 1월의 예측치: 전기(12월)의 실제값 961개 × 평활상수 0.2 + 전기(12월)의 예측치 956개 × (1 − 평활상수 0.2) = 957개

07　③

중기 판매계획은 제품별 디자인이나 품질 개선, 판매경로 및 판매자원의 구체적인 계획, 판매촉진을 위한 정책 등에 관하여 결정하는 것으로, 수요예측과 판매예측을 통하여 제품별로 매출액을 예측하고 제품별 경쟁력 강화를 위한 계획을 세운다.

08　③

교차비율을 고려한 할당에서 교차비율은 상품 회전율(재고 회전율), 한계이익률, 한계이익에 비례하고, 평균 재고액에 반비례한다. 따라서 한계이익이 동일할 경우에 평균 재고액이 가장 낮은 상품에 대해 가장 높은 목표판매액을 할당한다.

09　③

ㄱ. 거래처의 과거 매출실적을 기준으로 고객을 A, B, C 등급으로 분류하여 집중관리 대상을 선별하고 있는 A회사의 고객(거래처) 중점 선정 방법은 ABC 분석이다.

10　④

- 9월 2일 거래처 A로부터 110대를 주문받으므로, 재고가 110대가 되는 시점을 예정납기일(출고일)로 통보하여야 한다.
- 9월 3일 가용재고가 30대이고, 9월 4일 생산완료 예정량이 30대이므로, 9월 4일 재고는 30대 + 30대 = 60대이다.
- 9월 5일 생산완료 예정량이 40대이므로, 9월 4일 재고 60대와 합하여 9월 5일 재고는 60대 + 40대 = 100대이다.
- 9월 6일 생산완료 예정량이 40대이므로, 9월 5일 재고 100대와 합하여 9월 6일 재고는 100대 + 40대 = 140대이다.

따라서 거래처 A에 예정납기일(출고일)로 통보할 수 있는 가장 빠른 날짜는 9월 6일이다.

11　24,000,000

- 변동비율: $\dfrac{\text{단위당 변동비 6,000원}}{\text{판매단가 12,000원}} = 0.5$
- 손익분기점 매출액: $\dfrac{\text{고정비 12,000,000원}}{1 - \text{변동비율 0.5}} = 24,000,000원$

12　400

소매가격 1,000원 = 소매 매입원가(도매가격) 400원 + 소매업자 영업비 200원 + 소매업자 이익
따라서 소매업자 이익은 400원이다.

13　700

- 재고 회전율이 2회/년이므로 재고회전기간은 0.5년이다.
- 자금조달기간(년): 매출채권 회수기간 0.5 − 매입채무 지급기간 0.3 + 재고 회전기간 0.5 = 0.7년
- '자금고정률(일) = $\dfrac{\text{자금조달기간}}{365}$'은 자금조달기간(년)의 0.7년과 같다.
- 매출채권 회수기간(년) = $\dfrac{\text{매출 채권 잔액}}{\text{매출액}}$, $0.5년 = \dfrac{\text{500만원}}{\text{매출액}}$ 이므로, 매출액은 1,000만원이다.
- 매출채권 한도액(여신한도액): 매출액 × 자금 고정률 = 1,000만원 × 0.7 = 700만원

14 ②

각 물류거점에서 모든 수요지로 연결되는 수송경로는 물류거점 수와 수요지 수를 곱하여 계산한다. 즉, 물류거점 5곳 × 수요지 8곳 = 40가지이다.

15 ②

물류거점에 재고를 보유하지 않고 물류거점이 화물에 대해 이동 중개기지 역할을 하는 '환승(환적)' 기능만을 제공하는 것은 크로스도킹(Cross-Docking) 운영 방식이다.
① 직배송 운영 방식: 생산자 창고만 보유하고 물류거점을 거치지 않고 소비자에게 직접 배송하는 방식이다.
③ 지역 물류센터 운영 방식: 지역 물류센터는 소비자 근처로 위치한 분산 물류거점이다.
④ 통합 물류센터 운영 방식: 중앙 물류센터에서 전체 공급망의 물품을 통합하여 운영한다.

16 ③

D(연간 수요량): 14,400개, C_S(1회 주문비용): 3,000원, C_H(연간 단위당 재고유지비용): 1,500원

$$EOQ = \sqrt{\frac{2DC_S}{C_H}} = \sqrt{\frac{2 \times 14,400 \times 3,000}{1,500}} = 240$$

17 ③

[보기]는 다단계거점 방식이다. 이는 권역별·품목별로 거래처(소비자) 밀착형 물류거점을 운영하는 방식이며, 거래처(소비자) 물류 서비스 만족도가 향상된다.
① 배송거점 방식: 신속한 고객 대응이 가능하도록 고객처별 물류거점을 운영하는 방식이며, 물류 서비스 만족도가 높다. 고객 밀착형 물류거점 설치로 다수의 물류거점 확보가 필요하고 운영비가 가중된다.
② 복수거점 방식: 화주별·권역별·품목별로 집하하여 고객처별로 공동 운송하는 방식이며, 물류거점을 권역별 또는 품목별로 운영해야 한다.
④ 중앙집중거점 방식: 다수의 소량 발송 화주가 단일 화주에게 일괄 운송하는 방식이며, 공장으로부터 고객에게 연결되는 화물 운송경로에서 단일의 물류센터만을 운용하는 방식이다.

18 ③

창고 출고 업무 프로세스는 '주문·출하 요청 → 주문 마감 집계 → 출고 계획 수립 → 출고 지시 → 출고 피킹(오더 피킹) → 분류 → 검사 → 출하 포장 → 상차 적재 → 출하 이동 → 출고 마감'이다.

19 VMI

물류거점의 운영을 자재·부품 공급업체에 일임하고 필요한 경우에 공급자가 운영하는 물류거점에서 필요한 수량만큼 가져오는 방식은 공급자 재고관리(VMI; Vendor Managed Inventory) 운영 방식이다.

20 형상 특성

표준화된 물품은 랙에 보관하고, 표준화되지 않은 물품은 모양이나 상태에 따라 보관하는 원칙은 형상 특성의 원칙이다.

21 ②

거래 당사자 간의 교섭을 통하여 결정되는 가격은 교섭가격이며, 건축공사, 주문용 기계설비 등이 있다.
① 정가가격: 판매자가 자기의 판단으로 결정하는 가격이다.
③ 시중가격(시장가격): 판매자와 구매자의 판단에 좌우되지 않고 시장에서 수요와 공급의 균형에 따라 가격을 결정하는 것이다. 가격이 수시로 변동하므로 가격동향을 판단하여 구입 시기를 결정함으로써 구매를 유리하게 할 수 있다.
④ 협정가격: 판매자 다수가 서로 협의하여 일정한 기준에 따라 가격을 결정하는 것이다.

22 ③

목표투자이익률 방식은 투자회수 계획, 향후 예상되는 발주량 증가, 장기공급계약으로 인한 리스크 분산, 제조원가 구조 및 목표이익률을 반영하는 데 적합하다.
① 시장조사 방식: 시장에 형성된 가격 수준을 기준으로 구매가격을 정하는 방식
② 코스트플러스 방식: 제품원가에 판매비와 관리비, 목표이익을 가산하여 가격을 결정하는 방식
④ 손익분기점분석 방식: 손익분기점의 매출액 또는 매출수량을 기준으로 가격을 결정하는 방식

23 ③

구매전략은 구매방침 설정, 구매계획 수립, 구매방법 결정이다. ③은 구매활동의 성과 평가 업무로 구매분석에 해당한다.

24 ④

지명경쟁 방식에서 입찰 참가자를 지명할 때에는 특정 공급자에게만 특혜를 주었다는 오해를 피하고, 객관성을 유지하기 위해 공정성을 염두에 두고 신중히 지명하여야 한다.

25 830,000

- 제조원가: 직접원가 300,000원 + 제조간접비 80,000원 = 380,000원
- (판매원가)총원가: 제조원가 380,000원 + 판매비와 관리비 200,000원 = 580,000원
- 매출가격(판매가격): 판매원가 580,000원 + 이익 250,000원 = 830,000원

26 해제

구매계약에 대한 '해제'는 기발생된 행위를 소급하여 무효로 하는 것을 말하며, '해지'는 미래에 대해서만 법률적 효력을 무효로 하는 것을 말한다.

27 ①

갑종 외국환은행은 수출입 기업의 다양한 외국환 업무를 전문적으로 취급하며, 여기에는 환전, 송금, 그리고 신용장 개설과 같은 중요한 무역 금융 서비스가 포함된다.

28 ①

수출입신고는 수출입자 본인이 진행하거나 관세사를 통해 대행할 수 있다.

29 ④

해상운송협약에는 선하증권법, 헤이그규칙, 헤이그·비스비규칙, 함부르크규칙, 로테르담규칙이 포함된다.

30 ①

1981년에 새로 제정된 협회적하약관은 ICC(A), ICC(B), ICC(C) 등으로 구분되어 있다.

31 비교우위

한 나라에서 어떤 재화를 생산하기 위하여 투입한 기회비용이 다른 나라의 기회비용보다 더 낮을 경우 비교우위를 갖는다. 나라에 따라 자연조건이나 사회조건이 다르고 물품을 생산하기 위한 비용이나 효율이 다르기 때문에 이 점에서 유리한 지위에 있는, 즉 비교우위 있는 상품을 여분으로 생산하여 이것을 타국의 비교우위 상품과 교환하면 상호 간에 무역이익을 얻을 수 있기 때문에 무역이 발생한다.

32 DPU

DPU(Delivered at Place Unloaded, 도착지 양하 인도조건)는 수출자가 수입국의 지정 목적지에서 운송수단으로부터 화물을 내린(양하) 상태로 인도하는 조건으로, 매도인이 목적지에서 물품을 양하하도록 요구하는 유일한 INCOTERMS 규칙이다.

01	④	02	①	03	③	04	①	05	④	06	②	07	②	08	③	09	④	10	①
11	②	12	④	13	④	14	①	15	③	16	②	17	③	18	①	19	②	20	②
21	④	22	③	23	④	24	①	25	③										

01 ④

📍 [시스템관리] – [기초정보관리] – [창고/공정(생산)/외주공정등록]

'사업장: 1000. (주)한국자전거본사'로 조회한 후 '창고/장소' 탭에서 'M300. 완성품창고'의 하단을 확인한다.
④ 'M340. 제품_검사장소'의 적합여부가 '부적합'이다.

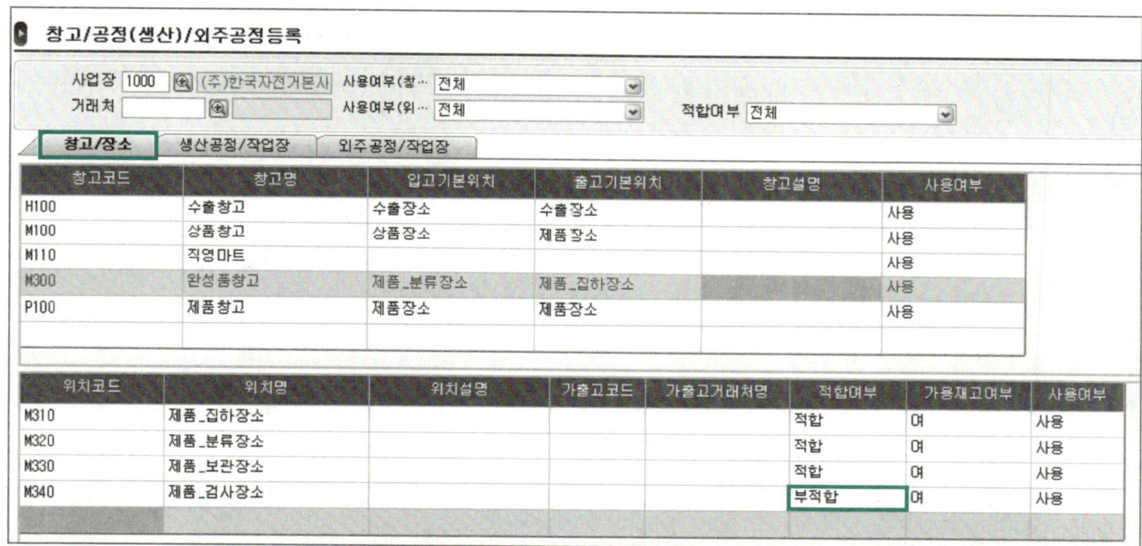

02 ①

📍 [시스템관리] – [기초정보관리] – [일반거래처등록]

각 거래처에 등록된 내용을 확인한다. 가, 나는 올바른 설명이고, 다, 라는 올바르지 않은 설명이다.
다. (주)빅파워의 소재지는 경기 화성시에 위치하고 있다.

라. (주)제동기어의 거래시작일은 2018년 1월 1일이다.

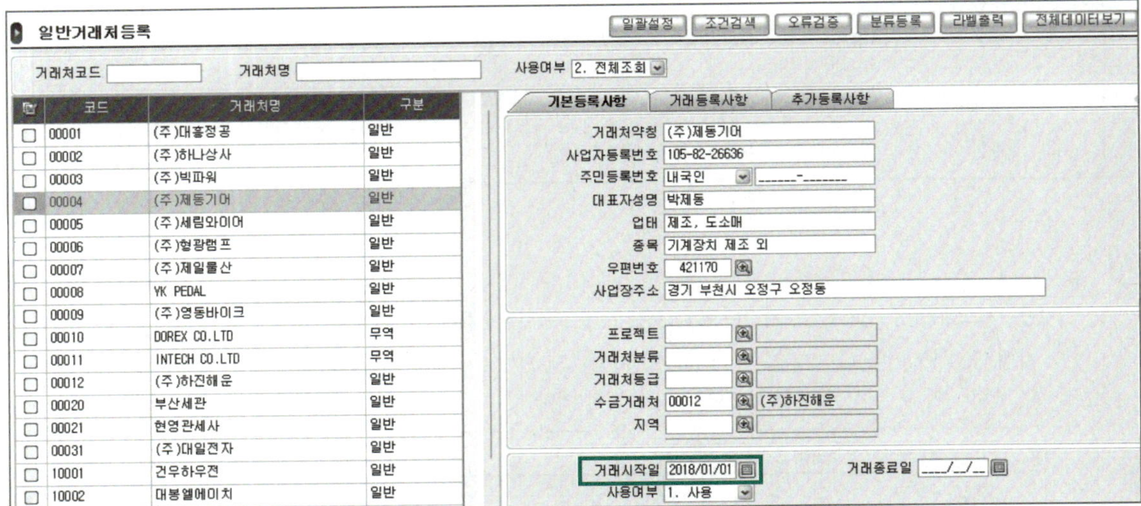

03 ③

발주등록은 구매담당자가 담당하므로 '거래처' 탭에서 구매담당자 '1000. 김대연'으로 조회되는 거래처를 확인한다.
③ 구매담당자가 '1000. 김대연'인 거래처는 '00003. (주)빅파워'이다.

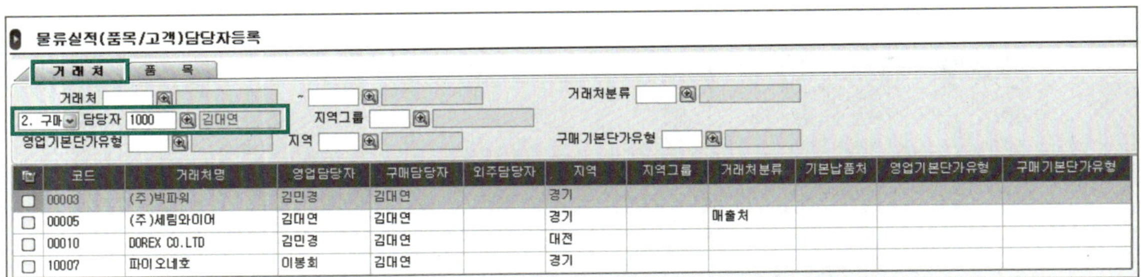

04 ①

[조회조건]으로 조회한 후 각 고객을 클릭하여 하단의 수량 합을 확인한다.
① 00001. (주)대흥정공: 1,120 ⇒ 가장 많음
② 00002. (주)하나상사: 630
③ 00003. (주)빅파워: 150
④ 00004. (주)제동기어: 90

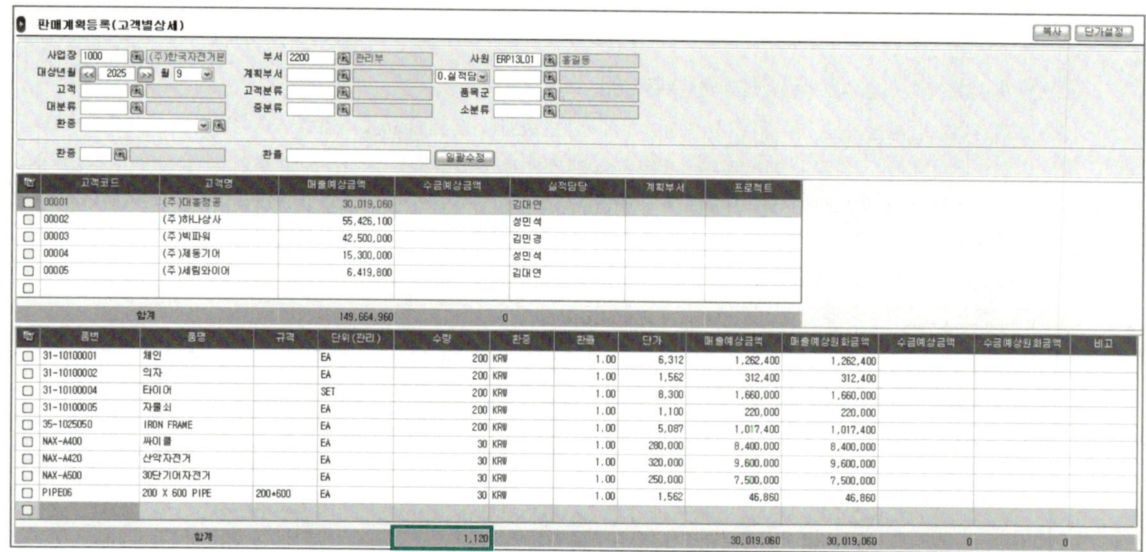

05 ④

[조회조건]으로 조회한 후 각 견적번호의 하단에 등록되어 있는 결제조건을 확인한다.

① ES2509000001: 25일결제

② ES2509000002: 선수금차감

③ ES2509000003: 월말결제

④ ES2509000004: 현금결제

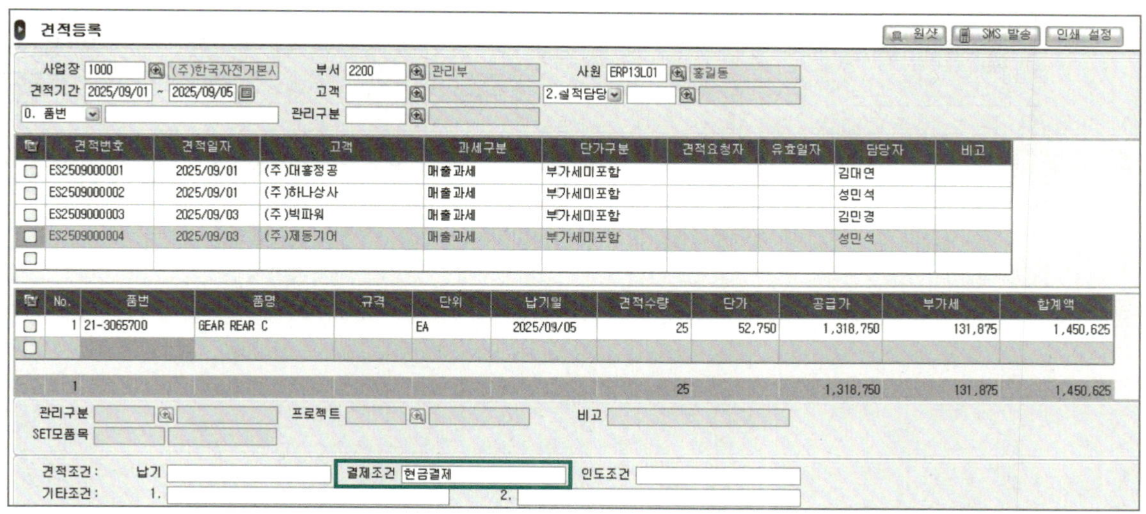

　②

📍 [영업관리] – [영업현황] – [견적대비수주현황]

[조회조건]과 '프로젝트: B-001. 특별할인판매'로 조회되는 품목의 견적수량과 주문수량의 차이를 확인한다.

① 21-1060850. WHEEL FRONT-MTB: '프로젝트: B-001. 특별할인판매'로 조회 안 됨

② 21-1060950. WHEEL REAR-MTB: 견적수량 80EA – 주문수량 50EA = 잔량 30EA ⇒ 가장 많음

③ 21-3065700. GEAR REAR C: 견적수량 25EA – 주문수량 0EA = 잔량 25EA

④ ATECK-3000. 일반자전거: 견적수량 15EA – 주문수량 15EA = 잔량 0EA

견적대비수주현황

	견적번호	견적일자	고객명	NO.	품번	품명	규격	단위(관리)	견적수량
☐	ES2509000001	2025/09/01	(주)대흥정공	1	NAX-A420	산악자전거		EA	10
☐	ES2509000003	2025/09/03	(주)빅파워	2	21-1060950	WHEEL REAR-MTB		EA	80
☐	ES2509000004	2025/09/03	(주)제동기어	1	21-3065700	GEAR REAR C		EA	25
☐	ES2509000002	2025/09/01	(주)하나상사	1	ATECK-3000	일반자전거		EA	15

주문번호	주문일자	NO.	주문수량
S02509000003	2025/09/03	2	50

　②

📍 [영업관리] – [영업현황] – [수주현황]

[조회조건]으로 조회한다.

② 프로젝트가 '특별할인판매'로 등록된 품목의 수량은 50EA이다.

수주현황

	주문번호	주문일자	고객	납품처	담당자	NO	품번	품명	규격	단위	수량	단가	공급가	부가세	합계액	납기일	출하예정일	관리구분	프로젝트	비고(내역)
☐	S02509000003	2025/09/03	(주)빅파워		김민경	1	21-1060850	WHEEL FRONT-MTB		EA	50	22,750	1,137,500	113,750	1,251,250	2025/09/05	2025/09/05			
☐	S02509000003	2025/09/03	(주)빅파워		김민경	2	21-1060950	WHEEL REAR-MTB		EA	50	21,500	1,075,000	107,500	1,182,500	2025/09/05	2025/09/05		특별할인판매	

📍 **[영업관리] – [영업관리] – [출고처리(국내수주)]**

[조회조건]으로 조회되는 내역을 확인한다. ①, ②는 '예외출고' 탭, ③, ④는 '주문출고' 탭에 등록되어 있다.
① 출고번호 IS2509000001의 하단을 클릭하면 관리구분 '대리점매출'이 등록되어 있다.

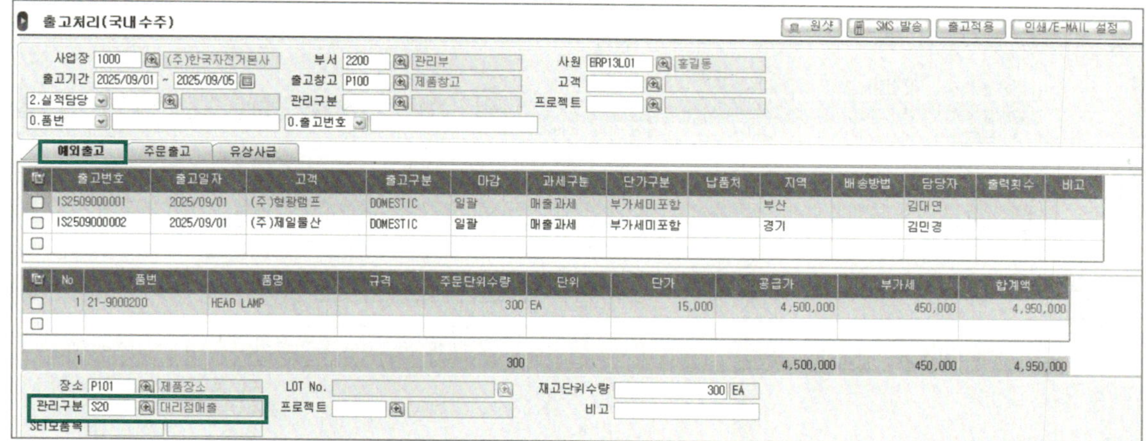

② 출고번호 IS2509000002의 하단에서 마우스 오른쪽 버튼을 클릭하여 '[출고처리(국내수주)] 이력정보'를 확인하면,
이후 이력이 '매출마감(국내거래)'으로 등록되어 있다.

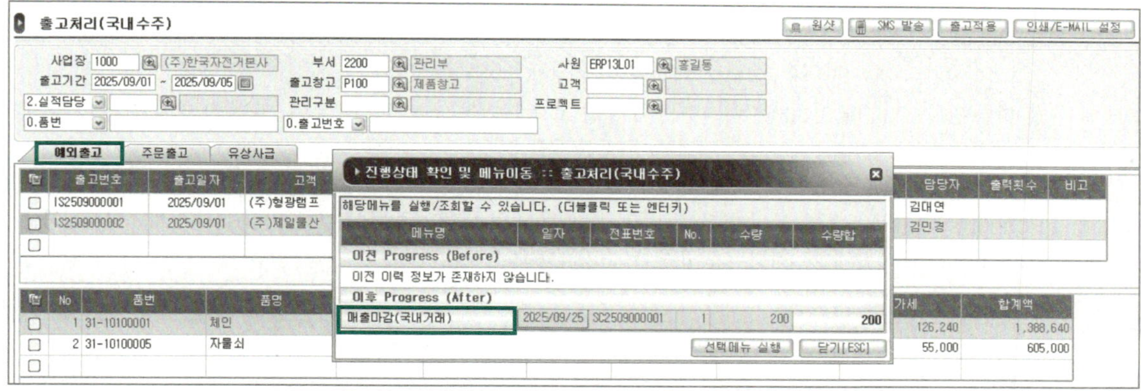

③ 출고번호 IS2509000003의 실적담당자는 정대준이다.

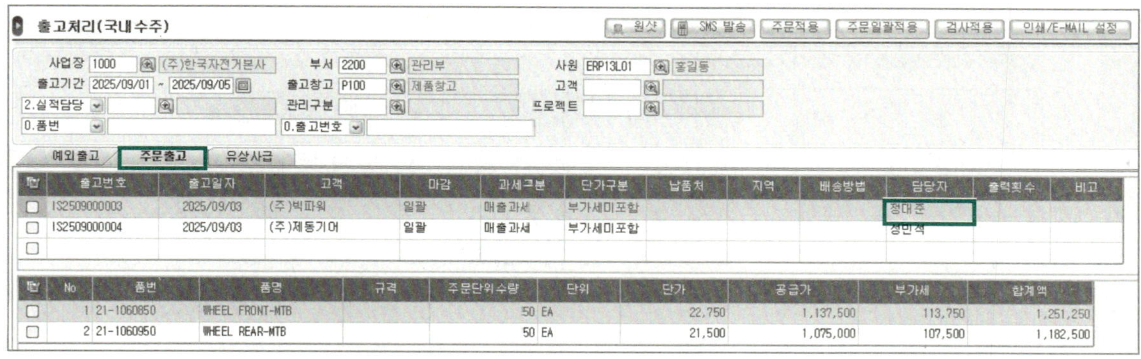

④ 출고번호 IS2509000004의 하단 품목을 클릭하여 주문단위수량과 재고단위수량을 확인한다. 품목 '21-1060850. WHEEL FRONT-MTB'의 주문단위수량은 30EA, 재고단위수량은 60EA로 주문단위수량의 합과 재고단위수량의 합은 서로 다르다.

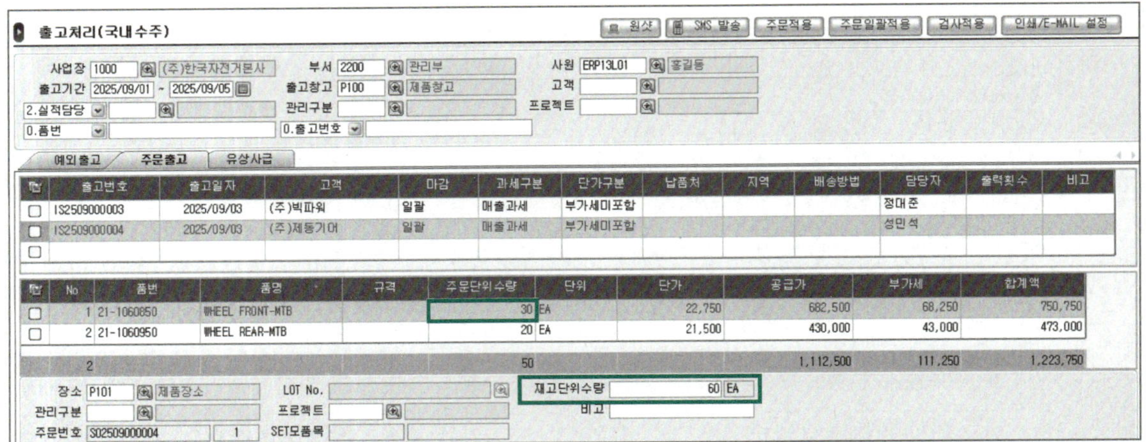

09 ④

'사업장: 1000. (주)한국자전거본사, 마감기간: 2025/09/07~2025/09/07로 조회되는 내역을 확인한다.

① 마감번호 SC2509000002는 마감구분이 '건별'로 등록되어 있다. 마감구분이 '건별'인 마감 건의 마감수량 및 단가는 [매출마감(국내거래)] 메뉴에서 직접 수정 및 삭제할 수 없다.

② 마감번호 SC2509000003은 마감구분이 '일괄'로 등록되어 있다. 마감구분이 '일괄'인 마감 건의 마감수량 및 단가는 [매출마감(국내거래)] 메뉴에서 직접 수정 및 삭제할 수 있다.

③ 마감번호 SC2509000004는 계산서번호가 등록되어 있으며, 이후 단계인 계산서처리가 되어 있으므로 삭제할 수 없다.

④ 마감번호 SC2509000005의 하단에서 마우스 오른쪽 버튼을 클릭하여 '[매출마감(국내거래)] 이력정보'를 확인하면, 이후 이력인 세금계산서처리의 일자가 2025/09/29로 등록되어 있다.

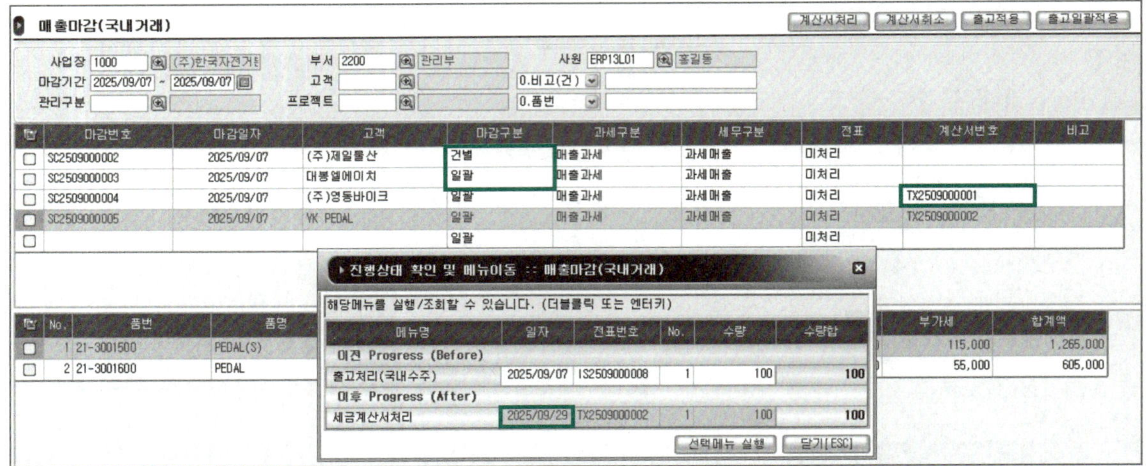

10 ①

‘사업장: 1000. (주)한국자전거본사, 수금기간: 2025/09/08~2025/09/08’로 조회한 후 각 수금번호의 오른쪽 상단 ‘선수금정리’를 확인한다.

① 정리일자 2025/09/11: 수금번호 RC2509000001, 정리금액 3,000,000원 ⇒ 가장 많음

② 정리일자 2025/09/12: 수금번호 RC2509000001, 정리금액 2,000,000원

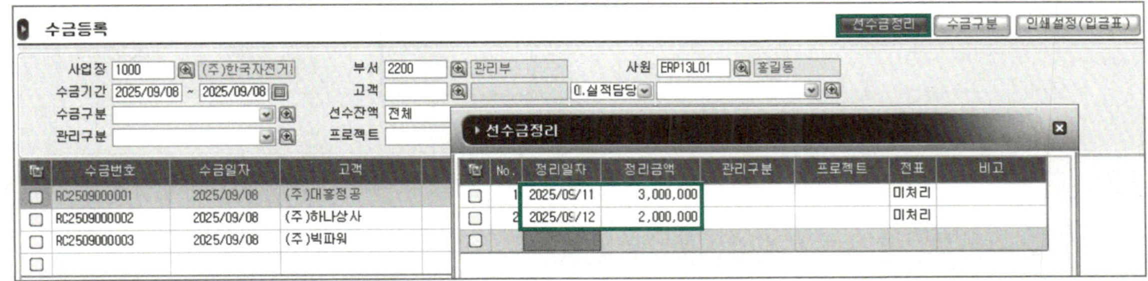

③ 정리일자 2025/09/13: 수금번호 RC2509000002, 정리금액 1,500,000원

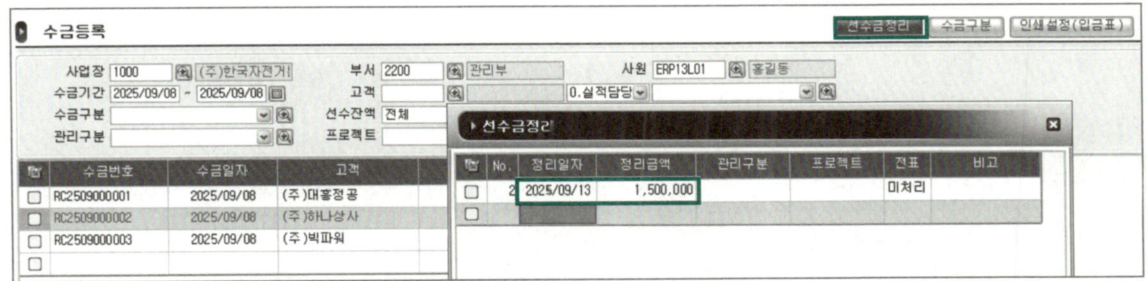

④ 정리일자 2025/09/14: 수금번호 RC2509000003, 정리금액 1,000,000원

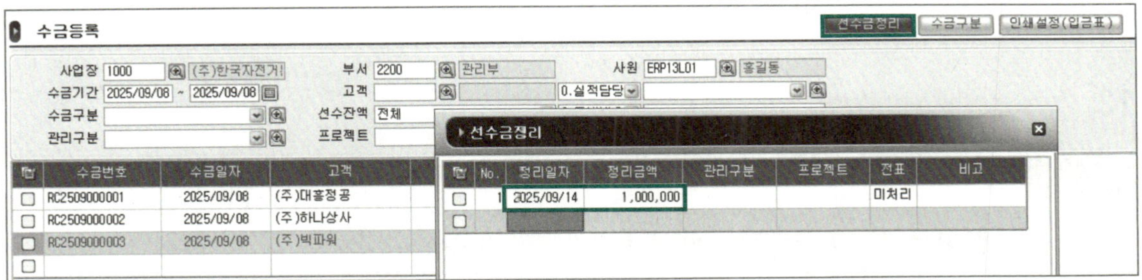

11 ②

[조회조건]과 ‘조회기간: 2025/04/01~2025/06/30’으로 조회한 후 ‘고객’ 탭에서 각 고객의 당기발생 금액을 확인한다.

① 00001. (주)대흥정공: 4,109,600원

② 00002. (주)하나상사: 5,552,200원 ⇒ 가장 큼

③ 00003. (주)빅파워: 5,327,355원

④ 00004. (주)제동기어: 4,004,000원

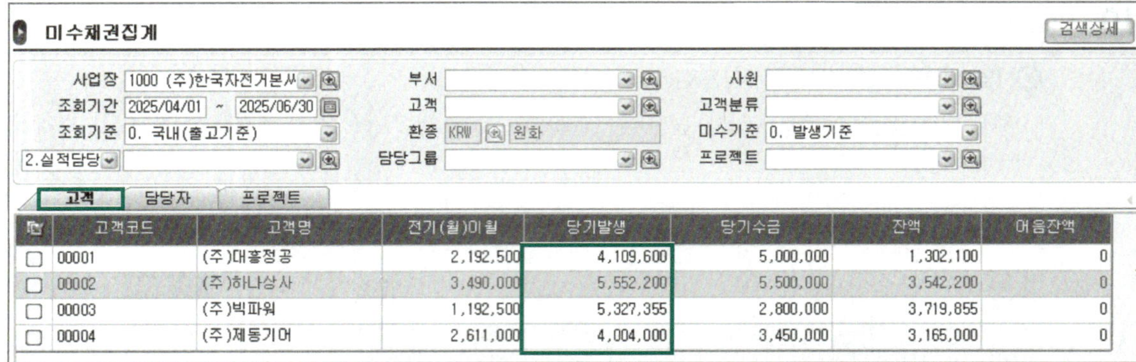

	고객코드	고객명	전기(월)이월	당기발생	당기수금	잔액	어음잔액
	00001	(주)대흥정공	2,192,500	4,109,600	5,000,000	1,302,100	0
	00002	(주)하나상사	3,490,000	5,552,200	5,500,000	3,542,200	0
	00003	(주)빅파워	1,192,500	5,327,355	2,800,000	3,719,855	0
	00004	(주)제동기어	2,611,000	4,004,000	3,450,000	3,165,000	0

12 ④

📍 [구매/자재관리] – [구매관리] – [주계획작성(MPS)]

[조회조건]과 '계정구분: 4. 반제품'으로 조회되는 품목의 계획수량을 확인한다.

④ 품목 '88-1001000. PRESS FRAME-W'의 계획수량이 280EA로 가장 크다.

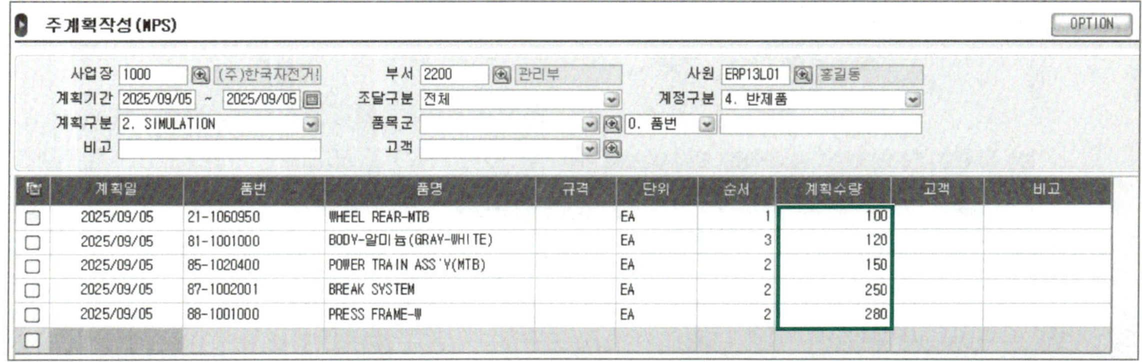

	계획일	품번	품명	규격	단위	순서	계획수량	고객	비고
	2025/09/05	21-1060950	WHEEL REAR-MTB		EA	1	100		
	2025/09/05	81-1001000	BODY-알미늄(GRAY-WHITE)		EA	3	120		
	2025/09/05	85-1020400	POWER TRAIN ASS'Y(MTB)		EA	2	150		
	2025/09/05	87-1002001	BREAK SYSTEM		EA	2	250		
	2025/09/05	88-1001000	PRESS FRAME-W		EA	2	280		

13 ④

📍 [구매/자재관리] – [구매관리] – [청구등록]

'사업장: 1000. (주)한국자전거본사, 요청일자: 2025/09/01~2025/09/01'로 조회되는 내역을 확인한다.

① 품목 '21-1030600. FRONT FORK(S)'의 요청일은 2025/09/05이다.

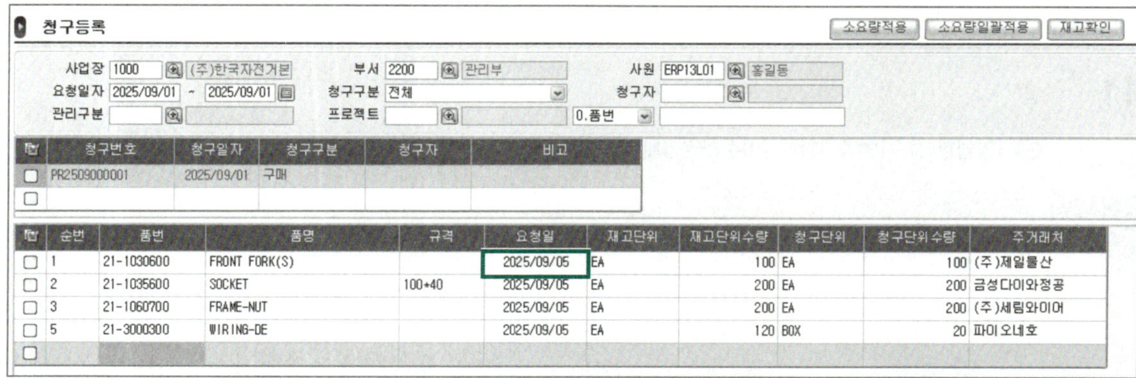

	청구번호	청구일자	청구구분	청구자	비고
	PR2509000001	2025/09/01	구매		

	순번	품번	품명	규격	요청일	재고단위	재고단위수량	청구단위	청구단위수량	주거래처
	1	21-1030600	FRONT FORK(S)		2025/09/05	EA	100	EA	100	(주)제일물산
	2	21-1035600	SOCKET	100+40	2025/09/05	EA	200	EA	200	금성다이와정공
	3	21-1060700	FRAME-NUT		2025/09/05	EA	200	EA	200	(주)세림와이어
	5	21-3000300	WIRING-DE		2025/09/05	EA	120	BOX	20	파이오네호

② 품목 '21-1035600. SOCKET'에서 마우스 오른쪽 버튼을 클릭하면 나오는 '부가기능-품목상세정보'의 주거래처와
　　[청구등록] 메뉴에 등록되어 있는 주거래처는 모두 '금성다이와정공'이다.

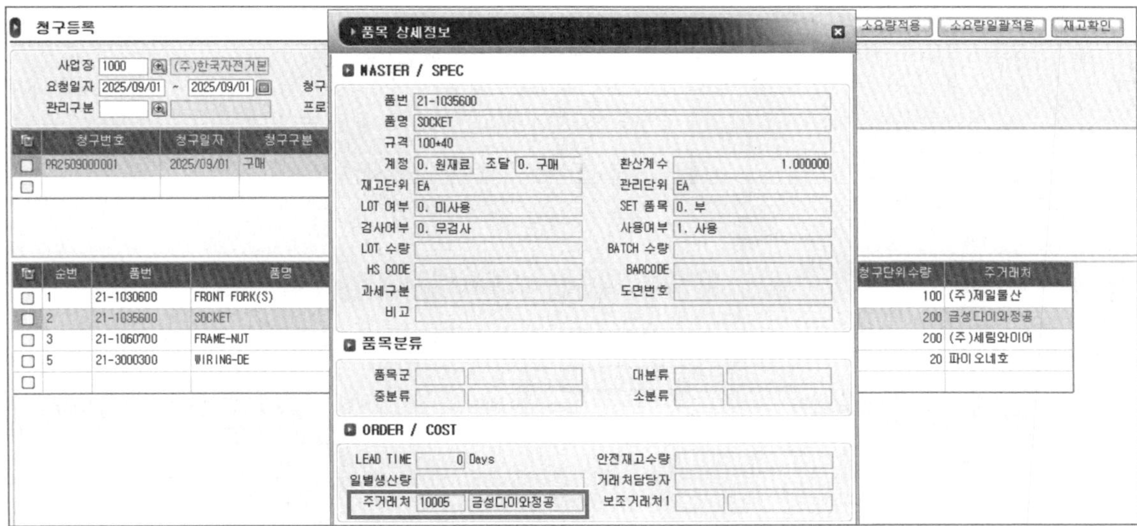

③ 품목 '21-1060700. FRAME-NUT'의 하단에 관리구분 'P20. 일반구매'가 등록되어 있다.

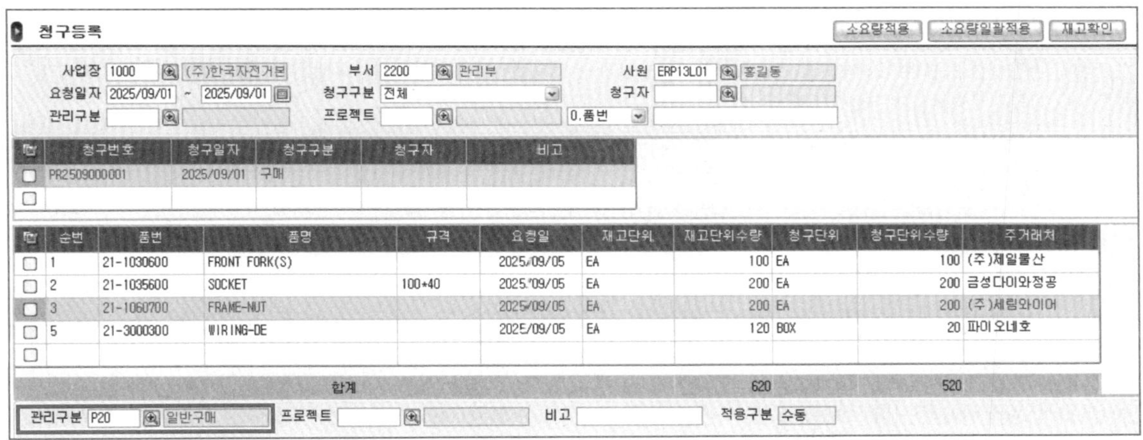

④ 품목 '21-3000300. WIRING-DE'는 요청수량(재고단위수량)이 120EA, 청구단위수량이 20BOX이다. 품목에서
　　마우스 오른쪽 버튼을 클릭하면 나오는 '부가기능-품목상세정보'의 환산계수 6을 반영하여 등록한 것이지 일부만
　　등록된 것은 아니다.

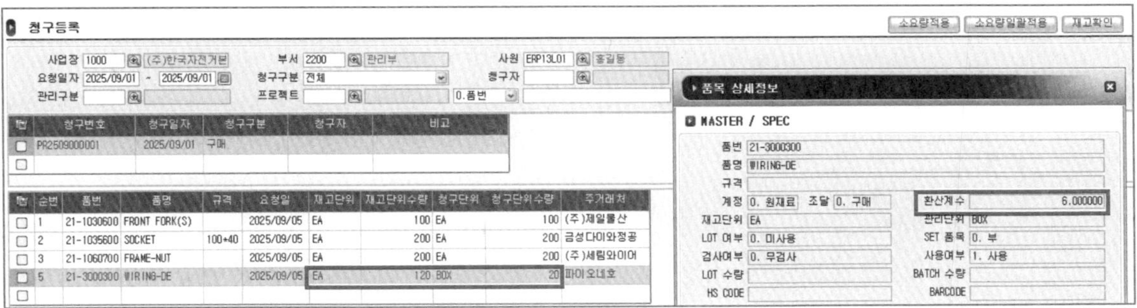

14 ①

[조회조건]으로 조회되는 각 발주번호의 하단에서 마우스 오른쪽 버튼을 클릭하여 '[발주등록] 이력정보'를 확인한다.
②, ③, ④의 이전 이력은 '청구등록'으로 청구내역을 적용받은 것을 알 수 있으며, ① 발주번호 PO2509000001의
이전 이력은 등록되어 있지 않아 청구내역을 적용받지 않고 등록한 것을 알 수 있다.

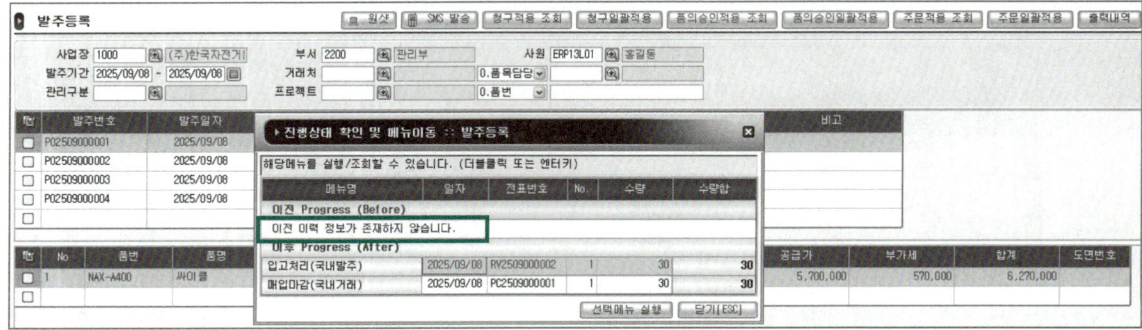

15 ③

[생산품표준원가등록] 메뉴에 등록된 표준원가는 생산품 재고평가 시 입고단가가 된다. '사업장: 1000. (주)한국자전거
본사, 해당년도: 2025/9월'로 조회한다.
③ 품목 '87-1002001. BREAK SYSTEM'의 표준원가는 55,450원이다.

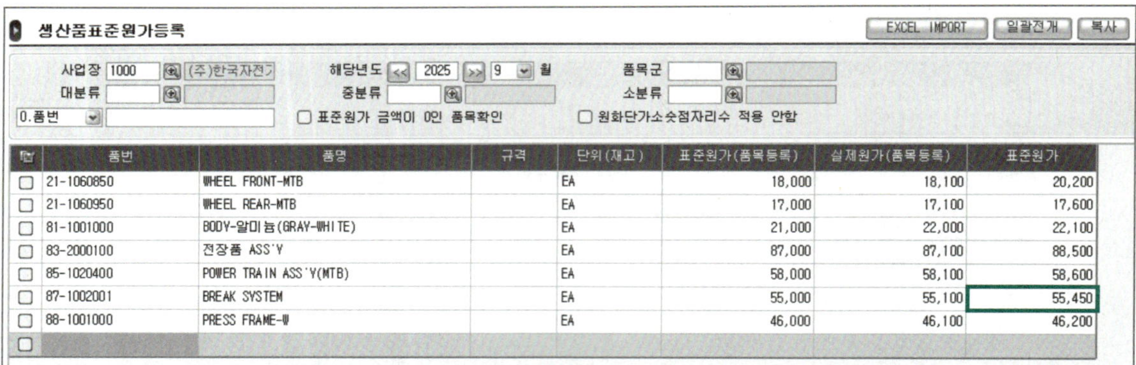

📍 **[구매/자재관리] – [구매관리] – [입고처리(국내발주)]**

[조회조건]으로 조회되는 내역을 확인한다. 입고내역은 '발주입고' 탭에 등록되어 있다.

① 입고번호 RV2509000001의 하단에서 마우스 오른쪽 버튼을 클릭하여 '[입고처리(국내발주)] 이력정보'를 확인한다.
　이후 이력이 등록되어 있지 않으므로 공급가를 수정할 수 있다. 또한 마감구분이 '일괄'로 되어있어 자동으로 매입마감
　이 되지 않으므로 공급가를 수정할 수 있다.

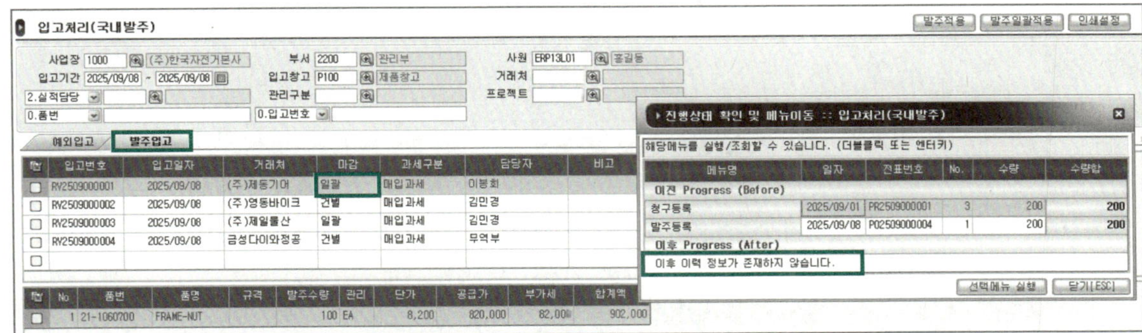

②, ④ 입고번호 RV2509000002와 RV2509000004의 마감구분은 '건별'이며, 마감구분이 '건별'인 마감 건은 수정할
　수 없다. 따라서 입고번호 RV2509000002의 입고일자와 입고번호 RV2509000004의 품번은 수정할 수 없다.

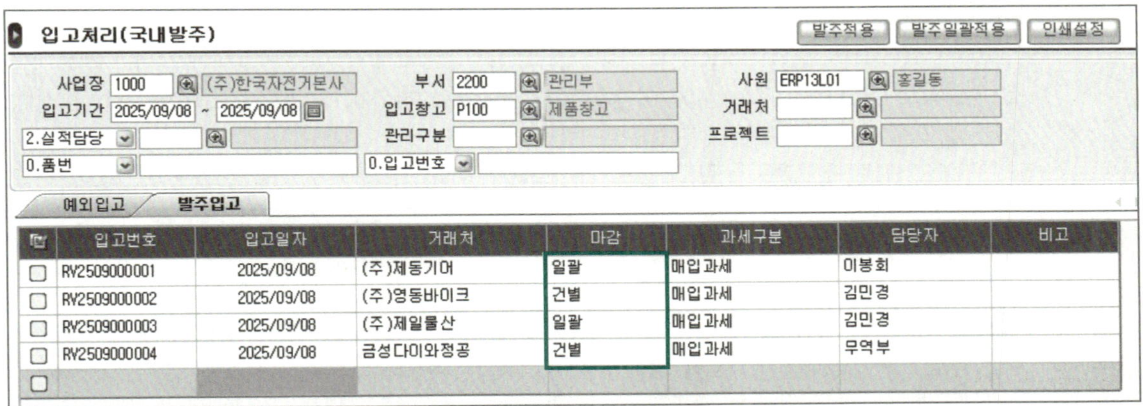

③ 입고번호 RV2509000003의 하단에서 마우스 오른쪽 버튼을 클릭하여 '[입고처리(국내발주)] 이력정보'를 확인한다.
　이후 이력 '매입마감(국내거래)'이 등록되어 있으므로 발주수량을 수정할 수 없다.

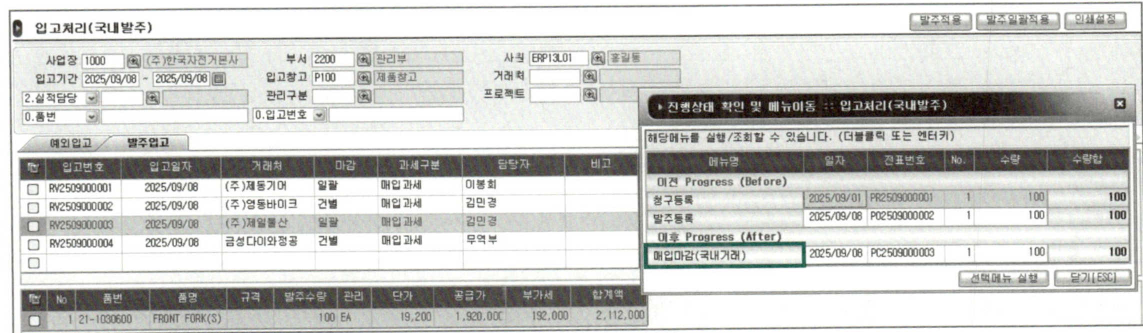

◉ [구매/자재관리] – [구매관리] – [매입마감(국내거래)]

[조회조건]으로 조회되는 내역을 확인한다.

① 마감번호 PC2509000004의 마감수량은 50BOX이며, 하단에 등록되어 있는 재고단위수량은 1,000EA로 서로 다르게 등록되어 있다.

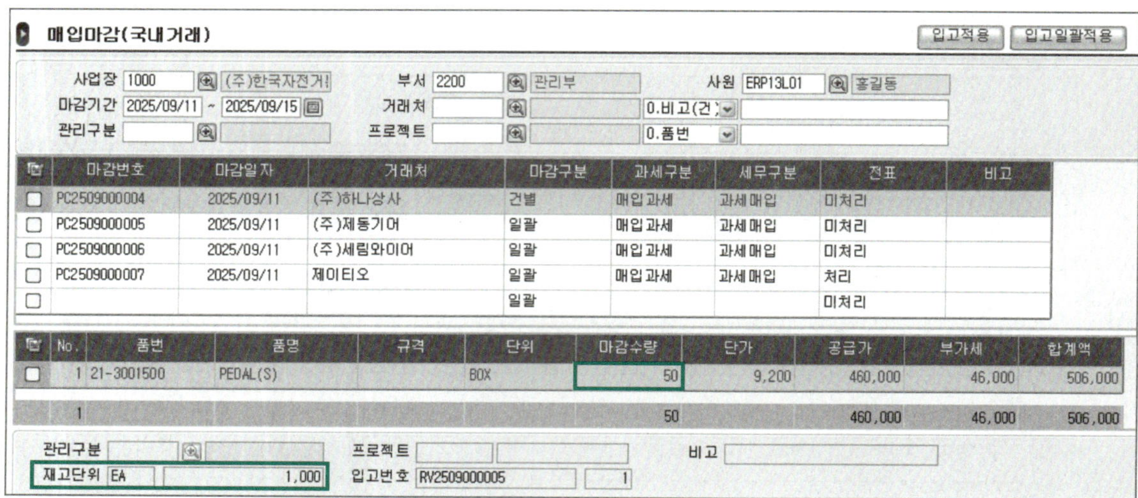

② 마감번호 PC2509000005의 하단에 등록되어 있는 품목을 클릭하면 입고번호를 확인할 수 있다. 품목 '21-1035600. SOCKET'의 입고번호는 RV2509000006이며, '21-1060700.FRAME-NUT'의 입고번호는 RV2509000007로 서로 다른 입고번호를 적용받았다.

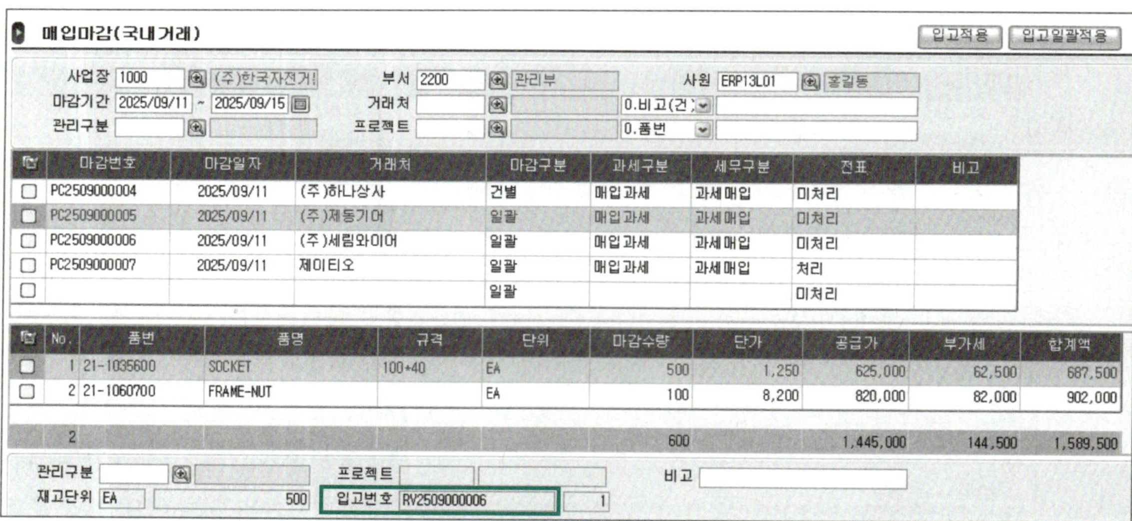

③ 마감번호 RV2509000006은 마감구분이 '일괄'이며 전표가 '미처리'로 단가, 공급가를 수정할 수 있다.

④ 마감번호 RV2509000007은 전표가 '처리'로 등록되어 있다.

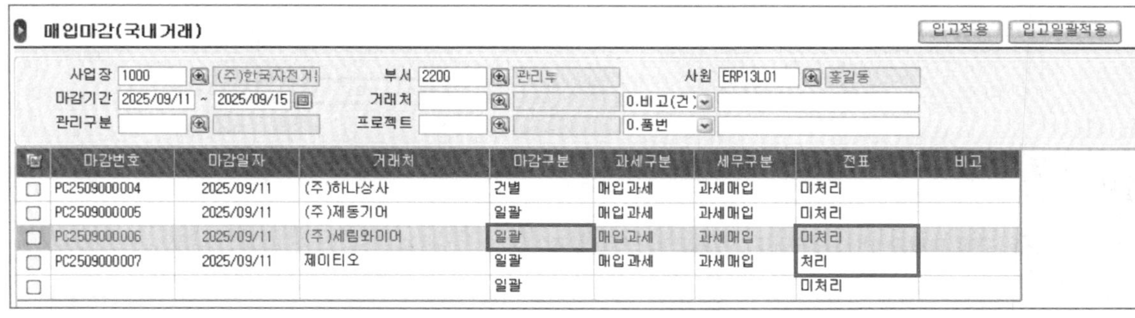

18 ①

[조회조건]으로 조회한 후 비고에 등록된 내역을 확인한다. 조정내역은 '입고조정' 탭에 등록되어 있다. 등록되어 있는
비고는 안전재고량 보충, 분실재고 회수, 불량재고 수리조정이다.

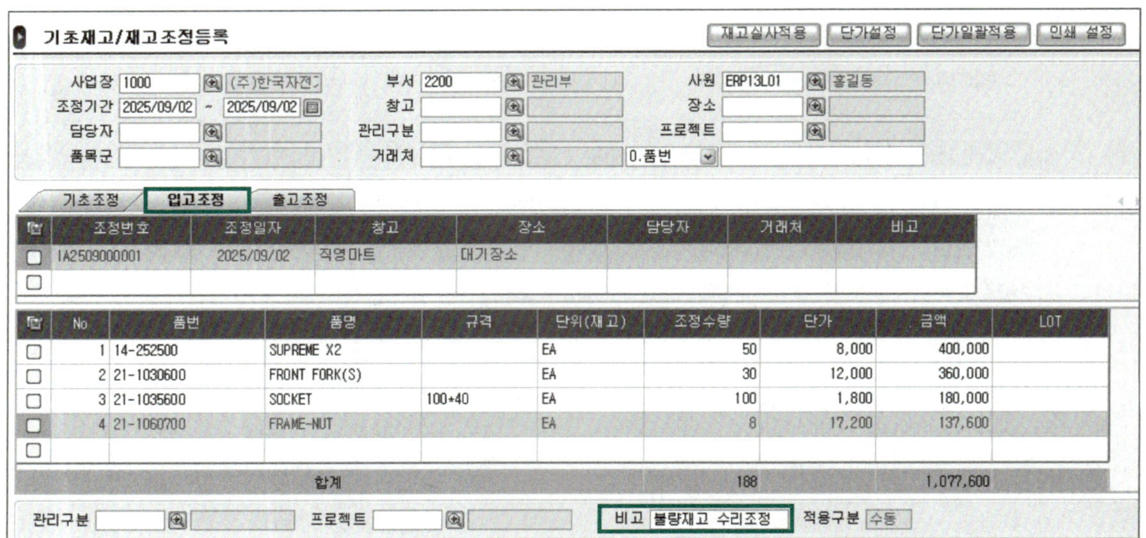

19 ②

[조회조건]으로 조회한다. 불량품 발생 시 재고를 이동하였으므로 '입고창고/입고장소'를 확인한다. '입고창고/입고
장소'로 등록되어 있는 창고/장소의 가용재고여부를 [창고/공정(생산)/외주공정등록] 메뉴에서 확인한다.

📍 [시스템관리] – [기초정보관리] – [창고/공정(생산)/외주공정등록]

'창고/장소' 탭에 등록되어 있는 '상품창고'의 하단 '점검장소'의 가용재고여부가 '부'로 설정되어 있다.
② [재고이동등록(창고)] 메뉴에서 가용재고여부가 '부'로 설정된 장소로 재고를 이동하여 관리한 이동번호는 MV2509000002이다.

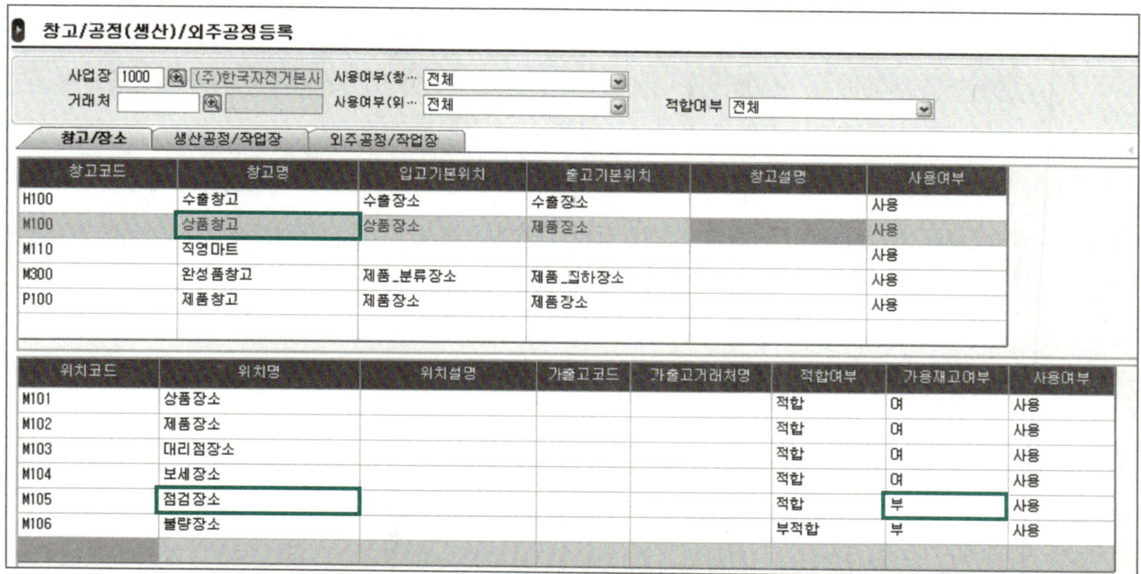

20 ②

📍 [무역관리] – [기타(수출)] – [해외수주등록]

[조회조건]으로 조회되는 내역을 확인한다.
①, ④ 환종은 JPY이며, 고객은 INTECH CO.LTD이다.
② 납기일은 2025년 9월 30일이다.
③ 오른쪽 상단의 부가정보에 선적항(Port of Loading) 'Busan, South Korea'가 등록되어 있다.

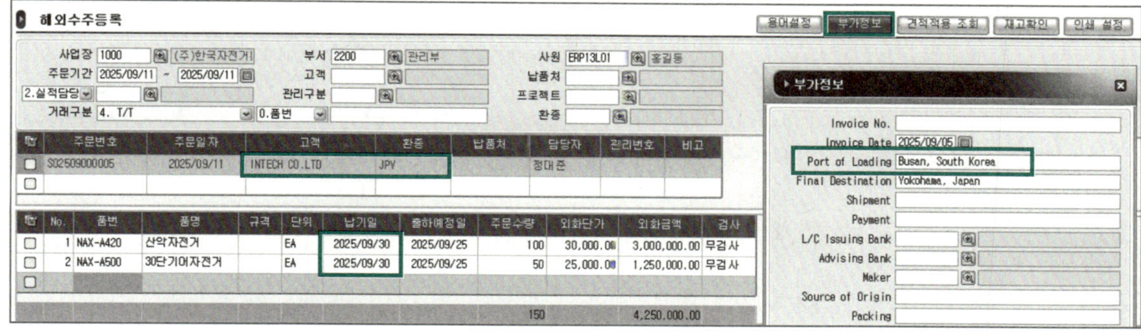

📍 **[무역관리] – [기타(수출)] – [COMMERCIAL INVOICE 등록]**

'조회(F12)'를 누르면 뜨는 'COMMERCIAL INVOICE 조회' 팝업창에서 '송장기간: 2025/09/18~2025/09/18'로 조회되는 내역에 체크하고 '확인'을 클릭한다.

①, ②, ③ 환종은 JPY, 선적일은 2025/09/22, Date of L/C는 2025/09/11이다.

④ 총 Amount 금액은 JPY 17,020,000이다.

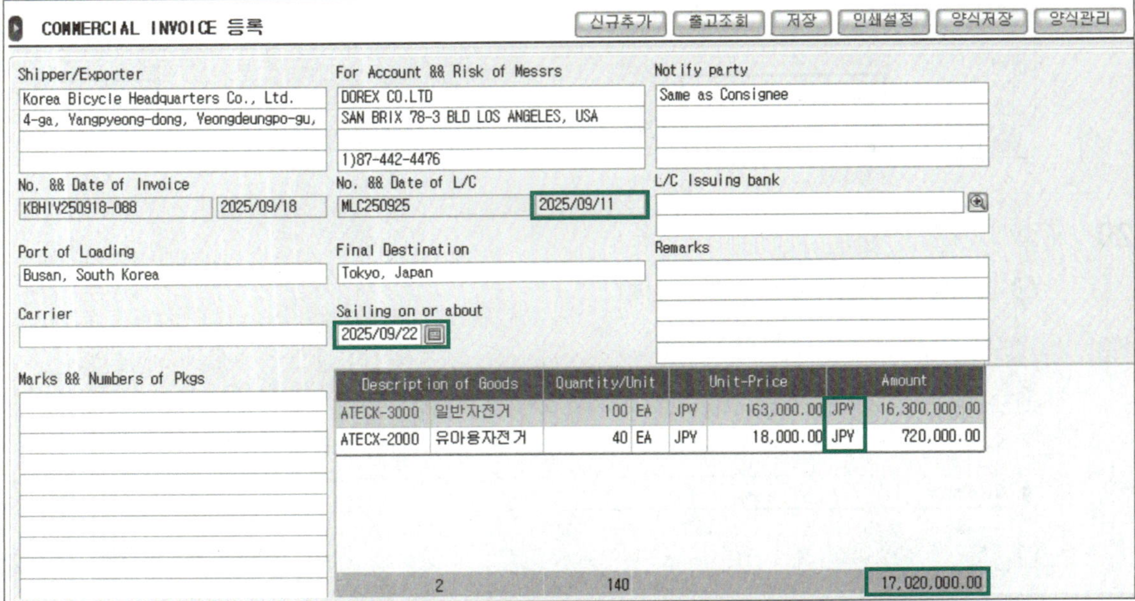

22 ③

'사업장: 1000. (주)한국자전거본사, NEGO기간: 2025/09/10~2025/09/10'으로 'NEGO선입정리' 탭에서 조회한다.
③ 고객 '00011. INTECH CO.LTD'의 정리일자는 2025/09/22이다.

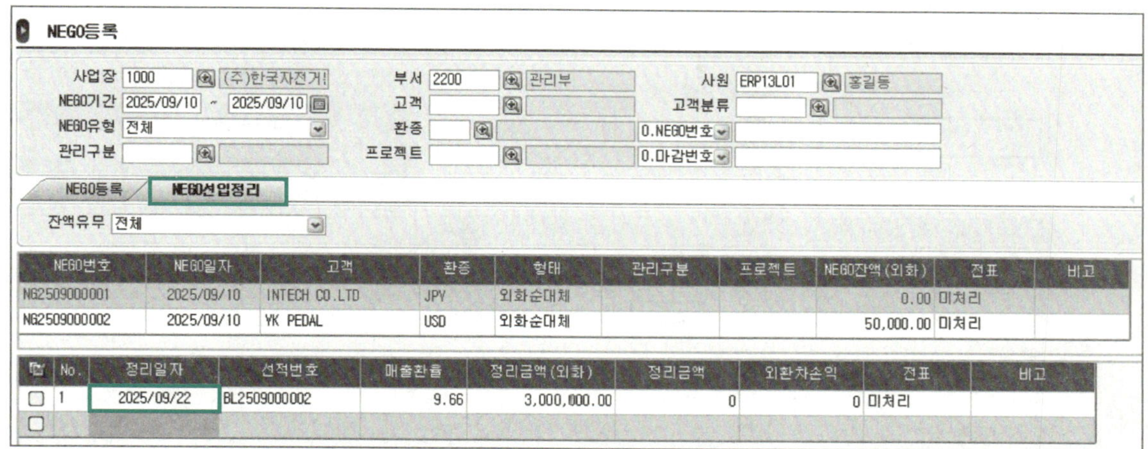

23 ④

'사업장: 1000. (주)한국자전거본사, 선적기간: 2025/09/12~2025/09/12'로 조회한 후 '선적적용조회(LIST/건별)'
팝업창의 B/L번호에 체크하여 '선택적용'을 클릭하면 B/L등록된 내역을 확인할 수 있다.

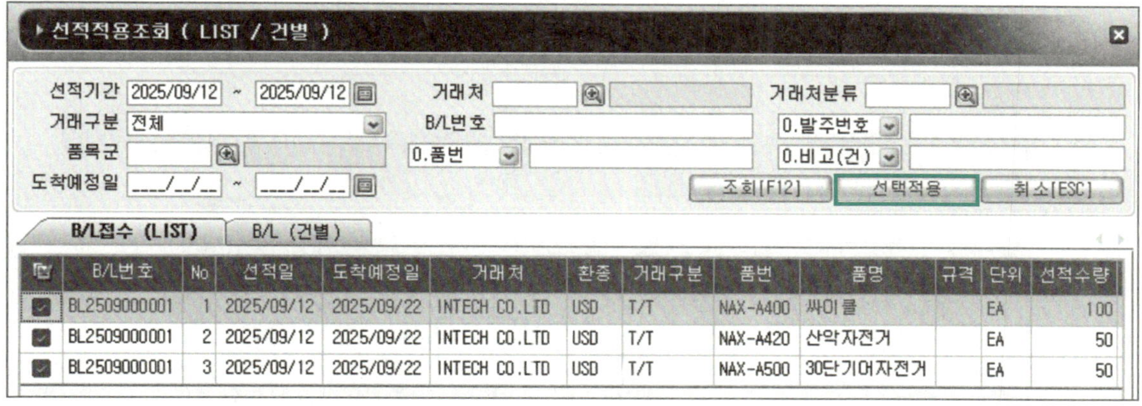

① 인도조건은 FOB이다.

② 선적수량은 200EA이다.

③ 도착예정일은 2025년 9월 22일이다.

④ 마우스 오른쪽 버튼을 클릭하여 '[B/L접수] 이력정보'를 확인하면 이전 이력 해외발주등록 일자가 2025/09/03이다.

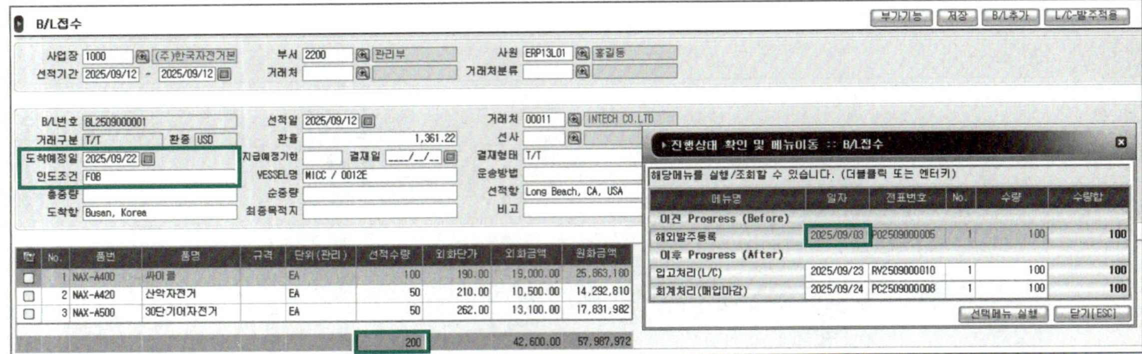

24   ①

[조회조건]으로 조회되는 수입제비용번호 EC2509000001의 내역을 확인한다.

① 제비용에 관세가 포함되어 등록되어 있다.

② 운반비는 전표가 '처리'로 등록되어 있다.

③ 수수료의 발생일자는 2025/09/03이다.

④ 하역비의 합계액은 550,000원이다.

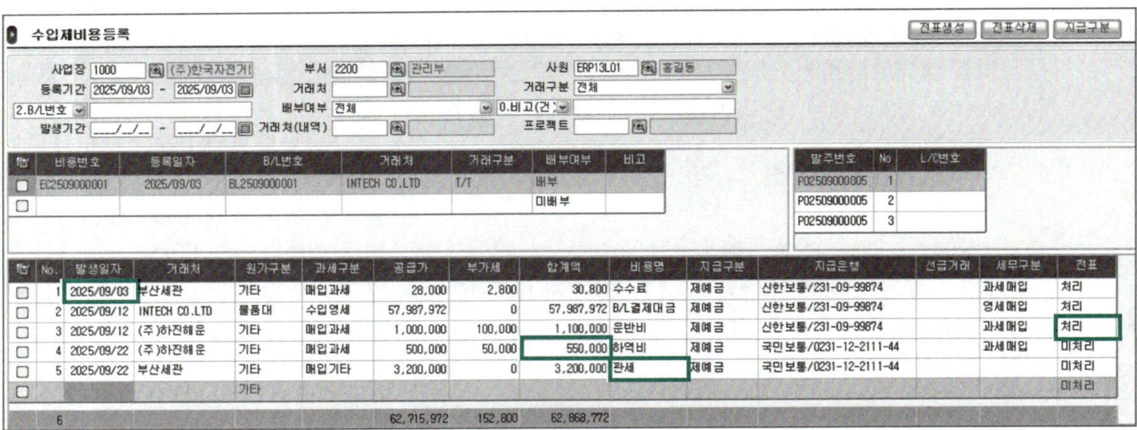

25 ③

◉ [무역관리] – [기타(수입)] – [미착품원가정산]

[조회조건]으로 조회한다.

③ 등록되어 있는 B/L번호 BL2509000001의 정산일자는 2025/09/24이다.

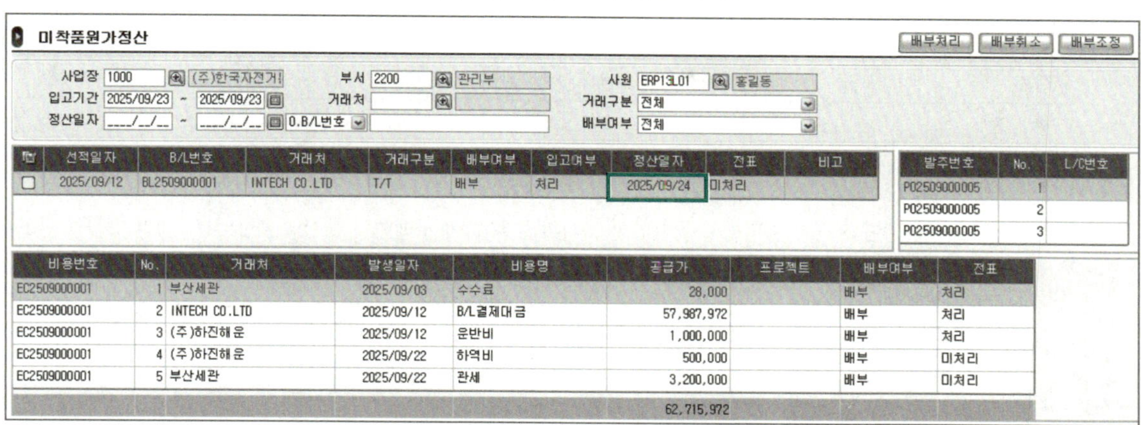

선적일자	B/L번호	거래처	거래구분	배부여부	입고여부	정산일자	전표	비고
2025/09/12	BL2509000001	INTECH CO.LTD	T/T	배부	처리	2025/09/24	미처리	

발주번호	No.	L/C번호
P02509000005	1	
P02509000005	2	
P02509000005	3	

비용번호	No.	거래처	발생일자	비용명	공급가	프로젝트	배부여부	전표
EC2509000001	1	부산세관	2025/09/03	수수료	28,000		배부	처리
EC2509000001	2	INTECH CO.LTD	2025/09/12	B/L결제대금	57,987,972		배부	처리
EC2509000001	3	(주)하진해운	2025/09/12	운반비	1,000,000		배부	처리
EC2509000001	4	(주)하진해운	2025/09/22	하역비	500,000		배부	미처리
EC2509000001	5	부산세관	2025/09/22	관세	3,200,000		배부	미처리
					62,715,972			

이론

01	①	02	③	03	②	04	②	05	②	06	③	07	③	08	②	09	④	10	④
11	④	12	④	13	③	14	③	15	③	16	①	17	①	18	④	19	②	20	①

01   ①

인공지능 시스템이 고객 데이터를 수집하면서 고객의 동의 없이 구매이력 등 정보를 분석해 개인 맞춤형 광고를 제공하였으므로 이는 개인의 데이터 권리와 개인정보를 침해한 행위에 해당한다. 따라서 인공지능은 데이터 권리 또는 개인정보를 침해해서는 안 된다.

02   ③

① 기계학습이란 방대한 데이터를 분석해 미래를 예측하는 기술로 일반적으로 생성된 데이터를 정보와 지식(규칙)으로 변환하는 컴퓨터 알고리즘을 의미한다.
② 비지도학습(Unsupervised Learning)은 데이터가 어떻게 구성되어 있는지 알아내는 문제의 범주에 속하며, 대표적인 방법에는 군집분석, 오토인코더, 생성적적대신경망(GAN) 등이 있다.
④ 데이터를 수집하고 머신러닝을 수행하는 과정인 머신러닝 워크플로우(Machine Learning Workflow)의 처리 순서는 데이터 수집 → 점검 및 탐색 → 전처리 및 정제 → 모델링 및 훈련 → 평가 → 배포 순으로 진행된다.

03   ②

ERP 시스템은 구축하려는 기업의 상황에 맞는 패키지를 선택하는 것이 중요하며, 기업에서 자체 개발을 할 필요는 없다. 따라서 ERP 시스템을 개발할 수 있는 자체 개발 인력의 보유 여부는 성공과 실패를 좌우하는 요인이 아니다.

04   ②

차세대 ERP의 비즈니스 애널리틱스(Business Analytics)는 구조화된 데이터(Structured Data)와 비구조화된 데이터(Unstructured Data)를 동시에 이용한다. 따라서 정형 데이터와 비정형 데이터가 모두 포함된다.

05   ②

- 가중치의 합이 1이므로 가중치를 $1:2:3:4$ 비율로 계산한다. 가장 최근인 6월의 가중치가 4이므로 0.4, 5월의 가중치가 3이므로 0.3, 4월의 가중치가 2이므로 0.2, 3월의 가중치가 1이므로 0.1이다.
- 가중이동평균법을 이용한 7월의 수요예측: $(100 \times 0.1) + (120 \times 0.2) + (140 \times 0.3) + (160 \times 0.4) = 10 + 24 + 42 + 64 = 140$개

06 ③

- 손익분기점 매출수량: $\dfrac{\text{고정비 } 400\text{만원}}{\text{판매단가 } 700\text{원} - \text{단위당 변동비 } 500\text{원}} = 2\text{만개}$

- 손익분기점 매출액: 손익분기점 매출수량 2만개 × 판매단가 700원 = 1,400만원

07 ③

거래처 및 고객별 할당은 각 거래처 또는 고객의 과거 판매액, 판매(수주)실적 경향, 목표 수주점유율 등을 고려하여 할당한다.

08 ②

- 생산자가격: 제조원가 5,000원 + 생산자 영업비 1,000원 + 생산자 이익 400원 = 6,400원
- 도매가격: 도매 매입원가(생산자가격) 6,400원 + 도매업자 영업비 800원 + 도매업자 이익 400원 = 7,600원
- 소매가격: 소매 매입원가(도매가격) 7,600원 + 소매업자 영업비 1,200원 + 소매업자 이익(소매가격의 20%)
⇒ 소매가격 × 0.8 = 8,800원, 따라서 소매가격은 11,000원이다.

09 ④

가격탄력성은 가격이 1% 변화할 때 수요량이 몇 % 변화하는지를 나타내는 지표이다. 가격탄력성이 높을수록 수요는 가격 변동에 민감하게 반응하며, 일반적으로 수요가 지속적으로 유지되는 생필품의 가격탄력성이 사치품보다 작아 비탄력적이다. 가격탄력성이 1보다 큰 상품의 수요는 탄력적(Elastic)이라 하고, 1보다 작은 상품의 수요는 비탄력적(Inelastic)이라고 한다.

10 ④

$$\text{매출채권(받을어음) 회수기간} = \dfrac{(\text{각 받을어음 금액} \times \text{각 어음기간})\text{의 합계}}{\text{매출총액}}$$

$$\text{회수기간(여신기간) } 50\text{일} = \dfrac{(600\text{만원} \times 30\text{일}) + (200\text{만원} \times 90\text{일}) + (200\text{만원} \times x\text{일})}{1,000\text{만원}}$$

$$\dfrac{18,000 + 18,000 + 200x}{1,000} = 50$$

$$\therefore x = 70\text{일}$$

11 ④

효율적 공급망 전략은 낮은 재고수준과 비용 최소화가 가장 중요한 목적이며, 대응적 공급망 전략은 비용적인 측면보다 고객 서비스를 우선하는 대응 방안이다.
- 효율적 공급망 전략: ㉡, ㉣, ㉤
- 대응적 공급망 전략: ㉠, ㉢

12 ④

재고부족비용은 재고부족으로 인하여 발생되는 납기지연, 판매기회 상실, 거래처 신용 하락, 잠재적 고객 상실 등에 관련
되는 비용 등이 있다.
㉠ 운송 및 검사 비용은 재고주문비용, ㉡ 취급 및 보관비용은 재고유지비용에 해당한다.

13 ③

최근에 매입한 재고자산인 5월 24일의 재고부터 우선 출고하는 기준에 따라 재고자산을 평가하였으므로 이는 후입선출
법에 해당한다.
① 개별법: 재고자산 품목을 하나하나 단위별로 개별적인 원가를 파악하여 평가하는 방법
② 총평균법: 일정 기간 동안의 재고자산가액의 평균을 구하여 매출원가에 적용하는 방법
④ 선입선출법: 먼저 매입한 재고자산을 먼저 매출하는 것으로 가정하여 매출원가에 적용하는 방법

14 ③

다단계거점 방식은 권역별·품목별로 거래처(소비자) 밀착형 물류거점을 운영하는 방식이며, 거래처(소비자) 물류 서비
스 만족도가 향상된다. 물류거점 및 지역별 창고 운영으로 다수의 물류거점 확보가 필요하고 운영비가 가중된다.
① 복수거점 방식: 화주별·권역별·품목별로 집하하여 고객처별로 공동 운송하는 방식이며, 물류거점을 권역별 또는 품목
　별로 운영해야 한다.
② 배송거점 방식: 신속한 고객 대응이 가능하도록 고객처별 물류거점을 운영하는 방식이며, 물류 서비스 만족도가 높다.
　고객 밀착형 물류거점 설치로 다수의 물류거점 확보가 필요하고 운영비가 가중된다.
④ 공장직송 운송 방식: 발송 화주에서 도착지 화주로 직송하는 원스톱 운송 방식이며, 운송차량의 차량 단위별 운송물
　동량을 확보하여 대량화물 운송에 적합하다.

15 ③

운송 화물의 이력 추적관리를 통하여 납기 준수율 향상, 고객 서비스 수준 증대, 운송비의 체계적 관리가 가능해진다.
물류센터의 보관 용량 확대는 이력 추적관리의 직접적인 기대 효과에 해당하지 않는다.

16 ①

최근의 일정 기간에 대해 시계열의 단순 평균을 계산하여 다음 기를 예측하는 정량적 예측 기법은 (단순)이동평균법이다.
② 시장조사법: 시장의 상황에 대한 자료를 수집하여 수요를 예측하는 방법으로, 시간과 비용이 많이 든다.
③ 델파이법: 여러 전문가들의 의견을 수집하여 정리한 다음 다시 전문가들에게 배부한 후 의견의 합의가 이루어질 때까지
　반복적으로 서로 논평하게 하여 수요를 예측하는 방법이다. 주로 신제품 개발, 시장전략 등을 위한 장기예측이나 기술
　예측에 적합하다.
④ 시뮬레이션 모델: 현실의 시스템이나 상황을 모형(모델)으로 만들어 여러 조건을 가정하고 반복 실험하여 미래 결과를
　예측하는 기법이다.

17 ①

거래 당사자 간의 교섭을 통하여 결정되는 가격으로, 판매자와 구매자 모두 가격 결정에 영향을 주는 것은 교섭가격이다.
② 개정가격: 가격 그 자체는 명확히 결정되어 있지는 않으나 업계의 특수성이나 지역성 등으로 일정한 범위의 가격이 정해져 있는 것으로, 판매자가 그 당시의 환경과 조건에 따라 가격을 결정한다.
③ 정가가격: 판매자가 자기의 판단으로 결정하는 가격이다.
④ 협정가격: 판매자 다수가 서로 협의하여 일정한 기준에 따라 가격을 결정하는 것이다.

18 ④

'4/15-20Days Extra'를 결제조건으로 하면 거래일로부터 15일 이내의 현금 지불에 대하여 4% 할인을 인정하며, 특별히 추가로 20일간 할인기간을 연장한다는 의미로서 거래일로부터 총 35일간 현금할인이 적용된다.

19 ②

- 제조원가 = 직접원가 + 제조간접비
  제조원가 5,000원 = 직접원가 + 제조원가 5,000원 × 30%
  직접원가 = 3,500원
- 직접노무비는 직접원가의 40%이므로, 3,500원 × 40% = 1,400원

20 ①

[보기]는 가격 인상을 대비하여 이익을 도모할 목적으로 가격이 저렴할 때 장기간의 수요량을 미리 구매하여 재고로 보유하는 구매방법인 투기구매에 대한 설명이다.
② 수시구매: 구매청구가 있을 때마다 구매하여 공급하는 방식으로, 과잉구매를 방지하고 설계 변경 등에 대응하기 쉽다는 장점이 있다. 계절품목 등 일시적인 수요품목에 적합하다.
③ 일괄구매: 소량 다품종의 품목을 구매해야 하는 경우 품목별로 구매처를 선정하는 데 많은 시간과 노력이 드는 단점을 보완하여, 다품종의 품목을 한꺼번에 구매함으로써 구매시간과 비용을 줄이고 구매절차를 간소화할 수 있는 방식이다. 소모용품이나 사무용품 등에 적합하다.
④ 장기계약구매: 특정 품목에 대해 수립한 장기 제조계획에 따라 필요한 자재의 소요량을 장기적으로 계약하여 구매하는 방식이다. 자재의 안정적인 확보가 필요할 때 적합하며 계약 방법에 따라 저렴한 가격, 충분한 수량을 확보할 수 있다.

01	③	02	①	03	③	04	②	05	①	06	③	07	④	08	②	09	④	10	①
11	②	12	④	13	①	14	④	15	③	16	②	17	③	18	①	19	④	20	②

01 ③

📍 [시스템관리] – [기초정보관리] – [품목등록]

조회한 후 각 품목의 등록되어 있는 내역을 확인한다. ①, ②, ④는 'MASTER/SPEC' 탭, ③은 'ORDER/COST' 탭에 등록되어 있다.

③ 품목 '21-1060850. WHEEL FRONT-MTB'의 LEAD TIME은 1DAYS이다.

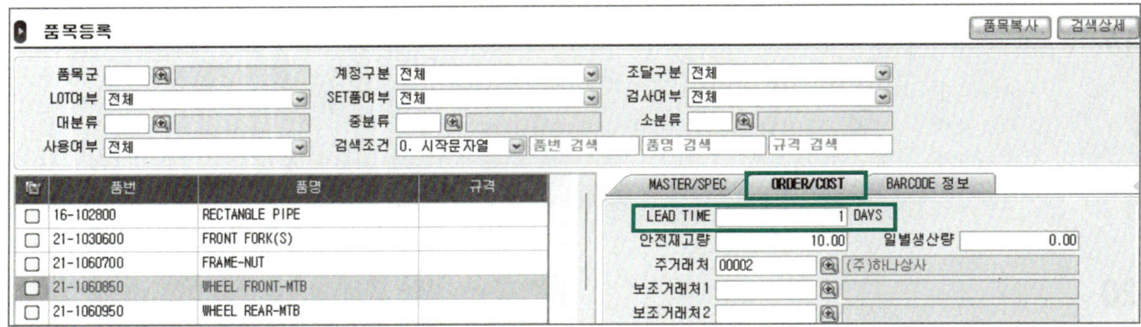

02 ①

📍 [시스템관리] – [기초정보관리] – [물류실적(품목/고객)담당자등록]

수주등록의 실적담당자는 영업담당자이므로, '거래처' 탭에서 영업담당자 '1000. 김종욱'으로 조회한다.

① 영업담당자가 '1000. 김종욱'인 거래처는 '00001. (주)대흥정공'이다.

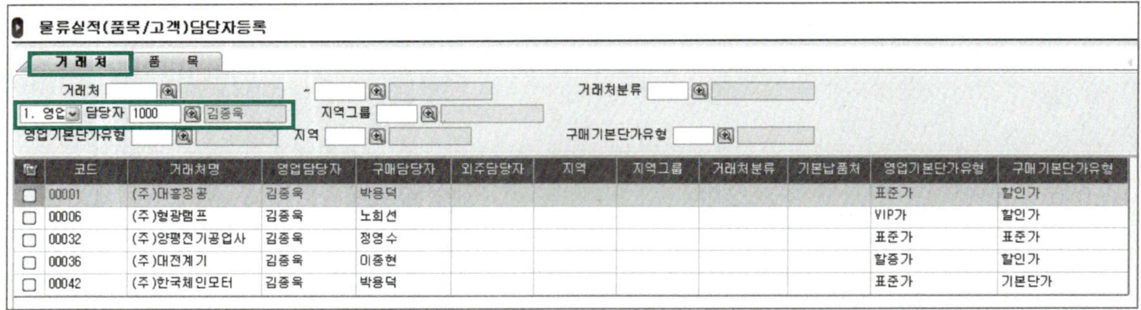

03 ③

(주)한국자전거본사에 등록되어 있는 재고평가방법은 '선입선출'이다.

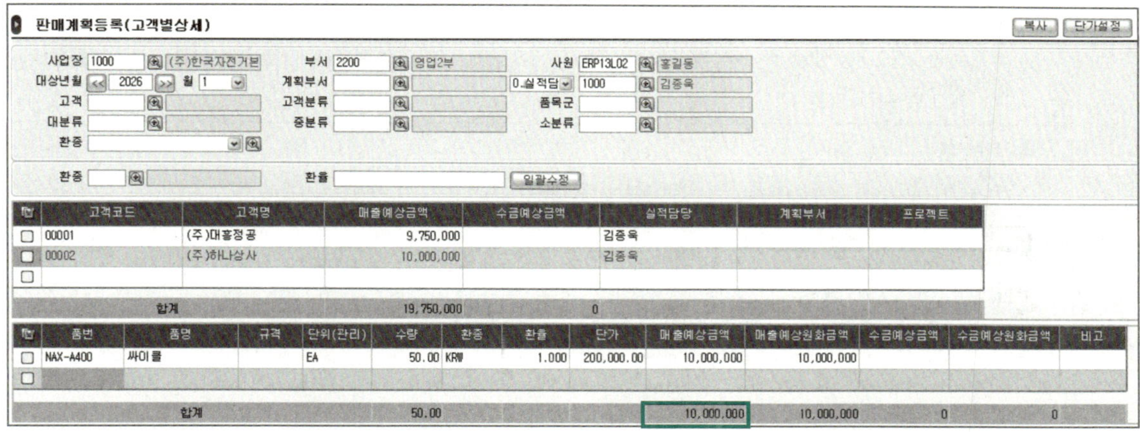

04 ②

'사업장: 1000. (주)한국자전거본사, 대상년월: 2026/1월, 실적담당: 1000. 김종욱'으로 조회한 후 각 고객의 하단에 등록되어 있는 매출예상금액을 확인한다.

① (주)대흥정공: 9,750,000원

② (주)하나상사: 10,000,000원 ⇒ 가장 큼

③ (주)빅파워, ④ (주)제동기어: '실적담당: 1000. 김종욱'으로 조회 안 됨

①

📍 **[영업관리] – [영업관리] – [견적등록]**

[조회조건]으로 조회되는 각 고객의 하단을 클릭하면 프로젝트를 확인할 수 있다.

① 'B-001. 특별할인판매'로 등록된 내역이 있는 고객은 '(주)대흥정공'이다.

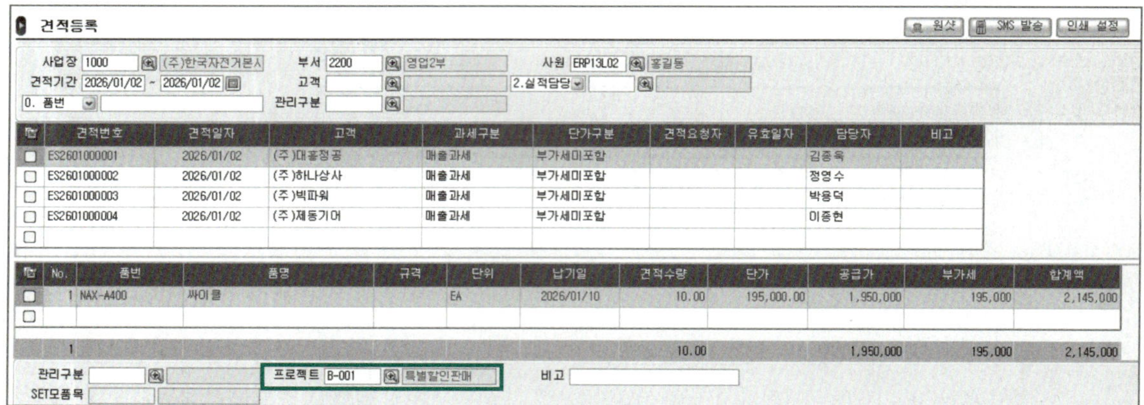

③

📍 **[영업관리] – [영업관리] – [수주등록]**

[조회조건]과 '실적담당: 3000. 박용덕'으로 조회한다.

③ 조회되는 '(주)대흥정공'과 '(주)빅파워'의 각 고객 하단에 검사여부를 확인하면 '검사'로 등록되어 있는 고객은 '(주)빅파워'이다.

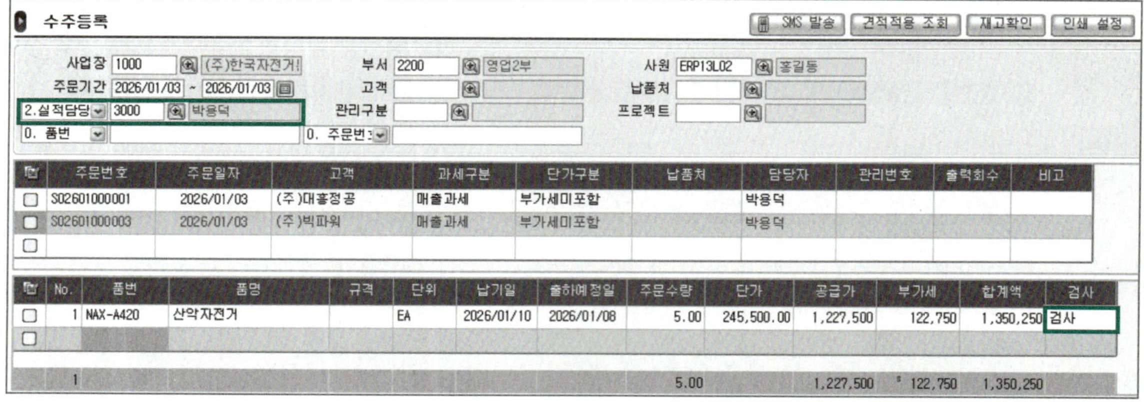

④

📍 [영업관리] – [영업관리] – [수주마감처리]

[조회조건]으로 조회한 후 각 고객의 하단에 등록되어 있는 마감사유를 확인한다.
①, ②, ③의 마감사유는 '주문 취소'이며, ④ (주)제동기어의 마감사유는 '주문 오류'이다.

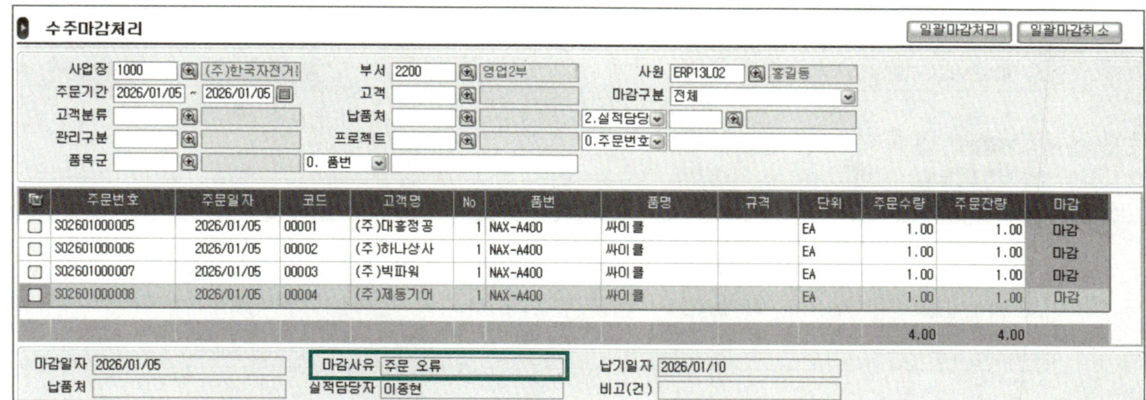

08

②

📍 [영업관리] – [영업관리] – [출고처리(국내수주)]

[조회조건]으로 조회되는 출고내역은 '예외출고' 탭에 등록되어 있다. 출고내역 하단의 품목을 클릭하면 장소를 확인할 수 있다.
② 품목 'NAX-A420. 산악자전거'의 장소는 'P102. 진열장소'이며, ①, ③, ④ 품목의 장소는 'P101. 판매장소'이다.

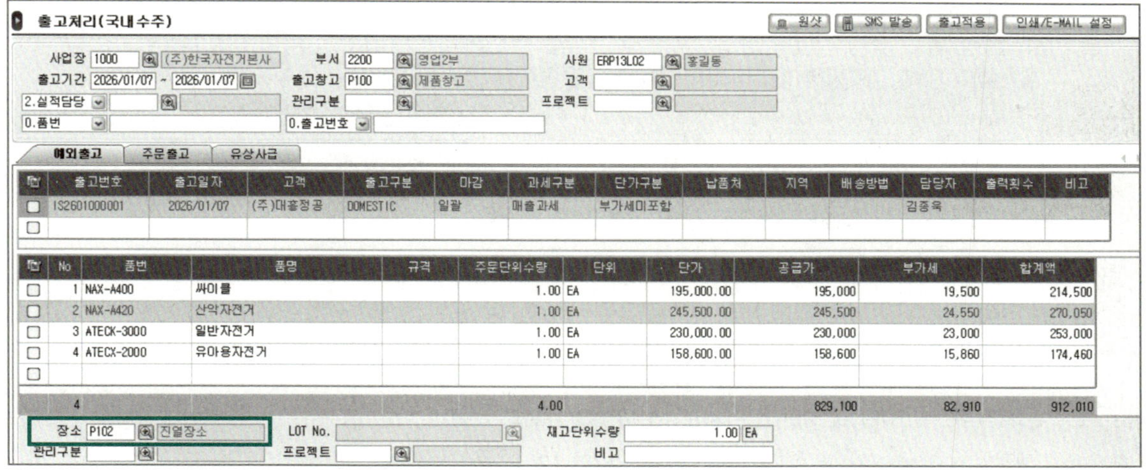

09 ④

◉ [영업관리] – [영업관리] – [매출마감(국내거래)]

'사업장: 1000. (주)한국자전거본사, 마감기간: 2026/01/10~2026/01/10'으로 조회되는 내역을 확인한다.

① (주)대흥정공, ③ (주)빅파워: 마감구분이 '건별'이므로 마감수량을 수정할 수 없다.

② (주)하나상사: 전표가 '처리'이므로 마감수량을 수정할 수 없다.

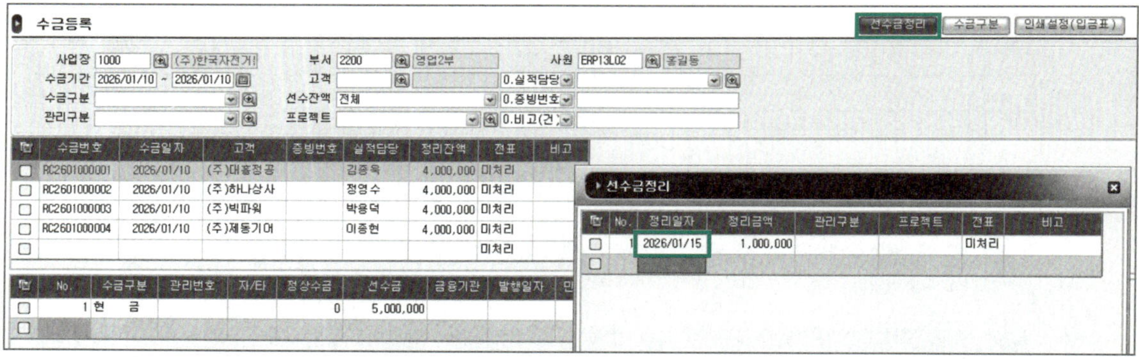

10 ①

◉ [영업관리] – [영업관리] – [수금등록]

[조회조건]으로 조회한 후 각 수금번호에서 오른쪽 상단의 '선수금정리'를 확인한다.

① 선수금정리의 정리일자가 2026/01/15로 등록되어 있는 고객은 '(주)대흥정공'이다.

11 ②

◉ [영업관리] – [기초정보관리] – [채권기초/이월/조정(출고기준)]

'채권기초' 탭에서 각 고객별 기초미수채권을 확인한다.

① (주)대흥정공: 14,000,000원

② (주)하나상사: 15,000,000원 ⇒ 가장 큼

③ (주)빅파워: 12,000,000원

④ (주)제동기어: 13,000,000원

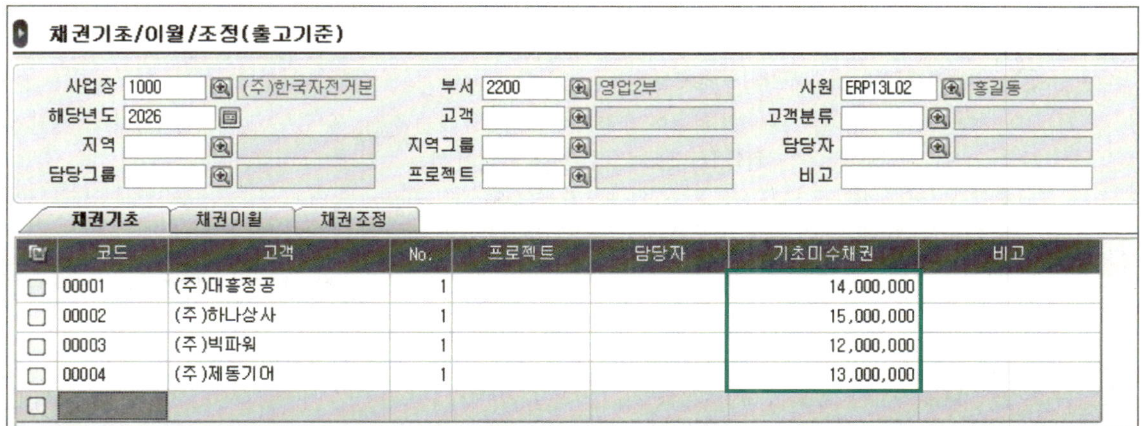

12 ④

◎ [구매/자재관리] – [구매관리] – [주계획작성(MPS)]

[조회조건]으로 조회한다.

④ '(주)중앙전자' 고객으로 등록되어 있는 품목은 '87-1002001. BREAK SYSTEM'이다.

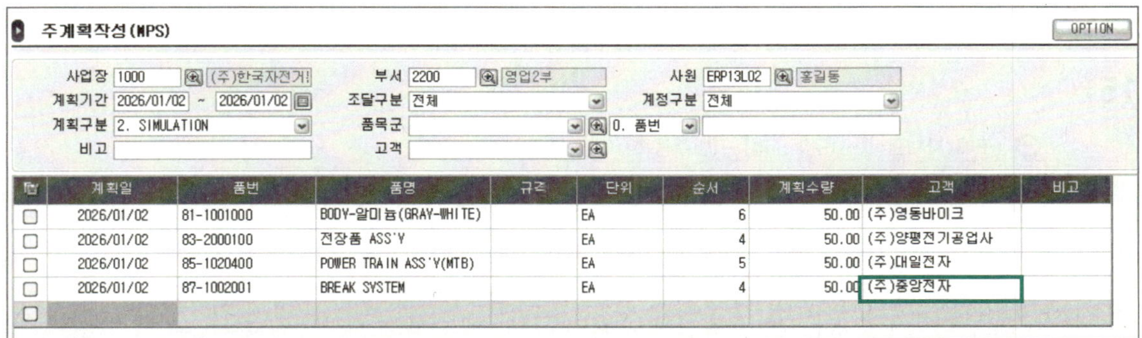

13 ①

◎ [구매/자재관리] – [구매관리] – [소요량전개(MRP)]

[조회조건]과 '계정구분: 4.반제품'으로 조회하여 각 품목별 예정발주일을 확인한다.

① 품목 '81-1001000. BODY-알미늄(GRAY-WHITE)'의 예정발주일이 2026/01/24로 가장 빠르다.

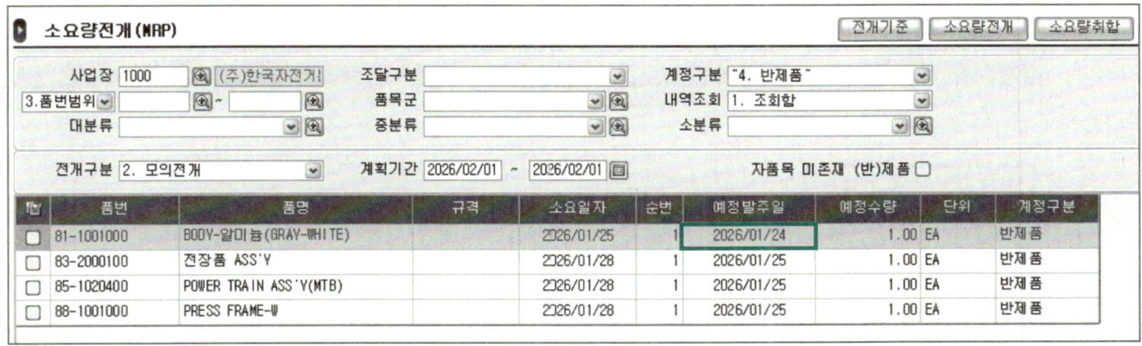

14 ④

[조회조건]으로 조회되는 청구번호 하단의 각 품목에서 마우스 오른쪽 버튼을 클릭하여 '부가기능–품목상세정보'를 확인하고, 품목상세정보의 주거래처와 [청구등록] 메뉴에 등록되어 있는 주거래처를 비교한다.

④ 품목 'WHEEL REAR–MTB'의 품목상세정보의 주거래처는 '(주)빅파워'이고, [청구등록] 메뉴에 등록되어 있는 주거래처는 '(주)하나상사'로 다르게 등록되어 있다.

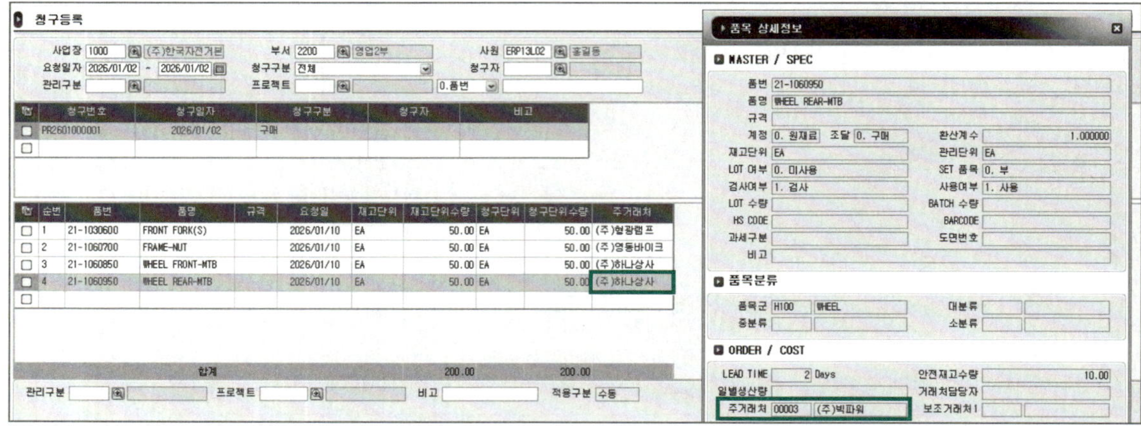

15 ③

[조회조건]으로 조회되는 내역을 확인한다.

① 하단에서 마우스 오른쪽 버튼을 클릭하여 '[발주등록] 이력정보'를 확인한다. 이력정보가 등록되어 있지 않으므로 적용을 받지 않고 직접 등록한 것을 알 수 있다.

② 납기일은 2026/01/10, 입고예정일은 2026/01/08로 다르게 등록되어 있다.

③ 관리구분은 'P20. 일반구매'로 등록되어 있다.

④ 검사여부는 '무검사'이므로 구매검사 과정을 거치지 않고 진행하는 발주내역이다.

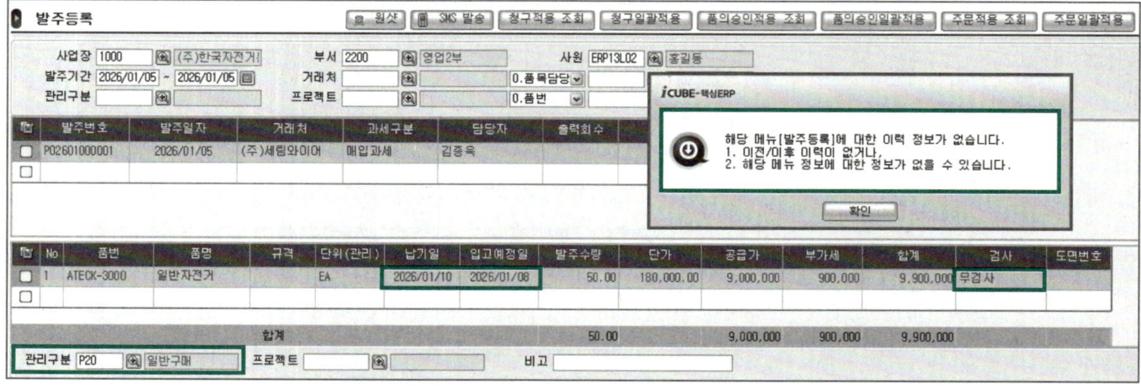

16 ②

◉ [구매/자재관리] – [구매관리] – [입고검사등록]

'사업장: 1000. (주)한국자전거본사, 검사기간: 2026/01/08~2026/01/08'로 조회한다.
② (주)형광램프의 검사유형은 '성능검사'로 등록되어 있다.

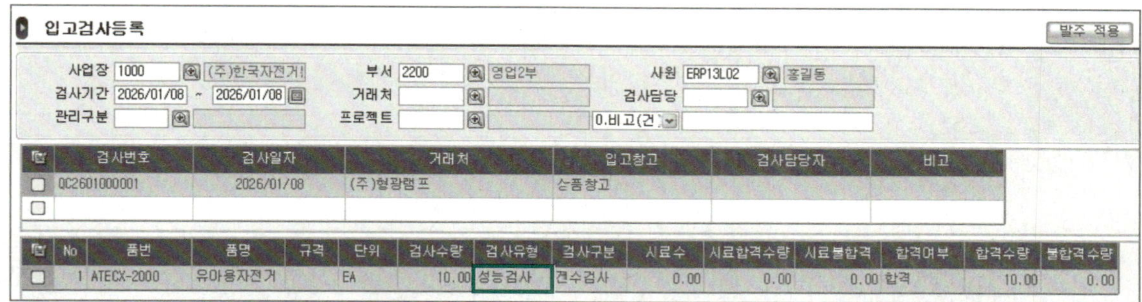

17 ③

◉ [구매/자재관리] – [구매관리] – [입고처리(국내발주)]

[조회조건]으로 조회되는 내역을 확인한다.
① 마감구분이 '일괄'로 등록된 입고내역이다.
② '예외입고' 탭에 등록되어 있으므로 검사 과정을 적용받지 않고 등록되었음을 알 수 있다.
③ 발주수량과 하단에 등록되어 있는 재고단위수량이 1EA로 동일하게 입력된 입고내역이다.
④ 프로젝트 'M100. 일반용자전거'가 등록된 입고내역이다.

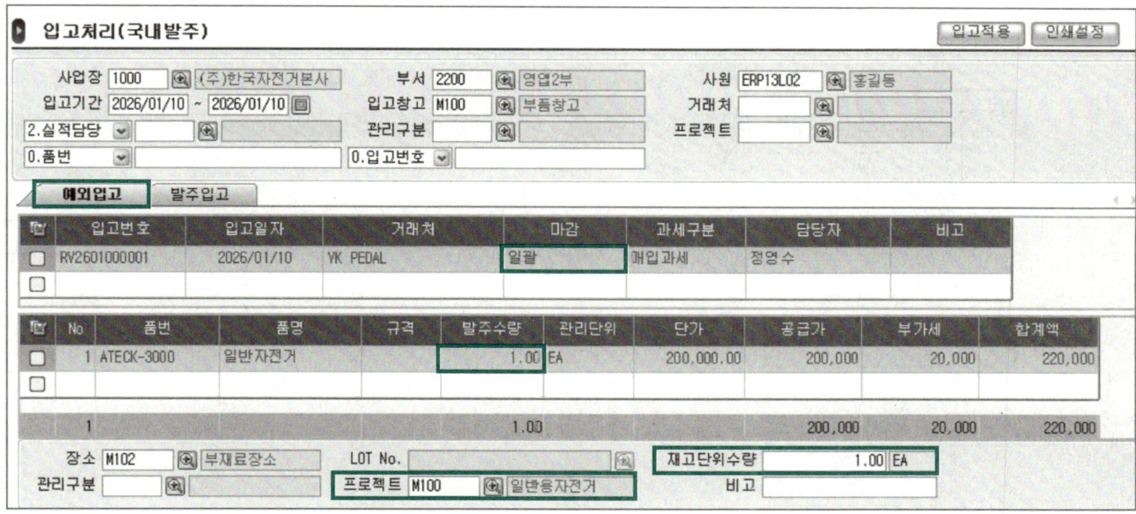

18 ①

📍 [구매/자재관리] – [구매현황] – [매입미마감현황]

[조회조건]으로 조회되는 품목의 수량을 확인한다.

① FRONT FORK(S): 4EA ⇒ 가장 적음

② FRAME-NUT: 5EA

③ WHEEL FRONT-MTB: 6EA

④ WHEEL REAR-MTB: 5EA

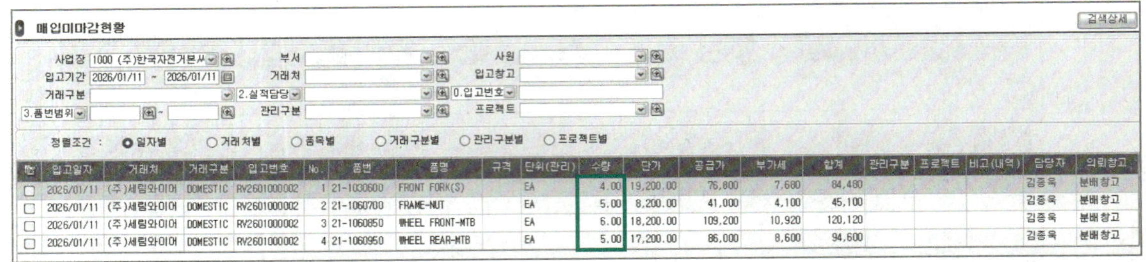

19 ④

📍 [구매/자재관리] – [구매관리] – [회계처리(매입마감)]

'매입마감' 탭에서 [조회조건]으로 조회한 후 각 마감번호를 클릭하여 하단에서 관리구분을 확인한다.

④ 관리구분 '할인구매'로 등록되어 있는 마감번호는 PC2601000005이며 전표번호는 '2026/01/15'이고, 순번은 '4'이다.

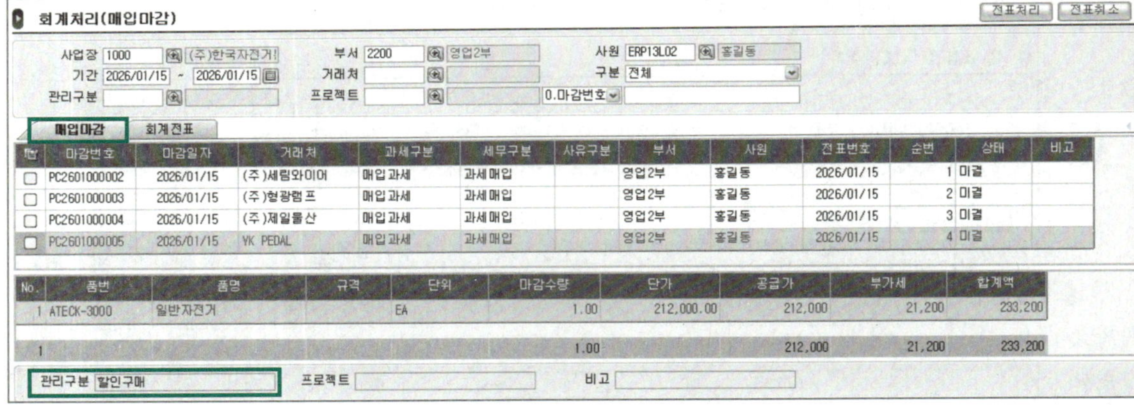

📍 [구매/자재관리] – [재고관리] – [재고이동등록(창고)]

'사업장: 1000. (주)한국자전거본사, 이동기간: 2026/01/02~2026/01/02'로 조회되는 이동번호의 입고창고를 확인한다. 입고창고는 '상품창고'로 등록되어 있으며, [창고/공정(생산)/외주공정등록] 메뉴에서 입고장소의 적합여부와 가용재고여부를 확인한다.

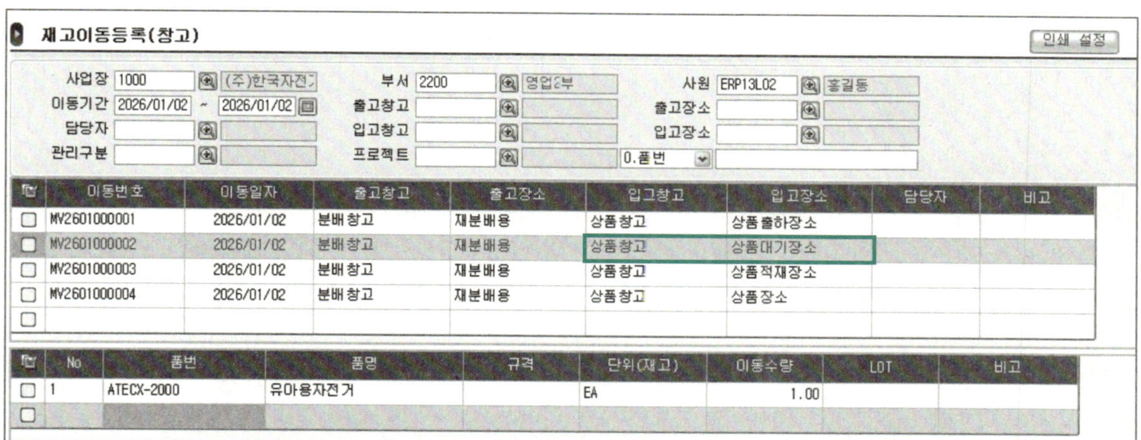

📍 [시스템관리] – [기초정보관리] – [창고/공정(생산)/외주공정등록]

'창고/장소' 탭에서 '상품창고'의 하단에 등록되어 있는 장소를 확인한다. 적합여부 '부적합', 가용재고여부 '여', 사용여부 '사용'으로 등록되어 있는 장소는 '상품대기장소'이다. 따라서 [재고이동등록(창고)] 메뉴의 이동번호 MV2601000002가 적합여부 '부적합', 가용재고여부 '여', 사용여부 '사용'으로 등록되어 있는 장소로 재고를 이동하여 관리한 것이다.

창고/공정(생산)/외주공정등록

사업장 1000 (주)한국자전거본사　사용여부(창…전체　　적합여부 전체
거래처　　사용여부(위…전체

창고/장소 | 생산공정/작업장 | 외주공정/작업장

창고코드	창고명	입고기본위치	출고기본위치	창고설명	사용여부
D100	분배창고	재분배용	재분배용		사용
M100	부품창고	부재료장소	부품장소		사용
M400	상품창고	상품장소	상품장소		사용
P100	제품창고				사용
X100	반제품창고	반제품장소	반제품장소		사용
Z100	긴급출하창고				사용

위치코드	위치명	위치설명	가출고코드	가출고거래처명	적합여부	가용재고여부	사용여부
M401	상품장소				적합	여	사용
M402	상품적재장소				적합	부	사용
M403	상품대기장소				부적합	여	사용
M404	상품출하장소				적합	여	사용

이론

01	④	02	③	03	①	04	④	05	②	06	①	07	③	08	④	09	②	10	②
11	①	12	③	13	①	14	①	15	①	16	③	17	④	18	④	19	④	20	④

01　④

블록체인은 블록의 정보와 거래내용을 기록하고 이를 네트워크 참여자들에게 분산 및 공유하는 분산원장 또는 공공거래 장부이다.

02　③

인공지능 비즈니스 적용 프로세스(5단계)는 '비즈니스 영역 탐색 → 비즈니스 목표 수립 → 데이터 수집 및 적재 → 인공지능 모델 개발 → 인공지능 배포 및 프로세스 정비'이다.

03　①

데이터 클라우드 서비스와 스토리지 클라우드 서비스는 IaaS에 속한다.

04　④

- 회사 A: IT 중심의 프로젝트로 추진하지 않으며, TFT(Task Force Team)는 최고의 엘리트 사원으로 구성한다.
- 회사 B: 기업 내에 분산된 모든 자원을 부서 단위가 아닌 기업 전체의 흐름에서 최적으로 관리할 수 있도록 하는 통합 시스템인 ERP 도입을 추진한다.
- 회사 C: ERP 도입과정에서 부서 간 갈등 발생 시, 최고 경영층의 개입이 필요하며, 의사결정 방식은 Top-Down으로 한다.

05　②

수많은 요인들로 인해 예측오차가 항상 생길 수 있으므로 수요예측을 완벽하게 할 수는 없다.

06　①

신제품 개발은 장기 판매계획에 해당한다.
- 장기 판매계획: 신시장 개척, 신제품 개발, 판매경로 강화 등
- 중기 판매계획: 제품별 디자인, 품질개선, 판매경로 및 판매자원의 구체적인 계획, 판매촉진을 위한 정책 등
- 단기 판매계획: 제품별 가격, 판매촉진 실행 방안, 구체적인 판매할당 등

07 ③

목표판매액의 할당 기준이 잠재구매력지수(시장지수)인 판대할당 방법은 지역 및 시장별 할당이다.
① 월별 할당: 일반적으로는 연간 목표매출액을 12등분하여 1개월당 평균 목표매출액을 구하여 배분하지만 실제로는 월별 매출액이 일정하지 않으므로 여러 요인을 고려한 월별 할당이 필요하다.
② 영업거점별 할당: 목표매출액을 할당하는 단계에서 가장 먼저 설정하며 영업지점, 영업소 등 영업활동을 수행하는 영역별로 목표매출액을 할당하는 방법이다.
④ 거래처 및 고객별 할당: 각 거래처 또는 고객의 과거 판매액, 판매(수주)실적 경향, 목표 수주점유율 등을 고려하여 할당하는 것이다.

08 ④

가격 결정 순서는 '경쟁환경 분석 → 선발기업의 상품가격 조사 → 자사의 시장 입지도 분석 → 경쟁기업의 유사상품과 자사상품의 비교 → 전략적 판매가격 결정 → 도소매 유통비용을 고려하여 판매단가 결정'이다.

09 ②

ABC 분석(파레토 분석)은 통계적 방법에 따라 관리 대상을 A, B, C 그룹으로 나누고, 먼저 A 그룹을 중점 관리 대상으로 선정하여 관리노력을 집중하는 방법이다. 대부분 A 그룹은 전체 매출누적치의 70%~80%를 차지하거나 매출 상위 20%~30% 고객에 해당한다.

10 ②

매출채권 잔액은 외상매출금과 받을어음 잔액의 합이다.

$$\text{매출채권 회전율}: \frac{\text{매출액 750억원}}{\text{매출채권 잔액}(250\text{억원} + 50\text{억원})} = 2.5$$

11 ①

공급망 프로세스의 경쟁능력 4요소 중 시간 요소는 정시 제품 배달능력, 신속한 제품 배달능력, 경쟁사보다 빠른 신제품 개발능력이다. ㉣은 유연성, ㉤은 비용이다.

12 ③

물류거점 수가 증가하면 1회당 수송거리가 짧아지고 1회당 수송량이 감소하게 된다.

13 ①

공급자가 고객, 거래처의 재고수준을 파악하고 재고 보충량을 결정하여 공급하는 방법은 공급자 재고관리(VMI; Vendor Managed Inventory)에 대한 설명이다.

14 ①

철도 운송은 화주의 문전 수송을 위하여 부가적인 운송수단이 필요하여 화물의 수취가 화물자동차 운송에 비해 불편하다.

15 ①

창고배치(Layout)의 기본 원리 중 화물의 형태나 건축 구조의 제약이 있을 경우 공간 효율을 높이기 위한 방법은 하역 운반 기기, 랙, 통로 입구 및 기둥 간격의 모듈화 등을 시도하여 보관 및 작업 효율을 높여야 하는 모듈화·규격화 고려이다.

16 ③

① 분류: 재고에서 피킹된 물품을 고객별·차량별·지역별·용도별 등으로 구분하여 분류하는 작업
② 출고 지시: 출고 계획에 따라 출고 지시서를 발행하여 출고 담당자에게 출고를 지시
④ 출하 포장: 출고 검사를 마친 합격품에 대해 운송 중 손상이 없도록 고객과 약속된 유닛로드 시스템(ULS; Unit Load System) 또는 출하 포장으로 출고

17 ④

자동차 업계에서 모델 변경 전후의 판매가격 등 가격 그 자체는 명확히 결정되어 있지는 않으나 업계의 특수성이나 지역성 등으로 일정한 범위의 가격이 정해져 있는 것은 개정가격이다. 거래 당사자 간의 교섭을 통하여 결정되는 가격은 교섭가격 이며, 건축공사, 주문용 기계설비 등이 있다.
① 시중가격(시장가격): 판매자와 구매자의 판단에 좌우되지 않고 시장에서 수요와 공급의 균형에 따라 가격을 결정하는 것이다. 가격이 수시로 변동하므로 가격동향을 판단하여 구입 시기를 결정함으로써 구매를 유리하게 할 수 있다.
② 교섭가격: 거래 당사자 간의 교섭을 통하여 결정되는 가격으로, 건축공사, 주문용 기계설비 등이 있다.
③ 협정가격: 판매자 다수가 서로 협의하여 일정한 기준에 따라 가격을 결정하는 것이다.

18 ④

원가계산의 목적은 재무제표 작성, 가격 결정, 원가관리, 예산편성, 개별원가 산정이다.

19 ④

시장조사 시 고려 사항에는 비용의 경제성, 조사적시성, 조사탄력성, 조사정확성, 조사계획성 등이 있다.

20 ④

(주)생산은 사업장별 분산구매 방식을 운영하고 있으며, 사업장별 분산구매 방식은 긴급 대응에는 유리하나 공급처 부족 시 문제가 생길 수 있다.

01	③	02	②	03	①	04	④	05	②	06	④	07	①	08	②	09	④	10	①
11	①	12	③	13	④	14	③	15	③	16	④	17	①	18	④	19	③	20	④

01 ③

📍 [시스템관리] – [기초정보관리] – [일반거래처등록]

각 거래처에 등록되어 있는 사업장주소를 확인한다.
③ '00003. (주)빅파워'의 사업장주소가 '경기 화성시'이다

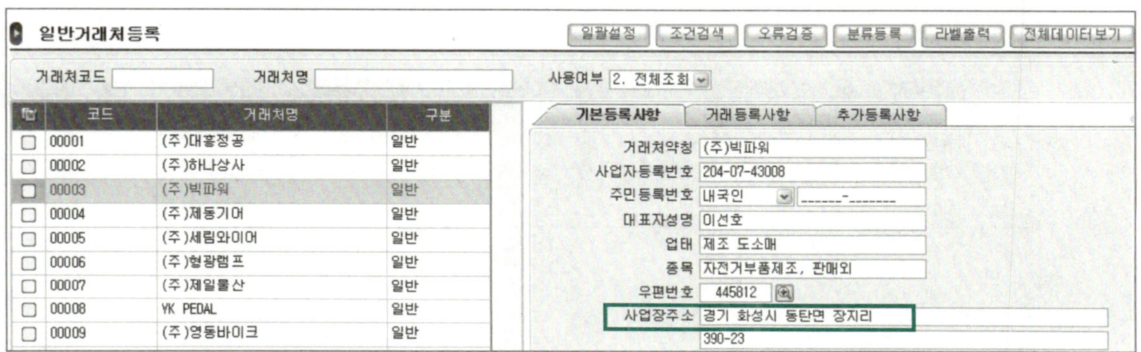

02 ②

📍 [시스템관리] – [기초정보관리] – [품목등록]

② 품목 '88-1001000. PRESS FRAME-W'의 'MASTER/SPEC' 탭에 등록되어 있는 계정구분은 '4. 반제품'이다.

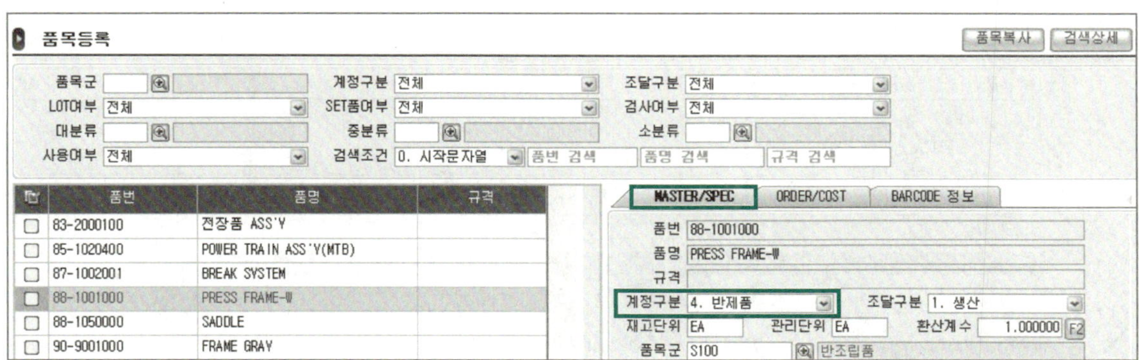

03 ①

‘검사구분: 51. 출하검사, 사용여부: 1. 사용’으로 조회한 후 각 검사유형을 클릭하여 하단의 입력필수를 확인한다.
① 입력필수가 ‘필수’로 등록되어 있는 검사유형명은 ‘2000. 도색검사’이다.

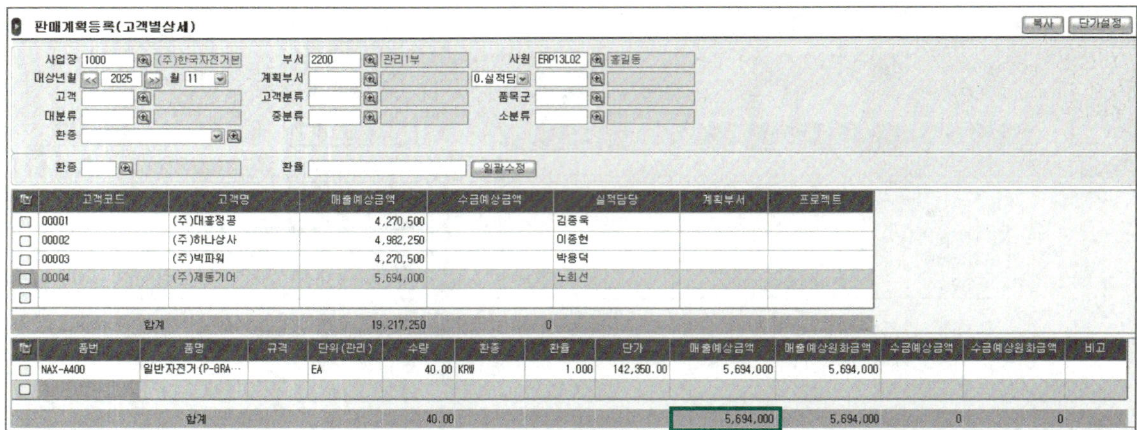

04 ④

‘사업장: 1000. (주)한국자전거본사, 대상년월: 2025/11월’로 조회한 후 각 고객의 하단에 등록되어 있는 매출예상금액
을 확인한다.
① (주)대흥정공: 4,270,500원
② (주)하나상사: 4,982,250원
③ (주)빅파워: 4,270,500원
④ (주)제동기어: 5,694,000원 ⇒ 가장 큼

05 ②

[조회조건]으로 조회한 후 (주)대흥정공의 하단에서 마우스 오른쪽 버튼을 클릭하여 '[견적등록] 이력정보'를 확인한다.
② 이후 이력인 수주등록 전표번호는 SO2511000002이다.

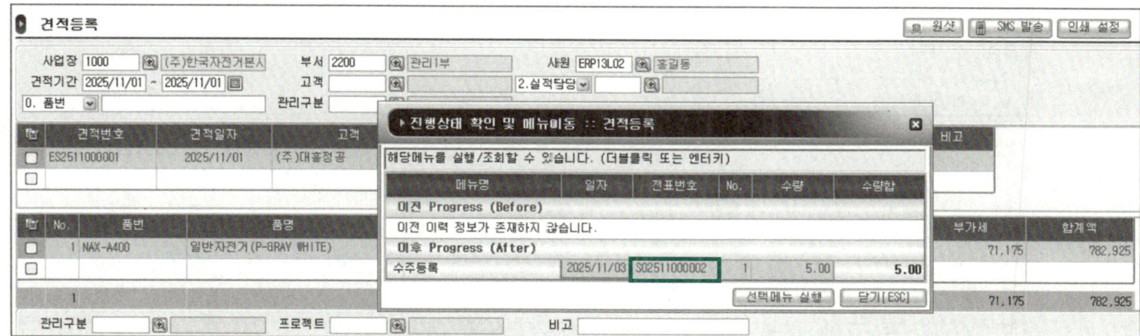

06 ④

[조회조건]과 '프로젝트: B-001.특별할인판매'로 조회되는 수량을 확인한다.
④ '특별할인판매' 프로젝트로 등록된 수주 수량의 합은 20EA이다.

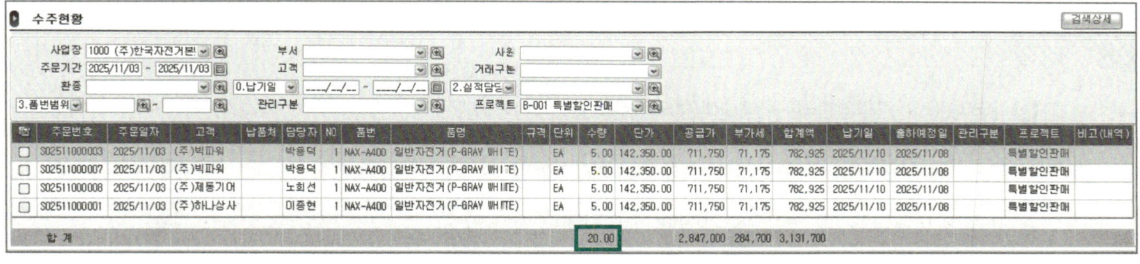

07 ①

[조회조건]으로 조회되는 출고내역은 '예외출고' 탭에 등록되어 있으며, 각 품목을 클릭하면 하단에서 장소를 확인할 수 있다.
① 품목 'NAX-A400. 일반자전거(P-GRAY WHITE)'의 장소는 'P102. 대기장소'이며, ②, ③, ④의 장소는 'P101. 제품장소'이다.

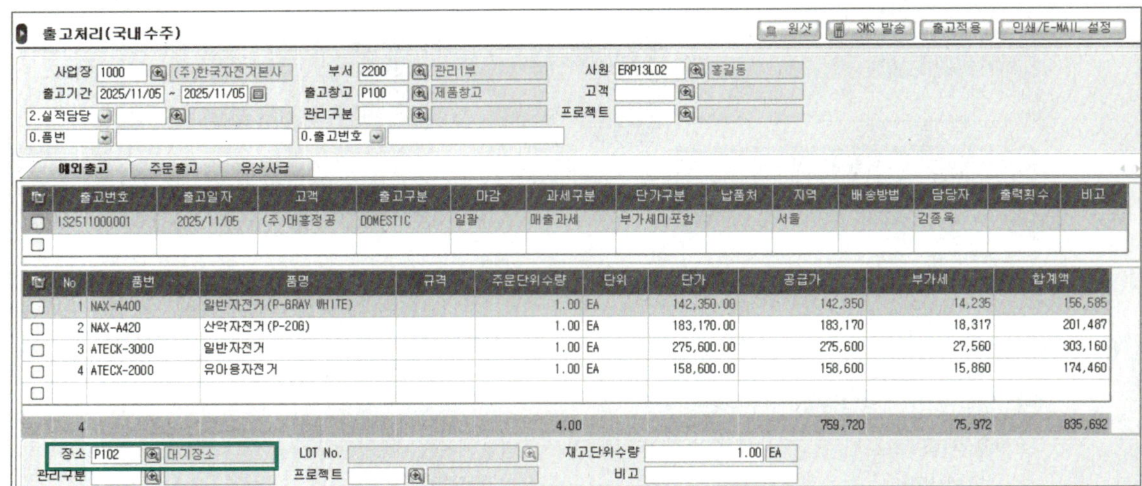

08 ②

[조회조건]으로 조회되는 내역을 확인한다.
① 과세구분은 '매출과세'로 마감 과세구분 '매출과세'에 대한 매출마감처리되었다.
② 전표가 '미처리'로 매출마감 후 전표처리로 진행이 되지 않았다.
③ 하단에 출고번호 'IS2511000002'가 등록되어 있으며, 마우스 오른쪽 버튼을 클릭하여 '[매출마감(국내거래)] 이력 정보'에서도 출고처리(국내수주) 전표번호 IS2511000002를 확인할 수 있다.
④ 관리단위수량(마감수량)은 1BOX이고, 재고단위수량은 10EA로 다르게 등록되었다.

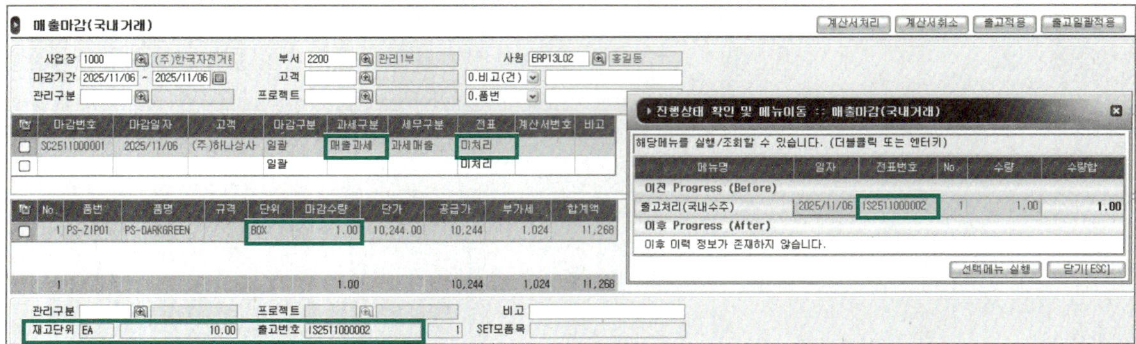

📍 [영업관리] – [영업관리] – [세금계산서처리]

'사업장: 1000. (주)한국자전거본사, 발행기간: 2025/11/07~2025/11/07'로 조회되는 내역을 확인한다. 각 계산서번호를 클릭하면 하단에 마감번호가 등록되어 있다. 하단에 등록되어 있는 마감번호는 SC2511000002, SC2511000003, SC2511000004, SC2511000006이다.

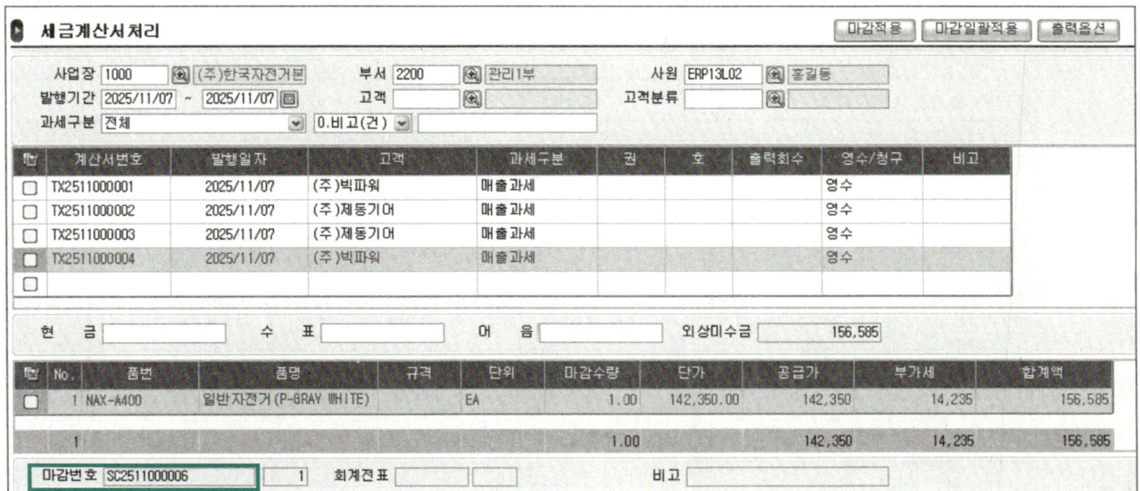

📍 [영업관리] – [영업관리] – [수금등록]

[조회조건]으로 조회한 후 각 수금번호에서 오른쪽 상단의 '선수금정리'를 확인한다.
① 선수금정리의 정리일자가 2025/11/05로 등록되어 있는 고객은 '(주)대흥정공'이다.

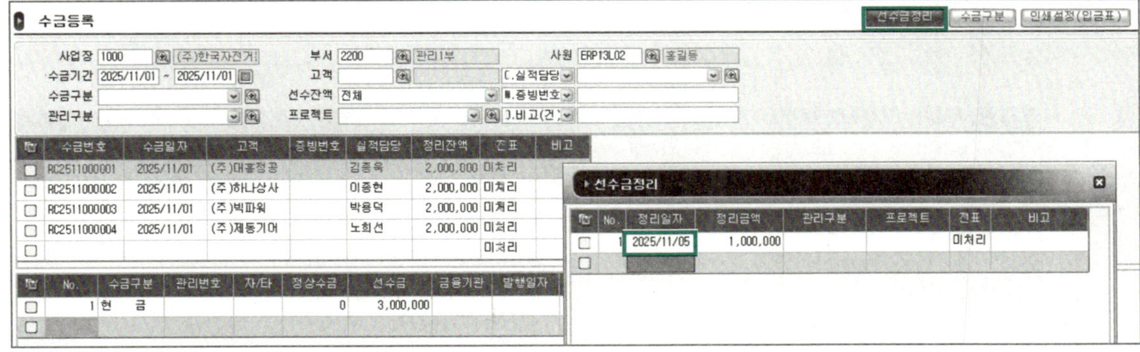

11 ①

'고객' 탭에서 [조회조건]으로 조회한 후 각 고객별 잔액을 확인한다.

① (주)대흥정공: 잔액 6,105,747원 ⇒ 가장 많음
② (주)하나상사: 잔액 2,470,454원
③ (주)빅파워: 잔액 3,079,692원
④ (주)제동기어: 잔액 920,218원

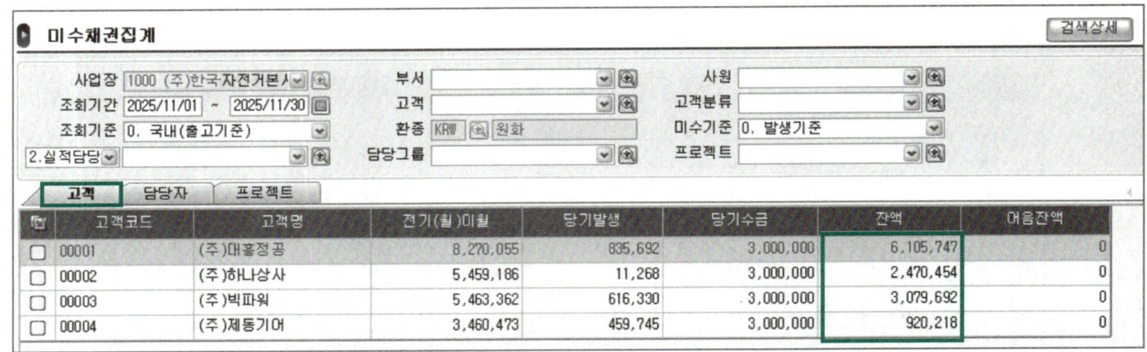

12 ③

[조회조건]과 '품목군: H100. WHEEL'로 조회되는 품목의 계획수량을 확인한다.

③ 품목 '21-1060850. WHEEL FRONT-MTB'의 계획수량이 30EA로 가장 적다.

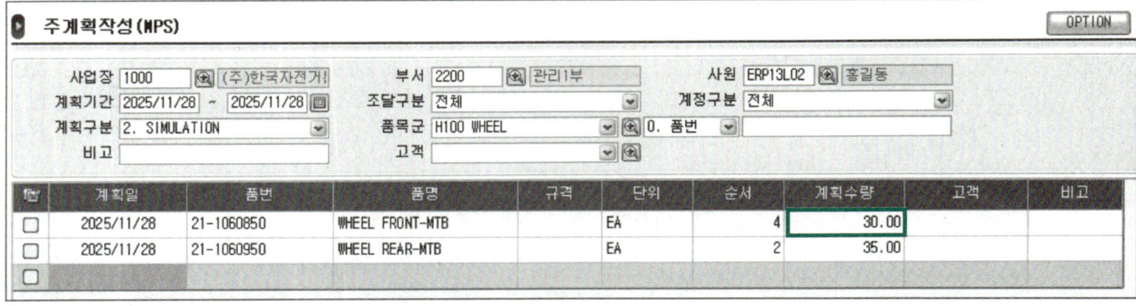

13 ④

'사업장: 1000. (주)한국자전거본사, 요청일자: 2025/11/01~2025/11/01'로 조회되는 청구번호 하단의 각 품목에서 마우스 오른쪽 버튼을 클릭하여 '부가기능-품목상세정보'를 확인하고, 품목상세정보의 주거래처와 [청구등록] 메뉴에 등록되어 있는 주거래처를 비교한다.

④ 품목 'WHEEL REAR–MTB'의 품목상세정보의 주거래처는 '(주)한라상사'이고, [청구등록] 메뉴에 등록되어 있는 주거래처는 '(주)하나상사'로 다르게 등록되어 있다.

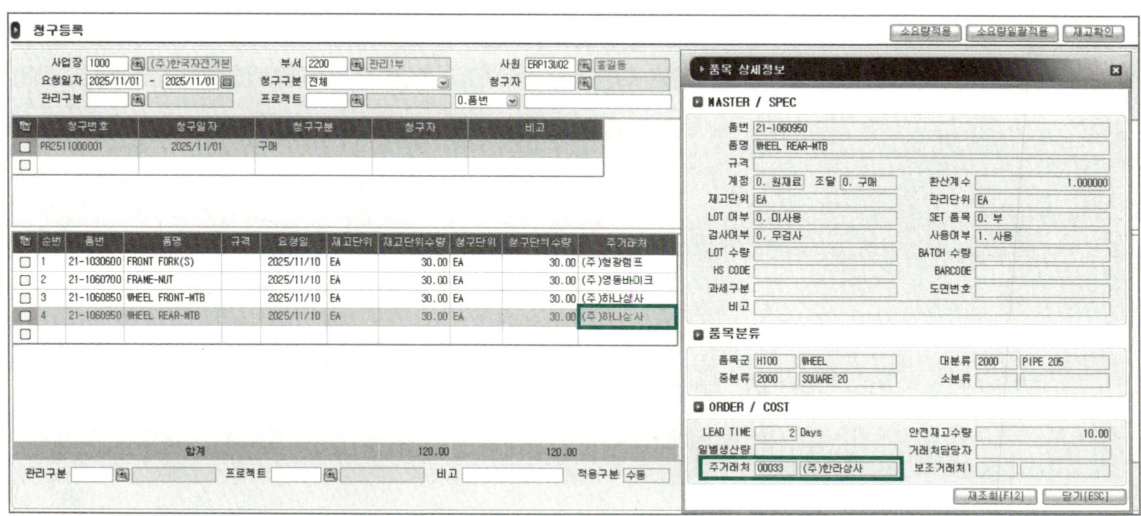

14 ③

[조회조건]으로 조회한 후 하단에서 마우스 오른쪽 버튼을 클릭하여 '[발주등록] 이력정보'를 확인한다.

① PO2511000001, ② PO2511000002, ④ PO2511000004는 이력이 등록되어 있지 않아 적용을 받지 않고 등록한 것을 알 수 있으며, ③ PO2511000003의 이전 이력은 '수주등록'으로 고객의 주문에 의해 등록된 것을 알 수 있다.

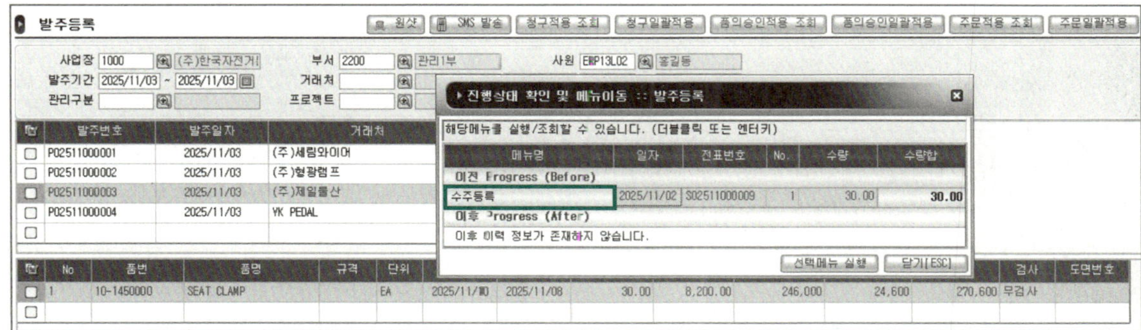

15 ③

'입고기간: 2025/11/01~2025/11/30'으로 조회한 후 입고번호 RV2511000001의 내역을 확인한다.

③ 입고창고는 '원재료창고'이다.

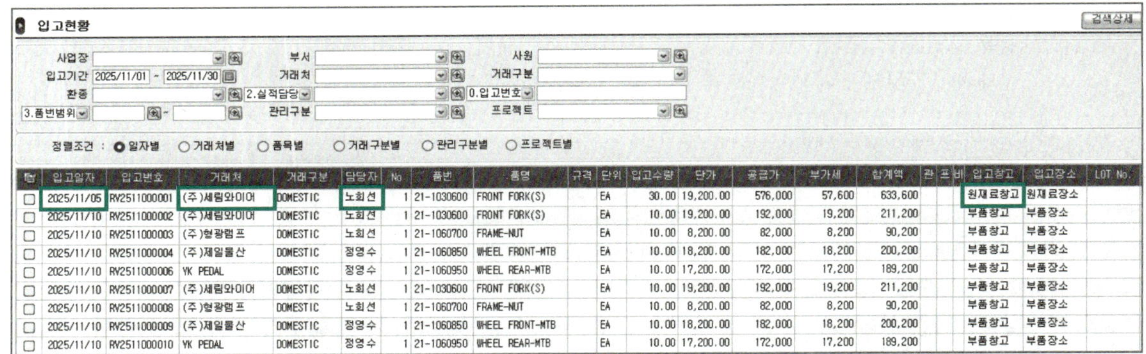

입고일자	입고번호	거래처	거래구분	담당자	No	품번	품명	규격	단위	입고수량	단가	공급가	부가세	합계액	관	포	비	입고창고	입고장소	LOT No.
2025/11/05	RV2511000001	(주)세림와이어	DOMESTIC	노희선	1	21-1030600	FRONT FORK(S)		EA	30.00	19,200.00	576,000	57,600	633,600				원재료창고	원재료장소	
2025/11/10	RV2511000002	(주)세림와이어	DOMESTIC	노희선	1	21-1030600	FRONT FORK(S)		EA	10.00	19,200.00	192,000	19,200	211,200				부품창고	부품장소	
2025/11/10	RV2511000003	(주)형광램프	DOMESTIC	노희선	1	21-1060700	FRAME-NUT		EA	10.00	8,200.00	82,000	8,200	90,200				부품창고	부품장소	
2025/11/10	RV2511000004	(주)제일물산	DOMESTIC	정영수	1	21-1060850	WHEEL FRONT-MTB		EA	10.00	18,200.00	182,000	18,200	200,200				부품창고	부품장소	
2025/11/10	RV2511000006	YK PEDAL	DOMESTIC	정영수	1	21-1060950	WHEEL REAR-MTB		EA	10.00	17,200.00	172,000	17,200	189,200				부품창고	부품장소	
2025/11/10	RV2511000007	(주)세림와이어	DOMESTIC	노희선	1	21-1030600	FRONT FORK(S)		EA	10.00	19,200.00	192,000	19,200	211,200				부품창고	부품장소	
2025/11/10	RV2511000008	(주)형광램프	DOMESTIC	노희선	1	21-1060700	FRAME-NUT		EA	10.00	8,200.00	82,000	8,200	90,200				부품창고	부품장소	
2025/11/10	RV2511000009	(주)제일물산	DOMESTIC	정영수	1	21-1060850	WHEEL FRONT-MTB		EA	10.00	18,200.00	182,000	18,200	200,200				부품창고	부품장소	
2025/11/10	RV2511000010	YK PEDAL	DOMESTIC	정영수	1	21-1060950	WHEEL REAR-MTB		EA	10.00	17,200.00	172,000	17,200	189,200				부품창고	부품장소	

16 ④

[조회조건]으로 조회되는 각 품목의 수량을 확인한다.

① FRONT FORK(S): 6+5 = 11EA

② FRAME-NUT: 5+6 = 11EA

③ WHEEL FRONT-MTB: 7+6 = 13EA

④ WHEEL REAR-MTB: 5+5 = 10EA ⇒ 가장 적음

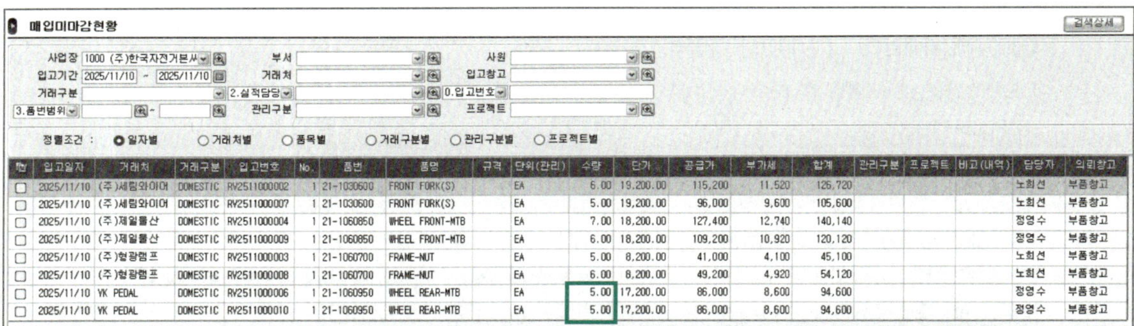

입고일자	거래처	거래구분	입고번호	No.	품번	품명	규격	단위(관리)	수량	단가	공급가	부가세	합계	관리구분	프로젝트	비고(내역)	담당자	의뢰창고
2025/11/10	(주)세림와이어	DOMESTIC	RV2511000002	1	21-1030600	FRONT FORK(S)		EA	6.00	19,200.00	115,200	11,520	126,720				노희선	부품창고
2025/11/10	(주)세림와이어	DOMESTIC	RV2511000007	1	21-1030600	FRONT FORK(S)		EA	5.00	19,200.00	96,000	9,600	105,600				노희선	부품창고
2025/11/10	(주)제일물산	DOMESTIC	RV2511000004	1	21-1060850	WHEEL FRONT-MTB		EA	7.00	18,200.00	127,400	12,740	140,140				정영수	부품창고
2025/11/10	(주)제일물산	DOMESTIC	RV2511000009	1	21-1060850	WHEEL FRONT-MTB		EA	6.00	18,200.00	109,200	10,920	120,120				정영수	부품창고
2025/11/10	(주)형광램프	DOMESTIC	RV2511000003	1	21-1060700	FRAME-NUT		EA	5.00	8,200.00	41,000	4,100	45,100				노희선	부품창고
2025/11/10	(주)형광램프	DOMESTIC	RV2511000008	1	21-1060700	FRAME-NUT		EA	6.00	8,200.00	49,200	4,920	54,120				노희선	부품창고
2025/11/10	YK PEDAL	DOMESTIC	RV2511000006	1	21-1060950	WHEEL REAR-MTB		EA	5.00	17,200.00	86,000	8,600	94,600				정영수	부품창고
2025/11/10	YK PEDAL	DOMESTIC	RV2511000010	1	21-1060950	WHEEL REAR-MTB		EA	5.00	17,200.00	86,000	8,600	94,600				정영수	부품창고

17 ①

📍 [구매/자재관리] – [구매관리] – [회계처리(매입마감)]

'매입마감' 탭에서 [조회조건]으로 조회되는 마감번호의 하단에서 관리구분을 확인한다.
① 관리구분이 '기타구매'인 마감건의 전표번호는 '2025/11/15'이며, 순번은 '1'이다.

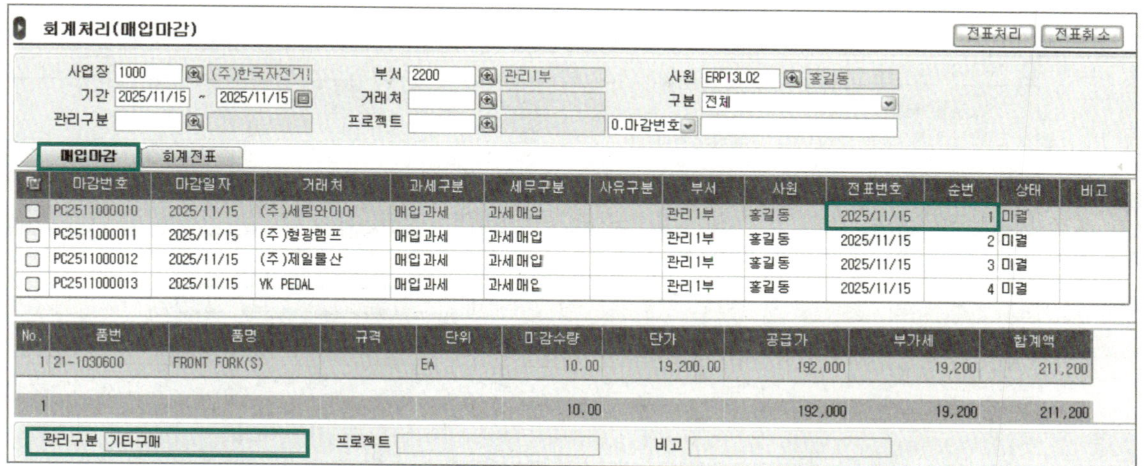

18 ④

📍 [구매/자재관리] – [재고수불현황] – [현재고현황(전사/사업장)]

'전사' 탭에서 '해당년도: 2025, 계정: 4. 반제품'으로 조회되는 품목의 가용재고량을 확인한다. ④ 품목 'BREAK SYSTEM'의 가용재고량이 0EA이다.

	품번	품명	규격	단위(재고)	기초수량	입고수량	출고수량	재고수량	안전재고량	가용재고량	환산계수	단위(관리)	재고수량
☐	81-1001000	BODY-알미늄(GRAY-WHITE)		EA	30.00	20.00	10.00	40.00	20.00	20.00	1.00	EA	40.00
☐	83-2000100	전장품 ASS'Y		EA	30.00	0.00	0.00	30.00	10.00	20.00	1.00	EA	30.00
☐	85-1020400	POWER TRAIN ASS'Y(MTB)		EA	30.00	0.00	10.00	20.00	10.00	10.00	1.00	EA	20.00
☐	87-1002001	BREAK SYSTEM		EA	30.00	0.00	10.00	20.00	20.00	0.00	1.00	EA	20.00

📍 **[구매/자재관리] – [재고관리] – [재고이동등록(창고)]**

'사업장: 1000. (주)한국자전거본사, 이동기간: 2025/11/01~2025/11/01'로 조회되는 이동번호의 입고창고를 확인한다. 입고창고는 '상품창고'로 등록되어 있으며, [창고/공정(생산)/외주공정등록] 메뉴에서 입고장소의 적합여부와 가용재고 여부를 확인한다.

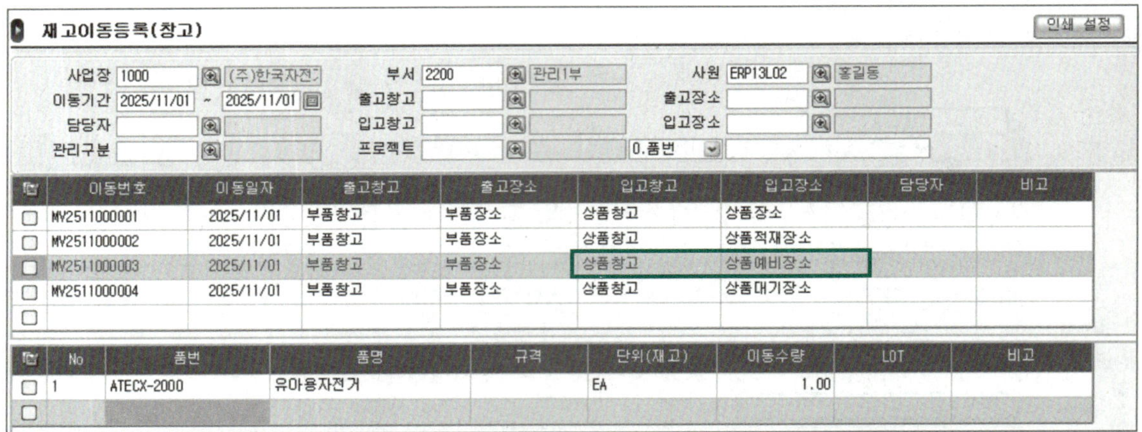

📍 **[시스템관리] – [기초정보관리] – [창고/공정(생산)/외주공정등록]**

'창고/장소' 탭에서 '상품창고'의 하단에 등록되어 있는 장소를 확인한다. 적합여부 '부적합', 가용재고여부 '여', 사용여부 '사용'으로 등록되어 있는 장소는 '상품예비장소'이다. 따라서 [재고이동등록(창고)] 메뉴의 적합여부 이동번호 MV2511000003이 '부적합', 가용재고여부 '여', 사용여부 '사용'으로 등록되어 있는 장소로 이동하여 관리한 것이다.

📍 **[구매/자재관리] – [재고관리] – [재고실사등록]**

'사업장: 1000. (주)한국자전거본사, 실사기간: 2025/10/31~2025/10/31'로 조회되는 '원재료창고/원재료장소'에서의 재고실사내역을 확인한다. 전산재고가 실사재고보다 많아 차이수량이 양수(+)로 등록되어 있는 품목이 출고조정 품목이다.
④ 차이수량이 10EA로 출고조정수량이 가장 적은 품목은 'FRAME-알미늄'이다.

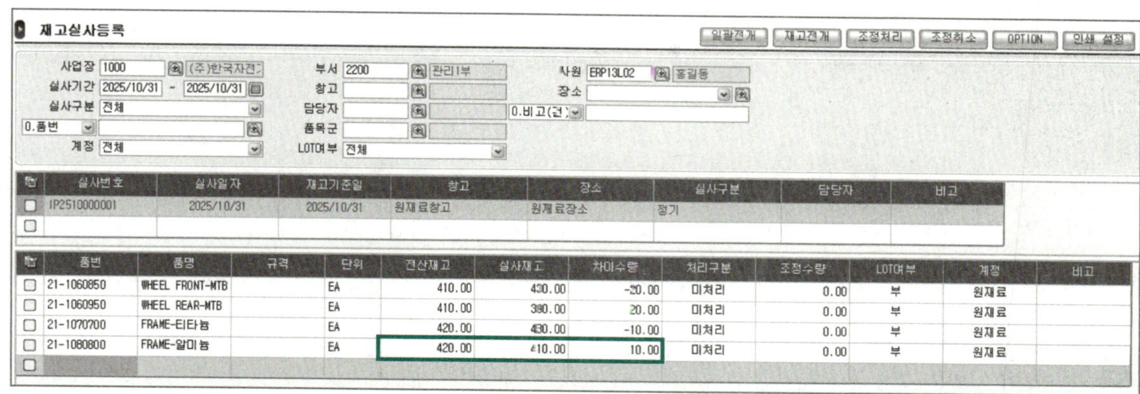

이론

01	③	02	②	03	①	04	③	05	②	06	②	07	④	08	②	09	①	10	④
11	①	12	③	13	②	14	③	15	④	16	③	17	②	18	①	19	③	20	③

01 ③

(주)대한은 이력서, 영수증 등의 데이터를 ERP 인사 모듈이나 전표 등으로 변환하는 머신러닝을 활용하였다. 머신러닝은 방대한 데이터를 분석해 미래를 예측하는 기술로 일반적으로 생성된 데이터를 정보와 지식(규칙)으로 변환하는 컴퓨터 알고리즘을 의미한다.

02 ②

제품, 공정, 생산설비와 공장에 대한 실제 세계와 가상 세계의 통합 시스템이며 제조 빅데이터를 기반으로 사이버모델을 구축하고 이를 활용하여 최적의 설계 및 운영을 수행하는 것은 사이버물리 시스템(CPS; Cyber Physical System)이다.
① 비즈니스 애널리틱스: 기업의 경영 활동에서 발생하는 데이터를 분석하여 의사결정을 지원하고 성과를 개선하는 분석 활동을 말한다.
③ 전사적 자원관리(ERP): 영업에서 생산 및 출하에 이르는 기업의 모든 업무 과정을 유기적으로 연결할 뿐만 아니라 실시간으로 관리하여 신속한 의사결정을 지원하는 최신의 경영정보 시스템이다.
④ 고장 진단 및 예지 시스템(PHM): 설비 상태를 모니터링하여 고장을 진단하고 미래 고장 시점을 예측해 예방정비를 수행하는 시스템이다.

03 ①

비즈니스 애널리틱스는 구조화된 데이터와 비구조화된 데이터를 동시에 이용한다.

04 ③

인공지능이 개인, 가족, 지역 사회의 데이터 권리 또는 개인정보를 감소시켜서는 안 된다.

05 ②

- 8월의 예측 판매량: 전기(7월)의 실제값 400개 × 평활상수 0.4 + 전기(7월)의 예측치 450개 × (1 − 평활상수 0.4) = 430개
- 9월의 예측 판매량: 전기(8월)의 실제값 500개 × 평활상수 0.4 + 전기(8월)의 예측치 430개 × (1 − 평활상수 0.4) = 458개
⇒ 8월의 예측 판매량은 430개이고 9월의 예측 판매량은 458개이므로, 8월 대비 9월의 예측 판매량은 28개가 증가하였다.

06 ②

신제품 개발은 장기 판매계획에 해당한다.
- 장기 판매계획: 신시장 개척, 신제품 개발, 판매경로 강화 등
- 중기 판매계획: 제품별 디자인, 품질개선, 판매경로 및 판매자원의 구체적인 계획, 판매촉진을 위한 정책 등
- 단기 판매계획: 제품별 가격, 판매촉진 실행 방안, 구체적인 판매할당 등

07 ④

- 변동비율: $\dfrac{\text{단위당 변동비 } 450\text{원}}{\text{판매단가 } 600\text{원}} = 0.75$

- 손익분기점 매출액: $\dfrac{\text{고정비 } 270\text{만원}}{1 - \text{변동비율 } 0.75} = 1{,}080\text{만원}$

08 ②

가격이 1% 변화할 때 수요량이 몇 % 변화하는지를 나타내는 지표는 가격탄력성이다. 가격 결정에 영향을 미치는 요인 중 가격탄력성 내용을 포함하는 요인은 고객 수요와 관련된 요인이다.

09 ①

생산업자와 판매업자, 도매업자와 소매업자 사이에서 일정 기간의 판매액을 기준으로 판매에 기여한 판매업자에게 이익의 일부를 되돌려 주는 것은 리베이트 전략으로, 판매 금액의 일부를 할인해 주는 것과는 다른 의미이며 관습에 따라 리베이트 비율이 달라질 수 있다.

10 ④

(주)KPC가 거래처별 외상매출금 잔액 및 거래처별 매출 현황을 검토하고 있으므로, 외상매출금 잔액과 거래처별 내역을 확인하여 회수 가능성을 점검하는 방식이다.

11 ①

② 생산물류: 원·부자재가 제조기업의 생산공정어 투입되어 완제품으로 생산되어 포장되기까지의 물류
③ 조달물류: 원·부자재가 구매시장으로부터 공급자(제조업자)의 자재창고에 입고될 때까지의 물류
④ 판매물류: 공장이나 물류센터로부터 출하하여 고객에게 인도하기까지의 물류

12 ③

공급망 물류거점의 구축 시 질적인 측면에 대한 고려 사항에는 고객만족, 참여 기업 경쟁력 향상, 수요 창출 등이 있다.

13 ②

고정주문기간 발주 모형(P System)
① 주문량은 변동한다.
③ 주문시기는 일정하다.
④ 재고수준은 주문시기에만 점검한다.

14 ③

재고자산 기록방법 중 계속기록법은 매출원가가 과소평가되어 당기 매출이익이 크게 나타난다.

15 ④

① 왕복 운송 시스템: 화물을 운송하고 빈 차로 돌아오는 과정에서 제조업체의 물류 창고나 공장을 경유하여 다른 화물을 싣고 돌아오는 시스템
② 환결 운송 시스템: 연속적으로 영차 운행을 하여 최초의 출발 지점까지 돌아오는 방법으로 운전자가 귀가하는 데 장시간이 소요되기 때문에 운전자의 불만 요소가 됨
③ 중간 환승 시스템: 주요 출발지와 도착지의 중간 지점에 터미널을 설치하고 양쪽에 도착된 차량을 서로 교체 승무하여 귀로하는 시스템

16 ③

회전 정도에 따라 입출고 빈도가 높은 화물은 출입구 가까운 장소에 보관하고, 입출고 빈도가 낮은 화물은 먼 장소에 보관하여 작업 동선을 줄이고 작업 효율을 높일 수 있는 원칙은 회전 대응의 원칙이다.
① 중량 특성의 원칙: 무겁고 대형인 물품은 출입구에서 가까운 장소의 아래쪽에 보관하여 보관 및 작업 효율을 높이는 원칙
② 높이 쌓기의 원칙: 창고보관 효율을 높이기 위하여 랙(Rack)을 이용해 물품을 높게 쌓는 원칙
④ 동일성 및 유사성의 원칙: 동일 물품은 동일 장소에 보관하고 유사품은 가까운 장소에 보관하는 원칙

17 ②

적절한 품질의 물품 구매(Right Quality), 적절한 수량의 파악(Right Quantity), 적절한 시기의 구매(Right Time), 적절한 가격의 구매(Right Price), 적절한 구매처의 선정(Right Vendor or Supplier)의 방식으로 거래처를 선정하였으므로 5R 원칙에 따른 구매관리를 실행하였다.

18 ①

거래일자를 늦추어 기입함으로써 대금 지불일자를 연기하여 현금할인의 기산일을 거래일보다 늦추어 잡는 방식은 선일부 현금할인(Advanced Dating)이다. 거래일이 9월 1일이지만 할인기산일을 9월 15일로 하고, 9월 25일까지 현금지불이 되면 5%의 할인이 적용되는 경우는 할인기산일인 9월 15일로부터 10일 이내인 9월 25일까지 현금지불이 되면 5% 할인이 적용되는 것이므로 '5/10 Advanced'이다.

19 ③

- 직접경비: 직접노무비 3,000원 × 50% = 1,500원
- 직접원가: 직접재료비 4,500원 + 직접노무비 3,000원 + 직접경비 1,500원 = 9,000원
- 제조간접비: 직접원가 9,000원 × 40% = 3,600원
- 제조원가: 직접원가 9,000원 + 제조간접비 3,600원 = 12,600원
- 총원가: 제조원가 12,600원 + 판매비 2,000원 + 관리비 2,000원 = 16,600원

20　③

① 일반경쟁 방식: 구매 대상 물품의 규격, 시방서, 구매조건 등의 구매내용을 널리 공고하여 불특정 다수인의 입찰 희망자를 모두 경쟁입찰에 참여시켜 구매에 가장 유리한 조건을 제시한 공급자를 선정하는 방식
② 지명경쟁 방식: 구매담당자가 과거의 신용과 실적 등을 기준으로 공급자로서 일정한 자격을 갖추었다고 인정되는 다수의 특정한 경쟁 참가자에게 경쟁입찰에 참여하도록 하는 방식
④ 수의계약 방식: 경쟁입찰 방법에 따르지 않고 특정 기업을 공급자로 선정하여 구매 계약을 체결하는 방식

01	①	02	③	03	④	04	④	05	②	06	③	07	②	08	②	09	③	10	②
11	④	12	③	13	②	14	④	15	①	16	②	17	④	18	③	19	②	20	①

01   ①

[시스템관리] – [기초정보관리] – [품목등록]

조회한 후 각 품목의 등록되어 있는 내역을 확인한다. 가, 나, 다는 'MASTER/SPEC' 탭, 라는 'ORDER/COST' 탭에 등록되어 있다.

다. 품목 '21-3001500. PEDAL(S)'의 환산계수는 1이고, '21-3001600. PEDAL'의 환산계수는 2로 다르다.

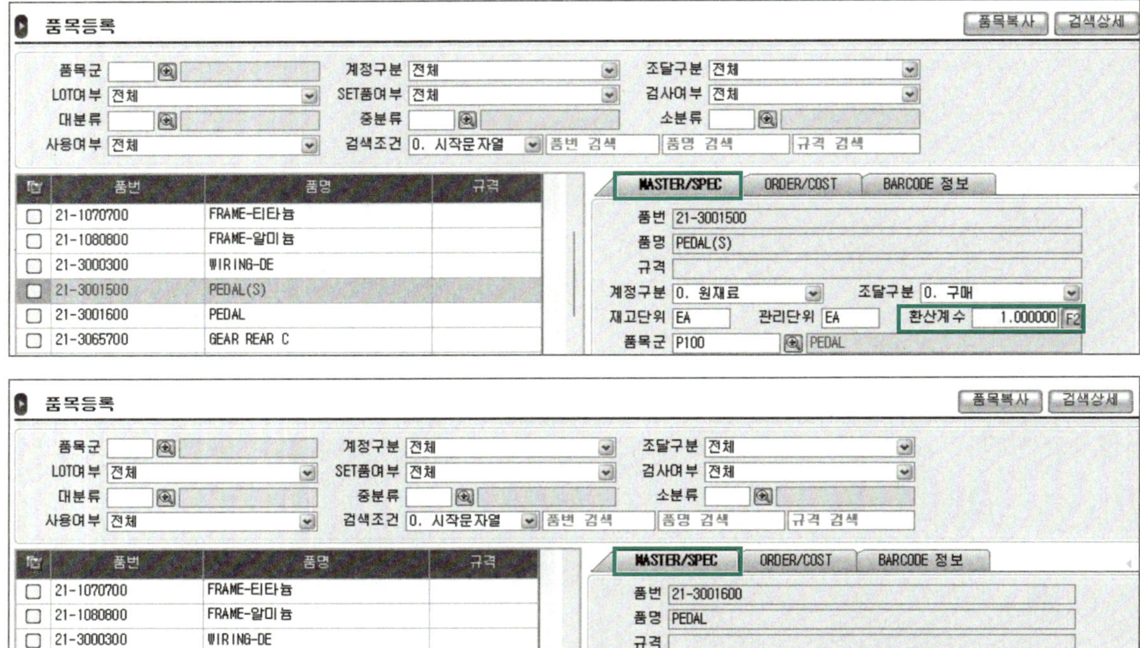

라. 품목 '85-1020400. POWER TRAIN ASS'Y(MTB)'의 LEAD TIME은 3DAYS이다.

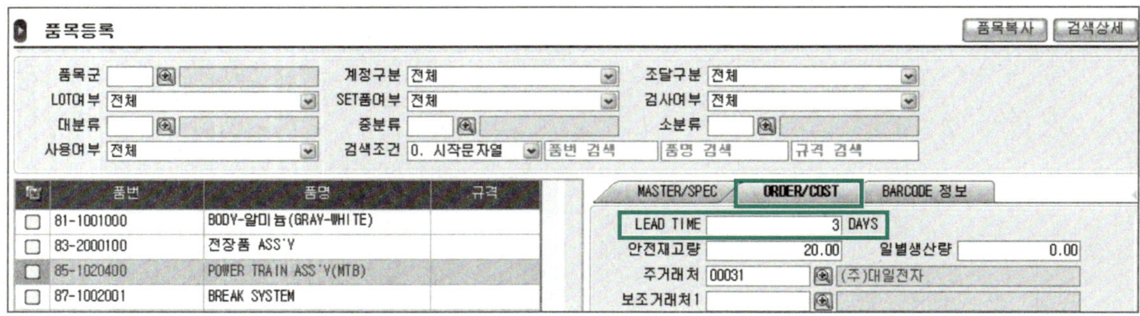

📍 [시스템관리] – [기초정보관리] – [물류실적(품목/고객)담당자등록]

수주등록의 실적담당자는 영업담당자이므로, '거래처' 탭에서 영업담당자 '3000. 박용덕'으로 조회한다.
③ 영업담당자가 '3000. 박용덕'인 거래처는 '00003. (주)벽파워'이다.

03 ④

📍 [시스템관리] – [기초정보관리] – [창고/공정(생산)/외주공정등록]

'사업장: 1000. (주)한국자전거본사'로 '창고/장소' 탭에서 조회한 후 'M400. 상품창고'의 하단에 등록되어 있는 내역을 확인한다.
④ 적합여부는 '부적합'이며 가용재고여부는 '여'인 장소는 'M403. 상품대기장소'이다.

창고코드	창고명	입고기본위치	출고기본위치	창고설명	사용여부
D100	분배창고	재분배용	재분배용		사용
M100	부품창고	부재료장소	부품장소		사용
M400	상품창고	상품장소	상품장소		사용
P100	제품창고				사용
X100	반제품창고	반제품장소	반제품장소		사용
Z100	긴급출하창고				사용

위치코드	위치명	위치설명	가출고코드	가출고거래처명	적합여부	가용재고여부	사용여부
M401	상품장소				적합	여	사용
M402	상품적재장소				적합	부	사용
M403	상품대기장소				부적합	여	사용
M404	상품출하장소				적합	여	사용

04 ④

'사업장: 1000. (주)한국자전거본사, 대상년월: 2025/9월'로 조회한 후 각 고객의 하단에 등록되어 있는 매출예상금액을 확인한다.

① (주)대흥정공: 4,899,300원
② (주)하나상사: 13,555,000원
③ (주)빅파워: 12,050,000원
④ (주)제동기어: 15,998,000원 ⇒ 가장 큼

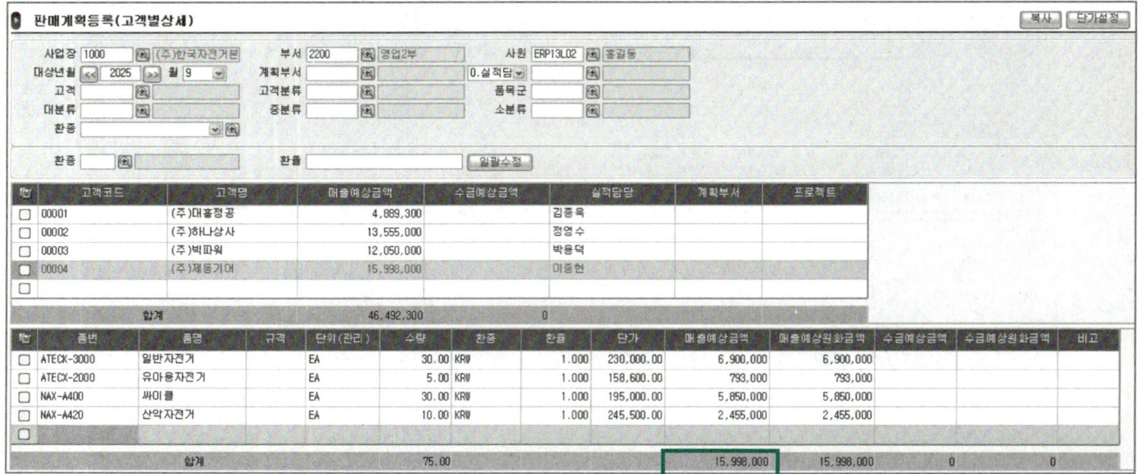

05 ②

[조회조건]으로 조회한다. 단가구분이 '부가세포함'으로 등록된 견적번호는 ES2509000002이다.

06 ③

📍 **[영업관리] – [영업현황] – [수주현황]**

[조회조건]과 '관리구분: S40. 정기매출'로 조회한다.
③ '관리구분: S40. 정기매출'로 등록되어 있는 수량의 합은 50EA이다.

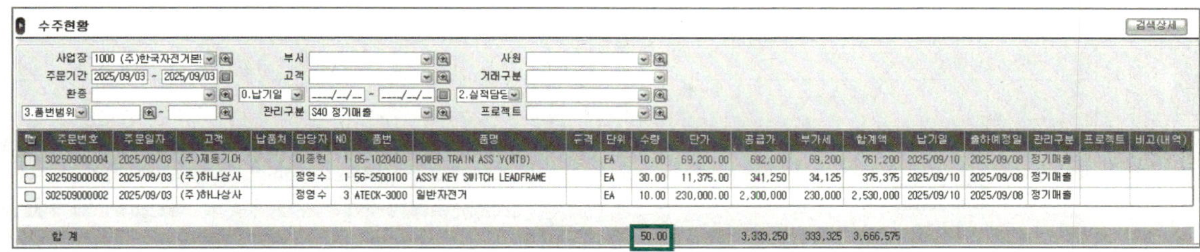

주문번호	주문일자	고객	납품처	담당자	NO	품번	품명	규격	단위	수량	단가	공급가	부가세	합계액	납기일	출하예정일	관리구분	프로젝트	비고(내역)
SO2509000004	2025/09/03	(주)제동기어		이종현	1	85-1020400	POWER TRAIN ASS'Y(MTB)		EA	10.00	69,200.00	692,000	69,200	761,200	2025/09/10	2025/09/08	정기매출		
SO2509000002	2025/09/03	(주)하나상사		정영수	1	56-2500100	ASSY KEY SWITCH LEADFRAME		EA	30.00	11,375.00	341,250	34,125	375,375	2025/09/10	2025/09/08	정기매출		
SO2509000002	2025/09/03	(주)하나상사		정영수	3	ATECK-3000	일반자전거		EA	10.00	230,000.00	2,300,000	230,000	2,530,000	2025/09/10	2025/09/08	정기매출		
합 계										**50.00**		3,333,250	333,325	3,666,575					

07 ②

📍 **[영업관리] – [영업관리] – [수주마감처리]**

'사업장: 1000. (주)한국자전거본사, 주문기간: 2025/09/08~2025/09/08'로 조회한다.
② 마감여부가 '마감'인 주문번호는 SO2509000006이다.

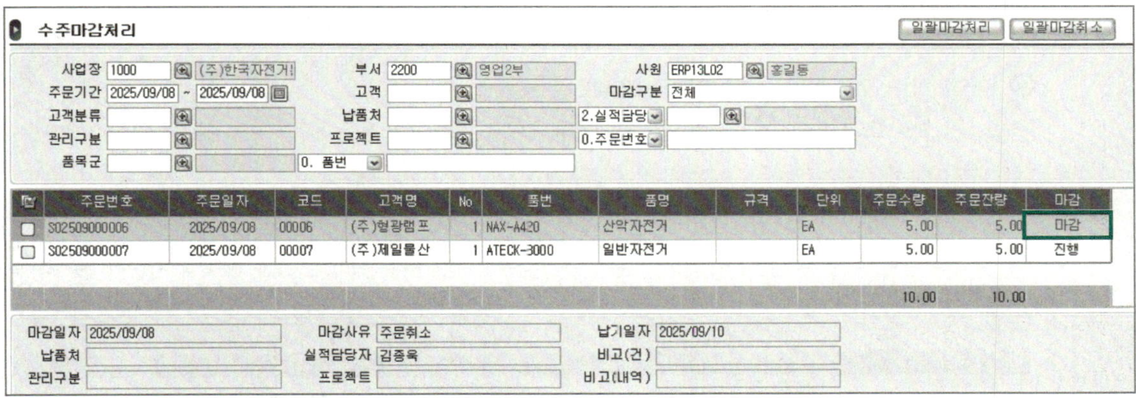

주문번호	주문일자	코드	고객명	No	품번	품명	규격	단위	주문수량	주문잔량	마감
SO2509000006	2025/09/08	00006	(주)형광램프	1	NAX-A420	산악자전거		EA	5.00	5.00	마감
SO2509000007	2025/09/08	00007	(주)제일물산	1	ATECK-3000	일반자전거		EA	5.00	5.00	진행
									10.00	10.00	

마감일자	2025/09/08	마감사유	주문취소	납기일자	2025/09/10
납품처		실적담당자	김종욱	비고(건)	
관리구분		프로젝트		비고(내역)	

08 ②

견적에 대한 출고내역이므로 '주문출고' 탭에서 [조회조건]으로 조회한 후 각 출고번호의 하단에서 마우스 오른쪽 버튼을 클릭하여 '[출고처리(국내수주)] 이력정보'를 확인한다.

② 출고번호 IS2509000002의 이전 이력에 견적등록 전표번호 ES2509000004가 등록되어 있다.

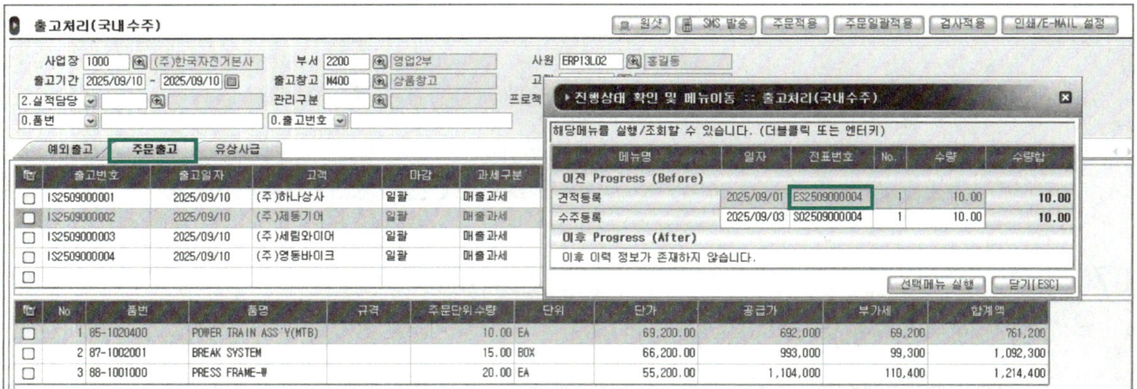

09 ③

[조회조건]으로 조회한 후 각 마감번호의 하단에서 마우스 오른쪽 버튼을 클릭하여 '[매출마감(국내거래)] 이력정보'를 확인한다.

③ 마감번호 SC2509000003의 이전 이력 '출고처리(국내수주)'의 일자가 2025/09/05로 등록되어 있다.

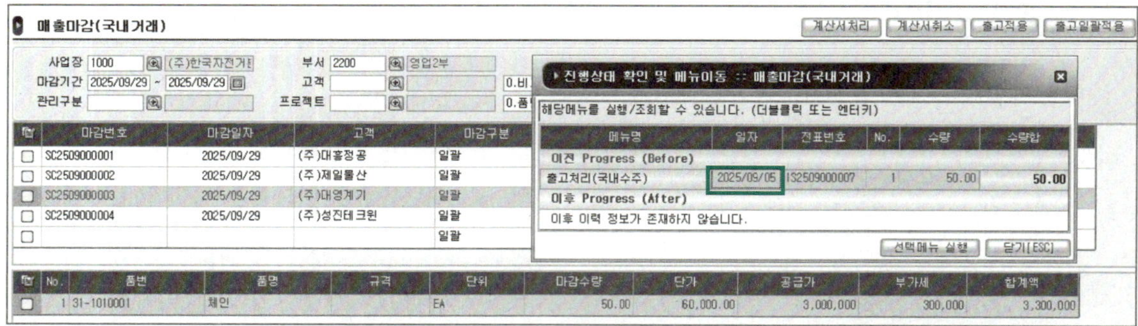

10 ②

[영업관리] – [영업관리] – [수금등록]

'사업장: 1000. (주)한국자전거본사, 수금기간: 2025/09/09~2025/09/09'로 조회한 후 각 고객의 하단에 등록되어 있는 수금금액을 확인한다.

① (주)대흥정공: 정상수금 2,000,000원

② (주)하나상사: 정상수금 2,000,000원 + 선수금 1,500,000원 = 합 3,500,000원 ⇒ 가장 큼

③ (주)빅파워: 정상수금 3,000,000원

④ (주)제동기어: 선수금 1,800,000원

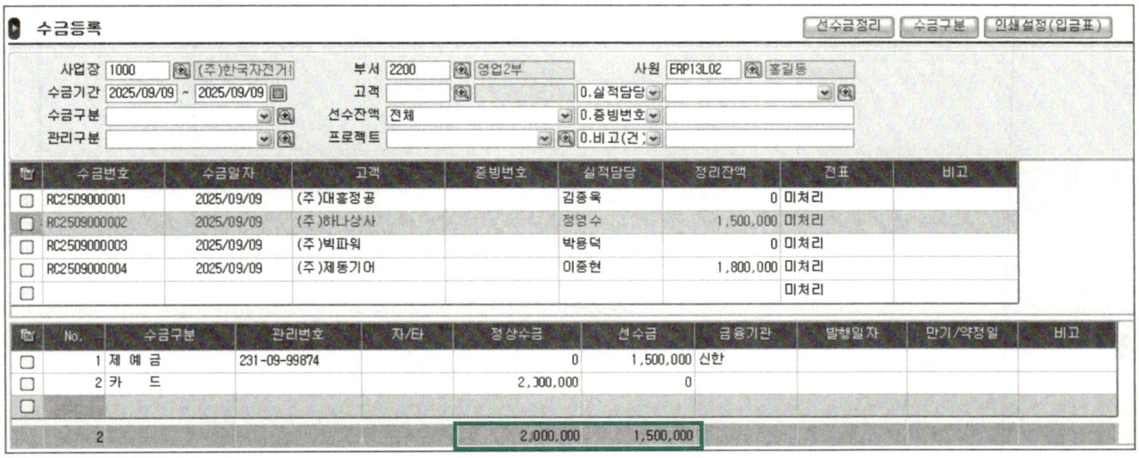

수금등록 [선수금정리] [수금구분] [인쇄설정(입금표)]

사업장 1000 (주)한국자전거! | 부서 2200 영업2부 | 사원 ERP13L02 홍길동

수금기간 2025/09/09 ~ 2025/09/09 | 고객 | 0.실적담당

수금구분 | 선수잔액 전체 | 0.증빙번호

관리구분 | 프로젝트 | 0.비고(건)

수금번호	수금일자	고객	증빙번호	실적담당	정리잔액	전표	비고
RC2509000001	2025/09/09	(주)대흥정공		김종욱	0	미처리	
RC2509000002	2025/09/09	(주)하나상사		정영수	1,500,000	미처리	
RC2509000003	2025/09/09	(주)빅파워		박용덕	0	미처리	
RC2509000004	2025/09/09	(주)제동기어		이종현	1,800,000	미처리	
						미처리	

No.	수금구분	관리번호	자/타	정상수금	선수금	금융기관	발행일자	만기/약정일	비고
1	제 예 금	231-09-99874		0	1,500,000	신한			
2	카 드			2,000,000	0				
2				2,000,000	1,500,000				

11 ④

[영업관리] – [영업현황] – [미수채권집계]

'고객' 탭에서 '사업장: 1000. (주)한국자전거본사'와 [조회조건]으로 조회한 후 각 고객의 잔액을 확인한다.

① (주)대흥정공: 3,433,850원

② (주)하나상사: 1,095,950원

③ (주)세림와이어: 1,310,237원

④ (주)영동바이크: 1,039,324원 ⇒ 가장 적음

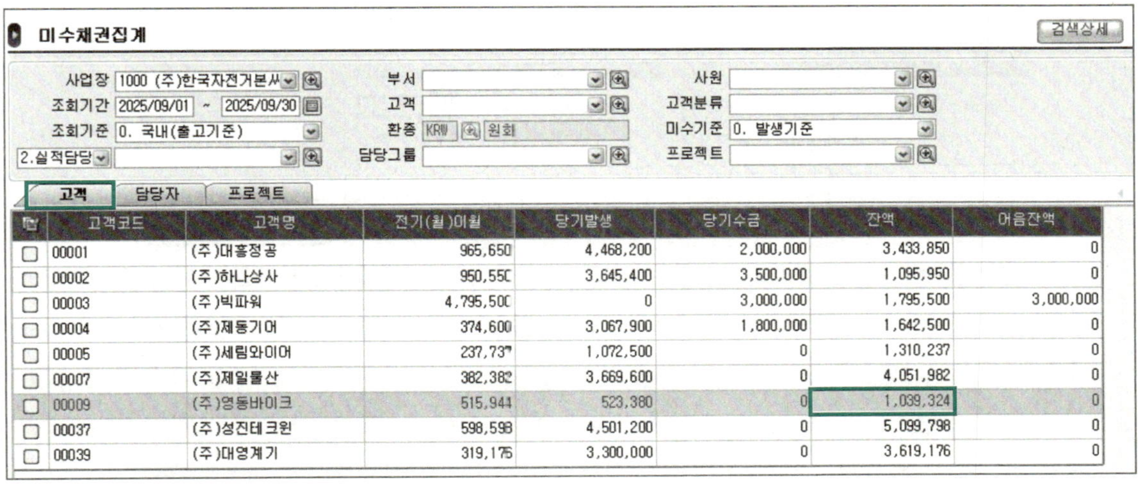

미수채권집계 [검색상세]

사업장 1000 (주)한국자전거본사 | 부서 | 사원

조회기간 2025/09/01 ~ 2025/09/30 | 고객 | 고객분류

조회기준 0. 국내(출고기준) | 환종 KRW 원화 | 미수기준 0. 발생기준

2.실적담당 | 담당그룹 | 프로젝트

고객 | 담당자 | 프로젝트

고객코드	고객명	전기(월)이월	당기발생	당기수금	잔액	어음잔액
00001	(주)대흥정공	965,650	4,468,200	2,000,000	3,433,850	0
00002	(주)하나상사	950,550	3,645,400	3,500,000	1,095,950	0
00003	(주)빅파워	4,795,500	0	3,000,000	1,795,500	3,000,000
00004	(주)제동기어	374,600	3,067,900	1,800,000	1,642,500	0
00005	(주)세림와이어	237,737	1,072,500	0	1,310,237	0
00007	(주)제일물산	382,382	3,669,600	0	4,051,982	0
00009	(주)영동바이크	515,944	523,380	0	1,039,324	0
00037	(주)성진테크윈	598,598	4,501,200	0	5,099,798	0
00039	(주)대영계기	319,176	3,300,000	0	3,619,176	0

12 ③

[조회조건]으로 조회한다. 등록되어 있는 고객은 (주)성진테크윈, (주)제일물산, (주)세림와이어이다.

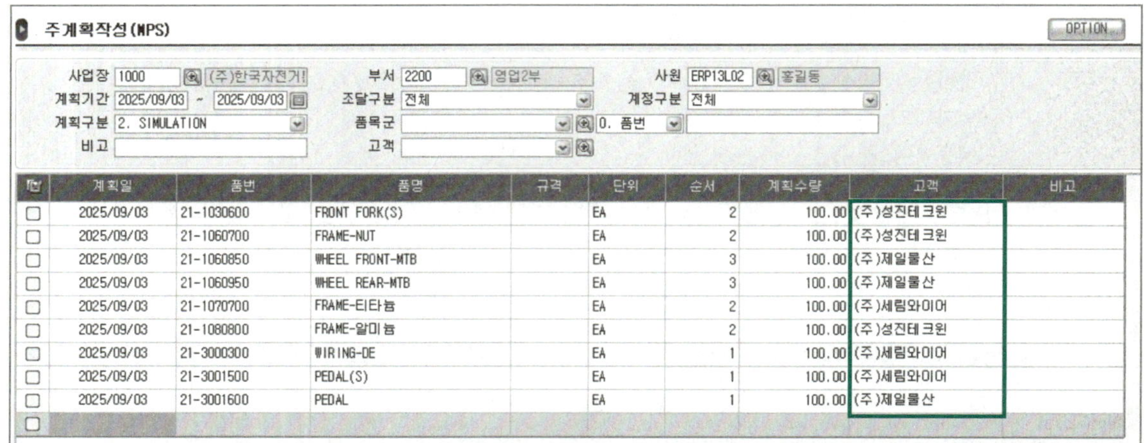

13 ②

'사업장: 1000. (주)한국자전거본사, 요청일자: 2025/09/02~2025/09/02'로 조회되는 청구번호 하단의 각 품목에서 마우스 오른쪽 버튼을 클릭하여 '부가기능–품목상세정보'를 확인하고, 품목상세정보의 주거래처와 [청구등록] 메뉴에 등록되어 있는 주거래처를 비교한다.

② 품목 '21–3000300. WIRING–DE'의 품목상세정보의 주거래처는 '(주)세림와이어'이고, [청구등록] 메뉴에 등록되어 있는 주거래처는 '(주)테크폴리'로 다르게 등록되어 있다.

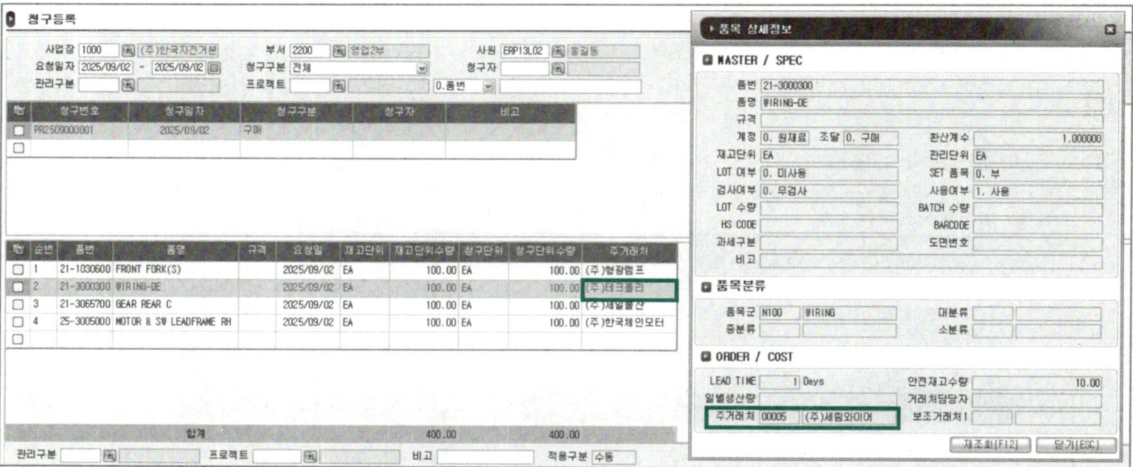

14 ④

[조회조건]으로 조회한 후 각 발주번호의 하단에서 마우스 오른쪽 버튼을 클릭하여 '[발주등록] 이력정보'를 확인한다.

① PO2509000001, ② PO2509000002: 이전 이력 '청구등록' – 청구에 의해 등록

③ PO2509000003: 이전 이력 없음 – 적용받지 않고 직접 등록

④ PO2509000004: 이전 이력 '수주등록' – 수주에 의해 등록

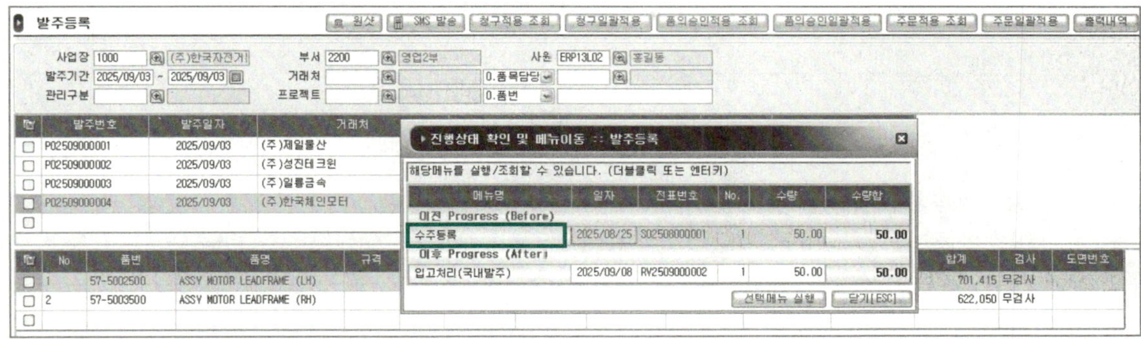

15 ①

'입고기간: 2025/09/01~2025/09/30'으로 조회한 후 입고번호 RV2509000004에 등록되어 있는 내역을 확인한다.

① 실적담당자는 '정영수'이다.

② 입고일자는 2025/09/10이다.

③ 입고창고는 'D100. 분배창고'이다.

④ 거래처는 '00037. (주)성진테크원'이다.

16 ②

[조회조건]으로 조회되는 각 품목의 수량을 확인한다.

① 16-102800. RECTANGLE PIPE: 49EA

② 21-3065700. GEAR REAR C: 68EA ⇒ 가장 많음

③ 21-9000200. HEAD LAMP: 52EA

④ 90-9001000. FRAME GRAY: 45EA

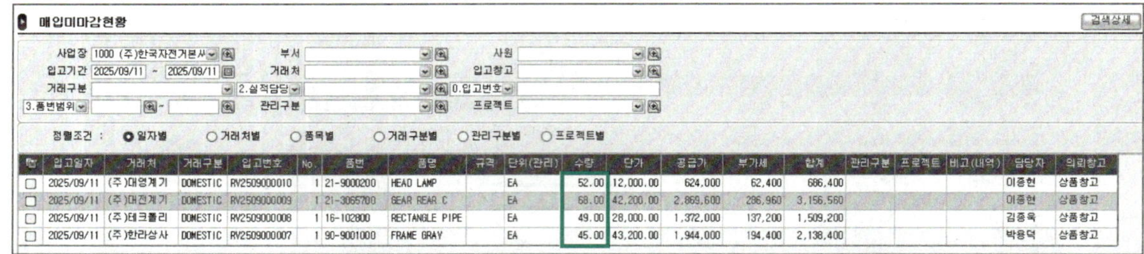

17 ④

'매입마감' 탭에서 [조회조건]으로 조회한다.

④ 마감번호 PC2509000003의 전표번호는 2025/09/18이다.

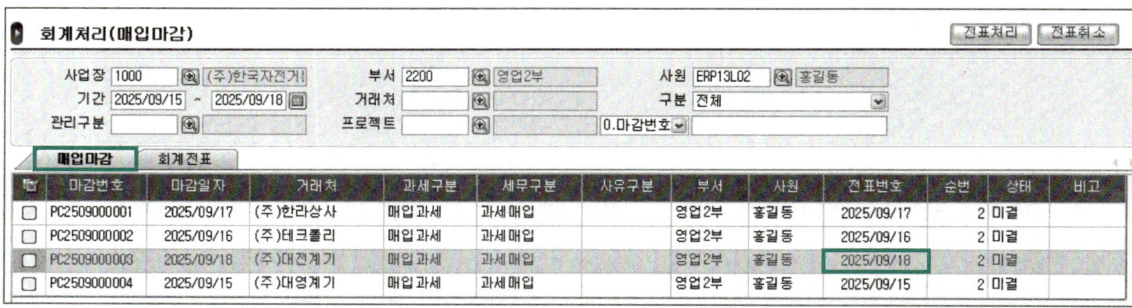

📍 [구매/자재관리] − [재고관리] − [재고실사등록]

'사업장: 1000. (주)한국자전거본사, 실사기간: 2025/09/25~2025/09/25'로 조회되는 '상품창고/상품장소'에서의 재고
실사내역을 확인한다. 전산재고가 실사재고보다 많아 차이수량이 양수(+)로 등록되어 있는 품목이 출고조정 품목이다.
③ 차이수량이 2EA로 출고조정수량이 가장 많은 품목은 '40-2525000. LEAD FRAME'이다.

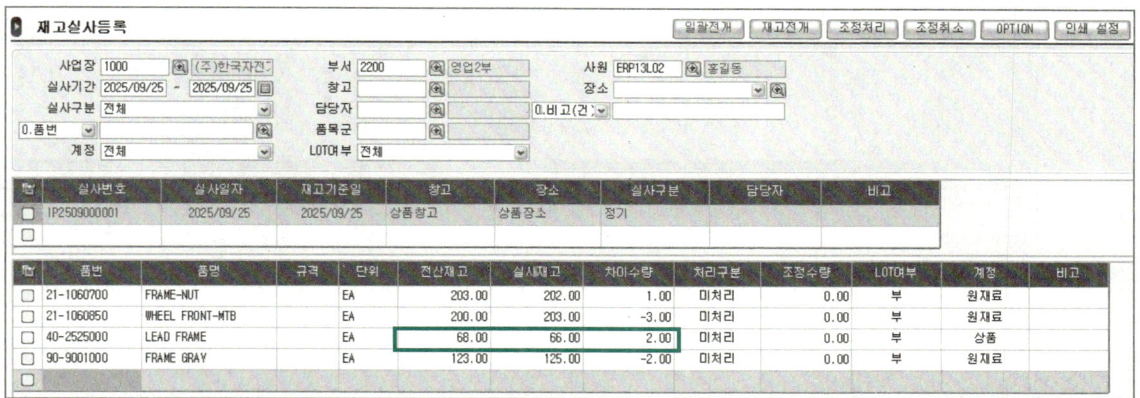

📍 [구매/자재관리] − [재고수불현황] − [현재고현황(전사/사업장)]

'전사' 탭에서 '해당년도: 2025, 계정: 0. 원재료'로 조회되는 품목의 가용재고량을 확인한다.

① 21-1060850. WHEEL FRONT-MTB: 207EA

② 21-1080800. FRAME-알미늄: 383EA ⇒ 가장 많음

③ 21-3065700. GEAR REAR C: 188EA

④ 21-9000200. HEAD LAMP: 300EA

품번	품명	규격	단위(재고)	기초수량	입고수량	출고수량	재고수량	안전재고량	가용재고량	환산계수	단위(관리)	재고수량
21-1030600	FRONT FORK(S)		EA	0.00	140.00	0.00	140.00	34.00	106.00	1.00	EA	140.00
21-1060700	FRAME-NUT		EA	0.00	243.00	44.00	199.00	10.00	189.00	1.00	EA	199.00
21-1060850	WHEEL FRONT-MTB		EA	0.00	240.00	23.00	217.00	10.00	207.00	1.00	EA	217.00
21-1060950	WHEEL REAR-MTB		EA	0.00	40.00	0.00	40.00	10.00	30.00	1.00	EA	40.00
21-1070700	FRAME-티타늄		EA	0.00	200.00	0.00	200.00	10.00	190.00	1.00	EA	200.00
21-1080800	FRAME-알미늄		EA	0.00	400.00	7.00	393.00	10.00	383.00	1.00	EA	393.00
21-3000300	WIRING-DE		EA	0.00	200.00	31.00	169.00	10.00	159.00	1.00	EA	169.00
21-3065700	GEAR REAR C		EA	0.00	198.00	0.00	198.00	10.00	188.00	1.00	EA	198.00
21-9000200	HEAD LAMP		EA	0.00	600.00	0.00	600.00	300.00	300.00	1.00	EA	600.00
90-9001000	FRAME GRAY		EA	0.00	123.00	0.00	123.00	20.00	103.00	1.00	EA	123.00

20 ①

📍 **[구매/자재관리] – [재고평가] – [생산품표준원가등록]**

[생산품표준원가등록] 메뉴에 등록된 표준원가는 생산품 재고평가 시 입고단가가 되므로, '사업장: 1000. (주)한국자전
거본사, 해당년도: 2025/9월'로 조회한 후 품목 'NAX-A400. 싸이클'의 표준원가를 확인한다.
① 품목 'NAX-A400. 싸이클'의 표준원가는 188,000원이다.

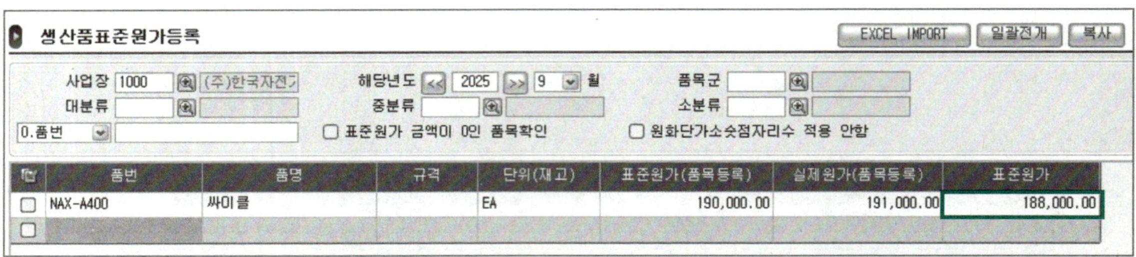

	품번	품명	규격	단위(재고)	표준원가(품목등록)	실제원가(품목등록)	표준원가
□	NAX-A400	싸이클		EA	190,000.00	191,000.00	188,000.00
□							

고객의 꿈, 직원의 꿈, 지역사회의 꿈을 실현한다

펴낸곳 (주)에듀윌 **펴낸이** 양형남 **출판총괄** 김기철 **에듀윌 대표번호** 1600-6700

주소 서울시 구로구 디지털로 34길 55 코오롱싸이언스밸리 2차 3층

에듀윌 도서몰 book.eduwill.net	• 부가학습자료 및 정오표: 에듀윌 도서몰 > 도서자료실 • 교재 문의: 에듀윌 도서몰 > 문의하기 > 교재(내용, 출간) / 주문 및 배송